国家出版基金资助项目
中国社会科学院重大课题

郭沫若年谱长编

(1892—1978年)

第一卷

林甘泉　蔡　震　主编

中国社会科学出版社

图书在版编目（CIP）数据

郭沫若年谱长编：1892—1978年．全5卷/林甘泉，蔡震主编．—北京：中国社会科学出版社，2017.10

ISBN 978 - 7 - 5161 - 7976 - 5

Ⅰ.①郭…　Ⅱ.①林…②蔡…　Ⅲ.①郭沫若(1892～1978)—年谱　Ⅳ.①K825.6

中国版本图书馆CIP数据核字（2016）第074848号

出 版 人	赵剑英
责任编辑	罗　莉
责任校对	李　莉
责任印制	戴　宽

出　　版	中国社会科学出版社
社　　址	北京鼓楼西大街甲158号
邮　　编	100720
网　　址	http://www.csspw.cn
发 行 部	010 - 84083685
门 市 部	010 - 84029450
经　　销	新华书店及其他书店

印刷装订	北京君升印刷有限公司
版　　次	2017年10月第1版
印　　次	2017年10月第1次印刷

开　　本	710×1000　1/16
印　　张	149
字　　数	2368千字
定　　价	788.00元（全五卷）

凡购买中国社会科学出版社图书，如有质量问题请与本社营销中心联系调换
电话：010 - 84083683
版权所有　侵权必究

总目录

第一卷

编写凡例	(1)
家世	(1)
1892年(壬辰 光绪十八年)出生	(7)
1895年(乙未 光绪二十一年)3岁	(8)
1896年(丙申 光绪二十二年)4岁	(9)
1897年(丁酉 光绪二十三年)5岁	(10)
1898年(戊戌 光绪二十四年)6岁	(11)
1899年(己亥 光绪二十五年)7岁	(11)
1900年(庚子 光绪二十六年)8岁	(13)
1901年(辛丑 光绪二十七年)9岁	(13)
1902年(壬寅 光绪二十八年)10岁	(14)
1903年(癸卯 光绪二十九年)11岁	(15)
1904年(甲辰 光绪三十年)12岁	(16)
1905年(乙巳 光绪三十一年)13岁	(17)
1906年(丙午 光绪三十二年)14岁	(19)
1907年(丁未 光绪三十三年)15岁	(22)
1908年(戊申 光绪三十四年)16岁	(26)
1909年(己酉 宣统元年)17岁	(28)
1910年(庚戌 宣统二年)18岁	(30)
1911年(辛亥 宣统三年)19岁	(34)

1912年(壬子　民国元年)20岁 …………………………………… (42)

1913年(癸丑　民国二年)21岁 …………………………………… (54)

1914年(甲寅　民国三年)22岁 …………………………………… (62)

1915年(乙卯　民国四年)23岁 …………………………………… (72)

1916年(丙辰　民国五年)24岁 …………………………………… (83)

1917年(丁巳　民国六年)25岁 …………………………………… (92)

1918年(戊午　民国七年)26岁 …………………………………… (101)

1919年(己未　民国八年)27岁 …………………………………… (111)

1920年(庚申　民国九年)28岁 …………………………………… (130)

1921年(辛酉　民国十年)29岁 …………………………………… (154)

1922年(壬戌　民国十一年)30岁 ………………………………… (205)

1923年(癸亥　民国十二年)31岁 ………………………………… (234)

1924年(甲子　民国十三年)32岁 ………………………………… (280)

1925年(乙丑　民国十四年)33岁 ………………………………… (308)

1926年(丙寅　民国十五年)34岁 ………………………………… (338)

1927年(丁卯　民国十六年)35岁 ………………………………… (382)

1928年(戊辰　民国十七年)36岁 ………………………………… (409)

1929年(己巳　民国十八年)37岁 ………………………………… (436)

1930年(庚午　民国十九年)38岁 ………………………………… (449)

1931年(辛未　民国二十年)39岁 ………………………………… (473)

1932年(壬申　民国二十一年)40岁 ……………………………… (484)

第二卷

1933年(癸酉　民国二十二年)41岁 ……………………………… (505)

1934年(甲戌　民国二十三年)42岁 ……………………………… (527)

1935年(乙亥　民国二十四年)43岁 ……………………………… (549)

1936年(丙子　民国二十五年)44岁 ……………………………… (588)

1937年(丁丑　民国二十六年)45岁 ……………………………… (667)

1938年(戊寅　民国二十七年)46岁 ……………………………… (731)

1939年(己卯　民国二十八年)47岁 ……………………………… (793)

1940年(庚辰　民国二十九年)48岁 ………………………………… (822)

1941年(辛巳　民国三十年)49岁 …………………………………… (860)

1942年(壬午　民国三十一年)50岁 ………………………………… (904)

第三卷

1943年(癸未　民国三十二年)51岁 ………………………………… (977)

1944年(甲申　民国三十三年)52岁 ………………………………… (1020)

1945年(乙酉　民国三十四年)53岁 ………………………………… (1072)

1946年(丙戌　民国三十五年)54岁 ………………………………… (1121)

1947年(丁亥　民国三十六年)55岁 ………………………………… (1184)

1948年(戊子　民国三十七年)56岁 ………………………………… (1223)

1949年(己丑　民国三十八年)57岁 ………………………………… (1265)

1950年(庚寅)58岁 …………………………………………………… (1312)

1951年(辛卯)59岁 …………………………………………………… (1361)

1952年(壬辰)60岁 …………………………………………………… (1402)

第四卷

1953年(癸巳)61岁 …………………………………………………… (1443)

1954年(甲午)62岁 …………………………………………………… (1475)

1955年(乙未)63岁 …………………………………………………… (1516)

1956年(丙申)64岁 …………………………………………………… (1567)

1957年(丁酉)65岁 …………………………………………………… (1618)

1958年(戊戌)66岁 …………………………………………………… (1666)

1959年(己亥)67岁 …………………………………………………… (1723)

1960年(庚子)68周岁 ………………………………………………… (1772)

1961年(辛丑)69周岁 ………………………………………………… (1811)

1962年(壬寅)70岁 …………………………………………………… (1865)

第五卷

1963年(癸卯)71岁 …………………………………… (1925)

1964年(甲辰)72岁 …………………………………… (1980)

1965年(乙巳)73岁 …………………………………… (2025)

1966年(丙午)74岁 …………………………………… (2067)

1967年(丁未)75岁 …………………………………… (2095)

1968年(戊申)76岁 …………………………………… (2120)

1969年(己酉)77岁 …………………………………… (2153)

1970年(庚戌)78岁 …………………………………… (2167)

1971年(辛亥)79岁 …………………………………… (2196)

1972年(壬子)80岁 …………………………………… (2235)

1973年(癸丑)81岁 …………………………………… (2271)

1974年(甲寅)82岁 …………………………………… (2298)

1975年(乙卯)83岁 …………………………………… (2306)

1976年(丙辰)84岁 …………………………………… (2312)

1977年(丁巳)85岁 …………………………………… (2321)

1978年(戊午)86岁 …………………………………… (2340)

后记 ………………………………………………………… (2356)

目　录

（第一卷）

编写凡例 ………………………………………………………………（1）
家世 ……………………………………………………………………（1）
1892年（壬辰　光绪十八年）出生 …………………………………（7）
1895年（乙未　光绪二十一年）3岁 …………………………………（8）
1896年（丙申　光绪二十二年）4岁 …………………………………（9）
1897年（丁酉　光绪二十三年）5岁 …………………………………（10）
1898年（戊戌　光绪二十四年）6岁 …………………………………（11）
1899年（己亥　光绪二十五年）7岁 …………………………………（11）
1900年（庚子　光绪二十六年）8岁 …………………………………（13）
1901年（辛丑　光绪二十七年）9岁 …………………………………（13）
1902年（壬寅　光绪二十八年）10岁 …………………………………（14）
1903年（癸卯　光绪二十九年）11岁 …………………………………（15）
1904年（甲辰　光绪三十年）12岁 ……………………………………（16）
1905年（乙巳　光绪三十一年）13岁 …………………………………（17）
1906年（丙午　光绪二十二年）14岁 …………………………………（19）
1907年（丁未　光绪三十三年）15岁 …………………………………（22）
1908年（戊申　光绪三十四年）16岁 …………………………………（26）
1909年（己酉　宣统元年）17岁 ………………………………………（28）
1910年（庚戌　宣统二年）18岁 ………………………………………（30）
1911年（辛亥　宣统三年）19岁 ………………………………………（34）
1912年（壬子　民国元年）20岁 ………………………………………（42）
1913年（癸丑　民国二年）21岁 ………………………………………（54）

1914年（甲寅　民国三年）22岁 …………………………………（62）

1915年（乙卯　民国四年）23岁 …………………………………（72）

1916年（丙辰　民国五年）24岁 …………………………………（83）

1917年（丁巳　民国六年）25岁 …………………………………（92）

1918年（戊午　民国七年）26岁 …………………………………（101）

1919年（己未　民国八年）27岁 …………………………………（111）

1920年（庚申　民国九年）28岁 …………………………………（130）

1921年（辛酉　民国十年）29岁 …………………………………（154）

1922年（壬戌　民国十一年）30岁 ………………………………（205）

1923年（癸亥　民国十二年）31岁 ………………………………（234）

1924年（甲子　民国十三年）32岁 ………………………………（280）

1925年（乙丑　民国十四年）33岁 ………………………………（308）

1926年（丙寅　民国十五年）34岁 ………………………………（338）

1927年（丁卯　民国十六年）35岁 ………………………………（382）

1928年（戊辰　民国十七年）36岁 ………………………………（409）

1929年（己巳　民国十八年）37岁 ………………………………（436）

1930年（庚午　民国十九年）38岁 ………………………………（449）

1931年（辛未　民国二十年）39岁 ………………………………（473）

1932年（壬申　民国二十一年）40岁 ……………………………（484）

编写凡例

一、《郭沫若年谱长编（1892—1978年）》依据目前所能得见的郭沫若的所有材料，力求完整、真实地反映郭沫若作为20世纪中国文化巨人丰富多彩的一生，包括他的人生道路、思想历程、文学创作、学术研究、社会活动、国务活动、人际交往等各个方面。

二、编写原则：以翔实可靠的历史文献资料为依据，注意吸收近年来相关方面的最新成果，经过认真比较研究，编写入谱，力求资料性、学术性、传记性相统一。对于现有关于谱主生平的记述文字以及相关史料，要在确认其真实、准确的原则下使用。需要重新考订者，以考订的结果入谱，并以编者注的形式简要说明。难以简要说明者，谱文之外，另文记录在案。

三、郭沫若的生平活动一律入谱。郭沫若已发表、出版的文章、著述（包括讲话、书信、日记、题词、译著，以及用外文撰写的作品），一律入谱。

四、编写要求。

1. 郭沫若为谱主，叙述谱主事迹，省略主语。

2. 对于谱主事迹、作品，作完整、客观的陈述。本事的叙述文字力求简洁明了。对本事必要的说明文字、材料引述等另段记述。

3. 全书编写，以事系日、以日系月、以月系年。日期不详者，或记为旬，或记为本月；无月可据者，或记某某月间，或记为季，或记为本年。旬记于每旬之末，某某月间、季，分别插入当年相关位置。同一日中，凡能区分早、午、晚者，均直书"上午""下午""晚"，按时间先后分段编排。同一日期或时段有多项记事者，从第二项起，另段撰写。段落前以"◎"号标明，表示与第一项记事日期或时段相同。

4. 谱主著译，以单篇文章书写时间入谱，注明初次发表日期、报刊（卷、期）以及收入谱主某专集、《沫若文集》、《郭沫若全集》或其他"丛书""文库"本的情况。剧作以创作过程入谱，在撰写完成日期项下注明发表、出版情况。该剧作首场演出及有重大改动的复排首演情况（剧团、导演、演员、场面等），以相关日期另项入谱。

谱主著译写作时间不详者，以初次发表时间入谱。写作或发表时间有不同记述者，包括谱主自注写作时间与实际情况不符者，根据考订后的时间入谱，并以"编者注"的形式说明。谱主著译在收入专集（包括专集改版本）、《沫若文集》、《郭沫若全集》时，篇名、内容有改动、增删者，于该专集（包括专集改版本）、《沫若文集》、《郭沫若全集》各卷出版时间项下做出说明。

5. 入谱作品，均作内容简介。代表作，介绍主要观点，引录原文重要段落。其标题、引文，引录最初发表或出版的文字。内部讲话、档案、书信、日记、未入集的文章、作品等，尤需引录其重要段落原文。谱主用外文撰写的作品，依据谱主自译中文本或初次发表的中文本文字引录。译成外文出版的作品，不再作内容简介或原文引录，必要时依据出版文字引录译者序、跋中的重要文字。诗歌引文，均连排，其中自由体诗歌以"/"号断行，以"//"号断节。文章的引文中如有连续段落，则该引文在冒号后另段行文。

6. 首次出版的谱主著译专集单行本（包括个别单篇出版单行本），以初版本出版时间入谱，注明篇目、出版社。单行本改版出版，收入《沫若文集》《郭沫若全集》时篇目有改动、增删者，于改版本、《沫若文集》《郭沫若全集》各卷出版时间项下做出说明。首次译成外文出版的作品（包括国内翻译出版、海外翻译出版两种情况），均以出版时间入谱，注明译者、出版社、所据中文版本等情况。

7. 谱主活动，据谱主记述、回忆，相关的报道资料，他人回忆等，以发生时日入谱。三者记述不同者，经考订后入谱，并录入不同的记述，以示存异。

8. 谱主活动行止，随变动时间准确入谱。长期定居一地，入住、搬迁时日、居所地址等情况均应入谱。国务活动、社会活动等，要有准确地点。

9. 本谱采用公元纪年，使用阿拉伯数字。1892—1911年期间，于公元纪年后用括号注出干支纪年、清代年号，用汉字数字；1912—1949年期间，于公元纪年后用括号注出干支纪年、民国纪年，用汉字数字。1950年以后，只用公元纪年。谱主岁数，记周岁。引文中的数字，保持原貌不变。其他数字使用，按照有关规定执行。

10. 为反映谱主创作活动、学术文化活动、社会活动的时代背景及重大影响，本事之外作必要的背景叙述。年内发生的具有历史意义的标志性事件、文化界发生的大事件，按时间顺序记入本年本事叙述前。与各项所记本事相关的背景资料，结合本事的叙述内容，另段附记于本事项下。

11. 本谱纪年、日期等，标明本事项目的"◎"号，均以五号标准黑体字书写；本事叙述用五号标准宋体字书写；本事之外的叙述文字，均以五号标准仿宋体字书写。

12. 本谱谱文（包括本事及本事之外的叙述）所依据的资料，以及直接引用的资料，均于行文中以括号用小五号字注明出处，字体随文。资料出自谱主著述的，仅注明篇名、集名。其他资料需注明作者、篇（书）名、发表（出版）者（报刊、出版社）、发表（出版）时间（刊期）等内容。档案（包括部分书信、日记等）的引用，遵照档案管理规定执行。文中需作说明者（包括考异等），均加"编者注"字样。涉及的其他人物、事件，一般不作注释。需要特别说明者，可作脚注。

13. 本谱引用资料中原无标点者，均作标点。

家　　世

祖籍福建汀州宁化县龙上里七都。约清乾隆四十六年（1781）前，先祖郭有元"背着两个麻布"入蜀。从跟马帮到自办马帮，自凿盐井，置地建房，定居沙湾镇，约在乾隆末年或嘉庆初年（1795—1796）。曾祖郭贤琳，字玉楼，妻张氏，续弦邱妙恩。邱氏寿高102岁，旌表百岁坊，钦赐"贞寿之门""五世同堂"。经营盐业，开办郭鸣兴号，与族曾祖郭贤惠的郭鸿兴号齐名。开始在今沙湾建房造屋，后几经扩建至20世纪二三十年代父亲郭朝沛才成今天的格局。

祖父郭明德，字秀山。曾执掌沙湾码头"任侠仗义"，"有财利必分惠于人"，"家业以是中落"。有子四人。

父亲郭朝沛（1853—1939），行三，字膏如。"因家境日绌，早年辍学入商"，时年十五。"学商三年即归主家计。"天分甚高，珠算、中医，能无师自通。善理财，酿酒、榨油、贩卖烟土、兑换银钱、粜纳五谷，凭其父"秀山公"的"光威"，在铜（大渡河）、雅（青衣江）、府河（岷江）一带得过不少方便，短期内使家业得以恢复。晚年知烟土流害，终断这行营业。郭朝沛重视教育，道："子孙虽愚，经书不可不读。"办家塾绥山山馆，为家族子弟延师授业。四个儿子都送往外地和国外读书，供给所需费用。

母亲杜氏（1857—1932），杜家场人。其父杜琢章，二甲进士，做过几任县官，1857年在贵州黄平州州官任上遇苗民起义，城陷全家殉节。杜氏当时不满周岁，由奶妈带出逃难，流落贵州、云南，回到四川。曾寄养于舅父家，不堪虐待由外祖母领回。杜氏资质聪颖，虽未入学，耳濡目染却能背诵一些诗词，"巧于刺绣"。开朗、乐观，吃苦耐劳，对子女既严格又慈爱。其独特的经历和立身行事，给子女以很大影响。（《德音录·先考膏如府君行述》，郭开文《德音录·先妣事略》《德音录·祭母文》，《沙湾文史》1987年6月第3期；嘉定府官立中学堂所颁修业文凭；《我的幼年》）

2　郭沫若年谱长编(1892—1978年)

郭氏家族谱系

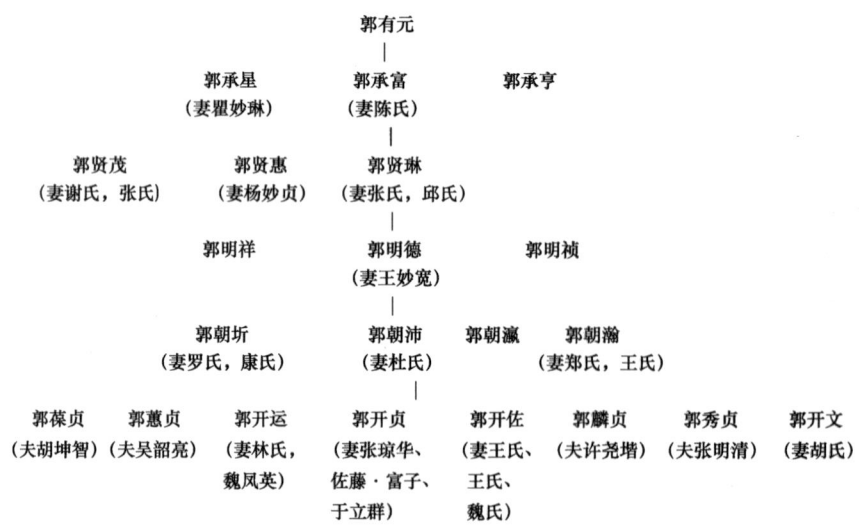

（郭开鑫《郭沫若家谱》，《沙湾文史》1986年8月第2期；唐明中《郭沫若家族入蜀时间及世系初考》，《郭沫若研究学会会刊》1982年第1集；冯乐堂《郭沫若家世图谱》，《烟台师范学院学报》1984年第1期）

"先考膏如府君讳朝沛，先王父秀山公之第三子也。赋性耿介，毅力过人，年少时有张桓侯之誉焉。吾家原籍福建，百五十八年前由闽迁蜀，世居乐山县铜河沙湾镇……入蜀四代而至秀山公，族已昌大。秀山公任侠仗义，自奉甚薄，有财利必分惠于人，乡党有告贷者，率慨然与之而不责其偿，家业以是中落。秀山公生府君兄弟四，先伯父怀璞公，逊清同治七年入县庠，为吾家通籍之始；先仲父、先季父暨府君均因家境日绌，早年辍学入商。府君辍学时年十五，学商三年即归主家计，时同治十一年也。其年九月，行妣杜太夫人来归府君。先妣乃本邑前清进士琢章公之季女。琢章公知贵州黄平州时，苗变城陷，枕城自刎，阖门殉节。于时先妣甫周岁，义媪刘负之逃，九死一生，得免于难。二岁由黔返蜀，十五于归，六十年间所以辅弼府君者至敦洽。府君既得先妣之内助，因以结缡金为资，权母较子，籴贱粜贵，奔走于铜、雅、府三河之间，如眉州、青神、峨眉、洪雅、夹江及流华溪、五通桥等城镇，举莫不有府君之足迹。府君善观时变货情，凡远近州县岁时之丰啬，民俗之淳漓，必详为咨考，以占其需给。以故意则屡中，积著率倍，不数年间家业复振。然府君所茹之辛苦，实有难以形于楮墨者。府君尚节约，为商务奔走时，恒以褡裢负金于左肩，日辄行百数十里，虽风雨寒暑无间，积久脊柱右屈，右肩因以下欹……府君事亲至孝，经纪有获，必悉数以奉于先王父，先王父则赢余而归其母以备周转。乡人素知先王父好义，每瞰府君之归，即麇集先王父前求周济，先王父必有以餍其求。府君后年尝对不孝等言：'先王父种德无量，后必有食其报者，其在汝辈乎。'先王父于光绪十年捐馆后，先王母多病，府君居家必亲视汤药，出门则广咨名医宿手，究问方剂，夜每以医籍为枕。如是者八年，先王母亦谢世，而府君于歧黄之学已通其奥蕴。乡人有疾苦者恒就诊治，投剂辄愈。遇有时疫，四方来求者尤众。由是医仙之号遂播于退迩，盖以活人多而学若有天纵者然。然府君绝不以此自衿，生平未曾以医鸣，疗人而不愿受人质，人以是益敬仰府君。府君好施与，自成年以至衰老，办赈平籴，施棺送药诸善举，终身行之不倦。乡中公益事，其大者如兴学校，设义渡，造桥梁，辟道路，及治安消防等设施，率首倡而促成之，世颇称沙湾为铜河中之文化乡镇者，有以也。……府君因少年失学，恒以为憾，故于不孝等课读綦严。不孝等及从兄弟辈胥业儒，家有专塾，敦聘沈师焕章主教者凡十余年，宾主师弟之间，相洽如家人父子。先兄郭开文以光绪二十一年游泮，时年十七，其后清廷变法，废科举，兴学校，先兄以增生考入省垣东游预备学堂，一年毕业后咨送留学，肄业日本东京帝国大学法科凡四年。不孝佐与先兄同时考入省垣武备学堂，三年毕业后亦被省送东京，调查军制。因自觉科学根底薄弱，乃转入普通学校肄业，然仅三年，业未竣而归里。……贞则踵二兄后远涉重洋，毕业于日本九州帝国大学医科，居东者历十年之久。凡此塾中膏火，海外学资，率由家中接济，胥府君一手一足之烈也。"（《德音录·先考膏如府君行述》，《沙湾文史》1987年6月第3期）

"窃观吾父之志行，却有不能不为国家民族重惜者，则以吾父未能获得适当之时与地，以发展吾父之才智也。吾父实负有不世出之天质，于智仁勇之三达德，无不完具。姑以智力言之，吾父计算之精，不学而能，遇有土木工事，每自先行制图立案，以示诸匠，需材若干，费工几何，均一一预定，虽巧匠不能逾越。先曾王妣之百岁坊，即吾父之所设计，人咸称为伟构矣。以勇，故所企之业，业无不成；所接之人，人无不化。……吾父年未弱冠，即为家业奔走于四方，饥渴无常，寒暑不避。曾闻父言，父少时曾于大雪中乘筏由雅河顺流而下，下部全体冻僵，至于不能行步。此其坚苦，可谓卓绝。"（《德音录·家祭文》，《沙湾文史》1987年6月第3期）

"先妣姓杜氏，为乐山名宿慕樊公之孙女，清封中宪大夫宝田公之女，世袭云骑尉开诚公之妹，以咸丰丁巳七年九月，生于贵州开州城内公寓，长于四川乐山安谷乡响水滩。杜氏一门忠烈，节概皭然。先妣褴褓失祜恃，流离颠沛，九死一生……综计生平困厄惨苦，殆极人世所难堪，而先妣卒能履险如夷，居困若亨。……初先外王考以咸丰壬子恩科赐进士出身，榜下分发贵州即用县，历宰龙泉广顺修文各邑，所至有政声。后调署黄平州，遇苗匪叛变，婴城固守，城破，公率死士巷战，杀伤过当，乃从容部署后事，亲见外王妣史恭人、三姨及乳母亲宋媪负四姨，刘媪负先妣，赴荷池以殉。恭人三姨已横尸水上，时先妣才周岁，刘媪负入池，亦半溺矣。会公匆卒出御贼，死于难。刘媪谓宋媪曰：'赴水与遇贼，等死耳。不如逃，或幸生。'宋媪以川籍逃无所往，且四姨已四龄，足纤难负重致远，遂死之。刘媪本黔人，有女在贵阳，思女情切，负先妣从署后遁。苗匪劫其钗镯，及先妣压胜品。媪令不予，匪持刀砍之，中媪眉际，刃伤先妣额，媪晕绝，匪舍去。媪旋舒，复狼狈行，又与土寇遇，尽褫其衣褴。寒冬十月，先妣仅着单衣二，媪赤身，更分一衣遮胸际，向乡农乞草索绚，络之前进。昼则沿门托钵，夜则破庙栖身，露宿风餐，卒间关至省，流寓但太史家。太史遇先妣善，欲抚为义女，会舅氏赴黔舆榇，以祖命婉却，次年乃获同归。抵家后寻遘蓝李之乱，家人皆散走，惟外曾王妣外嫡王妣二姨适张者，与先妣相依为命。外家故不丰，遭世变益中落，清廷岁恤八十金，给不以时，且为舅妗私握。赡养费月仅制钱一千，必数往返，乃零星凑付。重闱孤孀，饘餐不继，至以菽麦杂粮充饥。外王妣性至孝，以精糁进姑，与先妣食粗粝，尝啖外曾王妣以戎菽，而自啮其皮，其惨苦虑如此。先妣曾寄养他房，冀减食指，又为从堂姊妹行恶作剧，强饮以檐溜，致病腹胀，事为外王妣所闻，复引还。人有病先妣不习女红者，外王妣曰：'女大自巧。'已而果然。先妣稍长，即以针黹纺绩博绳头，得钱奉母佐饘粥，人有'针神'之誉。外曾王妣谢世，遗先妣以金饰一事，亦为舅氏索去。于归之日，由族人某酿资遣嫁，礼殊草草。外王考宝田公，外王妣史太恭人，及三姨四姨，于光绪中业，奉旨入本县'忠烈''节孝'两祠。……家君既冠，即主家政，为先王考分劳。以结缫钱充资本营商，不足复称贷以益之，所意屡中，先妣亦以十指所入贴家用。家君工计学，善籴贱粜贵，先妣铢积而寸累之，家以稍裕。顾好公义，持大体，不殖私财，数十年如一日，家君与先妣盖相得而益彰也。先妣事姑嫜以孝，处娣姒以和，教子女以方。操井臼，亲机杼……靡不躬任其劳。……祖训重读书，远祖玉楼公书先哲格言遗训，有'子孙贤族乃大，兄弟睦家之肥'及'祖宗虽远，祭祀不可不诚；子孙虽愚，经书不可不读'等语，历代相承，惟孝友勤俭是尚，无或违异。先王考捐馆日，尤谆谆以子孙勿废读为嘱。先妣篝灯夜话，时述先德资淬砺，督不孝等以诗书，课诸女弟以女红，弦诵声与刀尺声相和也。……不孝等稍有寸进，师之教，亦母之训也。先妣性高洁，有局度，持家有法，不严而肃，上下之辨，内外之防，厘然不稍紊。……生平无嗜好，无戏谑，尤恶博进。"（郭开文《德音录·先妣事略》，《沙湾文史》1987年6月第3期）

"吾母一生，自少而壮，而老，以迄于亡，无不与困苦艰难奋斗搏战，卒能战胜环境，以有今日。……吾母性至孝，以事外曾祖母外嫡祖母之道，移以事吾先曾祖母与先祖母，居恒先意承志，下气柔声，操劳之暇，说弹词，诵佛偈，凡老人所好，靡弗视于无形，听于无声，以是常得老人欢。先祖母常慰吾母曰：'汝量大见大，将来福亦大。'先祖母亦尝谓吾母曰：'檐前水，滴旧窝，一报还报差不多，种瓜得瓜，种豆得豆，汝事吾孝，愿汝有媳如汝耳。'……吾母富于慈爱，教子女以义方，从无恶言剧色。市井之语，粪土之言，绝不闻出于母口，亦不容入于母耳，与家人处，终岁无勃豁诟谇声。于诸孙尤笃爱，诸媳相观而善教子女，无得加恶声。……吾母一生，寝必深夜，起必黎明，衣不重袭，食无兼味，啬于自奉而厚于待人。不孝等预闻国事，小有禄入，偶进珍错纨绮，都屏弃弗御，仍蔬布自安，且以'日中则昃，月盈则亏'为戒。每谕不孝等曰：'常将有日思无日，莫把无时作有时。'不孝等凡归省一次，必勖以'尚廉洁，甘淡泊，毋冒进，致失本来面目，以贻先人羞。'亲邻有孤孀不能自存者，必解衣推食相周恤……吾母晚年习静好佛，禅净兼修，每日除课诵参礼外，以菩提子一串自随，并与邻近同好结'莲社'，在家礼忏，不轻涉寺院随喜。尝语人曰：'唯心净土，自性弥陀。'又曰：'佛在灵台莫远求。'一生与困苦难堪相习相安，迄蔗境甘回，所恃以为精神上之慰藉者，仅此味澹声稀之禅悦而已。尚未得善知识之薰修，与长年月之渐进，而临命终时，了然生死，来去自由，吾母若非根器不同，何能精神专注无事弗成若此。……既弥留，神识犹清，时以叔子为念，谓'此疾为思子病，非药物所能愈，他日八儿归来，必善视吾张氏媳，毋令失所'……综计吾母一生，有释子之苦行，而非趋于寂灭；似墨家之兼爱，而匪藉以要名；备孔氏之庸言庸行庸德，又能舍旧而谋新。畴昔年以勉励不孝等者，要不离乎自他两利，与救济群生。盖吾母之人生观，一本儒家之仁义，而兼抱佛子之大悲与菩提心也。夫天道无亲，惟德是辅，大德必寿，自古所闻。今吾母独才丰而遇啬，德隆而报替。人生到此，天道宁论。"（郭开文《德音录·祭母文》，《沙湾文史》1987年6月第3期）

杜琢章，四川乐山县人，壬子恩科进士。签分贵州，补授修文县知县，升用知州，历署龙泉、广顺等处。爱民如子。厥后署理黄平州，时值苗匪之乱，罄产招练勇防剿，身经百战，固守年余。讵苗匪猖獗，突于咸丰八年十月初一日聚集万骑冲陷城垣，公督练勇迎剿，杀贼数百人。众寡不敌，临阵捐躯。其妾史氏、女三姑、四姑同时尽节。巡抚蒋霨远具奏请卹。照知州阵亡例从优议卹，其妾史氏、女三姑、四姑一例旌奖。（《贵州通志·宦迹志》第十五卷《杜琢章采访册》，任可澄等纂修，民国三十七年贵阳文通书局铅印线装本）

杜琢章字宝田，咸丰五年署广顺州篆。十月，遵义杨隆喜窜扰定番，盘踞州属威远场，鹁鸽土匪陈五豹等乘间窃发，烧掠州西竹林、王二、硐口等寨，州中戒严。巡抚蒋霨远拨松桃兵来州助防，城绅但小云招募练丁五百随孝军门大兵剿威远贼匪。琢章募乡勇与在城兵扎营西门外麦光坡堵御陈匪。琢章加意抚循，同甘共苦，早晚待兵食而后食，兵卒感之，虽严寒不殊挟纩。十二月，威远贼经大兵击败远循，陈匪亦被官绅剿灭，州城得以保全。后调黄平，苗匪陷城殉难，入祀昭忠祠。（《贵州通志·宦迹志》第十五卷《杜琢章广顺册》，任可澄等纂修，民国三十七年贵阳文通书局铅印线装本）

曾祖母邱氏，一说为邱妙福（郭开鑫《郭沫若家谱》，1986年8月《沙湾文史》第2期）；一说为邱妙思。（唐明中《郭沫若家族入蜀时间及世系初考》，《郭沫若研究论集》第2集，四川人民出版社1984年4月版）——编者注母亲杜氏，一说为杜邀贞（王锦厚、伍加伦《郭沫若是怎样走上文学道路的?》，《郭沫若研究专刊》，《四川大学学报丛刊》1979年7月第2辑；郭友珍《德音录·翻印缘起》，《沙湾文史》1987年6月第3期）；一说为杜福荪（郭开鑫《郭沫若家谱》，《沙湾文史》1986年8月第2期）；一说为杜荪福。（唐明中《郭沫若家族入蜀时间及世系初考》，《郭沫若研究论集》第2集，四川人民出版社1984年4月版）——编者注

1892年（壬辰 光绪十八年）出生

8月 沙俄出兵帕米尔地区，强占我莎雷阔勒岭以西两万多平方公里领土。

11月

16日（阴历九月二十七日） 午时，出生于四川省乐山县观峨乡沙湾镇（今乐山市沙湾区），名开贞。（《我的幼年》《五十年简谱》）

父，郭朝沛，字膏如；母，杜氏；大哥，郭开文，字橙坞；五哥，郭开佐，字翊新；三姐，郭秀贞；四姐，郭麟贞；另有一兄两姐早夭。

"我是生在阴历九月尾上，日期是二十七。人是午时生的。听说我生的时候是脚先下地。这大约是我的一生成为了反逆者的第一步，或者也可以说我生到世间上来第一步便把路走错了。我倒生下来，在那样偏僻的乡间，在那全无助产知识的时代，我母亲和我都没有受厄，可以说多少是个奇迹。……我母亲说我受胎的时候，是梦见一个小豹子突然咬着她左手的虎口，便一觉惊醒了。所以乳名叫着文豹，因为行八，我的母亲又叫我是八儿。"（《我的幼年》《五十年简谱》）

在1918年进入日本九州帝国大学医科大学时所填写的入学履历表，以及校学籍簿上登记的出生日期，均为"光绪十八年壬辰九月二十九日"，即1892年11月18日。（参见武继平《郭沫若留日十年》，重庆出版社2001年3月版；蔡震《"郭沫若与日本"在郭沫若研究中》，《新文学史料》2007年第4期）

在"亲自校正"日本小蜂王亲所作《郭沫若年谱》（载日本《法政大学教养部研究报告》1963 年 6 月第 7 号）中出生日期时，改为"十一月十七日"，即 1892 年 11 月 17 日。（据原件校正手迹，蔡震《郭沫若生平文献史料考辨·三个生辰日期？》，社会科学文献出版社 2014 年 7 月版）

沙湾离乐山城西南 25 里，唐时名南林镇，清道光时旧址冲毁迁今地。位于大渡河西岸峨眉山东麓，依山傍水，风景奇秀。背靠绥山（峨眉第二峰，俗称二峨），面临大渡河（又称铜河），峨眉第三峰（三峨）在沙湾正南面，又名美女峰。

1895 年（乙未　光绪二十一年）3 岁

4 月　中日甲午战争中国战败，清政府被迫签订《马关条约》。条约规定有对日本割地、赔款、开放通商口岸等内容，洋务运动彻底失败。

5 月 2 日　康有为联合各省在京应试举人向光绪皇帝上书，要求拒和、迁都、变法。史称"公车上书"。

8 月　康有为在北京发起成立强学会，提倡变法图强。

本　年

◎ 得母亲教诵唐诗。

"我之所以倾向于诗歌和文艺，首先给予了我以决定的影响的就是我的母亲。我的母亲姓杜，她长于刺绣，对于诗歌有偏爱。在摇篮时代一定给我们唱过催眠歌，当然不记忆了。但在我自己有记忆的二三岁时她已经把唐人绝句教我暗诵，能诵得琅琅上口。这我相信是我所受诗教的第一课。"（《如何研究诗歌与文艺》）

"母亲的资质很聪明，不怕她幼时就成为无父无母的孤儿，她完全没有读过书，但单凭耳濡目染，也认得一些字，而且能够暗诵得好些唐诗。在我未发蒙以前她教我暗诵了很多的诗，有一首是：'落花相与恨，到地亦无声。淡淡长江水，悠悠远客情。'这是一首唐诗，我始终能够记忆的。"（《全唐诗》卷四十六，韦承庆《南行别弟》："淡淡长江水，悠悠远客情。落花相与恨，到地亦无声。"——编者注）"在一生之中，特别是在幼年时代，影响我最深的当然要算是我的母亲。我的母亲爱我，我也爱她。"（《我的幼年》）

弟，郭开运（翊昌）生。

1896年（丙申　光绪二十二年）4岁

6月　《中俄秘约》签订，以共同防御日本侵略为由，俄国势力进一步深入东北地区。

8月　黄遵宪、汪康年等在上海创办《时务报》，梁启超为主笔，宣传变法图强，并开始使用新文体。

10月　清政府设铁路总公司，盛宣怀任督办。

本　年

◎ 随母亲访亲，初次进嘉定城。得观川剧《游金河》，听讲《熊家婆》的故事。（《我的幼年》）

◎ 随父亲往流华溪亲戚家贺婚事，归途中遇匪。

"匪首曾得父亲医病，为谢治病救命之恩，与父亲相认。父亲万分感慨，并以此训诫说：'积金不如积德，善虽小，不可不为。'又说：'有匪盗者不尽凶顽，多因失业或被迫而行险，要在为民上者善教而利导之耳。'"（《德音录·先考膏如府君行述》，《沙湾文史》1987年6月第3期）

◎ 已能听懂善书。

"未发蒙以前，已经能够听懂这种讲《圣谕》先生的善书。""乡下每每有讲《圣谕》的先生来讲些忠孝节义的善书。这些善书大抵都是我们民间的传说。叙述的体裁是由说的和唱的合成，很像弹词，但又不十分像弹词。"（《我的幼年》）

◎ 初次接触《易经》《书经》，听读几遍可成诵。

"比我长四五岁的次兄（我们依着大排行叫他是五哥），在家塾的先生回家去了的时候，每每要在灯下受父母的课读。读的当然不外是些

《易经》、《书经》。……我睡在床上或者在灯下游戏,听着他读得几遍,我倒可以成诵了。"(《我的幼年》)

1897年（丁酉 光绪二十三年）5岁

2月　夏瑞芳、鲍咸昌在上海创办商务印书馆。

10月　严复等在天津创办《国闻报》，从第2期开始，陆续登载严复译述的赫胥黎《天演论》部分章节。

11月　德国借传教士在山东巨野被农民击毙，出兵强占胶州湾。

12月　沙俄舰队入侵旅顺湾，强占旅顺、大连。

同月　康有为再次上书光绪帝，要求尽早维新变法。

春

◎ 入家塾"绥山山馆"读书。(《五十年简谱》《我的幼年》)

"我自己是四岁半发的蒙。我的发蒙是出于自己的要求。""那是一八九七年的春天，我父亲引我到家塾里去向沈先生拜了师，是用一对蜡、三炷香，在'大成至圣先师孔子神位'前磕了几个响头的。我从此以后便穿了牛鼻子了。——我们乡下人说发蒙叫'穿牛鼻'。"家塾设在后院，依峨眉第二峰绥山取名。先生沈焕章，是一位禀生，嘉定府犍为县人。沈先生是当地名宿。(《我的幼年》)

本　年

◎ 发蒙读《三字经》《唐诗三百首》《千家诗》。

"发蒙读的是《三字经》，甚么'人之初，性本善，性相近，习相远'这样很暧昧的哲学问题，撒头撒脑就搁在儿童的头上，你教他怎么能够懂？你教他怎么能够感觉趣味？我读不上三天便逃起学来，怎么也不愿意再上学。但已经是穿了鼻子，你便怎样反抗也没有办法了。"

"家塾的规矩，白日是读经，晚来是读诗。读诗不消说就是为的做诗的准备了。我们读的是《唐诗三百首》和《千家诗》。这些虽然是一样的不能全懂，但比较起来什么《易经》、《书经》、《周礼》、《仪礼》等等，总要算有天渊的悬隔了。""比较易懂的《千家诗》给予我的铭感很浅，反而是比较高古的唐诗很给了我莫大的兴会。唐诗中我喜欢王维、孟浩然，喜欢李白、柳宗元，而不甚喜欢杜甫，更有点痛恨韩退之。韩退之的诗我不喜欢，文我也不喜欢，说到他的思想我更觉得浅薄。"(《我的幼年》)

妹，郭蕙贞生。

1898年（戊戌　光绪二十四年）6岁

5月　张之洞发表《劝学篇》，鼓吹"中学为体，西学为用"。
6月至9月　戊戌变法历时103天，终至失败。
12月　梁启超在日本横滨创办《清议报》（旬刊），鼓吹立宪保皇。
本年　京师大学堂创立于北京，是为中国最早的大学。

本　年

◎ 读司空图的《诗品》。

诗品读得最早，在五六岁发蒙时，顶喜欢它。直到现在关于诗的见解大体上还受它的影响。"这本书我从五岁发蒙时读起，要算是我平生爱读书中之一。"(《序我的诗》；《1921年10月6日致郁达夫信》，《沫若书信集》，上海泰东图书局1933年9月版)

◎ 开始学做对子。

"做对子是六岁开始的。""起初是两个字，渐渐做到五个字，又渐渐做到七个字以上。"(《我的学生时代》《我的幼年》)

1899年（己亥　光绪二十五年）7岁

春　山东发生义和团起义，很快扩展到华北东北各地。次年提出"扶清灭洋"的口号。

夏　林纾用文言翻译法国作家小仲马的小说《茶花女》出版，名《巴黎茶花女遗事》。

9月　美国提出"门户开放"政策，要求与其他帝国主义列强"利益均沾"。

本年　章太炎《訄书》（论文集）印行。

河南安阳小屯殷墟发现甲骨文。

英穆勒著《自由论》由严复翻译出版。

本　年

◎ 开始学做试帖诗。

"做对子是六岁开始的，做试帖诗是七岁开始的，后来就改做经义论说，算还没有学做过八股。""在家塾里所受过的非刑中，我自己觉得还有一种更残酷的便是'诗的刑罚'。……连说话都怕还不能说条畅的小孩子，那里会能了解甚么虚实平仄，更那里能够了解甚么韵律对仗呢？但是做不出也还是要叫你做，做到后来，公然要做试帖诗了。……每三天一回的诗课，早饭过后把应读的书读了，便对着课本子瞑坐。翻来复去地把前面改了的旧课拼命地观摩，想在油渣里面再榨点油出来。用陈了的老套头甚么'二月风光好'、'三月风光好'、'四月风光好'之类，差不多把周年十二月都用完了，就是小孩子的自己也觉得难乎为情。起初是无聊的枯坐，后来渐渐变成焦燥的熬煎了。做不出来是不准你出去玩耍的。由上午坐到下午，由下午又坐到黑，仍然做不出来，那就只好逼得流眼泪了。"（《我的学生时代》《我的幼年》）

"诗，假如要把旧诗都包含在里面，那我作诗的经过是相当长远的。我自己是受科举时代的余波淘荡过的人，虽然没有做过八股，但却做过'赋得体'的试帖诗，以及这种诗的基步——由二字至七字以上的对语。这些工作是从八岁时动手的。但这些工作的准备，即读诗，学平仄四声之类，动手得尤其早，自五岁发蒙时所读的《三字经》、《唐诗正文》、《诗品》之类起，至后来读的《诗经》、《唐诗三百首》、《千家诗》之类止，都要算是基本工作。由这些基本工作及练习，到十三岁进小学受新式教育为止，虽然也学到了一些旧诗的滥调，时而也做过一些到现在都还留在记

忆里的绝诗的短章，但是真正的诗的趣味和才能是没有觉醒的。"(《我的作诗的经过》)

妹，郭葆贞生。

1900年（庚子　光绪二十六年）8岁

8月　英、法、日、俄、德、美、意、奥八国联军入侵北京，慈禧太后、光绪皇帝逃往陕西。清政府与侵略各国议和。

12月4日　列宁在德国莱比锡创办的《火星报》上发表《中国的战争》一文，痛斥各国帝国主义侵略中国的罪行，号召俄国人民起来推翻沙皇统治。

本年　义和团运动迅猛发展。八国联军入侵北京后，清政府下令剿灭义和团，八国联军"助剿"，义和团运动失败。

本　年

◎ 曾祖母邱氏百岁寿辰，光绪帝钦赐"贞寿之门"，在乡场上建"百岁坊"。

"坊表立在乡场的北端，刚刚成为了沙湾场的门户。那建筑工事的本身，有许多文字和雕塑的装饰，这或者在我后来的文艺的倾向上有点潜在的作用。"(《我的幼年》)

1901年（辛丑　光绪二十七年）9岁

9月7日　清政府与英、美、俄、法、日、德等11国签订丧权辱国的《辛丑条约》。

9月14日（光绪二十七年八月初二）　清政府宣布科举废八股，改试策论，各省城设大学堂，各府厅直辖州设中学堂，各州县设小学堂。

9月17日　清政府命各省选派留学生，留学学成后，给予进士、举人等出身。

11月　袁世凯任直隶总督兼北洋大臣。

夏

◎ 得兄郭开文授以段玉裁《群经音韵表》及《说文部首》。但"一点也不感觉兴趣，只觉得是痛苦"。(《五十年简谱》《我的学生时代》)

本　年

◎ 家塾的教育内容与方法开始逐渐改变。读《地球韵言》《史鉴节要》。

"废八股而为策论，这是在变革过程中的一个最显著的事实。这是必然发生的社会意识的变化。这个变化不消说便直接影响到我们家塾教育的方法上来了。从前是死读古书的，现在不能不注意些世界的大势了。从前是除圣贤书外无学问的，现在是不能不注重些科学的知识了。不消说我们是从试帖诗的刑具解放了下来。还有一件事情不能不感谢的，便是我还没有受过八股的刑具。""真正的'洋书'不消说我们当时还没有读的资格。我们除圣经贤传之外，开始读了一部《地球韵言》，一部《史鉴节要》。这两部在当时是绝好的启蒙书籍，是用四言的韵语写成，对于我们当时的儿童真是无上的天启。"(《我的幼年》)

1902年（壬寅　光绪二十八年）10岁

2月　梁启超在日本横滨创办半月刊《新民丛报》。10月，又创办《新小说》月刊，以《论小说与群治之关系》代发刊词，宣传小说革命。

4月　蔡元培、章太炎等在上海发起组织中国教育会，11月，创办爱国学社，提倡教育救国。

6月17日　《大公报》创办于天津。

8月15日　清政府颁布各级《学堂章程》（钦定学堂章程）。

12月17日　京师大学堂正式开学。

本　年

◎ 家塾中废除诗课、八股，"学做经义策论"。(《五十年简谱》)

◎ "得《三国演义》残本，读之颇感兴趣。"(《五十年简谱》)

曾祖母邱氏逝世，享年102岁。

1903年（癸卯　光绪二十九年）11岁

1月　浙江籍留日学生创办《浙江潮》月刊，10月停刊。

5月　邹容发表《革命军》，鼓吹民主主义革命，深刻揭露清朝反动统治。在社会上产生极大影响。

6月　爱国学社的《苏报》，因发表邹容《革命军》和章太炎《驳康有为论革命书》，遭清政府查禁，章太炎、邹容被捕入狱，是为"苏报案"。

7月　列宁领导的俄国社会民主工党成立。

冬

◎ 开始接触新学书报：《经国美谈》《新小说》《浙江潮》《启蒙画报》等。

"在那年的秋闱过后，不久就有高等学堂、东文学堂、武备学堂在省城里产生了出来。我的大哥进了东文，五哥进了武备。新学的书籍就由大哥的采集，像洪水一样，由成都流到我们家塾里来。""甚么《启蒙画报》、《经国美谈》、《新小说》、《浙江潮》等书报差不多是源源不绝地寄来，这是我们课外的书籍。这些书籍里面，《启蒙画报》一种对于我尤有莫大的影响。""书中的记事最使我感着趣味的是拿破仑、毕士麦的简单传记。小时候崇拜他们两个人真是可以说到了极点。我最表同情的是拿破仑的废后约塞芬，她在死的时候还取出拿破仑的相片来表示爱慕，那真是引出了我的眼泪。毕士麦没有拿破仑那样动人，但是我很高兴他爱狗。我家里也有三条大狗，我一出一入就呼着他们相随，自己也就像成了东方毕

士麦一样。"(《五十年简谱》《我的幼年》)

◎ 在家塾开始学习新的蒙学教科书。

"各种上海出版的蒙学教科书，如格致、地理、地质、东西洋史、修身、国文等等，差不多现在中学堂所有的科目都有。我们家塾里便用这些来做课本。有一部《笔算数学》，是甚么教会学堂出版的东西，我们沈先生他自己自修了一遍，便拿来教我们。我们从加减乘除一直也就学到开方了。""家塾的壁上挂的四大幅合成的一面《东亚舆地全图》，红黄青绿的各种彩色真使我们的观感焕然一新。我们到这时才真正地把蒙发了的一样。"

大哥郭开文发起组织天足会。创办蒙学堂，聘乐山刘虞宾先生为教师。"五十多岁的我们的母亲，那时候也把脚解放了"。"我们的妹子和侄女也都跟着沈先生读起书来"。(《五十年简谱》《我的幼年》)

1904 年（甲辰 光绪三十年）12 岁

1月13日（光绪二十九年十一月二十六日） 张之洞等复奏重定各学堂章程，清政府颁布实行（奏定学堂章程）。

2月 日俄战争在我国东北旅顺等地爆发，次年9月以俄国失败告终。

3月 商务印书馆在上海创办《东方杂志》。

春

◎ 在家塾读古书"比较有条理了"。家塾亦废除了刑教。

"一面读《左氏春秋》，一面就读《东莱博议》。两者的文章都比较好懂，而且也能互相发明。这真是给予了我很大的启发。我的好议论的脾气，好做翻案文章的脾气，或者就是从这儿养成的。"(《我的幼年》)

◎ 就蒙学堂刘虞宾先生学体操。(《五十年简谱》)

夏

◎ 得兄郭开文授以简单日语。

"夏，先兄橙坞随日本教师一人游峨眉山之便，绕道来家，在家塾中寄宿数日，先兄时授以简单日语与外宾相谈。"(《五十年简谱》)

秋

◎ 随沙湾小学赴县城参加全县体育运动会。(《五十年简谱》)

本 年

◎ 作诗《茶溪》："闲钓茶溪水，临风诵我书。钓竿含了去，不识是何鱼。"

初收《潮汐集·汐集》，作注："茶溪在我家乡，水由峨眉山麓流入大渡河，幼时常垂钓于此，偶成此诗。"现收《郭沫若全集·文学编》第2卷。

◎ 作诗《早起》："早起临轩满望愁，小园寒雀声啁啾。无端一夜风和雪，忍使峨嵋白了头。"(《郭沫若少年诗稿》，四川人民出版社1979年10月版)

1905年（乙巳 光绪三十一年）13岁

2月　俄国资产阶级民主革命爆发。

8月20日　孙中山、黄兴、宋教仁等在日本东京建立统一的中国同盟会，选举孙中山为总理。纲领提出："驱除鞑虏，恢复中华，创立民国，平均地权。"

9月2日　清政府下诏自明年起废科举，推广学校。

11月　同盟会机关刊物《民报》发刊。孙中山在发刊词中进一步将同盟会十六字政治纲领阐发为"民族""民权""民生"三大主义，即"三民主义"。

2月

4日　与大哥谈出国留学事，知学实业可以富国强兵。

"其实实业的概念是怎样，我当时是很模糊；就是我们大哥恐怕也是人云亦云。不过富国强兵这几个字是很响亮的，那时候讲富国强兵，就等于现在说打倒帝国主义一样。我当时记起了我们沙湾蒙学堂门口的门联也是'储材兴学，富国强兵'八个字。"（《我的幼年》）

7日 随家人去茶天岗祭扫祖坟，作诗《正月四日茶天岗扫墓中途遇雨口占一律》："风雨飘然至，行人畏不前。轻装频觉重，熟路且疑延。山影素凝雾，苔痕碧入烟。蓬松头上发，渗透已如毡。"（《郭沫若少年诗稿》，四川人民出版社1979年10月版）

春

◎ 大哥赴日留学，意欲从行，父母未允。（《五十年简谱》《我的幼年》）

夏

◎ "开始读《西厢记》、《西湖佳话》、《花月痕》等书，甚感兴趣。"（《五十年简谱》）

《西厢记》里面还有些木板画插图。当时是禁止小孩子看的，因此在白天放下帐子装病躺在床上偷看。后来被大嫂发觉了，被母亲责备了一场。但责备是没有用的，"已经开了闸的水总得要流泻到它的内外平静了的一天"。（《我的幼年》）

冬

◎ 考入乐山县高等小学堂，名列第十一。在乡友中为最前列。（《五十年简谱》）

1905年，科举废止，乐山县开办高等小学堂。小学堂设在城北草堂寺，一边修建一边招生。考试和旧时科举差不多，考场还是科举时的考棚。考生差不多有两千人，不少老童生三四十岁了也去投考。考题是一道国文题和几道数学。在录取的一百名考生中考了第二十七名，经过复试，在正取的九十名中名列第十一。（《我的幼年》）

◎ 投考期间，游览城内高标山，登凌云山，观大佛，寻访"东坡先生载酒时游处"题壁、苏东坡读书楼。（《我的幼年》）

1906年（丙午 光绪三十二年）14岁

4月5日 《民报》第3号《号外》载《〈民报〉与〈新民丛报〉辩驳之纲领》，就革命与改良问题与《新民丛报》展开激烈论战。

7月 日本改旅大租借地为"关东州"，并建立"关东都督府"进行殖民统治。

9月1日 清政府迫于形势下诏"预备立宪"。立宪派张謇、汤寿潜、康有为、梁启超等在各地纷纷筹组立宪政团。

春

◎ 乐山高等小学堂开学，入学。由陈济民授国文及文法，易晴窗授乡土掌故，帅平均授《礼记·王制》及《今文尚书》，"甚感兴趣"。（《五十年简谱》）

学堂由草堂寺改建而来，所有学生都寄宿学校。学生年龄相差很远，三十岁上下的成年人占过半数以上。"最令人害怕的是绰号名叫'老虎'的监学易曙辉先生，他教了我们一些乡土志。这是比较有趣味的一门功课。他把嘉定城附近的名胜沿革很详细地教授了我们，同时还征引了些历代文人的吟咏作为教材。这虽然是一种变革的教法，但于我们，特别是我自己，却有很大的影响。"帅平均先生是本县廪生，由官费最初送出留学东洋，宏文师范毕业。他是清末四川有名的今文经学家廖季平先生的高足，担任算术、音乐、体操、读经讲经。帅先生的授课比较有趣味的是读经讲经。第一学期中整整地教了一篇《王制》。《礼记》中的《王制》篇，"钉饾不可卒读"，"但他把它分成经、传、注、笺四项，以为经是仲尼的微言，传是孔门的大义，注笺是后儒的附说。就这样把它分拆开来，也就勉强可以寻出条理了。"这是今文经学派的讲法。很艰涩的经学，也因为他的教材有趣，学起来一点也不觉得苦。（《我的幼年》）

春、夏间

◎ 推倒观音院偶像。

由于所学课程并不难学，差不多课外时间都在操场上玩耍，抛沙作戏，打兔子洞，翻筋斗。不到上灯，没有上自习的时候。除操场上玩耍外，便是破坏偶像。学校由寺院改建，正殿后殿依然存在，和一些同学在观音院里捉迷藏。后来又发现了和尚利用偶像骗取钱财的秘密，"激起了小小的偶像破坏者的义愤"，开始推倒那些偶像。（《我的幼年》）

◎ 与同学吴尚之交谊笃挚，结拜为兄弟。（《我的幼年》）

夏

◎ 作诗《苏溪弄筏口占》："临溪方小筏，游戏学提孩。剪浪极洄洑，披襟恣荡推。风生荇菜末，水激鸊鹈媒。此地存苏迹，可曾载酒来。"（《郭沫若少年诗稿》，四川人民出版社1979年10月版）

◎ 作诗《题王制讲义》，赞今文经学派对《礼记·王制》篇的解经精义及其讲述方法。写道："经传分明杂注疏，外王内圣赖谁传，微言已绝无踪影，大义犹存在简篇。不为骊珠混鱼目，何教桀犬吠尧天。而今云翳驱除尽，皎日当空四燦然。"（郭沫若手订《敝帚集》，署"1906年作"，郭沫若纪念馆藏）

◎ 作诗《跋王制讲义》："博士非无述，传经夹注疏。先生真有力，大作继程朱。"（郭沫若手订《敝帚集》，署"1906年作"，郭沫若纪念馆藏）

7月

◎ 期末考试，"成绩最优，遭同学中年长者所忌，发生撕榜风潮"，降为第三名。

"榜也扯了，卷子也考查了。他们又找不出甚么不公平的证据出来。"他们赶着帅先生，无论如何要他改榜。帅先生被逼无法，只好扣去六分，降为第三名，风潮方平息。"这件事对于我一生是第一个转扭点，我开始接触了人性的恶浊面。我恨之深深，我内心的叛逆性便被培植了。"（《五十年简谱》《我的幼年》）

8月

3日 夜，作诗《月下》："天边悬明镜，照我遗我像。像不在镜中，但映青苔上。"（郭沫若手订《敝帚集》，郭沫若纪念馆藏）

本月 第二学期开学不久即分班考试。考得第三名，分入甲班，读中学预备科，定于次年下期毕业，升入筹备中之嘉定府官立中学堂。

第二学期开学不久即分班考试。考得第三名，可列入甲班，明年提前毕业进入新开办的嘉定府中学。但校长易曙辉先生及其他先生们，却以其年龄小有意将他降为乙班，幸得刘书林先生据理力争，才得保留在甲班。其好友吴尚之虽考得第七名，但仍被降到乙班。他们为此都很痛苦。以后虽同在一校但接近的机会渐渐减少。（《我的幼年》《五十年简谱》，乐山高等小学堂所颁发的毕业证书，存乐山文管所）

秋

◎ 听帅平均先生讲《今文尚书》，始知经学中有今文派和古文派的辨别。（《我的幼年》）

◎ 与同学张伯安结交，并结义为生死兄弟。

第二学期开始，和同学张伯安结交。张伯安又是吴尚之小学同学，于是，三人学《三国演义》中的刘、关、张桃园结拜故事，结义为生死兄弟。以后结义者愈来愈多，由三人添成五人，由五人添成七人，在中学堂时竟添到二三十人。（《我的幼年》）

◎ 开始有意地做些反对老师的事情。

"因为上学期受了侮辱的关系"，"我是决定了以反对教员为宗旨，我已经把那种无嫌猜的儿童精神完全失掉了，学堂里的新旧先生们我差不多没有一个没有反对过的。就是最令人害怕的易老虎，我也犯过他几次的逆鳞"。（《我的幼年》）

◎ 知家中沿旧习俗所订婚之女子病逝，成为了一位"寡人"，心中"隐隐感到高兴"，自此便不愿早订婚。

"我自从十四岁以后便不愿从速订婚。""自小学而本府中学而晋省读书，在这期中每有婚事的提说，父母都征求过我的同意。"两三年先后提

婚的有四五十处，都以"不忙"二字推却。(《黑猫》)

冬

◎ 第二学期期终考试名列第二。(《我的幼年》)

本　年

◎ 作《愚者辨》："有客造余舍而问余曰：吾常见乎愚者之昏昏梦梦，浑浑噩噩，朝夕疾作，没世而无闻者，未尝不为之悲也。余曰：吁，是何言哉。夫愚者视于无形，听于无声，不漫不亶，养其天真，与天地合其德，人不能指其过。夫生而天随，死而物化，以视彼嚣嚣者蒿然而饕乎富贵，决性命之情而竞竞乎于荣辱，虽名垂景钟而遗后世之訾议者为何如耶。老子曰大德不德是以有德，又曰至德之人其貌若愚。唯愚者之为众人之所不知，乃能成其大也。弥塞乎宇宙之间而与天地相终始也，汪洋乎大矣。客曰敢问何谓也。曰夫愚者有君子之道三焉。其为性也，泛爱百物，不塞蝼蚁之穴，不侮惴耎之虫。人之有患，若己有之，恤鳏寡，养孤独，不伐己之德，不惜货贿以济人之穷困，仁也。无荣辱之辨，不忌人之修，不议人之短，被莫大之辱而不忿，惟能下人，是以虽暴戾恣睢，待之不能伤，智也。不避权贵，不畏强圉，视生死如蘧庐，虽王公大人不能屈，赴汤蹈火而不辞，勇也。智仁勇，三者天下之达德也，此君子之所难能。昔者颜子以仁而成其贤，箕子以佯狂而保其身，史鳝以死谏而匡其君之过，之三子者至德之士也，而愚者兼之。愚乎愚乎，吾将以汝为师乎。虽然若今世之刚愎自用，狂妄无知者，则非所谓愚，诈而已矣。客曰都，请笔之于书，以待学者乎。"(《郭沫若早年作品三篇》，《新文学史料》1982年11月第4期)

1907年（丁未　光绪三十三年）15岁

7月　光复会主要成员徐锡麟在安庆刺杀安徽巡抚，秋瑾准备响应徐锡麟起义，被捕遇害。

7月30日　日本与沙俄签订《日俄协定》与《日俄密约》，划分两国在我国东北地区的势力范围。

8月31日　英国与沙俄签订《英俄条约》，侵夺我国西藏的权益。

本年　春柳社李叔同、欧阳予倩等人在日本演出话剧《黑奴吁天录》。

同盟会孙中山、黄兴等在广东发动多次武装起义。

1、2月间

◎ 年假中，读《皇清经解》，对阎百诗的《古文尚书疏证》很感兴趣。

"受了帅先生的启发把家塾里的《皇清经解》来翻阅了一些的……最感觉着趣味的是阎百诗的'伪尚书考'（题名我不甚记得清楚），他把梅赜的《古文尚书》作伪的地方一一找出来，把它暴露了。这真是一种痛快的工作。"（《我的幼年》）

◎ 读《史记》。喜欢太史公的笔调，喜欢《项羽本纪》《伯夷列传》《屈原列传》《廉颇蔺相如列传》《信陵君列传》《刺客列传》等篇。以为历代注家把《伯夷列传》中"畸重畸轻"一句解错。（《我的幼年》）

历代注家把《伯夷列传》中"畸重畸轻"一句都解错了，说什么"其重道义，其轻富贵"，完全没有看出太史公马迁对孔子的批评的含义。孔子和儒家极力称道伯夷、叔齐，因此伯夷、叔齐得以传于后世。而同样高洁的唐虞时代的许由、务光，则不见于儒家的"六艺"记载。太史公认为原因有二，一是个人好恶，一是时代的清浊的关系。所以，司马迁有"畸重畸轻"的诘问。古代注家未能弄清这一问一答的关系，又不懂得太史公"隐隐约约地在骂孔二先生有点畸重畸轻，但他不敢直说出口来"的行文隐曲的真义，把"本是一句极简单的话，但在传中是极重要的一个文字上的关键"，"讲错了"，弄得"全盘的文字便通不过去"。"一方面讲错，一方面拼命地极口赞颂那篇文章，我发现了这个现象之后真是觉得好笑。"（《我的幼年》）

春

◎ 因罢课被斥退，旋又复校。经此事件，"性情愈见有意识地反抗地

向不良的一方面发展"。(《五十年简谱》《我的幼年》)

第三学期开学后，学生们要求恢复周末半日休假制度，被甲班同学推为代表。大家决定"要求不遂便同盟罢课"。在易校长的威胁利诱下，"同盟"被分化瓦解，遭斥退的处分。由一批新锐主持校务的文昌宫小学得知此事后，认为高等小学堂对此事的处理不当，遂联名写信质问，并谓，若该校不能收回成命，便准备将该生收入文昌学校作为特别研究生，免使其长久失学。约两周后，学堂收回成命，准予复学。(《我的幼年》)

◎ 作诗《邨居即景》："闲居无所事，散步宅前田。屋角炊烟起，山腰浓（宿）雾眠。牧童横竹笛，邨媪卖花钿。野鸟相呼急，双双浴水边。"（郭沫若手订《敝帚集》，郭沫若纪念馆藏；《郭沫若少年诗稿》，四川人民出版社1979年10月版）

写作时间依据《敝帚集》。《郭沫若少年诗稿》定此诗写作于1904年前后。

7月

14日（光绪三十三年六月五日） 以优等生获乐山高等小学堂给发中学预备科毕业证书。(据毕业证书，原件存乐山文管所)

毕业证书由乐山县正堂、县视学、高等小学堂堂长共同签发。

"毕业了，毕业了，好容易才盼到了的毕业哟！虽然只有三个学期，但就好像受了三十年的监禁。"（《我的幼年》）

9月

◎ 升入嘉定府官立中学堂。

嘉定府辖乐山、犍为、威远、荣县、峨嵋、洪雅、夹江七县，中学堂的教员是各县摊派，对于新学知识知之甚少。校舍是过去的考棚改建的，在高标山东麓。考院的中堂改作礼堂。左边的考棚改成讲堂，右边的改成自修室，自修室的右边是寝室。学生来自各县，约四五百人。（《我的幼年》）

秋、冬间

◎ 不满意学堂的课程，"焦躁到不能忍耐的地步"，想出国留学，父母怎么也不同意，产生了自暴自弃的心态。

"学校草创，课程无一能令人满意者。""能够填补这种不满意的课外研究又完全没有，我自己真是焦躁到不能忍耐的地步了。""那时留学外国热在蔓延，我对于欧、美不消说起了很大的憧憬。但是，这是断难实现的。……奋飞，奋飞，这是当时怎样焦躁的一种心境哟，但是我的父母怎么也不肯许可。"（《五十年简谱》《我的幼年》）

"学生在教课上得不到满足，在校内便时常爱闹风潮，在校外也时常惹是生非。""我究竟是一个胆怯的人，家里一不许我出远门，我虽然几次想逃走，但终竟没有这种决心。由是自暴自弃的念头便一天一天促进起来，闹事的学生当中当然是有我一份的了。""当时校内有八个最爱游耍的学生号称'八大行星'，我便是其中的一个……由这些行星的吸引，逐渐地认识了城内的一群游荡子弟。""第一学期的半年就是这样放荡过去了，不消说完全没有学到什么。我的修身分数是在二十五分前面还打了一个负号的。"（《我的幼年》）

◎"与林纾所译小说多所接近，并嗜读《经国美谈》及《天演论》等书。"（《五十年简谱》）

"林琴南译的小说在当时是很流行的，那也是我所嗜好的一种读物。我最初读的是 Haggard 的《迦茵小传》。""林译小说中对于我后来的文学倾向上有决定的影响的是 Scott 的《Ivanhoe》，他译成《撒喀逊劫后英雄略》。这书后来我读过英文，他的误译和省略处虽很不少，但那种浪漫主义的精神他是具象地提示给我了。我受 Scott 的影响很深，这差不多是我的一个秘密。"（《我的幼年》）

10 月

15 日　重阳节赏菊。作诗《九月九日赏菊咏怀》："茱萸新插罢，归独醉余酤。逸性怀陶隐，狂歌和狗屠。黄花荒径满，青眼故人殊。高格自矜赏，何须蜂蝶谀。"（《郭沫若少年诗稿》，四川人民出版社 1979 年 10 月版）

"青眼"原稿作"清眼"，有误。——编者注

1908年（戊申　光绪三十四年）16岁

6月　美国退还部分庚子赔款用于在中国办学。

8月　清政府颁布《钦定宪法大纲》，宣布将施行君主立宪，预备立宪期九年，九年后召开国会，推行宪法。

11月　光绪帝、慈禧太后死。

12月　溥仪即位，年号宣统。

春

◎ 第二学期，开始向文学方面发展，对于黄经华先生教授的经学最感兴趣。

"中学革新，内容较有起色。对黄师经华之经学讲义最感兴趣。""黄经华先生是我们乐山人，他也是廖季平先生的门生。他很喜欢我，借了不少的书给我看。在小学校对于今文学发生的趣味是他为我护惜着的。他教的是《春秋》，就是根据廖季平先生三传一家的学说。他很有把孔子宗教化的倾向，他说唐虞三代都是假的，'六艺'都是孔子的创作，就是所谓托古改制。……他这种见解在当时是很新鲜的。"（《五十年简谱》《我的幼年》）

"学堂里没有可学的东西"，"我所发展的新方向……便是文学。因为我们可以自修的是只有文学，有资格足以供我们领教的也只有通文学的人"。（《我的幼年》）

◎ 分入甲班三班习日文。

开学不久，重新分班为三个班，"甲一、甲二是注重英文的，甲三注重日文。我因为恨那教英文的一位杨先生，便反抗的入了注重日文的甲三班。甲三班的人大概都是一些有几分叛逆性者的集合"。"教日文的先生也仅是在成都东游预备学堂学了一年的程度；这样的程度便来教人的外国语真是太严肃的儿戏了。我们学日文学了一两个学期，用尽我们的力量连五十音都没有学好。"（《我的幼年》）

◎ 抗议校方随意斥退学生，参加全校学生罢课。(《我的幼年》)

春、夏间

◎ 读到《国粹学报》《清议报》，及梁启超著《意大利建国三杰传》等书报。

"章太炎的《国粹学报》，梁任公的《清议报》，就在这时候和我见面了。章太炎的文章我实在看不懂，不过我们很崇拜他，因为他是革命家的原故。""《清议报》很容易看懂，虽然言论很浅薄，但它却表现出具有一种新的气象。那时候的梁任公已经成了保皇党了。我们心里很鄙屑他，但却喜欢他的著书。他著的《意大利建国三杰》（即《意大利建国三杰传》——编者注），他译的《经国美谈》，以轻灵的笔调描写那亡命的志士，建国的英雄，真是令人心醉。我在崇拜拿破仑、毕士麦之余便是崇拜的加富尔、加里波蒂、玛志尼了。"(《我的幼年》)

秋

◎ 得五哥郭开佐从日本寄来的家信，带回家中，信上多处说要自杀。(《我的幼年》)

◎ 中秋后，患重症肠伤寒，在家治疗、休养近两月。病愈后留下两耳重听、腰椎骨轻度"加俨斯"（Caries）的后遗症。(《我的幼年》《五十年简谱》)

◎ "养病期中多读古籍，于庄（子）列（子）之书尤感嗜好。"(《五十年简谱》)

本年

◎ 作诗《咏佛手柑》："嫩黄堦畔一株斜，香泽微薰透碧纱。掌是仙人承醴露，手经天女散琼葩。摩肩隔石穿耆阇，含笑拈花入梵家。霜叶经秋颜更绿，岁寒松柏莫须夸。"(《郭沫若少年诗稿》，四川人民出版社1979年10月版)

1909年（己酉　宣统元年）17岁

1月　清政府令各省成立咨议局。
8月　清政府与日本签订《吉长新奉铁路合同》《安奉铁路节略》。
9月　各省咨议局相继成立，立宪派取得了咨议局各级的权利。
11月　柳亚子等发起成立南社，鼓吹革命。
12月　江苏省咨议局议长张謇，在上海召集16省咨议局代表会，决定成立"国会请愿同志会"。
本年　清政府同英、法、德三国订立《湖广铁路借款合同》。

3月

◎ 从学堂返家，参加大伯父会葬。（《我的幼年》）

◎ 在家中与新进家门的五嫂见面。

"五哥在去年年底回来之后，在今年三月初头才结婚，五嫂到我们家里还不上两个礼拜。""五嫂是王畏岩先生次女，她长我不过一两个月的光景。王先生的家是在草堂寺附近，当我在小学读书的时候，每逢休假进城、出城，都要打从他房子面前经过。那王师母是喜欢站在门口闲望的。有时候在她的后边立着一个发才覆额的姑娘，只露出半面来偷看外面。"那"便是我们的五嫂了。……只是人长高了。但那细长的身材，高矮适中。城里人的穿着是比较入时的，因此，新五嫂的确为家中带来了新的气氛。"（《我的幼年》）

夏

◎ 借酒醉，痛骂对学生滥施淫威的监学丁平子。"将受退学处分，由黄师经华力争致成悬案。"（《五十年简谱》）

监学丁平子在暑假期间患急症病逝，斥退之议遂不了了之。（《我的幼年》）

7月

15日　以平均成绩优等获第二学年修业文凭。

各科成绩为：修身35分，英语98分，算术100分，生理98分，经学96分，历史87分，几何85分，图画35分，国文55分，地理92分，植物78分，体操85分。总平均78.5分。（据四川省嘉定府官立中学堂所颁修业文凭，原件藏乐山文馆所）

7、8月间

◎ 暑假期间在家中闭门读书，读完《史记》及《皇清经解》若干种。（《五十年简谱》）

◎ 偶与五嫂的一次交谈，留下深深的印象。话中感到"她好像读破了我的心"，引为知己。

"淡淡的几句话，却和那淡淡的月光一样，在我的心中印着一个不能磨灭的痕迹。""她好像读破了我的心。"（《我的幼年》）

秋

◎ 开学后不久，因学生与营防军冲突事件被学堂斥退，同被斥退者共十人。（《五十年简谱》）

中秋后不久的一个礼拜日，学生在萧公庙看戏与营防军冲突，在打斗中双方都有人受伤。虽未参与，但出于公愤，代表同学向校方提出严惩肇事者，营防军营长赔罪，赔付医药费。学校交涉不力，反倒责怪学生引起学生罢课。学校采取高压手段，镇压学生"一次就开除了八名学生记了几十名大过。我和张伯安都在被斥退之列"。同时将斥退学生上报，通饬全省。"不仅断送了好几位学生的前途，而且还断送一位同学的性命。"（《我的幼年》《反正前后》）

冬

◎ 岁暮，在家中"获读《红楼梦》，专选有关林黛玉处读之，一夜读毕"。（《五十年简谱》）

◎ 作诗《咏蜡梅》："疑是浮屠丈六身，风飘片片黄金鳞。天香薰入游蜂梦，真蜡未同野马尘。瘦削只缘冰镂骨，孤高宜借月传神。羞从脂粉增颜色，罄口檀心自可人。"(《郭沫若少年诗稿》，四川人民出版社1979年10月版)

"鳞"，原稿作"麟"，疑有误。——编者注

1910年（庚戌　宣统二年）18岁

1月、6月、10月　国会请愿同志会发动三次请愿，要求清政府速开国会，实行宪政。

8月　日本吞并朝鲜，设朝鲜总督。

11月4日　清政府一面应允缩短"预备立宪"期限，改于宣统五年（1913）开设议院，并预行组织内阁，一面又下令遣散各地请愿代表。因当局封锁消息，在北京、上海、天津等地风潮平息之后，相隔一月成都请愿风潮才发生。

本年　商务印书馆创办《小说月报》杂志。

2月

月末　与五哥郭开佐同行，往成都就学。从沙湾乘舟先到嘉定。(《反正前后》)

◎ 途中作诗《泛舟谣》："泛泛水中流，迢迢江上舟。长风鼓波澜，助之万里游。回首面崇岗，掩泪泣其俦。森森千万章，老死守故邱。或为风雨剥，腐蚀偃岩陬；或为社上栎，匠石不回头。纵若上古椿，八千岁为秋。眼界如井蛙，多寿徒多□。"(《郭沫若少年诗稿》，四川人民出版社1979年10月版)

末句原稿缺一字，当系未完稿。——编者注

◎ 在城中王畏岩先生家住一日，得王先生给在成都高等分设中学堂旧同事写的几封介绍信。(《反正前后》)

3月

上旬 离嘉定走陆路去成都，途经眉山、彭山、双流，3日后抵达成都。先参观了武侯祠、刘备墓，复由南门进城，宿客栈。(《反正前后》)

◎ 与先两天到达的张伯安会合，决定投考官立高等分设中学堂。

"这时是正月尾间，各学堂都络续在开课了。"小学时的老师杜绍裳时任提学使衙门科长，开了几封介绍信，并"替我们斡旋"。杜先生从"实业救国"出发，"劝我们考中等工业"。"我们五哥和其他的同乡们都不甚赞成，以为这样是旁道。""所谓正道，要像从前由秀才而举人而进士而翰林一样，是要由小学而中学而高等而大学。""我们——我和张伯安——也觉得自己心不甘"，决定先找成都久负盛名的分设中学。(《反正前后》)

◎ 通过分设中学堂入学考试，获准插入丙班（三年级）。(《五十年简谱》)

新任监督都静阶亲自接见，只把介绍信看了一遍，即叫我们接受试验。当面叫国文教员郑先生出题作为入学插班考试。试题为"士先器识而后文艺"，出自《新唐书·裴行俭传》。试卷经都先生亲阅后当即获准入学，插入丙班。

入学不久，即感到学校教员与教学质量名不副实。"成都和嘉定依然是'鲁卫之政，一样是一些做官的教职员，一样是一些骗文凭的学生'。"学校的功课不能满足求知欲望，"游山玩水，吃酒赋诗的名士气愈来愈深"。东门外的望江楼、薛涛井，南门外的武侯祠、浣花溪、工部草堂，都是常游之地。(《反正前后》《学生时代》)

春

◎ 进校不久，被丙班同学推选为前任校长刘士志追悼会筹备会筹备员。

"从此以后，丙班代表的资格，对我说来，差不多成了终身大总统一样。平常对于你尽管冷落，一遇有事时，总把你推选出来。这点厚意我是能够领会的。然而一被举出，我总还是要去担任，或许也怕是我生来便赋

有一种愚而好自用的宿命。"(《反正前后》)

◎ 与同学李劼人等经常在自修室内撞诗钟，和韵，联句，讲小说。(《中国左拉之待望》,《中国文艺》1937年第1卷第2期)

丙班同学中有王光祈，李劼人，魏嗣銮。低年级的还有周太玄，曾琦等人。他们都是当时不满现实，渴求新知的人。(《反正前后》)

◎ 作诗《澡室狂吟》："忆昔我佛初生时，二龙挟水浴其身。一冷一暖沫流轮，剩下汪洋二池水。""我今来此事澡浴，管疑二龙为盥沃。冷暖自任水调和，水声涓涓出金玉。我已久存厌世心，每思涤虑脱尘俗。头上头发如沙弥，人是如来古金粟。"(《郭沫若少年诗稿》，四川人民出版社1979年10月版)

成都商业场隔壁昌福馆内有浴室，名"双龙池"。《释迦谱》中说：佛祖释迦牟尼于"树下诞生"，"九龙灌浴"。

◎ 与朋友同游怡园，并赋诗一首《三月十四日暮同友人游怡园作》："风信连番惹兴奢，不教容易度春华。香车宝马繁华梦，金谷平泉富贵家。鞠蹴场中花影乱，秋千架畔夕阳斜。人生到处须行乐，沽酒临邛莫用赊。"(《郭沫若少年诗稿》，四川人民出版社1979年10月版)

◎ 作诗《落红》："春阴浓处好勾留，万点飞花锁院幽。影乱紫萍翻落面，身随粉蝶度墙头。因风红到垂杨路，贴地芳凝碧草洲。怕见涂泥污艳质，呼童净扫垒香邱。"(《郭沫若少年诗稿》，四川人民出版社1982年9月版)

夏

◎ 作诗《商业场竹枝词》三首，描绘成都繁华商业区商业场的风貌。写道："蝉鬓疏松刻意修，商业场中结队游。无怪蜂狂蝶更浪，牡丹开到美人头。""楼前梭线路难通，龙马高车走不穷。铁笛一声飞过了，大家争看电灯红。""新藤小轿碧纱帏，坦道行来快如飞。里面看人明了否，何缘花貌总依稀。"(《郭沫若少年诗稿》，四川人民出版社1979年10月版)

◎ 暑假间舟行返乐山，夜泊舟中赋诗《夜泊嘉州作》："乘风剪浪下嘉州，暮鼓声声出雉楼。隐约云痕峨岭暗，浮沉天影沫江流。两三渔火疑星落，千百帆樯戴月收。借此扁舟宜载酒，明朝当作凌云游。"(郭沫若著，郭平英、秦川编注《敝帚集与游学家书》，中国社会科学出版社2012年10月版)

◎ 从乐山启程返乡，于舟中作诗《晨发嘉州返乡舟中赋此》："睡起忽闻欸乃声，惟看两岸芦花行。岭头日出红绡裹，江面烟浮白练横。远树毿毿疑路断，家山隐隐向舟迎。可怜还是故乡水，呜咽诉予久别情。"（郭沫若著，郭平英、秦川编注《敝帚集与游学家书》，中国社会科学出版社2012年10月版）

秋

◎ 作诗《秋绪》（1910年）："秋风凛烈秋雨霖，郁郁独坐万象哭，手翻南华信口读，神游青衣江上屋。忆我前日出嘉州，田中禾黍方油油。彼时犹夏今已秋，草垒如山堆在畴。锦江日夜赴东流，江边红树绕江楼。江流永以无回期，寒暑代谢天地移。人生一世无自立，令人叹息长掩泣。"（郭沫若手订《敝帚集》，郭沫若纪念馆藏）

10 月

3 日 得高等分设中学堂给发第三学年第五学期修业文凭，考试成绩总平均80分，列入最优等。

各科成绩为：修身77分、读经讲经60分、国文80分、外国语93分、历史95分、地理75分、算学（代数、几何）95分、图画67分、体操60分。（据四川官立高等分设中学堂修业文凭，原件存乐山文管所）

冬

◎ 四川高等学堂发起学界国会请愿风潮，被推举为分设中学代表之一，参加学生代表大会。大会议决全体罢课。

"就在庚戌年的十月（阳历的11月），天津闹过一次国会请愿，有三四千的群众向直隶总督请求代奏。还有温世霖诸人组织了一个国会请愿同志会，计划着以全国学校总罢课为要求的后盾。请愿结果失败了，清廷把温世霖逮捕了，流充到新疆。四川因为相隔太远，大凡外界的风潮总要相隔一月之后，然后才能波及。外边的请愿运动已经镇压下去，而它的反响却在四川发生了出来。""时候已经在停课准备学年试验的期中，风潮的发源地是四川最高学府的高等学堂，一通油印的通函要求各学校举出代表来在教育总会开会。丙班的代表不消说又是我。"大会选出会议常设机构，一致决议："1. 要求在明年便开设国会；2. 要求四川总督代奏；3. 一律罢课，不达到目的，誓不复课。"（《反正前后》《五十年简谱》）

◎ 参加罢课学生第二次代表会。（《反正前后》）

◎ 遭分设中学堂监督都永和训斥，搬出学堂，临时住进刚回省的大哥郭开文下榻的旅馆。

本　年

◎ 作诗《和李大感怀》二首。咏道："玉肩斜倚轻轻觑，腮畔潺沄界泪痕。微唝莺声时蹙额，半廻星眼欲勾魂。潮晕频添无限媚，宿醒未解有余醺。情天碧海苍茫甚，独坐无言深闭门。""高唐梦转星初落，彳亍廻廊苦自怜，一夜相思深透骨，百年长恨弗飞仙。合欢未遇黄衫客，知己难忘白乐天。读罢新诗瞠目视，娱情聊向酒家眠。"（《郭沫若少年诗稿》，四川人民出版社 1979 年 10 月版）

◎ 作诗《有怀》："百般幽恨向谁诉，仔细思量意若梦。蝶入梦魂飞栩栩，犬疑形影吠狺狺。屏亭欲受鸳鸯枕，薄倖难亲蛱蝶裙。情田可许侬耕否，欲将心事一咨君。"（《郭沫若少年诗稿》，四川人民出版社 1979 年 10 月版）

◎ 作诗《咏秋海棠》："啼红满颊生潮晕，猩点罗衿泪似烟。斜倚砌栏无限恨，慵开倦眼未应眠。玉环赐浴承恩后，飞燕凝神欲舞前。鹈鴂无端鸣太早，绿珠楼坠影蹁跹。"（《郭沫若少年诗稿》，四川人民出版社 1979 年 10 月版）

◎ 以"尚武"为字。（见在高等分设中学堂所用国文课笔记本，存乐山文管所）

1911 年（辛亥　宣统三年）19 岁

4 月 27 日　黄兴率同盟会骨干在广州举行武装起义，经一昼夜激战后失败，是为"黄花岗之役"。死难烈士合葬于城郊黄花岗。

5月　清政府颁布设立皇族内阁，宣布将川汉、粤汉铁路"收归国有"，与英、法、德、美四国银行订立川汉、粤汉铁路借款合同，出卖路权。

6月17日　四川保路同志会成立。

10月10日　武昌起义成功。成立军政府，各省纷纷独立，史称"辛亥革命"。

11月25日　四川宣布独立，成立四川都督府。

12月25日　孙中山回国抵沪。宣称："革命之目的不达，无和议之可言也。"

本月　清政府代表与革命军代表在上海举行南北议和会议。清政府被迫取消皇族内阁，任命袁世凯为内阁总理大臣。

1月

◎ 分设中学堂开学复课。补受试验，继续在分设中学堂读书。

成都学界国会请愿风潮在当局武力威胁下分化瓦解。已回省的郭开文，受分设中学堂监督都永和之邀，在该学堂兼任甲班的法制经济课。"没想出这两点钟的法制经济便成了我和张伯安两个人复学的交换条件。……他要我们再进学堂去读书，到下学期开始时补受试验。""就这样我们在一九一一年仍得以在成都读书，仍然住的是分设中学。"（《反正前后》《五十年简谱》）

◎ 作诗《寄吴君尚之》二首。咏道："光阴容易叹蹉跎，况是客中恨里过。人到无聊诗兴断，交成莫逆泪痕多。相逢锦里悲萍梗，欲划龟山缺斧柯。一着铸成天大错，心如磨蚁总无何。""翻云覆雨喻交游，杜老新诗几度讴。好酒于今知贾祸，多言自古易遭尤。嘤嘤怕听春禽啭，负负徒呼狂雨愁。莫笑翟公门有雀，世人半似沐冠猴。"（郭沫若著，郭平英、秦川编注《敝帚集与游学家书》，中国社会科学出版社2012年10月版）

吴尚之，乐山高等小学堂时同学、挚友。

◎ 农历腊月里撰写对联9副。

其一："杏花疏雨，杨柳轻风，酒兴淘浓春色饱。//沫水澄波，峨眉滴翠，仙人风物此间多。"

其二:"击筑且高歌,英雄意洽三杯酒。//弹琴复长啸,壮士胸罗八万兵。"

其三:"人生七十古来稀,壮志未移,愿尔后生成骏骥。//天道卅年一小变,枪榰已动,正当时势造英雄。"

其四:"佛捄世界众生,皆与医门差小异。//我读越人列传,心随桑子饮上池。"

其五:"埋狗屠猪,不失英雄本象。//超生度劫,何非释氏婆心。"

其六:"诏书颁下九重来,国会缩短三年,要与列强争优胜。//峨眉耸立青天外,山势蜿蜒万里,飞临当户作画屏。"

其七:"力挽狂澜,旰食宵衣新主业。//忧先天下,江湖廊庙小臣心。"

其八:"国会短三年,流尽多少英雄泪。//奋榷过一载,怕闻月夜子规啼。"

其九:"吾年已近古稀,唯愿后生中人,镳驰千里。//今日竞行新政,私祝圣朝前路,雄长万邦。"(《郭沫若少年诗稿》,四川人民出版社1979年10月版)

《郭沫若少年诗稿》以这几副对联写于1912年春节前,有误。这些对联的内容,赞颂了立宪派国会请愿斗争以及清宣统皇帝下诏缩短仿行宪政时间一事,应是写于1911年春节前。(见秦川《郭沫若评传》,重庆出版社1993年9月版)

春

◎ 作《答某君书》:"久别经年,过门不入,甚不足以对知己,此吾过也,来书督责,夫何敢辞。然事薄厥躬,古之人有过家不入者矣。去岁年终请愿风潮捲弟入大漩中,未预试验,税驾南归,兄或有闻,无庸缕叙。今岁严加惩办,摒退多人,还观敝堂,亦复如是。夫祸发于人,必先见朕,少有知者,中心隐忧。弟虽不敢自许有知,然去岁归至自蓉,即以团体游离,大见祸朕,故居家一月,心常悄悄,恐将再见摒除,我身则展矣罔克永厥世。顾含之茹之,未尝一为他人道。足下今见此,其以为事薄厥躬者否耶?则吾之过也要亦有故,盖祸切目前,心力毕是灌注,肆用行道偬偬，未为请辞耳。矧丈夫生别，弟以为当磊磊落落，笑傲低昂，不应唱缕缕阳关，绵绵延延，如儿女悲，如驽骀恋栈。且降生不辰，遭国阽危，奋飞高举，以薪去患，吾辈之职也，日暮路远，古人用以兴悲，故我与足下，分道扬镳，各有所怀，敢抚心自问，总皆有薪裨益。处斯时势，前路茫茫，于我心则忧之忡忡，而足下云云，如怨如恕，心恋恋我，魂营营我，固自处如儿女子而教弟学驺马也，无乃言出无度乎。故倘假如足下意者，使弟与足下犹然聚首一堂，面相目，口相耳，手相手也，岂不甚善，无如势有不可耳。人之相友，不在口，不在肘。在口为谀友，在肘为势友，皆表诸其面以相眩，互为口与肘也无厌，乃终至瘝瘝。吾不以口友君，不以肘友君，友君于无友，无友乃有友，今君胡眩乎谀与势之友而令吾友君之必出于口与肘也耶？愿免旃，时相忘。"（《郭沫若早年作品三篇》，《新文学史料》1982年11月第4期）

◎ 评点李商隐《韩碑》诗："谓韩退之平淮西碑：点窜尧典舜典字，涂改清庙生民诗。此二语者，非愈孰能当之，然亦少褒矣。"（据手迹，原件存乐山文管所）

6月

17日 亲临四川保路同志会成立现场，目睹了原本是铁路总公司第七次股东大会，"摇身一变就变成了川汉铁路的'保路同志会'"。（《反正前后》）

5月9日，清政府取消粤汉、川汉铁路民办的成案，宣布"铁路干线国有"。5月20日，清政府与英、法、德、美四国银行团签订《湖北湖南两省境内粤汉铁路湖北省境内川汉铁路借款合同》。实际上以"铁路国有"的名义，出卖了两条铁路的筑路权，激起湘、鄂、川、粤人民的反对。四川保路同志会成立晚于其他三省，保路同志会正副会长由立宪派领袖蒲殿俊、罗伦担任。成都各街均设保路协会，"以保路废约"为宗旨。全省各地纷起响应，先后成立女子保路同志会，重庆保路同志会，各州、县、乡、镇保路同志会，参加者达数十万人。

"保路同志会在当时有两个口号，一个是'庶政公诸舆论'，一个是'铁路准归商办'。这本来是从光绪皇帝的一道上谕上摘下来的。这两个

口号把当时的那个社会革命的精神表示得相当完备。"(《反正前后》)

8、9月间

◎ 目睹、亲历了保路军起义,成都全城罢市、学校罢课等保路运动。也目睹了新任四川总督赵尔丰逮捕保路同志会领袖蒲殿俊、罗伦等人,封闭铁路公司,弹压保路同志会等种种事件。(《反正前后》)

9月间,成都市民赴总督府衙门请愿,赵尔丰下令开枪镇压。清政府令赵尔丰解散各处同志会,由是激起民变。各地暴动,捣毁经征局、自治局、巡警分署及外国教堂。将各处电话线尽行捣毁,沿途设卡,断绝官府往来文书。同盟会会员龙鸣剑、王天杰等乘机组织同志军在各县发动武装起义。旬日间,各路起义军遍布成都周边十余县,约20万人。各路同志军围攻成都。清政府于是一面命岑春煊入川安抚,一面命端方兼管四川军事,由湖北武昌带兵入川剿办。(《反正前后》)

◎ 为同学李劼人歌颂保路同志军的作文写了许多顶批后赞,并拿来在同学中传视。(《中国左拉之待望》,《中国文艺》1993年第1卷第3期)

10 月

中旬 家中来信,告知母亲已为自己订婚。

"女家是苏溪场的张家,和远房的一位叔母是亲戚,是叔母亲自做媒。因为门当户对,叔母又亲自看过人,说女子人品好,在读书,又是天足,所以用不着再得到我的同意便把婚事定了。"当时的心情"说不上绝望","也说不上称心","只是空空地动摇","一会之后自然又归于平静"。(《黑猫》)

11 月

24 日 晚,得知四川将宣布独立,等不及"便把辫子剪了"。

"在这时,我们拿着剪子去强迫一些怕事的同学和首鼠两端的老教员们,我们赶得他们鸡飞狗跳。特别是那位都喇嘛先生,我们拿着四五把剪子把他包围着,弄得他无处可逃,终竟在谈笑之间把他的辫子的支配权和平授受了下来。"那时觉得"只消大家把头上的毛辫子一剪,从此以后,中国就可以一跃而成为世界上天字第一号的头等强国了"。

25日 四川宣布独立，成立四川都督府。"四川的起事占最先，而独立却差不多占最后。"(《反正前后》)

27日 参加同盟会四川支部在南校场召开的省民大会。

会场上"平常我们时常看见的官班法政的教习，绅班法政的教习，乃至有许多穿军服、带指挥刀的，原来都是革命党人"。主席董修武是大哥同学。他学的经济，在绅班法政教书。平时我们也时常看见过他，"但我们的嗅觉真钝，连革命党的革字的气味都不曾嗅到"。"登台的人大都是一篇悲歌慷慨的议论"，但"竟没有一句留在我的记忆里"。"平时风头很旺的蒲殿俊、邓孝可诸人，今天却谁也没有到场。"(《反正前后》)

12 月

上旬 亲历成都兵变。

"在革命期中，一个人上台很快，下台也很容易。蒲殿俊一做了都督之后，他的政治手腕已经落第，更加以一般知识分子的不合作，他的末路早已迫在眼前。然而，使他没落的直接动力，却是他自己所酿成的兵变。"营防军要求发三月份的全饷，蒲殿俊不能干脆地答复，引起兵变。学生被郅先生约束在学校里，"听了一夜的枪声，看了一夜的大火"。城里居民差不多家家都出门逃难。"这真是恐怖的一夜，特别是那些难民，他们忧财产之丧失，悲骨肉的分散，愁自己生命的难保，真不知道是怎样地惴栗了。枪声和火光在天将亮的时候才渐渐停息。"刚做了"十日都督"的蒲殿俊倒台。留学东洋的陆军小学校长尹昌衡任都督，董修武任财政部长，杨莘友任军事巡警总监，"大哥也有一份，他担任交通部长"。(《反正前后》)

◎ 由一位堂姐夫，带去见过刚从牢里放出来的革命党人杨莘友等人。(《反正前后》)

◎ 参加成都学界组织学生志愿军，到武备学堂受训。但去后即退出。

"要当志士便要受这样的苦！这怎么吃得消？于是志士的招牌立地折下来了，行李刚好搬进寝室，又由原挑脚急忙搬出学堂。和我同去又同出的很不少。这样滑稽的一幕，我并不想把它当成忏悔的资料。这只表明着当时一般青少年的心理。我自己即使忍耐着去吃一点苦，做到一个忠实的维护秩序的好兵，结果又怎样呢？只添了一个新军阀的爪牙，新富豪的鹰犬罢了。"

"在成都的几年中，实在是甚么收获、甚么长进也没有。差可自慰的或者可以说是使我们得以看见了保路同志会的经过，乃至反正前后的一些大小事变、大小人物的真相。"（《反正前后》）

25 日　寒假由成都返回乐山。（《寄大兄书》，郭沫若手订《敝帚集》，郭沫若纪念馆藏）

下旬　乘舟返乐山途中闻雁，触景生情，作诗《舟中闻雁哭吴君耦遜八首》。

其一："衡阳归雁至，江头吊故人。英魂游泽国，壮志没江滨。鹤唳悲风夕，猿号细雨晨。长沙无限慨，痛哭屈灵均。"

其二："山壑武陵美，桃源可避兵。阳关三叠泪，千里一舟行。孤灯游子梦，明月故人情。契阔终长古，庚庚玉柱横。"

其三："蜀道传光复，豺狼庆划除。思亲常陟屺，望子定依庐。西服更新式，东来返故居。谁期风浪恶，掩泪泣枯鱼。"

其四："何事阳侯怒，噩音千里传。鲛人珠有泪，精卫恨难填。子诞半年甫，椿残三日先。伤心古无此，天道太茫然。"

其五："杵臼交君久，依依赠缟情。临丧惭范式，抚孽愧程婴。郢技今停斫，俞琴久禁鸣。书田如浩海，谁与耦而耕。"

其六："求死终难死，逃生总不生。股肱悲子折，肝胆向谁倾？酒社无英敌，诗坛少定评。小儿真梦梦，寿促谁能争。"

其七："智者多夭折，从来已若斯。颜回天丧早，贾谊夕虚迟。莫唱公无渡，未伸渔父词。招魂归不得，挥涕诵君诗。"

其八："呕心吟楚些，引领望南荆。悠悠生死别，栩栩梦魂萦。诗尽愁无语，潮流恨有声。投诸江水去，好句可能赓？"

吴耦遜，原名吴韶祖，乐山高等小学堂、嘉定府官立中学堂时同学、挚友，常在吴家景让堂饮酒联句，赋诗。吴耦遜后去湖南经商，1911 年因父病危由湖南乘舟返川，在四川万县境内失事遇难。（张庆丰《郭沫若与吴耦遜关系考》，《四川郭沫若研究学会会刊》1982 年第 1 集）

◎　在沙湾家中度寒假。按大哥授意，倡组保卫团，保卫乡里，任保

卫团文牍。(《寄大兄书》《黑猫》《五十年简谱》)

自成都兵变，嘉定也经历了一场兵变，许多枪枝散落民间，于是有组织保卫团之议。"保卫团的团部设在我们福建人的会馆天后宫。团长是旧有的团正，一位姓黎的武秀才；军师是旧有的保正，一位姓詹的文秀才；幺叔便做了参谋。我们一些在省城或府城里读书的人便都做了文牍。场上的青年，不问有枪无枪，愿意加入的都做了团员。每天提兵操练，出告示，出招兵买马的檄文。檄文是我做的手笔。"(《黑猫》)

冬

◎ 作《祭三叔祖文》："呜呼我叔，一世儒宗，正气为骨，信道是宏。闻叔幼时，聪颖不群，维祖积德，维岳降灵。好古敏求，希成大器，以荣闾里，以光门弟。学既有成，试乃弗售，年已不惑，泮始获游。叔游泮时，吾祖已死，祖母犹存，心焉是喜。日暮途远，叔心息机，乐叙天伦，不期奋飞。祖母耄年，行须持扶，叔侍左右，未尝或离。寿极期颐，祖母飞升，请旌建坊，赖叔经营。叔曾有言，常铭五内，我名不成，希望汝辈。披图执简，遍召子侄，训诲谆谆，不倦如一。侄之儿辈，长大成行，亦劳我叔，诱掖相将。叔之交接，忠恕是取，人我同胞，物为我与。呜呼我叔，古道是行，对内对外，孝友齐声。皇天无亲，唯德是辅，叔行如斯，宁不为助。乃叔一生，却鲜子息，晚得八弟，颇劳燕翼。乙未之岁，八弟云亡，遗腹一侄，亦从而殇。时叔之年，古稀已近，暮景桑榆，遭兹不运。谁谓荼苦，其甘如荠，搔首问天，天何不启。去岁抚孙，后嗣用续，委形观化，厌世脱浊。君子曰终，得正斯可，死不足悲，生实哀我。悠悠我思，不宁惟是，丧父中年，丧叔暮齿。自今以往，如盲失相，孰扶我颠，孰正我妄。我忧何诉，我乐何告，我言何依，我行何效。追惟曩昔，心如辘轳，呜呼我叔，墓道已除。我哭我叔，我叔无闻，我招叔魂，叔在帝阍。虔具精糈，侑以清酒，尽此一哀，叔来格否。"(郭沫若手订《敝帚集》，郭沫若纪念馆藏)

1912年（壬子　民国元年）20岁

1月1日　孙中山在南京就任中华民国临时政府总统，宣告中华民国临时政府成立。改用公元纪年，公布内政外交等方针，成立内阁，发布宣言。

2月12日　清帝溥仪宣布退位。依照南北议和条件，孙中山宣布辞职，15日参议院选举袁世凯为大总统。

3月10日　袁世凯在北京就任临时总统。11日，南京公布《中华民国临时约法》。

4月　参议院议决临时政府迁往北京。

8月　以同盟会为基础，联合统一共和党、国民共进会、共和实进会、国民公党等组成国民党，推孙中山为理事长。实际负责为宋教仁。

9月28日　临时参议院议决10月10日为中华民国国庆纪念日。

本年　中华书局创办于上海。

1月

初旬　作《寄大兄书》："烽火满目，荆棘丛生，时局沧桑，一日千变。别来旬日矣，不知近日蓉城又作如何现象也。忆前临别时曾受我哥意旨，教为回乡提倡办团之议，奈弟力薄才劣，阅历未深，惶恐之余，诚恐不能仔肩重任。乃今归而竟有大可贺事堪为我哥告者。弟之归冬月六日也，咄咄怪事震人耳鼓，而吾乡之糜烂，殊有出人意想之外。其初李街有保甲局之设，招勇若干名，团总徐某，兄之所知也，滥费金钱，不谋公益，披来虎腋，用敲乡愚。及后各地难发，街中又有同志军之目，代表则杨某也。杨某性质亦兄所素知，此次传翼，乃有欲横飞天外之概。狗彘其行，较团练而增益矣。有之二害，疮痛并头，见利相争，勾心斗角，曾为一枪之小事，几几乎酿成流血之惨剧。呜呼，天下本无事，小人自扰之，非此辈之谓乎？想我哥见此，必将拍案痛骂矣。然而浓雾之后，烈日将出，吾乡既已受尽诸小人之蹂躏矣，而弟之所谓大可贺事者亦如烈日之光，绚烂而发现。事也伊何，我哥见黎先生书当可知其详尽。黎先生书，弟亦尝得而寓目焉。所托诸事，于弟实有同心，我哥热诚人，更益以梓里公益事，知必力有所能无不为报矣。仰斯时也，其非我哥前日谆谆焉教为提议者乎？又非弟之日夜惶懼，惴惴焉而恐不胜任者乎？今既赖黎先生与吾乡诸父老兄弟之力，所教为提议者已无庸提议矣，所惧为不能胜任者已有有力者能胜其任矣。兹则弟之所谓大可贺事。然事诚可贺，而我哥与弟亦乡人也，岂能作壁上观，吝此区区身而不为吾乡效犬马奔走之劳以趋步于诸先生之后尘耶。临书匆卒，不尽欲言，国事旁午，努力努力。"（郭沫若手订《敝帚集》，郭沫若纪念馆藏）

1、2月间

◎ 为亡友吴耦逖死别经年，作挽联10副，寄托哀思。

其一："鼠肝乎，虫臂乎，前缘未尽今身，红颜白发，泣血千行，骂他造化痴顽，专为人间留恨事。//凤泊矣，鸾飘矣，壮志永埋长夜，玄鹤青蝇，放声一哭，痛此竞争时代，又教商战殒健儿。"

其二："天下大事无可为，楚庄问鼎，周赧作台，茫茫奇祸逼人来，伉爽如君，厌世早经观物化。//砥柱中流谁得似，屈原沉江，鲁连蹈海，察察洁行还自爱，艰难到（此），舍身终是学前人。"

其三："悠悠生死别经年，拚命枯索鱼书丛，邈邈河山，黑塞青枫难入梦。//漫漫星月悲长夜，洒泪向饮牛溪畔，凄凄风物，素车白马远招魂。"

原稿"寨"应为"塞"。杜甫《梦李白二首》之一云："魂来枫林青，魂返关塞黑。"——编者注

其四："死不足悲，后此寒食朝朝，剧怜子夏失明，颜路泣血。//魂无可返，已是山河渺渺，难禁向生邻笛，处仲酒罏。"

"处仲酒罏"应为"濬冲酒垆"。用"黄公酒罏"典故，出典《世说新语·伤逝》见《晋书·王戎传》。王戎字濬冲；其族弟王敦，字处仲。垆通作罏。——编者注

其五："对榻昔谈心，慨计然人渺，白圭道消，致令国困民穷，阁室罄悬空有泪。//挂剑今分手，望黑塞云横，青枫月照，已是魂伤肠断，登

床琴弄不成声。"

原稿"寨"应为"塞"。杜甫《梦李白二首》之一云："魂来枫林青，魂返关塞黑。"——编者注

其六："以身殉学，死得英雄，问上下九千年，如此读书人几个。//扪腹无才，生殊惭愧，当俯仰三百拜，为酹招魂酒一杯。"

其七："颜回已作地下修文，锦里黯招魂，顺西蜀而还，心伤泣血有颜路。//彭乘乃是童中义士，佳城空敛迹，问三代而后，享年谁得似彭商。"

其八："贾长沙室来飞鹏，王仲宣声辍鸣驴。血泪洒千行，堪痛为学损躯，毕竟苍昊嫉才，成万古伤心人语。//卫共姜志矢柏舟，鲁陶婴歌悲黄鹄，欢情才一载，行成望夫化石，又为红颜薄命，添一桩新色证明。"

其九："素车白马，客驰东郭门来，望松柏森然，不见玉鱼长葬地。//丹旌缥帷，人归北邙道去，叹蕙兰香渺，怕聆黄鹄悲鸣诗。"

其十："货殖慕子贡长才，术尽计然，碧血杜鹃枝，黯淡万点心伤迹。//物齐愧蒙庄特达，嗟来桑户，悲风白杨树，凄凉千载肠断声。"
（《郭沫若少年诗稿》，四川人民出版社1979年10月版）

2 月

◎ 腊月里为乡亲撰写春联。联语多歌颂辛亥革命成功、中华民国成立。其中有51副，写道：

"光复事殊难，花旗蠹树，华盛顿铜像如生，祖国丘墟，哥修孤英魂罔吊。于瞻于仰，或败或成，人力固攸关，良亦天心有眷顾。//边维氛未靖，东胡逐去，旧山河完璧以还，宝藏丰繁，碧眼儿垂涎久注，而后而今，载兴载励，匹夫岂无责，要将铁血购和平。"

"横磨剑利，赤血流漂，问他犬族胡儿，后此年时，敢否南来牧马？//汉字旗翻，国光辉耀，祝我神明胄裔，从兹振刷，永为东亚雄狮。"

"犬胡族姑且恕他，纵斫尽六十万老头皮，徒滋刀钝。//旧山河而今还我，要铸成廿世纪共和国，请看狮醒。"

"鸣自由钟，庆共和福。//兴大汉国，贺太平春。"

"长蛇封豕毒乱中华,僭主二百年,痛此大好河山,到处都无干净土。//貙虎貔貅惩膺东虏,成功九十日,收复汉唐故业,而今长享太平春。"

"漫言时势造英雄,扶持国步。//但闻子规啼夜月,隐痛椿残。"

"春风风人,愁煞子规啼不断。//上医医国,欲行古道愧无能。"

"春色翻成新世界,//晴光煊染旧中华。"

"竹报声传狮梦醒,//椒花颂献岁华新。"

"二千年专制帝国,骤跻共和,盛业赖维持,夸父莫遗追日消。//廿世纪竞争风云,横锁东亚,建夷今扑灭,诗人好赋出车章。"

"天意灭胡清,使他政出多门,朝三暮四。//春光弥宇宙,庆我功成一旦,紫万红千。"

"新燕鼓吹平等说,//香花鼎祝自由神。"

"武装作和平,维持人道。//铁血为资本,购买自由。"

"爱建共和新政体,//还作江山旧主人。"

"实行黑铁主义,可保平和;世道尽强权,问欧洲十九世纪之神圣同盟,究有若何成绩在。//竟有黄种新书,殊堪快慰;同胞齐努力,愿汉家四百兆数之文明上族,演出这般事业来。"

"国社沦亡二百年,泪洒新亭,豚尾长遗千古恨。//神州陆沉九万里,戈挥鲁日,狮声奋吼八荒摇。"

"竹报桃符更岁月,//鹦簧蝶板庆共和。"

"春花莫溅忧时泪,//东亚新添盖世雄。"

"武功不亦伟哉,直欲砚池东海笔昆仑,裁天样大旗,横书汉字。//国势未可量也,何难郡县西欧城美澳,统地球员幅,尽入版图。"

作者自注:"此联曾记录于《反正前后》中,唯字句间有记忆错误处。"

"欲铭勒恢复事功于昆仑,千秋景仰。//喜摆脱专制政体之羁绊,万代共和。"

"挥落日西回,国光赫赫。//唱大江东去,春乐融融。"

"国体已变更,冉冉春回,问东君犹名皇否?//天心有眷顾,耽耽虎视,嗟西虏其奈我何。"

此联曾录入《郭沫若少年诗稿》。"国体"作"国势"。

"寅春日于扶桑，望舒先驱，羲和弭节。//访酒人于燕市，渐离击筑，屠狗放歌。"

"燕睇鸿来宾，代易时移，劫历桑田沧海。//亡清兴汉族，酒酣歌纵，敲碎铁板铜琶。"

"胡清僭主二百年，封狼生貙貙生熊，一朝扫净。//天汉复兴九十日，以月系时时系岁，万代共和。"

"弱肉强食，固是天演公例。//黄起白倒，庸非日后谶言。"

"故国同春色归来，歌唱凯旋，都邑声宫占乐岁。//民权如海潮爆发，肃清夷虏，壶觞飞羽醉共和。"

"壬公翻怒潮，澎濞沆溶，涤洗二百余年污垢。//子主裁红日，辉煌炜烁，照耀一十八省山河。"

"大声一呼，唤起七千万数同胞，毋徒鼾睡。//成城众志，收回二百年前故业，还作主人。"

"桃花春水遍天涯，寄语武陵人，于今可改秦衣服。//铁马干戈回地轴，吟诗锦城客，此后休嗟蜀道难。"

此联曾录于《反正前后》中，唯"干戈"作"金戈"。

"道德家朊为轮，神为马，心为御。//今天下车同轨，书同文，行同伦。"

"古圣人智不惑，仁不忧，勇不惧。//新国体民为贵，土为次，君为轻。"

"莫笑匈奴未灭，竟乃为家，窃心慕击鼓梁姬，伉俪同仇，直能摧残金房。//方今国事孔殷，无遑启处，不愿学画眉张敞，闺房行乐，长教潦倒花丛。"

作者注："此乃民原春，结婚时所自撰门联，颇有解嘲之意，希得一梁红玉为助，而事愿相违，亦觉可悯。"

"麦渐昔长歌，痛当年豚尾马蹄，直可贻羞千古。//椿残先二载，闻今日亡清兴汉，想当含笑九泉。"

"数月间祖国收回，须杀尽犬族胡儿，俾他绝迹。//半年前大椿萎去，未获睹维新盛世，令我增悲。"

"春色满平芜，转令愁丝成绸织。//风毡无宁晷，长挥血泪染衣裳。"

"人心愉乐我心悲，势良有以。//国道光昌家道替，命也何如。"

"狮梦已云醒,满望风云颜色变。//乌情未终养,怕闻月夜子规啼。"

作者注:"右五副均系为孝家所制。"

"天道无知,新学家但徒云耳,考数千载历代史传,问谁祖社丘墟,快似胡清九十日//和气致祥,古谚言诚不欺我,看四百兆同仇敌忾,去彼故宫禾黍,猗欤大汉万斯年。"

"长吁短叹,二百年汉家气运摧残,昂首望神州,何处犹存乾净土?//顺人应天,九十日革命风潮爆发,同心驱胡虏,而今长享太平春。"

"宋玉赋风,雄雌莫用分王庶。//相如赊酒,鹡鸰聊以御春寒。"

"民物涵春熙,顶祝自由三脱帽。//英雄造时势,收回汉业一戎衣。"

"革命功成阳九日,//自由人醉太和天。"

"壶觞飞羽醉共和,听击筑狂歌,知有客游燕市。//都邑声宫占乐岁,喜放牛归马,居然人住武陵。"

"昂首望幽燕,大局飘摇,长使英雄挥血泪。//搔头惊岁月,春光骀宕,聊向东风倒酒瓶。"

"廿四番花信风回,蝶板莺簧,谱出共和新乐府。//十万柄横磨剑在,蛇神牛鬼,请留龌龊老头皮。"

"我公系旷代名儒,岁次学庸成书,寿考文章,不让紫阳惊独步。//今嗣作中流砥柱,曾为苍生请命,貔貅豽虎,胜同莱子舞斑衣。"

"廿四番花信风回,吹来仙乐人间,海屋筹添元旦日。//三千年蟠桃子熟,献予狐南天上,寿林春泛赤城霞。"

作者注:"上二联系送王怀山寿对,怀山先生乃父执辈,其子述怀先生曾以参加革命而入狱,辛亥岁暮始被释出,义本武备学堂出身,与次兄同级,故联中云云。怀山系正月初一生。"

"莺啼燕语报新年,回思去岁今朝,弹雨硝烟,横抹东南天半壁。//虎视鹰瞵犹旧日,最恨蛮英狡露,枪明箭暗,唆离西北我二藩。"

原稿"莺瞵"应为"鹰瞵"。——编者注

"共和岁月一年春,看莺梭柳岸,燕织桃堤,最是得意忘言,自由人醉神仙窟。//革命风云千载盛,把马放华阳,牛归林野,不妨成功作乐,大武声和雅颂诗。"

"舍利子扶疏,五族一家,共和事业空千古。//自由花灿烂,千红万紫，锦绣韶光异旧年。"

作者注："此联为佛寺所撰。"（郭沫若手订《敝帚集》，郭沫若纪念馆藏）

"沙湾有一种特殊的风气，便是家家的春联都要竞争编撰长句。街上将近有一二百户人家，而能够撰写春联的却没有几个人。所以结果这一二百户的春联，大概便由这几个人包办。在包办的工作中，我们家里的弟兄总是要占一两位的，在胞兄堂兄们出远门之后，我便继承他们的下手了。""那一年是革了命的一年，在平常用惯了的'莺啼燕语'之外，又平添了无数的新的材料。我当年怕总共编了二三十副长联。我所最得意的有两副是：

桃花春水遍天涯，寄语武陵人，于今可改秦衣服。
铁马金戈回地轴，吟诗锦城客，此后休嗟蜀道难。

故国同春色归来，直欲砚池溟渤笔昆仑，裁天样大旗横书汉字。
民权如海潮暴发，何难郡县欧非城美澳，把地球员幅竟入版图。"
（《黑猫》）

"沙湾镇居民喜贴长联，每逢春节或红白喜事，竟撰长文联语张贴于门楣，不能自撰者则备酒食请镇中读书人代撰代书。因而春节书联为读书人之一项繁忙工作，多者百数十副，少亦三二十。辛亥革命之岁，因兄长多在外，余遂得承其乏，成联若干首，今幸原稿犹存，整理出之如次。"
（据郭沫若手订《敝帚集》，郭沫若纪念馆藏）

3 月

初旬　（旧历正月十五前后）遵父母命与张琼华完婚。"结婚仪式一切都依照旧式。"看到新娘品貌、缠足的情形，"大失所望"。（《黑猫》《五十年简谱》）

"真是俗语说得好，'隔着麻布口袋买猫子，交订要白的，拿回家去才是黑的。'""我自己已经陷入了命运的网罗，我何苦要把这种无聊的苦楚，还要移加到已经劳了一世的二老身上？这不能怪别人，这悲剧也只是我一个人在演。"

"这次我在家中，父母是征求了我的同意的。我的一生如果有应该要忏悔的事，这要算是最重大的一件。我始终诅咒我这项机会主义的误人。……机会主义的必然结果便是随遇而安，得过且过。两千年来中国人便困顿在这两重的软禁之下，不是把所有的民族的菁华，或者是人性的菁华都消磨殆尽了吗？"（《黑猫》）

◎ 完婚次日，往苏溪镇张琼华家回门。（《黑猫》）

中旬 "完婚后五日晋省。"走水路先至嘉定城，住留两日。（《五十年简谱》、《黑猫》）

"母亲是不愿意我们这样快便离家的，但我的借口是一方面不能不跟着保卫团的朋友们进城，另一方面是省城的学校也快要开学了。""母亲大约是看见我默默寡欢，她也很明白我急于要离家的心事。当我们清晨上船时，母亲戴着一顶红风帽，携着我们一位小妹子为我们送行。……母亲最后在岸上呼唤我：——'八儿，你要听娘的话。娘已经老了，你不要又跑到外洋去罢！'"（《黑猫》）

◎ 作诗《舟中偶成三首》："阿耶提耳语，远行宜慎哉。方舟虚自好，欹器满斯摧。愁锁蒲编钥，悲缘桑落媒。书绅长警惕，瞬睫敢离怀！""老母心悲切，送儿直上舟。泪枯维拭眼，席挂未回头。风笛声声恨，啼猿处处愁。难忘江畔语，休作异邦遊。""呜咽东流水，江头泣送行。帆圆离恨满，柁转别愁萦。对酒怀难畅，思家梦不成。遥怜闺阁忆，屈指计舟程。"（《郭沫若少年诗稿》，四川人民出版社 1979 年 10 月版）

第二首曾录入《十字架》，首句改作"阿母"，三、四句改作"泪枯惟刮眼，滩转未回头"，五、六句改作"流水深深恨，云山叠叠愁"，载《创造周报》1924 年 4 月 5 日第 47 号；后又以此文本录入《黑猫》；收作家出版社 1959 年 11 月初版《潮汐集·汐集》时题作《休作异邦游》，署"1913 年 5 月作于成都"；现收《郭沫若全集·文学编》第 2 卷。

下旬 从嘉定城舟行"十三天"，方抵成都。（《黑猫》）

春

◎ 开学后入成都府中学，读四年级。（《五十年简谱》《黑猫》）

分设中学裁撤，并入成都府中学，学制改为四年。四年级共四个班。"那时候所有稍微出色一点的旧教员大都去做官去了。留下的一些残渣剩滓，那真是犯不着要再费笔墨来形容。当时凡是诚实一点的学生学无可学，事无可做，大都迷失了方向。""我是经过了重重失望的人，我差不多是甚么希望也没有了。我有一个唯一的希望便是离开四川。然而连零用钱都不能不仰给于父兄的人，你怎么离开呢？在这时是我最危险的时候。我拼命地喝大曲酒、打麻将牌，连晚连晚地沉醉……比这些稍微正气一点的便是学做歪诗；不是用杜工部《秋兴八首》的原韵拟出一些感时愤俗的律诗，便是学学吾家景纯做几首游仙或者拟古。"（《黑猫》）

6月

13日 致父母信。禀告："堂内已定于阴历五月十五日放假。男同元弟不久行将归省矣，心焉念之，不胜雀跃。兹禀者，尧堦回梓已逾数旬，伊堂内亦不久将开试验，请函促伊从速来省，否则于彼前途大有妨碍也。"（据原件手迹）

夏

◎ 作七绝《咏牡丹》："绝代豪华富贵身，艳色娇姿自可人。花国于今非帝制，花王名号应图新。"（《郭沫若少年诗稿》，四川人民出版社1979年10月版）

◎ 作七绝《咏绣毬》："玲珑一簇锦成堆，团圞圆影费心裁。天荪欲为抛球戏，特命花神绣得来。"（郭沫若著，郭平英、秦川编注《敝帚集与游学家书》，中国社会科学出版社2012年10月版）

秋

◎ 作诗《述怀和周二之作》三首。咏道："岱宗不云高，渤澥终犹浅。寸心不自持，浩气相旋转。""练就坚铁心，灼热终不冷。我亦无特操，行同身外影。""彭祖寿如夭，殇子寿终老。宏道斯足荣，何用泣秋草。"

周二为成都府中学同学。

10月

18日 重阳节作诗《和王大九日登城之作原韵二首》:"烽火连西北,登埤动客心。茱萸山插少,荆棘路埋深。惊见归飞雁,愁听断续砧。一声河满子,泪落不成吟。""铁马关山远,铜驼棘尚深。登高频极目,俯首更伤心。乱际惊听角,凄回不闻砧。故园菊应好,难得旧时吟。"(《郭沫若少年诗稿》,四川人民出版社1979年10月版)

王大,王新,乐山高等小学堂同学。

冬

◎ 于成都府中学毕业。考入四川省城官立高等学校。寒假返回家中。(《五十年简谱》;《四川省城官立高等学校一览表》;蔡震《郭沫若生平文献史料考辨·张琼华书信之误读》,社会科学文献出版社2014年7月版)

《五十年简谱》作成都高等学校。并谓"寒假留省未归"。

◎ 作诗《感时八首》。

其一:"苦恨年年病作家,韶光催促鬓双华。异乡滋味尝将尽,诗酒生涯兴未赊。五色陆离翻汉帜,数声隐约响悲笳。频来感触兴衰事,极目中原泪似麻。"

其二:"群鹜趋逐势纷纭,肝胆竟同楚越分。煮豆燃萁惟有泣,吠尧桀犬厌闻狺。阋墙长用相鸣鼓,边地于今已动鼖。敢是瓜分非惨祸,波兰遗事不堪矗。"

其三:"冠盖嵯峨满玉京,一般年少尽知名。经营人爵羊头烂,罗掘民膏鼠角牛。腾说曹邱三寸舌,争传娄护五侯鲭。鼎镬覆公终折足,滥竽还自误齐民。"

其四:"劫燧初经尚未稣,丛祠夜火复鸣狐。奔林战象衡驰突,窜穴阵蛇恣毒痡。极望疮痍千井满,不闻号泣一家无。司戎毕竟司何事,双方罪恶讵胜诛。"

其五:"五族共和岂易哉,百年根蒂费深培。理财已少计然术,和狄偏无魏绛才。西北旧蕃行瓯脱,中央深咎弗尫摧。请看肉食公馀后,尚向花丛醉酒杯。"

其六:"藏卫喧腾独立声,斯人决计徂西征。豪华志边居投笔,俊逸终军直请缨。羽檄飞驰千万急,蛮腰纤细十分轻。寨中欢乐知何似,留滞安阳楚将营。"

其七:"兔走乌飞又一年,武昌旧事已如烟。眈眈群虎犹环视,炭炭醒狮尚倒悬。承认问题穿眼望,破除均势在眉燃,不见朔方今日事,俄人竟乃着先鞭。"

其八:"抽绎俄蒙协约词,我心如醉复如痴。追念极边思缅越,难忘近事失高丽。覆车俱在宁仍蹈,殷鉴犹悬敢受欺?伤心国事漂摇甚,中流砥柱杖阿谁!"(《郭沫若少年诗稿》,四川人民出版社1979年10月版)

◎ 作诗《感李大和鄙作感时八章赋诗以赠之》:"腹果长才岂患贫,谪仙裁调本无伦。皇夸俚曲劳君和,白雪阳春不自珍。击缺唾壶吟好句,愿挑诗钵逐清尘。仙舟往事今如昨,兰蕙相悬愧我生。"(《郭沫若少年诗稿》,四川人民出版社1979年10月版)

本　年

◎ 作诗《代友人答舅氏劝阻留学之作次原韵》:"拂霄振逸翮,国基伤未坚。胡马骈西北,郑羊势见牵。巢破无完卵,编磬非弱弦。我愿学归来,仍见国旗鲜。鞠躬甘尽瘁,老隐钓鱼竿。丈人期我意,感慕实无边。"(《郭沫若少年诗稿》,四川人民出版社1979年10月版)

◎ 作诗《锦里逢毛大醉后口号叠韵四首》。

其一:"乌兔追随几隔年,依稀往事已如烟。灯前共话巴山雨,总觉罗浮别有天。"

其二:"秋月春风不计年,等闲诗酒醉霞烟。那堪乱后重相见,怕听悲笳入暮天。"

其三:"屈指韶华二十年,茫茫心绪总如烟。故人相对无长物,一弹剑铗一呼天。"(《郭沫若少年诗稿》,四川人民出版社1979年10月版)

毛大,毛常典,乃乐山高等小学堂、嘉定府官立中学堂时同学。本诗题为叠韵四首,但今仅存三首。

◎ 作诗《寄先夫愚八首》。

其一:"云天极望断飞鸿,一样情怀两地同。羡见鸣禽春啭树,怕闻泪鹤夜悲风。垩泥畴昔劳斤运,璞玉何时待石攻。领略风尘饶有味,敢将心事寄诗筒。"

其二:"柳风梅雨遍天涯,惆怅流年客思奢。空有郫筒聊贳酒,愧无彩笔可生花。蜉蝣鼓翼难摇树,蛮触称兵尚斗蜗。混入污泥沙不染,蓬心终觉赖依麻。"

其三:"杯酒难将魄磊浇,鸾漂凤泊大萧条。屈原已作怀沙赋,沈炯传来独酢谣。呦呦野鹿思芹草,处处哀鸿怨黍苗。久欲息燕眉岭去,新诗好续浙江潮。"

其四:"无端忽听杜鹃啼,雨滴蕉窗风色凄。渤澥汪洋输恨浅,昆仑耸峙与愁齐。呼天不语频搔首,经国无人怕噬脐。获教英才良乐事,他年蒸蔚救黔黎。"

其五:"屈指归期怕有期,年来已是惯流离。岂忘故友欢新遇,实少长才答旧知。对榻当年谈剑夕,出囊今日脱锥时。蒙泉剥果增多福,笑倒迂儒章句师。"

其六:"礼乐诗书选将才,英雄能事贵兼该。谈经此日挥陈腐,习射遗风有劫灰。我愿欣能杯化羽,人言厌听釜鸣雷。任他震地波涛险,自有渔人坐钓台。"

其七:"久欲奋飞万里游,茫茫大愿总难售。藏身有意成三窟,励节无心事五楼。未得嘤呦娴鹂舌,那能徼倖点人头。轰诗凯奏君休诮,名在孙山深处求。"

其八:"凄风飒飒屡浸簾,摩遍新牙万轴签。聊借巴讴摅郁抑,敢矜诗律斗铿严。别来狂态殊无减,但觉愁思次第添。我有唾壶挥剑好,鸾笺和断笔头尖。"(《郭沫若少年诗稿》,四川人民出版社1979年10月)。

先大愚,乐山高等小学堂、嘉定府官立中学堂时同学。第八首中"和"字,另有手稿作"写"。

◎ 作诗,无题。咏道:"欲把清流葬浊流,党人碑勒澄千秋。驴鸣庬吠争相诮,螳黯蝉痴漫不忧。胜国衣冠惊老大,汉家车马病轻浮。穿篱已自招群盗,屋社由来岂用求。"(《郭沫若少年诗稿》,四川人民出版社1979年10月版)

◎ 作诗五首,均无题。

其一:"贺兰山外动妖氛,漠北洮南作战云。夜舞剑光挥白雪,时期颈血染沙殷。筹边岂仗和戎策,报国须传净虏勋。已见请缨争击虏,何如议(论)徒纷纷。"

其二:"江湖水涨急流滞,倒挽狂澜终觉难。篝火殷燃狐啸地,揽戎无事虱生鞍。貌矜任侠仇孤独,粉饰太平怀晏安。肃杀金风犹未起,嗟哉时局令心寒。"

其三:"保甲街头夜鼓鼙,满城烟火月轮西。兵骄将悍杜陵泪,象走蛇奔庾信悽。社鼠缘经成市虎,惩羹敢不慎吹齑。茫茫大祸知何日,深夜牙牌费卜稽。"

其四:"汉祖虚传三侯歌,嗟无猛士奈如何。淮阴约作陈豨质,天下倒挥黥布戈。鹿逐长才思屡试,狗烹奇祸惨经过。目今牟昔多惆怅,会见都门棘铜驼。"

其五:"不怨雀苻转怨兵,曾经弓弹听弦惊。多多益善谁能得,日日添骄势甚横。乡校官衙纷捣毁,箪食壶浆畏争迎。还怜帷幄纡筹者,惩令欲行不敢行。"(《郭沫若少年诗稿》,四川人民出版社1979年10月版)

1913年(癸丑 民国二年)21岁

3月20日 宋教仁于上海遇刺身亡。

3月25日 孙中山由日本回到上海,召集国民党骨干举行紧急会议,主张起兵讨伐袁世凯。

7月 江西都督李烈钧发布讨袁檄文,组织讨袁军。江苏、广东、上海、安徽、福建、湖南、四川等先后宣布独立,反对袁世凯,称作"二次革命"。

9月 江西、江苏等地讨袁军被击溃,"二次革命"失败。

10月10日 袁世凯在北京故宫正式就任中华民国大总统。

11月4日 袁世凯下令解散国民党,取消国民党籍国会议员。

1月

初旬 接到岳丈张文宣为家中喜事送来的贺仪、信函,以及捎给张琼华的一件"马尾缎衫",并邀往张家"消耍几日"。(据原信手迹;蔡震《郭沫若生平文献史料考辨·张琼华书信之误读》,社会科学文献出版社2014年7月版)

2月

◎ 往成都,入四川省城官立高等学校正科二部九班就读。(《四川省城官立高等学校一览表》)

《五十年简谱》作"成都高等学校理科"。

◎ "始就原文读美国朗费洛之诗"。(《五十年简谱》)

"我的诗的觉醒期,我自己明确记忆着,是在民国二年。……进了高等学校的实科,英文读本仍然是匡伯伦。大约是在卷四或卷五里面,发现了美国的朗费洛(Longfellow)的《箭与歌》(Arrow and Song)那首两节的短诗,一个字也没有翻字典的必要便念懂了。那诗使我感觉着异常的清新,我好象第一次才和'诗'见了面的一样。""但在我们那个时代是鄙弃文学的时代,实业救国、科学救国的口号成为了一般智识阶级的口头禅。……就在这样的风气之下,像我这样本是倾向于文学的人,对于文学也一样的轻视。虽然诗的真面目偶尔向自己的悟性把面罩揭开了来,但也拒绝了它,没有更进一步和它认识的意欲。"(《我的作诗的经过》)

6月

◎ 投考天津陆军军医学校。(《初出夔门》)

7月

中旬 为天津陆军军医学校录取。

"天津陆军军医学校在各省招生,四川招考了六名,我便是其中的一个。"(《初出夔门》)

◎ 由成都乘船返回沙湾,同行者有砚鱼、铧苏、鹤樵等。舟行百里许,游古佛洞。

◎ 作诗《游古佛洞》并跋。诗云:"寺枕山腰俯瞰河,层楼迭嶂两巍峨。年年飘泊锦官道,四载于今七度过。穷愁减却登临兴,冷落寒山空照影。晨醉江楼棹歌发,醒时夕阳挂西岭。山寺飞将入眼来,兴机触发心花开。醉眼欲穷天下势,揽衣直上最高台。人生及时行乐耳,长此郁抑何为哉。步趋寺首无应门,簷瓦半垂欲飞堕。大叫狂生郭八来,但听山壑呼长诺。小径迷离草欲封,阶前横过一沟水。湛然涵碧悄无声,水禽飞掠人间去。徐徐缓步殿阶上,神物奇古穷殊相。就中或坐或复卧,释道分庭礼相抗,蝙蝠白昼也欺人。盘空鸣鸣学鬼声。寒气冷然沁肝膈,忘却世间炎热情。扶梯更上一层楼,俯视不敢久低头。楼高岁久动欲活,一步一歌如乘舟。我心颇厌人间世,用敢临危登绝地。人生一死等鸿毛,蛇蚹蜩翼何以异。得升绝顶如飞仙,晚山苍茫竖晚烟。拂寻古洞复不得,兴尽悲来催上船。"

跋写道:"古佛洞在蓉城东约百里所。楼阁高耸,枕山面河,舟中遥望,形构奇古。俗传系鲁公输班所建,不甚荒诞。癸丑夏日,予偕砚鱼、铧苏、鹤樵等同舟南下,行作归计。蓐暑如蒸,金石欲流,新翌骨折,苦不可耐。日晡,舟行过此,为舟子怂恿,言寺中景物,颇有可观,逐次泊焉。同人中以予兴独豪,蹑屣牵衣,飘然自上。楼基尽削岩而成,割石磴作梯级,构自古拙。维岁久木蠹,几难乘人。且距地颇高,危险殆不可名状。登舟赋此长句,以纪其事。"(《郭沫若早年作品三篇》,《新文学史料》1982 年 11 月第 4 期)

下旬 由嘉定乘船东下重庆,前往天津陆军军医学校。五哥郭开佐有公事往泸州,同行。(《初出夔门》)

8 月

3 日 抵达重庆。在指定旅馆报到后得知天津来电,"言第二次革命爆发,各省学生缓送,俟有后电再策进行"。(《初出夔门》)

4 日 晨,离开重庆,走东大路返成都。

同行者有一考上军医学校的胡姓同学。途经永川、荣昌、隆昌、内江、资中、资阳、简阳历时十天。交通工具是鸡公车、溜溜马、肩舆等原始工具。(《初出夔门》)

本月 在成都期间,寄宿省城官立高等学校。每日无事便上图书馆翻阅古籍。

"喜欢骈四俪六的文体","爱读南北朝人的著作,尤其是庾子山的

《哀江南赋》","每天总要讴它几遍"。"《哀江南赋》那在《离骚》以后的第一首可以感动人的长诗。我觉得他那'宰衡以干戈为儿戏,缙绅以清淡为庙略'的几句,真真是切中目前的时弊"。(《初出夔门》)

10月

上旬　得天津来电,嘱去报到。(《初出夔门》)

7日　致父母信。(见《樱花书简》第一函,四川人民出版社1981年8月版)

8日　由成都出发去重庆。是日,即宿茶店子。(《樱花书简》第一函,四川人民出版社1981年8月版)

同行有五哥郭开佐,高小时的老师、川东省视学王祚堂。他们赴重庆看望新任川东观察使王方舟。"因军事初停,东大路的匪风甚炽,便选了小川北路,由简阳经过乐至、遂宁、合川等地,乘船由涪江南下以入重庆,也同样费了十天。"(《初出夔门》)

9日　由小东路进行,宿龙泉寺。(《樱花书简》第一函,四川人民出版社1981年8月版)

10日　行至乐至县。(《樱花书简》第一函,四川人民出版社1981年8月版)

11日　行至遂宁县。(《樱花书简》第一函,四川人民出版社1981年8月版)

12日　暂息遂宁,觅舟。(《樱花书简》第一函,四川人民出版社1981年8月版)

13日　晨,乘船续行,夜,抵东安县。(《樱花书简》第一函,四川人民出版社1981年8月版)

14日　行抵合川县。(《樱花书简》第一函,四川人民出版社1981年8月版)

15日　滞留合川访友,夜宿舟中。(《樱花书简》第一函,四川人民出版社1981年8月版)

16日　晨,沿嘉陵江舟行南下,离重庆三十里处夜宿。(《樱花书简》第一函,四川人民出版社1981年8月版)

17日　晨,抵达重庆。暂住观察使署内。(《樱花书简》第一函,四川人民出版社1981年8月)

◎致父母信。禀告从成都赴重庆一路旅途的情况,写道:"在途共计十一日,或行或息,或舟或舆,天气晴和,道路平坦,殊不觉苦。东安、合州虽初经战事,伏莽犹多,因有兵勇护送(逢县请派者),并无惊扰情形。福星照临，幸事，幸事。重庆城内贵州兵业已退完，城外焚毁民房数千家，惨不忍睹。现在第四师师长刘存厚暂署镇守使事（实授第一师师长周峻），第一支队长王方舟署理川东观察使事，俱驻城内，居民渐就安静。男等现则暂住观察使署（即从前川东道衙门）内也。蜀通轮船已于前三日开发，来迟未能赶及。将来赶民船出省，或仍待拖轮，尚未定。如待拖轮，必须半月后始能出省。正式大总统业已举定袁世凯，欧美各国俱各承认矣。似此则吾中华民国尚有一线生机矣，无任庆幸。大哥近日不识有函归家否？男今亦有函通知大哥处，经此变乱，邮电梗塞，南望故乡，想亦十分着急。为言握手匪遥，家中情形，当详细面叙，借以慰远人心意也。男此次重来，于前途轮船、火车上下情形，业已审问详悉，请毋挂虑。"（《樱花书简》第一函，四川人民出版社1981年8月版）

◎ 致大哥郭开文信。（见《樱花书简》第一函，四川人民出版社1981年8月版）

29日 乘蜀通轮离重庆东下。进入三峡前夜泊，宿民船。（《初出夔门》）

30日 船行过三峡，至秭归，上岸夜宿。（《初出夔门》）

"中国的地方我走过的可不算少，像三峡那样的风光我实在没有遇见过第二次。那真是自然界一幅伟大的杰作。它的风韵奇而秀，它的气魄雄而长，它的态度矫矫不群而落落大方。印象已经很模棱了，只记得进了瞿塘峡时是清早，我是站在官舱外的最前的甲板上的，在下着微微的雨。有名的滟滪堆是一个单独的岩石，在峡口处离北岸不远，并没有怎样的可惊奇，可惊奇的还是那峡的本身。峡的两岸都是陡峭的岩壁，完全和人工削成的一样。峡道在峭壁中蜿蜒着。轮船一入峡后，你只见四面都是岩壁，江水好像一个无底的礁湖，你后面看不见来程，前面看不见去路。你仰头上望时，可以看到那两岸的山顶都有白云暧靆，而你头上的帽子可以从后头梭落。天只有一小片。但等船一转弯，又是别外的一洞天地。山气是森严缥缈的，烟雨在迷蒙着，轮船所吐出的白色的烟雾随着蜿蜒的峡道，在山半摇曳，宛如一条游龙。这些，自然只是片断的峡道，在某一个情形之下所有的光景，但在隔了二十几年后的今天，所剩下的记忆却是以这些为代表。片断化为了整体，一瞬化为了永恒。"（《初出夔门》）

31日 午后，抵达宜昌。夜，即上大亨号轮船。（《樱花书简》第二函，

四川人民出版社1981年8月版）

11月

1日 夜，乘大亨轮由宜昌赴汉口。（《樱花书简》第二函，四川人民出版社1981年8月版）

3日 中午，抵达汉口。（《樱花书简》第二函，四川人民出版社1981年8月版）

◎ 致父母信，禀告行踪。（《樱花书简》第二函，四川人民出版社1981年8月版）

4日 乘火车走京汉线北上天津。（《初出夔门》；《樱花书简》第二函，四川人民出版社1981年8月版）

"和火车见面是有生以来的第一次，论理应该有些新奇的记忆，但无论怎样的搜索，所能记忆的却只是过磅时的麻烦，车站上的杂沓，车厢中的污秽。而尤其使人失望的是车行中所接触到的窗外的自然。""车入河南境内以后，车道两侧所能望见的大抵是衰黄的枯草。间或有些毫无草木的砂丘。听人说那些砂丘是北风由蒙古的沙漠地里卷来的，可于一夜之间积成，也可以一夜之间被风吹去。得着那些见闻，在当时竟感伤得泺过一些眼泪。""北地的建筑在初出夔门的人看来也不免要唤起坟墓的联想。……沙漠化的进行曲，坟墓的进行曲，颓唐了的大地的葬歌。"（《初出夔门》）

5日 下午3时到达保定，下车留宿。（《樱花书简》第三函，四川人民出版社1981年8月版）

6日 从保定转乘往天津的火车，午后6时抵达。寓贾家大桥福禄栈。（《樱花书简》第三函，四川人民出版社1981年8月版）

◎ 夜，致父母信。禀告旅途情况及所见过黄河大桥的情景，谓："奇骇欲狂。夜渡黄河，桥长十九里，上悬电灯，下映河水，光明四粲，黄白相间，水声风声，助人快意。""校内不日复试，各省学生到者已有十七省。……此地目下尚不甚寒冻，亦有着皮衣者。惟夜间风如刀刮，与川省迥异矣。"（《樱花书简》第三函，四川人民出版社1981年8月版）

7日 往陆军军医学校报到。（《初出夔门》）

9日 参加入学复试。（《初出夔门》）

"但我在未经复试之前，早就发生了离开天津的念头了。""我自己本来没有学医的意志，我不曾想过要借医业来医人，也不曾想过要借医业来糊口。那样踏实的想头，在当时的我，是太不浪漫了。我自己住在夔门以内时只因为对于现状不满，天天在想着离开四川。……但一出了四川，外面的情形却不见得比四川进步得怎样。而在种种的观感上，反而不识不知之间引起了对于故乡的孺慕。……而在根本上使我动摇了的，尤其是对于学校本身的不满。"（《初出夔门》）

10日 乘火车赴北京投奔大哥郭开文，有同学熊大中送行。到北京后，始知大哥已于夏天去朝鲜、日本游历未归，暂寓大哥留日同学尹朝桢位于炊帚胡同的家中。

"大哥要长我十四岁，在我未有记忆时已经进了学，榜名叫开文，最初取'五色成文'之意号叫成五。但他这号却经过了两次的奥伏赫变。第一次是在科举停止的一年。在最后一次的秋闱不弟，大哥考上了当时在成都新成立的东文学堂，学满一年便要由省费送往日本留学。当时的国是，是维新变法，富国强兵，于是大哥的号便由成五变而为崇武。近年大约是因为年龄的关系罢，不知几时崇武又变而为橙坞了。他由东文毕业后在日本住了五六年，但学的并不是军事而是法制经济。盛清逊国的前一年他在北京考中了一个法科举人，在司法部做过一向小京官，在辛亥年才回了四川。回川之后在省城的官班法政和绅班法政的两个学堂里担任过教授。革命以后做过几个月的四川军政府的交通部长。""我想离开天津，是想往北京去。因为我的大哥橙坞那时住在北京，在替川边经略使的尹昌衡做代表。自己有了这样的靠山，尤不免有所仗恃，觉得一到北京总会有更好的出路了。"（《初出夔门》）

尹朝桢时任京师地方检察厅代理厅长。（陈俐《从郭沫若〈少年时代〉看20世纪初留日风潮》，《郭沫若学刊》2005年第2期）

12日 得熊大中天津来信，知复试通过，并告学校限三日内返校，逾期不归，挂牌斥退，扣中学毕业文凭，并追还旅费。但已决心不就。（《初出夔门》）

"已经死了心，我回答他的信上记得有一句是：——'天津之拓都难容区区之幺匿。'"（《初出夔门》）

11、12 月间

◎ 与尹朝桢、尹维桢兄弟同寓，等待大哥归来。期间，唯有读《文选》打发时间。(《初出夔门》；陈俐《从郭沫若〈少年时代〉看20世纪初留日风潮》，《郭沫若学刊》2005 年第 2 期)

12 月

上旬 作诗《即兴》。初见于《离沪之前》，载上海《现代》月刊 1934 年 1 月第 4 卷第 3 期，原无题。写道："天寒苦昼短，读书未肯缀。檐冰滴有声，中心转凄绝。开门见新月，照耀庭前雪。"

收作家出版社 1959 年 11 月初版《潮汐集·汐集》时作此篇题；现收《郭沫若全集·文学编》第 2 卷。

中旬 大哥郭开文回京，得知放弃陆军军医学校不上，大不以为然，以是，也自感此举太过孟浪。(《初出夔门》)

本月初，川办经略使尹昌衡被袁世凯软禁，作为其驻京办事处代表的郭开文等于失业。"照着目前的形势看来，恐怕我们兄弟两人在这儿的生活都很难维持。"(《初出夔门》)

25 日 大哥同学张次瑜来访，经其建议，由大哥决定，转赴日本留学。

张次瑜是郭开文留日同学，时为国会议员。袁世凯解散国会后，张次瑜正欲赴日本游历，行前造访郭开文，建议说："何不送到日本去留学呢？""日本留学不还有官费吗？考上了官费，不是就不要你供给了吗？""'怎么样？有把握吗？'大哥接着又问我，但他看见我迟疑着不能回答，最后是他放下了决心：'我看，你去罢，先去住半年来再看。半年之内能够考上官费自然好，如不能够，或许到那时我已经有了职务了。我就决定你去，没有游移。'"(《初出夔门》)

"我有这样靠背，所以便决心跑去找他。这儿又是我一生的第二个转扭点，我到后来多少有点成就，完全是长兄赐予我的。"(《学生时代》)

《初出夔门》记张次瑜来访是 12 月 27 日，即离京赴日的前一天。

◎ 致父母信。禀告："男离家半载矣。都门蜀道，道路几千。年节匪遥，恨不能随双黄鹄乘风归来也。京地学风坏极，酒地花天，歌台舞榭，青年子弟最易陷落。大哥决计命男东渡。兹已定明日搭京奉晚车，同张君次瑜（大哥同学）由南满、朝鲜漫游赴日。十日为期，未为茹苦，请勿罣念。三哥来书由津转到，已读悉矣。"（肖玫《郭沫若》，文物出版社1992年11月版）

26日 晚，与张次瑜同乘京奉线火车从北京出发前往日本。大哥郭开文及尹朝桢兄弟到车站送行。（见1913年12月25日致父母信，肖玫《郭沫若》，文物出版社1992年11月版）

"临别时大哥没有说什么话，我也没有说什么。……我在自己的心里暗暗地发着誓：'我此去如于半年之内考不上官费学校，我要跳进东海里去淹死，我没有面目再和大哥见面。'"（《初出夔门》）

离开北京时间《初出夔门》记为12月28日晚，《学生时代》记为12月30日。

27日 晚，抵达奉天（沈阳），宿一日本人开设的客栈。（《初出夔门》）

28日 晨，换乘安奉线火车往安东。在安东过境进入朝鲜。（《初出夔门》）

29日 晨，途经汉城。晚，抵达釜山。宿中国领事馆。（《初出夔门》）

1914年（甲寅 民国三年）22岁

1月29日 袁世凯指使"政治会议"通过祭天、祀孔两个决议案。

3月 言情小说《玉梨魂》出版，为"鸳鸯蝴蝶派文学"之始。

5月1日 袁世凯废除《中华民国临时约法》，公布《中华民国约法》，俗称"袁记约法"。

6月28日 奥地利皇太子在塞尔维亚遇刺身亡，引发两国交战。8月，德俄法英参战，第一次世界大战由此爆发。

9月2日 日本借口对德作战，入侵我国山东半岛。

1 月

1 日 在釜山过新年。

"在朝鲜的釜山迎接了一九一四年的新年。""在釜山领事馆里面住了一个星期光景,因为那时的领事柯荣阶先生是长兄的同学。"(《学生时代》,桂林《野草》月刊 1942 年 6 月第 4 卷第 3 期)

上旬 乘船前往日本下关,继续乘火车往东京。

◎ 期间,在京都逗留约一周时间。

"我第一次到日本来是大正三年。当时我到京都,逗留了大约一周,游览了岚山和金阁寺。这就是说,京都是我到日本来,首先访问的地方。(参见刘德有《随郭沫若战后访日》,辽宁人民出版社 1988 年 9 月版)

◎ 寄家中"邮片一张"。(参见《樱花书简》第四函,四川人民出版社 1981 年 8 月版)

12 日 抵达东京。(参见《樱花书简》第五函,四川人民出版社 1981 年 8 月版)

《自然底追怀》中说:"我最初到东京的时候是一九一四年的正月十三日。"(《自然底追怀》,1934 年 3 月 4 日《时事新报·星期学灯》第 70 期)。

◎ 致父母信。(参见《樱花书简》第四函、第五函,四川人民出版社 1981 年 8 月版)

1、2 月间

◎ 在东京小石川大塚户村家安顿下来,开始在神田的外国语学校学习日语。(《樱花书简》第四函,四川人民出版社 1981 年 8 月版)

"一到东京立刻拼命努力日本语补习,三四个月间是寄居于大塚,除了到神田的日本语学校有一段步行外,出外的时间几乎是没有的。"(《自然底追怀》,1934 年 3 月 4 日上海《时事新报·星期学灯》第 70 期)

◎ 结识同在外国语学校学习日语的朱羲农。(《克拉凡左的骑士·小引》,《绸缪》月刊 1937 年 6 月第 3 卷第 9 期)

2 月

12 日 致父母信,并寄照片一张为父亲祝寿。写道:"男之吸纳扶桑风水，不觉岁更月易矣。……此邦俗尚勤俭淡泊，清洁可风。男居此月余，学业行修虽无增益，努力餐饭，自觉体魄顽健，精神爽活，仅此差足以慰答慈念。……前月邮片一张，家报一束，料早均达钧鉴。""大哥曾与男两函，亦言家中省中均无函至，颇有归省意。近因约法会议发生，已拍电回川，颇思就此，惟不识能否有效，因此羁留。尹昌衡川边事已辞职，近因被人控告，谓与熊、杨通谋，并在京吞食中央解款二十万，大总颇欲彻底究核，已交陆军部看管矣。无根之水，立待其竭，小子轻狂，早料其必败矣。幸大哥近来与彼颇似断绝，不过辅非其人，前功尽弃。……中国自反正来，一般得志青年，胡涂捣蛋，蠹国病民，禽荒沉湎，忘却兄台贵姓。袁氏此次振救，颇快人意，一棒当头，喝醒痴顽，亦复不少也。""此间生活程度颇高，房舍一间，月租二十元上下，吃食俭啬，朝食面包两大块，白糖一碟，牛乳一瓶，午晚两餐均系菜一盘，饭一小甑，咸菜一碟而已。男所寓处，租仅十五元半，比较尚廉。初来时口腹殊不调适，近颇习惯，亦觉甚有风味。木炭甚贵，每日稀些烧炕，需钱一角，足抵吾乡一月所耗矣。近在神田，研究日语，离寓有中国八九里远。每日步行而往，必乘电车而归，以午后五钟下课，急于赶饭故也。但坐电车，两次需合中国钱九十文，每月乘车必需一两半钱。合入学费，洗濯浴沐及一切杂费，每月总得三十元之数，方可敷用。来时带金条一枚，换得三百六十五元，因由南满朝鲜绕道陆行，路费用去一百元，又前月因初来，置办一切，如桌椅、坐垫、衣履、书籍、夜具及杂用物什之类，便整用七十元，现在身边所存，尚有百八十余元之谱。然细细预算，尽可供至阳历七月之度支。拼此半年功夫，极力豫备，暑假之内，如万一能考得官费学校，则家中以后尽可不必贴补，已可敷用。勤苦二字，相因而至。富思淫佚，饱思暖逸，势所必然。故不苦不勤，不能成业。男前在国中，毫未尝尝辛苦，致怠惰成性，几有不可救药之概。男自今以后，当痛自刷新，力求实际。学业成就，虽苦犹甘，下自问心无愧，上足报我父母天高地厚之恩于万一，而答诸兄长之培诲之勤，所矢志盟心，日夕自励者也。""同寓杨君伯钦……为人，性行端正，不愧师范，赤心爱国，殚智研精，谦以处己，宽以接人，可敬可爱。男与同居，待男如弟，一切都赖指导教诲，并在外聘师学习，都寄重于彼。相处渐久，薰陶甚至，有不自捡束，则不足以对彼然者。所谓闻风敦廉者耶，自奉甚啬，布衣蔬食不厌，古之人

也。"(《樱花书简》第四函,四川人民出版社 1981 年 8 月版)

3 月

11 日 "奉到家书一束,欢喜欲狂。"(《樱花书简》第五函,四川人民出版社 1981 年 8 月版)

14 日 致父母信。禀报:"男来东留学,志向在实业及医学两途,寓东年限,举不能定。盖此来目的,即如正月家禀所言,为希图搏得官费到手,则万无一说。将来应考学校,以东京四校为准。四校即师范、高工、谦叶医校、第一高等。此四校乃政府与日人特为立约官费,较为可靠故也。然四校中,师范非男所愿,则仅三校已耳。三校中如得考上高工、谦叶,则三年后可望回国。如考上第一高等,则卒业后自应再入帝大肄业,必七年后方得有望。悬的在官费,无论年限如何,只期学业有成,当无不可也。三哥书中云,二老颇不愿男久留,此固男所习知者。即男前日在家,时时希望高举远徙者,今朝远离,又无日不思追随膝下,亲常待侧也。顾亲恩国恩,天高地厚,大好男儿,当图万一之报,此又学业深造所不能一日缓者。暂苦久甘,将来自信所以慰我亲心者,当必胜今日依依如儿女子守候起居之乐。少有以益,至赖祖德亲恩。今年暑假,上所述三校任能得一,乃如前二禀之言,实所祷祝千万者也。然此邦学校,高等以上,暑假均系两月有余,而假后开学,照例有一月间之随意课。因八九月间,天气尚暑,主要教师多自矜贵,以致缺席故。故如考上高等学校(上四校均系高等),则暑假期内三月休暇,尽可归省一次。……男来东两月矣,寻常话少能上口,近已开手作文,虽不见佳妙,也能畅所欲言无苦。书籍文报,渐能了解。想拼此半年脑力,六七月间,当能预考。男此间用度,力求减损。……烟酒男均戒脱,身体近颇顽健。"(《樱花书简》第五函,四川人民出版社 1981 年 8 月版)

5 月

11 日 寄家书。(郭沫若著,郭平英、秦川编注《敝帚集与游学家书》,中国社会科学出版社 2012 年 10 月版)

6月

月初 参加东京高等工业学校入学考试,未果。(《樱花书简》第六函,四川人民出版社1981年8月版)

◎ 收到五哥来函,内附张琼华一信。

6日 致父母信。禀报:"七月内将应考东京第一高等(现在吴鹿苹即住此校)及千叶医学,两者之中有一考上便是万幸,不然男意则不欲久留此也。"(《樱花书简》第六函,四川人民出版社1981年8月版)

21日 致父母信。告以,收到家中汇款,也收到大哥由北京的汇款,加上手中余款,"计算今年即不能考不上官费学校,为数已尽支持至明年暑间,官费誓可到手,家中从此不再汇来,在所望矣"。(《樱花书简》第七函,四川人民出版社1981年8月版)

26日 致父母信。禀告:"本月内已有两禀肃呈矣,兹复幸得三哥、四姐及儿妇书各一件,读悉一是。知二老康疆,家中无事,甚慰。"(《樱花书简》第五十函,四川人民出版社1981年8月版)

《樱花书简》以此信写于1917年6月,有误,日期释读亦有误,应系于此。(蔡震《文化越境的行旅——郭沫若在日本二十年》,文化艺术出版社2005年3月版;郭沫若著,郭平英、秦川编注《敝帚集与游学家书》,中国社会科学出版社2012年10月版)

7月

中旬 考入东京第一高等学校特设预科三部。

《一高六十年史》记载:"自明治四十一年四月开始为支那留学生设置特设预科,通过考试录取,在校期为一年,对学生施行预备教育,毕业后分配到本校或其他高等学校,以开拓升入帝国大学的途径。"预科三部的大正四年毕业生(即于大正三年1914年入学者)计有11名。(参见武继平《郭沫若留日十年》,重庆出版社2001年3月版)

"我在当时实在是拼了命,拼命地学日文,拼命地补习科学,结果我终竟以半年工夫,考上第一高等学校。这在当年听说是没有比我更快的。""第三部是医科。……这时的应考医科,却和在国内投考军医学校的心理是完全两样了。我在初，认真是想学一点医，来作为对于国家社会的切实贡献。"（《学生时代》，桂林《野草》月刊1942年6月第4卷第3期）

◎ 与杨伯钦、吴鹿苹同往千叶县房州北条海滨避暑。（《樱花书简》第八函，四川人民出版社1981年8月版）

28日 致父母信。写道："今年天气异常炎热，上海苏杭等处已到一百度以上，中热病死者日有所闻也。东京人烟稠密，入夏颇难居住，顷已同杨伯钦、吴鹿苹同来房州避暑矣。此间风景虽不见佳妙，气候较东京为清爽也。且地近海边，日以海水浴为事，甚觉有趣。元弟近已归家否？今岁毕业后，可急行东渡。如腊初毕业，腊中旬即须起身，家中亦不可少为留连。以限半年，须考得官费。……考上官费，便是好算盘。国内无此便宜。而学科不良，校风确劣无论矣。"（《樱花书简》第八函，四川人民出版社1981年8月版）

《樱花书简》中信文顺序释读有误，据手迹改正。（郭沫若著，郭平英、秦川编注《敝帚集与游学家书》，中国社会科学出版社2012年10月版）

31日 致父母信。说："昨日接得元弟来函，始知三姐弄璋之庆，六妹梦蛇之吉，不胜欣幸。乃均夭殇，殊可惜耳。""元弟今年毕业，即速来东，休自误也。"（《樱花书简》第九函，四川人民出版社1981年8月版）

信文末署"八月一日"，但该信封套上一枚日本邮寄邮戳日期为"7月31日"。

8月

15日 为在房州海滨所摄照片题写志词留念。（见肖玫《郭沫若》，文物出版社1992年11月版）

29日 致父母信。禀告："元弟及七妹来函均收到。……现在欧西各国大交兵戈，战祸所及，渐移东亚，日本鬼国已与德国宣战矣。官费今日到手，每月三十三元，从此按月收领。元弟今岁毕卒后，如欧乱早平，可急速来东。""学校来月开课，不久即返东京，现拟移居，家中可暂无来信。"（《樱花书简》第十函，四川人民出版社1981年8月版）

据北洋政府教育部"管理留日学生事务规程"第28条规定："官费学生其留学日本帝国大学本科者，每月支给日币四十二圆；其留学第一至第八等学校及东京高等师范学校、东京高等工业学校、千叶医学专门学校

者，每月支给日币三十三圆；其余官费生每月支给日币三十六圆。"（《北洋政府教育部档案》，南京第二历史档案馆）

本月　仍在房州北条海滨避暑中。与杨伯钦、吴鹿苹三人共租一屋，自己烧饭，每日去洗海水浴。时于月夜划船去鹰岛与冲岛。

期间作五绝二首，无题。咏道："镜浦平如镜，波舟荡月明。遥将一壶酒，载到岛头倾。""飞来何处峰，海上布艨艟。地形同渤海，心事系辽东。"初见于《自然への追怀》，日本改造社《文艺》1934年2月号。中文本题为《自然底追怀》，刊载于1934年3月4日上海《时事新报·星期学灯》。

9 月

月初　作五绝，无题。云："白日照天地，秋声入早潮。披襟临海立，相对富峰高。"初见于《自然への追怀》，日本改造社《文艺》1934年2月号。中文本题为《自然底追怀》，刊载于1934年3月4日上海《时事新报·星期学灯》。

4日　由房州回到东京。（《樱花书简》第十一函，四川人民出版社1981年8月版）

6日　致父母信。禀告："男现立志学医，无复他顾，以学医一道，近日颇为重要。在外国人之研究此科者，非聪明人不能成功。且本技艺之事，学成可不靠人，自可有用也。""男在房州统住一月有余，日日在海中浴沐，已能浮水至五六丈远。风吹日晒，身体全黑，初回东京，友人戏呼庄稼汉，甚可笑也。精神健旺，体魄蛮强，饭食每膳六七碗，比从前甚有可观也。"（《樱花书简》第十一函，四川人民出版社1981年8月版）

11日　第一高等学校开学，入学上课。（《履历书》，藏日本九州大学；《樱花书简》第十一函，四川人民出版社1981年8月版）

预科一年的学习课程有：伦理、日语、汉文、英语、德语、数学、物理、化学、博物、图画体操等。（据《一高史》，参见武继平《郭沫若留日十年》，重庆出版社2001年3月版）

同在一高预科就读的有郁达夫、张资平。（《五十年简谱》，《中苏文化》半月刊1941年11月第9卷第2、3期合刊）

29日　致父母信。禀告："三哥来信拜读。汇款事，儿知命矣，当即

如数奉归前途也。"(《樱花书简》第十三函,四川人民出版社1981年8月版)

◎ 致三哥郭开成(少仪)信。说:"来书拜悉,承誉大过,殊不敢当。弟现系学医,将来业成归来,只是手把刀来勉糊口腹耳。兄所谓云泥之隔何在?其实人生世中,除衣食住而外,别无他事,货殖意中所得多矣。吾国猎官运动,适自捉亡,明眼人自能见到也。"(《樱花书简》第十二函,四川人民出版社1981年8月版)

秋

◎ 作诗《落叶语》:"晨兴理花径,把帚立阶隅,骚骚风过处,落叶声如呼:'在昔春夏交,骄阳力可虞,于时啮臂出,阴翳怜清胰。何当秋节至,哀我根木枯。誓将此寸躯,化作泥与涂。泥涂岂空化,还以沃根株。君岂无根生,我复当何辜!如何夺我志,空令填沟渠。'草木有苦心,世人知也无?"录入1915年7月20日致父母信中。(《樱花书简》第二十九函,四川人民出版社1981年8月版)

10月

中旬 与吴鹿苹、叶季孚另外租房,移住本乡区真砂町二五番地修园。(《樱花书简》第十四函,四川人民出版社1981年8月版)

22日 致五哥郭开佐信。说:"大塚离校太远,顷已同吴鹿苹及叶季孚两君组织贷家移来本乡矣。"(《樱花书简》第十四函,四川人民出版社1981年8月版)

28日 致父母信(明信片)。告之:"表面即第一高等学校大门也。男每晨登校,即由此出入。想吾二老观此,将不啻如见男步行其间也。身体顽健,请毋挂虑。"(《樱花书简》第十五函,四川人民出版社1981年8月版)

11月

7日 夜,致父母信。禀告:

"本月初一日,乃母亲诞日。男日前早早挂在心头,不意到当日竟至忘怀了,今日,乃记起来,男真该五百屁股了。

"古人说,山中难找千年树,世上难逢百岁(人),这两句话是说错了的。古来我国有不老长寿之说，读书人总疑他怪诞不足信，不意近来欧西科学家亦有倡此说者。欧洲有个小小的国家名叫瑞士国，瑞士国有个学者名叫哈烈尔（Haller），他说但凡有生物的年龄，要活满其成熟期之五倍或八倍。人的成熟期假定是二十五岁，五倍二十五是一百二十五，八倍二十五是二百，故所以人的天然年龄，是要活到二百岁的。奥国有个信心家，名叫坑梯曷尔恩（Kentigern）者活了一百八十五岁。匈牙利有个农夫，名叫扁儿·若尔太者，也活了一百八十五岁。英国也有个农夫，名叫妥马司·帕儿（Thomas Parr），活了一百五十二岁。此人八十岁始娶妻，一百一十二岁前妻病死，一百二十二岁再娶，真是世间上绝无仅有的事了。像这些长命寿星，都是吾人应该要活到二百岁的证据。又如我国古时候，老子、庄子都是活了二百多岁的。三国时的华陀活到一百岁。史书上说多还有壮容（后汉书华陀传），不幸后来被曹操害了，不然恐怕也是活到二百岁的了。又古时称说，人生百二十岁为上寿，百岁为中寿，八十为下寿（《春秋·鲁僖三十年》林注）。上寿百二十岁之说，正与哈氏五倍说相当，可见古人活上一百多岁，必然是很多有的。男引经据典的说了一铺摊子，男只为要说下文一句话曰：祝我二老二百年长寿！

"母亲诞日，想姊妹均必归宁，不知家中是何等的高兴。转眼便是男同七妹的生日了，假如男是在家里，鸡蛋定是不少吃的。而今身居海外，要想吃父母的鸡蛋也是吃不成，说起说起好失悔，又好忍不着便吞起口水来了。但是七妹是在家的，男的份子便让与七妹，请母亲多给七妹两个，七妹吃了便如像男吃了一样的也。说起七妹来，想起元弟前日来函，似乎明年有出阁之说，未免太年轻了，于身体发育上最有妨碍。吾国早婚制度最坏，欲求改良，当自各家各户自行改良起走。古礼本定的是，男子三十而娶，女子二十而嫁，最是很完美的制度。近来欧西各国及日本，大抵男女非满二十以上无结婚者，正与吾国古礼相合。七妹出阁似乎可再缓两年。"（郭沫若著，郭平英、秦川编注《敝帚集与游学家书》，中国社会科学出版社2012年10月版）

《樱花书简》第五十三函以此信写于1917年，有误。

9日　"始记日记，自誓终身不辍也。"（《樱花书简》第十七函，四川人民出版社1981年8月版）

16日　致父母信。写道："元弟函中言少成因疮疾思归，家中已许，男颇愕然。少成在省两年矣，虽闻懒惰性成，然岁月集久，当亦有所长进耳。成都学校亦正完善，何能中途辍业，下乔木而入幽谷耶？人生一世，于儿童时教育最宜注意。盖幼年时代，譬如高屋地基，地基平广坚实，自然高楼大厦可因以建立而垂久。苟儿童时教育不良，则老大时终有悔不可追之候。且现在读书，非仅识得几个之无便算完事。国家设立学校，亦非仅教人民识得之无也算了事。立学校为教育起见，入学校为受教育起见。……凡教育儿童，总宜使有丈夫气。勇健活泼，不偏不倚，最是儿童美德。如少成那样女儿情态，将来如何可望有大作为？故据男意，如少成未回家，大善；如已归，可即速上省补课，或今年已迟，来春亦宜上省。儿童教育须彻头彻尾，一线到底为佳。中途如教育者更易，譬如造屋然，更易掌墨师，难望成立也。"又告："元弟既决意居家，也难强夺其意，总之，学业总不可荒疏。""本学期行将告终矣，不久将预备试验。然在预科，科学方面都不吃紧也。儿妇前来函云，岳家索儿像片，近来无车无暇，未遑另照，后日照得时，当多寄一份归赠也。"（《樱花书简》第十六函，四川人民出版社1981年8月版）

27日 致父母信。说："读书颇有深趣，前日浮放心气似较沈着。来东虽无所得，即此于心身上，已获益不少也。"另告："元弟家居，可日作日记，于心身上最有补益。"（《樱花书简》第十七函，四川人民出版社1981年8月版）

本月 出牛痘。"不甚大出，想身体无甚毒滞也。"（《樱花书简》第十六函，四川人民出版社1981年8月版）

12 月

2日 致父母信。说："试验在即，预备殊多忙意，正是闲时不烧香，急来抱佛脚，真是该打。天气渐寒，讲堂中已从昨日起烧暖炉（STOVE）矣。每浸晨登校之际，必有多数学生围炉谈笑，情况与国内学生无甚差别也。"（《樱花书简》第十八函，四川人民出版社1981年8月版）

10日 致父母信。谓："前夜梦见回家，见父亲面色甚有忧容，梦境奇离，更有种种不可思议之处，不识家中近况如何？想定平安无故也。""男忆在国内读书时，每逢年暑假归家，妹侄辈必出大门远远相迓，是种

欢乐事，须待何年方能领略也。"（郭沫若著，郭平英、秦川编注《敝帚集与游学家书》，中国社会科学出版社2012年10月版）

《樱花书简》第三十三函以此信写于1915年。

24日 致父母信。禀告："学期试验，顷已完事。古人云：'每逢佳节倍思亲'，此中滋味，近日饱尝之矣。男想往年在国，每逢年假暑假，欢然言归，庆享团圆之乐。夏日长闲，冬夜无事，茶余饭后，炉畔灯前，持小说善书，在父母前讴吟讽诵，其乐何极！及今回顾，不胜追羡也。新年旧年转眼便到，家中年事，想正匆忙。男则寄居海外，独立楼中，肆目辽望，闭目沉思，殊增冥想而已。"又告："年假只十五日，来年正月八日当复入学也。"（《樱花书简》第十九函，四川人民出版社1981年8月版）

1915年（乙卯 民国四年）23岁

1月18日 日本向袁世凯提出阴谋灭亡中国的对华"二十一条"密约。

5月7日 日本就"二十一条"提出最后通牒。9日，袁世凯除对五号条款声明"容日后协商"外，承认日本的要求。

9月15日 陈独秀主编的《青年杂志》在上海创刊。"创刊号"上《敬告青年》提出六点主张，包含了提倡"科学"与"民主"的内容。从第2卷起，改名《新青年》。

12月12日 袁世凯复辟帝制，自称"洪宪皇帝"，改国号为"中华帝国"，下令次年废除民国纪年改为"洪宪元年"。

12月25日 蔡锷、李烈钧、唐继尧在昆明通电反袁，宣布云南独立，成立护国军讨袁。次年贵州、广西、广东、浙江、陕西、四川、湖南等省相继宣告独立，通电促袁退位。史称"护国运动"。袁世凯在内外压力下于1916年3月宣布撤销帝制，6月忧愤死去。

1月

8日 一高预科第二学期开学。（《樱花书简》第十九函，四川人民出版社

1981年8月版）

30日 致父母信。（《樱花书简》第二十二函，四川人民出版社1981年8月版）

3月

3日 致父母信。告以，托姻弟吴鹿芹带回金表一只，金链一根，为父母祝寿。以"金坚而不磨，祝我二老康疆！表运行而不滞，祝我二老健慰！链循环而无尽，祝我二老百年长寿，长寿百年而无尽"。又道："男在此间，自食官费后，家中所寄来银数及大哥为男汇来者，多存银行而无所用。去岁因李君茂根来东，银钱每有不及济之时，时时贷与，已至八十余元之多，合中国银元约百元之谱。男已商彼，请由彼家（嘉定县街李春发号）还回吾家。将来彼自有函归彼家，当即还回，故早报知。然如彼家一时未还，则或一时手中不济，殊不可知事，请家中勿向彼家催索也。"（《樱花书简》第二十函，四川人民出版社1981年8月版）

17日 致父母信。写道：

"近日中日交涉事件，甚为辣手，一般舆论，大是腾涌。吾川地僻，消息不宁，想传闻溢实，必更加一层喧骚骇异也。男居此邦，日内仍依然上课。留学界虽有络绎归国者，然多属私费生，至官费学生，则并未曾动也。

"此次交涉，本属险恶，然使便致交战，或恐未必。何者？我国陆军虽有，而军械缺乏，而海军则不足言也。鬼国虽小，终不能敌，且日本亦未必遽有战意。彼近日借交换驻屯兵为名，海军陆军多发向我国者，想亦不过出于恫吓手段已也。然果使万不得已而真至于开战，则祖国存亡至堪悬念，个人身事所不敢问矣。天下事亦多有不可料者，如现在德国，以一国之力抵敌英、俄、法三大强。又前日者，非洲一小国杜兰斯窪战英二十年。设使我国万一而出于战也，亦未必便不能制胜。即以吾国古兵法言之，所谓兵骄必败。日本鬼国，其骄横可谓绝顶矣，天其真无眼以临鉴之耶！今次吾国上下一心，虽前日之革命党人，今亦多输诚返国者，此则人和之征也。鬼国近日政争甚烈，内顾多所掣肘，敌我相权，未见便输于彼小鬼也。"

又嘱:"元弟在家,不可虚耍,新学问自是无从下手,然吾国旧书不可不多读也。一国文学为一国之精神,物质文明固不可缺少,而自国精神,终不可使失坠也。近世学子,通者无几人矣。而究之物质方面,智识仍仅肤浅,实是自欺欺人事。"(《樱花书简》第二十一函,四川人民出版社1981年8月版)

下旬 通过第二学期考试,成绩列第五名。(《樱花书简》第二十一函、第二十四函,四川人民出版社1981年8月版)

春

◎ 初次接触印度诗人泰戈尔的诗,"便和太(泰)戈尔的诗结了不解缘"。

"在预科的第二学期,民国四年的上半年,一位同住的本科生有一次从学校里带了几页油印的英文诗回来,是英文的课外读物。我拿到手来看时,才是从太戈尔的《新月集》抄选的几首。""我看那诗题是'Baby's way'(《婴儿的路》)、'Sleep Stealer'(《睡眠的偷儿》)、'Cloulds and Waves'(《云与波》),我展来读了,便生了好些惊异。第一是诗的容易懂;第二是诗的散文式……从此太戈尔的名字便深深印在我的脑里。""当时日本正是太戈尔热流行着的时候,因此我便和太戈尔的诗结了不解缘……在他的诗里面我感受着诗美以上的欢悦。在这时候我偶尔也和比利时的梅特灵克的作品接近过,我在英文中读过他的《青鸟》、《唐太儿之死》,他的格调和太戈尔相近,但太戈尔的明朗性是使我愈见爱好的。"(《我的作诗的经过》,东京《质文》月刊1936年11月第2卷第2期;《太戈儿来华的我见》,上海《创造周报》1923年10月第23号)

4月

10日 春假已满,开学上课。(《樱花书简》第二十二函,四川人民出版社1981年8月版)

11日 与友人同往飞鸟山观樱花。

"近日此邦樱花盛开,下流侪辈涂面插花或带面具醉倒花丛中,傲傲起舞,牟牟作牛鸣而歌,遗钗坠珥,男女不分也。倭奴开化年代自唐而还，故至今而夷风犹在。

樱花为物，有如吾国垂丝海棠，五出而花蕾丛集，色微紫，无香也；所见特异处，仅多而已！倭域盖至入春来，街头巷陌，连山被野，着花几遍，令倭奴乃至醉倒若是。

飞鸟山亦东京附近樱花名所也。昨约友人同往观焉，山云者仅一土堆，广袤可十数丈，满山皆花，已盛开矣。日人凡新嫁娘，初出阁日，必戴绵帽子，白色，所云帽子者，实咸吾国缠头之形，颇阔大，故日人多以取譬，谓山头之一面尽是花者，犹着绵帽子作新嫁娘也，殊亦滑稽可意。"（《樱花书简》第二十二函，四川人民出版社1981年8月版）

12日 致父母信。告以此间樱花盛开的情景以及日人风俗。又道："欧洲战争尚未解决，中日交涉现亦在胶葛中，想不出今夏，当必有水落石出之一日也。"（《樱花书简》第二十二函，四川人民出版社1981年8月版）

◎ 致郭开运（元弟）信，对其来信"语焉不详"及不妥处一一点评。谓："字有字病，语有语病"，"故今次实行用此诘责，亦是读书人应讲究事，不可谓我啧啧多言也。"又嘱："少成书可要认真教读，不可纵其怠惰。……现在国家弱到如此地步，生为男子，何能使不学无术，无一筹以报国也。"

此信附在致父母信后。"函当另写，竟插父母稟中，亦是不慎。"

5月

5日 致父母信。说："交涉险恶，不久便归，际此机局，自当敬慎，请勿驰念。"（《樱花书简》第二十三函，四川人民出版社1981年8月版）

1月18日，日本政府提出对华"二十一条"，3月5日中日交涉会议正式开始，至4月20日交涉会议停止。

7日 与吴鹿苹、叶季孚一起归国到上海，以抗议日本对华"二十一条"。（《樱花书简》第二十四函，四川人民出版社1981年8月版；《创造十年》，上海现代书局1932年9月版）

日本就"二十一条"提出最后通牒，限民国政府四十八小时内答复。9日，袁世凯除对五号条款声明"容日后协商"外，承认日本的要求。

11日 返回日本。

"前日交涉吃紧，几有破裂之势，此间留学人士，均已准备归国，故于月之七日，乃同吴鹿苹君趋归上海；不意竟得平和解决，遂复于十一日趋返日本。往返费用损失殊属不小，然幸天眷犹存，国家无事，自家虽小受亏损，乃亦不觉其痛苦矣！"（《樱花书简》第二十四函，四川人民出版社1981年8月版）

"慨当以慷地回了国的'男儿'在上海的客栈里呆了三天，连客栈附近的街道都还没有辨别清楚，又跟着一些同学跑回日本。"（《创造十年》，上海现代书局1932年9月版）

中旬 作七律，无题："哀的美顿书已西，冲冠有怒与天齐。问谁牧马侵长塞，我欲屠蛟上大堤。此日九天成醉梦，当头一棒破痴迷。男儿投笔寻常事，归作沙场一片泥。"见于《创造十年》。

◎ 移住离校很近的本乡区追分町三十一番地富喜馆，以应对不久即开始的预科结业考试。（《樱花书简》第二十四函，四川人民出版社1981年8月版）

23日 致父母信。禀告与同学趋归上海复返回日本之事。写道："此次交涉之得和平解决，国家之损失实属不少。然处此均势破裂之际，复无强力足供御卫，至是数百年积弱之敝有致。近日过激者流，竟欲归罪政府，思图破坏，殊属失当。将来尚望天保不替，民自图强，则国其庶可救也。"（《樱花书简》第二十四函，四川人民出版社1981年8月版）

原信未署日期，据信封。（蔡震《郭沫若生平文献史料考辨·〈樱花书简〉厘正补遗》，社会科学文献出版社2014年7月版）

6月

1日 致父母信。写道："往者，中日交涉吃紧时，男曾返上海一次，以当时岌岌有开战之势故也。在沪少留三日，复转东，计往返须费十日，孟浪之失，深自怨艾。大哥亦有函斥责，不知我二老见男前日归函时又忧虑何似也。""少成侄寄来论文，已少加改削，爰复寄归。学力大有进步，殊可喜，本欲另函给伊，以校内于本月十四日起，便行预科毕业试验，二十一日止，为时甚促，无多暇也。"（《樱花书简》第二十五函，四川人民出版社1981年8月版）

22日 参加预科毕业考试完毕。（《樱花书简》第二十六函，四川人民出版

社 1981 年 8 月版）

25 日　致父母信。报告毕业考试情况，道："试验已毕，于来月初一发给文凭。男自量成绩尚当，不至落第也。东京天气时暖时凉，殊不佳妙，拟领得文凭后，便下乡旅行也。"（《樱花书简》第二十六函，四川人民出版社 1981 年 8 月版）

29 日　毕业成绩发表，排名第三。（《樱花书简》第二十七函、第二十九函，四川人民出版社 1981 年 8 月版）

7 月

1 日　领取预科毕业文凭。（《樱花书简》第二七函，四川人民出版社 1981 年 8 月版）

◎ 致父母信。禀报："本日业领得文凭到手也。吴鹿苹亦于本期本科毕业，下期则入大学也。男同吴君，年相若也，而学程之差则三年，不胜愧悔也。东京现尚不甚热，旅行将在月中方可动身也。"（《樱花书简》第二十七函，四川人民出版社 1981 年 8 月版）

5 日　致郭开运（元弟）信。说："前次归沪之失，正如弟书所云，不能看破情，徒人云亦云也，愧悔万千，悔愧千万！望吾弟尚为我在父母前缓解也。算回沪损失，为日十日，光阴自是虚掷，然所幸校内停课，讲义尚无甚缺漏。又此十日内，自家所得之经验教训，亦正自不少也。外则金钱掷去，无可解说处。总之，此后兄虽狂妄，敢再不自慎谧，以重贻我父母兄弟忧耶？元弟元弟，兄当勉之矣！""大哥来函，并附来少成自爱说一篇，今再寄归。函云：'少年作文似应从论史入手叙事，而稍兼述理，方有兴味；否则，恐惰入八股虚空一路，转滞灵机'云云。谓以后出题，应专就中事及与时事有关合者选择，使养成融会今古习惯，且免于近于理论而远于事情之弊，自是确论不刊。吾弟请留意也。总之，今少年作文字，出题必量其力量之所能及与否；力量能及自有一种胜任愉快之乐，而作文字亦自勃勃有生机也；力量不及则费九牛二虎之力，终是死物，否则便成油火文字，终无味也。"（《樱花书简》第二十八函，四川人民出版社 1981 年 8 月版）

◎ 录近日阅报所见中国国歌一首与元弟。

其词为："中国雄巍宇宙间，廓八埏，华胄来从昆仑颠，江河浩荡山

绵延，五族共和开尧天，亿万年。"（《樱花书简》第二十八函，四川人民出版社 1981 年 8 月版）

20 日 晨，致父母信。禀告："预科毕业，男虽第三，而学校分派乃在第六高等，与自家希望虽不免有失意处，然读书在自勉耳，学校完善与否，所关甚浅也。今年颇思归家，闻重庆至吾嘉航路尚未通，又以五月内，曾返国一次，故不果，大约于明年暑间或可得归也。""去秋曾赋落叶语一章，今录呈膝下。"（《樱花书简》第二十九函，四川人民出版社 1981 年 8 月版）

◎ 致郭开运（季昌）信。写道："今晨第四号家函付邮后，始接吾弟第一号来书，故兹复为述答。胡家问名，既母亲亲行下溪访询合意，兄不敢说赞成，然亦不敢不说赞成也。本来，我国婚姻制度总是难说。不过兄之所见，以为只要胡家子弟聪俊，则伊父之为暴发起家与否，或迷信宗教与否，在所不论。维胡氏昆仲，兄尝识其二，殊觉不甚聪明过人也。父母老矣，为儿女子事尚是自劳跋涉，为儿子的，何敢更从旁插嘴，播斤论两耶？姻缘总是前生定，不是人间强得来。嫁鸡随鸡，嫁狗随狗，得个臭蛤蟆，也只有饱吃一口而已。然七妹尚幼，似不必过急，如尚未成行，则请二老不妨详加采访、考询其子弟，诚是俊才，一来也不误妹子终身，二来也遂二老为儿女子辛劳苦意，不识二老以为何如也。但兄想，天下人经母亲评题过说好，断无有不好者也。或者五哥不免过虑，而兄则不免多事耳。

"云老辈竟阔到如许地步耶？真是天不知多高，地不知多厚，三两花椒二两肉，令人好笑。回沪同船是实事，行时折卖书物也是实事，当五月初间，日人将提出最后通牒时（哀的美顿书 Ultimatum），时留学界异常骚动，典书折物，正不乏人也。想早稻田毕业法硕士大人的话，是经过法律学研究过来的，断不会错也。"（《樱花书简》第三十函，四川人民出版社 1981 年 8 月版）

◎ 接读张琼华来函。

"八嫂来函亦读悉，愿弟为我传语，道我无暇，不能另函，也不必另函，尚望好为我事奉父母也。"（《樱花书简》第三十函，四川人民出版社 1981 年 8 月版）

28 日 致父母信。写道："昨夜梦中，得见阿父母，颇带愁容，男想梦幻难信，且逢凶化吉，阿父母必甚安康也。男甚顽健，请毋劳挂虑。"
（据原信手迹，藏乐山文管所）

《樱花书简》以此信为1914年7月28日家书的"附笺"，但未录入当日家书正文，仅见于说明文字之中，有误，应系本日所写家书之残简。（蔡震《郭沫若生平文献史料考辨·〈樱花书简〉厘正补遗》，社会科学文献出版社2014年7月版）

9 月

初旬　由东京抵达冈山。租住在"国富二九四平庐"。（《樱花书简》第三十一函信封，四川人民出版社1981年版）

7日　致父母信。禀报："男已于本月同湖南李君来此矣，车行一日，觉无甚苦。是间残暑未退，少有热意，然田畴畅茂，风景悠然，清风时来，溪流有声，恍惚如归故乡也。是间生活较东京为低，每月闻不上十五六元也。惟前次张皇曾归国一次，往复乘舟，均系二等，又此次复由东京来此，因前在东京所制什物多已变卖，未变卖者，复多所弃舍，来此则不得从新制办矣，故前后债务一时难已清悉也。前由李树年君家汇家数若干元，不识已交到否？如交到时，二老可能仍与男汇来否？狐埋狐搰，想吾二老见男此函时，定当含笑也。"（《樱花书简》第三十一函，四川人民出版社1981年8月版）

李君，李希贤，本学年同入六高的中国留学生还有杨子骧、屠模、徐世民等人。（参见《六高同窗会会员名簿》）

11日　入第六高等学校就读，并参加迎新会。（《履历书》，藏日本九州大学，《第六高等学校一览》，参见名和悦子《郭沫若在冈山》，日本《中国研究月报》1995年8月号）

12日　参加新生宣誓仪式。（《第六高等学校一览》，参见名和悦子《郭沫若在冈山》，日本《中国研究月报》1995年8月号）

13日　开学上课，在三部（医科）学习。

第一学年所学课程有：国语解释、国语文法作文、德语、英语、数学、动物植物、体操等。（据六高期间成绩簿，参见名和悦子《郭沫若在冈山》，日本《中国研究月报》1995年8月号）

"三部的课程以德文的时间为最多，因为日本医学是以德国为祖，一个礼拜有十几、二十个钟头的德文。此外拉丁文、英文也须得学习。科学方面是高等数学,如解析几何、高等代数、微分、积分,以及物理、化学、动植物学的讲习和实验,都须得在三年之内把它学完。功课相当繁重。日本人的教育不重启发而重灌注,又加以我们是外国人,要学两科语言,去接受西方的学问,实在是一件苦事。"(《我的学生时代》)

中旬 购得《王文成公全集》,开始接触王阳明。不久又开始练习静坐。

"因为过于躐等躁进的缘故,在一高预科一年毕业之后,我竟得了剧度的神经衰弱症。心悸亢进,缓步徐行时,胸部也震荡作痛,几乎不能容忍。睡眠不安。一夜只能睡三四小时,睡中犹终始为恶梦所苦。记忆力几乎全盘消失了,读书时读到第二页已忘却了前页,甚至读到第二行已忘却了前行。头脑昏瞶得不堪,沉重得不堪,炽灼得如像火炉一样。我因此悲观到了尽头,屡屡有想自杀的时候。临到这样,对于精神修养的必要的呼声,才从我灵魂深处呼喊了出来。民国四年的九月中旬,我在坊间买了一部《王文成公全集》来诵读,不久又才萌起了静坐的念头,又在坊间买了一本《冈田式静坐法》来开始静坐。我每天清晨起来静坐三十分,每晚临睡时也静坐三十分,每日必读《王文成公全集》十页,如此以为常,不及两礼拜功夫,我的睡眠时间渐渐延长了,梦也减少了,心疾也渐渐平复……我的精神上更使我彻悟了一个奇异的世界。从前在我眼前的世界只是死的平面画,到这时候才活了起来,才成了立体,我能看得它如像水晶石一样彻底玲珑。我素来喜欢读庄子,但我只是玩赏他的文辞,我闲却了他的意义,我也不能了解他的意义,到这时候,我看透他了,我知道'道'是什么,'化'是什么了。我从此更被导引到老子,导引到孔门哲学,导引到印度哲学,导引到近世初期欧洲大陆唯心派诸哲学家,尤其是司皮诺若(spinoza)。我就这样发现了一个八面玲珑的形而上的庄严世界。"(《伟大的精神生活者王阳明》,《文艺论集》,上海光华书局1925年12月初版)

"在少年时爱读的《庄子》里面发现出了洞辟一切的光辉,更进而开始了对于王阳明的礼赞……有一次自己用古语来集过一副对联,叫着'内圣外王一体,上天下地同流'。"(《我的作诗的经过》,东京《质文》月刊1936年11月第2卷第2期)

本月 与成仿吾相识。(成仿吾《怀念郭沫若》,1982年11月24日《文

汇报》）

◎ 自署"字，毅夫"。（见冈山第六高等学校《同学录》，载 1916 年 6 月《中华留日大高同学会报》二号）

10 月

21 日　致父母信。禀报：

"男居冈山已是一个多月了。所住的地方，房主人系六旬老妪一人，颇为清切，衣物破烂时，均劳补缀，且常常采得鲜花饰男室间。而男所居室，每月房金则仅一圆五角也。饭食则由别所送来，每月约八圆五角，较东京时殊觉廉甚。男自冈山每日起居饮食均有一定时间，今表列如次：

五时半　起床

五时半至六时半　盥漱并行冷水浴一次

六时半至七时　静坐

七时　早餐

八时至午后二时　登校（星期一则至午后三时，星期六则至十二时便无课）

十二时　午餐

午后课毕后　温习时间（此时间每日复行温浴一次）

五时　晚餐

至餐后七时　散步（此间有操山者，山形颇似峨眉，山麓均稻田散策，田间四顾皆山焉，恍若归故乡者）

七时至十时　温习准备时间

十时十五分　静坐、入寝

每日如此，虽时亦少有出入，然大略则具也。我父母观此，则不啻每日如见男面矣。"（《樱花书简》第三十二函，四川人民出版社 1981 年 8 月版）

时租住地："国富一〇六小川春"。

11 月

27 日　致郭开运（济苍弟）信："前读来函言，'人言必十年读书，始出问世，我言先十年问世，然后读书'，其说甚辩。然吾因得一证矣，盲者能行，恃相故也。今使盲者自谓'吾能自行百里后，然后用相'，不必智人闻之，而知其非妄即夸矣。学之于人，犹相之于盲也。人生斯世，固非如书蠹砚鱼死向纸墨间，然而，茫茫浮世，无楫无檠，邈邈前途，如夜如漆。'学有缉熙于光明'，不藉学之光明，失所揩拄，鲜不中流失柁，而歧路亡羊也。嗟乎！吾弟其勉之矣。父母耄矣，家事须人，骨肉天涯，四散分处，吾亦知吾弟之舍彼就此，其亦有苦心在矣。势之所积，理复云何，回首故乡，不觉怆然神丧耳！且如兄之不肖，已入壮年，隔居异域，窅然索处，所志所业，尚未萌芽，日暮途遥，瞻前恐后。吾弟既决家居，则兄辈省定之缺，吾弟可好为替补之也。自读吾弟来书后，日来神思，颇有不可思议。一夜梦归，见吾弟瘦削卧床，乃就枕相劝，迷离恍惚，不知所云。忆前处北京，弟亦有函矣，言志在学工，并以实业相劝勉。今岁六月，弟亦有函矣，教为调查北京师范内容，则吾弟又有改途教育之倾向，而今则所言又如是矣，勇退之情，亦何甚耶！此吾情之所以惓惓于弟，而有不能自解者。天气渐寒，好生珍重。蕉新孔嘉，博议可成否？"（《樱花书简》第五十九函，四川人民出版社1981年8月版）

《樱花书简》以此信写于1918年11月27日，有误，应系于本日。（蔡震《文化越境的行旅——郭沫若在日本二十年》，文化艺术出版社2005年3月版）

本　年

◎ 作诗，无题："月下剖瓜仁，口中送我餐。自从别离后，怕见月团圞。"见于《离沪之前》。

"这是1915年在日本冈山做的。"（《离沪之前》，上海《现代》月刊1934年1月第4卷第3期）

◎ 作诗《蔗红词》："红甘蔗，蔗甘红，水万重兮山万重。忆昔醉蒙眬，旅邸凄凉一枕空。卿来端的似飞鸿，乳我蔗汁口之中，生意始融融。那夕起头从，才将命脉两相通。难忘枕畔语从容：从今爱我比前浓。红甘蔗，蔗甘红，水万重兮山万重。"见于《离沪之前》。

◎ 作诗《晚眺》："暮鼓东皋寺，鸣筝何处家。天涯看落日，乡思寄横霞。"初见于《自然への追怀》，日本改造社《文艺》1934年2月号。中文本题为《自然底追怀》，刊载于1934年3月4日上海《时事新报·

星期学灯》。

"我居留冈山的时候，我常常驾着小船荡漾有旭川。在后乐园与冈山的天主阁中间的一段川面，那是顶富有诗意的，在六高对面的东山，虽然不算怎样一个名胜的所在，但是因为开始的一二年我住得很近，所以常常到那边散步。实行静坐的时候，我往往会陶醉于泰戈尔的诗里，浮入了sentimental 时代。在月夜我独自徘徊于东山的山阴……在那时候，我曾吟下《晚眺》与《新月》二绝。"（《自然底追怀》）

◎ 作诗《新月》："新月如镰刀，斫上山头树。倒地却无声，游枝亦横路。"初见《儿童文学之管见》，发表于上海《民铎》1921年1月15日第2卷第4号；又录入《自然底追怀》；后收入作家出版社1959年11月初版《潮汐集·汐集》；现收《郭沫若全集·文学编》第2卷。

"初学德文时'新月'一语作 mondsichel——直译时为'月镰'，颇生新异之趣。得此暗示，曾作五绝诗一首。"（《儿童文学之管见》）

◎ 译海涅诗《归乡集》第十六首，初见于1920年3月3日致宗白华信，后收入创造社出版部1927年10月初版《德国诗选》。

1916年（丙辰　民国五年）24岁

1月　云南都督府成立，广东中华革命党人讨伐袁世凯，迫于各地讨袁及护国军压力，袁世凯下令延迟登基。

本月　《民国日报》在上海创刊。邵力子、叶楚伧等主编。1924年后为国民党机关报。

3月　袁世凯在全国声讨下被迫取消帝制。

5月　孙中山发表第二次讨袁宣言。

6月　袁世凯死。黎元洪继任大总统，段祺瑞任国务总理。

9月1日　《青年杂志》改名《新青年》。

10月　胡适提出文学改良"八事"。

12月　蔡元培出任北京大学校长，延聘新文化运动倡导者陈独秀来北大任教。

1月

9日 在年假中，致父母信。写道：

"云南变故家中想受影响，然吾家深居山僻，或者当无可虞。现在中央军队已陆续进发，想小小变故，亦不难荡平也。

"大哥近日来函云，在法部已阅一年，循例应进一级，因经济不足，故得银质二等獬豸章焉，可为将来由委升荐基础云。

"五哥近来久无函至，不识近况如何？想云贵事变正军界人士效力之时，我五哥必属倥偬无暇矣。

"吴梓春姻伯府上又识有何事故否？顷鹿苹来函，言自去岁十月来未接一封信矣，彼甚为焦急，命男代为问询。"

"少仪三哥想已由省归家，近来何干？念念（不多渎）。家中想仍过旧年也，家中一切大小事故，想无甚变更也。酒捐加重，生易不识如何？男想水涨船高，捐重则酒价必涨，想当无所差别也。儿妇想未归宁，尚勤勉无息。勤勉为百福之源，人能勤勉，百事始昌也。"（《樱花书简》第三十四函，四川人民出版社1981年8月版）

《樱花书简》以此信写于2月，有误，应系于本日。（蔡震《文化越境的行旅——郭沫若在日本二十年》，文化艺术出版社2005年3月版）

10日 第二学期开学上课。（《樱花书简》第三十四函，四川人民出版社1981年8月版）

15日 致父母信。说："本日校内前学期成绩发表，男名列十二，全班盖四十余人也。日人同学多为男贺，颇表敬意，以吾国同学居此校，大率总在末尾上故也。然依男自家意思，则十二名尚算堕落了，不能以此满足，今后自当努力奋勉焉。"又道："不日将有欧战写真帖寄归，家中传阅后，不妨令全场人看看，亦是开通风气之一举也。"（《樱花书简》第四十三函，四川人民出版社1981年8月版）

《樱花书简》以此信写于1917年1月，有误，应系于本日。（蔡震《文化越境的行旅——郭沫若在日本二十年》，文化艺术出版社2005年3月版）

2月

19日 致父母信。禀告："父亲寿诞不久将临矣。男身居异国，不能归祝，实深歉意。""校中讲植物学，讲到松柏科，其中有名一位木者，本质甚坚致，叶则长青，昔日多以制笏（朝片），故有一位之名。爱摘一枝寄归，以为吾亲寿。木名一位，取其贵也；其叶长青，喻吾亲寿如东海，长春不老。"（《樱花书简》第三十五函，四川人民出版社1981年8月版）

◎ 作《一位木谣》，为父亲贺寿，录入家信中。谓："一位木，叶常青，千岁万岁春复春。青铜柯，坚铁心，一为王笏重千金。富贵寿考无与伦，万里一枝寿吾亲。一枝都百叶，叶叶寄儿心。"（《樱花书简》第三十五函，四川人民出版社1981年8月版）

春

◎ 春假期间，与成仿吾同往宫岛旅行。返回时船游濑户内海，经四国的高松上陆，游栗林公园。（《自然底追怀》，1934年3月4日上海《时事新报·星期学灯》第70期）

◎ 作诗《与成仿吾同游栗林园》，初见《离沪之前》，无题，发表于上海《现代》月刊1934年1月第4卷第3期。写道："清晨入栗林，紫云插晴昊。攀援及其腰，松风清我脑。放观天地间，旭日方杲杲。海光荡东南，遍野生春草。不登泰山高，不知天下小。稊米太仓中，蛮触争未了。长啸一声遥，狂歌入云杪。"

又录入《自然への追怀》，日本改造社《文艺》1934年2月号；后收作家出版社1959年11月初版《潮汐集·汐集》，作此篇题；现收《郭沫若全集·文学编》第2卷。

◎ 居所迁至冈山市内，内山外九三适庐。（《樱花书简》第三十六函，四川人民出版社1981年8月版）

4月

30日 致父母信。禀报："校内第二学期成绩发表，因少怠惰，竟降至十九名，颇惭恧也！""暑假期行将近矣，归省之行，近揆时事，想有不能办到之势，男近决计仍去房州海浴矣。""男年来思家之心颇切，往往形诸梦寐。然自念已及壮年，所学尚属幼稚，复惶恐无地，惟努力奋勉而已。"（《樱花书简》第三十六函，四川人民出版社1981年8月版）

5月

20日 寄家书。(蔡震《郭沫若生平文献史料考辨·〈樱花书简〉厘正补遗》,社会科学文献出版社 2014 年 7 月版)

7、8月间

◎ 暑假中前往东京。

◎ 凭吊位于东京第一高等学校校园内的朱舜水墓,并作诗《吊朱舜水墓》:"一碣立孤冢,枫林照眼新。千秋遗恨在,七日空哭秦。"初见于《自然への追怀》,无题,发表于日本改造社《文艺》1934 年 2 月号。中文本《自然底追怀》,载 1934 年 3 月 4 日上海《时事新报·星期学灯》第 70 期。篇题据一手抄稿所加。(《〈女神〉及佚诗》,人民文学出版社 2008 年 6 月版)

"我在一高里等了一个糊里糊涂的年头,在校庭内有朱舜水的遗墓都不曾晓得。自被分遣到冈山的六高,因为研究王阳明,于是注意起王阳明的同乡朱舜水的事情,我就利用一九一六年的暑假,巴巴地到一高履行凭吊朱舜水的墓址。"(《自然底追怀》,1934 年 3 月 4 日上海《时事新报·星期学灯》第 70 期)

◎ 往房州海滨洗海水浴,遇成仿吾及东京一高预科时同学张资平。

"我于那年(民五,即 1916)暑期,早和在东京的同乡约好了,一同到房州去洗海水浴。""在房州……就由一个朋友的介绍,认识了那个有名的猴儿脸成灏。……过了几天又在这海岸上,遇着了郭开贞。大家就在沙滩上谈了些关于高等学校的功课繁重的话。"(张资平《曙新期的创造社》,上海《现代》月刊 1933 年 6 月第 3 卷第 2 期)

◎ 到东京圣路加病院看望患肺病住院的朋友陈龙骥,并劝其转院到养生堂医治。

"民国五年的六月,我有一个朋友陈龙骥,他进了一高之后,得了肺病,他从杏云堂转到圣路加,又从圣路加转到养生院,他是在当年八月初一便在养生院物故了的。我当时还在冈山的六高肄业,我在暑期中,便往东京去看我友人的病。我看他在圣路加病院里医治了许久,病势只是一天革是一天的,总不见效,我才劝我的友人移往养生院里去就北里医治。"
(1920年2月15日致田寿昌信,《三叶集》,上海亚东图书馆1920年5月版)

8月

上旬 与佐藤富子(安娜)邂逅,相识。

"我的友人死了之后,他还有张影片(X光线的摄影)放在圣路加,我前去替他索取。我在那里无意之中,才与我的安娜相遇。她许我影片寻出之后,会与我由邮寄来。她听说我的友人死了,她便流了些眼泪,还对我说了些安慰的话。寿昌兄!我实在不瞒你说,我最初见了我安娜的时候,我觉得她眉目之间,有种不可思议的洁光——可是现在已经消灭了——令我肃然生敬。"(1920年2月15日致田寿昌信,《三叶集》,上海亚东图书馆1920年5月版)

中旬 收到佐藤富子英文长信,开始相互通信。

"隔了一个礼拜的光景,我已经把我友人的后事渐渐办停当了,安娜她才把我友人的影片替我寄了来,她还媵了一封英文的长信来安慰我……我以为上帝可怜我,见我死了一个契已的良朋,便又送来一位娴淑的腻友来,补我的缺陷。我们从那时起,便时常通信,便相与认作兄妹。从八月一直到十二月,她住在东京,我住在冈山,我们相隔千里,只靠着纸上谈心,我们每周平均总有三四封信来往了。"(1920年2月15日致田寿昌信,《三叶集》,上海亚东图书馆1920年5月版)

佐藤富子于1894年3月4日出生在日本仙台藩士族家庭。父亲是牧师。她在仙台美国人办的教会学校尚絅女校毕业后,立志献身慈善事业,到东京医院做看护工作。

陶晶孙所作《集中供给室的小偷:一个护士的故事》(根据佐藤富子与郭开贞相识的过程创作的故事,载日本《看护学》1951年第7期)中,是中国留学生先给阿富写了一封英文信。

9月

14日 第二学年第一学期开学上课,课程较第一学年"难涩"。(《樱花书简》第三十七函,四川人民出版社1981年8月版)

第二学年学习的课程有：德语、英语、数学、物理、化学、动植物试验、体操等。（据六高期间成绩簿，参见名和悦子《郭沫若在冈山》，日本《中国研究月报》1995 年 8 月号）

16 日 致父母信。禀告：因"自去岁五七，曾返沪一次，书物卖尽，旅费过滥"，恐一旦有事，"手无余裕，无处乞灵。故敢以汇款为请，为数百金已足，不识家中一时可能抽出否？日本学制，高等学校实为大学预科，注重在外国言文，其他科学实不过高等普通而已。故虽高等毕业，非再由大学毕业后，终无立身处世之长策。男想古时夏禹治水，九年在外，三过家门不入；苏武使匈奴，牧羊十九年，饉龀冰雪。男幼受父母鞠养，长受国家培植，质虽鲁钝，终非干国栋家之器。要思习一技，长一艺，以期自糊口腹，并藉报效国家。留学期间不及十年，无夏、苏之苦，广见闻之福，敢不深自刻勉，克收厥成。宁敢歧路忘羊，捷径窘步，中道辍足，以贻父母羞，为家国蠹耶！父母爱男，望勿时以男为念。……男年已不稚，自当努力自爱，绝不至远贻父母隐忧"。"五哥谨慎人，当此玄黄混沌之际，要宜以正义自守，庶不至迷所向往。望元弟传言，至祷。五嫂已晋省，自是庆事。培谦家读最妥当，不知近来长得好高大矣。男以为，俟将来国事平定后，大嫂如能晋京，尤属两便。想此亦系大哥意中事，但顷来不大得意，未便言尔，不识父母尊意以为如何？但少成则不宜进京，以京中非读书地，似少成现在年纪，正当施以完善教育之时，为龙为蛇，此两三年间耳。"（《樱花书简》第三十七函，四川人民出版社 1981 年 8 月版）

秋

◎ 在冈山图书馆阅读泰戈尔的《曷檀伽哩》《园丁集》《暗室王》《伽毗百吟》等诗集和译诗集。

"我记得大约是民国五年的秋天，我在冈山图书馆中突然寻出了他这几本书时，我真好像探得了我'生命的生命'，探得了我'生命的泉水'一样。每天学校一下课后，便跑到一间很幽暗的阅书室去，坐在室隅，面壁捧书而默诵，时而流着感谢的眼泪而暗记，一种恬静的悲调荡漾在我的身之内外。我享受着涅槃的快乐。像这样的光景从午后二三时起一直要延到黄色的电灯光发光的时候，才慢慢走回我自己的岑寂的寓所去。"（《太

戈儿来华的我见》，上海《创造周报》1923 年 10 月第 23 号）

10 月

14 日 寄一明信片回家，祝母亲寿诞。告以："顷间购得红心柑一枚，午饭后剥而食之，如享蟠桃也。"（《樱花书简》第三十八函，四川人民出版社 1981 年 8 月版）

◎ 晚，"特杀鸡为黍，请同寓诸人"，庆祝母亲寿诞。（《樱花书简》第三十八函，四川人民出版社 1981 年 8 月版）

本月 作诗《登操山》："怪石疑群虎，深松竞奇古。我来立其间，日落山含斧。血霞泛太空，浩气荡肝腑。放声歌我歌，振衣而乱舞。舞罢迤下山，新月云中吐。"初见于《自然への追怀》，无题，发表于日本改造社《文艺》1934 年 2 月号。中文本《自然底追怀》，载 1934 年 3 月 4 日上海《时事新报·星期学灯》第 70 期。篇题据一手抄稿所加。（《〈女神〉及佚诗》，人民文学出版社 2008 年 6 月版）

"这是要回忆到一九一六年十月的时候。那时我因为求学，所以昼间是很少时间可以多余下来给我游玩的，因之常常在黄昏时，我一个人孩子般从学校的右边绕道登山。当我走入半山荡进松林的时候，天已经从薄暗里展开了夜景。在夜色朦胧中，睨着山顶的大石，躲在树林之间，这种种姿势，竟使我好像走进了猛兽的王国一样。那时遥远的西方山顶上正有睡眠着一个太阳，但是已经仅剩半规了。这浓红的夕阳弥漫天空，像飞洒着的血流。我置身在这伟大的时空间，招致了我汹涌澎湃的灵感，我一胸舒畅，我于是口吐出了如下的诗。"（《自然底追怀》，1934 年 3 月 4 日上海《时事新报·星期学灯》第 70 期）

11 月

19 日 致父母信。告以："试验在即，准备颇忙，前周竟无家报归，亦自懒性复发之故也。……儿今离膝下已三年余矣，不知二老又为儿雪了许多眼泪。但男虽远离，幸蒙福庇，尚是无病息灾过日。每引孟夫子所言'父母俱存，兄弟无故，一乐也'一语时，自涵诵正，复获慰无限也。"（《樱花书简》第三十九函，四川人民出版社 1981 年 8 月版）

12 月

23 日 寄父母明信片，报告"校内以今日试毕"。说："元弟最近来函收到，所记父母言行录最佳，反复诵读，不啻如在膝下也。凡事要有恒，要持久，尚以此致望元弟，尚当益以无倦。"（《樱花书简》第四十函，四川人民出版社 1981 年 8 月版）

25 日 逢圣诞节，用英文为安娜作一首散文诗。以一条快干涸而死的小鱼，在少女的泪池中苏活，来表达自己在与安娜的恋爱中得到新生的喜悦。后改作成中文的散文，作为《辛夷集》的《题辞》。（《创造十年》，上海现代书局 1932 年 9 月版；《辛夷集》，上海泰东图书局 1923 年 4 月版）

27 日 致父母信。禀报："校内试验业已竣事，成绩尚不甚劣，但必待来年二月初旬，始可望发表也。"又谓："不久行将除夕矣，预想家中团圞之乐，恨不能如鹤鸟之有翼而高飞，一飞飞到吾父母前也。王阳明先生谪贬贵州龙岗，元夕有诗云：故园今昔是元宵，独向蛮村坐寂寥。……讽读一过，俨如自家心中所怀而不能见诸笔端者也。……然阳明先生学行万古，忠孝两全，男则内怀多疚，徒自愧汗已耳！""元弟可许容再出门读书否？国家积弱，振刷须材，年少光阴，瞬间即逝，殊为可惜也。……'士不可以不宏毅，任重而道远，能以为己任，不亦重乎？死而后已，不亦远乎？'曾子之所言，亦不敢不自奋励矣。元弟天性笃厚，尊重自持，苟志于学，学无不成。"（《樱花书简》第四十一函，四川人民出版社 1981 年 8 月版）

下旬 年假中，与中国同学相聚，"时登操山"。

"现已在年假中矣，同学相聚，校内吾国同学有十一人焉，时多乐举；天高日暖，时登操山而啸风焉。操山峙立校内，山木青葱可爱，骤望之颇似峨眉也。后乐园者，为日人三公园之一，中有大池一，余则清流成渠，灌注其间，微风散拂，涟漪四起。复有鹤鸟数只，戏为水浴，丹冠素羽，与淡日而争鲜也，对之亦颇愉悦。"（《樱花书简》第四十一函，四川人民出版社 1981 年 8 月版）

◎ 往东京接安娜来冈山同居，准备让安娜改进女医学校。

"我当时起了一个心想，我以为我的安娜既矢志在献身事业上，只充着一个看护妇，未免不能充分地达到她的目的。我便劝她改进女医学校，我把我一人的官费来作两人使用。市谷的女子医学每年是三月招考，招考期间已迫，她的病院生活，却莫有使她可以从事准备的余暇。我到十二月的年假里，便又往东京一行，我便劝她把病院生活率性早早牺牲了，同我到冈山去同居，一面从事准备。"（1920年2月15日致田寿昌信，《三叶集》，上海亚东图书馆1920年5月版）

本　年

◎ 作诗《Venus》（《维纳斯》）："我把你这张爱嘴，／比成着一个酒杯。／嗑不尽的葡萄美酒，／让我时常醉！／／我把你这对乳头，／比成着两座坟墓。／我们俩睡在墓中，／血液儿化成甘露！"

初收上海泰东图书局1921年8月初版《女神》；又收上海创造社出版部1928年6月初版《沫若诗集》，署"一九一九年间作"；后收《沫若文集》第1卷；现收《郭沫若全集·文学编》第1卷。

"因为在民国五年的夏秋之交有和她（安娜）的恋爱发生，我的作诗的欲望才认真地发生了出来。《女神》中所收的《新月与白云》、《死的诱惑》、《别离》、《维奴司》，都是先先后后为她而作的。"（《我的作诗的经过》，东京《质文》月刊1936年11月第2卷第2期）

"我便把我一九一八年在冈山时做的几首诗，《死的诱惑》、《新月与白云》、《离别》，和几首新做的诗投寄了去。这次的投机算投成了功，寄去不久便在《学灯》上登了出来。"（《创造十年》）

◎ 作诗《新月》《白云》。发表于1919年10月2日上海《时事新报·学灯》，署名沫若。《新月》云："月儿呀！你好像把镀金的镰刀。／你把这海上的松树斫倒了，／啊，我也被你斫倒了！"《白云》咏道："你是不是刨了的冷冰？／我怎得把你吞下喉去，／解解我的焦心？"

初收上海泰东图书局1921年8月初版《女神》，将两诗合为一首，题作《新月与白云》；又收上海创造社出版部1928年6月初版《沫若诗集》，署"一九一九年夏秋之间作"；后收《沫若文集》第1卷；现收《郭沫若全集·文学编》第1卷。

◎ 作诗《寻死》，初见于1920年1月18日致宗白华信，发表于1920年2月1日上海《时事新报·学灯》。咏道："出门寻死去，孤月流中天。

寒风冷我魂,挚恨摧吾肝。茫茫何所之,一步再三叹。画虎今不成,刍狗天地间。偷生实所苦,决死复何难。痴心念家国,忍复就人寰。归来入门首,吾爱泪汍澜。"

初收作家出版社 1959 年 11 月初版《潮汐集·汐集》;现收《郭沫若全集·文学编》第 2 卷。

◎ 吴永权、陈启修邀约加入丙辰学社,推辞未就。(1921 年 1 月 24 日致张资平信,载《学艺》杂志 1921 年 4 月 1 日第 2 卷第 10 期)

丙辰学社是由在东京留学的陈启修、杜国庠、郑贞文等人于 1916 年(丙辰年)组织的学术社团,1917 年办《学艺》杂志,1923 年改名中华学艺社。

1917 年(丁巳 民国六年)25 岁

1 月 胡适在《新青年》第 2 卷第 5 号发表《文学改良刍议》,提倡改革旧文学。

2 月 陈独秀在《新青年》第 2 卷第 6 号发表《文学革命论》,提出"文学革命"口号。同期《新青年》上首次刊登胡适等人的白话诗八首。作为五四新文化运动的重要组成部分的五四文学革命运动就此逐渐开展。

5 月间 总统黎元洪与国务总理段祺瑞之间的"府院之争"达到高潮,段祺瑞被免除总理职务后退居天津,策动各省督军反对黎元洪。

7 月 1 日 张勋拥溥仪复辟,自封为议政大臣兼直隶总督、北洋大臣。段祺瑞组织讨逆军于 12 日攻入北京,平定张勋复辟活动。段祺瑞入京重新执政,黎元洪通电下野,举冯国璋继任总统。

7 月 17 日 段祺瑞废弃国会和《临时约法》,孙中山在广州始倡"护法运动"。

8 月 14 日 中国对德奥宣战。

9 月 南下国会议员在广州召开非常国会,议决成立护法军政府,选举孙中山为大元帅,军政府成立。

11 月 7 日 俄国爆发革命,建立了第一个社会主义国家,列宁出任

"人民委员会"主席。上海《民国日报》《申报》《时报》，北京《晨钟报》于10日、11日相继作了报导。

1月

8日 第二学年第二学期开课。(《樱花书简》第四十二函，四川人民出版社1981年8月版)

12日 致父母信。禀报："去岁廿三日试毕后，即行放冬假，耍了两星期。假期中，耍得一个不亦乐乎，竟连家信也忘写了，真是该打该打。今年初八日，校内开课，现在仍每日照常上课也。此间大率仍过旧历年，新年状况，殊不甚热闹。日本维新四五十年，而风俗至今尚难转易，乡中新历年，想必仍是有名无实也。旧历年不日便到矣，想到家张灯结彩，捣米舂芝麻之概，思归之心，油然生矣。新年猪头肉已四个年头不曾吃得，想起便流起口水来了。大头菜炒肉，真是得吃。此间无大头菜，有名大根菜者，乃白萝蔔也。现刻已移寓，拟蹔住三两月，更当他徙。近来，医学者主张年中多多迁徙，谓于卫生有益，亦不识然否。家中来函，请直交学校，万无一失。""元弟所记，二老言行录甚好，望陆续寄示。"(《樱花书简》第四十二函，四川人民出版社1981年8月版)

"萝蔔"，应为"萝卜"。

19日 致父母信。写道：

"旧腊将残，邻家处处有春饼声，盖日人乡下仍是过旧年也。此间呼米粑曰'饼'，用舂杵，不用磨，间以红豆粉为心，名曰'馅'饼，烧食或煮而食之，味殊不甚佳也。煮食者名曰'杂煮'，无馅，汤中稍加以葱头菜叶，味咸而清淡，小儿辈多喜食之，间亦食用，亦别有风味也。

"日人拜年最讲究。拜年以元旦日为限，无论男女，均相竞早出，凡街邻亲友处，四处飞投名片。远处则用名信片，均系前年写就，早早交与邮局。局中对于年贺状一项，特别经理，概于元旦日侵晨投交前方，殊妥便。贺年以正月初旬为限，彼来此往，络绎飞腾，逾限则为失礼。又，初旬每家门首均置盘器一，以盛名片及邮片也。稍有体面人家，大率堆如山积。然家中享用，殊甚简朴，喜饮酒，大有终日昏昏醉梦间之概。然劳动者流，绝无聚赌事，一切生理，亦不停闭，转以年始为热闹，此与吾乡甚相反也。乡中拜年一层，甚觉过于简慢。忆儿辈前在家时，竟如深闺处子，不出街坊一步，只有人来，没有我往，至今思之，实属大大失礼也。间奉父命一出，大觉有自低身份之感，真是该打千万。元弟近年居家，不识亦曾四出拜年否？吾家为乡中望族，一举一动影响全乡。忆前乡中尚无打麻雀牌之习，自吾家打起后，遂至蔚成风习，不识年来此风何似也。

"男近来甚善饭，在日已三年，日人风俗言语渐就通晓，已无甚苦楚处。冈山有中国留学生二十余人，相得亦甚欢。四川人除男而外，尚有两人，海外寄迹，虽匪知交，颇亦亲热也。

"今年冈山颇寒，朔风甚烈，渐已交春，寒意稍退矣，不识乡中今岁气候如何？但此间，据男自己经验，似觉较吾乡温暖。记早在家时，穿皮袄，着棉衣，臃肿一身，手足仍不免时有冰冷之感。居此间，仅着毛卫生衣一件外，外着薄棉和服加以罩袍（日人呼为羽织，无以名之，名之曰袍），下着棉卫生裤一件，时打赤足，殊无寒意，想仍是地方温暖故耶。

"前元弟来函中言，父亲二十年前旧羊皮袄换面云云。忆父母亲似新制有狐皮皮袄，二十年前旧物，必无温意，父亲何不着用狐皮袄耶？令儿辈耸惧无安意也。

"父亲寿诞不日将临，男仍居异国，不能归祝。男自念家，不知二老更何等念男也。计男此函抵家时，必适当父亲寿辰，今仅肃跪己室，望家中遥遥叩头也。时钟已八点，想二老必已安睡，二老室中状态，仍如前否？七妹想必在二老房中宿息也。心里想甚么，便写甚么，毫无伦次，一点都不恭敬，望二老恕儿简突。"（《樱花书简》第四十四函，四川人民出版社1981年8月版）

◎ 致弟郭开运（济苍）信。写道："居家别有快心事否？教读之余，旧业尚时温习否？身体尚强健否？登山一事最于锻炼体魄为宜，闲居可率侄辈远出，时事跋陟。暑中伴二老登峨眉为宜。峨眉天下秀，吾辈弟兄生长峨眉山下，未曾登过一次，真是笑人事。忆前岁梦中登临，得句云：'俯瞰群山小，天空我独高。'吾弟试为我一往，看光景究竟如何也。……又外祖琢璋公事迹毫无记录，恐岁久埋灭，吾弟闲居，可请母亲口述一遍详细记下。母亲乳母刘媪事，亦请详述，请即早示我。""外祖人格，细细想来实属神人之列，不可失传也。望吾弟决意，杜家场外祖公（母）

坟宜一岁往拜扫一次。"(《樱花书简》第五十四函，四川人民出版社 1981 年 8 月版)

《樱花书简》以此信写于 1918 年 3 月 1 日，有误，应系于本日。(郭沫若著，郭平英、秦川编注《敝帚集与游学家书》，中国社会科学出版社 2012 年 10 月版)

2 月

4 日 寄家书。(蔡震《郭沫若生平文献史料考辨·〈樱花书简〉厘正补遗》，社会科学文献出版社 2014 年 7 月版)

24 日 致父母信。写道：

"父亲诞日，想三、四姐六妹等必皆归宁，家中团圞之乐殊可想象也。五哥必仍在家。少成、培谦今岁仍家读耶？少成年纪已不小，带到京去，一时恐不能办到。能令他在国内把中学毕业后，带来日本最好，但此尚属数年后事。闻前成都府中学，现系张某校长。此君系冈山六高出身，曾在东京大学住过一年，甚有才干，想学校必有可观。少成能考入此校是最好，但恐程度尚不十分充足耳。大哥不识有何良法否？大嫂晋京事，想终难成行也。

年来欧战尚继续，德国宣布用潜航艇战，不论何国船舶，均当一概击沉。美国向彼抗议，遂至国交断绝，将来恐不免有开战之势。我国亦向德提出抗议，现在德国尚未回复，将来恐仍终不免于断交一途，或至宣战，亦未可知。但今次政府处置如此勇决，必确有见地把握。又国中名士多积极的主张与德宣战，大有全国一致之势云。"(《樱花书简》第四十五函，四川人民出版社 1981 年 8 月版)

3 月

◎ 送安娜去东京读书。(《月蚀》，上海《创造周报》1923 年 9 月第 17 号、18 号)

安娜后因有身孕而中途辍学。(1920 年 2 月 15 日至田寿昌信，《三叶集》，上海亚东图书馆 1920 年 5 月版)

4月

9日 第二学年第三学期开课。(《樱花书简》第四十六函,四川人民出版社1981年8月版)

11日 致父母信。禀告:"今日系日人某纪念日,校中放假,午前曾赴校行礼。日人于礼节一层,极力讲究,大非近日吾国现状所及,所谓礼失而求诸野耶?春日融和,樱花烂缦,山巅水涘,游人甚多,霸者之民,皞皞如也。""此次开学,算系第二年第三学期矣。明年六月,则高校便可毕业,为时正无几,念之殊足乐也。高校所学,大属外国语言,于专门学问,尚未陟历,能早一日得入大学,着手专门研究,想为乐正未可量。"(《樱花书简》第四十六函,四川人民出版社1981年8月版)

中旬 寄家书。(蔡震《郭沫若生平文献史料考辨·〈樱花书简〉厘正补遗》,社会科学文献出版社2014年7月版)

5月

4日 致父母信。写道:"日本学校对于体育,非常注重。最近高等学生及中小学校学生,均有赳赳武夫之概,体魄既壮,而于科学方面,又非常进步。近数年来,竟骎骎乎有与欧美诸国并驾齐驱之势。国无弃材,人有职守,吾国所素指为小鬼而耻不屑道者,方兴之焰,正未可艾也。近来欧战联合军方面颇占胜利,德奥军连战连败,且国内更有乏粮之虞,平和结局当不远也。我国不久亦将参战,此次参战,决无大害,惟一面参战,一面仍当锐意振顿内治,双方并进,方可无虞。然据现刻国内情形观察,内乱纷纷,弊窦百出,战与不战,皆自取败亡之道耳。""家中有《困学纪闻》一书,元弟将其中关于庄子一部分抄示我为望。"(《樱花书简》第四十七函,四川人民出版社1981年8月版)

19日 寄家书。(蔡震《郭沫若生平文献史料考辨·〈樱花书简〉厘正补遗》,社会科学文献出版社2014年7月版)

6月

11日 寄郭开运(元弟)信,告以"最近长函已到手"。谓:"校内于十八日开始试验，廿三日竣事，近日正在准备中也。来函中所云德潜艇在沪猖獗事，全属无根。吾乡僻远，谣传必多，切勿轻信。国内近复多事，吾慨乎打战者尽是神仙，而遭灾者唯我百姓耳。然而盛衰治乱，一切皆有天数存焉。风云紧迫，正酝酿豪杰之时，新国少年，皆当存揽辔澄清之志气也。"（《樱花书简》第四十八函，四川人民出版社 1981 年 8 月版）

原信系明信片，署写于"六月十二日"有误，明信片上冈山收寄邮戳日期为 6 月 11 日。

18 日 开始学年考试。（《樱花书简》第四十八函，四川人民出版社 1981 年 8 月版）

23 日 致父母信。禀报："第二学年试验已于今日完事，笔战七日，犹有余劲也。今次成绩尚不坏，月底可望发表，比时当详报也。暑中拟不多往，在冈或读书，或做文，已早有成算矣。""又此次试验既竣，下年便入第三年级矣。一日复一日，看看高等学校也就渐渐的完功了，思来颇有欣意也。已入初夏，此间入梅雨期，时雨时晴，如是五六日，今渐晴定矣。今年二老峨眉之游能成行否？暑中总请万要上山一次，或携带元弟、少成随伴，可令弟侄增长无限志气也。孔子登东山而小鲁，登太山而小天下。李太白诗：ّ登高壮观天地间，大江茫茫去不还。'读古人登高之作，皆浩浩然灵气流溢，神为之移，况身临其境，不知更当作何豪想耶！欧洲人最喜登山，近来日本亦大奖励此举。吾国古时，凡登能赋者可为大夫，可见亦曾奖励过来。登山一事，于精神修养及体魄健全上皆有莫大之影响者也。男昔日曾梦峨眉山，得诗一句云：ّ天空独我高'。近来颇想亲事登临，一证实此诗之意。"（《樱花书简》第四十九函，四川人民出版社 1981 年 8 月版）

《樱花书简》以此信写于四、五月间，有误，应系丁本日。（蔡震《文化越境的行旅——郭沫若在日本二十年》，文化艺术出版社 2005 年 3 月版）

7 月

16 日 致父母信。写道："张勋造反，破坏民国，奈有段祺瑞一人奋起义师，十日之内，削平大乱。近阅时报，北京已恢复，张勋已脱逃，段公已入京，黎总统已救出，从此以来，我国其可望小康乎！此次大乱，实则全系黎总统一人庸懦不明之过所致。张逆之入京，黎氏召之也。召寇启戎，真是第二何进。好在一命尚保，不识有何面目更对百姓乎？段氏功业甚伟，众望所归。如天佑中华，使段氏得安于位者十年，国家其庶几有起色乎！段氏近已就总理职，总统现系冯国璋代理，此人首鼠阴险，闻颇与段氏不甚相契，亦非国家之福也。然将来或办到黎氏复位，亦不可知。大哥前星期尚有函来，绝无意外之事，望二老切勿担心。儿在此间，每日读书温课，或会友闲谈。乡下留学生甚少，关于集会演说等嚣骚情势，完全没有。食量颇好，身体顽健，二老请勿挂。吾乡僻远，必多谣传失真之事，望家中切勿轻信也。近闻川内又起争端，不知又闹到什么田地了。元弟抄来诸子间评一节已收到。"（《樱花书简》第五十一函，四川人民出版社1981年8月版）

8月

14日 致父母信。写道："此次复辟之祸，幸早收拾，燕京之战，损失甚少。大哥近日来函，言甚无恙，并云已早有电报归，想家中必早接到矣。近阅报，载川滇两军在犍嘉两地交阋，桑梓之邦不知蹂躏到什么地步了。元弟函中言斗米竟值二千二百余文，想乡里贫民不知如何过活？天降丧乱，饥馑荐臻，大兵之后，瘟疫流行，吾川遭此浩劫，言之殊令人酸鼻也。五哥不识现在仍在嘉定办事否？想嘉定人逃难到沙湾者，又多人矣。流花溪适当要冲，六妹家未遭难否？儿今岁留冈甚是愉快，每日午前在家读书，午后下河洗澡。冈山市中有小河小道名旭川者，如沙湾之茶溪然，水清宜浴。日人设会讲习游泳法，大小学生多入会者。儿学凫水算已三年，但不甚大进步，近来亦只凫得十来丈远。然当溽暑如蒸，下河一次，则自凉快可人。上坎休息，太阳晒背，晒得痒酥酥的，真有一种说不出来的趣味。儿甚想早早回家，带同弟侄辈日往茶溪，将儿所学的凫水工夫教教他们也。长长的暑假，不知不觉的便过了一大半。校内九月十日开学，今已八月十四日，只要得三个礼拜，便又要穿鼻子了。上学期成绩已发表，虽未算高发，然亦轻轻易易的把第二学年的试验通过了。来学期便算是第三学年，来年今日便算已经从高等毕业，将入大学了，想来也自觉得快活人的。此间小菜，南瓜茄子甚多，想吃豇豆嫩椒，总不容易买到手。想起家里的甜浆稀饭，便又汪汪的流起口水来了。儿想二老听元弟读到此处，必定笑儿好吃也。"（《樱花书简》第五十二函，四川人民出版社1981年8月版）

7月间，张勋率辫子军入北京，拥清逊帝溥仪复辟。段祺瑞在天津组织讨逆军，12日攻入北京。平定张勋复辟活动后，段祺瑞入京重新执政。

8、9月间

◎ 暑假中，每日上午读书，午后去旭川游泳，选译《太戈尔诗选》，英汉对照，并加解释，向国内商务印书馆、中华书局写信求售，均遭拒绝。（《樱花书简》第五十二函，四川人民出版社1981年8月版；《太戈儿来华的我见》，上海《创造周报》1923年10月第23号；《我的作诗的经过》，东京《质文》月刊1936年11月第2卷第2期）

"在孩子将生之前，我为面包问题所迫，也曾向我精神上的先生太戈尔求过点物质的帮助，我把他的《新月集》，《园丁集》，《曷檀伽里》三部诗集来选了一部《太戈儿诗选》，想寄回上海来卖点钱。但是那时的太戈尔在我们的中国还不曾行世，我写信去问商务印书馆，商务不要，我又写信去问中华书局，中华也不要。（假使两大书局的来往函件有存根时，我想在民国六年的八九月间，一定还有我和太戈尔的坟墓存在他们的存根簿里。）啊，终竟是我自己的堕落，我和太戈尔的精神的连络从此便遭到了莫大的打击。"（《太戈儿来华的我见》，上海《创造周报》1923年10月第23号）

9月

10日 第三学年开学上课。（《樱花书简》第五十二函，四川人民出版社1981年8月版）

第三学年学习的课程有：修身、德语、英语、拉丁语、物理、物理试验、化学、化学试验、体操等。（据六高期间成绩簿，参见名和悦子《郭沫若在冈山》，日本《中国研究月报》1995年8月号）

本月 从德语课学习中开始接近德国文学，特别是歌德、海涅等的诗歌。同时接近了哲学上的泛神论思想。由歌德又认识了斯宾诺莎，陆续读了斯宾诺莎的《伦理学》等著作。

"我们在高等学校第三年级上所读的德文便是歌德的自叙传《创作与真实》（Dichtung und Wahrheit），梅里克（Mǒrike）的小说《向卜拉格旅行途上的穆查特》（Mozart auf Reisenach Prague）。这些语学功课的副作用又把我用力克服的文学倾向助长了起来。我和德国文学，特别是歌德和海涅等的诗歌接近了，便是在这个时期。

因为喜欢太戈尔，又因为喜欢歌德，便和哲学上的泛神论（Pantheism）的思想接近了。——或者可以说我本来是有些泛神论的倾向，所以才特别喜欢有那些倾向的诗人的。我由太戈尔的诗认识了印度古诗人伽毕尔（Kabir），接近了印度古代的《乌邦尼塞德》（《Upanisad》）的思想。我由歌德又认识了斯宾诺莎（Spinoza），关于斯宾诺莎的著书，如像他的《伦理学》、《论神学与政治》、《理智之世界改造》等，我直接间接地读了不少。和国外的泛神论思想一接近，便又把少年时分所喜欢的《庄子》再发现了。我在中学的时候便喜欢读《庄子》，但只喜欢文章的汪洋恣肆，那里面所包含的思想，是很茫昧的。待到一和国外的思想参证起来，便真是到了'一旦豁然而贯通'的程度。"（《创造十年》）

据《第六高等学校一览》记载，六高三部第三学年德语课每周10课时，所用教科书书三种，除《创造十年》中所记歌德与梅里克的那两部作品外，还有"Ito：Populǎrwissen schaftliche Voruǎge"。（参见名和悦子《郭沫若在冈山》，日本《中国研究月报》1995年8月号）

11月

7日 寄家书。（郭沫若著，郭平英、秦川编注《敝帚集与游学家书》，中国社会科学出版社2012年10月版）

12月

12日 午后十时，与安娜的长子和生出生。（《樱花书简》第五十六函，四川人民出版社1981年8月版）

本　年

◎ 作诗《残月黄金梳》："残月黄金梳，我欲掇之赠彼姝。彼姝不可见，桥下流泉声如泫。晓日月桂冠，掇之欲上青天难。青天犹可上，生离令我情惆怅。"后改译作白话诗。

与改译的白话诗一并题作《别离》，初收上海泰东图书局1921年8月初版《女神》；又收上海创造社出版部1928年6月初版《沫若诗集》，删去白话诗；后收《沫若文集》第1卷；现收《郭沫若全集·文学编》第1卷。

"（民五年一九一六年）暑假中在东京与安娜相识，发生恋爱。作长期之日文通信并开始写新诗。（《残月黄金梳》及《死的诱惑》等为此时之作）"（《五十年简谱》，《中苏文化》半月刊1941年11月第9卷第2、3期合刊）

收入《沫若诗集》时署"一九一九年，三四月间作"。

◎ 得曾琦（慕韩）从东京寄来德文本斯宾诺莎的《埃迪加》。

曾琦时在东京留学，与郑伯奇同住，常常"提起他的旧同学郭开贞是怎样聪明好学。……有一次，他给他寄了一本德文的斯宾挪莎的《埃迪加》，他很得意地说，这位朋友只学了两年多的德文，已经能读这样艰深的哲学书了"。（郑伯奇《二十年代的一面——郭沫若先生与创造社》，重庆《文坛》半月刊1942年3月第1期起连载，后收入《参差集》，西安大陆图书杂志出版公司1946年6月版）

◎ 读俄国作家陀思妥耶夫斯基，挪威戏剧家易卜生、比昂逊等人的作品。（《五十年简谱》，《中苏文化》半月刊1941年11月第9卷第2、3期合刊）

1918年（戊午　民国七年）26岁

3月4日　上海《时事新报》副刊《学灯》创刊。

3月　段祺瑞重任国务总理，第三次组阁，开始与日本寺内内阁秘密谈判中日《共同防敌军事协定》。这是日本企图控制中国军事的又一重大活动。

本月　《新青年》第4卷第3号，发表由钱玄同化名王敬轩的《文学革命之反响》，刘半农的《复王敬轩书》，借此批驳复古派种种主张。

4月　上海《新闻报》和英文《大陆报》首先揭露了中日《共同防敌军事协定》换文的消息和秘密交涉的内容，各地掀起了学生、商人、工人游行请愿，要求政府公布密约、拒绝签字的群众运动。一千名留日学生罢学回国参加斗争，旧金山华商总会和留美学生也通电抗议。

5月16日　中日签订了《中日陆军共同防敌军事协定》，19日又签订了《中日海军共同防敌军事协定》。9月6日，又签订关于《陆军共同防敌军事协定实施上必要之详细协定》。

本月　鲁迅在《新青年》第4卷第5号发表《狂人日记》。

10月15日　《新青年》第5卷第5号发表李大钊歌颂俄国十月革命的文章《庶民的胜利》《布尔什维克主义的胜利》。

11月　第一次世界大战以德国失败告终。

12月　陈独秀、李大钊创办《每周评论》，宗旨是"主张公理，反对强权"。

5月

16日　为反对"中日共同防敌军事协定"事，开始参加罢课斗争，但因"有日本老婆"，被一些人"归在汉奸之列"。

"本日上午八时，第六高等学校和冈山医学专科学校全体支那留学生提出无限期罢课，并且收拾行李准备回国。"（日本外务省机第1556号报告之二，参见名和悦子《郭沫若在冈山》，日本《中国研究月报》1995年8月号）

"在那次风潮中还有一个副产物，便是有一部分极热心爱国的人组织了一个诛汉奸会。凡是有日本老婆的人都被认为汉奸，先给他们一个警告，叫他们立地离婚，不然便要用武力对待。这个运动在当时异常猛烈，住在东京的有日本老婆的人因而离了婚的很不少。不幸我那时候和安娜已经同居了一年有半，我们的第一个儿子和夫产后已经五个月了。更不幸我生来没有做英雄的资格，没有吴起那样杀妻求将的本领，我不消说也就被归在'汉奸'之列了。但好在我是住在乡间，武力的滋味我倒还没有领略过。""全体罢课支持了有两个礼拜的光景，所反对的协约并没有因而取消,于是乎便又产生了全体回国的决议。这一决议下来,凡是有钱在手里的人回了国的也就不少,不幸像我这样的'汉奸'每月所领的三十二元的官费是要养三个人口的,平时所过的早就是捉襟见肘的生活,更那有甚么余钱来做归国的路费呢?没有钱便失掉了'爱国'的资格,'汉奸'的徽号顶在头上,就好像铁铸成的秦桧一样。"(《创造十年》)

25日　接张琼华信,"叙及父母哀痛之情"。(《樱花书简》第五十六函,四川人民出版社1981年8月版)

◎ 致父母信,就与安娜恋爱、同居生子事致二老"忧虑""哀痛"而自责,并寄回和儿母子相片一张。写道:"男不肖陷于罪孽,百法难赎,更贻二老天大忧虑,悔之罔极,只日日泪向心头落也。自接元弟往日责让一函,屡思肃禀自白,终觉毫无面目,提起笔竟写不出一句话来。今日接到玉英一函,叙及父母哀痛之情,更令人神魂不属。往事不愿重谈,言之徒伤二老之心。而今而后,男只日夕徼旸,补救从前之非。今岁暑中,可国事稍就平妥,拟归省一行,当时再负荆请罪,请二老重重打儿,恐打之不痛,儿更伤心矣。寄回和儿母子相片一张,儿满七十日时所摄也。儿名和生,乃大兄所命,取和气致祥之义,又以生在日本,意正双关也。儿以去年阳历十二月十二日午后十时生,而今将满半岁矣,正长得肥满大样可爱。和儿母本日本士族,四年前由高等女学毕业,今年二十二,为儿所误,殊自可怜,望二老亦怜而恕之也。"(《樱花书简》第五十六函,四川人民出版社1981年8月版)

6月

2日　为罢课事,与同学一起被校长金子铨太郎约至家中谈话。

"本月2日,六高校长召集郭开贞等八名学生到自己家里,谆谆告诫,须自今日复课,参加本学期考试,否则视为不及格。"(日本外务省机第1556号报告之三,参见名和悦子《郭沫若在冈山》,日本《中国研究月报》1995年8月号)

3日　与参加罢课的屠模、杨子骧、徐世民等9位同学一起返校复课。

"自3日始,学生已经复课。"(日本外务省机第1556号报告之三,参见名

和悦子《郭沫若在冈山》，日本《中国研究月报》1995年8月号）

本月 参加学期考试，如期毕业。

在校期间三学年总成绩平均73.5分，毕业成绩在34名毕业生中序列第22。（据六高期间成绩簿，参见名和悦子《郭沫若在冈山》，日本《中国研究月报》1995年8月号）

附录：成绩簿

一年级	成绩	二年级	成绩	三年级	成绩
修身		修身		修身	66
国语解释	69	德语（一）	72	德语（一）	68
国语文法作文	67	德语（二）	87	德语（二）	75
德语（一）	85	德语（三）	82	德语（三）	82
德语（二）	71	英语	74	英语	93
德语（三）	84	数学	62	拉丁语	77
英语	70	物理	70	物理	62
数学	50	化学	70	物理实验	76
				化学	58
动物植物	76	动植物实验	80	化学实验	76
体操	78	体操	79	体操	73
总分	650	总分	676	总分	806
平均	72.2	平均	75.1	平均	
认定	及格	认定	及格	认定	
考试人数	40	考试人数	39	考试人数	
成绩名次	25	成绩名次	21	成绩名次	

备考：毕业成绩顺序根据一年级、二年级、三年级总平均分数确定。总平均分73.5，毕业成绩排序34人中第22名。

7月

3日 自第六高等学校毕业,参加毕业式。(《履历书》,藏日本九州大学)

11日 为九州帝国大学医科大学免试录取,学籍登记号为第668号,登记入学日期为本日。(据"九州帝国大学学籍簿",参见蔡震《"郭沫若与日本"在郭沫若研究中》,《新文学史料》2007年第4期)

本月 往东京向中华民国驻日留学生管理处预支官费。(《创造十年》)

7、8月间

◎ 着手翻译海涅诗选集,因与国内出版社交涉失败,作罢。(《五十年简谱》,《中苏文化》半月刊1941年11月第9卷第2、3期合刊)

◎ 译海涅诗《悄静的海滨》,初见1920年3月30日致宗白华信(上海亚东图书馆1920年5月初版《三叶集》),初收上海创造社出版部1927年10月初版《德国诗选》。

8月

1日 向九州帝国大学医科大学提交入学志愿书和履历表。(据原件照片,载武继平《郭沫若留日十年》,重庆出版社2001年3月版)

上旬 往位于九州的福冈。在离开冈山前一天,为表示"无限惜别之情,以及今后攀登科学之路的决心",忍痛将《庾子山全集》《陶渊明全集》赠给冈山县立图书馆。(《樱花书简》第五十八函,四川人民出版社1981年8月版,《卖书》,1925年3月20日北京《晨报副镌》)

23日 得大哥汇来钱款,入学所需耗费,尽可敷用。(《樱花书简》第五十八函,四川人民出版社1981年8月版)

24日 致父母信。报告来福冈后的情况。写道:"男来九州将近四星期了,日前从六高来一明片,报告九州医大准其无试验入学。看看暑假不久要过,想在两星期之内便会开学呢。大哥昨日又汇来七十块钱,此次入学一切耗费尽可敷用,家中请不要再汇款来。男现住的房子,小小的共有两间,都在楼上,楼下是主人的储藏室,室侧有个煮饭的地方,又其侧便是毛房。画一块图在下边，便可一目了然。房子里面却不大干净，周围都是土壁，房钱却是很贵，每个月电灯在内，要五块半钱。算好窗户甚多，凉风时至，可恨毛房太近，又时有粪香扑鼻也。住家离大学甚近，走不上两百步，便是大学的后门，上课算很方便呢。离海岸亦不远，天晴便可入海凫水。今日天气甚好，打算吃了午饭之后，便去凫水去。海岸上有苍松万千树，照眼皆青，空气甚新鲜也。和儿已长齿矣，两个下齿洁白胜雪，似乎痒不可耐，遇物即啮。偶抱出松原中散步，即稳稳睡在怀中而归。夜里不甚安眠，一晚总会醒三四次，人手过少，哭起来时，觉又非常可恨。想到儿今累男，便是男当年累我二老之真象。男今年近三十，犹远在异方，而且常贻二老忧虑，真可是加入二十四孝中而成二十五孝了。"（《樱花书简》第五十八函，四川人民出版社 1981 年 8 月版）

下旬 偶遇尚在第五高等学校就读的张资平，一起到海边游泳，然后议论起国内文坛的现状，欲共同筹办同人纯文学杂志。

"我是三年没有回国的人。又住在乡下，国内的新闻杂志少有机会看见，而且也可以说是不屑于看的。那时候我最不高兴的是商务印书馆出版的《东方杂志》和《小说月报》，那是中国有数的两大杂志。但那里面所收的文章，不是庸俗的政谈，便是连篇累牍的翻译，而且是不值一读的翻译。小说也是一样，就偶尔有些创作，也不外是旧式的所谓才子佳人派的章回体。报章的乱七八糟，就在今天也还没有脱出旧态，那可以不用说了。隔了三年的国内文化情形，听资平谈起来，也还是在不断地叹气。——'中国真没有一部可读的杂志'。""我看中国现在所缺乏的是一种浅近的科学杂志和纯粹的文学杂志啦。中国人的杂志是不分性质，乌涅白糟地甚么都杂在一起。要想找日本所有的纯粹的科学杂志和纯粹的文艺杂志是找不到的。""其实我早就在这样想，我们找几个人来出一种纯粹的文学杂志，采取同人杂志的形式，专门收集文学上的作品。不用文言，用白话。""数来数去可以作为文学上的同人的还是只有四个人，便是郁达夫、张资平、成仿吾和郭沫若。""我想就只有四个人，同人杂志也是可以出的。我们每个人从每月的官费里抽出四五块钱来，不是便可以做印费吗？""资平很赞成我这个办法。他约定就以我那儿为中心，待学校开课以后，征求仿吾和达夫的意见，再策进行。""这一段在箱崎海岸上的谈话，在我自己留下了很深刻的印痕。我和资平发生交谊实际上是从那时起头。我知道他有文学上的趣味的也是从那时起头。所以我一想到创造社来，总觉得应该以这一番谈话作为它的受胎期。"（《创造十年》）

◎ 对张资平约参加"丙辰学社"事，表示"不愿即时加入"。介绍《早稻田文学》等日本文学杂志给张资平阅读。（张资平《曙新期的创造社》，《现代》月刊1933年6月第3卷第2期）

9 月

10 日 九州帝国大学医科大学开学。（《九州帝国大学一览》1918—1919）

第一学年必修的课程有：解剖学讲义、解剖学实习、组织学、组织学实习、生理学讲义、生理学实习、病理学总论、胎生学、医化学讲义等。

本年度入学的中国留学生共有5名：郭开贞、余霖、杨子骧、钱潮、夏禹鼎。九州帝国大学医科大学的前身，是明治三十六年（1903）3月在福冈设立的京都帝国大学第二医科大学，亦称京都帝国大学福冈医科大学。自明治四十四年（1911）4月1日起正式改名为九州帝国大学医科大学。大正八年（1919）4月1日起改为九州帝国大学医学部。（九州大学医学部《五十年史》，1953年11月；《九州帝国大学一览》1918—1919，参见武继平《郭沫若留日十年》，重庆出版社2001年3月版）

下旬 成仿吾、陈君哲、徐诵明来访。应允由安娜替与成仿吾同来的一陈姓老先生管理家政。

成仿吾陪家乡一陈姓老先生来福冈寻医治眼病。为节省开支拟租屋居住，成仿吾提议郭开贞夫妇与陈姓老先生父子同住，并由安娜替他们管理家政。（《创造十年》）

◎ 当日即与成仿吾同去寻找租屋，次日，搬进位于箱崎神社前的一处房子。

"我们便到箱崎神社前去找到了一家房子，是有楼的，楼上有四间居室，楼下也有两间。仿吾和陈老一门定住在楼上，我们一家三口便住在楼下。把租约议定了，第二天我们就搬了家。于是乎我的老婆便成为陈老一门的家政妇，我自己便成为听差。"

"和仿吾同居在一处，我把月前同张资平两人的拟议向他提说过，他也很赞成……主张慢慢地征集同志，不要着急。"

"仿吾和我们同住了两个礼拜的光景……我们劝说他回东大去继续学业，他起初很迟疑，以为再当冯妇是可耻的事。但他也经不起人多口众的劝说，终于决心再往东京。"（《创造十年》）

10 月

4 日 上午9时，参加在图书馆举行的1918年度新生入学仪式，在写有誓词的宣誓人名单上签署姓名。

九州帝国大学自1911年起确定的誓词为："本人自觉遵守校规，端正品行，努力攻关所定之学艺以报答本校之恩，特此起誓。"（武继平《郭沫若留日十年》，重庆出版社2001年3月版）

12 月

31 日 迁居到临海小渔村网屋町的一处小房子里。

"搬家是在夜里，因为地方近，行李又不多，便同老婆两人手提背负地搬运了一两次，也就搬空了。"（《创造十年》）

"网屋町本是福冈市外的一所渔村。但是一方面却与市街的延长相连接。村之南北两端都是松原。日本人呼为千代松原，《武备志》中称为十里松原的便是。海在村之西，村上有两条街道，成丁字形，南头一条，东西走，与海岸线成垂直。我自上前年以来，两年之间即住在这条街的西端。面北的一栋楼房里，楼前后都有窗，可望南北两端的松原，可望西边的海水。"（1921年10月6日致郁达夫信，上海《创造》季刊1922年5月第1卷第1期）

冬

◎ 开始解剖学实习。期间，触发了"最初的创作欲"，写出小说《骷髅》，投寄上海《东方杂志》，未刊。

"天气一寒冷起来，学校里的人体解剖便开始了。一个礼拜有三次，都是在下半天。……第一学期解剖筋肉系统，第二学期解剖神经系统，在约略四个月的期间要把这全身的两项系统解剖完。"（《创造十年》）

据《九州帝国大学一览》记载，1918年至1923年，医科大学（医学部）解剖学实习课程安排为：第一学年第二学期（1919年1月至3月），每周15课时；第二学年第二学期（1920年2月至6月），每周8课时。（参见武继平《郭沫若留日十年》，重庆出版社2001年3月版）

本　年

◎ 作诗《夜哭》，初见于1920年1月18日致宗白华信，发表于1920年2月1日上海《时事新报·学灯》。写道："忆昔七年前，七妹年犹小。兄妹共思家，妹兄同哭倒。今我天之涯，泪落无分晓。魂散魄空存，苦身死未早。有国等于零，日见干戈扰。有家归未得，亲病年已老。有爱早摧残，已成无巢鸟。有子才一龄，鞠育伤怀抱。有生不足乐，常望早死好。万恨摧肺肝，泪流达宵晓。悠悠我心忧，万死终难了。"

初收作家出版社1959年11月初版《潮汐集·汐集》；现收《郭沫若全集·文学编》第2卷。

收《潮汐集·汐集》时注写作时间为1916年，似有误。以诗中"有子才一龄，鞠育伤怀抱"句，当作于本年。——编者注

◎ 作诗《博多湾》。初见于《自然への追怀》，日本改造社《文艺》1934年2月号；中文本题作《自然底追怀》，载1934年3月4日上海《时事新报·星期学灯》。咏道："博多湾水碧留黎，白帆片片随风飞。愿作舟中人，载酒醉明辉。"

诗原无题，篇题根据作者一手抄稿所加。——编者注

◎ 作诗《死的诱惑》。发表于1919年9月29日上海《时事新报·学灯》，分为两节。咏道："我有一把小刀/倚在窗边向我笑。/他向我笑道：/沫若，你不用心焦！/你快来亲我的嘴儿，/我好替你除却许多烦恼。//窗外的青青海水/不住声地也向我叫号。/他向我叫道：/沫若，你不用心焦！/你快来入我的怀儿，/我好替你除却许多烦恼。"

初收上海泰东图书局1921年8月初版《女神》；又收上海创造社出版部1928年6月初版《沫若诗集》，取消小节序号，附注："这是我最早的诗，大概是一九一八年初夏作的"；后收《沫若文集》第1卷；现收《郭沫若全集·文学编》第1卷。

此诗的写作时间，在《我的作诗的经过》，《五十年简谱》中记为

1916年；在《创造十年》《兎进文艺的新潮》中记为1918年。

"这诗，日本人曾翻译过它，或许是中国的口语诗被日本人翻译的第一首。伯奇和寿昌告诉我，说厨川白村曾经看见那译诗，颇为赞赏，以为没想出中国的诗歌已经有了这样民主的气息。"（《兎进文艺的新潮》，《文哨》月刊1945年7月第1卷第2期）

◎ 作诗《十里松原四首》。见于上海现代书局1932年9月初版《创造十年》，原无题。咏道："松原十里负儿行，耳畔松声并海声。我自昂头向天笑，天星笑我步难成。""除夕都门去国年，五年来事等轻烟。壶中未有神仙药，赢得妻儿作挂牵。""寄生天地太朦胧，回首中原叹路穷。入世无才出未可，暗中谁见我眶红。""到处随缘是我家，一篇秋水一杯茶。朔风吹打玻璃破，吹得炉燃亦可嘉。"

初收作家出版社1959年11月初版《潮汐集·汐集》，作此篇题，并署"1918年在日本福冈"；现收《郭沫若全集·文学编》第2卷。

《十里松愿四首》中第三、四两诗，曾先见诸1924年2月22日所作《圣者》，系文中"纪事的杂诗"（六首）之第四、第六两首诗，《十里松愿四首》第一、二两首诗亦与"纪事的杂诗"另三首诗句同，应由其改作而成。"纪事的杂诗"（六首）作于1921年初。——编者注（蔡震《〈十里松原四首〉源出何处?》，《郭沫若学刊》2007年第4期）

1918、1919年间

◎ 作《新年杂咏五首》。见于1919年1月2日家书。描写临近过新年的欢快情景："邻家春饼正声喧，到处盈门挂草缠。童稚街头喜相告，明朝转眼是新年。"写到邻居热情相待："多情最是邻家子，送来米饼若干枚。堪供'杂煮'过新岁，豆饭明朝不用炊。"亦写新年与同学同乐："戏与子和相笑约，明朝雪里要行军。劝君早起休贪睡，先发制人古所云。""准备明朝'攻击'忙，借来名片十余张。上书汤武先锋队，到处逢迎要酒浆。"还抒写了思念家乡的心绪："身居海外偷寻乐，心实依然念故乡。想到家中鸡与肉，口水流来万丈长。"（《樱花书简》第六十函，四川人民出版社1981年8月版）

五首诗均无题，应作于1919年元旦前后一两日间，篇题为编者所加。（见《〈女神〉及佚诗》，人民文学出版社2008年6月版）

1919年（己未 民国八年）27岁

1月18日 巴黎和会开幕。中国代表团提出的取消日本对华"二十一条"，取消列强在华特权的要求，被帝国主义列强操纵的会议否决。

5月4日 北京学生数千人在天安门广场集会，会后举行游行示威，反对政府在巴黎和约上签字，要求取消"二十一条"，收回日本侵占中国山东的一切权利，高呼"外争国权，内惩国贼"等口号。五四运动爆发。北京学生的爱国运动得到全国学生、各阶层爱国人士和工人阶级的积极响应，形成全国性的反帝爱国运动。

6月28日 中国政府拒绝在巴黎和约上签字。

7月1日 王光祈、李大钊等在北京发起成立少年中国学会，并创办《少年中国》《少年世界》等刊物。

7、8月 北洋政府被迫颁布禁止日货通令。

10月10日 孙中山在上海宣布中华革命党改组为中国国民党，以"巩固共和，实行三民主义"为政纲。

本月 李大钊在《新青年》第6卷第5号发表《我的马克思主义观》。

1月

1日 与夏禹鼎一起往同学家拜年。晚间，有同学六人一起在家中吃饭。

"子和姓夏名禹鼎，浙江宁波人。医科同学也。与男甚相得。此处医科同学共十七人。有家室者五人。"日本明治维新后改过农历春节为元月1日的新年，但习俗仍与过农历春节同。（《樱花书简》第六十函，四川人民出版社1981年8月版）

2日 致父母信，报告过年的情形，写道：

"日人过年，家家都春饼。饼即年糕。不用磨，用臼舂。不包不裹，不放糖。食时先用火烤。烤后和以砂糖或洗沙。不然则用豆油汤煮，更下些小菜。如此名为'杂煮'。颇有肉汤元之味。男最喜吃。……日人过年，不贴门钱，不贴对子，门前两旁，竖立松竹，大约是取长青之意。门上挂草缠，千金万吊，意不可解。""去年在冈山时，亦曾舂过几升米的年糕。今年只因搬家事忙，舂饼匠人先未定请。生意太旺，忙不过了。竟捱不到男名下来，到底没有舂成。幸亏近处有一家小菜店子，是男时常照顾的。日本商人对于顾主，到了年末，多而不少总要送点东西的。此店主人于除日便送男米饼三十多个，大有小儿时得吃油炒枕头粑之乐。又日人每逢节日生辰，总要煮红豆饭，以志喜也。有了这三十多个粑，不煮红豆饭，也可过年了。"

"此处医科同学共十七人。有家室者五人。同人中新编出一个拜年的名词，叫着'攻击'。攻击云者，譬如军队出征，到了一处，便要吃嗑也。男同夏君相约，'我们须先发制人，免得被人攻击。'夏君说'假使正月初一下雪时，又怎么办呢'。男便说'雪里也要行军'。说得两人都笑起来。拜年要用名片，但是男的片子通用完了。于是在夏君处借了十多张来，写了些先锋队字样。到了元旦这日，男同夏君一起，真正到做了先锋队，攻击一家吃了些年糕。"

"家中想必还是过旧历年。过年猪不知已经杀了莫有。日下想做饼做粑，家里定忙过不了呢。

"年假放至正月十五，尚有两礼拜的余闲。假中无事，或温习学课，或读中国书过日。和儿长得甚好，去年十二月十二日已满一岁了。还不能走，却是顽皮异常。"

信中并录入元旦期间所写的诗五首。(《樱花书简》第六十函，四川人民出版社1981年8月版)

本月　在年假中（15日前），"或温习学课，或读中国书过日"。(《樱花书简》第六十函，四川人民出版社1981年8月版)

2、3月间

◎ 作小说《牧羊哀话》，署名沫若，发表于北平《新中国》月刊11月第1卷第7期。1922年12月24日，于篇末增附小志。通过一对朝鲜青年的恋爱悲剧讴歌那些为了国家民族的利益甘愿牺牲自我，于危难之际勇担民族国家大义的民族英雄，鞭挞那些为了一己荣辱而叛国投敌的卑劣小人，表达了反帝精神和爱国情怀。

初收上海泰东书局1923年10月初版《星空》；后收《沫若文集》第5卷；现收《郭沫若全集·文学编》第9卷。

"转瞬便是一九一九年了。绵延了五年的世界大战告了终结，从正月起，在巴黎正开着分赃的和平会议。因而'山东问题'又闹得甚嚣且尘上来了。我的第二篇的创作《牧羊哀话》便是在这时候产生的。"小说"利用了我在1914年的除夕由北京乘京奉铁路度日本时，途中经过朝鲜的一段经验，便借朝鲜为舞台，把排日的感情移到了朝鲜人的心里"。（《创造十年》）

◎ 将几首牧羊歌移入小说《牧羊哀话》。

"因为在民国五年的夏秋之交有和她的恋爱发生，我的作诗的欲望才认真地发生了出来。《女神》中所收的《新月与白云》、《死的诱惑》、《别离》、《维奴司》，都是先先后后为她而作的。《辛夷集》的序也是民五的圣诞节我用英文写来献给她的一篇散文诗，后来把它改成了那样的序的形式。还有《牧羊哀话》里面的几首牧羊歌，时期也相差不远。"（《我的作诗的经过》，东京《质文》月刊1936年11月第2卷第2期）

◎ 作诗《怨日行》，录入小说《牧羊哀话》，发表于北平《新中国》月刊11月第1卷第7期。写道："炎阳何杲杲，晒我山头苗。土崩苗已死，炎阳心正骄。安得后羿弓，射汝落海涛。安得鲁阳戈，挥汝下山椒。羿弓鲁戈不可求，泪流成血洒山丘。长昼漫漫何时夜，长恨漫漫何时休。"

3 月

31日 致父母信。禀告："今日得元弟三月九日家报，悲喜交集。喜的是许久不见家书，重得骨肉手笔，悲的是孩儿不孝，贻忧二老。玉卿函已遵命详细答复了，是男误了人，也不能多怪，还望父母亲恕儿不孝之罪。男不能回家的缘故，已详详细细的写在答玉卿的信中。男在此间，日日都在认真读书，并且有许多好朋友，互相提携。家事一切，都是和儿母经手，不消儿过问。和儿亦渐渐长大，无病无痛。近来战争已平息，物价想可渐就低减。男在此，每日只一心读书，身无别故，总望二老勿劳远虑。大哥处男常有信去，劝其早日归省，至今终未成行，想亦别有缘故。官事在身，说起走来，想也不甚容易也。鹿苹姻兄昨日突然由大阪来信，说以昨日或明日同嘉定李茂根君归国，由神户乘船，以旅费不足，不能来男处话别云云。大阪离男处甚远，带信要两天才能到，本想要托他带些东西，又不知他到底是昨日动身的，或者是明天动身，总是迫不能及。但是鹿苹于九月内还要来的，来时令元弟带同宗仁、宗益及张侄来留学，甚为妥当也。元弟能来，不消如男一样，再进大学，只须进高等专门，为时甚快，至多只要四五年便可毕业，正可与男同路归国也。"（《樱花书简》第五十五函，四川人民出版社 1981 年 8 月版）

玉卿，即张琼华。《樱花书简》以此信写于 1918 年 3 月，有误，应系于本日。（蔡震《文化越境的行旅——郭沫若在日本二十年》，文化艺术出版社 2005 年 3 月版）

◎ 致张琼华信，告以"不能回家的缘故"。（《樱花书简》第五十五函，四川人民出版社 1981 年 8 月版）

3、4 月间

◎ 作诗《春愁》，初收上海泰东图书局 1921 年 8 月初版《女神》。写道："是我意凄迷？是天萧条耶？如何春日光，惨淡无明辉？如何彼岸山，愁容不展眉？周遭打岸声，海兮汝语谁？海语终难解，空见白云飞。"

收上海创造社出版部 1928 年 6 月初版《沫若诗集》，署"1919 年，3、4 月间作"；后收《沫若文集》第 1 卷；现收《郭沫若全集·文学编》第 1 卷。

6 月

18 日 放暑假，往校医院治疗耳疾。

"本校学生治病，不取分文，只可惜医的人都是助手，不大十分高妙，医了三天，男便懒爱去得的了。男之耳疾，不痛不痒，只是常翁翁作蚊鸣，不能听远察微而已，就不疗治，也不妨事的。"（《樱花书简》第五十七函，四川人民出版社 1981 年 8 月版）

21日 开始在病理教室实习。(《樱花书简》第五十七函,四川人民出版社1981年8月版)

7月

2日 继续往病理教室实习。(《樱花书简》第五十七函,四川人民出版社1981年8月版)

◎ 接读元弟来信,夜,给父母回信。禀告:

"今天上学去后,接到元弟五月十八日家书,拆开读时,热烘烘的眼泪不知不觉的从男的两个眼睛里不住的流了出来。鹿苹姻兄未免言过其实了。鹿苹用度甚奢侈,每年除了官费之外,总要求家款三四百金补济。鹿苹兄未免巧于张他人之旗鼓,作自己的保障了。世乱年荒,家中何能更得此巨款现金?二老如此待男,颠转令男心不能一刻安。男禀如早到,请二老千急作罢,否则作为元弟路费,命元弟随鹿苹姻兄来留学,最男所夙夕默祷者也。日前体格检查,判得一强字,完全不是虚假,男何敢将无作有来欺诳我父母呢?头痛之患,从前在家中时便是有的。记得沈先生主教家塾时,男做文作算不成,每每便觉头痛,想是先天素弱,并非由勤勉过度而来。男自来东后,自觉年长无学,老大徒悲,比从前在内地时稍稍潜心向学,但还配不上说得勤勉二字。每月按领国家官费,供家养口,便何能说得到苦学二字耶!鹿苹姻兄未免抽活人大过分了。

"乡邻各县如此干旱异常,真是'大兵之后,必有凶年'者耶!日本近来米价亦非常昂贵,其原因以我国近日排斥日货,不买不卖,中国米不能输入,以致如此。近米日人生活亦日渐动摇,东京各小学教员数千人同盟协约,要求添薪十分之八,如不增俸,便全体不上讲堂。藉此以观,可见其一般矣。不怕兵强马壮,国称头等,人民没有饭吃,总是一样的没法。"(《樱花书简》第五十七函,四川人民出版社1981年8月版)

《樱花书简》以此信写于1918年7月,有误,应系于本日。(蔡震《文化越境的行旅——郭沫若在日本二十年》,文化艺术出版社2005年3月版)

17日 与同学夏禹鼎、徐诵明、陈中等在夏禹鼎寓所开会,"为救国之计",倡导"抵制日货",决定成立"夏社","要专门把日本各种报章杂志的侵略中国的言论和资料搜集起来,译成中文向国内各学校、各报馆投寄","以期振发同胞,防万一之衰败"。

拟定了成立宣言和社务纲要。宣言写道:"今为救国之计,必须牺牲小利,排斥国仇,此乃我学界新闻界诸先觉素所提倡,与我工商界诸同胞当前所实行者。民气未死,中国不亡,抵制日货之义声,普及全国……今后之事,端在更益坚持耳。因敢不揣愚顽,尽其微力,爰于民国八年七月十七日成立夏社,以期振发同胞,防万一之衰败。"社务纲要写道:

"(一)发行刻写油印印刷品,于课余从事译述,每月发行1—2次印刷品,分别寄往各省主要新闻社及各界。本社同人人数有限,期之以万难,广而告之。吾等译述中若有可采用之处,希望新闻界诸文豪将其转载于报端,并希望商界学界诸同志相互传阅。

(二)备国内各机关团体,告知以倭人研究之内容。竭尽努力考察之并以备回答(通信处:日本福冈市九州帝国大学医学部郭开贞)。

(三)视察者之接待。九州乃日本实业殷盛之地,福冈市集医、工、农科高等学府工场医院为一处。凡有国人前来视察,务必事前通知,吾等同人深表欢迎,并乐意为其谋以方便。

夏社同人:徐诵明、刘先登、陈中、夏禹鼎、余霖、郭开贞、藕炳灵"。(日本外务省史料馆藏《青岛民政部政况报告并杂纂》(第1卷),载日本《飙风》1985年2月第18号中岛翠《夏社资料》)

关于"夏社"的成立及成立的时间,在《创造十年》《鼎进文艺的新潮》等文中的记载有不同之处:

"五四运动终究起来了,在日本报上自然作为天变地异的事情叙述着。当时我们住在福冈的几位同学,虽然都是学医的人,但迫于爱国的要求,我们也生了反应。在五月中旬,我们在夏禹鼎同学的寓里开了一次会,参加的有徐诵明、刘先登、陈中、钱潮诸位同学。我们决定组织一个义务通信社,定名为'夏社'。因为时期是在夏天,我们是中国人,中国原称中夏,而结社又是在夏君家里。

"大家捐了一些钱,买了一部油印机和些纸头油墨等,很简单地便开始了工作。主要是翻译日本人仇华的消息,有时由我们自己撰述些排日的文字。印出以后,向上海各报馆分寄。"(《鼎进文艺的新潮》,《文哨》1945年第1卷第2期)

"在那年的六月,福冈的同学,有几位集合了起来组织过一个小团体，名叫夏社。这夏社是我所提议的名字，因为我们都是中国人，结社是在夏天，第一次的集会是在一位姓夏的同学家里。我们的目的是抗日，要专门把日本各种报章杂志的侵略中国的言论和资料搜集起来，译成中文向国内各学校、各报馆投寄。由几个人的自由捐献，买了一架油印机来作为我们的宣传武器。"（《创造十年》）

7、8月间

◎ 为夏社发过几次稿。

"这个团体结成以后，同学们都不会做文章，只好让我和陈君哲两个人担任。君哲只做了一篇东西，在暑假期中他又回浙江去了，因此只剩下我一个人做了油印机的保管者和使用者。我在暑假中也发过好几次稿，都是自己做，自己写蜡纸，自己油印，自己加封投寄。"（《创造十年》）

◎ 因两耳重听影响到大班授课学习，暑假期间意欲改学文科，遭安娜坚决反对而作罢。（《创造十年》）

8月

25日 作诗《箱崎吊古》，发表于上海《黑潮》月刊1920年1月第1卷第3期，署名沫若。小序说："箱崎在日本九州福冈市外，是四年前蔡松坡将军病死的地方，六百三十八年前元军第二次征倭的古战场。地滨海，海上有无数的古松，日本人呼作千代松原，我国古书中称为十里松原。"诗中写道："风！横暴的风！/你吹！你拼命的吹！/你纵把地球吹得出轨道外去，/你总把我吹不出地球外去！/我在风中跑，我在十里松原中跑，/十里松原中无数的古松替我鼓奏着行军的调儿，/我跑到了——我跑到博多湾的海岸了！/四千只的楼船——啊啊！还在海上翻！/惊砂扑面来，我看见范文虎同蔡松坡指挥着十万多的同胞战——同怪风战，狂涛战，怒了的自然战，宇宙间一切的恶魔战……/我的同胞哟！我奋勇的同胞哟！/永劫的荣光早在我头上照临，/我在替你们唱着凯旋歌，/我们努力，奋迈，战！战！战哟！"

《黑潮》月刊由太平洋学社本年9月创办于上海。蔡松坡，即蔡锷，因病赴日本就医，然不治身亡。

9 月

上旬 第二学年开学上课。

必修课程有：解剖学讲义、解剖学实习、生理学实习、病理学总论、病理学实习、医化学实习、药物学讲义、药物学实习、诊断及治疗法、外科学总论等。(据《九州帝国大学一览》1918—1919，参见武继平《郭沫若留日十年》，重庆出版社 2001 年 3 月版)

◎ 为夏社的活动开始订阅上海《时事新报》。从该报副刊《学灯》"新文艺"栏目中初次读到中国的白话诗。

"因为老做这种义务的通信社工作，国内的报纸便至少不能不订阅一份。我们订的是上海《时事新报》。那个报纸在五四运动以后很有革新气象，文艺附刊《学灯》特别风行一时。订报是从九月起，第一次寄来的报纸上我才第一次看见中国的白话诗。""看了不觉暗暗地惊异：'这就是中国的新诗吗？那吗我从前做过的一些诗也未尝不可发表了'。"(《创造十年》)

《时事新报》副刊《学灯》从 8 月 15 日起增辟"新文艺"栏。《学灯》主编郭虞裳受该报负责人张东荪委托，邀宗白华共同编辑。

11 日 诗《鹭鹚》发表于上海《时事新报·学灯》，署名沫若。写道："鹭鹚！鹭鹚！/你自从哪儿飞来？/你要向哪儿飞去？/你在空中划了个椭圆，/你突然飞下海里，/你又飞向空中去。/你突然又飞下海里，/你又飞向空中去。/雪白的鹭鹚！/你到底要飞向哪儿去？"

初收上海泰东图书局 1921 年 8 月初版《女神》；又收上海创造社出版部 1928 年 6 月初版《沫若诗集》；后收《沫若文集》第 1 卷；现收《郭沫若全集·文学编》第 1 卷。

这是初次发表的新诗，也是初次以沫若署名发表作品。沫若的名号，"是我的家乡的两条河，沫水和若水合拢来的。司马相如的《喻巴蜀檄》(《难蜀父老》) 里有'关沫若'的一句，那便是两河并举的开始了"。(《创造十年续编》)

《史记·司马相如列传》："司马相如便略定西夷，邛、笮、冉、駹斯榆之君皆请为臣，除边关，关益斥，西至沫、若水。""沫水"一名渑水，隋唐后改名大渡河，"若水"即雅砻江，《汉书·地理志》，"若水出旄牛徼外，南至大筰入绳"。《水经注》："若水出旄牛徼外，东南至故关为若水。"（卜庆华《郭沫若研究札记》，湖南大学出版社1986年1月版）

◎ 诗《抱和儿浴博多湾中》发表于上海《时事新报·学灯》，署名沫若。写道："儿呀！你快看那一海的银波。/夕阳光里的大海如被新磨，/儿呀！你看那西方的山影罩着纱罗，/儿呀！我愿你的身心象海一样的光洁，山一样的清疏！"

本月　作诗《浴海》。发表于10月24日上海《时事新报·学灯》。写道："趁着我们的血浪儿还在潮，/趁着我们的心火儿还在烧，/快把那陈腐的旧皮囊/全盘洗掉！/新中华底改造/全赖吾曹！"

初收上海泰东图书局1921年8月初版《女神》；又收上海创造社出版部1928年6月初版《沫若诗集》，改"新中华底改造"句为"新社会的创造"；后收《沫若文集》第1卷；现收《郭沫若全集·文学编》第1卷。

9、10月间

◎ 读有岛武郎的《叛逆者》一书，接近了惠特曼的《草叶集》，受到其自由豪放诗风的影响。

"在大学二年，正当我开始向《学灯》投稿的时候，我无心地买了一本有岛武郎的《叛逆者》。……因此又使我和惠特曼的《草叶集》接近了。他那豪放的自由诗使我开了闸的作诗欲又受了一阵暴风般的煽动"。"彻底地为他那雄浑的豪放的宏朗的调子所动荡"，"个人的郁积，民族的郁积，在这时找出了喷火口，也找出了喷火的方式"。几乎"每天都有诗兴来猛袭"，"差不多是狂了"。（《创造十年》；《我的作诗的经过》，东京《质文》月刊1936年11月第2卷第2期；《序我的诗》，《沫若文集》第13卷）

◎ 作诗《立在地球边上放号》，发表于1920年1月5日上海《时事新报·学灯》。咏道："啊啊！不断的毁坏，不断的创造，不断的努力哟！/啊啊！力哟！力哟！/力的绘画，力的舞蹈，力的音乐，力的诗歌，力的Rhythm哟！"

初收上海泰东图书局1921年8月初版《女神》；又收上海创造社出

版部1928年6月初版《沫若诗集》；后收《沫若文集》第1卷；现收《郭沫若全集·文学编》第1卷。

10月

10日 《同文同种辨》发表于上海《黑潮》月刊第1卷第2期，署名郭开贞。全文由"绪论""中日两国言文之异同""日本人废弃汉字之运动""中华民族之由来""日本民族之研究""结论"六个部分组成。欲批驳日本军国主义者"每以中日两国同文同种为前提"，"倡中日亲善论"，对中国进行侵略扩张的谬论。文章通过对于中日两国语言文字异同的分析、比较，对于中华民族、日本民族各自历史由来的分析、比较，得出结论："中日两国并非同文同种。夫以仁道正义为国是，虽异文异种，无在而不可亲善。以霸道私利为国是，虽以黄帝子孙之袁洪宪，吾国人犹鸣鼓而攻之矣。同文云乎哉！同种云乎哉！"

◎《抵制日货之究竟》发表于上海《黑潮》月刊第1卷第2期，署名夏社。全文分三部分。第一，抵制日货非今日始，前此凡三次。凡日人蹂躏我国权一次，我国民仅以此抵制日货唯一无二之武器，以抵御日人。但从三次抵制日货的结果看，却是日货有增无减，增至三倍以上。因此，日本"非特不加戒惧，反有乐观然者"。第二，批驳"抵制日货实国民之自杀"。通过日本输入我国的产品与我国资源供给的对比分析，指出"奢侈之品四分之三，必需品四之一。此四之三，由于国人之淫奢，本无供给之必要。即四之一，亦以国人之贪近便苟且为之，非与我国计民生有若何之关系"。第三，"以抵制日货为抵制日人唯一无二之武器，且于无形中消灭国人奢侈苟且之习惯，实亦救国之要图。但空言抵制，而无具体之办法，则难于持久，而根本之解决无期矣"。因此列出"持久之策""备国人之采择"。如奖用国货，振兴实业教育，开办工厂等。强调"凡举办事业，宜有自主自立精神。资本人才，一切不宜仰给予外人。"激呼道："读者诸君谁为中华民国之主人翁？乃各放弃其责任，一任少数人之专制压迫，颠倒是非，动摇我国本，侮辱我群众。我学界同胞，既奔走呼号于前，我工商同志，速协力赞助于后。楚歌四面，家国飘摇。诸君！谁无人心，速起奋斗！日将暮，途尚遥！此抵制日货，不过千端万绪中之一节。

同胞！同胞！勿再彷徨中路，苟且须臾也。"

◎ 诗《少年忧患》载上海《黑潮》月刊第 1 卷第 2 期，见于《抵制日货之究竟》一文中。云："少年忧患深苍海，血浪排胸泪欲流。万事请从隗始耳，神州是我我神州！"

◎ 诗《风》发表于上海《黑潮》月刊第 1 卷第 2 期，署名开贞。写道："风！/你为甚么如此怒号？/你莫非忌这岛邦横暴，/你要把他吹倒？/你为何却先吹倒台东，/死人不少？……/哦！到底死了我们黄帝子孙的几多兄弟同胞！/哦！台东的同胞！/你们既做了异族的奴民，/又受了天风的侵扰；/天！你到底还是无灵！/还是死了！"

博多地方的海岸，每年夏秋之交都有台风经过。

◎ 译文《Faust 钞译》（歌德原作），发表于上海《时事新报·学灯》，署名沫若。译序说："Faust 是德国文豪 Goethe 氏所著的一部神秘伟大的剧曲。我今不揣鄙陋，把他那《夜》的一幕里面 Faust 述怀一节迻译在下面。"

"在一九一九年的夏天，我零星地开始作《浮士德》的翻译，特别是那第一部开首浮士德咒骂学问的一段独白，就好象出自我自己的心境。我翻译它，也就好象我自己在做文章。"（《创造十年》）

18 日 诗《两对儿女》发表于上海《时事新报·学灯》，署名沫若。诗为两节，分别描述了"我"五年前在东京与三年前在冈山路遇两对日本儿女时截然不同的情境：一为友好和睦相处，一为恶意鄙视相向。

20 日 诗《某礼拜日》发表于上海《时事新报·学灯》，署名沫若。叙述与好友成仿吾一同郊游时，共处美好大自然中的愉悦心境。诗为四节，写道："我们坐在阜地儿上，/戴着头上的阳光，/望着濑户内海的海岸。/海上的山，天上的云，/同在光明中灿烂。/望不断的一片稻禾，/戴着嫩黄的金珠，/学着那海潮儿在动颤。" "我把个橘柑儿来穿了个洞儿，/摘了这野花儿来插在他的中心。/我们又戴着阳光儿回去；/适庐的门还莫有到，/橘瓶中的蓓蕾早已开了。"

21 日 诗《梦》发表于上海《时事新报·学灯》，署名沫若。诗为四节，写道："好美丽的海湾！/和儿！我们俩怎么在这儿的楼上？/怎么便早到了秋天？/这天气儿真是凉爽！/和儿！你看那平平的海水像不像片玻璃？/那海岸上的一列青松像不像张屏障？/啊！那边儿更有一条金色的黄牛在那浅水地方放！喔呀！怪风！/是那儿的火山……？/啊啊！朦胧！/火星儿在乱飞！/狂雾儿在乱涌！/一海的狂涛！/啊！好象那活动电影里的连峰！/啊！黄牛！可怜虫！——简直是混沌未开以前的鸿濛在我面前动！""啊！原来才是一场梦！/你这瘟不死的臭皮囊！/睡着何曾动？/啊！黄牛！黄牛！/你是不是还在梦中？/我想起你那可怜的样儿，令我的心儿痛！"

23日 诗《火葬场》发表于上海《时事新报·学灯》。写道："我的灵魂儿，早已烧死了！/啊，你是哪儿来的凉风/你在这火葬场中/也吹出了一株春草。"

初收上海泰东图书局1921年8月初版《女神》；又收上海创造社出版部1928年6月初版《沫若诗集》；后收《沫若文集》第1卷；现收《郭沫若全集·文学编》第1卷。

◎ 诗《晚步》发表于上海《时事新报·学灯》。写道："两乘拉货的马车儿从我面前经过，/倦了的两个车夫有个在唱歌。/空车里载了些甚么？/海潮儿应声着：平和！平和！"

初收上海泰东图书局1921年8月初版《女神》；又收上海创造社出版部1928年6月初版《沫若诗集》；后收《沫若文集》第1卷；现收《郭沫若全集·文学编》第1卷。

本月 诗《鹭鹚》《抱和儿浴博多湾中》被译为日文，刊载于天津日华公论社《日华公论》杂志第6卷第3号。

11月

6日 作诗《一个破了的玻璃茶杯》，发表于1920年2月4日上海《时事新报·学灯》，署名沫若。写道："我在青春的时候，/摘了一枝紫色的草花，/配了一皮浓厚的青草。/供在这个破了的玻璃杯中，/花草底精神是好！//花离了根，/草离了本，/破了的玻璃杯，/怎么把水装得饱？/莫有一夜的功夫，/花已憔悴了，/草已枯死了。//窗外的凄风夜雨，/助涨我泪湖里的波涛。/死了的花魂草魂/还在我面前缭绕。/我守着这个破了的玻璃杯/饱尝着——/忏悔的清羡，/寂寥底滋味，/悲哀底烹调。"

9日 致父母信。写道：

"元弟最近的两封书信，都接到了，家款早已领到，已于前信详细禀陈，想来必然早已抵家。目下留学生官费，每月有加四元的希望，总共一月是五十二元，于每月的衣食，到不十分吃苦。男所苦的只是学堂里的参考书和实习器具等项。一学年之内，关于此项的费用，总得要两百元才彀。本来书籍不买，也是可以混过的，日本人的参考书籍，大概是不很完备的。可是留学生与日本本国的学生又有不同的地方，他们可以完全听讲，他们可以完全抄录，他们朋友又多，很可以互相补助；这些好处，留学生是件件都莫有的；所以不能不多买些书籍来参考。学堂里本来是有图书馆的，但是图书馆里面的书，都是不中用的书，旧了的书；所有的新书好书，通同是放在先生们的室子里面，学生们是不能借的。关于新学问的书籍，比以前旧学问的书籍不同。从前的书，愈古愈好。而今的书，上了十年，便莫有人要。目下学费既可有四元的增加，一年也可许多领得四十八元。又从本月起，逢每星期六日的午后，有几个日本人请我教他们的中国话，每月约谢男八元。如能长久，也可算得一笔彀数。以后家里尽可以不必寄钱来补济了。

和儿近来，长得异常讨厌。每日只是吃，只是嗑，一句话也不会说得。看看再隔一个月就要满两岁了。不知男们小的时候，也是这样的么？

母亲的生日又到了，姐妹诸侄回家来耍了么？

四姐离家很近，肯时常回家耍么？许四哥不肯医病，却不是好事。等男回家同他医也好，只是还要三年呢！沈焕章先生在太平镇主教，真是难得了。沈先生娘也去了世么？元弟信中说是沈先生带着二世兄同孙世兄同居。沈先生一人怎么能彀兼顾得这许多呢？又要教书，又要带儿子，又要带孙子，男想起来，不知不觉便眼泪涔涔的。元弟不妨时常去看望先生，有时更请先生来家耍耍也好。

元弟在家中近来是如何过活？还是在读古书么？家中有部《南北朝史》，中有《北魏书》，书中有《倭寇志》一篇，如不十分长时，请元弟抄录一份来寄我，愈早愈好。又有《辽金元史》一书，请把那《元史》考查一考查，其中有范文虎传么？又有关于元兵征日本的纪事么？请一并详细考查考查，愈详愈好，细抄一份给我。如嫌抄太费事时，请把《倭寇志》同《元史》寄来最好。"（《樱花书简》第六十一函，四川人民出版社

1981年8月版）

◎ 致陆友白信。刊载于上海《黑潮》月刊1920年1月第1卷第3期。写道：

"《黑潮》第二期五册奉到了。读足下答复范详善先生的信，具见足下的抱负，与经营上的苦衷；我真感激无似。范先生所指摘的，确是针针见血之言，例如材料枯窘，印刷不良之点，弟亦颇表同感。然而却也怪不得足下，只怪得我国人士对于日本的研究心还未到白热的程度，我国的印刷界，幼稚得尚不可名状罢了。事属创始，有许多不如意的事情，自然是要经过的。可是'时间'便是我们的保证人。只要我们有坚确的自信，不挠的毅力，排除万难，奋迈前进，将来总有达到圆满地步的一日。这样的一日，于我国凡百的方面，我看不久是要到的；只是他到的迟速，要看我们努力的程度如何！

"第二期的内容，比第一期的更觉丰富了。足下的《黑潮》与《大船》两诗以及傅彦良先生的笔记，我很喜欢，这样的文章，读了总令人起一种Fresh的快感。倒是我那几篇，很有许多腐败霉菌在里面涌来涌去，有无限的硫化水素的瓦斯在纸上蒸发着的一样，我真惭愧得很咧！

"目下功课甚忙，除了随着兴儿，时时写着歪诗之外，简直没有做文章的余暇。日前做了《箱崎吊古》一诗，写来请你指教。"

14日 儿童诗剧《黎明》发表于上海《时事新报·学灯》。描写一海中小岛上一对兄妹和海蚌精灵在晨光中的歌舞，表达对于新生与光明的渴望。诗剧中歌咏道："天已黎明了！/海已太平了！/我们早已醒了！/我们早已解放了！""我要涤荡去一些尘垢秕糠。/我要制造出一些明耀辉光。/冰岛化成水，从新制造出一个大洋。/火山喷出了/赤裸裸的一座岛邦。""我们凯旋了！/我们解放了！/我们同天地新生。/我们同海日新造。/我们欢喜，/乐园恢复了。我们欢喜，/我们醒得早。/妹妹！姐姐！/哥哥！弟弟！/我们是乐园里的安琪！/我们是乐园里的安琪！/我们万岁！/我们万岁！/我们万万岁！"

"儿童文学采取剧曲形式的，恐怕是近代欧洲的创举。我看过梅特林克的《青鸟》、浩普特曼的《沉钟》。……此种形式的作品……我曾发表过一篇《黎明》，是我最初的一个小小的尝试。"（《儿童文学之管见》，上海《民铎》杂志1921年1月第2卷第4号）

15日 晚，在福冈市纪念馆欣赏九州帝国大学交响管弦乐团举办的"乐团成立10周年纪念第15届秋季演奏会"。演奏会上演奏了德国作曲家勃拉姆斯、门德尔松等人的作品。（岩佐昌暲《若干郭沫若诗歌的写作背景》，《郭沫若与百年中国学术文化回望》，四川人民出版社2005年7月版）

22日 作诗《晚饭过后》。发表于1920年1月9日上海《时事新报·学灯》，署名沫若。诗含《汗水的滋味》与《造化与人生》两首，表达对母亲与父亲的感恩与思念之情。写道："一碗雪白的开水／……儿呀！你知道这其中的滋味？／这不单是一碗开水，／这饱和着你母亲的汗水。／……咳！我年轻的时候，／不知道也嗑了我母亲的好多汗水？／我的母亲呀！你如今想着你海外的儿，／恐怕正在流眼泪。""一件漆黑的蟒袍（mantle）／裹着两个灵魂——儿的灵魂，我的灵魂——／……沫若！你了解了这人生的真谛？／这不是现实的悲哀，／这却是造化的深意。／从往刦以到眼前，／从眼前以到无际，／这背负着我们人类的地球，／他何曾道过苦趣？／咳！我年轻的时候，／不知道我父亲也背了我好多回。／我的父亲呀！你如今想着你海外的儿，／恐怕正在流眼泪。"

24日 诗《辍了课的第一点钟里》发表于上海《时事新报·学灯》。诗有七节，表达了对课堂外那片自由天空的向往，以及对于"把我解放"了的工人的感恩之情。

初收上海泰东图书局1921年8月初版《女神》；后收《沫若文集》第1卷；现收《郭沫若全集·文学编》第1卷。

本月 作诗《Fuer Barmanie演奏会上》，发表于1920年1月8日上海《时事新报·学灯》，署名沫若。抒写了一次欣赏交响乐演奏会的感触："啊，沈雄的和韹，神秘的渊默，浩荡的爱海哟！／狂涛似的掌声把这灵魂的合欢惊破了，／啊，灵魂解体的悲哀哟！"

初收上海泰东图书局1921年8月初版《女神》，题作《演奏会上》；又收上海创造社出版部1928年6月初版《沫若诗集》；后收《沫若文集》第1卷；现收《郭沫若全集·文学编》第1卷。

所记演奏会即为本月15日晚，九州帝国大学交响管弦乐团在福冈市纪念馆举行的"乐团成立10周年纪念第15届秋季演奏会"。诗文末所附文字（后改作注），介绍演奏会上演奏的作曲家及曲目，移用了演奏会节目单的《曲目解说》。（岩佐昌暲《若干郭沫若诗歌的写作背景》，《郭沫若与百年

中国学术文化回望》，四川人民出版社 2005 年 7 月版）

◎ 开始每周六午后教几个日本人学汉语。（《樱花书简》第六十一函，四川人民出版社 1981 年 8 月版）

12 月

3 日 译诗《从那滚滚大洋的群众里》（惠特曼原作）发表于上海《时事新报·学灯》，署名沫若译。在诗的结尾处做案语，说："煞尾一句包含着灵魂不灭的意见。'不可抵抗的海'，便是'死'的修词。"

12 日 为长子和生二周岁生日作诗，无题，见于 1920 年 2 月 15 日致田寿昌信，收入上海亚东图书馆 1920 年 5 月初版《三叶集》。诗中写道："和儿！你已满了两岁了！/你这两年当中所受了的你父亲的狂怒，真是不少了！/你爱啼，我用掌打你——用力地打你，/打了之后，我又自己打自己；/试试我打痛了你没有。/像这样苛待你的不知道有多少回了！""和儿！你要恕你父亲的罪恶呀！/和儿！你受了一切的菩萨保佑，/你可也无灾无难地满了二岁了，/和儿！我望你象首诗一般自自然然地长成了去罢！"

20 日 诗《夜步十里松原》，发表于上海《时事新报·学灯》。描写十里松原美丽的夜景，赞叹天宇"这样地高超，自由，宏敞，清寥"！引来"无数的明星"眺望；"无数的古松"高撑着双手赞美天宇。"我"也在这梦幻船的美景中沉醉。

初收上海泰东图书局 1921 年 8 月初版《女神》；又收上海创造社出版部 1928 年 6 月初版《沫若诗集》；后收《沫若文集》第 1 卷；现收《郭沫若全集·文学编》第 1 卷。

30 日 作诗《读 Thomas Carlyle: The Hero as Poet 的时候》发表于 1920 年 1 月 10 日上海《时事新报·学灯》。咏道："啊，雪的波涛！/一个白银的宇宙！/我全身心好象要化为了光明流去。"诗后写道："眼前的大自然便是一位诗人，便是卡莱尔翁（1795—1811）所高叫的 Hero-Poet（英雄诗人），便是我心目中所倾倒的 Proletarian（平民诗人）。他的秘密是'开明的秘密'（Goethe 语），请放开眼界，读大自然的雄诗！"

初收上海泰东图书局 1921 年 8 月初版《女神》，改题作《雪朝——

读 Carlyle：The Hero as Poet 的时候》；又收上海创造社出版部 1928 年 6 月初版《沫若诗集》；后收《沫若文集》第 1 卷；现收《郭沫若全集·文学编》第 1 卷。

本月 月末，作诗《地球，我的母亲》。发表于 1920 年 1 月 6 日上海《时事新报·学灯》。全诗有 24 节，诗中写道："地球，我的母亲！/天已黎明了，/你把你怀中的儿来摇醒，/我现在正在你背上徒行。//地球，我的母亲！你背负着我在乐园中逍遥。/你还在海洋里，奏出些音乐来，/安慰着我的灵魂。//地球，我的母亲！/我过去，现在，未来，/衣的是你，食的是你，住的是你，/我要怎么样才能够报答你的深恩？""地球，我的母亲！/从今后我要报答你的深恩。/我要把自己的血液来，/养我自己，养我的兄弟姊妹们。//地球，我的母亲！/那天上的太阳——你镜中的虚影，/正在天空中大放光明，/从今后我也要那我的内在的光明来照照四表纵横。"

初收上海泰东图书局 1921 年 8 月初版《女神》，删去结尾两节；又收上海创造社出版部 1928 年 6 月初版《沫若诗集》；后收《沫若文集》第 1 卷，删去第七节（"地球，我的母亲！/我想除了这农工而外，/一切的人都是你不孝的儿孙，/我也是你不孝的儿孙"）；现收《郭沫若全集·文学编》第 1 卷。

"《地球，我的母亲》是民八学校刚好放了年假的时候做的，那天上半天跑到福冈图书馆去看书，突然受到了诗兴的袭击，便出了馆，在馆后僻静的石子路上，把'下驮'（日本的木屐）脱了，赤着脚踱来踱去，时而又率性倒在路上睡着，想真切地和'地球母亲'亲昵，去感触她的皮肤，受她的拥抱。""在那样的状态中受着诗的推荡，鼓舞，终于见到了她的完成，便连忙跑回寓所把来写在纸上，自己觉得就好象真是新生了的一样。"（《我的作诗的经过》，东京《质文》月刊 1936 年 11 月第 2 卷第 2 期）

本　年

◎ 作诗《游太宰府》。初见于《自然への追怀》，日本改造社《文艺》1934 年 2 月号；中文本题作《自然底追怀》，载 1934 年 3 月 4 日上海《时事新报·星期学灯》。咏道："艳说菅公不世才，梅花词调费安排。

溪山尽足供吟啸，犹有清凉秋思催。"

诗原无题，篇题根据一手抄稿所加。手抄稿中第二句作"少年词调费安排"，第三句作"梅花满目供吟啸"。"在福冈的附近有一处名太宰府的，那是菅原道真的谪所，同时也是梅花的名胜地。"（《自然底追怀》）

◎ 作诗《重游太宰府》。初见于《自然への追怀》，日本改造社《文艺》1934年2月号；中文本题作《自然底追怀》，载1934年3月4日上海《时事新报·星期学灯》。咏道："正逢新雨我重来，群鸽迎人诉苦哀。似道斯人今已渺，铜骑清泪滴苍苔。"

诗原无题，篇题根据一手抄稿所加。"当我在福冈居留五年的时候，我每年总有一二次到那边去。""第二首是不过用以来填补我第一首未尽意思，那是因为我所见了鸽子的鸣声咕咕咕而联想到苦，看见雨滴从庙内青铜的马首滴下来而联想到眼泪。"（《自然底追怀》）

◎ 作诗《夜》。发表于1920年1月13日上海《时事新报·学灯》，署名沫若。咏叹夜可以不分贫富贵贱，不分美恶贤愚，"把全人类来拥抱"，夜，"是解放、自由、平等、安息，一切和胎乐蕊的大工师"。

初收上海泰东图书局1921年8月初版《女神》；又收上海创造社出版部1928年6月初版《沫若诗集》；后收《沫若文集》第1卷；现收《郭沫若全集·文学编》第1卷。

◎ 作诗《死》。发表于1920年1月13日上海《时事新报·学灯》，署名沫若。谓："要得真正的解脱呀，/还是除非死！""我心爱的死！/我到底要几时才能见你？"

初收上海泰东图书局1921年8月初版《女神》；又收上海创造社出版部1928年6月初版《沫若诗集》；后收《沫若文集》第1卷；现收《郭沫若全集·文学编》第1卷。

◎ 作旧体诗《春寒》，见于1920年1月18日致宗白华信，发表于1920年2月1日上海《时事新报·学灯》。感叹生活的艰辛："儿病依怀抱，咿咿未能谈。妻容如败草，浣衣井之阑。蕴泪望长空，愁云正漫漫。欲飞无羽翼，欲死身无瘫。我误汝等耳，心如万箭穿。"

初收作家出版社1959年11月初版《潮汐集·汐集》；现收《郭沫若全集·文学编》第2卷。

◎ 作诗《新月与晴海》。见于1920年2月16日致宗白华信，发表于

1920年2月24日上海《时事新报·学灯》。表现了儿童纯真的天性："儿见新月，/遥指天空。/知我儿魂已飞去，/游戏广寒宫。//儿见晴海，/儿学海号。/知我儿心正飘荡，/血随海浪潮。"

初收上海创造社出版部1928年6月初版《沫若诗集》，署"1919年初间作"；后收《沫若文集》第1卷；现收《郭沫若全集·文学编》第5卷。

◎ 作诗《壁上的时钟》。见于1920年8月24日致陈建雷信，发表于上海《新的小说》月刊1920年10月第2卷第2期。写道："铁塔——铁塔！/壁上的时钟把我向坟墓里逼迫，/逼迫——逼迫！/胸中的血浪儿乱打我的心脉。"

"……想起我去年？某日晨早，/独坐在解剖学教室中，/学生一人都还没有登校；/室中正面只有两个骷髅挂着，/睥睨着我；/背后壁上的时钟不断地刻划；/我做了一首诗写在钞本上面。"诗原无题，篇题为编者所加。（1920年8月24日致陈建雷信）

◎ 初识陶晶孙。

"我到福冈，比沫若迟一年，不久有个同学，他说我们此地有一个特别人物，也和你一样有点古怪的，现在我来介绍你。从此我初次见沫若。"（陶晶孙《创造三年》，上海《风雨谈》月刊1944年第9期）

◎ 读张资平寄来其创作的小说手稿，复信并评论说：篇名《他的生涯》太俗。

张资平后来在发表时将篇名改作《冲积期化石》。（张资平《曙新期的创造社》，上海《现代》月刊1933年6月第3卷第2期）

◎ 年末，作诗《匪徒颂》。发表于1920年1月23日上海《时事新报·学灯》。前言写道："匪徒有真有假。……身行五抢六夺，口谈忠孝节义的匪徒是假的。照实说来，他们实在是军神武圣底标本。物各从其类，这样的假匪徒早我国底军神武圣们和外国底军神武圣们赞美了。小区区非圣非神，一介'学匪'，只好将古今中外底真正的匪徒们来赞美一番罢。"诗中对于古往今来一切"政治革命的匪徒""社会革命的匪徒""宗教革命的匪徒""学说革命的匪徒""文艺革命的匪徒""教育革命的匪徒"，热情赞美，三呼万岁。

初收上海泰东图书局1921年8月初版《女神》；又收上海创造社出

版部1928年6月初版《沫若诗集》，将第二节"社会革命的匪徒"中歌颂的"倡导社会改造的狂生，庚而不死的罗素"和"倡导优生学底怪论，谣言惑众的哥尔栋"，分别改为马克思和恩格斯；后收《沫若文集》第1卷；现收《郭沫若全集·文学编》第1卷。

"《匪徒颂》，那是对日本新闻界的愤慨，日本记者称五四运动以后的中国学生为'学匪'，为抗议'学匪'的诬蔑，便写出了那首颂歌。"（《创造十年》）

1920年（庚申 民国九年）28岁

3月 李大钊在北京大学发起组织马克思学说研究会。

本月 胡适的诗集《尝试集》由上海东亚图书馆出版，集中收有白话诗。

5月 陈独秀等在上海成立中国共产党发起组。

本月 《共产党宣言》全译本由陈望道翻译，上海社会主义研究社出版。

9、10月 北京、湖南、广州、武汉等地的共产主义小组陆续成立。

10月 基尔特社会主义的创始人、英国哲学家罗素来华讲学，关于社会主义的论战日趋激烈。

1月

4日 诗《晨安》发表于上海《时事新报·学灯》。沐浴于"千载一时的晨光"中，向年轻的祖国、新生的同胞，向俄罗斯、爱尔兰、比利时、日本，向华盛顿、林肯、达尔文、惠特曼、泰戈尔，向扬子江、黄河、尼罗河、苏黎世运河、恒河，向帕米尔、喜马拉雅，向大西洋、太平洋、印度洋和红海，向世间一切美好的事物，一口气真诚地道出二十七个"晨安"。

初收上海泰东图书局1921年8月初版《女神》；又收上海创造社出版部1928年6月初版《沫若诗集》；后收《沫若文集》第1卷，将"你在一个炸弹上飞行着的邓南遮呀"一句,改为"你早就幻想飞行的达·芬奇呀";现收《郭沫若全集·文学编》第 1 卷。

5 日　诗《三个 Pantheism》(有误,应为 Pantheists——编者注)发表于上海《时事新报·学灯》。赞美了三个泛神论者:中国的庄子、荷兰的斯宾诺莎、印度的伽毕尔。

初收上海泰东图书局 1921 年 8 月初版《女神》;后收《沫若文集》第 1 卷,改题为《三个泛神论者》;现收《郭沫若全集·文学编》第 1 卷。

6 日　夜,作小说《他》。发表于 24 日上海《时事新报·学灯》。只有三人在街头相遇一个细节、十几行文字的描写。篇题有引语谓:"近来欧西文艺界中,短篇小说很流行。有短至十二三行的。不知道我这一篇也有小说的价值么?"

7 日　诗《别离》发表于上海《时事新报·学灯》,系旧体诗《残月黄金梳》的改译作。写道:"一弯残月儿/还挂着在天上。/一轮红日儿/早已出自东方。/我送了她回来,/走到这旭川桥上!/应着桥下流水的哀音,/我的灵魂儿/向我这般歌唱://月儿啊!/你同那黄金梳儿一样。/我要想爬上天去,/把你取来;/用着我的手儿,/插在她的头上。/咳!天这样的高,/我怎能爬得上?/天这样的高,/我纵能爬得上;/我的爱呀!/你今儿到了哪方?"

与《残月黄金梳》一并初收上海泰东图书局 1921 年 8 月初版《女神》,题作《别离》;以《别离》为题又收上海创造社出版部 1928 年 6 月初版《沫若诗集》时只保留旧体诗部分,并署"一九一九年,三四月间作";后收《沫若文集》第 1 卷;现收《郭沫若全集·文学编》第 1 卷。

8 日　诗《呜咽》发表于上海《时事新报·学灯》,署名沫若。诗有六节,诗中写道:"松林儿漠漠,/木鱼儿橐橐,/秋虫儿唧唧,/我监禁着的灵魂儿正在呜咽。""啊!天已黎明了!啊!天已黎明了!/我的白话诗/把我的愤怒儿也渐渐平了!!/白话诗!白话诗!/你如今当做个光明的凯旋歌!/你如今当做个生命的讴歌者!"

10 日　作小说《鼠灾》。发表于 26 日上海《时事新报·学灯》,署名沫若。取材于身边的家庭生活琐事,以自己唯一一件哔叽学生装被老鼠咬坏而引发夫妻间争执的情景的描写,表现了生活的窘迫之态,与主人公压抑的心境。

现收《郭沫若全集·文学编》第9卷。

小说多心理活动描写，作者自谓比《骷髅》和《牧羊哀话》的创作"进了一境"。(《创造十年》)

18日　致宗白华信。发表于2月1日上海《时事新报·学灯》，又刊载于《少年中国》3月第1卷第9期。写道：

"我想我们的诗只要是我们心中的诗意诗境底纯真的表现，命泉中流出来的Strain，心琴上弹出来的Melody，生底颤动，灵底喊叫；那便是真诗，好诗，便是我们人类底欢乐底源泉，陶醉底美酿，慰安底天国。……诗不是'做'出来的，只是'写'出来的。我想诗人底心境譬如一湾清澄的海水，没有风的时候，便静止着如像一张明镜，宇宙万汇底印象都涵映着在里面；一有风的时候，便要翻波涌浪起来，宇宙万汇底印象都活动着在里面。这风便是所谓直觉，灵感（Inspiration），这起了的波浪便是高涨着的情调，这活动着的印象便是徂徕着的想象。这些东西，我想便是诗底本体，只要把它写了出来的时候，他就体相兼备。"

"诗＝（直觉＋情调＋想象）＋（适当的文字）"

又说："我想诗人与哲学家底共通点是在同以宇宙全体为对象，以透视万事万物底核心为天职；只是诗人底利器只有纯粹的直观，哲学家底利器更多一种精密的推理。诗人是感情底宠儿，哲学家是理智底干家子。诗人是'美'底化身，哲学家是'真'底具体。"

信中还讨论到天才、诗人的人格、宇宙观等问题。认为，天才有直线发展和球形发展两种类型，赞颂孔子与歌德，是古今中外仅有的两位将自身一切天才向四方八面立体发展的球形天才。他们可以称得上是"人中的至人"，"他们的灵肉两方都发展到了完满的地位"。诗人要具有完满高尚的人格，诗人应该趋向泛神论思想。

初收上海亚东图书馆1920年5月初版《三叶集》；删节后又收上海光华书局1925年12月初版《文艺论集》，为《论诗》一篇第二节；后收《沫若文集》第10卷，为《论诗三札》之二；现收《郭沫若全集·文学编》第15卷。

《时事新报·学灯》编辑宗白华，在本月3日致信郭沫若，称赞其有抒情的天才，并把正在东京的田寿昌（田汉）介绍给郭沫若，认为，他们二人"很能同调",希望"两人携手做东方未来的诗人"。也希望郭沫若常为《学灯》投稿,"一有新作,就请寄来"。由此,开始了郭沫若、田汉、宗白华三人之间的往来通信。

20日 作诗《凤凰涅槃——一名〈菲尼克司的科美体〉》。发表于30日、31日上海《时事新报·学灯》,署名沫若。诗前作小引,写道:"希腊国古有神鸟名'菲尼克司'(Phoenix),满五百岁后,集香木自焚,再从死灰中更生,鲜美异常,不再死。""此鸟即中国所谓凤凰也:雄为凤,雌为凰。孔演图云,凤凰火精,生丹穴。广雅云:凤鸣曰即即,雌鸣曰足足。"诗有《序曲》《凤歌》《凰歌》《群鸟歌》《凤凰更生歌》几部分。在《序曲》中,一对凤凰衔着枝枝香木飞往丹穴山,为他们五百年将近的死期,准备一场集香木自焚的葬礼。他们在过去五百年所面对的是"黑暗如漆""冷酷如铁""腥秽如血"的世界。那里是"脓血污秽着的屠场""悲哀充塞着的囚牢""群鬼叫号着的坟墓""群魔跳梁着的地狱"。五百年过往的历史,是"流不尽的眼泪,洗不净的污浊,浇不熄的情意,荡不去的羞辱"。难以苟且偷生的凤凰,渴望把"身外的一切"和"身内的一切"在烈火中焚毁,脱胎换骨,从死灰中获得新生。"火光熊熊了。/香气蓬蓬了。/时期已到了。/死期已到了。/身外的一切!/身内的一切!/一切的一切!/请了!请了!"在《凤凰更生歌》中,随着"昕潮涨了","春潮涨了","生潮涨了"死了的凤凰更生了。"我们更生了。/我们更生了。/一切的一,更生了。/一的一切,更生了。/我们便是'他',他们便是我。/我中也有你,你中也有我。/我便是你。/你便是我。我便是你。/你便是我。/火便是凰。/凰便是火。/翱翔!翱翔!/欢唱!欢唱!"全诗在"光明""新鲜""华美""芬芳""和谐""欢乐""热诚""雄浑""生动""自由""恍惚""陶然""神秘""悠久"的咏叹中,反复"欢唱"。

初收上海泰东图书局1921年8月初版《女神》,小引中"希腊国"改为"天方国",删去"凤凰更生歌"中"我们陶然呀"一节;又收上海创造社出版部1928年6月初版《沫若诗集》,"凤凰更生歌"做大删削,将"凤凰和鸣"15小节诗文,删削、修改、压缩为5小节;后收《沫若文集》第1卷,不用副题;现收《郭沫若全集·文学编》第1卷。

《凤凰涅槃》"是在一天之中分成两个时期写出来的。上半天在学校的课堂里听讲的时候，突然有诗意袭来，便在抄本上东鳞西爪地写出了那诗的前半。在晚上行将就寝的时候，诗的后半的意趣又袭来了，伏在枕上用着铅笔只是火速的写，全身都有点作寒作冷，连牙关都在打战。就那样把那首奇怪的诗也写了出来。那诗是象征着中国的再生，同时也是我自己的再生。诗语的定型反复，是受着华格纳歌剧的影响，是在企图着诗歌的音乐化"。(《我的作诗的经过》，东京《质文》月刊1936年11月第2卷第2期)

22日 诗《解剖室中》发表于上海《时事新报·学灯》，署名沫若。写道："尸骸布满了！/解剖呀！解剖呀！快快解剖呀！/不早事解剖，说不到医字上来的！/不早事解剖，寻不出人生底真谛的！/不早事解剖，那一切尸骸要腐烂了！""解剖呀！解剖呀！快快解剖呀！/快把那陈腐了的皮毛分开！/快把那没中用的筋骨离解！/快把那污秽了的血液驱除！/快把那死了的心肝打坏！/快把那没感觉的神经宰离！/快把那腐败了的脑筋粉碎！/分开！离解！驱除！打坏！宰离！粉碎！/快！快！快！/快唱着新生命底欢迎歌！/医国医人的新黄岐快要诞生了！/万岁！万岁！万岁！/新生命——万岁！/新少年——万岁！/新中华——万岁！/万岁！万岁！万岁！万岁！"

25日 作诗《心灯》。发表于2月2日上海《时事新报·学灯》，署名沫若。写道："空中的太阳，胸中的灯亮，/同是一座公司底电灯一样；/太阳万烛光，我是五烛光，/烛光虽有多少，亮时同时亮。"

初收上海泰东图书局1921年8月初版《女神》；又收上海创造社出版部1928年6月初版《沫若诗集》；后收《沫若文集》第1卷；现收《郭沫若全集·文学编》第1卷。

26日 致信宗白华。发表于2月4日上海《时事新报·学灯》。说："我的'菲尼克司'想来早已飞到你左右了。今日课毕，往市内图书馆去看书，我才知道我把他的家乡记错了：'菲尼克司'这字虽是希腊字，但是'菲尼克司'这个鸟，却不是希腊的鸟。他是埃及人所想象出来的东西，他的家乡是拟想在亚剌比亚（按：阿拉伯）地方的。所以我很希望你把我那〈小引〉当中的'希腊国古有神鸟……'底'希腊'两个字改成'天方'两个字的好。""'菲尼克司'在希腊罗马古书中传说至纷纷不一……综上各说观之，'菲尼克司'与太阳神殊有密切的关系。"

29日 作诗《芬陀利华（白莲花）》。发表于2月5日《时事新报·

学灯》，署名沫若。谓："此诗为赞颂天王星发现者赫显尔氏（Herschel）之妹伽罗琳（Caroline）而作。"诗分为"家居时代之伽罗琳""丧父时代的伽罗琳""学制衣帽时代之伽罗琳""渡英以后之伽罗琳"四部分。诗中写道："莲子心酸。／莲子心苦。／为什么心酸？／为什么心苦？／莲房底束缚太难处！∥心恋自由。／心爱父母。／父母不许她自由，／所以心酸苦。／嗳！莲子底父母！／莲房落水中。""暖日迟迟。／熏风和煦。／涟漪满湖。／天香满衣。／悠悠天乐随风起。∥天乐悠悠。／天人不见。／荷花关着门，／在磨水晶片。／晶片未成见不成天！∥荷花开了门，／玉貌迸新芬。哦！满衣的真珠……／那不是真珠，／是昨夜晚摘下了星辰！"

诗前有序文，简要叙述了伽罗琳的人生经历，以及她与其兄赫显尔（现通译赫歇尔——编者注）在天文学上的成就。

30日 晨，作诗《岸》。发表于2月7日上海《时事新报·学灯》，署名沫若。感叹："太阳照在我前方，／太阳哟！可也曾把我全身的影儿／投在了后边的海里？／哦，海潮儿早已荡去了砂上的脚印！"

初收上海泰东图书局1921年8月初版《女神》，改题为《沙上的脚印》；后收《沫若文集》第1卷；现收《郭沫若全集·文学编》第1卷。

◎ 作诗《天狗》。发表2月7日上海《时事新报·学灯》，署名沫若。诗分四节，咏道："我是一条天狗呀！／我把日来吞了，／我把月来吞了，／我把一切的星球来吞了，／我把全宇宙来吞了。∥我便是'我'了！""我剥我的皮，／我食我的肉，／我饮我的血，／我啮我的心肝，／我在我神精上飞跑，／我在我脊髓上飞跑，／我在我脑经上飞跑。／我便是我呀！／我的我要爆炸了！"

初收上海泰东图书局1921年8月初版《女神》，诗行与节的划分略有修改；又收上海创造社出版部1928年6月初版《沫若诗集》；后收《沫若文集》第1卷；现收《郭沫若全集·文学编》第1卷。

本月 读《少年中国》杂志有感，作诗以抒感怀，无题。见于18日致宗白华信，载2月1日上海《时事新报·学灯》。感叹："我读《少年中国》的时候，／我看见我同学底少年们，／一个个如明星在天。／我独陷没在这styx的amoeba，／只有些无意识的蠕动。／咳！我禁不着我泪湖里的波涛汹涌！"

该信初收上海亚东图书馆1920年5月初版《三叶集》，后收《沫若文集》第10卷，现收《郭沫若全集·文学编》第15卷。

信中解释该诗，说："慕韩，润屿，时珍，太玄都是我从前的同学。我对着他们真是自惭形秽，真是连 amoeba（啊粑，变形虫）也不如了！……我现在很想能如 Phoenix（菲尼克司）一般，采集些香木来，把我现有的形骸烧毁了去，唱着哀哀切切的挽歌把他烧毁了去，从那冷净的灰里再生出个'我'来！"

◎ 用新体诗形式将李白诗《日出入行》重写。（见1920年1月18日致宗白华信，2月1日上海《时事新报·学灯》）

◎ 筹组"医学同志会"，并拟发行一医学杂志，以期打破、改造旧医学、迷信观念和"积病旧社会"，阐明、宣传新医学的精神，达到"救济全人类社会的目的，以营文化运动底一项'分功'"。（见1920年1月18日致宗白华信，2月1日上海《时事新报·学灯》）

◎ 月末，作诗《登临——一名〈独游太宰府〉》。发表于3月6日上海《时事新报·学灯》。写道："口箫儿吹着，／山泉儿流着，／我在山路儿上行着，／我要登上山去。／我快登上山去！／山顶上别有一重天地！""山顶儿让我一人登着，／我又感觉着凄楚，／我的安娜！我的阿和！／你们是在家中么？／你们是在市中么？／你们是在念我么？／终久怕要下雨了，／我要归去。"

初收上海泰东图书局1921年8月初版《女神》；又收上海创造社出版部1928年6月初版《沫若诗集》；后收《沫若文集》第1卷，删去副题；现收《郭沫若全集·文学编》第1卷。

诗原见于2月25日致田寿昌信，该信收入《三叶集》，由上海亚东图书馆1920年5月初版发行。信中说："前面的一首诗是我前月末'独游太宰府'时做的。"

1、2月间

◎ 作诗《炉中煤——眷念祖国的情绪》。发表于2月3日上海《时事新报·学灯》。诗分四节，咏叹道："啊，我年青的女郎！／我不辜负你的殷勤，／你也不要辜负我的思量。／我为我殷勤的人儿／燃到了这般模样！／我是不怕粉身碎骨的呀，／我殷勤的女郎！""啊，我年青的女郎！／我自从重见天光，/我时常思念我的故乡，/我为我殷勤的人儿，/燃到了这般模样！/我是不怕粉身碎骨的呀，/我殷勤的女郎！"

初收上海泰东图书局1921年8月初版《女神》，删去各节末尾两句；又收上海创造社出版部1928年6月初版《沫若诗集》，删去各节序号；后收《沫若文集》第1卷；现收《郭沫若全集·文学编》第1卷。

"'五四'以后的中国，在我的心目中就像一位很葱俊的有进取气象的姑娘，她简直就和我的爱人一样。我的那篇《凤凰涅槃》便是象征着中国的再生。'眷念祖国的情绪'的《炉中煤》便是我对于她的恋歌。"（《创造十年》）

2月

15日 致信田寿昌（田汉），收上海亚东图书馆1920年5月初版《三叶集》。为初次接到田寿昌的来信兴奋不已，写道："接到你的惠书——哦！寿昌兄！我心头的快活只好请你替我想象出来，我实在是寻不出句适当的话来表示他了。""我那几首旧诗，你想来是过了目的了。待我把那些横陈着的雾霭撇开，罩着的面网去掉，我把我和我的爱赤裸裸地介绍给你罢。"信中详细叙述了由家中包办的婚姻、与日本女子安娜恋爱同居并生育了孩子的生活经历。同时，将好友成仿吾介绍给田寿昌。

现收《郭沫若全集·文学编》第15卷。

宗白华给郭沫若、田汉二人分别介绍对方后，田寿昌在2月9日率先给郭沫若写信，对自己的身世作了自我介绍，表示相知恨晚。

◎ 致信宗白华，收上海亚东图书馆1920年5月初版《三叶集》。说："我译就了Prolog im Himmel之后，我顺便也把Zueignung（题辞）译了出来。他这首诗最足以表示我现在这一俄顷的心理。……我所忘不了的便是过去，我日前有首《叹逝》。""《创化论》我早已读完了。我看伯格森的思想，很有些是从歌德脱胎来的。凡为艺术家的人，我看最容易倾向到他那'生之哲学'方面去。"

现收《郭沫若全集·文学编》第15卷。

"Zueignung（题辞）"，是歌德《浮士德》第一部《天上序曲》前的《献诗》。

16日 夜，致信宗白华。发表于24日上海《时事新报·学灯》，又载于3月15日出版的《少年中国》第1卷第9期。写道："真理要探讨，梦境也要追寻。理智要扩充，直觉也不忍放弃。""我对于诗词也没有什么具体的研究，我也是最厌恶形式的人，素来也不十分讲究他。我所著的一些东西，只不过尽我一时的冲动，随便地乱跳乱舞罢了。……我自己对于诗的直感，总觉得以'自然流露'的为上乘，若是出以'矫揉造作'，只不过是些园艺盆栽，只好供诸富贵人赏玩了。天然界的现象，大而如寥无人迹的森林，细而如路旁道畔的花草，动而如巨海宏涛，寂而如山泉清露，怒而如雷电交加，喜而如星月皎洁，莫一件不是自然流露出来的东西……诗的创造贵在自然流露。诗的生成，如像自然物的生存一般，不当参以丝毫的矫揉造作。我想新体诗的生命便在这里。""诗的本职专在抒情。抒情的文字便不采诗形，也不失其诗。""我想诗的创造是要创造'人'，换一句话说，便是在感情的美化。（Refine）艺术训练的价值只可许在美化感情上成立，他人已成的形式是不可因袭的东西。他人已成的形式只是自己的监狱。形式方面我主张绝端的自由，绝端的自主。"

初收上海亚东图书馆1920年5月初版《三叶集》；删节后又收上海光华书局1925年12月初版《文艺论集》，为《论诗》一篇第三节；后收《沫若文集》第10卷，为《论诗三札》之三；现收《郭沫若全集·文学编》第15卷。

23日 《生命底文学》发表于上海《时事新报·学灯》。认为：

"生命与文学不是判然两物。生命是文学的本质。文学是生命的反映。离了生命，没有文学。

"人类生命中至高级的成分便是精神作用。精神作用只是大脑作用的总和。大脑作用的本质只是Energy的交流。"

"Energy常动不息，不断地收敛，不断地发散。

"Energy的发散便是创造，便是广义的文学。宇宙全体只是一部伟大的诗篇。未完成的，常在创造的、伟大的诗篇。"

"生命的文学是必真、必善，必美的文学：纯是自主自律的必然的表示故真，永为人类的Energy的源泉故善，自见光明，谐乐，感激，温暖故美。真善美是生命的文学所必具之二次性。

"不真，不善，不美的文学只是Energy的浪费，是人生中莫大的罪恶。一切罪恶只是 Energy 的浪费。

"创造生命的文学，第一当创造人；当先储集多量的 Energy 以增长个体的精神作用。

"创造生命的文学的人当破除一切的虚伪、顾忌、希图、因袭，当绝对地纯真、鲠直、淡白、自主，一个伟大的婴儿。"

25 日 夜，致信田寿昌。收入上海亚东图书馆 1920 年 5 月初版《三叶集》。写道："我的灵魂久困在自由与责任两者中间，有时歌颂海洋，有时又赞美大地；我的 Ideal 与 Reality 久未寻出个调和的路径来，我今后的事业，也就认定着这两种的调和上努力建设去了。""我看我们似乎可以多于纠集些同志来，组织个'歌德研究会'，先把他所有的名著杰作，和关于他的名家研究，和盘翻译介绍出来，做一个有系统的研究。"

现收《郭沫若全集·文学编》第 15 卷。

26 日 诗《叹逝》发表于上海《时事新报·学灯》，署名沫若。写道："岸舟中睡的那位灰色的少年，/可不是我的身体？一卷海涅 Heine 诗集的袖珍，/掩着了他的面孔深深地。//海潮儿的声音低低起，/好像是在替他欷歔，/好像是在替他诉语，/引起了他无限的情绪。//他不恨冬日要别离，/他不恨青阳久不至，/他只恨错误了的青春/永远归了过去！"

原录于本月 15 日致田寿昌信，收亚东图书馆 1920 年 5 月初版《三叶集》。诗初收上海创造社出版部 1928 年 6 月初版《沫若诗集》，署写作时间为"1920 年 2 月作"；后收《沫若文集》第 1 卷；现收《郭沫若全集·文学编》第 5 卷。

29 日 作诗《日出》。发表于 3 月 7 日上海《时事新报·学灯》。歌咏日出的壮丽景色："哦哦，环天都是火云！/好像是赤的游龙，赤的狮子，赤的鲸鱼，赤的象，赤的犀。/你们可都是亚坡罗 Apollo 底前驱？""哦哦，光底雄劲！/玛瑙一样的晨鸟在我眼前飞纷。/明与暗刀切断了一样地分明！/明的是浮云，暗的也是浮云，/同是一样的浮云，为甚么有暗有明？/我守看着那一切的暗云……/被亚坡罗底雄光驱除尽！"

初收上海泰东图书局 1921 年 8 月初版《女神》；又收上海创造社出版部 1928 年 6 月初版《沫若诗集》；后收《沫若文集》第 1 卷；现收《郭沫若全集·文学编》第 1 卷。

本月 译歌德《浮士德》第一部的《献诗》。见于 15 日致宗白华信。

初收1927年10月上海创造社出版部初版《德国诗选》，题为《〈浮士德〉选译（1）献诗》。

3月

5日 "买了一部有岛武郎氏底《三部曲》。""最喜欢他那《Samson与Delilah》底一篇。"（1920年3月6日致田寿昌信，上海亚东图书馆1920年5月初版《三叶集》）

6日 致信田寿昌，收上海亚东图书馆1920年5月初版《三叶集》。信中细说家中成员的情况："兄弟姊妹八人由我们父亲一手一足地抚养鞠育"，而"兄弟姊妹底家庭教育全是受我母亲之赐。""假使我也可以算得个诗人，那这个遗传分子确也是从我母亲来的了。"然而"细细地按照遗传学底原则"，对"父族母族底系统"作了分析，也不知为什么竟然生出了自己这个"怪物"。信中还详谈了读有岛武郎《三部曲》的感想。认为《Samson与Delilah》是一篇象征剧。"描写的是灵肉底激战，诚伪底角力，Ideal与Reality底冲突，他把Samson作为灵底世界表象，Delilah作为肉底世界底表象。"

现收《郭沫若全集·文学编》第15卷。

上旬 经田汉介绍，与郑伯奇以通信方式相识。（郑伯奇《二十年代的一面——郭沫若先生与前期创造社》，重庆《文坛》半月刊1942年3月第1期；《三叶集》，上海亚东图书馆1920年5月初版）

15日 午后，得次子。（1920年3月30日致宗白华信，《三叶集》，上海亚东图书馆1920年5月初版）

◎《〈歌德诗中所表现的思想〉附白》刊载于北平《少年中国》第1卷第9期，署名沫若。写道："诗的生命，全在他那种不可把捉的风韵，所以我想译诗的手腕于直译意译之外，当得有种'风韵译'。"

《歌德诗中所表现的思想》为田寿昌译，文末有田寿昌、郭沫若分别写的两篇"附白"。原文中引用的诗，均由郭沫若译。

◎夜，致信父母，报告得子事。谓："叨父母恩祐祖宗德泽，母子均无恙，和儿亦好。此子乳名，命曰博生，取其生于博多市，更祝其将来成个渊博的学者。"（《樱花书简》第六十二函，四川人民出版社1981年8月版）

19日 午前，田寿昌从东京专程来访，与其初次相见。午后，携阿

和与田寿昌同往博多湾海滨及东公园游玩。（1920年3月30日致宗白华信，《三叶集》，上海亚东图书馆1920年5月初版）

◎ 诗《光海》发表于上海《时事新报·学灯》，署名沫若。赞美大自然："简直成了一个光海了！／到处都是生命的光波，／到处都是新鲜的情调，／到处都是诗，／到处都是笑：／海也在笑，山也在笑，太阳也在笑，／地球也在笑，／我同阿和，我的嫩苗，／同在笑中笑。"

初收上海泰东图书局1921年8月初版《女神》；又收上海创造社出版部1928年6月初版《沫若诗集》；后收《沫若文集》第1卷；现收《郭沫若全集·文学编》第1卷。

20日 与田寿昌同读歌德的《浮士德》。晚间一起出游松原，谈论恋爱婚姻问题，认为，"结婚是恋爱之丧礼"，"能永不结婚，常保Pure love 底心境，是最理想的。结了婚彼此总不自由"。（1920年3月30日致宗白华信，《三叶集》，上海亚东图书馆1920年5月初版）

◎ 译诗《风光明媚的地方》（歌德原作）发表于上海《时事新报·学灯》，署名沫若译。注为"浮士德悲壮剧中第二部之第一幕"。

21日 上午，与田寿昌一起读海涅的诗。下午，同往海滨。（1920年3月30日致宗白华信，《三叶集》，上海亚东图书馆1920年5月初版）

23日 与田寿昌同游太宰府。（1920年3月30日致宗白华信，《三叶集》，上海亚东图书馆1920年5月初版）

太宰府内多种梅花，是九州地区观赏梅花的胜地。

◎ 作咏梅花的诗，无题，初见于30日致宗白华信，收上海亚东图书馆1920年5月初版《三叶集》。咏道："梅花呀！梅花呀！／我赞美你！／我赞美我自己！／我赞美这自我表现的全宁宙底本体！／还有甚么你？／还有甚么我？／还有什么古人？／还有甚么异邦底名所？／一切的偶像在我面前毁破！破！！破！！破！！／我要把我的声带唱破！""我的诗，你的诗，／便是我们的同像，便是宇宙底写真师！／不用他求，只表自己！／去！！去！！去！！／我们再去陶醉去！"

初收上海泰东图书局1921年8月初版《女神》，题名作《梅花树下醉歌——偕田寿昌兄再游太宰府》，删去诗的后半部分；又收上海创造社出版部1928年6月初版《沫若诗集》，副题改作"游日本太宰府"；后收《沫若文集》第1卷，删去副题；现收《郭沫若全集·文学编》第1卷。

24日 上午，陪田寿昌同游西公园，然后一起参观"工业博览会"。见展会场并设有"朝鲜馆""台湾馆""满蒙馆"，觉得"颇伤国体"，更感叹"我们在日本留学，读的是西洋书，受的是东洋气"。晚，送田寿昌回东京。(1920年3月30日致宗白华信，《三叶集》，上海亚东图书馆1920年5月初版)

30日 致信宗白华。收上海亚东图书馆1920年5月初版《三叶集》。详细记述了在田寿昌来访的几天中，二人的行踪，所谈，所议之话题。

现收《郭沫若全集·文学编》第15卷。

本月 作诗《泪之祈祷》，为读《浮士德》前半部后的感怀，初见于30日致宗白华信，收上海亚东图书馆1920年5月初版《三叶集》。诗中写道："流罢！……流罢！……/温泉一样的眼泪呀！……/你快如庐山底瀑布一样倾泻着罢！/你快如黄河扬子江一样奔流着罢！/你快如洪水一样，海洋一样，泛滥着罢！/泪呀！……泪呀！……/玛瑙一样的……红葡萄一样的……泪呀！/你快把我有生以来的污秽洗净了罢！……/你快把我心坎中贯穿着的利剑荡去了罢！……/你快把我全身中焚烧着的烈火浇熄了罢！……/泪呀！……泪呀！……/你请把我溺死了罢！……溺死了罢！……"

◎ 译雪莱诗《云鸟曲》。初见于30日致宗白华信，收上海亚东图书馆1920年5月初版《三叶集》；后经润色修改，刊载于1923年2月上海《创造》季刊第1卷第4期《雪莱的诗》；后收上海泰东图书局1926年3月初版《雪莱诗选》。

4月

17日 作诗《电火光中》三首。其一，《怀古——贝加尔湖畔之苏子卿》；其二，《观画——Millet的〈牧羊少女〉》；其三，《赞像——Beethoven的肖像》。发表于26日上海《时事新报·学灯》。

初收上海泰东图书局1921年8月初版《女神》，文字略有修改；又收上海创造社出版部1928年6月初版《沫若诗集》，文字又做了修改；后收《沫若文集》第1卷，现收《郭沫若全集·文学编》第1卷。

18日 作诗《巨炮之教训》。发表于27日上海《时事新报·学灯》。

诗有十节，由博多湾海滨横陈的两尊俄罗斯巨炮，联想到托尔斯泰、列宁。写道："'同胞！同胞！同胞！'／列宁先生却只在一旁酣叫，／'为自由而战呀！／为人道而战呀！／为正义而战呀！／最终的胜利总在吾曹！／至高的理想只在农劳'。"

初收上海泰东图书局1921年8月初版《女神》；又收上海创造社出版部1928年6月初版《沫若诗集》，删去各节序号，将结尾处为"自由""人道""正义"而战的诗句，改作"为阶级消灭""为民族解放""为社会改造"而战；后收《沫若文集》第1卷，现收《郭沫若全集·文学编》第1卷。

4、5月间

◎ 作诗《新阳关三叠——宗白华兄砚右》，发表于7月11日上海《时事新报·学灯》。小序说："白华！你走了！你走了之后，我沉默多时了。此诗又是我破沉默底第一声。"诗中写道："独自一人，坐在这海岸边的石梁上，／我还欢送着那已经离别了的初夏底太阳。／我回过头来，四下地，观望天宇，／北东南西到处都张着了鲜红的云旗。／汪洋的海水全盘都已染红了！／Bacchus底神在我面前舞蹈！／你眼光耿耿，可还不转睛地紧觑着我？／我也想跟你同路去哟！太阳哟！"

初收上海泰东图书局1921年8月初版《女神》，改副题为"此诗呈宗白华兄"，删去小序；又收上海创造社出版部1928年6月初版《沫若诗集》，删去副题；后收《沫若文集》第1卷；现收《郭沫若全集·文学编》第1卷。

"到1920年的四五月间白华到德国去了，《学灯》的编辑换了人，我的诗潮也就从此消涸了。"（《创造十年》）

5月

◎《三叶集》由上海亚东图书馆出版，译《浮士德》中一节诗代序。书中收录了与宗白华、田寿昌二人自本年1月至3月的通信20封，并附有三人分别作的序各一篇。现收《郭沫若全集·文学编》第15卷。

田寿昌在序言中说："写信的时候，原不曾有意发表出来。后来你来我往，写写多了，大体以歌德为中心；此外也有论诗歌的；也有论近代剧的；也有论婚姻问题的，恋爱问题的；也有论宇宙观和人生观的。我们三人……凭着尺素书，精神往来，契然无间，所表现的文字，都是披肝沥胆，用严肃真切的态度写出来的。"书名由郭沫若拟定，取自一种名三叶草的植物，"用为三人友情的结合之象征"。"这要算是'五四'潮流中继胡适的《尝试集》之后，有文学意义的第二个集子。"(《鬼进文艺的新潮》，《文哨》1945年第1卷第2期)

5、6月间

◎ 作诗《我是个偶像崇拜者》。发表于1921年2月14日上海《时事新报·学灯》。写道："我是个偶像崇拜者哟！/我崇拜太阳，崇拜尊严的山岳，崇拜海洋；/我崇拜兽中的狮子，崇拜鸟中的飞鹰，崇拜泰古的森林"；"我崇拜偶像破坏者，崇拜我！/我又是个偶像破坏者哟！"

初收上海泰东图书局1921年8月初版《女神》，文字有删削；又收上海创造社出版部1928年6月初版《沫若诗集》；后收《沫若文集》第1卷；现收《郭沫若全集·文学编》第1卷。

6月

中旬 致信吴芳吉。评说其所作诗《笼山曲》《明月楼》等篇为"有力之作"，"《吴淞访古》一律最雄浑可爱"，《婉容词》则让人能寻出感伤之泪。

据吴芳吉1920年6月14日日记载："得郭沫若自日本福冈来书，评吾《笼山曲》、《明月楼》诸诗为有力之作，而《吴淞访古》一律最雄浑可爱。《婉容词》一首，使之另受一番感伤，寻出一种sentimental之眼泪云。"(贺远明、吴汉骧、李坤栋选编《吴芳吉集》，巴蜀书社1994年10月版)

下旬 得吴芳吉长信。

据吴芳吉1920年6月18日日记载："午后作一长函复郭沫若。"(贺远明、吴汉骧、李坤栋选编《吴芳吉集》，巴蜀书社1994年10月版)

本月 作诗《笔立山头展望》。发表于7月11日上海《时事新报·学灯》。小引谓："笔立山在日本门司市外。立山头展望，山海廛肆，瞭如指掌。门司市隔赤间关海峡与下关相对。下关即马关条约之马关。"诗中咏道："大都会底脉搏呀！/生底鼓动呀！/打着在，吹着在，叫着在……/喷着在，飞着在，跳着在……""哦哦，山岳底波涛，瓦屋底波涛，/涌着在，涌着在，涌着在，涌着在呀！/万籁共鸣的symphony，/自然与人生底婚礼呀！"

初收上海泰东图书局1921年8月初版《女神》；又收上海创造社出版部1928年6月初版《沫若诗集》；后收《沫若文集》第1卷；现收《郭沫若全集·文学编》第1卷。

◎ 赠吴芳吉《三叶集》。（吴芳吉《谈诗人》，《新人》月刊第1卷第4号；上海泰东图书局1920年8月版）

6、7月间

◎ 作诗《金字塔——白华自佛郎克府惠赐金字塔画片两张赋此二诗以鸣谢》。发表于1921年2月13日上海《时事新报·学灯》。写道："三个金字塔底尖端/好像同时有宏朗的声音在吐：/'创造呀！创造呀！努力创造呀！/人们创造力底权威可与神祇比伍！/不信请看我，看我这雄伟的巨制吧！/便是天上的太阳也在向我低头呀！'"篇末附注："金字塔本是太阳底象征。埃及艺术多取几何学的直线美，其表现浑圆的太阳竟用四面方锥体表现，正其美术之特点。盖取像太阳四方普照之意。"

佛郎克府，现通译法兰克福。

初收上海泰东图书局1921年8月初版《女神》；又收上海创造社出版部1928年6月初版《沫若诗集》，删去副题；后收《沫若文集》第1卷；现收《郭沫若全集·文学编》第1卷。

7月

10日 往门司，欲回上海。（《创造十年》）

11日 诗《无烟煤》发表于上海《时事新报·学灯》，题注曰："日本福冈市电车中作"。写道："'轮船要煤烧，/我的脑精中每天至少要/三四立方尺的新思潮。'/Stendhal呀！/Henri Beyle呀！/你这句警策的名言/便是我今天装进了脑的无烟煤了！"

初收上海泰东图书局 1921 年 8 月初版《女神》，删去题注；后收《沫若文集》第 1 卷；现收《郭沫若全集·文学编》第 1 卷。

19 日 回到福冈。接《时事新报》主笔张东荪来信，知其组织共学社，打算介绍海外的名著，邀约翻译《浮士德》，即复信，接受提议。（《创造十年》）

"译《浮士德》的第一部费了四个礼拜的工夫周。……第二部更长，更难译。……因此我便改变了初志，只译出第一部来印行，第二部不译。……因此我便写信给共学社，提出仅译第一部的建议。……信去后，一直没有得到回信。不久学校也开课了，我只好把译稿收拾起来。""翻译了《浮士德》对我却还留下了一个很不好的影响。我的短短的做诗的经过，本有三四段的变化。第一段是太戈尔式，第一段时期在'五四'以前，做的诗是崇尚清淡、简短，所留下的成绩极少。第二段是惠特曼式，这一段时期正在'五四'的高潮中，做的诗是崇尚豪放、粗暴，要算是我最可纪念的一段时期。第三段便是歌德式了，不知怎的把第二期的情热失掉了，而成为韵文的游戏者。我开始做诗剧便是受了歌德的影响。"（《创造十年》）

25 日 接吴芳吉信，介绍陈建雷。

陈建雷任宁波《新佛教》杂志编辑。

26 日 接陈建雷信，即复信。发表于上海《新的小说》月刊 9 月 7 日第 2 卷第 1 期，题为《论诗》。抄示所译《浮士德》中一首歌词，写道："这首歌词是从'地祇'的口中唱出的。地祇只是'创造精神'Geschaeftiger Geist 的象征。我喜欢他颇能道尽生死一如的谛。"又抄示新作《春蚕》，并借以论诗，说："我于诗学排斥功利主义，创作家创始时功利思想不准丝毫夹杂入心坎。创作家所当讲究事，只在修养自己的精神人格，艺术只是最高精神的表现物。纯真的艺术品莫有不可以利世济人的，总要行其所无所事才能有艺术的价值。所以我于文学上甚么——ism，甚么主义，我都不取。我不是以主义去做诗，我的诗成自会有主义在，一首诗可以有一种主义。""我的诗多半是种反性格的诗，同德国的尼采 Niessche 相似。我的朋友极少。我的朋友只可说是些古代的诗人和异域的诗人。我喜欢德国的 Goethe，Heine，英国的 Shelly，Coleridge，A. E. Yeats，美国的 W. Whitman，印度的 Kalidasa，Kabir，Tagore，法文我不懂，我读 Velaine，Bandelaise 的诗，（英译或日译）我都喜欢，似乎都可以做我的朋友。我不喜欢小说，我不喜欢自然主义 Naturism 的作品。"

◎ 作诗《岸上》（其一）。发表于 8 月 28 日上海《时事新报·学灯》，题注"三首"。咏道："我吹着支/小小的'哈牟尼笛'（harmonica），/坐在这儿海岸边的破船板上。/一种寥寂的幽音/好像要充满这/莹洁的寰空；/我的身心/好像是……融化着在。"

初收上海泰东图书局 1921 年 8 月初版《女神》，删去题注；又收上海创造社出版部 1928 年 6 月初版《沫若诗集》；后收《沫若文集》第 1 卷；现收《郭沫若全集·文学编》第 1 卷。

27 日 作诗《岸上》（其二）。发表于 8 月 28 日上海《时事新报·学灯》，题注"三首"。

初收上海泰东图书局 1921 年 8 月初版《女神》，删去题注；又收上海创造社出版部 1928 年 6 月初版《沫若诗集》；后收《沫若文集》第 1 卷；现收《郭沫若全集·文学编》第 1 卷。

29 日 作诗《岸上》（其三）。发表于 8 月 28 日上海《时事新报·学灯》，题注"三首"。咏道："我又坐在这破船板上，/我的阿和/和着一些孩儿们/同在砂中游戏。/我念着太戈尔底一首诗，/我也去和着他们游戏。/嗳！我怎能成就个纯洁的孩儿？"

初收上海泰东图书局 1921 年 8 月初版《女神》，删去题注；又收上海创造社出版部 1928 年 6 月初版《沫若诗集》；后收《沫若文集》第 1 卷；现收《郭沫若全集·文学编》第 1 卷。

本月 作诗《春蚕》，抄录于致陈建雷的信中，载上海《新的小说》月刊 9 月 7 日第 2 卷第 1 期。写道："蚕儿呀！/你在吐丝……/哦！你在吐诗！/你的诗，怎么那样地纤细？/那样地明媚？/那样地柔腻？/那样地纯粹？/那样地……/哦！我已形容不出你了呀，蚕儿！//蚕儿呀！/我且问你：/你可是出于有心？/你还是出于无意？/你可是出于造作矫揉？/你还是出于自然流泻？/你可是为的他人？/你还是为的你自己？/蚕儿呀！我想你的诗，/终怕出于无心，/终怕出于自然流泻；/你在创造你的'艺术之宫'，/终怕为的你自己……/是不是呀？蚕儿！//蚕儿呀！/我想你自己，/却可是大公无私；/你不辞自我牺牲，/你不辞他人来取。/琴师取了去缵作琴弦，/便会弹出徵羽宫商；/少女取了去穿在针头，/便会绣出圣母玛丽。/圣母玛丽，徵羽宫商，/都可出自你的诗，/可总要他们自家来取。/是不是呀？蚕儿！/你怎么全不应我一声儿呀？"

初收上海泰东图书局1921年8月初版《女神》，内容有较大删削；又收上海创造社出版部1928年6月初版《沫若诗集》；后收《沫若文集》第1卷；现收《郭沫若全集·文学编》第1卷。

8月

初旬 作诗《送吴碧柳赴长沙》寄吴芳吉。诗云："愿君此远举，努力轶前骧。苍生莫辜负，也莫负衡湘。"

诗是为送吴芳吉赴湖南长沙应聘明德学校所作。据吴芳吉《自订年表》记："民国九年"，"长沙明德学校校长胡公子靖，以湘战渐平，求师来沪。因新化谢祖尧君与某有故，邀往。……秋七月朔，与祖尧弘度入湘。"（载贺远明、吴汉骧、李坤栋选编《吴芳吉集》，巴蜀书社1994年10月版）

24日 致信陈建雷。发表于上海《新的小说》月刊10月第2卷第2期，题为《论诗》。写道："我自从宗白华去后，许多时不做诗了。白华是我的钟子期呀！""我看《学灯》中很登载了些陈腔腐调的假新诗，所以我对于新诗，近来很起了一种反抗的意趣。我想中国现在最多的人物，怕就是蛮都军的手兵和假新诗名士了！"

9月

7日 诗《雷雨》发表于上海《时事新报·学灯》，署名沫若。写道："雨，/黄昏，/室如漆，/宇宙晦暝。/一个电光来，/猛把黑暗劈开，/地狱已倒坏！/你请听呀/好声威！/倒声？雷？"

◎ 诗《霁月》发表于上海《时事新报·学灯》，署名沫若。咏道："淡淡地，幽光/浸洗着海上的森林。/森林中寥寂深深，/还滴着黄昏时分的新雨。//云母面就了的白杨行道/坦坦地在我面前导引，/引我向沈默的海上徐行。/一阵阵的暗香和我亲吻。"

初收上海泰东图书局1921年8月初版《女神》；又收上海创造社出版部1928年6月初版《沫若诗集》；后收《沫若文集》第1卷；现收《郭沫若全集·文学编》第1卷。

◎ 诗《晴朝》发表于上海《时事新报·学灯》，题注："水族馆中作"，署名沫若。咏道："一只白鸟／来在池中飞舞。／哦，一湾的碎玉！／无限的青蒲！"

初收上海泰东图书局1921年8月初版《女神》，删去题注；又收上海创造社出版部1928年6月初版《沫若诗集》；后收《沫若文集》第1卷；现收《郭沫若全集·文学编》第1卷。

◎ 诗《香午》发表于上海《时事新报·学灯》，署名沫若。诗中写道："香！／松风香？海香？／白砂上的银光香？／银光下的白砂香？／哦，哪儿来的粪香？／咯罗，咯罗，／咯罗，咯罗。／一架粪车儿，／松树林中过。／女在后面送，／爷在前面拖。"

上旬 第三学年开学上课。

必修课程有：外科学临床、内科临床讲义、精神病学临床、小儿科学、整形外科学、眼科临床讲义、皮肤病梅毒学、耳鼻喉科临床讲义、妇产科临床、牙科临床、卫生学讲义、法医学讲义等。（据《九州帝国大学一览》1918—1919，参见武继平《郭沫若留日十年》，重庆出版社2001年3月版）

11日 致张东荪、俞颂华、舒新城信刊载于上海《时事新报·学灯》"通讯"栏。写道："在《学灯》栏内得读《致共学社诸君书》，敬悉一切；……我表示赞否，是以能否增进效率为标准。'增进效率'是今种种运动中底一个主张，我所以此为衡，以赞否一切：凡能增进效率的主张，我赞成之；不能增进或反有损碍的，我便不赞成。"

23日 作诗剧《棠棣之花》讫。发表于10月9日上海《时事新报·双十节增刊》。据《史记·刺客列传》写聂嫈、聂政姐弟事。聂嫈在聂母墓前送别聂政，最后唱道："去吧！二弟呀！／我望你鲜红的血液，／迸发成自由之花，／开遍中华！／二弟呀，去罢！"篇末"附白"中写道："此剧余构想已数年，今年暑假始得成其梗概。全剧共三幕五场……各幕各场都是我想像力底产物，我不过只借些历史上的影子来，驰骋我创造的手腕罢了。"

初收上海泰东图书局1921年8月初版《女神》，删去原"附白"，另写一"附白"，说："此剧本是三幕五场之计划，此为第一幕中之第二场，曾经单独地发表过一次，又本有独幕剧之性质，所以我就听它独立了"；又收上海创造社出版部1928年6月初版《沫若诗集》，删去"附白"；后收《沫若文集》第 1 卷，保留了《女神》初版本"附白"，附注说："原有计划，并未完成。最后完成者为五幕剧，此为第一幕，但内容略有不同"；现收《郭沫若全集·文学编》第 1 卷。

"我开始做诗剧便是受了歌德的影响。在翻译了《浮士德》第一部之后，不久我便做了一部《棠棣之花》。……《女神之再生》和《湘累》以及后来的《孤竹君之二子》，都是在那个影响之下写成的。助成这个影响的不消说也还有当时流行着的新罗曼派和德国新起的所谓表现派。特别是表现派那种支离灭裂的表现，在我的支离灭裂的头脑里，的确得到了它的最适宜的培养基。"（《创造十年》）

30 日 作诗《葬鸡》。发表于 10 月 16 日上海《时事新报·学灯》，署名沫。诗有四节及"尾声"，借葬一只误食鼠药的鸡，讥讽世人的"利己主义"。诗中写道："鸡！鸡之雌！/你到要可怜……可怜……可怜我自己！/可怜我们'人间世'间人，/只是些利己主义底结晶体！/我如今忏悔无已，忏悔无已！/我提起你的形骸，/和着泪儿，投在大海里，/我看你浮着不沉去。/我怕渔师取了去，毒了渔师；鱼儿吞了去，毒了鱼儿。/我又凫向海心，/把你取来，埋在这儿沙里。//天地永远做你的幽栖，/大海永远在替你奏着哀词，/一年来的相知化作一生中的相思，/你鸳鸟般的羽仪永远在我眼前活栩栩。"

秋

◎ 得张资平寄来其发表的小说处女作《约檀河之水》。读后致信张资平，认为，小说最后的赞美歌是多余的，不要最后一段还好些。（张资平《曙新期的创造社》，上海《现代》月刊 1933 年 6 月第 3 卷第 2 期）

10 月

2 日 作诗《鸣蝉》。发表于 17 日上海《时事新报·学灯》。咏叹道："声声不息的晚蝉呀！/秋哟！时浪地波音哟！/一声声长此逝了……"

初收上海泰东图书局 1921 年 8 月初版《女神》；又收上海创造社出版部 1928 年 6 月初版《沫若诗集》；后收《沫若文集》第 1 卷；现收《郭沫若全集·文学编》第 1 卷。

10日 作诗《狼群中一只白羊》。发表于20日上海《时事新报·学灯》。诗有《序》，讲述了10月5日在东京召开的世界主日学校第五次代表大会上发生的事情：当来自朝鲜的白牧师最后登台演说，讲到所有来自朝鲜的会员受阻，不能参加大会时，"司会者勃劳恩博士竟摇铃宣告闭会。白牧师握原稿高举其手，一手拭泪，放出悲壮之声而喊叫曰：'哦哦！满堂的兄弟姊妹！请为我，为我的同胞祈祷哟！'"诗写道："'哦哦！满堂的兄弟姊妹！请为我，为我的同胞祈祷吧！'/哦哦！这是何等悲壮的喊叫！/何等圣洁的泪潮呀！//白牧师！圣洁的老人！/我禁不住我的泪泉滔滔流迸！/我禁不住我的魂髓战栗难任！/白牧师！圣洁的老人！/你为什么要向他们悲号？你为什么要叫他们祈祷？/他们不是一些披着羊皮的狼群？/他们不是一些敛着利爪的鸷鸟？/他们不是抓扼着你的咽喉？/他们不是吞噬尽了你的心脑？"/你手中的原稿怎么不变成手枪，炸弹，剑刀？/你须知哭也无益了！/祈祷也无益了！/天国已经倒坏了！/天国中的羊群要被狼群吞尽了！/狼群中的一只白羊呀！/别用再和他们嬉戏了吧！/别用再和他们嬉戏了吧！/快丢下你的Bible！/快创造一些Rible罢！"

◎ 读到鲁迅小说《头发的故事》，觉得作者的"观察很深刻，笔调很简练，大有自然主义派的风味"。但"总有点和自己的趣味相反驳"。(《"眼中钉"》，上海《拓荒者》1930年第1卷第4、5期合刊)

13日 作诗《胜利的死》（其一）。发表于11月4日上海《时事新报·学灯》。写道："可敬的马克司威尼呀！/可爱的爱尔兰的儿童呀！/自由之神终会要加护你们，/因为你们能自相加护，/因为你们是自由神底化身故！"

初收上海泰东图书局1921年8月初版《女神》；又收上海创造社出版部1928年6月初版《沫若诗集》；后收《沫若文集》第1卷；现收《郭沫若全集·文学编》第1卷。

从报道得知爱尔兰独立军领袖，新芬党员马克司威尼，自8月中旬为英国政府所逮捕以来，幽囚于剥里克士通监狱中，开始写此诗。

17日 诗作《司健康的女神》发表于上海《时事新报·学灯》。咏道："Hygeia呀！/你为甚么弃了我/我若再得你蔷薇花色的脸儿来亲我，/我便死——也灵魂安妥。"

初收上海泰东图书局1921年8月初版《女神》,又收上海创造社出版部1928年6月初版《沫若诗集》,后收《沫若文集》第1卷,现收《郭沫若全集·文学编》第1卷。

22日 作诗《胜利的死》(其二)。发表于11月4日上海《时事新报·学灯》。得知马克司威尼在狱中已断食66日,感叹:"爱尔兰底首阳山!爱尔兰底伯夷、叔齐哟/我怕读得今日以后再来的电信了!"

初收上海泰东图书局1921年8月初版《女神》;又收上海创造社出版部1928年6月初版《沫若诗集》;后收《沫若文集》第1卷;现收《郭沫若全集·文学编》第1卷。

24日 作诗《胜利的死》(其三)。发表于11月4日上海《时事新报·学灯》。得知马克司威尼在狱中昏死过去三次,愤怒地诅咒:"猛兽一样的杀人政府呀!你总要在世界史中添出一个永远不能磨灭的污点?/冷酷如铁的英人们呀!你们的血管之中早没有Byron、Campbell底血液循环了吗?/你暗淡无光的月轮哟!我希望我们这阴莽莽的地球,就在这一刹那间,早早同你一样冰化!"

初收上海泰东图书局1921年8月初版《女神》;又收上海创造社出版部1928年6月初版《沫若诗集》;后收《沫若文集》第1卷;现收《郭沫若全集·文学编》第1卷。

27日 作诗《胜利的死》(其四),并作全诗引言及"书后"。发表于11月4日上海《时事新报·学灯》。称马克司威尼的死,是"悲壮的死呀!金光灿烂的死呀!凯旋同等的死呀!胜利的死呀!""自由底战士,马克司威尼,你表示出我们人类意志底权威如此伟大!/我感谢你呀!赞美你呀!'自由'从此不死了!"

初收上海泰东图书局1921年8月初版《女神》;又收上海创造社出版部1928年6月初版《沫若诗集》;后收《沫若文集》第1卷;现收《郭沫若全集·文学编》第1卷。

11月

23日 作诗《蜜桑索罗普之夜歌——此诗呈Salomé之作者与寿昌》。发表于北京《少年中国》1921年3月第2卷第9期,载田汉(寿昌)所译王尔德的《莎乐美》之译文前。写道:"啊,我与其学做个泪珠的鲛人,/返向那沈黑的海底流泪偷生,/宁在这缥缈的银辉之中,/就好像那个坠落的星辰,/曳着带幻灭的美光,/向着'无穷'长殒!/前进!……前进!"

初收上海泰东图书局1921年8月初版《女神》;又收上海创造社出版部1928年6月初版《沫若诗集》,删去副题;后收《沫若文集》第1卷;现收《郭沫若全集·文学编》第1卷。

12 月

20 日 《我的散文诗》发表于上海《时事新报·学灯》。诗有四章:《冬》《女尸》《她与他》《大地的号》。诗中写道:"偌大个青翠的松原,也都凋到了这么个田地!/我就好象站在个瀚海当中,有一群无数的老乞丐,披着破烂了的蓑衣,戴着编成蒲团一样的头发,伸着些贪婪的空手,在向我乞怜的一样……"(《冬》)"我在病理解剖室中看见大理石的解剖台上横陈着一个尸首。/……我不知道她在生的时候有没有人爱过她,也不知道她在生的时候有没有她爱过的。/她只把她一双眼儿紧紧闭着。/我想她现在看着的一定是个更宏敞,更自由,更更光明美丽的世界!"(《女尸》)"我这几晚上,连夜连晚都听着地底有种号咷痛哭的声音:/'我痛苦呀!我痛苦呀!/我被你们一大群没多大野心的小民贼儿蹂躏着,/蹂躏得我再也不能忍耐了。/我不信我们同类当中便莫有陈涉吴广第二出现!'/连夜连晚都在这么号咷痛哭,哭的声音愈见高,愈见大,哭得使我愈见不能安寝。/啊!可怕!可怕!可怕!……"(《大地的号》)

27 日 作诗剧《湘累》。发表于上海《学艺》月刊1921年4月第2卷第10号。借被放逐于洞庭湖的屈原咏叹道:"我的诗,我的诗便是我的生命!我能把我的生命,把我至可宝贵的生命,拿来自行蹂躏,任人蹂躏吗?我效法造化底精神,我自由创造,自由地表现我自己。我创造尊严的山岳,宏伟的海洋,我创造日月星辰,我驰骋风云雷雨,我萃之虽仅限于我一身,放之则可泛滥乎宇宙。……我有血总要流,有火总要喷,我在任何方面,我都想驰骋!""能够流眼泪的人,总是好人。能够使人流眼泪的诗,总是好诗。诗之感人有这么深切,我如今才知道诗歌底真价了。"

初收上海泰东图书局1921年8月初版《女神》；又收上海创造社出版部1928年6月初版《沫若诗集》；后收《沫若文集》第1卷；现收《郭沫若全集·文学编》第1卷。诗剧中之歌词部分，曾由陶晶孙谱曲，刊载于上海《创造》季刊1922年9月第1卷第2期。

"我做的戏曲名叫《湘累》，是在去年年末费了两天功夫做成的，是我对于屈原的一种精神病理学的观察，可终不甚如意。……全剧底胚胎是从《湘夫人》、《湘君》两首歌发展出来的。""我虽然不曾自比过歌德，但我委实自比过屈原。就在那一年所做的《湘累》，实际上就是'夫子自道'。那里面的屈原所说的话，完全是自己的实感。"(《郭沫若先生来函》，上海《学艺》月刊1921年4月第2卷第10号；《创造十年》)

本　年

◎ 得成仿吾信，欲商量办刊物之事。赞成其对新文化运动现状的分析，及创刊同人杂志的建议。(见1921年1月18日致田汉信，载上海《南国月刊》1930年3月第2卷第1期)

1921年（辛酉　民国十年）29岁

1月4日　文学研究会在北京举行成立大会。发起宣言称：文学是于人生很切要的一种工作，治文学的人当以这事为他终生的事业。成立文学研究会的目的，是为联络感情，增进知识，建立著作工会的基础。

1月10日　沈雁冰发表《〈小说月报〉改革宣言》，宣布改革《小说月报》。

4月7日　国会参众两院在广州联合召开非常会议，制定政府组织大纲，并推选孙中山为非常大总统。

5月5日　孙中山在广州就任非常大总统，并致电徐世昌，促其"即日引退"。

6月　创造社在日本东京成立。

7月　中国共产党第一次全国代表大会在上海召开，中国共产党成立。会议制定了党的纲领，通过了党的工作决议，并选举陈独秀任总书记。

8月10日　国会非常会议通过北伐决议，并咨请孙中山宣布徐世昌罪状，明令出师讨伐，谋求国家统一。

11月　英、美、日、法、意、中、荷、葡、比等九国，在华盛顿召开分割中国会议，签订九国公约，重提"门户开放，机会均等"等。

1月

上旬　草就《女神之再生》初稿，系散文体。（参见致李石岑信，1921年1月15日上海《时事新报·学灯》；作品"书后"）

◎ 致郑伯奇信，并寄《女神之再生》稿。

据7日《郑伯奇日记》载，接郭沫若信片及《女神之再生》稿，后于23日将《女神之再生》稿转寄成仿吾。（《郑伯奇日记》手稿，郭沫若纪念馆馆藏）

◎ 致信《民铎》杂志编辑兼《时事新报·学灯》主编李石岑。发表于15日上海《时事新报·学灯》，又载《民铎》杂志2月第2卷第5号《通讯》栏。写道：

"年假中草了两篇戏曲：一名《湘累》，是把屈原姐弟事优孟化了的；一名《女神之再生》，今天才草就，大概有四五千字的光景。两篇都寄向朋友处领教去了。《女神之再生》一篇也是借过去的影子来暗示将来的，其中寓有创造冲动与占据冲动之葛藤。"

"据近世欧西学者之研究：凡艺术中，诗歌音乐舞蹈三者发生最早而大抵同源。"

"人文进化，各种艺术之修养锻炼愈臻完备，诗歌音乐舞蹈由浑而分，已各有固有之特征而不能相合。综合艺术底歌剧虽合诗歌、音乐、舞蹈、绘画、雕塑、建筑种种艺术而为一，然而只是物理而非化学的；其中种种成分诗歌自诗歌，音乐自音乐，舞蹈自舞蹈……各各虽相结婚，而夫妇仍各为个体。""自从文字发明以后，诗歌表示底方具由言语更进化为文字。诗歌遂复分化而为两种形式，诗自诗，而歌自歌。歌如歌谣、乐府、词曲，或为感情的言语之复写，或不能离乐谱而独立，都是可以唱的；而诗则不必然。更从积极的方面而言，诗之精神在其内在的韵律 Intrinic Rhythm，内在的韵律（或曰无形律）并不是甚么平上去入，高下抑扬，强弱长短，宫商徵羽；也并不是甚么双声叠韵，甚么押在句中的韵文！这些都是外在的韵律或有形律 Extraneus Rhythm。内在的韵律便是'情绪底自然消涨！'""内在律诉诸心而不诉诸耳。""因为音乐是已经成了形的，而内在律则为无形的交流。大抵歌之成分外在律多而内在律少。诗是纯粹的内在律底表示，他表示的方具用外在律也可，便不用外在律，也正是裸体的美人。散文诗便是这个。"

"年来对于我国底文艺界还有些久未宣泄的话，在此一并也说出了罢。……我觉得国内人士只注重媒婆，而不注重处子；只注重翻译，而不注重产生。""凡是外来的文艺，无论译得好坏，总要冠居上游；而创作的诗文，仅仅以之填补纸角。像这种体裁和趋向决不是所以提倡第一义生活，而鼓舞创造精神的好消息！艺术品既为真人生之建设者，至少当得与其他的论理的评论和研究论文等等得相等之位置，而我国杂志界却不然也。""所以我希望我国出版界能打破旧时因袭之成例，凡创作品与评论文尽可间插排进去，一以其价值之如何而品其先后；更当打破偶像崇拜之陋习，不宜以人定标准。""翻译事业于我国青黄不接的现代颇有急切之必要，虽身居海外，亦略能审判。不过只能作为一种附属的事业，总不宜使其凌越创造，研究之上，而狂振其暴威。""而我国内对于翻译事业未免太看重了，因之诱起青年许多投机的心理"。"总之，'处女应当尊重，媒婆应当稍加遏抑'。"

初收上海光华书局1925年12月初版《文艺论集》，删去开篇一段，作《论诗》之一；又收1929年7月第4版《文艺论集》、1930年8月第5版《文艺论集》，均单独成篇，改题作《由诗的韵律说到其他》；后收《沫若文集》第10卷，仍作《文艺论集》初版本形式，改题为《论诗三札》；现收《郭沫若全集·文学编》第15卷。

《文艺论集》第4版改题作《由诗的韵律说到其他》时，署写作时间为"九年年末"（即1920年末），有误。

11日 作《儿童文学之管见》。发表于《民铎》杂志15日第2卷第4期。论述文学，特别是儿童文学的功能，以及儿童文学的本质和如何建设儿童文学。认为：

"人类社会底根本改造总当从人底改造做起。而人底根本改造更当从儿童底感情教育，美的教育做起。要有优美醇洁的个人然后才有优美醇洁的社会。所以改造事业底基础，总当建设于文艺艺术之上。""文学上近来虽有功利主义与唯美主义——即'社会的艺术'与'艺术的艺术'——之论争，然此要不过立脚点之差异而已。文学自身本具有功利的性质，即彼非社会的 Antisocial 或厌人的 Misanthropic 作品，其于社会改革上，人性提高上有非常深宏的效果，就此效果而言，不能谓为不是'社会的艺术'。他方面，创作家于其创作时，苟兢兢焉为功利之见所拘，其所成之作品必浅薄肤陋而不能深刻动人，艺术且不成，不能更进论其为是否'社会的'与'非社会的'了。要之就创作方面主张时，当持唯美主义；就鉴赏方面言时，当持功利主义：此为最持平而合理的主张。"

"文学于人性之熏陶，本有非常宏伟之效力，而儿童文学尤能于不识不知之间，导引儿童入于醇美的地域。"但是，儿童文学"不是些干燥辛刻的教训文学"，"不是些平板浅薄的通俗文字"，"不是些鬼话桃符的妖怪文字"。"儿童文学当具有秋空霁月一样的澄明，然而决不如白纸一样平板。儿童文学当具有晶球宝玉一样的莹澈，然而决不如玻片一样肤浅。……梦境是儿童世界底衣裳，也正是儿童文学底衣裳"。"儿童文学无论其采取何种形式，（童话，童谣，剧曲）是用儿童本位的文字，由儿童底感官可以直愬于其精神底堂奥者，以表示准依儿童心理所生之创造的想象与感情之艺术。儿童文学其重感情与想象二者，大抵与诗底性质相同；其所不同者特以儿童心理为主体以儿童智力为准绳而已。"

初收上海光华书局1925年12月初版《文艺论集》；又收上海光华书局1929年7月第4版《文艺论集》；后收《沫若文集》第10卷，文字作较大改动；现收《郭沫若全集·文学编》第15卷。

18日 致信田汉。发表于《南国月刊》1930年3月第2卷第1期。谈国内文坛形势，并征询其对于参加创办新文艺杂志的意见。写道："成仿吾君你近来会过莫有？他去年有信来，说有几位朋友（都是我能信任的）想出一种纯文艺的杂志，要约你和我加入。他曾经和你商榷过莫有？他的来信上说：'新文化运动已经闹了这么久，现在国内杂志界底文艺，几乎把鼓吹的力都消尽了。我们若不急挽狂澜，将不仅那些老成顽固和那些观望形势的人要嚣张起来，就是一班新进亦将自己怀疑起来了。'他这个意见，我很具同感，所以创刊的建议，我也非常赞成，不消说我们创刊杂志另外还有更大的目的和使命了。京都方面底朋友也可有三四人加入。我在二月间拟往京都……我昨天写到此处便住了笔，今天往校内去取信，成仿吾君竟有一封信来，我才知道他已经和你商量过来。其后的进行怎么样了？""我等你来信，再商量以后的办法。"

后录入上海现代书局1932年初版《创造十年》；另收上海泰东图书局1933年9月初版《沫若书信集》。

中旬 致信郑伯奇，商量欲转学京都帝国大学改学文科。

据13日《郑伯奇日记》载，接郭沫若来信，"商转学事"，即复信，"劝转学"。（《郑伯奇日记》，郭沫若纪念馆馆藏）

"那时正是我的烦闷达到绝顶的时候。我说'二月间拟往京都'便是想转学，进那儿的文科大学。这个计画没有实现，是遭了仿吾的反对。仿吾认为，研究文学没有进文科的必要，我们也在谈文学，但我们和别人不同的地方是在有科学上的基础知识。他这些话把我想转学的心事克服了。"（《创造十年》）

◎ 以生病为由，向医学部提出休学三个月的申请。申请得到批准，休学时间为从本月25日起的三个月内。

九州帝国大学的档案资料中保存有两件相关的原始资料，一件为郭沫若休学申请的批准件（参见武继平《郭沫若留日十年》，重庆出版社2001年3月版）；一件为郭沫若在九州帝国大学医学部学籍簿的登记册页，上面"备考"栏内注明："十年（大正十年，即1921年——编者注）1月25日起休学三个月"。（参见蔡震《"郭沫若与日本"在郭沫若研究中》，《新文学史料》2007年第4期）

24日 复信张资平。以《郭沫若先生来函》为题，发表于上海《学艺》月刊4月第2卷第10期。再次婉谢参加丙辰学社之邀，并详述写作《我国思想史上之澎湃城》一文之大纲。写道：

"丙辰学社我本早想入社，前五年吴永权和陈启修两君介绍我，已经把介绍状都寄给了我，我还使用了你们一大卷原稿纸；我因为想做一篇文章，做成了后和我一齐入社，然而至今犹未做成；所以把入社的机会失掉了。后来曾慕韩君又介绍我入社，我因为有前一次的蹭蹬，所以又推却了。""这篇文章只要我一有暇时，一有多的参考书……将来我这篇如能成时，让我带同他一齐来入丙辰社罢。"

"我想做的文章是《我国思想史上之澎湃城》，是我对于秦火以前我国传统思想之一种发生史的观察。我以为我国古代思想之运命与澎湃城的相同。"

"澎湃城在南意大利 Naples 湾附近，Vesuvio 山麓。在古时原是繁盛之区，以西历六十三年（一八五八年前）地震，大受损坏。至七十九年八月二十四日维书勿山大喷火，竟为熔崖与灰质所埋没。其后屡经发掘，一直到一九〇六年全市五分之三始得重见天日。其中工场、剧园、第邸、道路，半多完全无恙。我以为嬴秦焚书正等于维书勿喷火，汉以后甚么经解、清谈、训诂、笺注，都是些熔崖灰质，我们的传统思想埋没在地底者已二千余年了。我在前五六年便设定了个发掘计划，我就我硗瘠的学殖所发掘的虽无五分之三的多，然而自信颇有为前人所未见到处。可惜我现在手中书籍全无，所以一时尚难着笔。

"上篇　泛论之部：一、舫时代之社会组织；二、哲学思想之宗教化；三、私产制度之诞生与第一次政教专制时代；四、神权思想之动摇与第一次平民革命之成功；五、我国之'文艺复兴'。

"下篇　各论之部：一、易之原理；二、洪范中之思想；三、文艺复兴之先觉者——老聃；四、孔子之晚年定论；五、墨子之宗教改革；六、唯物思想之勃兴。

"内容底梗概大概如此。我对于古代思想隐隐分为三个时期与欧洲文化发展之路迳绝相类。尧舜以前为第一期，与希腊拉丁文明之黄金时代相类。夏殷西周为第二期，与中世纪宗教专制之黑暗时代相类——这一项恐怕最是出人意外的，因为我国一般人士大都还囿于因袭之见，以禹汤文武周公为圣人，其实这几位先生，就思想史上看来，他们的价值只不过是等于零而已。东迁以后便是第三期，便是我国底'鲁涅商时' Renaisance 了。在春秋战国时代我国科学思想已渐见萌芽，邹衍、公孙龙、惠施之唯物的思想与分析的归纳的研究法与笛卡尔、倍根、莱伯尼刺等之精神颇有相契合处。假使欧洲在十六世纪底时候也有个'秦火'，恐怕近代的科学文明终不至如斯盛隆。我国历史中少得一个'秦火'时，恐怕也无须乎我们还在沿门托钵呢。"

29 日 作《屠尔格涅甫之散文诗》。发表于 2 月 16 日上海《时事新报·学灯》。谓所译系屠氏"自一八七八年至一八八二年四年间之小品文",但愿所译能"前不负作家,后不负读者",总要使自己的"译品成为典型的译品"。

30 日 《女神之再生》改定为诗剧,并作"书后"。发表于上海《民铎》杂志 2 月第 2 卷第 5 号。取材《列子·汤问篇》女娲炼五彩石补天和共工颛顼争帝怒触不周山故事。以共工颛顼争帝,"象征着当时中国的南北战争。共工是象征南方,颛顼是象征北方,想在这两者之外建设一个第三中国——美的中国。"借众女神之口吟唱道:"我要去创造些新的光明,/不能再在这壁龛之中做神。//我要去创造些新的温热,/好同你新造的光明相结。//新造的葡萄酒浆/不能盛在那旧了的皮囊。/我为容受你们的新热、新光,/要去创造个新鲜的太阳!""——破了的天体怎么处置呀?/——再去炼些五色彩石来补好他罢?/——那样五色的东西此后莫中用了!/我们尽他破坏不用再补他了!/待我们新造的太阳出来,/要照彻天内的世界,天外的世界!"

"书后"写道:"此剧已成于正月初旬,初为散文;继蒙郑伯奇、成仿吾、郁达夫三君赐以种种助言,余竟大加改创,始成为诗剧之形。"

初收上海泰东图书局 8 月初版《女神》,删去"书后";又收上海创造社出版部 1928 年 6 月初版《沫若诗集》,文字有所改动,并于颛顼死时增加了 5 节共 20 行诗句;后收《沫若文集》第 1 卷;现收《郭沫若全集·文学编》第 1 卷。

下旬 两次致信郑伯奇。

21 日、26 日《郑伯奇日记》均记有"来信,郭沫若"。(据《郑伯奇日记》,郭沫若纪念馆馆藏)

1、2 月间

◎ 作诗《纪事杂诗》(六首)。见于 1924 年 2 月 22 日所作《圣者》,发表于上海《创造周报》1924 年 3 月 2 日第 42 号,原无题。诗写道:

"博多湾上负儿行,耳畔风声并海声。落落深松如鬼物,失巢稚鸟咽悲鸣。"

"昂头我向群星笑，群星应笑我无能。去国八年前此夕，犹自悽惶海外身。"

"海外栖迟又一年，苍茫往事已如烟。壶中未满神山药，赢得妻儿作挂牵。"

"回首中原叹路穷，寄身天地太朦胧！入世无才出未可，暗中谁见我眶红？"

"欲上崆峒访广成，欲上长城吊始皇。寸心骋逐时空外，人生到底为谁忙？"

"一篇秋水一杯茶，到处随缘是我家。朔风欲打玻璃破，吹得炉燃亦可嘉。"

诗《十里松原四首》（初见于《创造十年》，后收入《潮汐集》），实由本篇整理改作而成。（蔡震《〈十里松原四首〉源出何处？》，《郭沫若学刊》2007年第4期）

2月

1日 诗作《太阳礼赞》发表于上海《时事新报·学灯》。借礼赞太阳，抒发对于光明的向往："青澄澄的大海，波涛汹涌地，潮向东方。／哦哦，光芒万丈地，将要出现了呀——新生的太阳！""哦哦，出现了呀！出现了呀！耿晶晶地白灼的圆光！／从我两眸中有无限道的金丝向着太阳飞放。""太阳呀！你请把我全部的生命照成道鲜红的血流！／太阳呀！你请把我全部的诗歌照成些金色的浮沤！"

初收上海泰东图书局8月初版《女神》，全诗分作七小节，文字略有改动；后收《沫若文集》第1卷；现收《郭沫若全集·文学编》第1卷。

上旬 致信郑伯奇。

据6日《郑伯奇日记》载，接郭沫若来信。（《郑伯奇日记》，郭沫若纪念馆馆藏）

6日 接郑伯奇4日信，并所寄成仿吾的小说《一个流浪人的新年》，为该篇小说题诗。刊载于上海《创造》季刊1922年5月第1卷第1期《一个流浪人的新年》文末。写道："仿吾流浪的人！／待我再来丢个雪球儿罢，／抬灵柩的人我们让他跑去！／我们要把这满腔底氤氲，／酝酿成弥天的晴雪，/把生命底潮流美化，净化，韵化！/不可思议的雪哟！/我祈祷你永远存留，/待到地球冰化哟！"

据《郑伯奇日记》载，其于1月下旬接到成仿吾《一个流浪人的新年》的文稿，在朋友间传看后，于4日写下读后志感，即寄郭沫若。(《郑伯奇日记》，郭沫若纪念馆馆藏)

13日 陈君哲来访，给其看成仿吾的小说《一个流浪人的新年》。

陈君哲读后亦写下一段感言，同刊载于《一个流浪人的新年》文末。(见陈君哲感言)

15日 译诗《百无聊奈者之歌》发表于上海《民铎》杂志第2卷第5号。

原诗系郁达夫用德文所作，题为《Das Lied eines Zaugenichts》。

(《女神之再生》)"这篇诗剧的初稿我寄给郑伯奇看过，又由伯奇转寄了给达夫。达夫用德文做过一首诗给我，我把来寄到《民铎》杂志去一同发表过。可惜我手里没有《民铎》，达夫的诗我也不能记忆了。我仅记得是两节诗，每节四行。那八行诗的价值是在我那副空架子的诗剧之上。"(《创造十年》)

16日 译诗《自然》(俄国屠尔格涅甫原作)发表于上海《时事新报·学灯》。载所作论文《屠尔格涅甫之散文诗》后。

25日 夜，作论文《艺术之象征》。发表于上海《学艺》月刊5月第3卷第1号。以春蚕吐丝，蜜蜂酿蜜做比，论述艺术创作，"是受过一道灵魂的洗礼"："我喜欢吐丝的春蚕，我喜欢酿蜜的雌蜂。但是，不是因为丝能衣人，蜜能养人。/丝虽取材于植物的纤维，蜜虽取材花蕊的胎珠；但都是受过一道灵魂的洗礼。/丝的那种柔和……莹泽……波动……！/蜜的那种嫩黄……甘腻……醇芳……！""我全身中幽冷冷的颤栗哟！/我两眸中饱和着的眼泪哟！/我心中生出了美感来的时候，/你们立地便来访问我。/我知道你们便是'美'的表现了！/我愿我心琴上永远有这么的颤动！/我愿我泪湖里永远有这么的满潮！"

26日 作诗《春之胎动》："独坐北窗下举目向楼外西望：/春在大自然的怀中胎动着在了！//远远一带海水呈着雌虹般的彩色，/俄而带紫，俄而带蓝，俄而嫩绿。//暗影与明辉在黄色的草原头交互浮动，/如像有探海灯转换着在的一般//……几只杂色的牝鸡偃伏其旁沙地中，/都带着些娇慵无力的样儿。//自海上吹来的微风才在鸡尾上动摇,/早悄悄地偷来吻我的颜面。//空漠处时闻小鸟的歌声。/几朵白云不知飞向何处去了。"

初收上海泰东图书局8月初版《女神》;又收上海创造社出版部1928年6月初版《沫若诗集》;后收《沫若文集》第1卷;现收《郭沫若全集·文学编》第1卷。

28日 作诗《日暮的婚筵》:"夕阳,笼在蔷薇花色的纱罗中,/如像满月一轮,寂然有所思索。//恋着她的海水也故意装出个平静的样儿,/可他嫩绿的绢衣却遮不过他心中的激动。//几个十二三岁的小姑娘,笑语娟娟地,/在枯草原中替他们准备着结欢的婚筵。"

初收上海泰东图书局8月初版《女神》;又收上海创造社出版部1928年6月初版《沫若诗集》;后收《沫若文集》第1卷;现收《郭沫若全集·文学编》第1卷。

下旬 致信郑伯奇,谈组织文艺社团事。

据27日《郑伯奇日记》载:"沫若来信,对于联合同人组织文艺团体的事也不甚积极的样子。我信此事必要,所以春假想下实地再宣传一番。我想沫若、寿昌、凤举诸人总可以担编辑的责任,其次供稿的人也不下十人。若每月一册太忙,隔月或三月一册,断无不能行之理。并且可以借此号召些同志。"28日又接到一封郭沫若来信。(《郑伯奇日记》,郭沫若纪念馆馆藏)

2、3月间

◎ 休学在家,仍处于烦闷中,整日浏览、阅读文学、哲学书籍。

"我听了仿吾的劝告,打消了转学向京大的念头,但我的烦闷并没有因而打消。我在二三两月间竟至狂到了连学堂都不愿意进了。一天到晚蹲在楼上只是读文学和哲学一类的书。我读了佛罗贝尔的《波娃丽夫人》,左拉的《制作》,莫泊桑的《波南密》、《水上》,哈姆森的《饥饿》,波奕尔的《大饥》;还有好些易卜生的戏剧,霍普特曼的戏剧,高斯华绥的戏剧。愈和这些书接近,便愈见厌弃医学,回国的心事又抬起了头来。"(《创造十年》)

3 月

中旬 致信郑伯奇。

据 19 日郑伯奇日记载，接郭沫若来信。(《郑伯奇日记》，郭沫若纪念馆馆藏)

下旬 三次致信郑伯奇，并寄书。

24 日、28 日《郑伯奇日记》均记载，接郭沫若来信。4 月 1 日《郑伯奇日记》载，接郭沫若来信及所寄书。(《郑伯奇日记》，郭沫若纪念馆馆藏)

31 日 晚，乘车赴门司，欲会合成仿吾，同回上海，看在泰东图书局有无发展机会。

"当在这样烦闷而动摇着的时候，仿吾也和我一样在烦闷而动摇。他是学造兵科的人而要彻底地研究托尔斯泰，单是这一点已经就可以知道他的矛盾。他在东京是和他的一位同乡李凤亭住在一道的。那是在一处私立大学学法政的人，在一九二一年的二月毕了业，先回上海去了。泰东图书局在那时打算改组编辑部，要分成法学、文学、哲学三科。李凤亭任法学主任，李石岑任哲学主任，是已经约定了的。李凤亭便推荐仿吾为文学主任。于是仿吾就决定了回国的计划，并把临到头的毕业试验也抛弃了。他决定在三月尾上由神户乘船动身，船在四月一日可以抵门司。我得到这个消息，便急转直下地也决定在四月一日到门司去，和仿吾同船回国。"

"我是在晚上动身的。那时候我家里还稍稍出了一点悲剧：便是我们在海上住了两年多的房子，在我决定了走的三月三十一号的那一天，屋主来领了房金，同时说他的房子要改建了，限我们在一礼拜之内搬出。这到后来才知道只是一个口实，实际上是他另外找到了一家愿多出一倍房金的佃客。……在我已经决定了走，而我留在后边的家族却要被人驱逐，这使我的决心发生了动摇。在这儿我是应该感谢我的安娜的。她平常虽是阻挡我，不要我转学，不要我回国，但她看到我就象成为了狂人的一样，呆在家里几月不进学校，她也就决心让我把医学抛掉，回国去另外找寻出路。她的性格比我强，只要一起了决心，便没有什么游移。在我动摇着的时候，反是她来鼓励我，执行了既定的计划。"(《创造十年》)

据《赵南公日记》载：（2月13日）"编辑所组织暂定四五人……文学、哲学由王靖担任，另聘成仿吾兼任科学，因成君能通英、法、德、日各国文字也。经济由凤亭担任。"（3月13日）"接无为之信，成仿吾辞湘省技师，来就泰东编辑。"（《赵南公日记》，转自陈福康《创造社元老与泰东图书局》，《中华文学史料》一，百家出版社1990年6月版）

4月

1日 在门司与成仿吾会齐，同船回上海。

◎ 作诗《新生》。在《归国吟》的标题下，发表于23日上海《时事新报·学灯》。写道："紫罗兰的，/圆锥。/乳白色的，/雾帷。/黄黄地，/青青地，/地球大大地/呼吸着朝气。/火车/高笑/向……向……/向……向……/向着黄……/向着黄……/向着黄金的太阳/飞……飞……飞……/飞跑，/飞跑，/飞跑。/好！好！好！……"

初发表时，写作时间误署"九年四月一日"。初收上海泰东图书局8月初版《女神》，篇题后注"自诗自译"（诗文有自译的德文本）；又收上海创造社出版部1928年6月初版《沫若诗集》，删去诗的德文部分；后收《沫若文集》第1卷；现收《郭沫若全集·文学编》第1卷。

◎ 在船上，读屠格涅夫的小说《父与子》《新时代》。（《创造十年》）

"我们那时在船上同住了两天两夜，同睡在一个比地狱怕还要苦的三等舱的一只角上。风浪很大，我睡在船上不敢起来……他那时候带着有好几本德文的屠格涅甫的小说，我在船上睡了两天两夜，便把这本《新时代》读了一遍。"（《〈新时代〉序》，《新时代》，上海商务印书馆1925年6月初版）

3日 清晨，作诗《海舟中望日出》。发表于24日上海《时事新报·学灯》，为《归国吟》之一篇。记海中观日出情景："铅的圆空，/蓝靛的大洋，/四望都无有，/只有动乱，荒凉，/黑汹汹的煤烟/恶魔一样！//云彩染了金黄，/还有一个爪痕在天上。/那只黑色的海鸥/可要飞向何往？//我的心儿，好象/醉了一般模样。/我倚着船围，/吐着胆浆……//哦！太阳！/白晶晶地一个圆珰！/在那海边天际/黑云头上低昂。/我好容易才得盼见了你的容光！/你请替我唱着凯旋歌哟！/我今朝可算是战胜了海洋！"

初收上海泰东图书局 8 月初版《女神》；又收上海创造社出版部 1928 年 6 月初版《沫若诗集》；后收《沫若文集》第 1 卷；现收《郭沫若全集·文学编》第 1 卷。

◎ 抵达上海。

"几年来所渴望着的故乡，所焦想着的爱人，毕竟是可以使人的灵魂得到慰安的处所。"(《创造十年》)

◎ 作诗《黄浦江口》。发表于 24 日上海《时事新报·学灯》，为《归国吟》之一篇。咏道："平和之乡哟！／我的父母之邦！／岸草那么青翠！／流水这般嫩黄！／／我倚着船围远望，／平坦的大地如象海洋，／除了一些青翠的柳波，／全没有山崖阻障。／／小舟在波上簸扬，／人们如在梦中一样。"

初收上海泰东图书局 8 月初版《女神》；又收上海创造社出版部 1928 年 6 月初版《沫若诗集》；后收《沫若文集》第 1 卷；现收《郭沫若全集·文学编》第 1 卷。

4 日 作诗《上海印象》。发表于 24 日上海《时事新报·学灯》，为《归国吟》之一篇。记述初回上海时的印象："我从梦中惊醒了！／Disillusion 的悲哀哟！／／游闲的尸，／淫嚣的肉，／长的男袍，／短的女袖，／满目都是骷髅，／满街都是灵柩，／乱闯，乱走。／我的眼儿泪流，／我的心儿作呕。"

初收上海泰东图书局 8 月初版《女神》；又收上海创造社出版部 1928 年 6 月初版《沫若诗集》；后收《沫若文集》第 1 卷；现收《郭沫若全集·文学编》第 1 卷。

◎ 与成仿吾同往马霍路（今黄陂北路）德福里 320 号泰东图书局编辑所。书局经理赵南公在同兴楼设宴招待，陪同的编辑部同人有张静庐、王靖、沈松泉。

"到了编辑所，昏昏蒙蒙地会过了一些人，谈过一些话。那时的详情我已不能记忆了，只是记得自己感觉着没有着落。我们从一些人的谈话中，知道了改组编辑部的事原来才是一场空话。担任法学主任的李凤亭已经担任了安庆法政学校的教职，担任哲学主任的李石岑还在编辑着《学灯》和《民铎》，听说不久有入商务印书馆编辑所的消息。仿吾所当担任的文学主任却本来有一位姓王的人担任着，那姓王的人也十分高兴地欢迎着我们，说是他得了两个很好的助手。这样一来，在我倒是出于自动，没有甚么，在仿吾要算是等于落进了一个骗局。"（《创造十年》）

据本日《赵南公日记》："适成仿吾、郭沫若由日本来申，乃燕于同兴楼。"（《赵南公日记》，转自陈福康《创造社元老与泰东图书局》，《中华文学史料》一，百家出版社1990年6月版）

"赵南公先生当晚在福州路同兴楼京菜馆设宴，为郭、成二先生洗尘，编辑部的同人张静庐、王靖和我，都做了陪客。"（沈松泉《泰东图书局·赵南公和创造社》，《古旧书讯》1980年第5期）

8日 应成仿吾之约，乘晚车赴杭州，同游西湖，住清泰旅馆。

"到了编辑所已经四五天，仿吾的任务依然没有决定，我自己也没有找到出路。仿吾是领了归国费的，他那时还有余钱，便在四月八号约我去游西湖。"（《创造十年》）

◎ 作诗《沪杭车中》4首。发表于25日、26日上海《时事新报·学灯》，为《西湖纪游》之一。慨叹："我本是'自然'底儿，/我要向我母怀中飞去！"然而，当"火车向着南行/我的心思和他成个十字：/我一心念着我西蜀底娘，/我一心又念着我东国底儿，/我才好像个受着磔刑的耶稣哟！""唉！我怪可怜的同胞们哟！/你们有的只拚命赌钱，/有的只拚命吸烟，/有的连倾啤酒几杯，/有的连翻番菜几盘，/有的只顾酬笑，/有的只顾乱谈。……啊！我的眼睛痛呀！痛呀！/要被百度以上的泪泉涨破了！/我怪可怜的同胞们哟！"

初收上海泰东图书局8月初版《女神》；又收上海创造社出版部1928年6月初版《沫若诗集》；后收《沫若文集》第1卷；现收《郭沫若全集·文学编》第1卷。

9日 沿西湖西南岸，游"柳浪闻莺"、雷峰塔，后坐船至北岸，游湖滨公园。（《创造十年》；成仿吾《诗二首》，《创造》季刊1922年8月第1卷第2期）

◎ 作诗《雷峰塔下》2首。发表于26日、28日上海《时事新报·学灯》，为《西湖纪游》之一。"其一"写道："雷峰塔下/一个锄地的老人/脱去了上身的棉衣/挂在一旁嫩桑底枝上。他息着锄头，/举起头来看我。/哦，他那慈和的眼光，/他那健康的黄脸，/他那斑白的须髯，/他那筋脉隆起的金手。/我想去跪在他的面前，/叫他一声：'我的爹！'/把他脚上的黄泥舐个干净。"

初收上海泰东图书局8月初版《女神》；又收上海创造社出版部1928年6月初版《沫若诗集》；后收《沫若文集》第1卷；现收《郭沫若全集·文学编》第1卷。

10日 游孤山、秋瑾墓、岳坟，逢微雨，舟游"三潭印月"。(《创造十年》；成仿吾《诗二首》，《创造》季刊1922年8月第1卷第2期)

◎ 作诗《赵公祠畔》，为《西湖纪游》之一。发表于28日上海《时事新报·学灯》。写道："钟声，／鸦鸟鸣，／赵公祠畔／朝气氤氲。／儿童底歌声远闻。／／醉红的新叶，／青嫩的草藤，／高标的林树／都含着梦中幽韵。／白堤前横，／湖中柳影青青。／两张明镜！"

初收上海泰东图书局8月初版《女神》；又收上海创造社出版部1928年6月初版《沫若诗集》；后收《沫若文集》第1卷；现收《郭沫若全集·文学编》第1卷。

◎ 作诗《三潭印月》，为《西湖纪游》之一。发表于30日上海《时事新报·学灯》。描写雨中西湖景色："沿堤的杨柳／倒映潭心，／苍黄、绿嫩。／不须有月来，／已自可人。""缓步潭中曲径，／烟雨溟溟，／衣裳重了几分。""浴沐着的西子哟，／裸体的美哟！／我的身中……／这么不可言说的寒噤！／哦，来了几位写生的姑娘，／可是，unschoen。"

初收上海泰东图书局8月初版《女神》，将诗分作两首，原第三、第四两节独立成篇，另作诗题《雨中望湖》；又收上海创造社出版部1928年6月初版《沫若诗集》；后收《沫若文集》第1卷；现收《郭沫若全集·文学编》第1卷。

上旬 致信郑伯奇。

据11日《郑伯奇日记》载，接郭沫若来信。(《郑伯奇日记》，郭沫若纪念馆馆藏)

11日 上午，在旅社整理诗稿。下午，与成仿吾启程回上海。在车站遇赵南公，遂同返沪。(成仿吾《诗二首》，《创造》季刊1922年8月第1卷第2期；《赵南公日记》)

◎ 作诗《司春的女神歌》（游西湖归沪杭车中作）。发表于5月2日上海《时事新报·学灯》。云："司春的女神来了。／提着花篮来了。／散着花儿来了。／唱着歌儿来了。／／'我们催着花儿开，／我们散着花儿来，/我们的花儿/只许农人簪戴。'……'花儿也为诗人开，/我们也为诗人来，/如今的诗人/可惜还在吃奶。'"

初收上海泰东图书局 8 月初版《女神》；又收上海创造社出版部 1928 年 6 月初版《沫若诗集》；后收《沫若文集》第 1 卷；现收《郭沫若全集·文学编》第 1 卷。

16 日 确定被留在泰东图书局。

赵南公与王靖商量编辑所减政办法，成、郭二人决定留郭沫若。"仿吾回湘，意欲复来，予以经济艰窘，不好强留。"（参见《赵南公日记》，陈福康《创造社元老与泰东图书局》，《中华文学史料》一，百家出版社 1990 年 6 月版）。

18 日 上午，参加书局编辑所会议，讨论出版中小学教科书事。以编"教科非仓促所能成就"，表示不太赞成。（参见《赵南公日记》，陈福康《创造社元老与泰东图书局》，《中华文学史料》一，百家出版社 1990 年 6 月版）

中旬 致信郑伯奇。

据 15 日《郑伯奇日记》载，接郭沫若来信。（《郑伯奇日记》，郭沫若纪念馆馆藏）

◎ 译长诗《墓畔哀歌》（英国诗人葛雷原作）迄。发表于上海《创造》季刊 1924 年 2 月第 2 卷第 2 期。收上海创造社出版部 1928 年 5 月初版《沫若译诗集》。

22 日 向赵南公提出，编辑所需要多购图书，以为工作用。

据本日《赵南公日记》："进行方针仍未决，沫若言须多购书，最好每月一个限度，有材料然后成书不难也。"（《赵南公日记》，转自陈福康《创造社元老与泰东图书局》，《中华文学史料》一，百家出版社 1990 年 6 月版）

24 日 下午，与赵南公、王靖、成仿吾同去孟班处，并共进晚餐。（据《赵南公日记》，陈福康《创造社元老与泰东图书局》，《中华文学史料》一，百家出版社 1990 年 6 月版）

28 日 中午，在一枝香参加赵南公为成仿吾回长沙举行的饯行宴。（据《赵南公日记》，陈福康《创造社元老与泰东图书局》，《中华文学史料》一，百家出版社 1990 年 6 月版）

本月 少年中国学会评论部主任左舜生来访，谈《少年世界》"日本研究号"征文事。

"在初回上海的时候，少年中国学会的左舜生也到马霍路来过。那时少年中国学会另外出了一种杂志，叫着《少年世界》，要出一期'日本研究号'，向我征文，我早做了一篇《日本之煤铁问题》寄去。因为那篇文章不很满意，我便写了一封信去，请把原稿退还。左舜生便亲自到了马霍路来。来时是在晚上，他告诉我《少年世界》杂志已经印好了，不日便可出版，那篇文章不好再抽出了。""同时又谈到了些别的事情：'听说你们要出一种纯文艺的杂志啦？'他这一问，使我很诧异，这个计划怎么他会知道？他又说：'寿昌在二月间有信来，托我找出版处，我也奔走了几家。中华书局不肯印，亚东也不肯印；大约商务也怕是不肯印的。'"（《创造十年》）

◎ 论文《日本之煤铁问题》发表于《少年世界·增刊》"日本研究号"。论证日本军国主义之心未死，正紧步德国之后尘。揭露其对我国煤铁产业所进行之大肆掠夺，以警醒国民。写道："在帝国主义猖獗时代，讲甚么武装平和，讲甚么军器独立，讲甚么经济战争，不消说都倚赖煤铁为媒介，然而人类生活自火之发见、铁器之诞生以来，煤铁二者终与五谷六畜同科，不能须臾离舍。""所以煤铁是军国主义的双轮，煤铁亦是平和生活的两翼。"

文章援引日本报刊所披露的资料、数据，认为："日本人煤铁既不足，军国主义之梦犹未醒，一般学者虽在竭力讲求煤矿利用和代用之方策，在军阀和财阀的眼睛看来，总觉迂远消极，不能使心意痛快。一方面要力图进取，一方面又要保持国富，于是乎军国主义的锋芒，遂不能不倾向于我最优等第二的中华民国。""假使日人购我矿产，力图工业发展，欲以效益于人类，那我们便永远供给他的材料，照大处看来，也当得是一种人类应尽的义务；可是日本人罗掘我矿产，岂是欲以效益于我全人类的吗？建军舰，造武器以满足彼等军国主义者之野心，制劣货，盘大利以我们偏供给他些武器的材料，供给他些盘剥的资与，这岂不是籍寇兵而赍盗粮，岂不是为病原微菌供给'好发所'吗？盗有罪，授盗以兵的人其罪更大！……我说了这一些感情话，不是徒闹意气，我真正的宗旨，在想唤起国人自行经营的意志，为保全吾国起见，为保全东亚和平起见，为增进全人类社会幸福起见。""总之，我们中国的希望还觉十分葱笼。只要大家真正觉悟起来，向各方面去努力。努力结果的综合，为量必大不可言。

日本煤铁问题解决的关键，全在我们掌握中。要使日本人破醒军国主义资本主义的噩梦，使他生彻底觉悟，总在我们自己努力。"

◎ 改编《西厢》（元·王实甫原作）。作为"名曲丛刊"第一种，由泰东图书局9月初版发行。

改编之主旨："（一）在使此剧合于近代的舞台，以便排演，以为改良中国旧剧之一助。（二）在使此剧合于近代文学底体裁，以为理解中国旧文学之方便。"

书之体例："（一）每出均略加布景，一出能划一为一幕者划之，不能者分为数幕，务使排场动作与唱白相一致。（二）凡无谓的旁白，独白，概行删去。（三）凡唱白全依实获斋藏板。原本为金圣叹所删改者甚多，删改处比原本佳者间采用金本。关汉卿所续四齣概行删去。（四）词中衬字及增白，为全剧统一上起见间有增改。（五）凡前人无谓的批评一概删去，以便读者自行玩味。（六）全书概用近代体制——西洋歌剧或诗剧的——及新式标点。"（参见《西厢》）

《创造十年》回忆："那时候上海滩上正是旧书新式标点流行的时候，亚东标点的《红楼梦》、《水浒》等书很风行一时，泰东看了眼红也想照办。我便劝他们标点《元曲》。这个提议立地也就见诸实行起来，但把那位王先生难着了，他把那词曲中的文句标点不断。我自己为填塞提议的责任起见，照着西洋歌剧的形式改窜了一部《西厢》。这项工作在当时已经很不满意，现在想起来尤其无聊，并且可惜了那部缺了一册的明刊本，那和金圣叹批本的内容有些不同，却被我把它涂毁了。"

在改编时，"我参考过《宋元戏曲史》（王国维）"。（《鲁迅与王国维》）

据5月1日《赵南公日记》载："《西厢》，沫若已改就，尚须一序，约后日可成。"（转自陈福康《创造社元老与泰东图书局》，《中华文学史料》一，百家出版社1990年6月版）

4、5月间

◎ 加入丙辰学社。

1月24日致张资平信中应允将《我国思想史上之澎湃城》一文"做成了后和我一齐入社"。该文发表于《学艺》杂志5月第3卷第1期。

《学艺》杂志7月第3卷第3期登载新近加入丙辰学社会员名单。

5月

2日 作《西厢艺术上之批判与其作者之性格》。载上海泰东图书局9月初版《西厢》。写道：

"文学是反抗精神底象征，是生命穷促时叫出来的一种革命。屈子的《离骚》是这么生出来的，蔡文姬底《胡笳十八拍》是这么生出来的，丹丁底《神曲》，弥尔敦底《失乐园》，都是这么生出来的。""反抗精神，革命，无论如何，是一切艺术之母。元代文学，不仅限于剧曲，全是由这位母亲产出来的。这位母亲所产生出来的女孩儿，总要以《西厢》为最完美，最绝世的了。西厢是超过时空的艺术品，有永恒而且普遍的生命。西厢是有生命之人性战胜了无生命的礼教底凯旋歌，纪念塔。""礼教是因人而设，人性不是因礼教而生。……男女相悦人性之大本。种族之蕃演由是，人文之进化亦由是。""我国素以礼教自豪，而于男女间之防范尤严，视性欲若洪水猛兽，视青年男女若罪囚，于性的感觉尚未十分发达以前即严加分别以催促其早熟。年青人最富于暗示性，年青人最富于反抗性，早年钳束已足以催促其早解性的差异，对于父母长辈无谓的压抑更于无意识之间——或在潜意识之下——生出一种反抗心：多方百计思有以满足其性的要求。然而年龄愈进，防范愈严，于是性的焦点遂移转其位置而呈变态。数千年来以礼教自豪的堂堂中华，实不过是数万万变态性欲者底一个庞大的病院。""《倩女离魂记》所描写的只是潜意识下第二重人格底活动，而《西厢》所描写的却是第一重人格底有意识的反抗，虽同属反抗旧礼教的作品，然而《西厢》底态度更胆大，更猛烈，更革命……《西厢》所描写的是人类正当的性的生活，所叙的是由爱情而生的结合，绝不能认为奸淫；亦绝不能认为滥淫泛卖者的代辩！"

文章还论到弗洛伊德的精神分析学，并用以分析我国古代的作家作品。认为："精神分析派学者以性欲生活之缺陷为一切文艺之起源，或许有过当之处亦不可知；然如我国文学中的不可多得的作品如《楚辞》如《胡笳十八拍》如《织锦回文诗》如王实甫底这部《西厢》，我想都可以用此说说明，都是绝好的可供研究的作品。"

初收上海光华书局1925年12月初版《文艺论集》；又收上海光华书局1929年7月第4版《文艺论集》；后收《沫若文集》第10卷，改题作《〈西厢记〉艺术上的批判与其作者的性格》，文字稍有改动；现收《郭沫若全集·文学编》第15卷。

4日 下午，应赵南公邀，与王靖、邓成均（均吾）同出吃烧鸭。

"以沫若向未尝此味也"。（据《赵南公日记》，陈福康《创造社元老与泰东图书局》，《中华文学史料》一，百家出版社1990年6月版）

上旬 应郑振铎之邀，与沈雁冰、郑振铎、柯一岑在半淞园会晤，并午餐。婉拒彼等邀约参加文学研究会之请，应允"尽力地帮助"。

"在我们由西湖回沪之后的不几天，接到振铎写来的一封信，约我在一天礼拜日在半淞园会面。""你索性加入我们的组织不好吗？""没有甚么不好的，只是我听说你们最初发起文学研究会的时候，写过信给田寿昌，并邀我一起加入发起人之列。""是的，有那么一封信。那时没有得到你们的回信。""那封信我并没有看到，寿昌没有把信给我看。他没有答复你们，想来他怕是没有合作的意思。现在我又来加入，觉得对不住朋友，所以我看最好是在会外来帮助你们了。"（《创造十年》）

沈雁冰在其回忆录中写道："一九二一年五月初，我和郑振铎听说郭沫若到了上海，就由郑振铎发了请束，由《时事新报》副刊《青光》的编辑柯一岑先生，请郭沫若在半淞园便饭。……我们约请郭沫若，除慕名想一见外，就是想当面邀他加入文学研究会，以便把《文学旬刊》办得更有声色。我们还商定，由郑振铎出面谈这件事，因为在交际方面他比我能干得多。"（茅盾《复杂而紧张的生活、学习与斗争》，《新文学史料》1979年11月第5辑）

11日 与赵南公商定出版《创造》季刊。

据《赵南公日记》："一时半，梦岩来谈，约二时去。予到编辑所，与沫若谈《新晓》事，彼亦言恐不能按期出版。乃商决仍由王靖主持，另出一种季刊，名《创造》，专容纳沫若同志等文字。六时，伯熙到，即去。王靖返，说明与沫若商决之事。"（转自陈福康《创造社元老与泰东图书局》，《中华文学史料》一，百家出版社1990年6月版）

《创造十年》回忆："自己留在上海的使命是要出一种纯文艺杂志，这是始终在脑子里盘旋着的一件事。《新晓》既由那位主任先生把持着，我的意思便是在《新晓》之外另出一种刊物,这层是得到了赵南公的同意的。当时我也暗暗地感谢赵南公,因为我听了左舜生的一番话,象那时还未成形的创造社,要想出杂志,在上海滩上是不可能的。"

17 日 下午,与赵南公等玩麻将,至晚 11 时。(据《赵南公日记》,陈福康《创造社元老与泰东图书局》,《中华文学史料》一,百家出版社 1990 年 6 月版)

中旬 致信郑伯奇。

15 日、18 日《郑伯奇日记》均记载有接郭沫若来信。(《郑伯奇日记》,郭沫若纪念馆馆藏)

◎ 接郑伯奇来信二封及诗稿。

据 16 日《郑伯奇日记》载:给郭沫若去信"二封、诗"。(《郑伯奇日记》,郭沫若纪念馆馆藏)

◎ 接郑伯奇信,并原稿二件。

据 17 日《郑伯奇日记》载:去信"郭沫若,原稿二件"。(《郑伯奇日记》,郭沫若纪念馆馆藏)

25 日 下午,往赵南公处,告之明日去日本的船票已购。

据《赵南公日记》:"十时起。晴。到店阅报。二时,沫若来,言明日到东船票已购就。"(转自陈福康《创造社元老与泰东图书局》,《中华文学史料》一,百家出版社 1990 年 6 月版)

《创造十年》回忆:"我呆在上海由四月初达到六月中旬,杂志的事还没有弄出一个眉目。我便想,无论如何有再往日本一次的必要,须得去巡访各地的朋友们,定出一些具体的办法。杂志用甚么名字,是定期还是不定期,定期时期限的长短,每人可担负的稿件的分量,这些都是应该商量的问题。于是我在七月初旬便决定再往日本。"

《创造十年》中将此次去日本的时间误记在"七月初旬",故其中所记在日本的活动,以及转回上海的时间均有误。

26 日 作《〈女神〉序诗》。发表于 8 月 26 日上海《时事新报·学灯》。宣称:"我是个无产阶级者:/因为我除个赤条条的我外,/什么私有财产也没有。/《女神》是我自己产生出来的,/或许可以说是我的私有,/但是,我愿意成个共产主义者,/所以我把她公开了。//《女神》哟!你去,去寻那与我的振动数相同的人;/你去,去寻那与我的燃烧点相同的人。/你去，去在我可爱的青年的兄弟姊妹胸中，/把他们的心弦拨动，/把他们的智光点烧吧！"

初收上海泰东图书局8月初版《女神》；又收人民文学出版社1953年1月版《女神》；后收《沫若文集》第1卷；现收《郭沫若全集·文学编》第1卷。

◎ 下午，与赵南公商定赴日计划。

据《赵南公日记》："二时，请沫若来谈，据伊言，伊到东目的拟到京都、东京去走一趟，与同志一面趁暑假约定译几种好书，专译述德文书，报酬办法十分抽一，以售出书为限，买稿暂不言及。予甚赞同，乃估计往来路费约百元左右，予允凑百廿番。四时同出，购金手环一支，计五十二番。"（转自陈福康《创造社元老与泰东图书局》，《中华文学史料》一，百家出版社1990年6月版）

《创造十年》回忆："这次我往日本的来往路费，是赵南公送我的。他送了我一百块钱，还送了我老婆一只金镯，是买成四十三块袁头。这一百四十三块钱就算是我在编辑所里住了三个月，编译了三四本书的报酬了。"

◎ 晚，船不开，重返编辑所。

据《赵南公日记》："今晚本送沫若到船……予到虹口码头，不见八幡丸，询之，知泊于汇山码头，以时晚路远遂驱车返。……汉杰乃电编辑所询沫若，言船不开，已返，明午再到。"（转自陈福康《创造社元老与泰东图书局》，《中华文学史料》一，百家出版社1990年6月版）

27日 乘"八幡丸"启程往日本。

据《赵南公日记》："一时，松泉来，知沫若已去。"（转自陈福康《创造社元老与泰东图书局》，《中华文学史料》一，百家出版社1990年6月版）

30日 回到福冈家中。

"离别了三个月，又回到福冈。我留在福冈的妻儿是被家主驱逐了从前的旧居的，新迁的地方离旧居不远，但我不知道在那儿。我走到旧居近处问以前相识的邻里，又才按照着地址去探寻。原来新迁的住居是在箱崎町的街道上，背着海岸，和海岸相隔还有两三家渔家。后面有一方空地，有新的木板墙围着。……新居是平房，结构和旧居的楼下相同，可说就是旧居削去了楼层的一样。"（《创造十年》）

"现在的住居在与海岸成平行的一条街道之中部,背海,又无楼,我看不见博多湾中变幻无常的海色,我看不见十里松原永恒不易的青翠,我是何等不满意,对于往日的旧居何等景慕哟!"(《海外归鸿》,《创造》季刊创刊号)

◎ 论文《我国思想史上之澎湃城》发表于上海《学艺》月刊5月第3卷第1期。又以《周秦以前古代思想之蠡测》为题,删去"导言",刊《国故论丛》1933年3月第1期。

文章分"导言""上篇·泛论之部——思想与政治之交错""下篇·各部之论——再生时代各家学术之评述"三部分,仅完成"导言"及"上篇"之一、二、三部分。

"导言"写道:"嬴秦焚书等于维苏勿喷火。汉以后君国专制,对于古代思想凡有不合于专制政体者,概加以湮灭。学者又无创造之才能,非曲解古籍以谄媚朝政;则撰述伪书以紊乱古学。政学朋比为奸,自由独创之天才遂永无发现之时期;而我自由独创之精神亦遂永遭埋没于后儒训诂伪托之下而泯其真相。由是'我国思想史上之澎湃城',其埋没于熔岩灰质之下,亦已二千余年于兹矣。""思想自身为人类自由精神至高之产物,当超越于一切实际之上以引导人生;使思想而失其自由,并为实际所束缚时,是为人类精神之化石时代。""政治正为人类实际生活之一种方便耳,苟政治的施敨失其思想上之根据,则君主可消灭,民主可消灭,即政治自身亦可自由消灭……政治为人类而生,非人类为政治而生。政治设一旦而为人类生活之障碍,人性发展之障碍时,则政治即失其思想上之根据而自归于消灭。此乃自明易见之理,宜若为人所共知;而古今人对于思想与政治之主从关系却常执颠倒之见解。对于现存政治有不能赋与以合理的基础之进步思想,概危险视之而力加排斥。我国自秦汉以后实行此政策者二千余年,然其结果如何?我国现今之状态,非如多年化石后之死象一头,非如多年自杀后之木乃伊一块耶?""嬴秦焚书等于维苏勿喷火,汉以后学者之一切训诂伪托等于灰质熔岩。其由喷火地震等直接原因已被焚毁消灭后之建筑物,虽已不能再生,然自一楼以下之基础之部仅由熔岩灰质等所埋没者,吾人苟力屏弃一切因袭之见,以我自由之精神直接与古人相印证时,犹能得其真相之一部而无疑虑。余即本此精神从事发掘。"

"上之一"述"滥觞时代政治之起源"。谓:"我国关于国家起源之学说有两种:一种为君权神授论,其他一种为民约建国论,前说生于三代,为《洪范》中所表示之思想;后者即此《易》之卦次所表示者也。"

"上之二"述"玄学思想之宗教化"。主要说易:"易有三种:曰《连山》,曰《归藏》,曰《周易》。《周易》为卜筮之书,为三代迷信思想之结晶,如后世签谶符咒之类,其文词若有义无义。"

"上之三"论"私产制度之诞生与第一次黑暗时代"。谓:"虞夏之际,为我国历史上之一极大的转换时期:古代思想由形而上学的,动的宇宙观,一变而为神学的,固定的宗教论;而政治组织由公产制度一变而为私产制度,由民主主义一变而为神权政治。殷因于夏,周因于殷;政教专制之暴威,不输于秦汉以还;自由独创之传统精神,早已终绝一次。亘三代千有余年间,除几篇祭神之颂词,几篇誓师的号令,一部卜筮之秘籍而外,别无可以景仰之思想;而唐虞以前之典籍,转于此时代中几乎完全散失;周末诸子每多假托神农黄帝之名以著书,即此亦可反证神农黄帝时代,我国文化已有斐然成章之势,然则我国固有文化之受损失,不仅仅限于秦火之一次矣,吾论我国之历史以夏殷西周为'第一次之黑暗时代',秦汉以后为'第二次之黑暗时代'。"

31日 晚,乘火车往京都。(《创造十年》)

下旬 致信郑伯奇。

据6月1日《郑伯奇日记》载,接郭沫若来信。(《郑伯奇日记》,郭沫若纪念馆馆藏)

本月 郑振铎陪同叶圣陶来访,得识叶圣陶。(《创造十年》)

6月

1日 上午,抵达京都,即去第三高等学校访郑伯奇。第一次见面,彼此均感意外。

据《郑伯奇日记》载:"早晨上了一堂,九时沫若来学校找我,便回家了。沫若此次由上海回福冈,经由京都赴东京访友,并商议杂志丛书事。"(《郑伯奇日记》,郭沫若纪念馆馆藏)

《创造十年》写道:"我回福冈仅仅住了一天,第二天便动身往京都。

在车上过了一夜，到京都时已经是第三天的上午了。我先到三高去访问伯奇。他那时正在考试，我在会客室里坐了好一会才等到他出来。他和我虽通过很久的信，但是初次见面，他信上写的字迹异常纤细，就象姑娘们的笔迹一样，那知一看见他才是一个矩形的面孔，身子比我还高，我觉得他可以称为东方的兴登堡。伯奇对我也一样地感觉着一种意外，他领着我去找一位旧同学李闪亭时，他这样对我说：'从信上得来的想象和实际的印象又不同，文学的要素是不免有些夸张的。'因为我做过《死的诱惑》那一类的诗，我写给他的信上也每多消极的话，因此在他的想象中以为我一定是一位病弱的人，肺结核没到三期，怕至少是到了二期的。"

◎ 下午，与郑伯奇访穆木天、李希贤（闪亭）。

据《郑伯奇日记》载："午后我和他访张、傅、沈、苏四君，均未在。次赴木天处，谈至三时许赴希贤处。"（《郑伯奇日记》，郭沫若纪念馆馆藏）

"木天那时是三高的二年生，他是在专门研究童话的，一屋子里都堆的是童话书籍。我觉得他自己就好像是童话中人。他人矮，微微有点胖，圆都都的一个脸有点像黄色的番茄。……他是吉林人，爱用卷舌音的北方话也特别助长了他的天真烂缦。我觉得他的姓穆而名叫木天，真是名也名得好，姓也姓得好。""李闪亭是冈山六高的旧同学，进的是京大经济科，要算是河上肇的弟子。在冈山时我们同住过两年。因为他是第一部，我们常常叫他是'曼大林'（Mandarin），他很不高兴。进了京大，京都的同学们又称他为'中国马克思'了。但这位'中国马克思'到底还是成了'曼大林'，他后来是属于孤军派的中国青年党的一员健将，做过长沙法政学校的校长，一九二七年客死在上海。"（《创造十年》）

◎ 夜，在郑伯奇寓所与张凤举与张定钊兄弟、傅堂迈、苏民生、李希贤等人聚谈。与李希贤同宿郑伯奇处。

据《郑伯奇日记》载："夜，张氏兄弟、傅、苏、傅、李均来家，聚谈至十时始散。是夜希贤亦宿此，共三人。"（《郑伯奇日记》，郭沫若纪念馆馆藏）

2日 上午，与郑伯奇、李希贤同往李希贤寓所。

◎ 午饭后，与郑伯奇、李希贤同往张凤举处，与张凤举张定钊兄弟、傅堂迈、沈尹默、苏民生等人晤谈，初识沈尹默。

据《郑伯奇日记》载："早饭后和希贤、沫若同赴白川希贤寓所。午饭后赴张凤举处，来会者张氏兄弟、傅、沈、李、苏共八人。"(《郑伯奇日记》，郭沫若纪念馆馆藏）

《创造十年》写道："我应着张凤举的邀约，到他寓里去茶话。我同闪亭去时，凤举又到近处去把当时在京大研究的沈尹默先生请了来。""凤举替我介绍了，说起我们要在上海办一种纯文艺杂志的意思。""沈先生的第一声是'上海滩上是谈不上甚么文艺的'。""……话一不投机，结果是把杂志的话丢在一边去了。谈了些京大所藏的中国古书，谈上了元曲。我发表了我的中国剧曲在文学构成上优于西洋歌剧的意见，凤举说他没有研究，没有加以赞否。沈先生也是沉默着的。凤举又说到厨川白村（京大的文学教授）称赞过我那首《死的诱惑》，——因为大阪的一家日报翻译过——说是中国的诗已经表现出了那种近代的情调，很是难得。我听了这话，其实并不知道他是在称赞，还是在藐视。"

◎ 下午，因患急性肠炎，郑伯奇陪同去医院。是夜宿李希贤寓所。(《创造十年》；《郑伯奇日记》，郭沫若纪念馆馆藏)

3日 郑伯奇来访。夜，"同赴音乐会"。(《郑伯奇日记》，郭沫若纪念馆馆藏)

"伯奇那天很有意思把我引去访问厨川白村，我却是谢绝了。我这人，用我们四川话来说，怎么也是有点'不带贵'。不知怎的，我总有点怕见上人。凡是所谓大人名士，我总是有点怕。外国的大人名士不用说，就连吾们贵国的，我也是只好退避三舍的。"(《创造十年》)

4日 晨，与李希贤同往大津，游琵琶湖。晚，从大津乘车赴东京。

据《郑伯奇日记》载："早起赴希贤处，知彼已偕沫若八时许外出赴大津。是夜沫若由大津起身赴东京去矣。"(《郑伯奇日记》，郭沫若纪念馆馆藏)

《创造十年》写道："到了第三天，我觉得在京都想会面的人，都已会了面，虽然所想讨论的事情并没有说上，但已觉得无可再逗留了。我便决意再往东京。闪亭，已故的'中国马克思'，劝我到晚上乘夜车去。他说那样要方便些，到东京时是清早，省得许多麻烦。我听从了他的话，他便陪我去游过一天琵琶湖，京都近旁的一个大湖。""在琵琶湖游了一天，晚间在大津市乘车东上。坐在夜车里，自己免不得又想到杂志上的事情来。怕是只能出季刊罢，能够寄稿的人至多不上十人，又多是有学校缠着，而且散在四方。一年要出四期，怕已经很费事的。季刊用甚么名目呢？夸张一点的便是《创造》，谦逊一点的可以命名为《辛夷》。名目太夸大了，要求实质相副，是很费力的。书局方面拿不出稿费来，这是一件很大的困难。……这些都在萦想中，但想来想去总得不到着落。最大的希望是到东京后，要靠几位有力的友人来决定。"

5日 晨，抵达东京。即去东京帝国大学宿舍找郁达夫，知其生病住院，转去医院探视。与其交谈回国的情况及筹办文学刊物之事。晚，宿医院看护处。(《创造十年》)

郁达夫在《友情和胃病》中写道："吃完了中饭，我起床在病室里走了几步。正在走的时候我的预科的同学K君来了。K君本来住在日本极西的F地方学医的。因为性不近医，近来一步一步的走入文学的圈子里去了，他这一回来是为商量发行一种纯文艺杂志来的。我同他有六七年不见面了。""K君新自上海来的，一讲到上海的新闻杂志界的情形，便摇头叹气的说：'再不要提起！上海的文氓文丐，懂什么文学！近来什么小报，《礼拜六》，《游戏世界》等等又大抬头起来，他们的滥调笔墨中都充溢着竹（麻雀牌）云烟（大烟）气。其他一些谈新文学的人，把文学团体来作工具，好和政治团体相接近，文坛上的生存竞争非常险恶，他们那党同伐异，倾轧嫉妒的卑劣心理，比从前的政客们还要厉害，简直是些Hysteria的患者！还有些讲哲学的人也是妙不可言。德文的字母也不认识的，竟在那里大声疾呼的什么Kant（康德）Nietzsche（尼采），Ubermensch（超人）etc（等）etc（等）。法文的"巴黎"两字也写不出来的先生，在那里批评什么柏格森的哲学。你仔细想想，著作者的原著还没有读过的人，究竟能不能下一笔批评的？'"(《友情和胃病》，上海《平民》周刊10月、11月)

6日 往东京郊外月印精舍访田汉，一同在代代木松林盘桓。晚，宿田汉处。(《创造十年》)

7日 上午，与田汉往东京市内逛上野公园，中午，在六高时同学屠模处午饭。下午，与田汉同看德国表现派电影《格里格里博士》。晚，宿田汉处。(《创造十年》)

8日 上午，去东京帝国大学学生宿舍改盛二馆郁达夫处，偕郁达夫去地质学研究室找张资平。下午，在郁达夫寓所与田汉、张资平、何畏、徐祖正等一起聚谈成立文学社团，办同人刊物之事。确定刊物名《创造》，出季刊，分派各人供稿篇目，丛书也初定几种。(《创造十年》；张资平《曙新期的创造社》，上海《现代》月刊1933年6月第3卷第2期)

"这一次的重逢才会见了好些朋友。会见了资平和何畏，是东大同学们在学校里把他们找来的。无心之间也会见了徐祖正，他在我到京都的时候，已到了东京，那时他好像是和达夫同住在一个馆子里。就在那天下午，在达夫的房间里聚谈了一次，大家的意思也都赞成用'创造'的名目，暂出季刊，将来能力充足时再用别的形式。出版的时期愈早愈好，创刊号的材料，就在暑假期中准备起来。这个会议或者可以说是创造社的正式成立。"(《创造十年》)

张资平在《曙新期的创造社》中所记有所不同："一九二一年春，忽然接到郭给我一张明片。我注意了一下印邮，并不是由福冈寄来的，而是由本东京市寄来的。大意说，昨天到地质学教室来看我，进教室后，好像入了一座迷宫，由这头进去，那一头出来，找不着我。并约我于第二天正午到郁的寓里——第二改盛馆——去会他。郁文是知道我的研究室在三楼上。郭没有和郁同来，所以没有找着我。但是第二天我刚走进研究室，便看见郁、郭两人跟着走入来。于是我也不再研究了，便伴他们同到郁的寓里来。不一刻，田汉也来了。我们只坐着瞎谈，话题都不出异性和电影。郭研究精神病最得意的，把《喀利克利博士》的电影情节讲给我们听。""我在这时候才知道成已经回长沙去了，由郭回上海代替了他的位置，继续我们的文化工作，决定组织文学团体，名叫创造社，出季刊及丛书。丛书经决定了的有郭的《女神》，郁的《沉沦》，朱谦之的《革命哲学》。我的尚未脱稿的《冲积期化石》便编为第四种丛书了。其实一切都是由郭一人的决断才见成功的。""大家再商议季刊第一期的内容。在这间六铺土席的房里，我们不单决定了季刊第一号的内容，也约略拟定了第二三期的内容。"

上旬 致信赵南公，告之赴日以来的情况。

据16日《赵南公日记》载："接沫若自东京来函，言成绩不甚佳。当复一函，请其勿事介绍。致伯春一函，请将沫若函寄福冈，因沫若来信言即返福冈也。"(转自陈福康《创造社元老与泰东图书局》，《中华文学史料》一，

百家出版社1990年6月版）

此信当写于8日之前。——编者注

14日 致信郑振铎，发表于30日上海《时事新报·文学旬刊》第6号，题《致郑西谛先生的信》。继1月上旬致李石岑信中关于处女与媒婆的话题，续谈创作与翻译问题。谓：

"我那处女与媒婆的喻语本不限于文学立说"，"我国近年来新文化运动勃兴，一般青年都很蓬蓬朴朴，努力向上，这是很可乐观的了；但是令人悲观的地方也很不少。谈社会主义的，今天一篇马克司，明天一篇河上肇，我恐怕连能如河上肇一样，取敬虔的态度，直接向《资本论》中去求马克司的精神者，国内怕莫有几个人。"谈哲学、谈科学的，情况也是一样。"不从根本上用功，只是好高骛远，追影捕空，这么浮嚣的态度，西谛先生！可不令人悲观么？""我希望国内能够多出马克司，罗素，柏格森，爱因斯太的忠实的介绍家，我更希望国内能够出个把马克司，罗素，柏格森，爱因斯太那么有独创精神的人物。"

"文学上的翻译事业，就我最近在上海两个月的经验，其实也就不为不热闹了。……翻译自身我并不藐视；对于翻译的功用和困难，自信颇能理解，并且也还有些体验；我所鄙屑——斗胆用这两个字——是那字典万能的翻译家。翻译须寓有创作的精神，这句话是我所承认的，并且是我所愿意极力主张。翻译绝不是容易的事情；要翻译时有创作的精神则对于作者的思想和环境须有彻底的了解，对于作品的内容和表现亦须有充分的研究；所以要做个忠实的翻译家终不是容易的事。"

"媒婆终是不可少的，只要不狂不暴，我也是极端尊重；但是在媒介以上对于翻译事业要求夸张的赞词，我却要踌躇了。……总之，我对于翻译，不求其热闹，宁求其寂寥；不愿在量上图多，宁愿在质上求好。""国内创作界很寂寥我很承认，但是愈不创作，只好愈见寂寥。"

中旬 返回福冈。致信赵南公，告以聚集朋友在东京商议办刊、出书的情况。

据20日《赵南公日记》载："沫若来一函，历叙到东情形。创造杂志大成功，或竟能出月刊；丛书简直不成功。盖杂志短篇有时间性，可草率从事；丛书系永久性，非有实在学问不能出风头，故担任之者鲜也。其敢担任，张资平有《冲积期化石》，郁达夫有《乐园与地狱》、《托尔斯太研究》、《俄罗斯文艺》。前两稿均系小说，大概均在暑假着手，成功在暑假后矣，或竟不成亦未可知。其带去之款已用罄，催汇款。其家属暂不来申。明日当汇款去也。复无为、沫若各一函。"（转自陈福康《创造社元老与泰东图书局》，《中华文学史料》一，百家出版社1990年6月版）

30日 "史的悲剧"《苏武与李陵》发表于上海《学艺》月刊第3卷第2期，仅有"楔子"，系未完稿。由"舞台监督"旁白开场："我们今天为诸君排演的是部新编的历史悲剧。"以一时调大鼓演员的独白及数段鼓词，来讲述汉代名将李广之孙李禹，欲刺杀汉武帝以为其祖李广、父李敢、弟李陵之冤死报仇的故事，以彰显李禹"藐视一切权威的那种反抗的精神"。

"楔子"中之鼓词，曾以《暴虎辞》为题，单独收入上海创造社出版部1928年2月初版《前茅》，并作跋："这首诗是一九二一年夏间的旧诗。这在形式上和内容与前面诸作均不相伦类，但因为它的精神是反抗既成的权威；我所以不能割爱，也把它收在这儿。"后据此收入《沫若文集》第1卷，注写作时间为"1921年8月于日本"，有误；收入《郭沫若全集·文学编》第1卷时，附录最初发表之《楔子》全文。

下旬 致信郑伯奇。

据24日郑伯奇日记载，接郭沫若来信。(《郑伯奇日记》，郭沫若纪念馆馆藏）

本月 从东京返回福冈后，陶晶孙来访，向其介绍办文学刊物之事，邀其写稿。(陶晶孙《记创造社》，《牛骨集》上海太平书局1944年版）

7月

1日 从福冈回到上海。

据《赵南公日记》载："二时，沫若等来到虹口。"（转自陈福康《创造社元老与泰东图书局》，《中华文学史料》一，百家出版社1990年6月版）

◎ 与钱君胥合译小说《茵梦湖》（德·施笃谟原作）由上海泰东图书局作为"世界名家小说"第1种初版发行。1923年10月第6版做了校改。1929年5月第12版列为"创造社丛书"之一种。上海创造社出版部1927年9月以"世界名著选"第5种初版印行。

钱君胥，名潮，系九州帝国大学医学部同学。"那小说的初稿是他译成的。他对于'五四'以后的中国的新体文没有经验，他的初译是采用旧时的平话小说体的笔调，译成了一种解说的体裁，失掉了原作的风格。因此我便全盘给他改译了，我用的是直译体，有些地方因为迁就初译的原故，有时也流于意译，但那全书的格调我觉得并没有损坏。我能够把那篇小说改译出来，要多谢我游西湖的那一段经验，我是靠着我自己在西湖所感受的情趣，把那茵梦湖的情趣再现了出来。"（《创造十年》）

2日 作《郭沫若启事》，刊载于3日、4日上海《时事新报·学灯》。称："沫若从事文学的述作两年于兹，所有一切稿件，均署本名，不曾另用别名，今后亦永远抱此宗旨不改。恐有疑似之处，特此先行申明，有昭己责。"

"回到上海之后很不愉快的是《新晓》的预告中登出了我的名字。那位主任先生（指王靖——编者注）乘着我不在，把我锁好了的书桌的抽箱打开了。""他把我的两篇旧稿取出了。一篇是我译的葛雷的《墓畔哀吟》，另一篇是名叫《Love Lane》的随笔。""主任先生不得到我的许可，便任意打开我的抽箱，攫取我的文字，把我来做他所编的《新晓》的幌子。这使我大不愉快。编辑所里的人都劝我登报声明，于是在《学灯》的一角上，在我回沪的第二天便有我的启事。启事也没有揭穿，只是说有人假借我的名义在外面招摇而已。"（《创造十年》）

据3日《赵南公日记》载："静庐为予言编辑所进行茫无头绪，明日须来一商，否则沫若要去也。予询其故，知王靖以《新晓》二号假名批评《小说月报》，架（嫁）祸于沫若也。王靖性好夸大，真出此言或无心，而听者有意，遂到沫若之耳，而有今日《时事新报》之启事。明日当到编辑所一解决之。"（转自陈福康《创造社元老与泰东图书局》，《中华文学史料》一，百家出版社1990年6月版）

3日 经赵南公介绍，与陈布雷相识。中午赴都益处郑昌等宴请。

"今日为星期。为陈布雷与郭沫若、王靖介绍。沫若来言另有郑昌寿等在都益处请，已允，不能不去。"（《赵南公日记》，转自陈福康《创造社元老与泰东图书局》，《中华文学史料》一，百家出版社1990年6月版）

4日 下午，与赵南公、张静庐商讨编辑所事务，得赵南公授予图书出版审定权。

据本日《赵南公日记》载："一时半，到编辑所，适王靖不在，乃与沫若、静庐商进行。予决定将杂志一律停刊，专出单行本，审定权归沫若。并定将已出版各书一律由沫若审查一遍，如认为有价值者，一律改正定价，门售实价，否则仍旧。以后出书，以此为准。杂志停刊，继续《创造》。""沫若尚在客气，仍欲回福冈译书，予云若如此，则非吾辈初意矣。适王靖返，即以所决者告之，彼亦言《新晓》继续甚难，停刊甚佳。予言审定书籍归沫若，伊似有觉悟。"（转自陈福康《创造社元老与泰东图书局》，《中华文学史料》一，百家出版社1990年6月版）

8日 下午，在编辑所与赵南公谈话。赵南公再次敦请"将已出版新书一律审查，分有价值与无价值，其认为有价值，改正售实洋。以后凡经审定出版，一律如此办法。无价值者听其自然消灭"。（《赵南公日记》，转自陈福康《创造社元老与泰东图书局》，《中华文学史料》一，百家出版社1990年6月版）

15日 留日同乡同学罗某等三人来访，谈日本"赤化"学生事。赵南公"邀赴同兴楼晚饭。"（《赵南公日记》，转自陈福康《创造社元老与泰东图书局》，《中华文学史料》一，百家出版社1990年6月版）

16日 暑假回国的郑伯奇来访，并与赵南公一起同往都益处吃饭。郑伯奇随后搬来泰东编辑所同住。

据《赵南公日记》："三时到店，因雨也。……沫若同郑伯奇来。伯奇陕人，似甚活泼，少顷同出饭于都益处。……热极。饭后同沫若返店，本欲有言，适大松来，保华来，予困极，不觉入睡。"（转自陈福康《创造社元老与泰东图书局》，《中华文学史料》一，百家出版社1990年6月版）

《创造十年》写道："暑假期中，伯奇回到了上海，他和我同住在编辑所里。"

郑伯奇回忆说："起初，赵南公本想请沫若主持编辑部来改变泰东的整个作风。这计划固然很好，但却不易实现。……沫若主张以创造社同人为基础，另外从新编刊一种大规模的综合性的文艺杂志，南公却不免有点踌躇。季刊和丛书同时出版，乃是双方让步的结果。那时仿吾已经回到湖南，资平远在广东，只有沫若一个人和书店折冲，不免有点孤独之感，所以他写信到日本去，叫达夫和我回国来商量。达夫计划本要回来，我在暑假中空闲无事，我们两人便先后回到上海来了。""一九二一年暑假期中，我回到上海。""我先到四马路泰东书局,会见了经理赵南公,他从烟榻上翻起身来殷勤招呼,说沫若刚才来过,知道我今天会到的。不久沫若果然从外边来了。简单地寒暄了几句,我便搬到泰东书局编辑所和沫若同住。"(《二十年代的一面》,重庆《文坛》半月刊,1942年3月、4月、5月、6月和1943年4月连载;《忆创造社》,《文艺月报》1959年第5号、6号、8号、9号)

17日 与朋友同游新世界。(见《赵南公日记》,转自陈福康《创造社元老与泰东图书局》,《中华文学史料》一,百家出版社1990年6月版)

19日 与赵南公同到倚虹楼西餐,商谈编辑所人事。

据《赵南公日记》:"新吾、关云来小谈,沫若来,告以有事请少停,彼等去,予同沫若到倚虹楼西餐,谈编辑所事。予主张形式解散,实际留沫若与邓成均。伊询予意,乃言王靖之无人格,今已完全发现。以今年论,《新晓》本言定由沫若担任,临时乃欲自做主任,尚无不可;复到处大吹大擂,已失学者身份矣。次则《新晓》二期有批评《小说月报》之作,固属可嘉;乃出一假名,扬言为沫若手笔,嫁罪于人,卑劣至极。再次则以不懂日文而假名而影射他人,且有将他人译成之稿改为自著,乃属不知耻。前数日更发生一种不体面之事,伯熙有南洋通电,以不解英文,由予介绍邓成均,通电费每月五十元,各用其半。事本邓所为,乃伪称自作,好名犹可,及款来交伊应转交邓,即作伪亦不妨,不谓竟连款吞没。俟邓与相吵,始转湾交出。凡此种种,皆非所宜为而竟为,不自爱如是,实连类污及于泰东名誉。且与同人均不相处,非去之泰东实进行无望。沈松泉……张静庐……予亦何必养此无益之人哉!故决定解散以辞退以上三人。汝可暂至无锡住三两个月,邓则移至伯熙家,俟了清以后,再另组织。彼言解散甚好,我回福冈仍为泰东做事,凡我等团体内之稿件,决不移他家出版。如有他稿,福冈距此不过三日路程,连审定往还至多半月,亦甚便利。予知误会予意,复为解释之,并询以何办法出之。彼言最好开一会议,大家参加,请你宣布解散理由,依此决定,均无他言。但有一事,王靖、松泉原不要紧,静庐人尚开爽,设去此,恐生活不易。予言彼到宁波《时事公报》,月廿元当可得,无妨。即不解散,彼不久谋得好事,亦须要去,亦无对伊不起之处。至是遂决定,当另函静庐,请于月终到申开会,乃出。彼返编辑所,予到富康里。"(转自陈福康《创造社元老与泰东图书局》,《中华文学史料》一,百家出版社1990年6月版)

中旬 接李石岑来信，转述郑振铎再次邀请加入文学研究会之意，并要求一日内答复，仍婉拒。(《创造十年》)

◎ 替王独清修改所译印度诗人泰戈尔的《新月集》。(《创造十年》)

◎ 初识来编辑部造访的朱谦之，商量出版其所著《革命哲学》之事，后一同住编辑所。

朱谦之由郑振铎、李石岑陪同来访，商请泰东图书局帮助出版《革命哲学》，赵南公即允。该书1921年9月1日由泰东图书局初版发行，并列为"创造社丛书"之第二种。(《创造十年》)

下旬 得朱谦之信，谓无锡风光有希腊风味，也为躲避编辑所的杂乱，偕郑伯奇去镇江、无锡，欲"拿着工作暂时到乡下去做"。在两地游览一周后，苦于蚊虫叮咬，复折回上海。(《到宜兴去》，《孤军》1925年8月第3卷第3期；《创造十年》)

◎ 开始翻译歌德所著小说《少年维特之烦恼》。(《创造十年》)

◎ 婉拒赵南公推荐去安庆法政学校担任英文教习，并遥领泰东图书局编辑的建议，推荐郁达夫去任教职。(《创造十年》)

◎ 萌生返回日本去完成医学学业的想法。

"我在当时已经是在准备退路了。住在日本的时候，就像要发狂的一样想跑回中国、就使有人聘去做中学校的国文教员也自誓可以心满意足的我，跑回上海来前后住了三四个月，就好像猴子落在了沙漠里的一样，又在烦躁着想离开中国了。……所谓纯文艺的杂志仍然没有一点眉目弄出。象我这样没有本领的人，要想在上海靠着文笔吃饭养家，似乎是太僭分了。因此，我又想到还是继续我的学医安全些。"(《创造十年》)

8月

2日 下午，与赵南公同游新世界，并商谈日后行止。拟仍回福冈，遥领泰东职，负责"审定"文学、哲学类书稿。

据《赵南公日记》载："到编辑所，约沫若游新世界，谈进行。予告以前定办法实际上通不过。静庐任便如何不肯他去，王靖以骏民女孩维精与之发生婚姻关系，均愿不支薪金而房子非住不可。予与彼等关系已一年余，此时似不好直接辞去也。故现定请君搬家眷来，可住新乐里，而彼等仍福德里，两不相妨，似较妥当。沫若言仍须返福冈入医学校，再半年即卒业。现所研究者精神科与小儿科，近世文学实与此两科有密切之关系，再入医学非卒业观念，实研究学问非在学校不可。比如到沪以来，日见坠落，其明验也。以泰东关系言之，在福冈与在上海相等，信件往来不过十日。而此后对泰东仍积极的相助，自觉在彼与在此无二，不过稍差此时间耳。且予已函郁达夫继予留此，伊已承认。伊系法学家而兼长文学，较予尚胜一筹也。予言为君计应当卒业，居校中用心专而进益速，实百利而泰东当然稍受影响，但泰东之困难使予无可如何。郁君事拟为荐于安庆法学，盖其校长光明甫系民党，现已脱离政治，专办该校，其计画欲造就一般人才，以为改造安徽之地，故极力延揽人才。昨日周君用吾来予处，云伊来函指名请陶乐勤为英文主任，以彼系研究经济学者，不知彼英文太浅，不能担任，但予已允代觅，请其函询光君教授钟点，其薪金为百七十元。郁君既系法科而长文学，当然能胜此任，即烦速函询郁君。盖如此，君可仍返福冈，泰东薪水仍旧，以后关于文学、哲学归君审定，关于经济、法政归郁君审定，而李凤亭亦在安庆法校，可同担任也。将来如泰东稍有活动，再行集合。沫若对此亦首肯，遂决定照上说办理。嗣乃谈医院事，沫若言福冈同学约廿余人，拟将来集合沪上，创一医院，附设一医学专门学校，为中国医学界放一异彩。予言此非一时所能办到，统候君卒业来沪，再从长计议也。七时半出，到宝利斯得晚餐。复到店小坐，询其小儿病状若何，是否需款。伊言尚不至十分窘困，如有款可汇数十元，允之。彼去，林大松、孙镜湖等来。"（转自陈福康《创造社元老与泰东图书局》，《中华文学史料》一，百家出版社1990年6月版）

5日　《女神》（剧曲诗歌集）由上海泰东图书局作为"创造社丛书"第一种初版发行。收1916年至1921年所作新诗57篇。《序诗》外，共分三辑。第一辑为《女神之再生》《湘累》《棠棣之花》三篇诗剧。第二辑分为："凤凰涅盘之什"，收《凤凰涅槃》《天狗》《心灯》《炉中煤》《无烟煤》《日出》《晨安》《笔立山头展望》《浴海》《立在地球边上放号》；"泛神论者之什"，收《三个泛神论者》《电火光中》《地球，我的母亲！》《雪朝》《登临》《光海》《梅花树下醉歌》《演奏会上》《夜步十里松原》《我是个偶像崇拜者》；"太阳礼赞之什"，收《太阳礼赞》《沙上的脚印》《新阳关三叠》《金字塔》《巨炮之教训》《匪徒颂》《胜利的死》《辍了课的第一点钟里》《夜》《死》。第三辑分为："爱神之什",收《Venus》《别离》《春愁》《司健康的女神》《新月与白云》《死的诱惑》《火葬场》《鹭鹚》《鸣蝉》《晚步》;"春蚕之什",收《春蚕》《"蜜桑索罗普"之夜歌》《晴朝》《岸上三首》《晨兴》《春之胎动》《日暮的婚筵》;"归国吟",收《新生》《海舟中望日出》《黄浦江口》《上海印象》和《西湖纪游》之《沪杭车中》《雷峰塔下》《赵公祠畔》《三潭印月》《雨中望湖》《司春的女神歌》)。

《女神》诸篇在收入创造社出版部1928年6月初版《沫若诗集》时,《凤凰涅槃》《巨炮下之教训》《匪徒颂》等篇的文字有较大改动。人民文学出版社1953年4月第1版《女神》删去3篇,1958年6月第2版恢复原57篇。《女神》后收《沫若文集》第1卷;现收《郭沫若全集·文学编》第1卷。

◎ 诗《晨兴》发表于诗集《女神》。咏道:"月光一样的朝暾/照透了这蓊郁着的森林,/银白色的沙中交横着迷离疏影。//松林外海水清澄,/远远的海中岛影昏昏,/好象是,还在恋着他昨宵的梦境。//携着个稚子徐行,/耳琴中交响着鸡声、鸟声,/我的心琴也微微地起了共鸣。"

7日 晨,与郑伯奇同往学艺社晤何崧龄。

◎ 上午,与郑伯奇同往泰东图书局。

◎ 晚,与郑伯奇同赴大世界晚饭。(《郑伯奇日记》,郭沫若纪念馆馆藏)

8日 夜,与郑伯奇赴新世界听小黑。(《郑伯奇日记》,郭沫若纪念馆馆藏)

9日 应周颂九、郑心南请于一枝香午餐,席间初见胡适。

据《胡适日记》载:"周颂九、郑心南约在一枝香吃饭,会见郭沫若君。沫若在日本九州学医,但他颇有文学的兴趣。他的新诗颇有才气,但思想不大清楚,工力也不好。"(曹伯言整理《胡适日记全编》,安徽教育出版社2001年10月版)

《创造十年》所记有所不同:"大约是带着为我饯行的意思罢,在九月初旬我快回福冈的前几天,梦旦先生下了一通请帖来,在四马路上的一家番菜馆子里请吃晚饭。那帖子上的第一名是胡适,第二名便是区区,还有几位不认识的人,商务编译所的几位同学是同座的,伯奇也是同座的。……这要算是我们自有生以来的最大光荣的一天,和我们贵国的最大的名士见面，但可惜我这个流氓，竟把那样光荣的日期都忘记了。"

"那时胡适大博士受了商务印书馆的聘，听说就是梦旦先生亲自到北京去敦请来的，正在计划着改组商务编译所的大计。大博士进大书店，在当时的报纸上早就喧传过一时。""博士到得很迟，因为凡是名脚登场总是在最后的。——光荣到了绝顶的是，他穿的也是夏布长衫。他那尖削的面孔，中等的身材，我们在那儿的像片上早是看见过的……"

10日　晚，与赵南公、周用吾等在同兴楼就餐。

据《赵南公日记》载：晚7时，"适用吾来，同到同兴楼，沫若、□□已到。饭后到店，催沫若立函郁达夫，促其于八月终返沪，并请其书一函致其妻，另汇七十番。……复无为一函，田汉款先汇卅元，稿速译，并告编辑所解散原因"。（转自陈福康《创造社元老与泰东图书局》，《中华文学史料》一，百家出版社1990年6月版）

12日　与朱谦之往商务印书馆编译所，与胡适交谈。

据本日胡适日记载："到编辑所，朱谦之与郭沫若来谈。"（曹伯言整理《胡适日记全编》，安徽教育出版社2001年10月版）

◎ 晚，出游新世界。（参见《赵南公日记》，转自陈福康《创造社元老与泰东图书局》，《中华文学史料》一，百家出版社1990年6月版）

14日　下午，与钱君匋同访赵南公，并留宿书局店中。

据《赵南公日记》载：下午"四时，沫若同钱君匋来。沫若发寒甚重，遂睡予床。钱君以编辑所多臭虫，愿宿店中。至十时，请他二人睡定。"（转自陈福康《创造社元老与泰东图书局》，《中华文学史料》一，百家出版社1990年6月版）

15日　晚，赴都益处赵南公宴请。

据《赵南公日记》载："九时起。晴，复热，风又止。到店，沫若等起，定今晚在都益处请客。"晚，"予到都益处，席终八时有半"。（转自陈福康《创造社元老与泰东图书局》，《中华文学史料》一，百家出版社1990年6月版）

23日　为朱谦之《革命哲学》一书作序诗，题为《宇宙革命底狂歌》。收上海泰东图书局9月初版《革命哲学》。写道："宇宙中何等的一大革命哟！/新陈代谢都是革命底过程，/暑往寒来都是革命底表现，/风霆雷雨都是革命底先锋，/朝霞晚红都是革命的旗蠢，/海水永远奏着革命底欢歌，/火山永远举着革命底烽火，/革命哟！革命哟！革命哟！/从无极以到如今，/革命哟！革命哟！革命哟！/日夕不息的永恒革命底潮流哟！""革命底精神便是全宇宙底本体了！"

诗后署写作时间地点为"二〇，八、二三，于上海"，有误。

24日 作儿歌《孤寂的儿》。发表于8月28日上海《时事新报·学灯》。写道："今天也是一个人，/昨天也是一个人，/一个人在这砂地上坐下，/捡块瓦片儿来撮砂。/大鸡儿肥了，/小鸡儿肥了。/叽叽叽，叽叽叽！/虫虫儿在处处叫。//哇哇儿想到海边去耍哟，/妈妈又不要哇哇儿去；/走到海那边去了的爹哟爹，/爹爹要几时才肯回来哟？"

9月

4日 与张静庐同至赵南公处，告以拟9日去日本。赵南公谈王靖谎言事。

据《赵南公日记》载："十一时，沫若、静庐来，与沫若谈王靖谎话事。沫若言八日晚下船，九日晨去日本，明日应购船票。询伯奇去否，据云尚有两书，据伊云非译完不去，或竟至月终矣。郁达夫来信，已承认安庆法校英文教员事，催聘书，言月初已自日起程，约日内到申。当另函周用吾询聘书。"（转自陈福康《创造社元老与泰东图书局》，《中华文学史料》一，百家出版社1990年6月版）

6日 外出，晚访赵南公未遇。

据《赵南公日记》载：晚，"到编辑所，楼上下关，无一人。最后觅得伯奇，已入睡。乃喊起，询伯奇沫若何时出门，据云有人请去。嗣邓成均返，告以伯熙请伊一谈。即返店，疑沫若在店候予也。及返，已去。"（转自陈福康《创造社元老与泰东图书局》，《中华文学史料》一，百家出版社1990年6月版）

7日 接郁达夫信，言即将到申，请候其归。

据《赵南公日记》："十一时起。晴。沫若与宗贤走象棋，见予起，即以郁达夫信电交予看，盖将于十一二日到申，请其稍候也。予亦劝其稍候，解决《创造杂志》。沫若本意欲赴十月底之考试，以便明年卒业，但已预备不及，只得候达夫来也。"（转自陈福康《创造社元老与泰东图书局》，《中华文学史料》一，百家出版社1990年6月版）

11日 到虹口接达夫不遇。嗣后接来函，言改期。晚，与赵南公到大雅楼晚餐。（参见《赵南公日记》，转自陈福康《创造社元老与泰东图书局》，《中华文学史料》一，百家出版社1990年6月版）

12日 辞《太平洋》半月刊编辑不就。

据《赵南公日记》："晚间，伯熙来，言章秋白组《太平洋》半月刊英华合刊，请沫若应聘任编辑。予言伊一二日内即返日，恐不成。彼言不妨去询再定。……十时到编辑所，沫若不肯就，乃力荐邓成均。到伯熙处与言邓君，其意似非先看文字不能定规。予允午前后去询邓君，一时须到伊处也。"（转自陈福康《创造社元老与泰东图书局》，《中华文学史料》一，百家出版社1990年6月版）

13日 上午，与早上抵沪的郁达夫同访赵南公。

据《赵南公日记》："十一时，沫若同郁达夫来，即起。晴。询知早间下船，甚好。乃以电话召邓成均来，同到美丽早膳。询邓对于《太平洋》杂志（半月刊）可否担任，伊决绝的答复不能担任，嗣沫若、达夫均愿相助，亦不成。到达夫栈房一看。乃觅伯熙，告以邓不敢担任，可否请王靖。彼亦决绝的拒绝。"（转自陈福康《创造社元老与泰东图书局》，《中华文学史料》一，百家出版社1990年6月版）

14日 下午，与郁达夫、郑伯奇同访赵南公，商《创造》季刊和"创造社丛书"事。晚，宴于同兴楼。

据《赵南公日记》："睡至二时始起。阴雨。沫若、达夫、伯奇等来商。《创造杂志》由达夫担任汇齐编辑，《创造丛书》仍由沫若编辑。晚，宴于同兴楼。周用吾来谈安庆法校事。据云明甫、凤亭均来信，言暂由同事分任，候达夫到。……与伯熙商《太平洋》编辑英文事，先由邓成均担任，即速函仿吾来，万不至误事。请伯熙告知前途，不必再请人。饭后，到店。"（转自陈福康《创造社元老与泰东图书局》，《中华文学史料》一，百家出版社1990年6月版）

15日 到码头打听赴日航船时间。晚大醉。

据《赵南公日记》："沫若来，小坐，到码头询问到日船明日何时，乃返。乃言在明日十时，实则十二时左右也。"夜，"到编辑所，沫若已吃大醉，其言语之间似甚不满于予者，予亦自觉对伊不起也。嗣同出，到裕德池沐浴，彼乃大吐。十二时出，彼与伯奇、达夫同返编辑所，余返

店。"（转自陈福康《创造社元老与泰东图书局》，《中华文学史料》一，百家出版社1990年6月版）

16日 中午启航赴日。郁达夫、郑伯奇、张静庐、邓均吾、毕瑞生等到汇山码头送行。上船后发现钱包被盗，幸得达夫、瑞生临时为之筹措始得成行。

据《赵南公日记》："沫若今日赴日，当到编辑所为之料理似妥，予以精神疲极头痛，乃不能送至船上。遂喊起静庐同达夫、宗贤、成均等去送，予稍休息，告伊等午饭于同兴楼。及彼等返，谓沫若竟将皮夹遗失，约百余元，尚有汇票一纸。达夫去到日邮局一查，不得，即电福冈局不可付款。达夫等交伊四十余元，予代还之。"（转自陈福康《创造社元老与泰东图书局》，《中华文学史料》一，百家出版社1990年6月版）

《创造十年》记载："安庆学堂的事，达夫早有回信，愿意担任。路费汇去了，他是九月初头回来的。他回来之后有四五天光景，我又转回日本。这一次泰东送了我一张二等票，另外又送了我六十大洋。我动身的一天，朋友们把我送到汇山码头上船。送行的有达夫、伯奇、均吾，还有一位新认识的朋友毕瑞生。""上了船，在二等舱的食堂里开了几瓶啤酒，但待我一搜钱包来付账的时候，钱包不知道几时已经被扒手扒去了。真是要命，急得我这个背时倒灶的'流氓痞棍'几乎流出了眼泪来。我那钱包里面不消说泰东送我的六十块钱是放在里面的，另外还有上海朋友托我到日本去买医书的一百块钱。足足一百六十块钱就那样便无翼而飞了。船又临着快要拔锚的时候，身上一个钱都没有，到长崎上了岸便是问题。在这时候我才知道朋友是可感谢的，达夫连忙把他的钱包搜了出来，倾了五十块钱给我。毕瑞生也尽他身上所有的搜了二十七块钱出来。这些钱在后来虽是由泰东抽出来还了的，但在那咄嗟之间，全不顾虑到自己而能倾囊相助不是很可感谢的吗？"

本日《郑伯奇日记》亦有记载："沫若归日。"（《郑伯奇日记》，郭沫若纪念馆馆藏）

29日 与田汉、成仿吾、郁达夫、张资平、郑伯奇、穆木天等"创造社同人"共同署名发表《纯文学季刊〈创造〉出版预告》于上海《时事新报》。宣布《创造》第1期将于1922年元旦出版，并写道："自文化运动发生后，我国新文艺为一二偶像所垄断，以致艺术之新兴气运，渐灭将尽。创造社同人奋然兴起打破社会因袭，主张艺术独立，愿与天下之无名作家共兴起而造成中国未来之国民文学。"

下旬

◎ 作五律一首，无题："白波任卷舒，海水青难喻。携儿步沙岸，影在砂上徙。身得返自然，心复悬桑梓。自念此微躯，不知何处死。"录入致赵南公信。（见于10月5日《赵南公日记》，转自陈福康《创造社元老与泰东图书局》，《中华文学史料》一，百家出版社1990年6月版）

◎ 作五律一首，无题："故国创痍遍，滔滔救者谁。文章无稗益，意气尚葳蕤。半载驱驰倦，三秋苤苢衰。临风望君子，一箪誓无亏。"录入致赵南公信。（见于10月5日《赵南公日记》，转自陈福康《创造社元老与泰东图书局》，《中华文学史料》一，百家出版社1990年6月版）

◎ 三次致信赵南公。

据10月5日《赵南公日记》："又复沫若一函，略述读其第三信叙述带领小孩游览海边高吟诗句之感触。今录其诗于此。"（转自陈福康《创造社元老与泰东图书局》，《中华文学史料》一，百家出版社1990年6月版）

本月

◎ 接获泰东图书局转致武昌高等师范学校邀请担任文科教授聘书，因已折回日本继续医科学业，未就。（《创造十年续编》；《樱花书简》第六十四函，四川人民出版社1981年8月版）

◎ 返校后参加第一部试验。

"大学四年中所受科目分成六部试验。……于当受试验时期中缺考时，每隔半年可以补考。""男在第二学年时所当受的试验没有受他……去年九月转日时，才把第一部试验受了。"（参见《樱花书简》第六十四函，四川人民出版社1981年8月版）

10月

4日 作诗《夕阳时分》，原无题。发表于上海《创造》季刊1922年5月第1卷第1期，见《海外归鸿》第一信。咏道："……我羡慕那帆船中的舟人，/他们是何等自由，何等如意！/他们好像那勇壮的飞鹰，/两只桡儿便是他们的双翅。//儿对着那些风光非常欢娱，/我的心中却隐隐有殷忧难慰，/啊，可怜我桡儿断了，翅儿折了，/只蹭蹬在一只破了的船里。"

初收上海创造社出版部1928年6月初版《沫若诗集》,题《夕阳时分》;后收《沫若文集》第1卷《集外》;现收《郭沫若全集·文学编》第5卷。

5日 作诗《重过旧居》,发表于上海《创造》季刊1922年5月第1卷第1期,见《海外归鸿》第一信。咏道:"……这是我许多思索的摇篮,/这是我许多诗歌的产床。/我忘不了那净朗的楼头,/我忘不了那楼头的眺望。//我忘不了博多湾里的明波,/我忘不了志贺岛上的夕阳,/我忘不了十里松原的幽闲,/我忘不了网屋汀上的渔网。//我和你别离了百日有奇,/又来在你的门前来往;/我禁不着我的泪浪滔滔,/我禁不着我的情涛激涨。……"

初收上海创造社出版部1928年6月初版《沫若诗集》,改题作《泪浪》;后收《沫若文集》第1卷,删去两节诗文;现收《郭沫若全集·文学编》第5卷。

◎ 致信田寿昌、张资平,告以郁达夫来信相约:"我们赶快做点东西。"(《海外归鸿》第一信,上海《创造》季刊1922年5月第1卷第1期)

6日 致信郁达夫。发表于上海《创造》季刊1922年5月第1卷第1期,见《海外归鸿》第一信。详述返日后的心境以及看到《创造》出版预告后之担心。写道:

"离上海才两礼拜,我的心境完全有隔世之感。在上海闷对着浮嚣的世界,时时想远遁,如今转到福冈来,无名的烦恼依然缠缚着我。前礼拜去上了几天课来,那种刻板样的生活真要把我闷死。见惯了的滑稽戏子登场,唱一幕独白剧,时而在墨色的背景上画东画西。我只全身发烧,他口中唱着陈占五百年的剧本台词,一点也不曾钻进我的耳里。……上了一礼拜的课,到今礼拜来,率性又'撒波'起来了,率性在家里闭门读书……

"今天在旧书中翻出几张司空图的《诗品》来。这本书我从五岁发蒙时读起,要算是我平生爱读书中之一。我尝以为诗的性质绝类禅机,总要自己去参透。参透了的人可以不立言说,参不透的人纵费尽千言万语,也只在门外化缘。……诗品这部书要算是禅宗的'无门关'呢。他二十四品,各品是一个世界,否,几乎各句是一个世界。刚才读他'沈著'一品,起首两句'绿衫野屋,落日气清'这是何等平和净洁的世界哟!……"

"《创造》我昨日早在《时事新报》上看见了。同人们都在希望我们的杂志早出版，资平日前正在写信来问。我在上海逗留了四五个月，不曾弄出一点眉目来，你不到两礼拜，便使我们的杂志早有诞生的希望。你的自信力真比我坚确得多呢！……我见了预告之后，于感得快意的里面，同时增添了无限的责任心。我们旗鼓既张，当然要奋斗到底。"

接着，信上描写了博多湾的情景，又写道："海滨沙岸上，排列着许多渔船。我每每挟着书册来此等船中昼寝。我很相信'灵感产生于悠闲'，我有许多作品，也多在这儿产生出来的呢。""我这封信极力在想运用写实的笔致。因为我偏于主观，很想锻炼对于客观的观察力。"

收上海泰东图书局1933年9月初版《沫若书信集》。

◎ 译诗《放浪者的夜歌》（德国歌德原作）。发表于上海《创造》季刊1922年5月第1卷第1期，见《海外归鸿》第一信。收上海创造社出版部1928年5月初版《沫若译诗集》。

◎ 译诗《Seraphine 第十六首》（德国海涅原作）。发表于上海《创造》季刊1922年5月第1卷第1期。见《海外归鸿》第一信。

8日 作诗《创造者》。发表于上海《创造》季刊1922年5月第1卷第1期，为该刊代发刊词。呼唤"要努力创造！"："初升的旭日，／照入我的诗心。／秋风吹，／吹着庭前的月桂。／枝枝摇曳，／好像在向我笑微微。／吹，吹，秋风！／挥，挥，我的笔锋！我知道神会到了，／我要努力创造！""我幻想着首出的人神，／我幻想着开辟天地的盘古。／他是创造的精神，／他是产生的痛苦。……他在无极之先，／他在感官之外，／他从他的自身，／创造个光明的世界。""生花的彩笔哟，／请借与我草此《创造者》的赞歌，／我要高赞这最初的婴儿，／我要高赞这开辟鸿荒的大我。"

初收上海创造社出版部1928年6月初版《沫若诗集》；又收上海现代书局1928年8月初版《沫若诗全集》，个别词语有改动；后收《沫若文集》第1卷；现收《郭沫若全集·文学编》第5卷。

9日 致信赵南公。寄《创造者》一诗，嘱作《创造》季刊创刊之卷头词。（见《海外归鸿》第三信）

10日 致信郁达夫。发表于上海《创造》季刊1922年5月第1卷第1期，题《海外归鸿》第三信。称："狭隘的国家主义我久不为所束缚了。你前回说是见过我《箱崎吊古》一诗，那诗的原稿我昨天寻出，自己读了一遍，觉得作那诗时的心境真是种奇迹呢。我今后对于自然，很想除却一切历史观念的拘束，如实地去认识她。"又道："来了两封信，一封是你的，一封是宗白华由柏林寄来的。白华对于《创造》也极表同情，他将来也许会有著作寄来呢。他是专门研究文化哲学的，他的造就真是不可限量。他的通信处另纸写上，你就由我此信介绍，直接和他通信罢。《创造》出版后他教每期给他寄一册去，我一方面自然要通知南公。"

收上海泰东图书局1933年9月初版《沫若书信集》。

◎ 作诗《南风》。发表于上海《创造》季刊1922年5月第1卷第1期，总题《诗五首》。"南风自海上吹来，/松林中斜标出几株烟霭。/三五白帕蒙头的青衣女人，/殷勤勤地在焚扫针骸。//好幅典雅的画图，/引诱着我的步儿延伫。/令我回想到人类的幼年，/那恬淡无为的泰古。"

初收上海泰东图书局1923年10月初版《星空》；又收上海创造社出版部1928年6月初版《沫若诗集》；后收《沫若文集》第1卷；现收《郭沫若全集·文学编》第1卷。

上旬 作诗《我的狂歌》。发表于上海《创造》季刊1922年5月第1卷第1期，见《海外归鸿》第一信。"全宇宙都已赤化了哟！/热烈的一个炸弹哟！/地球的头胪打破了！/血液向天飞，天也赤化了！/血液向海流，海也赤化了！/地球快要死灭了！/跳舞哟！狄仪所司！/快唱着地球的葬歌！"

诗原无题，篇题据《〈女神〉及佚诗》。——编者注（《〈女神〉及佚诗》，人民文学出版社2008年6月版）

13日 作诗《白云》。发表于上海《创造》季刊1922年5月第1卷第1期，总题《诗五首》。抒发对于大自然的赞美："鱼鳞斑斑的白云，/波荡在海青色的天里；/是首韵和音雅的，/灿烂的新诗。……"

初收上海泰东图书局1923年10月初版《星空》；又收上海创造社出版部1928年6月初版《沫若诗集》；后收《沫若文集》第1卷；现收《郭沫若全集·文学编》第1卷。

14日 作诗《新月》，发表于上海《创造》季刊1922年5月第1卷第1期，总题《诗五首》。以儿歌的形式，赞赏在夕阳晚照中刚刚升起的初月："小小的婴儿，/坐在檐前欢喜，/拍拍着两两的手儿。/又伸伸着向天空指指。//夕阳的返照，/还淡淡地晕着微红，/原来是黄金的月镰，/业已现在西空。"

初收上海泰东图书局1923年10月初版《星空》；又收上海创造社出版部1928年6月初版《沫若诗集》；后收《沫若文集》第1卷；现收《郭沫若全集·文学编》第1卷。

中旬 致信已返回京都的郑伯奇。

据20日《郑伯奇日记》载，接郭沫若来信。(《郑伯奇日记》，郭沫若纪念馆馆藏)

20日 作诗《雨后》。发表于上海《创造》季刊1922年5月第1卷第1期，总题《诗五首》。描绘雨后博多湾的景色："……海上泛着银波，/天空还晕着烟云，/松原的青森！……有两三灯火，/在远远的岛上闪明——/初出的明星？"

初收上海泰东图书局1923年10月初版《星空》；又收上海创造社出版部1928年6月初版《沫若诗集》；后收《沫若文集》第1卷；现收《郭沫若全集·文学编》第1卷。

24日 作诗《天上的市街》。发表于上海《创造》季刊1922年5月第1卷第1期，总题《诗五首》。描绘出一幅美丽星空的图画："远远的街灯明了，/好像闪着无数的明星。/天上的明星现了，/好像点着无数的街灯。……你看，那浅浅的天河，/定然是不甚宽广。我想那隔河的牛女，/定能够骑着牛儿来往。//我想他们此刻，/定然在天街闲游，/不信，请看那朵流星，/那怕是他们提着灯笼在走。"

初收上海泰东图书局1923年10月初版《星空》；又收上海创造社出版部1928年6月初版《沫若诗集》；后收《沫若文集》第1卷；现收《郭沫若全集·文学编》第1卷。

下旬 致信郑伯奇。

据11月2日《郑伯奇日记》载，接郭沫若来信。(《郑伯奇日记》，郭沫若纪念馆馆藏)

11月

5日 译诗《对月》（德国歌德原作）。发表于上海《创造》季刊

1922年5月第1卷第1期，见《海外归鸿》第二信。初收上海创造社出版部1927年10月初版《德国诗选》，又收上海创造社出版部1928年5月初版《沫若译诗集》。

6日　致信郁达夫。发表于上海《创造》季刊1922年5月第1卷第1期，题《海外归鸿》第二信。批评国内的翻译作品，认为：国内翻译作品粗制滥译，"令人可以满意的，确是寥寥无几"。"我们国内的创作界，幼稚到十二万分（日本的《新文艺》杂志本月号，有一篇《支那小说界之近况》，笑骂得不堪），连外国文的译品也难有真能负责任——不负作者，不负读者，不欺自己——的产物；也无怪乎旧文人们对于新文学不肯信任了。……我相信这确是一种罪过：对于作者蒙以莫大的污辱，对于读者蒙以莫大的误会。这样地介绍文艺，不怕就摇旗呐喊，呼叫新文学的勃兴，新文学的精神，只好骇走于千里之外。"

又批评国内的文艺批评，认为："我国的批评家——或许可以说是没有——也太无聊，党同伐异的劣等精神，和卑陋的政客者流不相上下，是自家人的做作译品，或出版物，总是极力捧场，简直视文艺批评为广告用具；团体外的作品或与他们偏颇的先入见不相契合的作品，便一概加以冷遇而不理。他们爱以死板的主义规范活体的人心，甚么自然主义啦，甚么人道主义啦，要拿一种主义来整齐天下的作家，简直可以说是狂妄了。我们可以各人自己表张一种主义，我们更可以批评某某作家的态度是属于何种主义，但是不能以某种主义来绳人，这太蔑视作家的个性，简直是专擅君主的态度了。批评不可冷却，我们今后一方面创作，一方面批评，当负完全的责任：不要匿名，不要怕事，不要顾情面，不要放暗箭。我们要大胆虚心佛情铁面，堂堂正正地作个投炸弹的健儿！我尤希望《创造》出版后，每期宜专辟一栏，以登载同人互相批评的文字，用六号字排出最好。"

收上海泰东图书局1933年9月初版《沫若书信集》。

◎ 译诗《放浪者的夜歌》（一）（德国歌德原作）。发表于上海《创造》季刊1922年5月第1卷第1期，见《海外归鸿》第二信。初收上海创造社出版部1927年10月初版《德国诗选》，又收上海创造社出版部1928年5月初版《沫若译诗集》。

上旬　两次致信郑伯奇。

5日、7日《郑伯奇日记》均记载：接郭沫若来信。(《郑伯奇日记》，郭沫若纪念馆馆藏)

下旬 接赵南公信，知田汉有日记体《蔷薇路》寄泰东，询能否收入"创造社丛书"。

据20日《赵南公日记》载："致沫若一函，告其田寿昌已来稿名《蔷薇路》，日记体裁自十月十日起，至卅一日止，已三千五百余言，以后当续出，可否编入《创造丛书》？又，彼等欲编'童话辑'，可否承受？均请其复函再定。"(转自陈福康《创造社元老与泰东图书局》，《中华文学史料》一，百家出版社1990年6月版)

《蔷薇之路》于1922年5月由泰东图书局出版发行，但未纳入"创造社丛书"。据《创造十年》记载，成仿吾看到此书，甚有意见，曾致信郭沫若说："他不知道寿昌为甚么要把那样的文字来出版，他对于他的前途真是绝望了。"1922年田汉毕业回国，偶然看见此信，因与成仿吾关系破裂，并成为其较早脱离创造社之一肇因。

12月

8日 晨，作诗《洪水时代》。发表于上海《学艺》杂志1922年1月第3卷第8号。歌颂上古时代夏禹治水的英雄业绩，并渴望第二次洪水时代的到来："哦，皎皎的月轮／早被稠云遮了。／浪漫的幻景／在我眼前闭了。／我坐在岸上的舟中，／思慕着古代的英雄，／他那刚毅的精神／好像是近代的劳工。／你伟大的开拓者哟，／你永远是人类的夸耀！／你未来的开拓者哟，／如今是第二次的洪水时代了！"

初收上海泰东图书局1923年10月初版《星空》；又收上海创造社出版部1928年6月初版《沫若诗集》；后收《沫若文集》第1卷；现收《郭沫若全集·文学编》第1卷。

上旬 致信郑伯奇。

据7日《郑伯奇日记》载，接郭沫若来信。(《郑伯奇日记》，郭沫若纪念馆馆藏)

15日 致父母亲信。谓："元弟阴十月十一日一信，今日奉到。开封隔着半透明的纸早隐约看见父亲底真容，早便流下了泪来。八年不见父亲，父亲的面容比从前不同得多了，寿纹比从前要多些，要深些了。"

"母亲的像觉得比八年前还要康健一样。儿想在明年暑假定要回家一次。"

"七妹已平安否？甚挂念。儿媳归宁后已回家否。八年不见，总觉令人可怜。"

"元弟写来的木芙蓉一诗，很有深意。但是还嫌莫有解放得干净。要做旧诗，就要严守韵律，要做新诗，便要力求自然。诗是表情的文字，真情流露的文字自然成诗。新诗便是不假修饰，随情绪之纯真的表现而表现以文字，打个比喻如像照相。旧诗是随情绪之流露而加以雕琢，打个譬比如像画画。总之要新就新，要旧就旧，不要新旧杂糅，那就不成个物什了。所以做诗——尤其是做新诗——总要力求'醇化''净化'，要力求homogeny harmony。所以做新诗总不宜拘拘于押韵，须知没韵也能成诗，近代的自由诗，散文诗，都是没韵的抒情文字。以下我写几则做新诗的原则在后。

"1. 要有纯真的感触，情动于中令自己不能不'写'。不要凭空白地去'做'。所以不是限题做诗，是诗成后才有题。

2. 表显要力求真切，不许有一毫走踬。

3. 要用自己所有的言辞，不得滥用陈套语和成语。

4. 不要拘拘于押韵，总要自然。要全体都是韵。

5. 作一诗时，须要存个前无古人后无来者的心理。要使自家的诗之生命是一个新鲜鲜的产物，具有永恒不朽性。这么便是'创造'。

6. 全体的关系须求严密，不得用暧昧语。……暧昧与深邃不同，不要误会。抒情的文字惟最自然者为最深邃，因为情之为物最是神奇不可思议的天机。

7. 要有余韵，有含蓄。

"以上是随手写出来的，其余由弟自行去领会了。我看教三儿们读书作文最好是应用同种的原则，总要使学者自发其心花，不要生抢活夺地只剪些纸花在枯枝上贴。"

(《樱花书简》第六十三函，四川人民出版社1981年8月版)

中旬　致赵南公信。

据20日《赵南公日记》载："接沫若一函。"(转自陈福康《创造社元老与泰东图书局》，《中华文学史料》一，百家出版社1990年6月版)

本 年

◎ 与陶晶孙、何畏、郁达夫、徐祖正、刘恺元等人办一同人油印小刊物《Green》（格林），汇集大家的创作，相互传看，以征求意见，共出两期。(《〈木犀〉附白》；陶晶孙《〈音乐会〉书后》，《陶晶孙选集》，人民文学出版社1995年5月版）

◎ 作历史剧《棠棣之花》第二幕。发表于上海《创造》季刊1922年5月第1卷第1期。叙聂政在濮阳桥畔与严仲子相会。严仲子告以三五日内韩相侠累要与秦国连横，会于东孟，当是刺杀侠累的好机会。聂政慨然应允，在互赠宝剑之后，遂飞速独往韩城去了。

幕前说明谓："此剧第一幕第一场《聂政之家》，叙聂政家庭生活；第二场《聂母墓前》，叙聂政将赴濮阳访严仲子，与其姊嫈在母墓前诀别，此场在去年《时事新报》双十节增刊上已发表。此处所揭第二幕，叙聂政在濮阳桥畔与严仲子相会。第三幕叙姊弟之死，初稿待推敲处甚多；将来全剧完成后，拟出单行本以问世。"

"在《棠棣之花》里面我表示过一些歌颂流血的意思，那也不外是诛锄恶人的思想，很浓重地带着一种无政府主义的色彩。"（《创造十年》）

◎ "谢绝了"北京大学欲作"文科教习"之聘。（《樱花书简》第六十四函，四川人民出版社1981年8月版）

◎ 从德文本翻译安徒生童话《没有画的画谱》，未译完。（《创造十年续编》）

1921、1922年间

◎ 作诗《好像是但丁来了》，为《好像是但丁来了》（诗十首）之一，发表于上海《创造》季刊1923年2月第1卷第4期。"好像是但丁来了！/风在哀叫，/海在怒号，/周遭的宇宙——/地狱底的深牢！//……我不怕净罪山的艰险，/我不想上那地上的乐园！"

初收上海泰东图书局1923年10月初版《星空》；又收上海创造社出版部1928年6月初版《沫若诗集》，篇题及总题均改作《Paolo之歌》；后收《沫若文集》第1卷；现收《郭沫若全集·文学编》第1卷。

在十首诗发表于《创造》季刊时，篇末有"附注"（"十一年十二月八日志"），写道："这些诗是去年冬天和今年春夏之交的时候做的，全体本没有甚么连络，只是我自己的心泉随着'时间的潮流'闪动过的波迹罢了。"

◎ 作诗《暗夜》，为《好像是但丁来了》（诗十首）之二，发表于上海《创造》季刊1923年2月第1卷第4期。"天上没有月光，/街坊上的人家都在街上乘凉。/我右手抱着一捆柴，/左手携着个三岁的儿子，/我向我空无人居的海屋走去。//……儿子抱在我手里，/眼泪抱在我眼里。"

初收上海泰东图书局1923年10月初版《星空》；又收上海创造社出版部1928年6月初版《沫若诗集》；后收《沫若文集》第1卷；现收《郭沫若全集·文学编》第1卷。

◎ 作诗《冬景》，为《好像是但丁来了》（诗十首）之三，发表于上海《创造》季刊1923年2月第1卷第4期。感叹："海水怀抱着死了的地球，/泪珠在那尸边跳跃。""我不知道还是该唱军歌？/我不知道还是该唱薤露？"

初收上海泰东图书局1923年10月初版《星空》；又收上海创造社出版部1928年6月初版《沫若诗集》；后收《沫若文集》第1卷；现收《郭沫若全集·文学编》第1卷。

◎ 作诗《夕暮》，为《好像是但丁来了》（诗十首）之四，发表于上海《创造》季刊1923年2月第1卷第4期。"一群白色的绵羊/团团睡在天上，/四围苍老的荒山/好象瘦狮一样……"

初收上海泰东图书局1923年10月初版《星空》；又收上海创造社出版部1928年6月初版《沫若诗集》；后收《沫若文集》第1卷；现收《郭沫若全集·文学编》第1卷。此诗还曾由邓尔敬谱曲，收入1939年6月出版之《林钟》。

◎ 作诗《春潮》，为《好像是但丁来了》（诗十首）之五，发表于上海《创造》季刊1923年2月第1卷第4期。"睡在岸舟中仰望云涛，/原始的渔人们摇着船儿去了。/阳光中波涌着的松林/都在笑说着阳春已到！//我的灵魂哟，阳春已到！/你请学着那森森的林木高标/自由地，刚毅地，稳慎地，/高标出，向那无穷的苍昊！"

初收上海泰东图书局1923年10月初版《星空》；又收上海创造社出版部1928年6月初版《沫若诗集》；后收《沫若文集》第1卷；现收《郭沫若全集·文学编》第1卷。

◎ 作诗《新芽》，为《好像是但丁来了》（诗十首）之六，发表于上海《创造》季刊1923年2月第1卷第4期。"新芽！嫩松的新芽！/比我拇指还大的新芽！/一尺以上的新芽！/你是今年春天的纪念碑呀！/生的跃进哟！春的沉醉哟！"

初收上海泰东图书局1923年10月初版《星空》；又收上海创造社出版部1928年6月初版《沫若诗集》；后收《沫若文集》第1卷；现收《郭沫若全集·文学编》第1卷。

◎ 作诗《大鹫》，为《好像是但丁来了》（诗十首）之七，发表于上海《创造》季刊1923年2月第1卷第4期。咏叹："西比利亚的大鹫！/你不搏家兔，不击驯鸠，/你是圣雄主义的象征哟，/哦，西比利亚的大鹫！"

初收上海泰东图书局1923年10月初版《星空》；又收上海创造社出版部1928年6月初版《沫若诗集》；后收《沫若文集》第1卷；现收《郭沫若全集·文学编》第1卷。

◎ 作诗《地震》，为《好像是但丁来了》（诗十首）之八，发表于上海《创造》季刊1923年2月第1卷第4期。经历地震有感："地球复活了！/一切的存在都在动摇！/但是只有一瞬时/又归沉静了——"

初收上海泰东图书局1923年10月初版《星空》；又收上海创造社出版部1928年6月初版《沫若诗集》；后收《沫若文集》第1卷；现收《郭沫若全集·文学编》第1卷。

◎ 作诗《两个大星》，为《好像是但丁来了》（诗十首）之九，发表于上海《创造》季刊1923年2月第1卷第4期。"婴儿的眼睛闭了，/青天上现出了两个大星。/婴儿的眼睛闭了，/海边上坐着个年少的母亲。""爱呀，你莫用唤醒他罢，/婴儿开了眼睛时，/星星会要消去。"

初收上海泰东图书局1923年10月初版《星空》；又收上海创造社出版部1928年6月初版《沫若诗集》；后收《沫若文集》第1卷；现收《郭沫若全集·文学编》第1卷。

◎ 作诗《石佛》，为《好像是但丁来了》（诗十首）之十，发表于上海《创造》季刊1923年2月第1卷第4期。"我沿着古寺徐行。/古寺内石佛一尊。/佛哟，痴人！/你出了家庭做甚？/赢得个石头冰冷，/锁着了你的灵魂。"

初收上海泰东图书局1923年10月初版《星空》；又收上海创造社出版部1928年6月初版《沫若诗集》；后收《沫若文集》第1卷；现收《郭沫若全集·文学编》第1卷。

1922年（壬戌 民国十一年）30岁

1月12日 香港海员六千多人在苏兆征、邓发等领导下，为增加工资开始举行大罢工。2月1日香港十余万工人举行总罢工并最终取得胜利。

1月15日 刘延陵、朱自清、俞平伯等创办第一个新诗刊物《诗》月刊在上海刊行。

本月 吴宓主编的综合性刊物《学衡》在南京创刊。

4月29日 第一次直奉战争爆发。后以奉系失败告终。

5月4日 孙中山下令北伐。

5月7日 胡适主编的《努力周报》在北京创刊。

7月16日至23日 中国共产党第二次全国代表大会在上海召开。大会通过了《中国共产党章程》《中国共产党加入第三国际》《世界大势与中国共产党》和《民主的联合战线》等决议。

8月17日 中共中央在杭州西湖召开特别会议。共产国际代表马林与会。会议讨论并同意共产国际代表关于共产党员以个人身份加入国民党，同国民党实行党内合作的提议，建立统一战线。

8月25日 李大钊陪同苏俄代表越飞与孙中山会晤。

1月

11日 致信父母亲。禀告：

"日前奉到北京来款四百元之后，不久又奉到渝城聚兴诚汇款，并且自去年十二月起，官费复活，近来男之生活已非常富裕矣。余款尚有四百元之数现存银行，可备不时之用。二老请勿过为男虑，家中今后亦请勿再行筹费汇兑也。去年回国时，本想舍去医业，因为性既不近，耳又不聪，继续学医，断无多大成就，所以决心抛弃，回了上海。继经友人劝勉，家函督率，务必以完成医业为指趣，所以于去年九月又不得不折回日本。在日本学医，想要从大学毕业时，至少当在十年以上。"

"男在第二学年时所当受的试验没有受他，因为早有心抛弃医学故。去年四月回国，因此迟了一年。现刻尚在第三学年也。去年九月转日时，才把第一部试验受了，因为赶不及，第二部试验尚未受。第二部试验拟在今年三月尾上受。不久即至，目下在从事准备矣。第六部试验拟在今年九月内受。其余第三、四、五部在明年三月受完，便毕业。屈指计算，自目前至毕业，只有一年的光阴耳，转瞬即至也。男既已决心转回日本，当然要把学校考毕业才算事。"

信末附言："去年武昌师范北京大学曾欲聘男当文科教习，男都谢绝了。"（《樱花书简》第六十四函，四川人民出版社1981年8月版）

23日 作《少年维特之烦恼序引》讫。发表于上海《创造》季刊5月第1卷第1期。写道：

"此书几乎全是一些抒情的书简所集成，叙事的分子极少，所以我们与其说是小说，宁说是诗，宁说是一部散文诗集。""诗之本质，决不在乎脚韵之有无。有韵者可以为诗，而有韵者不必尽是诗，告示符咒，本是有韵，然吾人不能说他是诗。诗可以有韵，而诗不必定有韵。读无韵之抒情小品，吾人每每称其诗意葱茏。由此可以知道诗之生命别有所在。"

"我译此书，于歌德思想有种种共鸣之点。此书主人公维特之性格，便是'狂飚突进时代'（Sturm und Drang）少年歌德自身之性格，维特之思想，便是少年歌德自身之思想。歌德是个伟大的主观诗人，他所有的著作，多是他自身的经验和实感的集成。我在此书中，所有共鸣的种种思想：

"第一，是他的主情主义：他说，'人总是人，不怕就有些微点子的理智，到了热情横溢，冲破人性底界限时，没有甚么价值或至全无价值可言。'……他说，他智所能知的，甚么人都可以知道，只有他的心才是他自己所独有。他对于宇宙万汇，不是用理智去分析，去宰割，他是用他的心情去综合，去创造。……

"第二，便是他的泛神思想：泛神便是无神。一切的自然只是神底表现，我也只是神底表现，我即是神，一切自然都是我的表现。人到无我的时候，与神合体，超绝时空，而等齐生死。人到一有我见的时候，只见宇宙万汇和自我之外相，变灭无常而生生死存亡之悲感。万物必生必死，生不能自持，死亦不能自阻。……此力即是创生万汇的本源，即是宇宙之意志，即是物之自身，能与此力瞑合时，则只见其生而不见其死，只见其常而不见其变。……

"第三，是他对于自然的赞美：他认识自然是为一神之所表现。自然便是神体之庄严相，所以他对于自然绝不否定。他肯定自然，他以自然为慈母，以自然为友朋，以自然为爱人，以自然为师傅。……他亲爱自然，崇拜自然，自然与之以无穷的爱抚，无穷的慰安，无穷的启迪，无穷的滋养，所以他反抗技巧，反抗既成道德，反抗阶级制度，反抗既成宗教，反抗浮薄的学识……不错，人到忘机于自然的时候，硬有时候连诗歌美术也还觉其多事，更何有于学问，道德，宗教，阶级呢！

"第四，是他对于原始生活的景仰：原始人底生活，最单纯，最朴质，最与自然亲眷。崇拜自然，赞美自然的人，自然不能不景仰到原始生活去了。……

"第五，是他对于小儿的尊崇。……小儿如何有可以尊崇之处？我们请随便寻一个对象来观察罢，你看他终日之间无时无刻不是在倾倒全我以从事于创造，表现，享乐。小儿底行径正是天才生活底缩型，正是全我生活底楷范！"

初收上海泰东图书局4月初版《少年维特之烦恼》；又收上海光华书局1925年12月初版《文艺论集》；后收《沫若文集》第10卷，文字有改动；现收《郭沫若全集·文学编》第15卷。

2 月

4 日 晨，作诗《星空》。发表于上海《创造》季刊8月第1卷第2期。咏道："美哉！美哉！／天体于我，／不曾有今宵欢快！／人生诚可赞爱！／永恒无际的合抱哟！／惠爱无涯的目语哟！／太空中只有闪烁的星和我。""泪珠一样的流星坠了，/已往的中州的天才哟！/可是你们在空中落泪？/哀哭我们坠落了的子孙，/哀哭我们坠落了的文化，/哀哭我们滔滔的青年／莫几人能知/那是参商，那是井鬼？悲哉！悲哉！/我也禁不住滔滔流泪……""可惜那青春的时代去了！/可惜那自由的时代去了！/唉，我仰望着星光祷告，/祷告那青春时代再来！/我仰望着星光祷告，/祷告那自由时代再来！/鸡声渐渐起了，/初升的朝云哟，我向你再拜，再拜。"

初收上海泰东图书局1923年10月初版《星空》；又收上海创造社出版部1928年6月初版《沫若诗集》；后收《沫若文集》第1卷；现收《郭沫若全集·文学编》第1卷。

10日 作散文《今津纪游》。发表于上海《创造》季刊8月第1卷第2期。记述了往博多湾畔今津寻访"元寇防垒"史迹，一路观览的见闻、感触。

初收上海泰东图书局1923年10月初版《星空》；又收上海新兴书店1929年12月初版《山中杂记及其他》；后收《沫若文集》第7卷；现收《郭沫若全集·文学编》第12卷。

23日 作诗《伯夷这样歌唱》，原无题，为诗剧《孤竹君之二子》中伯夷的放歌独白。《孤竹君之二子》发表于上海《创造》季刊1923年2月第1卷第4期。1928年2月3日修改后以此篇题收入上海创造社出版部1928年6月初版《沫若诗集》。写道："啊啊，你万恶不赦的夏启呀！""你敢在公产制度的天下中创下家天下的制度，/你擅自捏造个人形的上帝，顶在头胪。/……你徒使后人效尤，/制出了许多礼教，许多条文，/种下了无穷无际的罪和不幸。/啊，你私产制度的遗恩！/你偶像创造的遗恩！/比那洪水的毒威还要剧甚！""可怜无告的人类哟！他们教你柔顺，教你忠诚，/教你尊崇名分，教你牺牲，/教你如此便是礼教，如此便是文明；/我教你们快把那虚伪的人皮剥尽！/你们回到这自然中来，/……可怜无告的人们哟！快醒！醒！/我在这自然之中，在这独善的大道之中，/高唱着人性的凯旋之歌，表示欢迎！"

在诗剧中，独白部分为散文形式，独立成篇收入《沫若诗集》则改断作诗行。

3月

10日 作《歌德对于自然科学之贡献》。发表于3月23日上海《时事新报·学灯》歌德纪念号。写道:"吾人的精神活动,有两种主要形式:一种是美的直观的活动,一种是智的推理活动。""诗圣歌德于诗歌小说戏曲及其他姊妹艺术方面,已能发展其莫大之天才,而于自然科学之方面亦曾有莫大贡献。理学大家霍谟和志(Eelmholtz)赞美以为近代科学的倾向之前驱,有名的唯物一元论者赫克尔(Haeekel)更推尊为进化论之倡导者。吾人陶醉于其艺术的精华之余,而瞻仰其九十年前对于自然研究所取之步趋,总不能不叹服其天才之绝伦,而起肃敬神驰之景仰。'十八世纪欧罗巴之一绝大奇迹',尼采(Nietsche)之赞词,可以抵当一部歌德评传而无遗憾。"

文章讲述了歌德毕生研究自然科学之史实,盛赞歌德为"十八世纪欧罗巴之一绝大奇迹"。谓:"科学上之发现乐与文艺上之创作乐,并一身而兼两之,吾人不能不敬仰歌德之天才,吾人不能不羡慕歌德之幸福。"

4月

1日 小说《残春》脱稿。发表于上海《创造》季刊8月第1卷第2期。写爱牟的同学贺君在回国的途中自杀遇救,爱牟去医院看他,在医院认识了纤巧美丽但患有肺病的护士小姐S姑娘,对S生了爱怜。于是,便有了爱牟梦中与S姑娘在笔立山幽会,S袒开胸脯要爱牟为她诊病,正当此时,同伴来说,他的妻子把两个孩子杀了,回到家里,妻子又拿刀向他杀来,爱牟从梦中惊醒。

初收上海泰东图书局1923年10月初版《星空》;又收上海新兴书店1929年12月初版《山中杂记及其他》,光华书局1930年10月初版改题作《山中杂记》;后收《沫若文集》第5卷;现收《郭沫若全集·文学编》第9卷。

小说发表后,立即引起了不同意见的争论。

摄生在10月12日《时事新报·学灯》上发表文章,批评小说"平淡无味"，说，读了"简直不知道全篇的高潮在什么地方"，结局"也没有深的含意与连络"。成仿吾则在《〈残春〉的批评》一文中认为："在我们今日贫乏极了的文艺界，这篇总不能不说是有特彩的一篇作品。""这篇小说若不注意看去时，是很平淡的，然而过细看起来，才不能不说这正是他的妙处了。"又道："一方面我们对于一篇作品，不可把外界的任何形式去束缚她，他方面我们对于作者也不可干涉他的新发明的或特创的方法。他的方法有效没有效，可以成问题，然而不能因为不多见的缘故，就把他鄙弃了。"作者亦写了一篇《批评与梦》，就《残春》的创作作答。

2日 童话剧《广寒宫》作讫。发表于上海《创造》季刊8月第1卷第2期。以儿歌和诗剧形式写牛郎织女鹊桥相会的故事："天河涓涓水在流，/隔河织女恋牵牛。可怜身无双飞翼，/可怜水上无行舟。//可怜水上无行舟，/窈窕心中生暗愁。愁到清辉减颜色，/愁如流水之悠悠。//愁如流水之悠悠，/悠悠此恨何时休？织就绢丝三百两，/织成鸦鹊十三头。//织成鸦鹊十三头，/放入尘寰大九州。采来地上之香木，/采来天上效绸缪。//采来天上效绸缪，/天河之上鹊桥浮。桥头牛女私相会，/桥下涓涓水在流。"

初收上海泰东图书局1923年10月初版《星空》；又收上海创造社出版部1928年6月初版《沫若诗集》；后收《沫若文集》第1卷；现收《郭沫若全集·文学编》第1卷。

10日 译著《少年维特之烦恼》（德国歌德原作）由泰东图书局作为"创造社丛书·世界名家小说"之第二种初版发行。后再版十余次，并有创造社出版部、上海联合书店、上海现代书局、重庆群益出版社等多种版本出版。

5月

1日 与郁达夫先后编辑完成之《创造》季刊第1卷第1期，由上海泰东图书局出版发行（刊物上作3月15日）。初为竖排，7月改版为横排，开同行业刊物横排之先。

"《创造》季刊既已预告在明年的正月一号出版，发稿至迟便当得在十二月以前。那第一期的稿件，除达夫的那篇《茫茫夜》之外，通是我集成的。我在十一月以前已经陆续把稿件集齐交给了达夫，只期待着到了正月一号便可以如期出版，但不料第一期便愆了期。愆期的原因就是等达夫的那篇《茫茫夜》。达夫是心雄万夫的人，如在一种刊物中，他自己的文章不能压卷，他是不肯苟且的。他在二三月间才把稿子发出，发了稿之后便回到日本受毕业试验；第一期自然没有经过他的勘校和指点，一直迟到五月一号才出了版。产生出来的结果倒还马马虎虎可以过去，单是《茫茫夜》的一篇已经是拍案惊奇的大文字了。但是那排版的拙劣，校对的荒疏，在新文化运动以来的刊物中怕要算是留下了一个纪录。有一位热心朋友替我们统计过，一册创刊号的错字在二千以上。还有同时出版的《少年维特之烦恼》，错误在五百以上。"（《创造十年》）

◎ 作《补白》刊于上海《创造》季刊第 1 卷第 1 期："蔷薇花本没有伤人的意志，/但她因为不愿受贪鄙者的攀折/所以也带了全身的利刺了。"

本月 月末，张资平来访，与陶晶孙送行至门司。

"五月杪，我决意回国了。""回一别十年的故国去了。船泊门司，我便搭车来福冈看郭。一踏进门，便看见郭穿着大学的制服在灶角里生火，我在这时候，也认识了陶晶孙。我把《一般冗员的生活》和《木马》给郭看。他略看了一会，便说带到上海去交给泰东好了。同时带来的还有两篇文章，一篇是滕固的《壁画》，一篇是方光焘的描写小猫之死的短篇，也一并交给泰东了。第二天一早，郭陶两人还特事搭车送我到门司来。"（张资平《曙新期的创造社》，上海《现代》月刊1933年6月第3卷第2期）

6 月

24 日 作《批判意门湖译本及其他》。发表于上海《创造》季刊8月第1卷第2期。就长沙青年学会的《青年文艺》杂志与中国新诗社的两卷《诗》做评论。认为："文艺是迫于内心的要求之所表现，同人杂志正是应乎这种要求的表现机关，所以他的内容当然和坊间专以推广销路为目的的刊行物不可同日而语了。""日前奉到湖畔诗社寄赠《湖畔》一卷，读了很生一种欣慰的感觉，因为他那种极谦婉的态度，那种纯真的'美的意识'之流泻,是最足令人生爱慕的。"又道:"我对于新诗社诸君的努力表莫大的敬意。""诗形解放的运动乃是通乎世界的一个普遍的潮流。法国一部分的诗人为解放其种种传统的诗形而模仿俳谐,日本诗人于今却极力解放俳谐和歌之格调而采取自由诗律。日本文坛上三十一字的和歌虽尚未十分失坠其传统的势力,至于俳谐的文艺上的位置与价格,则浸浸乎微乎其微了。法人不明俳谐之真相而虚以标榜,日人逆输入之以满足其民族的自负心。我们似可更无捧心效颦削足就履之必要。"接着,借唐性天译《意门湖》的出版(文学研究会出版,商务印书馆发行),批评说:

"我国的翻译家每每有专卖的偏性,拟译一种著作,自家还没有着手,便预先打一张广告出去,要求他人勿得重译;这种无理的要求,这种滑稽的现象,怕是我们国内独无仅有的了。去年在上海时,早得见《意门湖》的预告,我早就希望唐君能纠正我们见解的错误,能补足我们天分的不足,使得《茵梦湖》的本来面目得与读者亲近。我在此蓄着满腔的期待揭开意门湖一书。我先看了那首铁牢儿地方的民谣,唉!——我不知怎么写下去的好——我不禁大失所望了!""我们相信译诗的手腕决不是在替别人翻字典,决不是如象电报局生在替别人翻电文。诗的生命在他内含的一种音乐的精神。至于俗歌民谣尤以声律为重。翻译散文诗,自由诗时自当别论,翻译歌谣及格律严峻之作,也只是随随便便地直译一番,这不是艺术家的译品,这只是言语学家的解释了。我始终相信,译诗于直译,意译,之外,还有一种风韵译。字面,意义,风韵,三者均能兼顾,自是上乘。即使字义有失而风韵能传,尚不失为佳品。若是纯粹的直译死译,那只好屏诸艺坛之外了。"

同时,针对沈雁冰批评《创造》的文章,给予反驳。

夏

◎ 举家迁入抱洋阁居住。陶晶孙也搬来同住。

"博多湾中的筑港工事中止了,那座像王宫一样的抱洋阁,渐渐萧条了起来,终至不能经营,在一九二二年的春间,全部拍卖了。

买了抱洋阁的是新起的博多湾沿海铁道会社,买来打算改成公司的办事所。但在未改公司之前,空了有半年光景。公司派了一位技师看守,但那技师和福冈市上的一位伎女姘上了，兼顾不到抱洋阁来。他便托了一位在抱洋阁附近住着的工头代他管理。工头的家和我们的寓所相隔不远。我们在那箱崎町上住了已经三年，自然是相识的，逢年过节也时而有些往还。那工头的老板娘想到自己一家人住在那王宫一样的抱洋阁里，在扫除上要大感困难；同时她的经纶似乎也很不弱，她利用那技师的弱点，便私自把抱洋阁的一部分向我们开放了出来，那临海的几层楼房便成为了我们的居室。""晶孙本来要迟我一年，但因为我回上海去停了半年学，我们便同在一班了。……我们迁进抱洋阁之后，他也一同搬了来，寄居在二楼的临海的一室里。"（《创造十年》；武继平《郭沫若留日十年》，重庆出版社2001年3月版）

7月

2日 为创造社社务，从日本返回上海。

"六月尾上学校放了暑假，泰东给我寄了一百块钱的路费来，我在暑假期中又回到上海。最先在马霍路的楼上把《创造》季刊第一期和《少年维特之烦恼》来校勘了一遍。"（《创造十年》）

◎ 途中思念成仿吾，作诗二首，无题。初录于10日致成仿吾信，发表于上海《创造》季刊8月第1卷第2期成仿吾《诗二首》之后。咏道："仿吾哟，我们别来已一年了！/去年是我两人同归，/今年却是我一人独自。/啊，海上的白鸥何处去了？//仿吾哟，我昨夜梦见你时，/梦见你的面容有些浮肿。/你该不是病了么？/你该不是得了心脏病么？/啊，海上的白鸥何处去了？"

初收上海创造社出版部1928年6月初版《沫若诗集》，题作《白鸥》，文字有增加改动；后收《沫若文集》第1卷；现收《郭沫若全集·文学编》第5卷。

3日 作《辛夷集·小引》。收上海泰东图书局1923年4月初版《辛夷集》。写道："有一天清早，太阳从东海出来，照在一湾平如明镜的海水上，照在一座青如螺黛的海岛上。/岛滨砂岸，经过晚潮的洗刷，好像面着一张白绢的一般。/近海处有一岩石洼穴中，睡着一匹小小的鱼儿，是被猛烈的晚潮把他抛撒在这儿的。""一个穿白色的唐时装束的少女走了出来。她头上顶着一幅素罗，手中拿着一支百合，两脚是精赤裸裸的。她一面走，一面唱歌。她的脚印，印在雪白的沙岸上，就好像一瓣一瓣的辛夷。/她在沙岸上走了一会，走到鱼儿睡着的岩石上来了。/……她不言不语地，不禁涌了几行清泪，点点滴滴地滴在那洼穴里。洼穴处便汇成一个小小的泪池。/少女哭了之后，她又凄凄寂寂地走了。/鱼儿在泪池中便渐渐苏活了转来。"

"因为在民国五年的夏秋之交有和她的恋爱发生，我的作诗欲望才认真地发生了出来。……《辛夷集》的序也是民五的圣诞节我用英文写来献给她的一篇散文诗，后来把它改成了那样的序的形式。"（《我的作诗的经过》，东京《质文》月刊1936年11月第2卷第2期）

6日 为郁达夫所作《创造》季刊创刊号《编辑余谈》作补充，刊载于《创造》季刊第1卷第1期横排改版本。谓："本志有改版之必要的原因是一、初版错误太多，二、自第二期起，改用横排，须求画一。里封面及各栏面图样均出自陶晶孙兄之手。"

上旬 由马霍路迁居民厚南里泰东书局编辑所。

"马霍路狭隘的楼房又添了南公老板的两位亲戚，实在住不下了，他在哈同路民厚南里便顶下了一家一楼一底的房子。我回上海不一个礼拜的光景，便搬到哈同路去了。那儿比马霍路要清静一些，起初是一个人住着，也觉得很舒服。不久我便把《创造》季刊的第二期编出了。"（《创造十年》）

◎ 高梦旦、郑心南来访不遇。

"就在我移到民厚南里之后没两天，高梦旦先生和郑心南同学又来访过我一次，适逢其会我又不在寓里。那时候商务的编译所已经改组成四部，心南在担任理化部的主任，何公敢在担任庶务部的主任，凡是稿件上的交涉都是由公敢经手的。不久公敢也来找我，他说梦旦的意思是叫他和我订下一个契约。凡是我的著译可不经审查，售稿时著作千字五元，翻译千字四元。"（《创造十年》）

10日 致信成仿吾，发表于上海《创造》季刊8月第1卷第2期，附成仿吾《诗二首》后。写道："仿吾！我自从去年年底得到你这两首诗之后，至今彼此都无信息了。我今回暑假，于七月二日又折返上海来了。我在动身之前一夜梦见了你，梦见你还穿着大学的制服，你的面容有些浮肿了。我在门司上船的时候，是晶孙送我上船，你的身影瞬刻不曾离我。仿吾！你还记得么？我们去年同船回国，在门司相见的时候，我们话不尽的愉欢，立在船板上，对着那碧海晴空，欣然无语。那时有几支白鸥在海上飞去飞来，作种美妙的舞姿，好象在欢送我们的一样。仿吾！你还记得么？但是我此次回来，海天依旧，白鸥却一支也不能看出，我流着眼泪写了一首诗来：《白鸥何处去了？》……仿吾，我读你的诗时总要流眼泪，我想你读我这两节诗，定也会要流眼泪的了。我们的眼泪异地同流，纵使世界恶浊到万分，我们是同住在'泪的天国'里，我也不觉得寂寞，仿吾，我想你也怕是这样罢？"

成仿吾在1921年就职长沙兵工厂后，曾于10月13日和11月中旬写了《长沙寄沫若》和《岁暮长沙晚眺》两诗寄郭沫若。诗中详细记述了4月两人一同归国观海、重履故土、共游西湖以及自己只身返湘的感受。

11日 夜，作《编辑余谈》，发表于上海《创造》季刊8月第1卷第2期。阐述创造社宗旨说：

"我们是最厌恶团体之组织的：因为一个团体便是一种暴力，依恃人多势众可以无怪不作。

"自《创造》第一期出版后，有多少朋友写信来要求加入，问及入社的程序等等；我们能得多少朋友为我们表同情，这是我们所由衷感悦的了。

"但是我们这个小社，并没有固定的组织，我们没有章程，没有机关，也没有划一的主义。我们是由几个朋友随意合拢来的。我们的主义，我们的思想，并不相同，也并不必强求相同。我们所同的，只是本着我们内心的要求，从事于文艺的活动罢了。朋友们！你们如是赞同我们这种活动，那就请来，请来我们手儿携着手儿走罢！我们也不要甚么介绍，也不经甚么评议，朋友们的优秀的作品，便是朋友超飞过时空之限的黄金翅儿，你们飞来，飞来同我们一块儿翱翔罢！"

20日 郁达夫毕业回国，来到上海，与其同住泰东图书局编辑所新址。

之后，张闻天、吴明、汪馥泉时来走访，朱自清也来过一两次。因《创造》发行不畅，与郁达夫外出饮酒买醉，自比孤竹君之二子。

"达夫在春间把东大的毕业试验通过了以后，早已回到安庆服务。他利用着暑假也到上海来了，他便和我同住在民厚南里里面。那时候肯到寓里来的有张闻天、吴明、汪馥泉诸人，他们当时似乎住在民厚北里，差不多每天都要来一次。来时谈话的对象多是达夫，和我是少有交涉的。文学研究会的诗人朱自清也来过一两次，他完全象一位乡先生，从他的手里能写出一些清新的诗，我觉得有些诧异。"（《创造十年》）

一天晚上，因为与文学研究会的论争，又听赵南公说《创造》季刊初版2000部还剩下500部没有销掉，内心产生了极大的哀感，"感觉着国内的文艺界就和沙漠一样"，于是"两个人挽着手走出店门，就在四马路上一连吃了三家酒店"。"两个人怕足足吃了三十几壶酒"。"我连说'我们是孤竹君之二子呀！结果是只有在首阳山上饿死！'……我们决定请仿吾出来主持社务。"（《创造十年》）

◎ 复信王独清。发表于上海《创造》季刊11月第1卷第3期，附郑伯奇致王独清书后。说："你写给我的信我早接到了。伯奇这封信就好像代我答复了你的一样，我无庸再挥酸汗了。我望我们大家努力。"

当时尚在法国留学的王独清曾欲在里昂的湖边自杀，后改变主意走向了新生之路。郑伯奇说王独清欲自杀不出"生之不安与爱之痛苦"，劝其要更加执着于生。

21日 作《论文学的研究与介绍》。发表于7月27日上海《时事新报·学灯》。针对沈雁冰、郑振铎在《小说月报》和《文学旬刊》上关于翻译浮士德等书，"不是现在切要的事"，"不经济"，"个人研究与介绍给群众是完全不相同的两件"等观点，阐述了文学的研究和翻译介绍的意义。

"我以为凡为批评家对之翻译品要下批评时，只能于译品成功之后，批评其功机之纯不纯，批评其译文之适不适，始能因而及其效果，绝不能预断其结果之不良，而阻遏人自由意志，这种是专擅君主的态度，这种批评超过批评家的本分太觉辽远了。"

歌德的《浮士德》"据我自家研究的结果，据我自家所能理解的程度，他确是一种超过时代的作品，他是确有可以介绍的价值的。我相信凡为真正的文学上的杰作，他是超过时代的影响，他是有永恒生命的。文学和科学不同……文学是精赤裸裸的人性的表现，是我们人性中一点灵明的情髓所吐放的光辉，人类不灭，人性是永恒存在的，真正的文学是永有生命的。""文学的好坏，不能说是他古不古，只能说是他醇不醇，只能说是他真不真。""我们要介绍西洋文艺，绝不是仅仅翻译几篇近代的作品，便算完事的呢。就是要对于近代人的作品，纵则要对于古代思想的渊流，文潮代涨的波迹，横则要对于作者的人生，作者的性格，作者的环境，作者的思想，加以彻底的研究，然后才能无所咎负。"

初收上海光华书局1925年12月初版《文艺论集》；又收其后1929年5月订正本、1930年6月改版本的《文艺论集》；后收《沫若文集》第10卷，文字有所改动；现收《郭沫若全集·文学编》第15卷。

收入《沫若文集》时，修改了关于文学的概念，将"文学是精赤裸裸的人性的表现"一段，改作"文学是人生的表现。人生虽然随时代而转变，但转变了的时代面貌却被保存于文学之中，而为后代借鉴。因而文学永有生命"。

"在那时文学研究会的人和我们已经是有些隔阂了。发起时的劝诱经了寿昌的不置答复，去年夏间劝了我两次参加，我又婉谢了。《创造》季刊出预告时，达夫又暗射了他们'垄断文坛'。于是乎在不知不觉之间便结起了仇怨。《文学旬刊》上早就有好些文章在嘲骂我们，例如骂颓废派的'肉欲描写者'便是指郁达夫；骂'盲目的翻译者'便是指我和寿昌。《创造》季刊出版之后更蒙沈雁冰以郎损的笔名加了一次酷评，所谓文学研究会是人生派，创造社是艺术派、颓废派，便一时甚嚣尘上起来。我们的刊物是季刊，大家都不住在上海，因此对于别人的攻击，只有忍受。但我们毕竟还年青，一回到上海，便逼到了不能忍受的地步。就在那样的情形之下有达夫的《血与泪》的那篇小说写出，那是嘲弄雁冰和振铎诸人在当时所空吹的'血泪文学'的。我也有《论文学之研究与介绍》和《论国内评坛》的两篇文字，在正式地和他们交绥。……文学研究会和创造社并没有什么根本的不同，所谓人生派与艺术派都只是斗争上使用的幌子。……现在看来，那时候的无聊的对立只是在封建社会中培养成的旧式的文人相轻，更具体地说，便是行帮意识的表现而已。"（《创造十年》）

8月

2日 作《论国内的评坛及我对于创作上的态度》。发表于8月4日上海《时事新报·学灯》。首先批评了国内批评界中"一种极不好的习气",说:"批评家每每藏在一个匿名之下,谈几句拢统活脱的俏皮话来骂人"。"批评家为主义而战,名真理而战,原是正常的天职;不过为尊重主义起见,为尊重真理起见,为尊重论敌的人格起见,总应该采取严肃的态度,堂堂正正地布出论阵来"。然后论述了从事创作的态度:

"我是一个偏于主观的人……我自己觉得我的想象力实在比我的观察力强。我自幼便嗜好文学,所以我便借文学来以鸣我的存在,在文学之中更借了诗歌的这只芦笛。"

"我又是一个冲动性的人……我回顾我所走过了的半生行路,都是一任我自己的冲动在那里奔驰;我便作起诗来,也任我一己的冲动在那里跳跃。我在一有冲动的时候,就好像一匹奔马,我在冲动窒息了的时候,又好像一只死了的河豚。"

"不过我对于艺术上的见解,终觉不当是反射的 Reflective,应当是创造的 Creative。前者是纯由感官的接受,经脑精的作用,反射地直接表现出来,就譬如照像的一样。后者是由无数的感官的材料,储积在脑精中,更经过一道滤过作用,酝酿作用,综合地表现了出来,就譬如蜜蜂采取无数的花汁酿成蜂蜜的一样。我以为真正的艺术,应得是属于后的一种。所以锻炼客观性的结果,也还是归于培养主观,真正的艺术品当然是由于纯粹的主观产出。"

"至于艺术上的功利主义的问题,我也曾经思索过。假使创作家纯以功利主义为前提以从事创作,上之想借文艺为宣传的利器,下之想借文艺为糊口的饭碗,这个我敢断定一句,都是文艺的堕落,隔离文艺的精神太远了。"

"文艺本是苦闷的象征,无论他是反射的或创造的,都是血与泪的文学。……个人的苦闷,社会的苦闷,全人类的苦闷,都是血泪的源泉,三者可以说是一根直线的三个阶段,由个人的苦闷可以反射出社会的苦闷来,可以反射出全人类的苦闷来"。

"总之我对于艺术上的功利主义的动机说,是不承认他有成立的可能性的。……我更是不承认艺术会画分出甚么人生派与艺术派的人。这些空漠的术语,都是些无聊的批评家不消说我是在说西洋的虚构出来的东西。我认定艺术与人生,只是一个晶球的两面,只如我们的肉体与精神的关系一样，他们是两两平行，绝不是互为君主臣仆的。"

初收上海光华书局1925年12月初版《文艺论集》，删除了文末一大段文字；又收其后1929年5月订正本、1930年6月改版本的《文艺论集》；后收《沫若文集》第10卷，文字有较大改动；现收《郭沫若全集·文学编》第15卷。

收入初版本《文艺论集》时，文末删除的那段长文字写道："我这篇文字的动机，是读了沈雁冰君《论文学的介绍的目的》一文而感发的。雁冰君答复我的这篇评论的态度是很严肃的，我很钦佩。不过在落尾处有一段论作家的文字，我还嫌稍微隐约含糊了一点。至于括弧中'猪'的一句骂詈语，因为我读书太少，我还不知道出处。但是骂我国的同胞是'猪'，这是我们听惯了，见惯了的。倚资本主义为爪牙，倚物质文明为利器的东西洋人，骂我们无抵抗能力的中国人是'猪'，这是我们听惯了，见惯了的。我觉得我们中国的现状，混沌到不可明状的地步，并不是'猪'的人太多，实在是'非猪'的人太多了的缘故。一些买些东西洋人烂枪旧炮来在我们头上蹂躏着的军阀，一些采仿资本主义来在我们心坎上吸吮着的财东，这些都是'非猪'的东西洋人的高足弟子，我们中国的糜烂都是他们搅出来的。我在此诚恳地劝告沈雁冰君：这些'非猪'的人尽可以诅咒，不要再来诅咒我们可怜的同胞，我们可怜的失了抵抗能力的一群羊儿——或者可以说是猪儿。这种骂法觉得使我们伤心得很！雁冰君的答辩，本来再想从事设论，不过我在短促的暑假期内，还想做些创作出来，我就暂且认定我们的意见的相违，不再枝叶的争执了。我们彼此在尊重他人的人格的范围以内，各守各的自由罢。"

收入《沫若文集》时的重要改动有：将"文艺本是苦闷的象征"，改作"文艺如由真实生活的源泉流出"。将"主要的眼目，总要在苦闷重围中，由灵魂深处流泻出来的悲哀……不然，只抱个死板的概念去从事创作，这好像用力打破鼓"，改作"主要的眼目，总要有生活的源泉。由灵魂……只抱个概念去创作，不从生活实践出发，好像用力打破鼓"等。

4日 晚，与郁达夫登门邀请郑振铎等参加《女神》纪念会。

5日 赴西藏路一品香旅社出席《女神》纪念会。参加纪念会的有郁达夫、郑振铎、沈雁冰、谢六逸、庐隐、汪静之、应修人等人。

"虽然和文学研究会的人有些意见，但也并不曾怎样的决裂。记得在八月初头达夫发起过一次'女神会',是纪念出版后满了一周年的我的诗集《女神》。这种聚会在日本是常有的,好事的达夫要把它输入中国。""在开会的头一天晚上,达夫拉着我到闸北去找振铎,请他们参加。振铎那时候是一个人住在一层楼房里,书架上陈列着不少的古书。在深处的一角,一张长条的书桌后面,有圆顶的罗纹帐子罩着一尊小巧的床,那床想来定是单人用的钢丝床了。振铎高兴地答应参加,并答应要多多邀约些文学研究会的同人出席,想借这个机会来组织作家协会。开会是在晚上,地点是在一品香,文学研究会的同人到的有振铎、雁冰、谢六逸和卢隐女士诸人,日本帝大出身的同学也到了不少。那回雁冰先生在席上确是含着敌忾地演说过一次,组织协会的事情就没有提起。席终后在屋顶上还拍过照,但那次的照片我不曾看见过,也不知道它的下落。"(《创造十年》)

◎ 纪念会后邀汪静之、应修人同往寓所畅谈。

"郁达夫、郭沫若以前我都没有见过,在会上一见如故,会结束后,郭沫若要我和修人一起回他们的住处。郭说他已看过《蕙的风》(8月1日出版的)。他们创造社的三个人住在泰东书局编辑部……那夜谈得很好,郭沫若很喜欢我,像对待一个小孩子。"(《汪静之自述生平》,《汪静之先生纪念集》,上海书画出版社2002年9月版)

14日 作《〈卷耳集〉序》。发表于1923年9月4日上海《中华新报·创造日》第42期。首先说明这个集子是从《诗经·国风》中选译的四十首"男女间相爱恋的情歌",不管顽儒们说是"离经叛道",还是新名士称为"在旧纸堆中寻生活",古诗今译"这个小小的跃试",还是有意义的。然后阐释:"我对于各诗的解释,是很大胆的。所有一切古代的传统的解释,除略供参考之外,我是纯依我一人的直观,直接在各诗中去追求它的生命。""我译述的方法,不是纯粹逐字逐句的直译。我译得非常自由,我也不相信译诗定要限于直译。太戈儿把他自己的诗从本加儿语译成英文,在他《园丁集》的短序上说过:'这些译品不必是字字直译——原文有时有被省略处,有时有被义释处。'他这种译法,我觉得是译诗的正宗。我这几十首译诗,我承认是受了些《园丁集》的暗示。""我们的民族,原来是极自由极优美的民族。可惜束缚在几千年来礼教的桎梏之下,简直成了一头死象的木乃伊了。可怜!可怜!可怜我们最古的优美的平民文学,也早变成了化石。我要向这化石中吹嘘些生命进去,我想把这木乃依的死象苏活转来。"

初收上海泰东图书局 1923 年 8 月初版《卷耳集》；后收《沫若文集》第 2 卷；现收《郭沫若全集·文学编》第 5 卷。

18 日　诗《月下的 Sphinx——赠陶晶孙》发表于上海《时事新报·学灯》。写道："木星照在当头，/照着两个'司芬克司'在走。/夜风中有一段语声泄漏——//一个说：/好像在尼罗河畔/金字塔边盘桓。//一个说：/月儿是冷淡无语，/照着我红豆子的苗儿。"

初收上海泰东图书局 1923 年 10 月初版《星空》，改题作《月下的"司芬克司"——赠陶晶孙》；又收上海创造社出版部 1928 年 6 月初版《沫若诗集》；后收《沫若文集》第 1 卷；现收《郭沫若全集·文学编》第 1 卷。

◎ 诗《苦味之杯》发表于上海《时事新报·学灯》。抒发面对社会现实寂寥苦闷的心情："群星消沉，/美丽的幻景灭了。/晨风在窗外呻吟，/我们日日朝朝新尝着诞生的苦闷。//啊啊，/人为什么不得不生？/天为甚么不得不明？/苦味之杯哟，/我为甚么不得不尽量倾饮？"

初收上海泰东图书局 1923 年 10 月初版《星空》；又收上海创造社出版部 1928 年 6 月初版《沫若诗集》；后收《沫若文集》第 1 卷；现收《郭沫若全集·文学编》第 1 卷。

◎ 诗《静夜吟》发表于上海《时事新报·学灯》。咏叹："天河何处？/远远的海雾模糊。/怕会有鲛人在岸，/对月流珠？"

初收上海泰东图书局 1923 年 10 月初版《星空》，改题作《静夜》；又收上海创造社出版部 1928 年 6 月初版《沫若诗集》；后收《沫若文集》第 1 卷；现收《郭沫若全集·文学编》第 1 卷。

◎ 诗《偶成》发表于上海《时事新报·学灯》。咏道："月在我头上舒波，/海在我脚下喧豗，/我站在海上的危崖，/儿在我怀中睡了。"

初收上海泰东图书局 1923 年 10 月初版《星空》；又收上海创造社出版部 1928 年 6 月初版《沫若诗集》；后收《沫若文集》第 1 卷；现收《郭沫若全集·文学编》第 1 卷。

19 日　夜，作独幕剧《月光——此稿献于陈慎侯先生之灵》。发表于上海《学艺》月刊 10 月第 4 卷第 4 号。以剧中主人公筹办《孤军》杂志之事，祭悼时当壮年，却积劳成疾，不幸病逝的《孤军》杂志编辑陈慎侯。

初收上海泰东图书局1923年10月初版《星空》,现收《郭沫若全集·文学编》第6卷。

"我对于政治问题发生了一些关心的,是在这个时候。那时商务编译所里有一批人,便是后来的'孤军派',集合起来要出一种政治性的刊物。主脑是陈慎侯,此外大多是帝大出身的同学。他们的主张,起初是以'约法'为中心,主张恢复'约法'以维系中国的大局。他们说,这种主张是和当时主张'好人政府'的胡适派,主张劳农革命的共产党成鼎足的。他们的杂志本可以在商务出版,因为不便说话,便托我介绍由泰东刊行,因此我也被视为了准同人之例。在他们开会讨论的时候,我也列过几次席。我那时候的知识实在不足以参加他们的讨论。我每次都是旁听,并没发言。不过我觉得他们的议论总是有点迂阔,他们主张护法,主张裁兵,在当时自然谁也都感着切要。但怎样来实现呢?靠着一本杂志的宣传,能使当时破坏约法的、拥着私兵的督军们觉悟吗?我对于他们的主张,出马便有点怀疑……所以我就采取了好意中立。"(《创造十年》)

◎ 作诗《月下的故乡》,咏道:"我自从离却了我月下的故乡,那浩淼茫茫的大海,我驾着一只扁舟,沿着一道小河,逆流而上。/上流的潮水时来冲打我的船头,我是一直向前,我不曾回过我的柁,我不曾停过我的桨。/不怕周围的风波如何险恶,我不曾畏缩过,我不曾受过他们支配,我是一直向前,我是不曾回过我的柁,不曾停过我的桨。/我是想去救渡那潮流两岸失了水的人们……"

初收上海创造社出版部1928年6月初版《沫若诗集》;后收《沫若文集》第1卷;现收《郭沫若全集·文学编》第5卷。

24日 作《民谣集·序》。收何中孚编《民谣集》,上海泰东图书局1924年7月出版。写道:"古人称民间的歌谣叫着'风',真是把歌谣的性质,表示得恰好了。""一部《国风》,要算是我国最古的一部民谣集了。古时原有采诗的官,由民间采集些歌谣来献给政府,政府借以知道民间的状态。采诗之制,在古时虽说纯是为的一种政治的目的,然同时在文艺史上竟开出了一朵永不凋谢的白莲。""采诗之制久失,散在我们民间的没字的文学,不知道有多少了。采诗之制久失,生在我们民间死在我们的歌谣,也不知道更有多少了。近数年来有多少明达之士,极力提倡收集，在各地的报刊杂志上亦多所散见，但汇集成书之举，迄今似乎尚无人从事。吾友何中孚君于职司儿童教育之余，采集浙西民谣六十首以成此书，而求序于我。我本川人。此书内容，多为吾川所无，但不少佳妙之作。鄙意以为如各地有志之士，见何君此书而各事收集，汇以成册，以便于作比较的研究，将来书成日多，再经一道严峻的删定，则我国又可以有一部新的国风出现了。"

25日 所作《补白》7则，刊载于上海《创造》季刊第1卷第2期。写道："宇宙的核心是悲哀，是寂寞；这是艺术家的幽栖。""美的底流是悲哀的情调。""古人说：诗是穷而后工。据我想来，也怕是工而后穷。诗是一切艺术的精华，做到至工处是能除去得一切的繁缛，表现出内心中一点灵明的情髓。悟得到这步境地，做得到这步境地，谁还肯与扰攘尘俗争馒头！不欲穷，又何从而得呢？""概念诗是做不得的。批评家可以在诗里面去找哲学；做作家不可把哲学的概念去做诗。诗总当保得是真情的流露。太戈儿式的短诗，有多少只是 Aporim，不是诗了。"

◎ 作两则《曼衍言》刊载于上海《创造》季刊第1卷第2期。其中一则写道："昨夜梦见太戈尔。/他向我说道：'你们中国诗人，都是些唱戏的猴子。'/我说：'怎么说呢？'/他说：'他们惯会摹仿。东一摹仿，西一摹仿，身上穿的一件花花衣裳，终竟捉襟见肘。'/'哼，笑话！'我愤恨着回答他，'其实你老先生也不过是一条老猴子。你比我们好点的，是西洋人多赏了你几个钱罢了！'/他用手杖来打了我一下，我醒了转来，失悔我毁坏了一个大偶像。"

28日 作诗《孤军行》。发表于上海《孤军》月刊9月创刊号。写道."进！进！进！/同胞们在愁城中，/恶魔们在愁城外；/滔滔的马面牛头/四面攻着愁城在。/进！进！进！/驱除尽那些魔群，/把人们救出苦境！//进！进！进！/点起赤诚的炬火，/鸣起正义的金钲，/张起人道的大纛，/撑起真理的戈铤，/进！进！进！/我们虽是孤军，/我们有多少后盾。//进！进！进！/胸中有热血沸腾，/眼中有热泪漓淋，/向着愁城的行军/不是蔷薇的路径。/进！进！进！/挥起我们的斧钺，/开除尽路上的荒荆！……"

初收上海创造社出版部1928年2月初版《前茅》，改题作《前进曲》，文字有较大增改；后收《沫若文集》第1卷；现收《郭沫若全集·

文学编》第 1 卷。

收入《前茅》时，增加一节诗，将"点起赤诚的炬火，／鸣起正义的金钲，／张起人道的大纛，／撑起真理的戈铤"，改作"点起我们的火炬，／鸣起我们的金钲，／举起我们的铁槌，／撑起我们的红旗"。将"愁城中的人们哟，／请替我们喊叫三声！"改作"缩短我们的痛苦，／使新的世界诞生！"

9 月

3 日　乘船离沪返福冈，继续学业。（1922 年 9 月 12 日致郁达夫信）

5 日　抵达门司港。"因检疫之故，在一孤岛上拘留一昼夜。"（1922 年 9 月 12 日致郁达夫信）

6 日　上午，回到福冈。（1922 年 9 月 12 日致郁达夫信）

12 日　复信郁达夫。发表于上海《创造》季刊 11 月第 1 卷第 3 期。说："我回福冈已经六天了。今天接到了你九月五日的信，想来你此刻也得安抵安庆了。""昨天来创作欲稍微有些波动，趁此数日在未开课之前，或能有些作品出世。仿吾处我立刻写信去，我望你也写信去。我更望你多在创作方面努力，我们至终的生命究竟还是这一途。""晶孙费了二十天的工夫，自行造了一座房子，内容有四叠半大。安了一张床，一张书桌，一张比牙琴，两只坐凳，另外还养了一匹 Mephistopheles 名叫 Una。自制的门楣上写的铭文是：'Hicest parav domus Czynsaini Tawitchi'，真是妙人妙事呢。有人说哲学家是甲虫，我想说艺术家是蚕子，晶孙的茧子算是造成了。他破茧而出后的生产力，真足令刮目瞠待。"

收上海泰东图书局 1933 年 9 月初版《沫若书信集》，写作年份误作 1921 年。

18 日　改作小说《未央》，并作后志。发表于上海《创造》季刊 11 月第 1 卷第 3 期。全篇分四节。描述了主人公爱牟"十年前的哀心往事"：十几岁在学校遭遇不公平待遇，开始接触"人性的暗黑方面"，"驯良的性格从此便日见陵夷，他反抗的精神从此便成了性癖"，一直到"旧式的媒妁的结婚"，更"把他开豁的性格，从此便一天一天地沉潜了下去"，"只把老庄的书籍来耽读，日日游心于虚无之乡，广漠之野，万事都是无可无不可的了"。

后志写道:"这篇小说,本是一部长篇的序幕,已经草就了两年了,迄今还没有时候把下文继续下去,我因为这篇自身,也勉勉强强地充得一篇短篇,创造这一期中已经登了预告,有朋友写信来催我,我便把它在此发表了。将来有机会时,再做续篇或姊妹篇。"

收《沫若文集》第5卷,仅节录第一节大部分文字,余未收;现收《郭沫若全集·文学编》第9卷。

19日 作诗《哀时古调九首》。发表于上海《孤军》月刊11月第1卷第3期。其一写道:"阮嗣宗,/哭途穷。/刘伶欲醉酒,/挥袖两清风。/嵇康时日抚鸣琴,/腹中饥火正熊熊。/一东,二冬,/人贱不如铜。"其四:"唐藩镇,/势绝伦,/当年炙手热,/今日几人存?/河朔淮西一宵尽,/满地鹅鸭可成兵。/虎口,当心,/骊龙有逆鳞。"其九:"天风吹,/海浪流。满怀悲愤事,/聊以寄箜篌。/神州原来是赤县,/会看赤帜满神州。/朋友,朋友,/努力事耕耰!"

初收上海创造社出版部1928年2月初版《前茅》;后收《沫若文集》第1卷,改题作《哀时古调》;现收《郭沫若全集·文学编》第1卷。

"那几首是用古诗格调写出来的,自然只是一些歪诗,但在可以暗示出当时中国的大势和我自己的心理上,它比《孤竹君之二子》却是更有意义。我现在把它们写在下边,自己来加些注脚。""阮嗣宗,刘伶,自然是夫子自道。对日抚琴的嵇康是在二楼的一室里弹着钢琴的陶晶孙。"其二写的"是那晚和达夫醉酒时的情绪。泰东老板对于我们采取的便是'一椀饭,五羊皮'主义"。其三"指的是当时的一批政客",其四"指的自然是当时的军阀"。"……神州原来是赤县,/会看赤帜满神州。/朋友,朋友,/努力事耕耰!这儿明白地露出了一个'赤'字,但奇怪的是这几首诗里面骂了政客、军阀、官僚、党人、教育家,却没有提到在这些傀儡之后牵着线子的人物;追慕了些 Lumpen-proletariat,一跃便想把中国赤化了。横陈在藤睡椅上想赤化,这便是我当时的一个如实的写照。"(《创造十年》)

20日 诗《黄海中的哀歌》,为《彷徨》(诗十首)之一,发表于上海《创造》季刊11月第1卷第3期。咏叹:"我本是一滴的清泉呀,/……一路滔滔不尽的浊潮/把我冲荡到海里来了/……险恶的风波/没有一刻的宁静，/滔滔的浊浪/早已染透了我的深心。/我要几时候/才能恢复得我的清明哟？"

初收上海泰东图书局1923年10月初版《星空》；又收上海创造社出版部1928年6月初版《沫若诗集》；后收《沫若文集》第1卷；现收《郭沫若全集·文学编》第1卷。

◎ 诗《仰望》，为《彷徨》（诗十首）之二，发表于上海《创造》季刊11月第1卷第3期。感叹"上海的市头"被"污浊"了，"我的灵魂"被"污浊了"，"干净的存在/只有那青青的天海"。幻想"我的灵魂"，能乘着飞来的"白色的海鸥"的"翅儿"，飞到青青的天海去。

初收上海泰东图书局1923年10月初版《星空》；又收上海创造社出版部1928年6月初版《沫若诗集》；后收《沫若文集》第1卷；现收《郭沫若全集·文学编》第1卷。

◎ 诗《江湾即景》，为《彷徨》（诗十首）之三，发表于上海《创造》季刊11月第1卷第3期。写道："蝉子的声音！/一湾溪水，/满面浮萍。/郊原的空气——/这样清新！//对岸的杨柳/摇……摇……//白头乌！/十年不见了！//柳阴下，/浮着一群鸭子呀！"

初收上海泰东图书局1923年10月初版《星空》；又收上海创造社出版部1928年6月初版《沫若诗集》；后收《沫若文集》第1卷；现收《郭沫若全集·文学编》第1卷。

◎ 诗《吴淞堤上》，为《彷徨》（诗十首）之四，发表于上海《创造》季刊11月第1卷第3期。感慨："一道长堤/隔就了两个世界。/堤内是中世纪的风光，/堤外是未来派的血海。/……这是世界末日的光景，/大陆，陆沉了么！"

初收上海泰东图书局1923年10月初版《星空》；又收上海创造社出版部1928年6月初版《沫若诗集》；后收《沫若文集》第1卷；现收《郭沫若全集·文学编》第1卷。

◎ 诗《赠友》，为《彷徨》（诗十首）之五，发表于上海《创造》季刊11月第1卷第3期。写道："朋友！/我读你的诗，/我是多么荣幸哟！/你读我的诗，/我又是多么荣幸哟！/宇宙中好像只有我和你，/宇宙万汇都有死，/我与你是永远不死。"

初收上海泰东图书局1923年10月初版《星空》；又收上海创造社出

版部1928年6月初版《沫若诗集》；后收《沫若文集》第1卷；现收《郭沫若全集·文学编》第1卷。

◎ 诗《夜别》，为《彷徨》（诗十首）之六，发表于上海《创造》季刊11月第1卷第3期。把"醉意醺浓"的自己和友人比作"凄寂的""两个飘蓬"："你我都是去得匆匆，/终个是免不了的别离，/我们辗转相送。/凄寂的呀，/我两个飘蓬！"

初收上海泰东图书局1923年10月初版《星空》；又收上海创造社出版部1928年6月初版《沫若诗集》；后收《沫若文集》第1卷；现收《郭沫若全集·文学编》第1卷。

◎ 诗《海上》，为《彷徨》（诗十首）之七，发表于上海《创造》季刊11月第1卷第3期。由夕阳而思念故乡，"故乡！/你虽是雨打风吹，/我总觉心儿惆怅"，而仍然免不了彷徨："大海平铺，/大船直往，/我愿我有限的生涯，/永在这无际之中彷徨！"

初收上海泰东图书局1923年10月初版《星空》；又收上海创造社出版部1928年6月初版《沫若诗集》；后收《沫若文集》第1卷；现收《郭沫若全集·文学编》第1卷。

◎ 诗《灯台》，为《彷徨》（诗十首）之八，发表于上海《创造》季刊11月第1卷第3期。感叹："那时明时灭的，/那是何处的灯台？/陆地已近在眼前了吗？/转令我心中不快。"

初收上海泰东图书局1923年10月初版《星空》；又收上海创造社出版部1928年6月初版《沫若诗集》；后收《沫若文集》第1卷；现收《郭沫若全集·文学编》第1卷。

◎ 诗《拘留在检疫所中》，为《彷徨》（诗十首）之九，发表于上海《创造》季刊11月第1卷第3期。记在孤岛上接受检疫，由夜中海色的迷茫，想到被囚在孤岛的拿破仑和高加索斯山下的普罗米修斯，懂得了他们的悲哀。

初收上海泰东图书局1923年10月初版《星空》；又收上海创造社出版部1928年6月初版《沫若诗集》；后收《沫若文集》第1卷；现收《郭沫若全集·文学编》第1卷。

◎ 诗《归来》，为《彷徨》（诗十首）之十，发表于上海《创造》季刊11月第1卷第3期。抒发对于博多和亲人的思念："游子归来了，/

在这风雨如晦之晨，／游子归来了／虽说不是，不是故乡，／也和我，和我的故乡一样，／我的爱人无恙，爱子无恙，／一切的风光无恙；／……大海开张在我面前！／拥抱，拥抱，拥抱，／胸儿压着胸，／脸儿亲着脸……"

初收上海泰东图书局1923年10月初版《星空》；又收上海创造社出版部1928年6月初版《沫若诗集》；后收《沫若文集》第1卷；现收《郭沫若全集·文学编》第1卷。

◎ 作《木犀·附白》。发表于上海《创造》季刊11月第1卷第3期。写道："我们在日本由几个朋友组织过一种小小的同人杂志，名叫'Green'，同人是郁达夫，何畏，徐祖正，刘恺元，晶孙和我。晶孙这篇小说，便是'Green'第二期中的作品；原名本叫'Croire en destinee'（相信运命）。原文本是日本文，我因为爱读此篇，所以我怂恿他把它译成了中文，改题为《木犀》。一国的文字，有它特别地美妙的地方，不能由第二国的文字表现得出的。此篇译文比原文逊色多了，但他根本的美幸还不大损失。请读者细细玩味。"

23日 作诗《哀歌》。初见于诗剧《孤竹君之二子》，发表于上海《创造》季刊1923年2月第1卷第4期，为剧中叔齐的一段歌咏："月儿收了光，／莲儿凋谢了，／凋谢在污浊的池中。／／燕子息了歌，／琴儿弦断了，／弦断了枯井上的梧桐。／／我是那枯井上的梧桐，／我这一张断弦琴，／弹得出一声声的哀弄：／／丁东，铮琮，玲珑，／／一声声是梦，／一声声是空空。"

收上海泰东图书局1923年10月初版《星空》。

30日 《波斯诗人莪默伽亚谟》完稿，包括"读Rubaiyat后之感想""诗人莪默伽亚谟"及"Rubaiyat之重译"三部分。发表于上海《创造》季刊12月第1卷第3期。1923年1月《小说月报》第14卷第1号选录部分译诗。

"读Rubaiyat后之感想"写道："人类的精神尚在睡眠状态中，对于宇宙人生的究竟问题，尚不曾开眼时，是最幸福的时代，是还在乐园中居住着的时代。""科学对我们说，我们所住的这个银河系统的宇宙，是有限而无限的；宇宙中一切的质与能，在辗转相变……但是为甚么会有这宇宙存在？宇宙的第一原因，假使是有时，究竟是甚？""古今来的思想家，自茧自缚，终而至于发狂的人，不知道有多少了。"如屈原、歌德，等等。强调要有献身精神，浮士德与糜非时妥匪勒司契约时，他说堂堂男子只有孜孜不息。"他要献身于陶醉之中，献身于至痛苦的受用，人生一切的痛苦都要在他内部的自我中领略，把一切的甘苦都积在胸中，把自身的小己推广成人类的大我。"

"诗人莪默伽亚谟"，介绍了莪默伽亚谟的生平：乃纳霞堡的土著。幼读可兰经典，研究古代传说。一生忙于各种智识之探绎，"于天文学的智识之丰富尤为当时的白眉"。但"莪默的诗名，在他本国却不甚著"。

"Rubaiyat 之重译"，将莪默伽亚谟的四行诗集 *Rubaiyat*（《鲁拜集》），据 Fitzgerald 英译本第 4 版重译为中文，总计 101 首。"读者可在那诗里面，寻出我国刘伶和李太白的面孔来。"

Rubaiyat 的 101 首译诗，修订后，以《鲁拜集》为名，由上海泰东图书局 1924 年 1 月出版，《波斯诗人莪默伽亚谟》第一、第二两部分则作为序引；后收入人民文学出版社 1957 年版《沫若译诗集》时，删去序引中第一部分。

《波斯诗人莪默伽亚谟》第一、第二两部分，以原题收入上海光华书局 1925 年 12 月初版《文艺论集》；后收《沫若文集》第 10 卷，文字亦有删减和改动；现收《郭沫若全集·文学编》第 15 卷。收入《沫若文集》第 10 卷时，篇前作说明："这篇文章本是《鲁拜集》的序引，在一九五七年人民文学出版社出版的《译诗集》中，我已把第一章删去了。这儿仍然保留着它，以表示我在三十几年所想不通的思想。"

10 月

3 日 夜，作《反响之反响》讫，包括"答《努力周报》""答《文学旬刊》""答一位未知的台湾青年""答程宪钊君"四节内容。发表于上海《创造》季刊 11 月第 1 卷第 3 期。

"答《努力周报》"，针对胡适在《努力周报》上批评郁达夫《夕阳楼日记》一文，认为"以'公道'自任的"胡适，对于郁达夫批评余家菊译著的三项内容，攻其一点，不及其余，只以第三项"译文的不正确"来批驳了一长篇，并对胡适译文中的错译，一一指摘，以便让读者辨别"究竟谁是谁非，谁错谁不错"。

"答《文学旬刊》",针对9月1日《文学旬刊》上沈雁冰"专门回骂我的"《半斤八两》一文和沈雁冰、郑振铎君的"两封对于我的公开状",分别给予回复说:"批评《意门湖》的一篇文字,我每字每句都负责任。……'一分颦笑见恩仇'的世界,我们没有能力改造他,也没有因此而悲观的必要。我们大家只努力做些盛水不漏的事情就对了。""'鸡鸣狗盗式的批评家'的一个评语,我是专为藏在一个匿名之下骂人或谈俏皮话的人而发的,足下既莫有骂过人,足下的匿名又是另有一番用意的,那我就算唐突了。我就'收回自用',我就算空吠了一场罢。其余的辩论,我也不用再生枝节了。总之自己的美丑,自己是不晓得的,要有镜子才能知道,我们彼此以后做个不要走样的镜子那就好了。"

"答一位未知的台湾青年S君",鼓励S君说:"人只怕是莫有觉悟。一有觉悟之后,便向任何方面都好,我们尽管努力,努力做个'真个的人'罢!"并赋大木诗一首以相赠。咏道:"我暂且忍辱负重,/在此替神像建筑回廊,/有一朝天火飞来,/我会把神像来一齐火葬!"

"答程宪钊君",劝其"最好少读翻译的东西,非万不得已不要买Second hand 的东西。""最好学习外国文,自己去直接看书。""在未能读原作之前,宜少读别人对于该作的批评文字……至于文艺的原理方面的讨究应该根本地从研究哲学美学及古大名家的论文下手。"

初收《沫若文集》第10卷,删去第四节;现收《郭沫若全集·文学编》第16卷,将第四节"附录"于文末。

胡适在9月17日出版的《努力周报》第20期发表一则"编辑余谈"《骂人》,针对郁达夫在《夕阳楼日记》中批评余家菊一本书中的翻译错误,指郁达夫的改译"错误百出",并说郁达夫和创造社成员"浅薄无聊",从而引发了创造社与胡适之间关于翻译问题的一场笔墨官司。

11月

11日 为赵邦杰之短篇小说《可怜的少女》作《附白》,发表于上海《创造》季刊1923年2月第1卷第4期。写道:"真如君这篇处女作,我觉得她是很可爱的。他的描写的手法虽不免粗率,不免有流于概念的地方,但他的精神是很严肃的,他的态度是很真挚的,他对于旧礼制和习俗的批评很能使我们共鸣，篇中有些地方很能使我们读了不能不受感动。我因为爱这一篇，但为全篇统一上起见，有几处不免稍稍加了些添改，志此望真如君见谅。"

12日　作诗《黄河与扬子江对话》。发表于上海《孤军》杂志1923年1月第1卷第4期、5期合刊"推倒军阀"专号。

以黄河与长江对话的方式，追述"中国的人民古时候也曾繁荣过一时"，但"中国的历史是一部流血的历史"，所以"才叫做'中华'，又才叫做'赤县'"，但现在只"成了一片浓血的世界"。"人们哟！醒！醒！醒！／你们非如北美独立战争一样，／自行独立，拒税抗粮；／你们非如法兰西大革命一样，／男女老幼各取直接行动，／把一大群的路易十六弄到断头台上；／你们非如俄罗斯无产专政一样，／把一切的陈根旧蒂和盘推翻，／另外在人类史上吐放一片新光；／人们哟，中华大陆的人们哟！／你们是永远没有翻身的希望！／／人们哟，醒！醒！醒！／已往的美与法——是十八世纪的两大革命，／新兴的俄与中——是二十世纪的两大革命。／二十世纪的中华民族大革命哟，／快起！起！起！／快在这二十世纪的世界舞台上别演一场新剧！／人们哟，莫用永在泪谷之中歔欷！／你们把人权恢复了之后，／人类解放的使命，世界统一的使命，／要望你们二十世纪的两个新星双肩并举！／人们哟，起！起！起！"

初收上海创造社出版部1928年2月初版《前茅》；后收《沫若文集》第1卷，文字略有改动；现收《郭沫若全集·文学编》第1卷。

23日　诗剧《孤竹君之二子》完稿。发表于上海《创造》季刊1923年2月第1卷第4期。

篇首为《幕前序诘》，说："我要借古人的骸骨来，另行吹嘘些生命进去。""古事剧好像有两种倾向。一种是把自己去替古人说话，譬如沙士比的史剧之类。还有一种是借古人来说自己的话，譬如歌德的《浮士德》之类。""我自己的态度，对于古人的心理是想力求正当的解释；于我所解释得的古人的心理中，我能寻出深厚的同情的内部的一致时，我受着一种不能止遏的动机，便造出一种不能自已的表现。"诗剧借孤竹国君的两个儿子伯夷和叔齐遁入首阳山的史影，影射当今的社会现实，抨击"堕落了的人寰"、充满"险狠、阴贼、贪婪"的社会，但以归依大自然，"离群索居，独善其身"，去"高唱人性的凯旋之歌"。《附白》阐述了创作家和历史家的不同，写道："本篇的人物除伯夷叔齐而外，概系出自虚构。读者不能以读历史的眼光读人的创作。创作家与历史家的职分不同：历史家是受动的照相器，留声机；创作家是借史事的影子来，表现他的想象力；满足他的创作欲。"

初收上海泰东图书局1923年10月初版《星空》；后收《沫若文集》第1卷，删去《幕前序话》和《附白》；现收《郭沫若全集·文学编》第1卷，将《幕前序话》、《附白》"附录"于篇末。

12月

4日 夜，作《〈雪莱的诗〉小序》。发表于上海《创造》季刊1923年2月第1卷第4期。写道："雪莱是我最敬爱的诗人之一个。他是自然的宠子，泛神宗的信者，革命思想的健儿。他的诗便是他的生命。他的生命便是一首绝妙的好诗。"

"雪莱的诗心如象一架钢琴，大扣之则大鸣，小扣之则小鸣。他有时雄浑倜傥，突兀排空；他有时幽抑清冲，如泣如诉。他不是只能吹出一种单调的稻草。"

"他是一个伟大的未成品。宇宙也只是一个永远的伟大的未成品。古人以诗比风。……风不是从天外来的。诗不是从心外来的。不是心坎中流露出的诗通不是真正的诗。雪莱是真正的诗的作者，是一个真正的诗人。"

"译雪莱的诗，是要使我成为雪莱，是要使雪莱成为我自己。译诗不是鹦鹉学话，不是沐猴而冠。……我译他的诗，便如象我自己在创作的一样。"

"谁说既成的诗形是已朽骸骨？谁说自由的诗体是鬼画桃符？诗的形式是Sein的问题，不是Sollen的问题。做诗的人有绝对的自由，是他想怎么样就怎么样。他的诗流露出来形近古体，不必是拟古。他的诗流露出来破了一切的既成规律，不必是强学时髦。几千年后的今体会成为古曲，几千年前的古体在当时也是时髦。体相不可分，——诗的一元论的根本精神却是亘古不变。"

收上海泰东图书局1926年3月《雪莱诗选》。

24日 夜，作《星空·献诗》。"啊，闪烁不定的星辰哟！／你们有的是鲜红的血痕，／有的是净朗的泪晶——／在你们那可怜的幽光之中／含蓄着多少沉深的苦闷！／／我看见一只带了箭的雁鹅，／啊！它是个受了伤的勇士，／它偃卧在这莽莽的沙场之时／仰望着那闪闪的幽光，／也感受了无穷的安慰。……"

初收上海泰东图书局1923年10月初版《星空》；又收上海创造社出版部1928年6月初版《沫若诗集》，改题作《星影初现时》；后收《沫若文集》第1卷，仍作原题；现收《郭沫若全集·文学编》第1卷。

◎ 夜，作《牧羊哀话》后志："这篇小说是民国七年（应为1919年——编者注）二三月间做的，在那年的《新中国》杂志第七期上发表过。概念的描写，科白式的对话，随处都是；如今隔了五年来看，当然是不能满足的。所幸其中的情趣尚有令人难于割舍的地方，我把字句标点的错落处加了一番改正之外，全盘面目一律仍旧，把她收在这儿——怪可怜的女孩儿哟，你久沦落风尘了。"

初收上海泰东图书局1923年10月初版《星空》，附《牧羊哀话》篇末；后收《沫若文集》第5卷；现收《郭沫若全集·文学编》第9卷。

本月 致信梁实秋。称赞他和闻一多的《〈冬夜〉评论》和《〈草儿〉评论》二文，"如在沉黑的夜里得见两颗明星，如在蒸热的炎天得饮两杯清水……在海外得读两君评论，如逃荒者得闻人足音之跫然"。

据闻一多1922年12月27日致父母亲信："今早得梁实秋信称郭沫若君曾自日本来函与我们的《冬夜草儿评论》表同情。来函有云：'……如在沉黑的夜里得见两颗明星，如在蒸热的炎天得饮两杯清水……在海外得读两君评论，如逃荒者得闻人足音之跫然。'你们记得我在国时每每称道郭君为现代第一诗人。如今果然证明他是与我们同调者。我得此消息后惊喜欲狂。又有东南大学底一位胡梦华君也有函来表示同情。但北京胡适之主持的《努力周刊》同上海《时事新报》附张《文学旬刊》上都有反对的言论。这我并不奇怪，因这正是我们所攻击的一派人，我如何能望他们来赞成我们呢？总之假如全国人都反对我，只要郭沫若赞成我，我就心满意足了。"（《闻一多书信选辑》，《新文学史料》1983年11月第4期）

1923年（癸亥 民国十二年）31 岁

1月1日 孙中山发表《中国国民党宣言》，并公布《中国国民党党纲》。

1月26日 孙中山和苏联代表越飞联合发表"孙文越飞宣言"。

2月1日 京汉铁路总工会在郑州召开成立大会。

2月4日 铁路全线工人进行总罢工。7日，军阀吴佩孚在长辛店、郑州、武汉等地武装镇压罢工工人，史称"二·七"惨案。

3月26日 全国各地民众举行反日游行集会，要求取消"二十一条"，并收回旅顺、大连租借地。

6月12—20日 中国共产党在广州召开第三次全国代表大会，就共产党员以个人资格加入国民党，同国民党实行合作问题做出正式决定。

本月 《新青年》成为中共中央理论刊物，改作季刊，并迁广州出版。

10月5日 直系军阀曹锟通过贿选手段"当选""总统"。

10月28日 国民党临时中央执行委员会成立，并着手办理国民党改组事宜，决定1924年1月在广州召开第一次全国代表大会。

11月12日 孙中山发表《中国国民党改组宣言》。

1 月

1日 以日文撰写的《芽生の嫩叶》发表于日本大阪《朝日新闻》，至2日分两次刊载完毕。后由成仿吾译成中文本，以《中国文化之传统精神》为题，刊载于上海《创造周报》5月20日第2号，译文有所删节。文中写道：

春秋战国时代的学者"同以三代以前为思想史上的黄金时代，老子与庄子尤极端反对三代之宗教的思想，憧憬于三代以前之自由思想与自然哲学，而奉为自己的学说之根底"。

"三代以前的思想，就我们所知，确与希腊哲学之起源相似。在他们的原始的时代，我们的祖先就把宇宙的实体这个问题深深考察过了，'易'这个观念，好象便是这最先的一个。据列子的天瑞篇与易传，则'易'为无际限的，超越感觉的，变化无极的，浑沦的宇宙之实体。万物由'易'来，仍往'易'归去。"

"然而这种素朴的本体观与原始的自然神教，一至三代，便全然一变，好像有异国文明侵入来了的样子。在三代，神是人形而超在的。灵魂不灭之说，与祖宗崇拜之习显现出来，吉凶龟卜等之迷信观念，如黑潮汹涌，卒至横占了千年以上的时日。这时代的思想，现于洪范之中，最是系统的。"

"千有余年的黑暗之后，到了周之中叶，便于政治上与思想上都起了剧烈的动摇。"革命思想家老子"把三代的迷信思想全盘破坏，极端咒咀他律的伦理说，把人格神的观念连根都拔出来，而代之以'道'之观念。"这"'道'便是宇宙之实在。宇宙万有的生灭，皆是'道'的作用之表现，道是无目的地在作用着。"

"中国古代的思想大抵被秦以后的学者误解了。他们把老子的'无为说'完全解做出世间的，如佛教思想一般；孔子所教却被他们太看做入世间的了。从来的学者有把论语来谈孔子的全部之倾向。专靠论语，我们不会知道孔子。孔子的教育法，是动的自发主义，应各弟子的性情而施。……他晚年好易，曾受教于老子。他把三代思想的人格神之观念改造一下，使泛神的宇宙观复活了。"

"我们可以于孔子得到一个泛神论者。而他认本体在无意识地进化，这一点又与斯宾诺莎 Spinoza 的泛神论异趣。我们觉得孔子这种思想是很美的。……现在的人大抵以孔子为忠孝之宣传者。一部分人敬他，一部分人咒他。更极端的每骂孔子为盗名欺世之徒，把中华民族的堕落全归咎于孔子。唱这种暴论的新人，在我们中国实在不少。"

"我在这里告白，我们崇拜孔子。……我们所见的孔子，是兼有康德与歌德那样的伟大的天才，圆满的人格，永远有生命的巨人。"

"我们不论在老子，或在孔子，或在他们以前的原始的思想，都能听到两种心音：

——把一切的存在看做动的实在之表现！

——把一切的事业由自我的完成出发！

我们的这种传统精神……是要为我们将来的第二的时代之两片子叶的嫩苗而伸长起来的。"

《中国文化之传统精神》初收上海光华书局1925年12月初版《文艺论集》；又收上海光华书局1929年7月第4版（修订本）《文艺论集》；现收《郭沫若全集·历史编》第3卷。

大阪《朝日新闻》在发表《芽生の嫩叶》时，加有"按语"："郭沫若先生作为现代中国颇有作为的青年艺术家、剧作家，以及诗人闻名遐迩，同时对于一般文学和哲学都有着深厚的造诣，他著有《三叶集》等多部作品。郭沫若先生虽然志力于医学，但是作为艺术家，他同样是一位拥有着远大前途的俊杰……"（见蔡震《关于郭沫若的〈芽生の嫩叶〉一文》，《郭沫若学刊》2008年第3期）

上海光华书局1930年8月第5版《文艺论集》（修订本）及之后各版次《文艺论集》，均删去《中国文化之传统精神》一篇。

《中国文化之传统精神》文末有成仿吾作《译后附识》，写道：

"不论是在一般的人或在专门的学者，不论是中国人或是外国人，没有像我们文化的精神与思想被他们误解得这样厉害的。""旧的先入之见太深，新的亦鲜能捉到真义，而一般假新学家方且强不知以为知，高谈东西文化及其哲学。在这样混沌的学界，能摆脱一切无谓的信条，本科学的精神，据批评的态度而独创一线的光明，照彻一个常新的境地的，以我所知，只有沫若数年以来的研究。我们现在一般的所谓哲学家，差不多有大多数是欠少素养，没有经过严密知识的训练，所以他们只是一味武断，一味乱讲，几乎使大多数的人以为哲学是可胡言乱讲的了。……我觉得今后思想界的活动，当从吞吐西方学说进而应用于我们古来的思想，求为更确的观察与更新的解释。"

2日 以日文所作诗《两片子叶》刊载于日本大阪《朝日新闻》，见于《芽生の嫩叶》。咏道："春天来了！/在深深的冬眠之后/苏醒了的种子/从大地的怀抱中伸出了脖颈。/新的世界新的光芒/种子一边打着招呼一边生长开去。/'……高昂地奏起生命的凯歌吧/把这里变成小鸟欢唱的乐园！'/自由地生长，无限地生长，直到永远的春天来临。"

诗为《芽生の嫩叶》一文的结尾（"让诗句来作尾声吧——"），中文本《中国文化之传统精神》删去未译。诗原无题，篇题据《〈女神〉及

佚诗》。(《〈女神〉及佚诗》，人民文学出版社2008年6月版)

17日 通过第五部（耳科、眼科、皮肤科）考试。(见《樱花书简》第六十五函，四川人民出版社1981年8月版)

◎ 致父母信。禀报毕业考试进展情况：

"今天受了第五部（耳科、眼科、皮肤科）的试验。及第了。

来月中旬当受第三部（内科等），再来月中旬当受第四部（外科等），大约再隔五十天便可毕业了。

家款尚未到。

富子大约在这两三日之内临盆，一切都已准备好了。

重庆事不愿就，钱太少而事太繁，并且不能独当一面，不愿。毕业后就事的心思，现刻还没有，想独自开业大举。"(《樱花书简》第六十五函，四川人民出版社1981年8月版)

19日 复信四川草堂文学研究社。发表于5月5日《草堂》第3期通讯栏。写道："奉读草堂月刊第一期，甚欣慰。吾蜀山水秀冠中夏，所产文人在文学史上亦恒占优越的位置。工部名诗多成于入蜀以后，系感受蜀山蜀水底影响，伯和先生的揣拟是正确的。""近代文学的精神无论何国都系胎胚于自然主义。自然主义近虽衰夷，然而印象派中，象征派中，立体派中，未来派中，乃至最近德意志的表现派中，都有自然主义的精神流贯着，这是不可磨灭的事实。自然主义的精神在缜密的静观与峻严的分析。吾蜀既有绝好的山河可为背景，近十年来吾蜀人所受苦难恐亦足以冠冕中夏。诸先生常与乡人亲近，且目击乡人痛苦，望更为宏深的制作以号召于邦人。""久居海外，时念故乡，读诸先生诗文已足疗杀十年来的乡思。"

21日 得第三子名佛生。

◎ 致父母信。禀报第三子出生："今日上午十一时四十分顷，富子安产第三儿。查旧历，今日是全月五日，属午，'一白佛灭'，遂命名之为'佛生'。目下母子均无恙，请二老勿念。排行大名请家中任意选定。"(《樱花书简》第六十六函，四川人民出版社1981年8月版)

书写日期《樱花书简》释作22日，有误。

2月

1日 译作《雪莱的诗》与《雪莱年谱》发表于上海《创造》季刊第1卷第4期"雪莱纪念号"。《雪莱的诗》,包括《西风歌》《欢乐的精灵》《拿波里湾畔书怀》《招"不幸"辞》《转徙》二首《死》《云鸟曲》等,并译者《小序》。《年谱》后有《附白》,道:"这篇年谱大抵是根据内多精一氏的《Shelley no Omokage》一书编成的。其中关于作品方面的梗概介绍及简单评语是我自己读后的印象。……我们这位薄命诗人,革命诗人,天才诗人的精神,大抵可以复活于我们现代青年的意识中了。"

收上海泰东图书局1926年3月初版《雪莱诗选》。

◎《曼衍言——关于文艺批评上的思索》四则发表于上海《创造》季刊第1卷第4期。其一:"奇花异木可以娱目畅怀而不能充饥果腹,欲求充饥果腹,人能求诸稻粱。/贪鄙的果品贩卖者哟!不要骂牡丹为甚么不结果实罢!"其二:"毒草的彩色也有美的价值存在,何况不是毒草。/人们重腹不重目,毒草不为满足人们的饕餮而减其毒性。/'自然'亦不为人们有误服毒草而致死者遂不生毒草。/'自然'不是浅薄的功利主义者,毒草不是矫谲媚世的伪善者。"其三:"世人有骂农夫田里不种花,园丁园里不种谷的吗?/为什么说到文艺上来,偏会骂出一句'华而不实'?"其四:"小孩子不晓得天球的深厚,他以为只是一张白纸,他说浅薄。小孩子除自己的玩意儿自以为是有聊之外,看见大人所作的事体都觉得是无聊。/凭着自己浅薄的主观妄下批评的人,往往会堕入这种误点。"

上旬 致信闻一多,并附《创造》。言正接受毕业考试。

据1923年2月15日闻一多致梁实秋信:"沫若寄来一本《创造》,上有附语,言正当毕业试验,所以没有工夫写长信。"(《闻一多书信选辑》,《新文学史料》1984年5月第2期)

19日 夜,作诗《我们的花园》。发表于上海《创造》季刊5月第2卷第1期,为《创造》所作弁诗。纪念《创造》发刊一周年所经历的风霜雨雪,也表达了对未来的信心和决心。诗分三节,写道:"创造!我们的花园!/你随着你的姊姊,地球,/环绕了太阳一周了!/我们在过去了的四季之中/虽说不曾种得甚么鲜美的好花,/不曾获得甚么硕大的甘果，/可是 Muses 之神幸还不弃我们，/他们肯时来欣赏。……""创造！我们的花园！/我们为了你也膺受了无数的创痛。/风雨时常嫉妒我们；/霜雪时常欺侮我们；/杂草四处散布它们的爪牙，/害虫四处振鼓它们的羽翼，/时来侵凌你，蹂躏你；/……""创造！我们的花园！/伟大的园丁又催送着阳春归来，/地上的百木抽芽，/群鸟高唱着生命的凯旋之歌。/我们感谢的泪泉喷涌。/我们要灌溉你，灌溉你，/虽说仍将不免有风霜雨雪，/不免有侵凌你，蹂躏你的杂草害虫，/但是它们的权威终不过是日出之前的磷火。/……你欣欣地随着你的姊姊，地球，/从新又去绕那新鲜的太阳去罢！"

收入上海良友图书印刷公司1936年2月初版《中国新文学大系》第10集《史料索引集》。

中旬 接受第三部（内科等）考试。(见《樱花书简》第六十五函，四川人民出版社1981年8月版)

28日 夜，历史剧《卓文君》脱稿。发表于上海《创造》季刊5月第2卷第1期。写历史上卓文君与司马相私奔的故事：汉武帝初年，守寡在家的卓文君为客居家中的才子司马相如的琴声所吸引，两人以琴传情，心心相印，并私下书信往还，相许终生。文君之父卓王孙以重家规和门第，要文君"从一而终"，不得再醮。卓文君坚信人的命运应该自己做主，既然男子可以重婚，女子就可以再嫁。这不仅是她的生之权利，也是她"做人的责任"。她终于违抗父命，与司马相如结合了。文末，有《附白》，谓此剧本事出自《史记·司马相如列传》，并录有关记载。

初收上海光华书局1926年4月初版《三个叛逆的女性》；后收《沫若文集》第3卷；现收《郭沫若全集·文学编》第6卷。

文末还附有成仿吾点评，说："我觉得这篇戏剧，不仅决不是不成东西，我还觉得沫若的手段，又进步了。他已经由从前的单调的诗剧逃了出来，渐能在繁杂中行所无事了。"又道，全剧之收场，被他改换了。

剧本发表后，浙江绍兴女子师范等学校曾将其排演，并因之遭到绍兴县议会及浙江省教育会禁演而引起风潮。

◎ 儿歌《月光娘娘》刊载于上海《创造》季刊5月第2卷第1期，系历史剧《卓文君》中插曲。后由施正镐用五线谱谱曲，发表于《音乐学习》1947年3月20日第5、6期合刊上。歌咏道："月光娘娘，/水里梳妆。/影在水中,/身在天上。/水间天上两相望,/一朵白云飞过江。""月光嫂嫂,/水中洗澡。/星星偷看,/嫂嫂心恼/恼得星星昃眼睛,/一朵白云过江心。"

3月

3日 作《批评与梦》。发表于上海《创造》季刊5月第2卷第1期。认为:"批评没有一定的尺度。批评家都是以自己所得的感应在一种对象中求意义。因此我们所探得的意义便容易陷入两种错误:第一,不是失之过深;其次,便是失之过浅。""我只想当个饥则啼寒则号下的赤子;因为赤子简单的一啼一号都是他自己的心声,不是如像留音机一样在替别人传高调。"

针对关于小说《残春》的批评,写道:"一篇作品不必定要有Climax,仿吾在批评《残春》一文中论得很精辟而且很是独到。我那篇《残春》的力点并不是注重在事实的进行,我是注重在心理的描写;我描写的心理并且还在潜在意识的一种流动——这是我做那篇小说时的一个奢望。若拿描写事实的尺度去测量它,那的确是全无Climax的。但是若是对于精神分析学或者梦的心理稍有研究的人看来,他必定另外可以看出一种作意出来,另外可以说出一番意见。""我听见精神分析学家说过,精神分析的研究最好是从梦的分析着手。""我在《残春》中做了一个梦,那梦便是《残春》中的Climax,便是全篇的中心点,便是全篇的结穴处。"文末更进一步论道:"文艺是发明的事业。批评是发见的事业。文艺是在无之中创出有。批评是在砂之中寻出金。批评家的批评在文艺的世界中赞美发明的天才,也正自赞美其发见的天才。文艺的创作譬如在做梦。……文艺的批评譬如在做梦的分析,这是要有极深厚的同情或注意,极锐敏的观察或感受,在作家以上或与作家同等的学殖才能做到。"

初收上海光华书局1925年12月初版《文艺论集》;后收《沫若文集》第10卷,文字略有改动;现收《郭沫若全集·文学编》第15卷。

上旬 两次致信成仿吾。寄《卓文君》稿,并商请处理该文稿的具体办法。

《卓文君》在《创造》季刊发表时附录有两则成仿吾的附言。3月7

日之附言说:"沫若正准备受他最后的一次试验,我以为他不会有东西寄来……昨天他寄了这篇《卓文君》来,真是出乎我意想之外。""他给我的信,说:'安娜说,这篇不成东西,你请自由改削。'但我一路看下去,却也没有寻出几个要改的地方。除了第三幕的末尾,全体的结构我一点也没有改变。只有这全剧的收场完全被我改换了。"3月10日之附言说:"沫若又写信来嘱把题目改为《司马相如》,留将来续作的余地。我觉得无须更改,将来续作时,再用别的名称,亦无妨碍,所以我违背他自己的意思,把原名留下了。"

中旬 接受第四部(外科等)考试。(见《樱花书简》第六十五函,四川人民出版社1981年8月版)

31日 九州帝国大学医学部公布医学士资格考试合格者名单,榜上有名。至此,从九州帝国大学医学部毕业,获医学士考试合格证书与医学士学位证书。(见武继平《郭沫若留日十年》,重庆出版社2001年3月版)

"一九二三年三月,在福冈足足住了四年另七个月的我,算把医科大学弄毕业了。但终因自己的听觉的不灵,做医生的希望是不能不抛弃的。""我毕业了,家里给我汇了三百块钱来,要我回四川。……我最初的计算是,回国之后暂时到上海附近的乡下去,把我的《浮士德》译稿整理出来,以了结一重公案。译好之后或回四川,或到什么地方去,再定行止。"(《创造十年》)

本月 毕业前夕,接张凤举函,邀赴北京大学任教,婉辞。

"张凤举那时候在担任北大教授,他写过一封信给我,劝我到北京,说是周作人先生也有这个意思。他说北大不久要开设东洋文学部,劝我去担任些事情,位置想不全有所计较。他又说,知道我的周围有一位陶晶孙,他希望我介绍给他做朋友。晶孙我介绍了,但是北京我却没有意思去。我在日本虽然留了八九年的学,学的并不是文学,所谓东洋文学尤其外行,我当然没有去教人的资格。"(《创造十年》)

◎ 在福冈留学的夏衍、蔡经铭来访。

"一九二三年在我的青年时代有过几件难忘的事情。这一年三、四月间,我和蔡经铭一起,到博多(福冈)去访问了郭沫若,我们是作为爱好文艺的青年人,事先没有约定,冒冒失失地撞上门去的。但是自报家门,说明来意之后,很快得到了这位当时已经很有名气的作家和他夫人安娜的欢迎，还邀我们在他家里吃了午饭，当时谈了些什么，已经记不清楚了，现在还有一个印象是他非常豪爽，而他夫人则漂亮而温厚。我们本来是想和他谈谈文艺方面的问题的，可是他却对我们发了一通对国事的感慨。这是一次很平凡的见面，可是，这次会见却给抗战之后的很长一段时期的我和他合作，埋下了一粒种子。"（夏衍《懒寻旧梦录》，生活·读书·新知三联书店1985年7月版）

4月

1日 作诗《留别日本》。发表于上海《孤军》月刊5月9日第1卷第8、9期合刊"五九纪念号"。诗分六节，写道："十年的有期徒刑已满，／在这樱花烂缦的时候，／我要向我的故国飞还。／邪马台的兄弟们哟！／我如今要离别你们，／我也是不无喟叹。""你们岛国的风光诚然鲜明，／你们岛国的女儿诚然诚恳，／你们物质的进步诚然惊人，／你们日常的生涯诚然平稳；／但是呀，你们，无产者的你们！／你们是受着了永远的监禁！""可怜呀，邪马台的兄弟！／我的故乡虽是荆棘满涂，／可是那儿有清洁的山茶可煎。／那儿有任鸟飞的青空，／那儿有任鱼游的江湖，／那儿的牢狱是虽有如无。"

初收上海创造社出版部1928年2月初版《前茅》，文字有较大修改；又收上海现代书局1930年8月第4版《沫若诗全集》；后收《沫若文集》第1卷，写作时间误作1929年4月1日；现收《郭沫若全集·文学编》第1卷。

在1928年修改的文本中，把描写当时中国现实的第六节诗句，改作："我的故乡虽然也是一座监牢，／但我们有五百万的铁锤，／有三亿二千万的镰刀。／我们有朝爆发了起来，／不难把这座世界的铁牢打倒。"

◎ 携安娜和三个儿子启程归国。

"北京没有去，带着家眷仍然回到上海，动身的一天又恰好是四月初一。在我自己是回国，并回到已经走熟了的上海，倒也没有甚么。但是我的老婆，她是初次跟着我跑向未知的国土的，在她当然是别有一番感慨。——我现在问了她，问她当时的感慨怎样。她说：'好象感觉着幸福，因为你已经毕了业，以后的生活好象是只有朝好处走的一样。'她当

时如果是这样作想，那她不久便要受欺骗了。"(《创造十年》)

2 日　回到上海，住民厚南里泰东图书局编辑部。

"在日本留了十年的学，学业虽未成，形式上的学生生活算已告了一个终结。本月二日由海外归来。""回到上海仍然住在民厚南里，仿吾移住亭子间，把前楼让给了我们。"(《讨论注译运动及其他》，《创造》季刊1923年5月第2卷第1期；《创造十年》)

3 日　与成仿吾和当日从安庆返回上海的郁达夫同摄一合影照，刊载于上海《创造》季刊5月第2卷第1期，以为《创造》创刊一周年纪念。(成仿吾《编辑杂谈》，《创造》季刊1923年5月第2卷第1期)

12 日　作《讨论注译运动及其他》。发表于上海《创造》季刊5月第2卷第1期。针对吴稚晖的长文《就批评而运动注译》而论：

"吴氏说'注译是近于理想的'，我却以为不然。我们相信理想的翻译对于原文的字句，对于原文的意义自然不许走转，而对于原文的气韵尤其不许走转。原文中的字句应该应有尽有，然不必逐字逐句的呆译，或先或后，或综或析，在不损及意义的范围以内，为气韵起见可以自由移易。"但翻译终于是件难事，翻译家是必须具备一些先决条件的，不许人轻易着手。"如像我国的译书家今天译一部威铿，明天译一部罗素，今天译一本太戈儿，明天又译一本多时妥逸夫司克，即使他们是天生的异才，我也不相信他们有这么速成的根本的研究；我只怕他们的事业纯带些投机的性质，只看书名人名大可受社会的欢迎，便急急忙忙抱着一本字典死翻，买本新书来滥译，有的连字义的对针从字典上也还甄别不出来，这如何能望他们译得不错呢。"

"目下我国的翻译界，其中自有真有学殖纯为介绍思想起见而严肃从事的人，但是我们所不能讳言者：如藉译书以糊口，藉译书以钓名，藉译书以牟利的人，正是滔滔者天下皆是。"所以，"我们觉得'唤醒译书家的责任心'一层，尤是当今之急务而易见特效"。

文章还就胡适4月1日在《努力周报》的《编辑余谈》批驳说："我劝你不要把你的名气来压人，不要把你北大教授的牌子来压人，不要把你留美学生的资格来压人，你须知这种如烟如云没多大斤两的东西是把人压不倒的；要想把人压倒只好请'真理'先生来，只好请'正义'先生来！"

初收《沫若文集》第 10 卷，现收《郭沫若全集·文学编》第 16 卷。

15 日 复闻一多信。发表于上海《创造》季刊 5 月第 2 卷第 1 期闻一多《莪默伽亚谟之绝句》文后。说："你写给我的第二信我早收到了。因为当时试事正忙，所以未即作复。你的这篇文章我见你信时，早就想读，想早收些教益。我于四月二日返沪时，你这篇文章已经交到印刷所去了，直至今晨才送校稿来，我便亲自替你校对。我一面校对，一面对于你的感谢之念便油然而生。你所指摘的错误，处处都是我的弱点。……改译时务要遵循你的意见加以更正。"

闻一多的文章分为三部分：郭译订误、郭译总评、怎样读莪默。文中说："我读到郭译的莪默，如闻空谷之跫音，故乐于与译者进而为更缜密的研究。""全诗有一大部分词句圆活，意旨畅达，译者仿佛是用自己的喉舌唱着自己的歌儿似的。""有时虽是绝对的直译，然而神工鬼斧，丝毫不现痕迹"。但是，也"总可以看出一个粗心大意不修边幅的天才乱跳乱舞游戏于纸墨之间，一笔点成了明珠艳卉，随着一笔又洒出些马勃牛溲。""全篇还有一个通病，便是文言白话硬凑在一块，然而终竟油是油，水是水，总混合不拢。"

18 日 与成仿吾、郁达夫同去参观东方艺术研究会举办之春季习作展览会。研究会由周勤豪、关良等主办。（成仿吾《东方艺术研究会春季习作展览会印象记》，《创造周报》1923 年 6 月 30 日第 8 号；郁风《"能师大众者 敢作万夫难"》，《美术》1978 年第 4 期）

19 日 应成仿吾邀，与郁达夫三人再次参观该画展，深为画展中那种"新进气锐的表现"所感动。（成仿吾《东方艺术研究会春季习作展览会印象记》，《创造周报》1923 年 6 月 30 日第 8 号）

本月

◎ 作诗《上海的清晨》。发表于上海《创造周报》5 月 20 日第 2 号。咏叹："马路上，面的不是水门汀，/面的是劳苦人的血汗与生命！/血惨惨的生命呀，血惨惨的生命/在富儿们的汽车轮下……滚，滚，滚，……/兄弟们哟，我相信：/就在这静安寺路的马道中央，/终会有剧烈的火山爆喷！"

初收上海创造社出版部 1928 年 2 月初版《前茅》，署创作时间为"？、Ⅳ、1923"；又收上海现代书局 1930 年 8 月第 4 版《沫若诗全集》；

后收《沫若文集》第1卷，创作时间误作"1923年1月6日"；现收《郭沫若全集·文学编》第1卷。

◎ 接待楼适夷等人来访。谈到当初自己为什么弃医从文：当医生"要发财也不难，可是收了高额的诊金，治好富人让他去多吸些穷人的血，即使义务应诊，治好了穷人也只是让富人多吸些他们的血汗"。(适夷《访问郭老的故乡》，《当代》1980年第2期)

◎ 与成仿吾同晤梁实秋，并在梁实秋离沪赴宁时往火车站相送。

"此次在沪得与实秋相晤，足慰生平。他往南京时，我和仿吾往北站去送行，竟至迟了刻，我们只得空空望送了一回。"(《致闻一多》，1923年4月15日。《创造》季刊1923年5月第2卷第1期)

◎ 与人合集之《辛夷集》，由上海泰东图书局作为创造社辛夷小丛书第一种出版。内收《小引》《鹭鹚》《岸上》《"蜜桑索罗普"之夜歌》《霁月》《夕阳》《夜步十里松原》《牧羊少女》等篇诗文。

4、5月间

◎ 赴田汉宴请日本作家村松梢风的家宴，同席者有成仿吾、林祖涵、黄日葵等人。餐后邀村松梢风往寓所小坐。

"大约3个小时边吃边谈……趁还不算晚想告辞的时候，郭君说：'我家就在附近，顺便去一下吧。'我们二人便同成君就伴出了田君的家，成君同住在郭君家。我醉得走路摇摇晃晃，穿过混凝土隧道般的民厚北里有一个小市场，横跨过这条街便来到民厚南里的入口。这是条非常规矩整齐的小巷，中央有一条窄路，左右也是同样规整的胡同，东边第五个胡同稍进去一些就是郭君的家。一进门像门堂一样的屋子里摆放着桌、椅和塞满了洋书的书柜。

'介绍一下我的内人。'郭君说着，让我们等在那个房间里，他进到里面去。

不一会儿郭君回来了，后面跟出来抱着孩子的夫人，是个地道的日本妇女，还穿着和服。我感到很意外，凝视着夫人的脸。……

听说夫人是仙台人。来到我所敬重的外国人家里，而他的夫人却是自己的同胞，这使人有种奇迹般的感觉。总之，我沉浸在一种感动的气氛

中，异常兴奋。"（村松梢风《不可思议的都会"上海"》，日本《中央公论》1923年8月第38卷第9号）

◎ 与田汉、成仿吾一同拜访村松梢风，并请村松梢风在美丽川餐馆吃川菜，郁达夫亦来同席。（村松梢风《不可思议的都会"上海"》，日本《中央公论》1923年8月第38卷第9号）

村松梢风于1923年4月1日到达上海，5月下旬回国。

◎ 赴上海美术专科学校做题为《生活的艺术化》的演讲。演讲词由柳亚藩等记录，发表于上海《时事新报·艺术》1925年4月12日第98期。演讲词说道：王尔德等英国19世纪末期的唯美主义运动，"就是要借用艺术来使我们的日常的生活美化"，但他们"是偏于外的生活去了"。"我今夜所说的与此稍微不同，我的意思是要用艺术的精神来美化我们的内的生活，就是说把艺术的精神来做我们的精神生活，我们要养成一个美的灵魂。"

"那么艺术的精神究竟是什么呢？""西洋的绘画是由静而动，动的精神便是西洋近代艺术的精神。从这一层看来我觉得中国的艺术实在比他们先进了；那很有名的南齐的谢赫，他所创的画的六法，第一法便是'气韵生动'，便与西洋近代艺术的精神不谋而同，动就是动的精神，生就是有生命，气韵就是有节奏。"

"康德也说，'艺术即天才之作品'。""其实天才并不是天生成的，也不是甚么疯子，仍旧和常人没有两样，不过我们不曾探求得他的秘密罢了。庄子上有段很有趣的故事……我以为可以道尽一切艺术的精神，而尤其重要的，便是其中的'不敢收庆赏爵禄，不敢怀非誉巧拙，辄然忘吾四肢形体也。'这几句话，这便是天才的秘密，便是艺术的生命所在的地方。我们的艺术家，如果能够做到这一步，就是能够置功名，富贵，成败，利害于不顾，他的作品自然成了伟大的艺术，他的自身自然成了一个绝顶的天才。"

"艺术的精神就是这没功利性，我们已经明白了。我所说的'生活的艺术化'，便是说我们的生活要时常体验着这种精神呢！我们在成为一个艺术家之先，总要先成为一个人，要把我们这个自己先做成一个艺术！我们有了这种精神，发而为画，发而为诗，自然是伟大的作家；就是不画出画来，不做出诗来，他依旧是个伟大的艺术家了。无论政治家，军人，及其他通常的人民，倘若他们的生活都具有艺术的真精神，都以没功利心为一切生活的基本，那么这个世界便成了一个理想的世界了。"

初收上海光华书局1925年12月初版《文艺论集》；又收上海光华书局1929年月第4版《文艺论集》，注写作时间为"十二年四五月间"；后收《沫若文集》第10卷，文字有较大删改；现收《郭沫若全集·文学编》第15卷。

收入《沫若文集》的文本，做较大删改处有：将"德哲叔本华说，天才即纯粹的客观性，所谓纯粹的客观性，便是把小我忘掉，溶合于大宇宙之中，——即是没我。——即是没有丝毫的功利心，这没功利心便是艺术的精神"一段，删去"——即是没有丝毫的功利心，这没功利心便是艺术的精神"一句。将"艺术的精神就是这没功利性"，改作"艺术的精神就是这无我"。将"至于艺术上之技巧……实非艺术家之第一要素"，改作"也当以无我的态度进行学习"等。

5月

1日 作诗《创世工程之第七日》，作为《创造周报》发刊词。发表于上海《创造周报》5月13日第1号。写道："上帝，你最初的创造者哟！/……你在第七天上便突然贪起了懒来。/上帝，你如果真是这样把世界创出了时，至少你创造我们人类未免太粗滥了吧？/你最后的制作，也就是你最劣等的制作/无穷永劫地只好与昆虫走兽同科。/人类的自私，自相斫杀，冥顽，偷惰/都是你粗滥贪懒的结果。……上帝，我们是不甘于这样缺陷充满的人生，/我们是要重新创造我们的自我。/我们自我创造的工程/便从你贪懒好闲的第七天上做起。"

收入上海良友图书印刷公司1936年2月初版《中国新文学大系》第10集《史料索引集》。

◎《曼衍言》十则发表于上海《创造》季刊第2卷第1期。

其一："垂钓者呀！/无知的鱼儿虽然容易受欺，/但是潮水是不循情的；/注意着你自己的脚跟罢！"

其二："潮水来了的时候，/沿河的木杵都在点头，点头，潮水退了，木杵睡了。——/鞠躬尽瘁的木杵哟！/可怜你被人们利用了！"

其三："弄潮儿！／你看看超在你头上的月亮罢！／她的一圆一缺才是潮水的一涨一落。"

其四："顾名思义是中国人特别可夸的天赋：／自然主义的一个名词在中国人的脑精中，／你以为起的是一种甚么感应？他们在默念着陶渊明的诗呢——／诗曰：'采菊东篱下，／悠然见南山。'"

其五："'中'之一字误尽了中国。蝙蝠主义的中国人，妥协主义的中国人，／他们惯会执两用中，于中取利。／从容中道的骆驼们哟！／你们的负担太重，你们的架子太大了！"

其六："要冷就冷如冰，要热就热如火，／我最恨的是半冷不热自诩温柔者流！"

其七："人类原是造物的最劣等的创作，／掩护自己短处如像掩盖粪坑一样的人们呀！／不怕你们就是西施，我也要掩鼻而过了。"

其八："中国人爱用现成语。／看见别人的作品中多悲凉的情绪，他不／讨究其悲感的来源，破口一句批评／便是'无病呻吟'。／看见甲乙两文人在辩论一种事理，他不／考察谁是谁非谁曲谁直，破口一句批评／便是'文人相轻'。／老气横秋的中国人哟！／你们在说话之先，请先把你们鼻梁上的／那副古式眼镜取下！！"

其九："人生只是一场悲剧。／你们应该悲不胜悲的娼妓们！／不要把佯欢假笑来做买卖罢！"

其十："朋友！／无病呻吟的人，／比倚门卖笑的娼妓如何？"

◎ 与郁达夫、成仿吾、邓均吾联名发表《创造社启事》于《创造》季刊第 2 卷第 1 期。谓："本社目下从事于《创造》杂志之编辑，负有完全责任者，为仆等四人，顷有赵某假本志编辑员之名，在南通及商务印书馆小说世界社方面，招摇撞骗者，同人等不胜诧异，合当申明以昭奸慝。"

◎ 开始翻译《查拉图司屈拉》（德国尼采原著），并作"译者识"："尼采的思想前几年早已影响模糊地喧传于国内，但是他的著作尚不曾有过一部整个的翻译，便是这部最有名的《查拉图司屈拉》，虽然早有人登了几年的广告要移译他，但至今还不见有译书出来。我现在不揣愚昧，要把他从德文原文来移译一遍，在本周报上逐次发表；俟将来全部译竣之后再来裒集成书。"所译《查拉图司屈拉之狮子吼》及"译者识"发表于上海《创造周报》5月13日第1号。

2日 在上海大学作题为《文艺之社会的使命》的演讲。由李伯昌、孟超合记，发表于1925年5月18日上海《民国日报·文学》第3期。认为：

"文艺也如春日的花草，乃艺术家内心之智慧的表现。诗人写出一篇诗，音乐家谱出一个曲，画家绘成一幅画，都是他们天才的自然流露；如一阵春风吹过池面所生的微波，是没有所谓目的。"

"不过凡是一种社会现象发生，对于周遭必生影响……文艺乃社会现象之一，故必发生影响于社会。"

"有人说文艺乃有目的的，此乃文艺发生后必然的事实。为艺术的艺术与为人生的艺术，这两种派别大家都知道是很显著的争执着。其实这不过是艺术的本身与效果上的问题。"

"艺术对于人类的贡献是很伟大的。""艺术可以统一人们的感情并引导着趋向同一的目标去行动。""从个人方面来说，艺术能提高我们的精神，使我们的内在的生活美化。"

"我觉得要挽救我们中国，艺术的运动是决不可少的事情。我们希望于社会的，是要对于艺术精神的了解，竭力加以保护，提倡……至于艺术家的本身，我们也希望他要觉悟到这种艺术的伟大的使命。我们并不是希望一切的艺术家都成为宣传的艺术家，我们是希望他把自己的生活扩大起来，对于社会的真实的要求要加以充分的体验，要生一种救国救民的自觉。从这种自觉中产生出来的艺术，在它的本身不失其独立的精神，而它的效用对于中国的前途是不可限量的呢。"

初收上海光华书局1925年12月初版《文艺论集》；后收《沫若文集》第10卷，文字有改动；现收《郭沫若全集·文学编》第15卷。

3日 夜，译《迷娘歌》，并附言说，这首歌是从歌德长篇小说《四廉迈司特游学时代》摘译出来的，郁达夫和马君武都译过，但郁达夫的译文"稍嫌冗赘"；马君武的译文"多省略处"，且有误译。发表于上海《创造周报》5月13日第1号。

初收上海创造社出版部1927年10月初版《德国诗选》，又收上海创造社出版部1928年5月初版《沫若译诗集》。

13日 与成仿吾、郁达夫共同创办的《创造周报》创刊号由上海泰东图书局出版发行。

这是创造社的一个综合性刊物,内容侧重于批评和翻译。

15 日 接读胡适派人由亚东书局送来的书信。

信是写给郭沫若、郁达夫二人的:"我这回南来,本想早日来看你们两位,不幸在南方二十天,无一日不病,已有十天不曾出门一步了。病中读到《创造》二卷一号,使我不能不写这封信同你们谈谈我久想面谈的话。"

"我是最爱惜少年天才的人;对于新兴的少年同志,真如爱花的人望着鲜花怒放,心里只有欢欣,绝无丝毫'忌刻'之念。但因为我爱惜他们,我希望永远能作他们的诤友,而不至于仅作他们的盲徒。"

"至于我对你们两位的文学上的成绩,虽然也常有不能完全表同情之点,却只有敬意,而毫无恶感。我是提倡大胆尝试的人,但我自知'提倡有心,而实行无力'的毛病,所以对于你们尝试,只有乐观的欣喜,而无丝毫的恶意和忌刻。"

"后来你们和几位别人,做了许多文章,很有许多意气的话,但我始终不曾计较。""至于就译书一事的本题而论,我还要劝你们多存研究态度而少用意气。在英文的方面,我费了几十年的苦功,至今只觉其难,不见其易。我很诚恳地希望你们宽恕我那句'不通英文'的话,只当是一个好意的诤友无意中说的太过火了。如果你们不爱听这种笨拙的话,我很愿意借这封信向你们道歉。"

"如果你们不见怪,我很诚恳地盼望你们对我个人的不满意,不要迁怒到'考据学'上去。你们做文学事业,也许有时要用得着考据的帮助。……考据是一种公开的学问,我们不妨指出某个人的某种考据的错误,而不必悬空指斥考据学的本身。"

"最后,我盼望那一点小小的笔墨官司不至于完全损害我们旧有的或新得的友谊。"

"此信能不发表最好,倘有赐复,请寄亚东图书馆转。"

◎ 当选丙辰学社"学艺丛书"委员会委员。(邓牛顿《郭老与"中华学艺社"》,《复旦学报》1979 年第 4 期)

17 日 复信胡适:"手札奉到了。所有种种释明和教训两都敬悉。先生如能感人以德,或则服人以理,我辈尚非豚鱼,断不至因小小笔墨官司便致损及我们的新旧友谊。目下士气沦亡，公道凋丧，我辈极思有所振作，尚望明晰如先生者大胆尝试，以身作则，则济世之功恐不在提倡文学革命之下。最后我虔诚地默祷你的病恙痊愈。"(《胡适来往书信集》上册，中华书局1979年5月版)

18日 将《Our New Movememt in Literature》自译成中文，题《我们的文学新运动》，发表于上海《创造周报》5月27日第3号。提出：

"我们现在于任何方面都要激起一种新的运动，我们于文学事业中也正是不能满足于现状，要打破从来的因袭的样式而求新的生命之新的表现。

"四五年前的白话文革命，在破了的絮袄上虽打上了几个补绽，在污了的粉壁上虽然涂上了一层白垩，但是里面的内容依然还是败棉，依然还是粪土。Bourgeois的根性，在那些提倡者与附和者之中是植根太深了，我们要把这根性和盘推翻，要把那败棉烧成灰烬，把那粪土消灭于无形。"

"我们要自己做太阳，自己发光，自己爆出些新鲜的星球。"

"光明之前有浑沌，创造之前有破坏。……

我们反抗资本主义的毒龙。

我们反抗不以个性为根底的既成道德。

我们反抗否定人生的一切既成宗教。

我们反抗藩篱人世的一切不合理的畛域。

我们反抗由上种种所派生出的文学上的情趣。

我们反抗盛容那种情趣的奴隶根性的文学。

我们的运动要在文学之中爆发出无产阶级的精神，精赤裸裸的人性。"

文后《附白》："日本的大阪《每日新闻》在本月二十五日要出一次英文的'支那介绍专号'，该报驻沪记者村田氏日前来访，要我做一篇关于我国新文学的趋向的文章。我得仿吾的帮助做了一篇《Our New Movememt in Literature》的短论寄去。我现在把他自译成中文，把初稿中意有未尽处稍补正以发表于此，我想凡为我们社内的同志必能赞成我们这种主张，便是社外的友人我们也望能多来参加我们的运动。"

初收上海创造社出版部1928年4月初版《从文学革命到革命文学》；又收上海光华书局1931年9月初版《文艺论集续集》；后收《沫若文集》

第10卷；现收《郭沫若全集·文学编》第16卷。

"正在那出周报的前后，日本大阪《每日新闻》的驻沪特派员 M 来找过我，说他们的新闻社要在英文版的《每日新闻》上出一期'中国专号'，要我代表着中国的文艺界做一篇文章。现在想起来真是有点僭妄，也真是有点滑稽，我便做了那篇《我们的文艺新运动》，由仿吾译成英文交了去。在日本布尔佐亚治的大新闻上发表了那篇似是而非的普罗列塔利特的文艺论，新闻的编辑者怕定然是感着苦笑的罢？"（《创造十年》）

20日 致宗白华信，以《论中德文化书》为题，发表于上海《创造周报》6月10日第5号。表示不同意宗白华关于"东方的'静观'和西方的'进取'实是东西文化的两大根本差点"的说法，认为将世界的各种文化思想粗略地划分时，"印度思想与希伯来思想同为出世的，而中国的固有精神与希腊思想则同为入世的。假使静指出世而言，动指入世而言则中国的固有精神当为动态而非静观"。

"我国的固有精神表现得最真切最纯粹的总当得在周秦之际。……自汉以后佛教传来，我国的文化精神已非纯粹。我国的文化在肯定现世以图自我的展开，而佛教思想则在否定现世以求自我的消灭。我国的儒家思想是以个性为中心，而发展自我之全圆于国于世界，这不待言是动的，是进取的精神。便是道家思想也无甚根本上的差别。老子的无为清静说每为后人所误解，误认为与佛教思想同科，我辈似宜有所辩正。无为二字并不是寂灭无所事事，是生而不有为而不恃的积极精神。"

"我国的传统思想，依我所见，于儒道两家并无根本上的差异。"

"科学能诞生于欧洲，能导源于希腊，何以独不能早发生于东亚？……对于这个疑问，在我辈不承认中国文化与希腊思想根本不同的人，最容易解答。科学本有在我国发生之可能，并且于历史上曾有发生之事实。"

"周秦之际，初期的学者于实践理性的探讨诚别开一个生面，如道家的合理的形而上学之建设与儒家的博大的人生哲学之系统，在我国思想史上诚达到空前绝后的最高潮，然于纯粹理性方面则不免有偏枯之憾。……及到佛教传来，而我国固有的精神又被后人误解，于是纯粹科学之不能诞生便一直达到我们现在。静观的印度文化之遗误我们，正不啻静观的希伯来主义之遗误欧洲中世纪与利己的资本主义之毒祸欧洲现世纪一样！"

"德国的文化可算是希腊思想的嫡传……他们对于我国的文化那么倾

心，也怕是他们在我们的镜子之中照出了他们自己的面孔。……老子的思想绝非静观，而老子与尼采相同之处，是他们两人同是反抗有神论的宗教思想，同是反抗藩篱个性的既成道德，同是以个人为本位而力求积极的发展。"

初收上海光华书局1925年12月初版《文艺论集》；又收上海泰东图书局1933年9月出版《沫若书信集》；后收《沫若文集》第10卷，文字有大改动；现收《郭沫若全集·文学编》第15卷。

◎ 译作《道德之讲坛》(《查拉图司屈拉》第1部第2节，德国尼采原著) 发表于上海《创造周报》第2号。

◎ 翻译诗《五月歌》(德国歌德原作)。发表于7月26日上海《中华新报·创造日》第5期。收上海创造社出版部1928年5月初版《沫若译诗集》。

25日　接待胡适来访。

据本日胡适日记载："出门，访郭沫若、郁达夫、成仿吾。结束了一场小小的笔墨官司。"(曹伯言整理《胡适日记全编》，安徽教育出版社2001年10月版)

"我们的回信去后，胡大博士毕竟是非凡的人物，他公然到民厚南里来看我们了。一年不见的他是憔悴多了。他说在生病，得了痔疮；又说是肺尖也不好。我看他真有点象梁山泊的宋公明，不打不成相识，《骂人》的一笔官司就像是从来没有的一样。"(《创造十年》)

◎ 致信戈乐天。发表于30日上海《时事新报·学灯》。针对戈乐天3月13日在《时事新报·学灯》上发表《批评翻译的批评》一文，对郁达夫的《夕阳楼日记》提出异议，并指摘余家菊、郁达夫和胡适的翻译错误，提出"忠告"说："你此次的文章中，你在最后拉杂写出的几项感想倒很有斤两。但是请你恕我直僵，我要来忠告你几句。"

信中指出戈乐天英文程度亦"不甚高明"；对所译的那一句半德文"还在若懂若不懂之间"；所说"批评应该去感情作用"的话，"你虽能说，但你还不曾做到"，自己的文章就夹杂了许多感情作用在里面。"因为我们年青人都还没有走到化气的地步，若是要勉强借灰色的道袍来装门面，那就不免要做出二重人格的表现了。""道德的标准本是流动的"，"我们只消存一个率真的态度，那便是至高的道德"。

27日 下午，与郁达夫、成仿吾同访胡适。

据本日胡适日记载："下午，郭沫若、郁达夫、成仿吾来。"（曹伯言整理《胡适日记全编》，安徽教育出版社2001年10月版）

"他那时住在法租界杜美路的一家外国人的贷间里，我们，仿吾、达夫和我，也去回拜过他一次。我们被引进了一间三楼的屋顶室，室中只摆着一架木床；看那情形，似乎不是我们博士先生的寝室。博士先生从另一间邻室里走来，比他来访问时，更觉得有些病体支离的情景。那一次他送了我们一本新出版的北京大学的《国学季刊》创刊号，可惜那一本杂志丢在泰东的编辑所里，我连一个字也不曾看过。"（《创造十年》）

◎作诗《力的追求者》。发表于上海《创造周报》6月3日第4号。宣告："别了，低回的情趣！／别要再来缠绕我白热的心曦！／你个可怜的扑灯蛾，／你当得立刻烧死！／／别了，虚无的幻美！／别要再来私扣我铁石的心扉！／你个可怜的卖笑娘，／请去嫁给商人去者！"

初收上海创造社出版部1928年2月初版《前茅》；又收上海现代书局1930年8月第4版《沫若诗全集》；后收《沫若文集》第1卷，写作时间误署为"1923，6，27"；现收《郭沫若全集·文学编》第1卷。

◎作诗《朋友们怆聚在囚牢里》。发表于上海《创造周报》6月30日第8号。表示不甘心"怆聚"在上海这座"囚牢"般的城市里，过那"囚徒"般的生涯。提出："我们到兵间去罢！／我们到民间去罢！／朋友哟，怆痛是无用，／多言也是无用！"

初收上海创造社出版部1928年2月初版《前茅》；又收上海现代书局1930年8月第4版《沫若诗全集》；后收《沫若文集》第1卷，写作时间误署为"1923，6，27"；现收《郭沫若全集·文学编》第1卷。

◎作诗《怆恼的葡萄》。发表于7月23日上海《中华新报·创造日》第2号。宣称"诗人哟，别再右眼观赏风光，／左手蒙住你右边的眼睛。""矛盾万端的自然，／我如今不再迷恋你的冷脸。／人世间的难疗的怆恼，／将为我今日后酿酒的葡萄。"

初收上海创造社出版部1928年2月初版《前茅》；又收上海现代书局1930年8月第4版《沫若诗全集》；后收《沫若文集》第1卷，写作时间误署为"1923，6，27"；现收《郭沫若全集·文学编》第1卷。

◎作诗《歌笑在富儿们的园里》。表达了要同泛神论思想绝裂的决心：" 你厚颜无耻的自然哟，/你只是谄媚富豪！/我从前对于你的赞美，/我如今要一笔勾消。"

初收上海创造社出版部 1928 年 2 月初版《前茅》；又收上海现代书局 1930 年 8 月第 4 版《沫若诗全集》；后收《沫若文集》第 1 卷；现收《郭沫若全集·文学编》第 1 卷。

◎ 诗《励失业的友人》发表于上海《创造周报》第 3 号。

"朋友哟，我们不用悲哀！不用悲哀！/打破这万恶的魔宫正该我们担戴！//在这资本制度之下职业是于人何有？/只不过套上一个颈圈替那些资本家们做狗！" "朋友哟，我们不用悲哀！不用悲哀！/从今后振作精神誓把这万恶的魔宫打坏！"

初收上海创造社出版部 1928 年 2 月初版《前茅》；又收上海现代书局 1930 年 8 月第 4 版《沫若诗全集》；后收《沫若文集》第 1 卷，写作时间误署为"1923，1，6"；现收《郭沫若全集·文学编》第 1 卷。

◎ 译作《遁世者流》(《查拉图司屈拉》第 1 部第 3 节，德国尼采原著) 发表于上海《创造周报》第 3 号。

6 月

3 日 译作《肉体之侮蔑者》(《查拉图司屈拉》第 1 部第 4 节，德国尼采原著) 发表于上海《创造周报》第 4 号。

5 日 致信钱蔚华。发表于 9 日上海《时事新报·学灯》。驳其为戈乐天的《批评翻译的批评》一文遭成仿吾批评进行辩护，谓：

"人凡第三者欲参加一种论事，总要先把两造的是非曲直弄清，然后才能说话。在理性蒙昧，正义沦亡的社会中，是非黑白每每混淆倒置。"

"仿吾劝乐天君多去研究几年学问，这句话如不施以曲解，它终竟是句善意的友谊的劝告。研究学问是关于智识方面的问题，多于沉潜几年，原可以多收几分效益。至于你叫仿吾'也去修养几年'，这是关于气质方面的问题……但是你说：'等涵养足些，再出来和社会周旋。'你这说的是什么话！……朋友！你在高谈涵养修养，究竟我们所应当涵养的是甚么，所当修养的是甚么，你知道了么？……但我在揭说之先，先要望你认明一个原则：便是道德的根本不是立在功利的打算上的！真的修养，尤其是我们处在浇末之季所当充分致力的真的修养，是：

（一）养成疾恶如仇的毅力，

（二）养成爱护正义的毅力，

（三）养成辨别真伪的毅力，

（四）养成战胜困苦的毅力。

"为正义与真理之故，向矫伪作恶的人宣战，虽身受困而不辞，这正是我们所当时刻养成的一种浩然之气！奴颜媚世，苟且偷安，乃至洁身自好的退婴靡曼的魔风把我们中华大陆的空气浊化得不成样子了。……我们愿和你携手偕行，以新道德的精种来互相砥砺"，"言不妨直，但理不可不真，态度不可不正"。

8日 作《论翻译的标准》。发表于上海《创造周报》7月14日第10号。

批评张东荪在为其错译的"物质与记忆"进行辩护时所说"翻译没有一定的标准"的话，指出："这在文体上是可以说得过去"，但译得"错与不错，这是有一定的标准的！""望他不要以为用这些浮滑的言辞便可以把自己的错译掩饰得过！"

9日 作诗《黑魆魆的文字窟中》。发表于上海《创造周报》16日第6号。"黑魆魆的文字窟中／一群苍白的黑影蠕动，／都是些十二三四的年轻兄弟！／他们的脸色就像那黑铅印在白纸。／这儿的确莫有诗，／的确莫有值得诗人留恋的美，／有的是——的确是'死'！／……可怜的兄弟们哟，请你们容恕我罢！／便是我这首不成其为诗的诗，／也要促进你们早迟是该死的死！／我这点没有价值的泪珠／不敢作为你们容恕我的谢礼，／我明天还要来陪伴你们，／要死我们便一齐同死！"

初收上海创造社出版部1928年2月初版《前茅》；又收上海现代书局1930年8月第4版《沫若诗全集》；后收《沫若文集》第1卷；现收《郭沫若全集·文学编》第1卷。

10日 译作《快乐与热狂》（《查拉图司屈拉》第1部第5节，德国尼采原著）发表于上海《创造周报》第5号。

11日 翻译《〈唯一人者与其所有〉序》（德国斯迭纳原著）。发表于上海《创造周报》16日第6号。附郁达夫文《Max Stirner的生涯及其哲学》后，题《我的分内事不放在甚么上面》。（见《〈德意志意识形态〉译

者弁言》）

13日 作《读梁任公〈墨子新社会之组织法〉》。发表于上海《创造周报》23日第7号。不同意梁启超关于墨子是民约论者的说法。"墨子的主张明明是那'天生民而立之君'的一派神权起源说，他何曾说'国家是由人民同意所造成'的，更何曾与欧西的民约论在同一立脚点上呢？"

"周秦之际的学者大都是反对宗教的无神论者，而于墨子独发生出一个例外。……周秦之际的学者，承受三代的黑暗时期之后，而蔚成思想革命的潮流。老子最激烈，他要把神鬼龟卜的一些阴魂一齐消灭。孔子稍温和，他虽然不信鬼，不信卜筮，但他也不愿强人不信；他把神改造了，他信的神不是三代时有受想行识的人格神，而是理神，或是万有皆神的泛神。道家儒家是这样，而独于后起的墨家，才又把鬼神招呼转来做他们的护符。"

"墨子信神，而且信的是有意志能够明赏威罚的神。他不唯信神而且还信鬼，他不唯信鬼而且还反对当时非鬼派的儒家之悖理。……墨子信神，所以他把神的观念来做他一切思想言论的出发点。……墨子祖述夏禹，祖述三代的宗教思想……我们从墨子思想的系统上与渊源上看来，他也明明是一个神权起源论者。"

初收上海光华书局1925年12月初版《文艺论集》；后收《沫若文集》第10卷；现收《郭沫若全集·历史编》第3卷。

14日 作《〈编辑余谈〉补》。发表于上海《创造》季刊第1卷第1期重版横排本。说："本期改版后，得卫天霖兄的封面画使增色彩，这是我们为艺术及私情上两都感谢不尽的。"

16日 作《暗无天日的世界——答复王从周》。发表于上海《创造周报》23日第7号。批驳张东荪化名王从周在《学灯》上发表的攻击成仿吾的书信。写道：

"我郭沫若反对过那些空吹血与泪以外无文学的人，我郭沫若却不曾反对过血和泪的文学。我郭沫若所信奉的文学的定义是：'文学是苦闷的象征'。"

"我郭沫若素来是富于反抗精神的人，我的行事是这样，我的文字是这样。王理学士要问我'何以要提倡与社会奋斗'，我一句答尽，便是'社会太坏了'。"

"我们中国素来是重文的国,然而同时也是轻文的国。在古时候求学是想做官,文艺是雕虫末技。就在现代学法政去做官的人,天下皆是;然而专攻文学的人究竟有几个在那里?……这条路莫人走,我们也只得勉强来走,我们不曾把我们的文字来做过买卖,我们只把我们的文字来表现自己的人生,这是谁也不能禁止的。"

初收《沫若文集》第10卷,文字有改动,《附记》:"查'王从周'实无此人,有《时事新报》社的人告诉我们:那篇文章是张东荪捏造的。"现收《郭沫若全集·文学编》第16卷。

在收入《沫若文集》第10卷时,将"我郭沫若所信奉的文学的定义是:'文学是苦闷的象征'",改作"我郭沫若所信奉的文学的定义是:'文学是批判社会的武器。'"将"我们都有一种怪癖,一般都说好的东西我们都不敢相信",改作"我们都有一种怪癖,资产阶级说好的东西我们就抱反感"。

◎ 译作《苍白的犯罪者》(《查拉图司屈拉》第1部第6节,德国尼采原著)发表于上海《创造周报》第6号。

22日 作历史小说《鹓鶵》。发表于上海《创造周报》7月7日第9号。

写庄周自从夫人死后,率性把漆园吏的微职辞了,门徒也风流云散,自个儿一方面打草鞋过活,一方面仍不忘瞑想着宇宙间消长盈虚的道理。穷愁潦倒,受尽世态炎凉。他只能在饥渴中想着自己已经去世的夫人,和他那个"唯一的知己"、现在正做着梁国宰相的惠施。他跑到大梁去找惠施,想不到老朋友却怀疑他是要去抢夺自己的相位,把他抓了起来。于是他讲起奇鸟鹓鶵的故事,说它吃的是竹实,饮的是清泉,宿的是梧桐古树,可含着一只死老鼠的鸱鸦却怀疑他要去夺它的死老鼠。庄周终于在"人的滋味就是这么样!"的感叹中飘然离去。

初收上海商务印书馆1926年1月初版《塔》;又收上海海燕书店1947年9月初版《地下的笑声》,改题作《漆园吏游梁》;后收《沫若文集》第5卷;现收《郭沫若全集·文学编》第10卷。

24日 作《关于各列果良历之计算》"附白"。刊载于上海《创造周报》7月7日第9号。

由于《诗人莪默伽亚谟》中时日之计算叙述有误,张资平著文予以校正，乃在张文后加"沫若附白：这一笔完全是我弄错了，急望购读《创造》一卷三期的读者诸君照资平的推算更正为祷"。

7月

3日 作《论道德与良心》。发表于上海《创造周报》7日第9号。认为："道德的标准是流动的。善与恶只是相对而非绝对，举凡一切既成道德因时与地而评价变迁，漫无一定的标准。""既成的道德虽然辗转流动，漫无一定的标准，但在我们人类的心中却有一个百世不易的命令者存在，我素来是信仰康德的伦理说，我相信人是有良心，而良心才是我们一切行动的指导者。顺着良心的命令而行动这便是'率真的态度'。"

◎ 作《寄生树与细草》。发表于上海《创造周报》14日第10号。讽喻寄生树不知自量，自以为乃"大自然中的天骄"，常傲视细草儿之矮小，结果一场雷雨袭来，大树劈倒了，寄生树也渐渐枯死。每逢下雨，细草们便追悼它，为它哀哭。

初收上海创造社出版部1928年8月初版《沫若创作集》；后收《沫若文集》第7卷，写作时间误作1924年；现收《郭沫若全集·文学编》第10卷。

12日 夜，历史剧《王昭君》脱稿。发表于上海《创造》季刊1924年2月第2卷第2期。一反历史上，王昭君奉诏远嫁匈奴的悲剧命运，表现王昭君蔑视帝王权威，不慕荣华富贵，自愿嫁到"穷荒极北"的匈奴，要维护自己人格尊严，"宁为玉碎、不为瓦全"的彻底叛逆精神，反映了五四时代个性解放的思想，将命运悲剧改为性格悲剧。

初收上海光华书局1926年4月初版《三个叛逆的女性》，增后记《写在〈三个叛逆的女性〉后面》；后收《沫若文集》第3卷；现收《郭沫若全集·文学编》第6卷。

中旬 赴消闲别墅参加留日同学宴会。席间，张季鸾提议为《中华新报》编文学副刊。

"是在七月中旬，上海有一部分同学在消闲别墅燕集。席上有《中华新报》的主笔张季鸾。他从前是住过一高的人，所以也要算是先后同学。他在席上对我说，要我们分点余力来替《中华新报》每天编一项文学副刊，编辑费每月一百元，编辑的篇幅是半面报纸的二分之一。编辑的全权全盘委托给我们。我当场保留了考虑的余地，只是答应回去同达夫、仿吾们商量好之后，再作正式的答复。""我的意思是拒绝。理由是《中华新报》是政学系的机关报，政治上的色彩不好。""仿吾和达夫却赞成接受。他们以为文学研究会有《时事新报》上的《学灯》，在旁系上又有北京的《晨报副刊》，上海《民国日报》的《觉悟》，我们总得有一种日刊来对抗。……编辑的全权在我们，他们的政治色彩自然沾染不到我们，并且有一百元的编辑费也有些少的生活上的补助。……结果是我服从了多数。但同时的决议是日刊由达夫、仿吾、均吾负责，我的力量多用些在《周报》方面。"(《创造十年》)

20日 晚 应高梦旦邀，赴高公馆宴请。

"《创造日》诞生的预告在《中华新报》上登出来了。在要出版的前一天，商务印书馆的高梦旦先生又请我到他公馆去晚夕。男客有杨端六、郑心南、何公敢、周颂九诸位先生，都是在商务任职的同学。……主人除梦旦先生之外有振铎和振铎的未婚妻，梦旦先生的第二女公子。我由梦旦先生的介绍才知道振铎'招了驸马'。或许那天的晚餐，就是婚约的披露宴罢？"

"席散之后，心南邀我到他的寓所里去。他对我说，振铎是他族上的一位族孙，人很聪明，也很用功，目前虽然幼稚得一些，将来是很有希望的。又说，这次的婚约是振铎请他去说合的，梦旦也很喜欢振铎，说他的女儿配不上他，只要振铎喜欢，自然情愿。……心南以他那族祖而兼月老的资格向我委委婉婉地说，我虽然呆笨，但同时是感觉着高梦旦先生的一席晚餐，是对于我的一个箝口令。"(《创造十年》)

21日 《创造日》作为上海《中华日报》副刊始刊行，为之作标题画。

"日刊又定名为《创造日》，这是我提议的名字，那标题画的木板画在黑暗之中闪出了一些电光的，也是我画的。就这样在那七月下旬便有《创造日》的诞生。"(《创造十年》)

《创造日》由郁达夫、成仿吾、邓均吾编辑，出至同年11月2日终刊，实际共出101期。其办刊宗旨，见郁达夫《〈创造日〉宣言》："我们想以纯粹的学理和严正的言论来批评文艺政治经济，我们更想以唯真唯美的精神来创作文学和介绍文学。……投在太平洋东岸的一石,也许有微波传到太平洋的西岸去,我们的希望,原不过如此而已。"

22日　译作《读书与著作》(《查拉图司屈拉》第1部第7节,德国尼采原著)发表于上海《创造周报》第11号。

◎　译诗《牧羊者的哀歌》(德国歌德原作)发表于24日上海《中华新报·创造日》第3期。

收上海创造社出版部1928年5月25日《沫若译诗集》。

23日　校对《卷耳集》后作《自跋》。说:"事隔一年,我自己的见解微有变迁,外界的趋势也稍为改变了。近来青年人士对于古代文学改变了从前一概唾弃的态度,渐渐发生了研究的兴趣,这是好的现象。""但是人们研究文学,每每重视别人的批评而忽视作者的原著。……研究《诗经》的人也不免有这种习气。《诗经》一书为旧解所淹没,这是既明的事实。旧解的腐烂值不得我们去迷恋,也值不得我们去批评。我们当今的急务,是在从古诗中直接去感受它的真美,不在与迂腐的古儒作无聊的讼辩。"

初收上海泰东图书局1923年8月初版《卷耳集》;后收《沫若文集》第2卷;现收《郭沫若全集·文学编》第5卷。

29日　译作《山上树》(《查拉图司屈拉》第1部第8节,德国尼采原著)发表于上海《创造周报》第12号。

30日　译诗《无限的悲哀》(英国道生原作)发表于上海《中华新报·创造日》第8期。

收上海创造社出版部1928年5月初版《沫若译诗集》。

31日　译诗《湖上》(德国歌德原作)发表于上海《中华新报·创造日》第9期,题为《歌德的诗》。

收上海创造社出版部1928年5月初版《沫若译诗集》。

8月

5日　译作《死之说教者》(《查拉图司屈拉》第1部第9节,德国尼采原著)发表于上海《创造周报》第13号。

10日　历史小说《函谷关》脱稿。发表于上海《创造周报》19日第

15 号。写老聃本想出函谷关，到沙漠中去"自标特异"，但"想像中的砂漠和实际的砂漠是完全两样"。不仅所骑的青牛困死在沙漠之中，自己的老命也差点丢了，老聃终于忏悔道："人间终是离不得的，离去了人间便会没有生命。与其高谈道德跑到砂漠里来，倒不如走向民间去种一茎一穗"。通过老聃出关又入关的惨痛经历，批判了老庄哲学中"出世""无为"的利己主义和客观唯心主义，肯定了其"入世""无不为"的崇尚实际、执着人生的唯物主义。

初收上海商务印书馆 1926 年 1 月初版《塔》；又收上海海燕书店 1947 年 9 月《地下的笑声》，改题作《柱下史入关》；后收《沫若文集》第 5 卷；现收《郭沫若全集·文学编》第 10 卷。

12 日　《诗二首》发表于上海《创造周报》第 14 号。咏叹："自然中娇养惯了的稚儿，／失却了他们的朋友，／自入市中来，／只每日地容颜消瘦；／马路旁寻觅着两株地丁，／好像是遇着了亲人。""囚牢般居室的庭前，／瘐死了两盆春兰；春风吹不到它们的命根了，／只剩着槁败的残叶两三。"

初收上海创造社出版部 1928 年 6 月初版《沫若诗集》，将两诗分别题作《自然》《瘐死的春兰》；后收《沫若文集》第 1 卷；现收《郭沫若全集·文学编》第 5 卷。

◎ 译作《战争与战士》(《查拉图司屈拉》第 1 部第 10 节，德国尼采原著) 发表于上海《创造周报》第 14 号。

21 日　作《自然与艺术——对于表现派的共感》。发表于上海《创造周报》26 日第 16 号。就达芬奇所说"艺术家应该做自然的儿子，不应该做自然的孙子"，写道："但是他的精神终还未脱掉摹仿的圈域，他的论旨不过是亚里士多德的'艺术乃自然的摹仿'而已。""十九世纪的文艺是受动的文艺。自然派、写实派、象征派、印象派乃至新近产生的一种未来派，都是摹仿的文艺。他们都还没有达到创造的阶级，他们的目的只在做个自然的肖子。""中世纪的欧西文艺成了教会的奴隶，十五世纪的复兴运动把她解放了出来。但是到了近代，文艺又成了科学的奴隶了。""二十世纪是文艺再生的时候，是文艺从科学解放的时候，是文艺从自然解放的时候"；"艺术家不应该做自然的孙子，也不应该做自然的儿子，是应该做自然的老子！"

初收上海光华书局 1925 年 12 月初版《文艺论集》；后收《沫若文集》第 10 卷，文字有所改动；现收《郭沫若全集·文学编》第 15 卷。

23 日　为译作《茵梦湖》第六版改版作《序》："时隔二年，自己把来重读一遍，觉得译语的不适当，译笔的欠条畅的地方殊属不少。我便费了两天的工夫重新校改了一遍，另行改版问世。"收上海泰东图书局 1923 年 10 月重排第六版《茵梦湖》。

24 日　译诗《森林之声》（德国希莱原作）发表于 9 月 4 日上海《中华新报·创造日》第 42 期。

收上海创造社出版部 1928 年 5 月初版《沫若译诗集》。

26 日　致信孙铭传。发表于 31 日上海《中华新报·创造日》第 38 期，附孙铭传《论雪莱〈Naples 湾畔悼伤书怀〉的郭译》后。以为，"尊文中所指摘多处以直译相绳，这是我们彼此未能十分了解的原故。"指出："我对于翻译素来是不赞成逐字逐句的直译"，"译诗不是件容易的事情。把原文看懂了，还要译出来的是'诗'才行，原文却还没有看懂，那还说不到甚么诗不诗了"。信末为所译几首雪莱诗的译文，另作附言。

◎ 译作《新偶像》（《查拉图司屈拉》第 1 部第 11 节，德国尼采原著）发表于上海《创造周报》第 16 号。

27 日　夜，作《未来派的诗约及其批评》。发表于上海《创造周报》9 月 2 日第 17 号。分上下两部分：上为未来派关于诗歌方面的宣言的节录，下阐述对于未来派的看法。说：

"未来派毕竟只是一种彻底的自然主义，我们读前面的宣言便可以晓得。宣言的外貌虽是离奇，而它的精神只消用一句话便可以表尽，便是新的印象应该用新的表现。而印象至表现的过程，在未来派作家只是瞬间的，未来派之所谓'表现'只是'再现'，所谓'创造'只是'描写'。一个朋友经验一回繁赜的生活，立刻想把原型原样的混沌去刺激人的脑精。这只是绝对的客观描写，无意识的反射运动，这并不是由无而有的创造，并不是由内而外的表现。未来派只是没有精神的照像机，留音器，极端的物质主义的畸形儿。""未来派的基础只建筑在人类感觉上。""与其说它是现在主义宁肯说是过去主义。未来派和它死了的老祖母自然主义是一样，已经是属于过去的了。"

初收上海光华书局 1925 年 12 月初版《文艺论集》；后收《沫若文

集》第10卷，文字有改动；现收《郭沫若全集·文学编》第15卷。

28日 夜，作自传散文《月蚀》。发表于上海《创造周报》9月2日、9日第17号、18号。借一次观看月蚀的情景，记述举家归国后在上海窘迫的生活际遇。回忆起在冈山与房东一家，特别是宇多姑娘相处那段生活的美好经历；回忆起"在日本的时候，住在海边，住在森林的怀抱里"，"清风明月不用一钱买"的幸福，"倍增我们现在的不满"。

初收上海泰东图书局10月初版《星空》；又收上海新兴书店1929年12月初版《山中杂记及其他》；后收《沫若文集》第5卷；现收《郭沫若全集·文学编》第9卷。

本月 古诗今译《卷耳集》由上海泰东图书局出版，附原诗并译注，为辛夷小丛书之第二种。收《诗经·国风》译诗四十首：《卷耳》《静女》《新台》《柏舟》《女曰鸡鸣》《山有扶苏》《狡童》《丰》《子衿》《溱洧》《鸡鸣》《东方之日》《十亩之间》《扬之水》《绸缪》《葛生》《蒹葭》《宛丘》《东门之池》《东门之杨》《墓门》《防有鹊巢》《泽陂》《野有死麇》《蝃蝀》《伯兮》《君子于役》《采葛》《大车》《将仲子》《遵大路》《有女同车》《箨兮》《褰裳》《东门之墠》《风雨》《扬之水》《东门之枌》《衡门》《月出》。后收《沫若文集》第2卷，删去原诗及译注。现收《郭沫若全集·文学编》第5卷，重附原诗并译注。

9月

2日 译作《市蝇》（《查拉图司屈拉》第1部第12节，德国尼采原著）发表于上海《创造周报》第17号。

4日 夜，作《艺术家与革命家》。发表于上海《创造周报》9日第18号。不同意"艺术家和革命家是不能兼并的"的说法。认为："艺术家要把他的作品来宣传革命，我们不能论议他宣传革命的可不可，我们只能说他所藉以宣传的是不是艺术。……这样的艺术家以他的作品来宣传革命，也就和实行家拿一个炸弹去实行革命是一样，一样对于革命事业有实际的贡献。""我们不能说这样的艺术家不是革命家，我们更不能说艺术家与革命家是不能兼并的了。""二十世纪的文艺运动是在美化人类社会，二十世纪的世界大革命运动也正是如此。我们的目标是同一的。"

初收上海光华书局 1925 年 12 月初版《文艺论集》；后收《沫若文集》第 10 卷，文字有改动，写作时间署"1924 年 9 月 4 日夜"，有误；现收《郭沫若全集·文学编》第 15 卷。

5 日　本日起《卷耳集》中《卷耳》《静女》等 23 首古诗今译，陆续刊发于上海《中华新报·创造日》第 42 期至第 64 期，讫于 26 日。

9 日　译诗《月明》（法国维尔莱尼原作）刊载于上海《创造周报》第 18 号成仿吾作《论译诗》中。

收上海创造社出版部 1928 年 5 月初版《沫若译诗集》。

◎ 译作《贞操》（《查拉图司屈拉》第 1 部第 13 节，德国尼采原著）发表于上海《创造周报》第 18 号。

12 日　晨，作《文艺上的节产》。发表于上海《创造周报》16 日第 19 号。写道：

"艺术的制作和自然现象的发生是同一的。"

"艺术是从内部的自然的发生。它的受精是内部与外部的结合，是灵魂与自然的结合，它的营养也是仰诸外界，但是它不是外界原样的素材。"

"从内部自然发生的艺术，表现的艺术，无论如何从受精以至于分娩，总有一定的胎生期间。"

"伟大的是他们这种悠长的等待！他们等待是甚么？在未从事创作之前等待的是灵感，在既从事创作之后等待的是经验。灵感的发生便是内部的灵魂与外部的自然的构精，经验的储积便是胎儿期中的营养。"

"目前的世界为甚么没有甚么伟大的作家，没有甚么伟大的作品？目前的中国为甚么没有甚么伟大的作家，没有甚么伟大的作品？（这个问题尤为是我们国内的批评家时常提说的）我们可以知道了。我们可以说就是早熟的母体太多了，早产的胎儿太多了的缘故！"

初收上海光华书局 1925 年 12 月初版《文艺论集》；后收《沫若文集》第 10 卷，文字有较大改动，改题作《文艺的生产过程》；现收《郭沫若全集·文学编》第 15 卷。

"山额夫人的《节产论》（Birth Control）虽然不能直接利用到文艺上来，但是自然的时期是不可不等待的！

尼采为甚么说内养不充的人不能待，也不能息？笛卡尔为甚么要赞美怠惰？你们可以加一番绰有余裕的思索了。"

上述文字在收入《沫若文集》第 10 卷时，改作：

"列宁说：'宁可少些，总要好些。'这是值得我们服膺的。当然如果又多又好，我们也加倍欢迎。但拿一个人来说，这样恐怕终归是例外吧？

有一个办法：用集体的力量来搞，或许可以做到。

青年艺术家哟，我们集合起来吧！众擎易举，众志成城，让我们互相帮助，共同勉励吧。

成功不必在我，协助不可后人。植物嫁接可发出好花好果，既美且多，艺术嫁接必不能例外。

让我们相互栽培，相互哺育，鼓动着永恒的春天到来！"

16 日 译作《朋友》(《查拉图司屈拉》第 1 部第 14 节，德国尼采原著）发表于上海《创造周报》第 19 号。

24 日 作散文《昧爽》。发表于上海《创造周报》30 日第 21 号。喻示对于那些在睡梦中侵扰人们，却说着人话道："我们是爱平和的族类呀"的臭虫，只有将其一一扑杀。

初收上海创造社出版部 1928 年 8 月《沫若创作集》，后收《沫若文集》第 7 卷，现收《郭沫若全集·文学编》第 10 卷。

25 日 译诗《秋》（印度伽里达若原作）。刊载于上海《创造周报》30 日第 21 号成仿吾作《秋的介绍》中。

收上海创造社出版部 1928 年 5 月初版《沫若译诗集》。

26 日 古诗今译《诗经·邶风·北门》。发表于 10 月 12 日上海《中华新报·创造日》第 80 期，题《邶风北门》。

30 日 译作《千有一个的目标》(《查拉图司屈拉》第 1 部第 15 节，德国尼采原著）发表于上海《创造周报》第 21 号。

夏秋之间

◎ 作诗《失巢的瓦雀》。"橙黄的新月如钩，已在天心孤照，／手携着我两稚子在街树之下逍遥；／……失巢的瓦雀一只蓦地从树枝跌坠，／两儿欣欣前进，各张着两手追随。／……'娇小的儿们呀，这正是我们的征象，／我们是失却了巢穴，飘泊在这异乡，／这冷酷的人寰，终不是我们的住所，/为避人们的弓弹，该往哪儿去躲？'"

初见于《歧路》，发表于上海《创造周报》1924年2月24日第41号，原无题；以此篇题收上海创造社出版部1928年6月初版《沫若诗集》，全诗断为四节；后收《沫若文集》第1卷；现收《郭沫若全集·文学编》第5卷。

10月

3日 作《天才与教育》。发表于上海《创造周报》7日第22号。认为：

"天才是人，绝不是人以外的甚么怪物。他与凡人的区别只有数量的相差，而没有品质的悬异。"

"天才所得于自然的是'天赋独厚'，然而自然对于天才的恩惠也只有这么一点。专靠天赋厚是不能成功为天才的。"

"发展人的天赋的是甚么？便是教育广义的教育。教育的至上的目标便是使人人完全发展其所有的天赋。"

"我们现在的中国为甚么生不出天才来？要解答这个问题我觉得是很容易。一言以蔽之，便是我们中国人素来没有教育。"

"像我们现在缺乏天才的时代是从古以来所未有，像我们现在需要天才的时代也怕是从古以来所未有。教育是作成人才的唯一的工具，教育在我们现代之必要是无待乎赘言。"

"从自家的儿童着手，为国家作育人才，这正是人人能行的新英雄的事业。"

初收上海光华书局1925年12月初版《文艺论集》；后收《沫若文集》第10卷，文字有改动，写作时间误署作"1924年10月3日"；现收《郭沫若全集·文学编》第15卷。

7日 《中华全国艺术协会宣言》发表于上海《创造周报》第22号。阐述应该采取的文艺主张和方针政策：

"我们爱平和爱自由的青年艺术家"应该觉醒起来，认识到"伟大的使命正压在我们的双肩"，不要"使优美的精神从人类的心中逃逸了"。

"我们中华民族本是优美的民族"，"我们久困在涸辙中的国魂，正希望我们协力救拯！""我们要把固有的创造精神恢复，我们要研究古代的宝藏，收集古代的遗物，期以辟往而开来。"

"欧西的艺术经过中世纪一场悠久的迷梦之后，他们的觉醒，比我们先了四五世纪。""我们应该把窗户打开，收纳些温暖的阳光进来"，"我们要宏加研究，绍介，收集，宣传；借石他山以资我们的攻错"。

"艺术的起源本与民众有密切的攸关；然自私产制度发生，艺术竟为特权阶级所独占。""二十世纪的今日的艺术已经是不许特权阶级独占的时候了"，"我们要把艺术救回，交还民众！""我们的目的是想把民众抬高到艺术的境地。"

篇末有"沫若附识"："这篇宣言是朋友们托我们做的。虽然已在报章上发表过几次，但仍不免有错落，现在把它改正了转录于此。"

初收上海光华书局1925年12月初版《文艺论集》，改题作《一个宣言——为中华全国艺术协会作》；后收《沫若文集》第10卷，文字略有改动；现收《郭沫若全集·文学编》第15卷。

◎ 译作《邻人爱》（《查拉图司屈拉》第1部第16节，德国尼采原著）发表于上海《创造周报》第22号。

9日 作散文《背着两个十字架》。发表于10日上海《中华新报·创造日》第78期（原刊误编为第77期）。写道：

"第十二次的双十节又来了。

十二年前的革命，不幸却在这十月十日成了功，这便成了拿塞列的忏言一样，从此我们黄帝子孙便岁岁年年永远背着两个十字架在走。

国家的存在已经是人民的一个十字架了，我们人民的心上还如受苦圣母一样插着一柄十字形的利剑，这是我们中华民国的国民所特有的双料的十字架。

永远受了诅咒，永远受着苦难的国民哟！我们对于你不惜我们的血泪，我们只希望你从十字架上复活！

我们希望你把插在心中的利剑抽了出来，把你背上的一个十字架斩毁！

那时候你头上的棘冠才可以化成月桂。

我们杯中的血泪才可以化成葡萄。

要到那时候才是我们庆贺你的时候。"

在收入上海光华书局1927年3月初版《创造日汇刊》时,作代卷头语。

11日 作《太戈儿来华之我见》。发表于上海《创造周报》14日第23号。谓,聘请名人讲演是"值得深加思索的一个社会现象",如果只是出于"一种慕名的冲动"和"崇拜偶像的冲动",而不是对其思想有"甚么精到的研究",是不会有甚么"显著的效果"的。

太戈尔"他的思想我觉得是一种泛神论的思想,他只是把印度的传统精神另外穿了一件西式的衣服。'梵'的现实,'我'的尊严,'爱'的福音,这可以说是太戈儿的思想的全部,也便是印度人从原始以来,在婆罗门的经典《优婆泥塞图》(Upanisad)与吠檀陀派(Vedanta)的哲学中流贯着的全部"。"在西洋过于趋向动态而迷失本源的时候,太戈儿先生的森林哲学大可为他们救济的福音,但在我们久沉湎于死寂的东方民族,我们的起死回生之剂却不在此而在彼。"

"一个人的信仰无论他若何偏激,在不与社会发生关系的期间内,我们应得听其自由;但一旦与社会发生价值关系的时候,我们在此社会中人便有评定去取的权利。西洋的动乱病在制度之不良,我们东洋的死灭也病在私产制度的束缚,病症虽不同,而病因却是一样。唯物史观的见解,我相信是解决世局的唯一的针路。世界不到经济制度改革之后,一切甚么梵的现实,我的尊严,爱的福音,只可以作为有产有闲阶级的吗啡,椰子酒;无产阶级的人终然只好永流一身的汗血。平和的宣传是现世界的最大的毒物。平和的宣传只是有产阶级的护符,无产阶级的铁锁。太戈尔如以私人的意志而来华游历,我们是由衷欢迎;但他以公的意义来华,那我们对于招致者便不免要多所饶舌。"

初收上海光华书局1925年12月初版《文艺论集》;后收《沫若文集》第10卷,写作时间误作"1922年10月11日";现收《郭沫若全集·文学编》第15卷。

◎ 下午,胡适、徐志摩、朱经农来访。

据本日胡适日记载:"饭后与志摩、经农到我旅馆中小谈。又同去民厚里692访郭沫若。沫若的生活似甚苦。"(曹伯言整理《胡适日记全编》,安徽教育出版社2001年10月版)

本日徐志摩日记载:"午后为适之拉去沧州别墅闲谈,看他的烟霞杂诗，问尚有匿而不宣者否，适之赧然曰有，然未敢宣，似有所顾忌。……适之翻示沫若新作小诗，陈义体格词采皆见竭蹶，岂《女神》之遂永逝？"

"与适之经农，步行去民厚里一二一号访沫若，久觅始得其居。沫若自应门，手抱襁褓儿，跣足，敝服（旧学生服），状殊憔悴，然广额宽颐，怡和可识。入门时有客在，中有田汉，亦抱小儿，转顾间已出门引去，仅记其面狭长。沫若居至隘，陈设亦杂，小孩羼杂其间，倾跌须父抚慰，涕泗亦须父揩拭，皆不能说华语；厨下木屐声卓卓可闻，大约即其日妇。坐定寒暄已，仿吾亦下楼，殊不话谈，适之虽勉寻话端以济枯窘，而主客间似有冰结，移时不涣。沫若时含笑啼视，不识何意。经农意噤不吐一字，实亦无从端启。五时半辞出，适之亦甚讶此会之窘，云上次有达夫时，其居亦稍整洁，谈话亦较融洽。然以四手而维持一日刊，一月刊，一季刊，其情况必不甚愉适。且其生计亦不裕，或竟窘，无怪其以狂叛自居。"（林漓编《徐志摩文集》，海天出版社2000年8月版）

关于郭沫若当时生活之窘境，闻一多1923年11月30日在给其弟闻家骥的信中也曾提到："昨与友人梁实秋谈，得知郭沫若在沪卖文为生，每日只辣椒炒黄豆一碗佐饭，饭尽尤不饱腹，乃饮茶以止饥。以郭君之才学，在当今新文学界应首屈一指，而穷困至此。世间岂有公理哉？"（《闻一多全集》第12卷，湖北人民出版社1993年版）

12日 携长子和夫回访徐志摩。

据本日《徐志摩日记》载："方才沫若领了他的大儿子来看我，今天谈得自然的多了。他说要写信给西滢，为他评《茵梦湖》的事。怪极了，他说有人疑心西滢就是徐志摩，说笔调像极了。……他开年要到四川赤十字医院去，他也厌恶上海。他送了我一册《卷耳集》。是他《诗经》的新译；意思是很好，他序里有自负的话：'……不怕就是孔子复生，他定也要说出"启予者沫若也"的一句话。'我还只翻看了几首。"（林漓编《徐志摩文集》，海天出版社2000年8月版）

13日 访胡适，谈诗歌。

◎ 晚，在美丽川宴请胡适、徐志摩，同席有田汉、成仿吾、何公敢、楼石庵等人。交谈甚欢，饮者多醉。

据本日胡适日记载："沫若来谈。前夜我作的诗，有两句，我觉得不好，志摩也觉得不好，今天沫若也觉得不好。此可见我们三个人对诗的主张虽不同，然自有同处。""沫若邀吃饭，有田汉、成仿吾、何公敢、志摩、楼□□（日记手稿如此，据徐志摩日记，应为石庵——编者注），共七人，沫若劝酒甚殷勤，我因为他们和我和解之后这是第一次杯酒相见，故勉强破戒，喝酒不少，几乎醉了。是夜沫若、志摩、田汉都醉了。我说起我从前要评《女神》，曾取《女神》读了五日。沫若大喜，竟抱住我，和我接吻。"（曹伯言整理《胡适日记全编》，安徽教育出版社2001年10月版）

据10月15日《徐志摩日记》："前日沫若请在美丽川，楼石庵适自南京来，故亦列席。饮者皆醉，适之说诚恳话，沫若遽抱而吻之——卒飞拳投罟而散——骂美丽川也。"（林漓编《徐志摩文集》，海天出版社2000年8月版）

14日 译作《创造者之路》（《查拉图司屈拉》第1部第17节，德国尼采原著）发表于上海《创造周报》第23号。

◎ 午后，与新从东京回来的F君谈东京大地震情况。（《水平线下》）

◎ 接待初次来访的周全平。（《水平线下》）

◎ 发表《启事》于上海《创造周报》第23号。谓："赠我《告赈日灾者》一文的朋友，我深表同感，能来寓一谈否？"

15日 晚，与成仿吾应胡适、徐志摩请吃夜饭，席间谈论神话。

据本日徐志摩日记载："今晚与适之回请，有田汉夫妇与叔永夫妇，及振飞。大谈神话。"（林漓编《徐志摩文集》，海天出版社2000年8月版）

据本日胡适日记载："与志摩同请沫若、仿吾等吃夜饭。田寿昌和他的夫人易漱瑜女士同来。叔永夫妇也来。"（曹伯言整理《胡适日记全编》，安徽教育出版社2001年10月版）

18日 应邀往郑振铎家吃饭。同席有高梦旦、胡适、徐志摩等。

据本日胡适日记载："到郑振铎家中吃饭。同席的有梦旦、志摩、沫若等。这大概是文学研究会和创造社'埋斧'的筵席了。"（曹伯言整理《胡适日记全编》，安徽教育出版社2001年10月版）

◎ 作论文《国家的与超国家的》。发表于上海《创造周报》20日第24号。写道：

"国家本是一种人为的制度，它的目的是在保持人类的安全。"

"但是在国家的历史渐渐演进以后，国家竟成为人类的监狱，人类的观念竟庚死在这种制度之下了。"

"国家的与国家的之战斗已经是人类不幸的事情。国家的与超国家的之战斗,尤唯是人类的最大的不幸。在东西洋各国,国家观念最强的地方,后两者的战斗也最激烈,人类所犯的罪恶也最离奇。最近日本无政府主义者大杉荣夫妇之惨死,不正是这种离奇的犯罪的牺牲么?

我们为殉道的杰士悲恸,我们也为冥顽的人类悯泣。然而我们在此有私自庆幸的一件事情,便是我们是生长在中国。"

"我们素来的传统精神,最远的目的是在使人类治平,而不在家国。我们古代的哲人教我们以四海同胞的超国家主义,然而因时亦不离弃国家,以国家为达到超国家的阶段。"

"在东西各国,传统精神与世界主义,是冰炭之不相容;而在我们中国,我们的传统精神便是世界主义。"

"我们现在是应该把我们的传统精神恢复的时候","极力阐发我们固有的精神,使我们中国得早一日成为世界主义的新国"。

初收上海光华书局1925年12月初版《文艺论集》;后收《沫若文集》第10卷,因其"无政府主义的倾向太浓厚",删除;现收《郭沫若全集·文学编》第15卷。

20日 诗《白玫瑰》发表于上海《中华新报·创造日》第88期。"我的花雕酒已经喝了半分,/她的白玫瑰也接了几次芳唇,/她甘愿地和我交换酒杯,/啊,我们在酒杯边上亲吻!"

另刊载于上海《创造》季刊1924年2月第2卷第2期;后收《沫若文集》第1卷;现收《郭沫若全集·文学编》第5卷。

◎ 译作《老妇与少女》(《查拉图司屈拉》第1部第18节,德国尼采原著)发表于上海《创造周报》第24号。

23日 译诗《屠勒国王》(德国歌德原作)发表于上海《中华新报·创造日》第91期。上海光华书局1927年3月初版《创造日汇刊》,以之作代卷头语。

24日 夜,作《批评——欣赏——检察》。发表于上海《创造周报》28日第25号。

读鲁迅《呐喊》和周作人《自己的园地》,认为:"这两本书在我们很寥寂的文艺界,我觉得是值得欣赏的产物,尤唯是前的一种。"但不同意周作人文中关于"批评是主观的欣赏不是客观的检察,是抒情的论文不是盛气的指摘"的说法。

"作者把批评分拆为真假两种，我们可以无话可说。但他把主观和客观分拆得那么乖离，把客观的检察完全剔出主观的欣赏以外，并且说欣赏便是真的批评，检察便是假的批评，这是我所以不能不怀疑，而对于作者不能表示同意的地点。"

"真正的批评家要谋理性与感性的统一，要泯却科学的态度与印象主义的畛域，他不是漫无目标的探险家，他也不是知其然而不知其所以然的盲目的陶醉者。批评的三段过程：1. 感受 to feel, 2. 解拆 to disengage, 3. 表明 to set forth，这是批评家所必由之路。印象批评只在第一段上盘桓，科学的批评是在第二段上走错了路：科学的批评家发现了一个空中楼阁，而他不寻求楼阁之所以壮美，他却没头到追求构成楼阁的资料上去了。"

"我在此处还要附加一层私人的意见，我以为真正的批评的动机除对于美的欣赏以外，同时也还可以有一种对于丑的憎恨。创作的天才不必常有，文艺的杰作也不必常见，在黄钟毁弃瓦釜雷鸣的时候，对于瓦釜加以不恤的打击，我以为这也是批评家所当取的态度。……我以为批评的真假不能以批评的方法和趋向上区分，批评的真假应该以批评家的人格为衡准。"

初收《沫若文集》第 10 卷，文字略有改动；现收《郭沫若全集·文学编》第 16 卷。

28 日　译作《蝮蛇之唔》（《查拉图司屈拉》第 1 部第 19 节，德国尼采原著）发表于上海《创造周报》第 25 号。

30 日　作《我对于〈卷耳〉一诗的解释》。发表于 11 月 1 日上海《民国日报·觉悟》。针对曹聚仁《读卷耳二则二训诂杂考——读卷耳集》一文对《卷耳》一诗的不同理解，表示，"我对于该诗的解释仍以为是'思妇怀远'，第一节是为思妇出游写忧，其余三节是思妇心目中所想象出的征夫的跋涉"。

初收上海光华书局 1925 年 12 月初版《文艺论集》，写作时间署"1923 年夏"，有误；后收《沫若文集》第 10 卷，写作时间署"1921 年"，亦有误；现收《郭沫若全集·文学编》第 15 卷。

31 日　作《〈创造日〉停刊布告》。发表于 11 月 2 日上海《中华新报·创造日》第 100 期。称："报馆方面因为别有重大的经营，要求我们暂作收束。""我们的《创造日》本来是在荒漠中生出的一株小花，自开自谢，本来少人过问，本来无所关心，但我们深恨没有力量可以使荒漠成为良田，我们也没有力量可以使它独立以至于永远。我们只好忍心，我们只好听他在荒漠中萎谢。""但是，朋友们哟！一种潜能在宇宙中发为事功以后，永没有消灭的时期。我们的《创造日》虽只这一百余日的生涯，但我们相信在我们小部分的关系者心中，在我们小部分的爱读者心中，他如象种子含的胎芽一样，他是依然活存，而且必有一日迸出地层，奋发参天的时候。"文末赋诗一首以作"复活的预期"。

下旬　《中华新报》的总理殷柱夫来访，以报馆经费支绌为由，希望结束《创造日》。与成仿吾商量决定停刊。(《创造十年》，上海现代书局 1932 年 9 月版)

本月　诗集《星空》由上海泰东图书局作为创造社丛书之第六种初版发行。分为三辑：第一辑收诗歌《星空》《洪水时代》等 31 首；第二辑收戏曲《孤竹君之二子》等 3 篇；第三辑收散文《牧羊哀话》等 4 篇，全书另有《献诗》一首。

11 月

1 日　夜，作《瓦特裴德的批评论》。发表于上海《创造周报》4 日第 26 号。认为："在英国近代文艺批评史中，承阿诺德的鉴赏批评的滥觞，开王尔德辈唯美主义的先河的，要推十九世纪的瓦特裴德 Walter Pater（1839—1894）。""他不是狭义的文艺批评家，他是广义的文化批评家。但他关于文艺批评的持论，是最注重感觉的要素而轻视智识的要素。他做人注重智识的蕴积，做批评注重感觉的享乐。""他的文艺批评论，最明核地表现于《文艺复兴》的序论中。我现在更把他最重要的前半部摘译下来"，希望读者能由此而"生出了研究裴德的兴味"。

初收上海光华书局 1925 年 12 月初版《文艺论集》；后收《沫若文集》第 10 卷，文字略有改动；现收《郭沫若全集·文学编》第 15 卷。

4 日　译作《儿女与结婚》（《查拉图司屈拉》第 1 部第 20 节，德国尼采原著）发表于上海《创造周报》第 26 号。

7日 作《神话的世界》。发表于上海《创造周报》11日第27号。写道：

"神话的世界是从人的感性生出，不是从人的智性生出。原始时代的诗人——我故意用这诗人一个字——在一切的自然现象之前，感受着多种多样的情绪，而他把这些情绪各各具像化，人格化，遂使无生命的自然都成有生命的存在。这种具像化的工夫便是诗人的创造的想像力的表现，诗人是在自然的镜中投射出自体的精神活动。所以一切神话世界中的诸神是从诗人产出，便是宗教家所信仰的至上神'上帝'，归根也只是诗人的儿子。"

"诗人把这种世界创造出后，人类对于这种世界便生出了几种不同的态度。一种是无智者的盲目的信仰，一种便是理智家的执意的反抗。"

"我们对于神话的世界，当然不能学无智者的盲目的信仰，然而也不能学主智者的执意的反抗。对于真实的探讨与对于梦境的追求，可以分道而并行，可以异时而两立。"

"神话是绝好的艺术品，是绝好的诗。我们在这里可以酌饮无量的醍醐，我们在这里可以感受无穷的启迪。诗人的表象作用，我们不能在抽象的美学中寻求，我们是应该在这种具体的世界中学习。"

初收上海光华书局1925年12月初版《文艺论集》；后收《沫若文集》第10卷，文字略有改动，写作时间署"1922年11月7日"，有误；现收《郭沫若全集·文学编》第15卷。

9日 作《说玄黄——答曹聚仁先生》。发表于11日上海《民国日报·觉悟》。应答曹聚仁在当日《民国日报·觉悟》上发表的《读卷耳》（二）一文。写道："'玄黄'的解释，我只是根据我心信的学理，替毛传做了一番辩护，不过证明'玄马病则黄'之说，在学理上尽可以成立。"

初收上海光华书局1925年12月初版《文艺论集》，改篇题作《释玄黄——答曹聚仁》；又收上海光华书局1929年7月第四版《文艺论集》，署写作时间"1923年夏"，有误；后收《沫若文集》第10卷，署写作时间"1921年"，有误；现收《郭沫若全集·文学编》第15卷。

11日 译作《自由的死》（《查拉图司屈拉》第1部第21节，德国尼采原著）发表于上海《创造周报》第27号。

16日 致信梁实秋。约写有关拜伦的文章，说："达夫已北上，在北大法大两校任课,仿吾不日返湘,沪上只能留我一人了,周报事太忙,望你们救我。"(梁实秋《看云集·旧笺拾零》,台湾皇冠出版社 1984 年版)

18 日 译作《赠贻的道德》(《查拉图司屈拉》第 1 部第 22 节,德国尼采原著)发表于上海《创造周报》第 28 号。

23 日 作《艺术的评价》。发表于上海《创造周报》25 日第 29 号。批评托尔斯泰的《艺术论》,说:

"我国自新文学发生以来,优秀的作家本来寥寥无几,而优秀的批评家亦难屈数只手。批评与创作本同是个性觉醒的两种表现,本同是人生创造的两个法门,可惜在个性尚未完全觉醒之前,少数从事于批评的人便为一种畸形的艺术论所锢围,而以同样的桎梏以囚禁新醒的作家。托尔斯泰的《艺术论》早早输入了我国,可以说是我们新兴文学的一种不幸了。"

"托尔斯泰立脚于功利主义之上,他以为艺术的活动是作家在自己心中唤起已曾经验过的感情,用种种功具以传输于别人使别人得受同样的经验。所以他以'感动力'为艺术的确征,感动力之有无便足以定艺术之真伪,感动力之强弱便足以定艺术品之优劣。"

"艺术的活动,诚如托氏所说在唤起一种感情的经验,然而这种活动每每流行于不经意之间,即使宏巨的制作须得匠心经营,而艺术家的目的只在乎如何能真挚地表现出自己的感情,并不在乎使人能得共感与否。艺术的确征,诚然如托氏所说在有感动人的力量,然而这种力量之发动亦须视受者之感受性如何,故自受者的方面而言,感动力之有无全不能定艺术之真伪。"

"托氏淑世的精神是我们所由衷敬慕,然他这种偏激而且矛盾的论调却非我们所能苟同,可惜他的《艺术论》一输入我国后,在我们素来缺少批判精神的文艺界,竟隐隐成了一种疽疠,自标人生派的有人,骂丑恶描写的有人,骂颓唐派的有人,以自己的感受性为万能而排斥一切的更有人了。"

初收上海光华书局 1925 年 12 月初版《文艺论集》;后收《沫若文集》第 10 卷,文字有改动,写作时间署"1924 年 11 月 23 日",有误;现收《郭沫若全集·文学编》第 15 卷。

29 日 晨,作《〈雅言与自力〉——告我爱读〈查拉图司屈拉〉的友人》。发表于上海《创造周报》12 月 2 日第 30 号。"我把《查拉图司屈拉》的第一部译完之后，有许多朋友写信来说是难解，要求我以后加些注释。"尼采"在他第一部出书时便多方受人误解，他自己曾叹息说：'我所思想的对于许多人尚没有一人成熟；不怕海者谆谆，而听者终是邈邈，《查拉图司屈拉》，便是一个证据。'""我译尼采，便是我对于他的一种解释"，但在未译之前，"我纵使把全部的概观诉述出来，在读者恐怕不仅茫无边岸，更使信我过厚的人得一先入观念，转于了解尼采上多生障碍。""望读者得我的刺激能直接去翻读原书。""我希望读者不必过信我的译书，尤不必伸长颈项等待我的解释。"

初收上海光华书局1925年12月初版《文艺论集》；后收《沫若文集》第10卷，写作时间署"1924年11月29日"，有误；现收《郭沫若全集·文学编》第15卷。

在收入《沫若文集》第10卷时，于1958年11月21日作《附记》："《查拉图司屈拉》结果没有译下去，我事实上是'拒绝'了它。中国革命运动逐步高涨，把我向上看的眼睛拉到向下看，使我和尼采发生了很大的距离。鲁迅曾译此书的序言没有译出全书，恐怕也是出于同一理由。"

12 月

4 日 作《英国诗人葛雷的〈墓畔哀歌〉小引》。与译诗《墓畔哀歌》同发表于上海《创造》季刊1924年2月第2卷第2期，题作《英国诗人葛雷的〈墓畔哀歌〉》。叙述葛雷生平，认为，《墓畔哀歌》"在他极少数的诗歌之中要算最杰出之作"。"他是对于自然开了眼的诗人，他的精神是罗曼主义的前驱。平生的诗作经他自己删定者不上二十首，他的自我批评可谓严格绝顶。"

收上海创造社出版部1928年5月25日初版《沫若译诗集》。

◎ 作散文《百合与蕃茄》讫。发表于上海《创造周报》12月2日第30号、9日第31号、16日第32号。记述与周全平认识交往的经过，以及成仿吾和周全平不幸的爱情婚姻。感叹："我也追求过百合花的处子；/可如今她的花时过了，/只剩着一片片的根瓣参差。"

初收上海创造社出版部1928年5月初版《水平线下》；后收《沫若文集》第7卷；现收《郭沫若全集·文学编》第12卷。

5日 作诗《我们在赤光之中相见》。发表于上海《孤军》月刊12月第2卷第1期。写道："长夜纵使漫漫，/终有时辰会旦；/焦灼的群星之眼哟，/你们不会望穿。//……轰轰的龙车之音/已离黎明不远，/太阳哟，我们的师哟，/我们在赤光之中相见！"

初收上海创造社出版部1928年2月初版《前茅》；又收上海现代书局1930年8月第4版《沫若诗全集》；后收《沫若文集》第1卷；现收《郭沫若全集·文学编》第1卷。

9日 译作《持镜的小孩》（《查拉图司屈拉》第2部第1节，德国尼采原著）发表于上海《创造周报》第31号。

10日 作《惠施的性格与思想》。发表于上海《创造周报》16日第32号。认为：

"春秋战国期间我国学术史上有一个黄金时代的存在"，"后期的学者中，惠施正是一位最主要的人物，庄子的《天下篇》把他和老聃墨翟诸人并举，荀子的《非十二子篇》也把他和墨翟仲尼同说，可见他的学者的位置在当时也不亚于他的政治家的位置了"。

"他是庄子的绝好的朋友……但他同时也是庄子的论敌。他们两人的性格完全不同，他彻底是一个'人'，而庄子则几几乎脱掉了人的性味。""他和庄子两人，关于研究学问上的态度，也是完全两样。一个是尽在主观内抽绎玄思，一个定要在客观上探讨真理。"

"庄子所撮述的惠施遗说，从来解说家都分裂为十项，视为各不相侔"，"但据我个人的考察，我觉得只是六项，并且在意义上大抵是相连续的"："至大无外谓之大一，至小无内谓之小一：无厚，不可积也，其大千里"；"天与地卑，山与泽平"；"日方中方睨，物方生方死"；"大同而与小同异，此之谓小同异；万物毕同毕异，此之谓大同异"；"南方无穷而有穷，今日适越而昔来，连环可解也；我知天下之中央，燕之北越之南也"；"汜爱万物，天地一体也"。

"惠施由小一说以达到天地一体观，他的结论虽然与儒家道家相同，但他的出发点是完全相异。"

"总上所述，我们再把几个结论撮在后面：

1. 惠施是一位实际的人物，他对于人情世故是很精明，

2. 他是一位纵横捭阖式的政治家，

3. 他精通艺术，能弹琴，而且会唱歌，

4. 他是个科学的思想家，倡导原子说与地圆说，

5. 他主张实利主义，

6. 他主张泛爱，万汇平等，无君，无神。"

初收上海光华书局1925年12月初版《文艺论集》；后收《沫若文集》第10卷；现收《郭沫若全集·历史编》第3卷。

13日 复梁实秋信。发表于上海《创造周报》16日第32号，附梁实秋《通信一则》后：

"诗望你早日寄来，或者已在太平洋上坐轮船也说不定，我们准定编在三期季刊里。

义务教授自然不可缺少，但不甘受教的人太多，奈何？中国是君子国，批评终怕没有发达的希望呢。

达夫已往北京，在北大任教。

仿吾和我都好，我不回四川了。"

18日 作散文《梦与现实》。发表于上海《创造周报》23日第33号。写道：月夜在公园里耽读太戈儿的诗，做着适意的梦。清晨起来，在民厚南里的东总弄却看见一个瞎眼女丐和她的四岁小女儿，正在寒风中挣扎，不觉感慨："唉！人到了这步田地也还要生活起去！人生的悲剧何必向沙翁的杰作里去找寻？"

初收上海创造社出版部1928年8月初版《沫若创作集》；后收《沫若文集》第7卷；现收《郭沫若全集·文学编》第10卷。

23日 译作《幸福的岛上》（《查拉图司屈拉》第2部第2节，德国尼采原著）发表于上海《创造周报》第33号。

30日 在上海美术专科学校的演讲稿《印象与表现》发表于上海《时事新报·艺术》第33期。认为：

现在在我们的面前呈现出"两条艺术上的歧路"，"一种便是印象，一种便是表现"。前者如自然主义、写实主义，后者如罗曼派、表现派。

"自从近代科学发达以后，一切人文现象都受了它的影响，一部分的艺术家直接把科学的精神输入到艺术界来，提倡自然主义，提倡写实主义，提倡印象主义，他们的目标在求客观的真实，充到尽头处，不过把艺术弄成科学的侍女罢了。"

"艺术是自我的表现，是艺术家的一种内在冲动的不得不尔的表现"。

"希腊雕刻的精神和发展的程序，我以为正是艺术的正途。他的自我表现的精神，和澄清自我的倾向，这是艺术家的两种必要的努力。"

"好的作品，他们都是由内而外的创造，不是由外而内的摄录。"

"我们现刻先要把艺术的精神认定，要打破一切自然的樊篱，传统的樊篱，在五百万重的枷锁中解放出我们纯粹的自我！艺术是我们自我的表现，但是我们也要求我们的自我有可以表现的价值和能力。美术教育的必要就在这儿。"

◎ 译作《博爱家》（《查拉图司屈拉》第2部第3节，德国尼采原著）发表于上海《创造周报》第34号。

本月 任中华学艺社总事务所编辑科干事。（邓牛顿《郭老与"中华学艺社"》，《复旦学报》1979年第4期）

1924年（甲子 民国十三年）32岁

1月20日至30日 中国国民党第一次全国代表大会在广州召开。孙中山主持，共产党人李大钊、毛泽东等人参加并当选中央委员。会议讨论并通过孙中山提出的联俄、联共、扶助农工三大政策，国共合作的革命统一战线形成。

1月21日 列宁逝世，终年54岁。

1月 田汉在上海创办《南国》半月刊，继又发起南国戏剧运动。

4月12日 印度诗人泰戈尔来华访问，在上海、南京、济南、北京等地讲学。

5月 在苏联和中国共产党帮助下，国民党在广州黄埔成立陆军军官学校。蒋介石任校长，廖仲恺为党代表，周恩来为政治部主任。6月16日，军校开学，孙中山亲临发表演说。

6月 共产国际第五次代表大会在莫斯科召开，李大钊出席。

7月3日 国民党中央农民部创办、共产党人彭湃主持的第一届广州农民运动讲习所开学。

9月3日　皖系浙江督军卢永祥与直系江苏督军齐燮元之间爆发战争。

9月17日　第二次直奉战争爆发。

10月23日　直系将领冯玉祥，发动北京政变，囚禁贿选总统曹锟，将部队改称为国民军。25日，电请孙中山北上。

11月4日　冯玉祥驱逐清逊帝溥仪出故宫。

11月10日　孙中山发表《北上宣言》，重申反对帝国主义和反对军阀的政治主张，要求"召集国民会议，以谋中国之统一与建设"。

11月17日　《语丝》周刊创刊，由鲁迅、孙伏园等在北京发起成立的语丝社主办。

11月24日　冯玉祥、张作霖与段祺瑞在北京成立所谓"中华民国临时执政府"，段祺瑞就"临时总执政"职。

12月31日　孙中山发表《入京宣言》，重申救国主张，扶病由津入京，受到十万群众欢迎。

12月　胡适、梁实秋、徐志摩等在北京成立新月社。

1 月

1日　译著《鲁拜集》（波斯诗人莪默伽亚谟原著）由上海泰东图书局初版发行。分为上篇导言和下篇鲁拜集两部分。

4日　作《编辑余谈》。发表于上海《创造》季刊2月第2卷第2期。申明《创造》"迟了又迟，隔了八九个月的时光才能出版的缘故"：主要在人少事多，要编辑出版几个刊物。同时，也是因为"不愿学坊间的市侩，只图竞争市场而粗制滥造"。

9日　作《整理国故的评价》。发表于上海《创造周报》13日第36号。反对"笼统地宣传国学"，也反对"笼统地排斥国学"。说：

"国学研究家就其性近力能而研究国学，这是他自己的分内事；但他如不问第三者的性情如何，能力如何，向着中学生也要讲演整理国故，向着留洋学生也要宣传研究国学，好象研究国学是人生中唯一的要事，那他是超越了自己的本分，侵犯了他人的良心了。"

"但是厌弃国学的人……只徒笼统地排斥国学，排斥国学研究者，这与笼统地宣传国学,劝人做国学研究者所犯的弊病是同一的,同是超越了自己的本分而侵犯了他人的良心了。"

"至于国学究竟有没有研究的价值?这是要待研究之后才能解决的问题。""研究的方法要合乎科学的精神,研究有了心得之后才能说到整理。而且这种整理事业的评价我们尤不可估之过高。整理的事业,充其量只是一种报告,是一种旧价值的重新估评,并不是一种新价值的重新创造,它在一个时代的文化的进展上,所效的贡献殊属微末。"

初收上海光华书局1925年12月初版《文艺论集》;后收《沫若文集》第10卷,文字有较大删改;现收《郭沫若全集·文学编》第15卷。

10日 作论文《古书今译的问题》。发表于上海《创造周报》20日第37号。认为:

"整理中国的古代文书,如考证真伪,作有系统的研究,加新式标点,作群书索隐,都是很必要的事情,但是此外我觉得古文今译一事也不可忽略,且于不远的将来是必然盛行的一种方法。"

"自《卷耳集》出版后,知我者虽不乏人,而罪我者亦时有表见。……最近北京《晨报副刊》上的梁绳炜君和南京《东南评论》上的周世钊君各有一篇《评卷耳集》的文字,他们都以为我的翻译是失败了,因而断定古书今译是走不通的路,古诗是不能译和不必译的东西。其实我的翻译失败是一个小小的问题,而古书今译却另外是一个重大的问题,以我一次小小尝试的成败,他们便要把来解决一个重大问题,他们是未免太早计,未免把我太过于尊重了。我觉得他们的言论大有讨论的必要。"

"由一国的文字译成他国的文字可能,由本国的古文译成今言,当然更见容易。""由古诗译成今言,并不是我的创举。""把古诗今译了的办法在外国文学史中实在举不胜举,便是新兴的日本也极力在采取这种方法了。""这明明是一条大众所走的路,我们要想证明这条路走不通,只把我一个人的步法来断定,那是不合论理。"

"由字数限制,或者汉字废弃的结果,古代书籍的普及自不得不待今译一途。这是自然的趋势,并不是一个人的成败所能左右,也并不是一二人的狂断所能左右。"

初收上海光华书局1925年12月初版《文艺论集》;后收《沫若文集》第10卷,文字有改动;现收《郭沫若全集·文学编》第15卷。

20日 为张伯符《〈乌鸦〉译诗的刍言》所作《附白》刊载于上海《创造周报》第37号。谓："此诗译文真是荒唐已极，译者和《文学》编辑者竟公然发表，读后只令人慨叹。伯符君改正处大抵无误，唯第九节似尚有斟酌余地。乌鸦乃不祥之鸟，东西民间的俗见相同。原诗意是反语，不识张君以为如何。"

《时事新报·文学》百期纪念号登载了子岩所译美国诗人爱伦·坡的长诗《乌鸦》(《The Raven》)。张伯符读后，对照原诗，发现许多"令人吃惊"的错译，特著文在《创造周报》上连载两期，以纠正译者之误。

25日 作诗《太阳没了——闻列宁死耗作此》。发表于上海《创造周报》27日第38号。"啊！太阳没了——在那西北的天郊，／弥天的暗云也暂泯却了它的嘲笑，／消沉的万象都像随以消亡，／四海的潮音那在同声哀悼。／／他灼灼的光波势欲荡尽天魔，／他滚滚的热流势欲决破冰垛，／无衣无业的穷困人们／受了他从天盗来的炎炎圣火。""'朋友哟朋友，莫用徒记杞忧！'／我的耳边突然有默雷的声音怒吼：／／'你我都是逐暗净魔的太阳，／各柄着赤诚的炬火，前走！前走！'"

初收上海创造社出版部1928年2月初版《前茅》；又收上海现代书局1930年8月第4版《沫若诗全集》；后收《沫若文集》第1卷；现收《郭沫若全集·文学编》第1卷。

2月

13日 译作《僧侣》(《查拉图司屈拉》第2部第4节，德国尼采原著) 发表于上海《创造周报》第39号。

17日 送安娜和孩子们乘船去日本。

"我的日本老婆自从回到上海以后，她便很少开朗的日子。生活自然是和她想象的'幸福'完全背驰……过着奴隶加讨口子生活的人，连坐电车的车费都时常打着饥荒。老婆因此便时常吵着要回日本，她要顾着几个肉体上的儿子，我同时也不能不顾着几个精神上的儿子。她带着三个儿子回日本，独立地是不能生活的，除非实际讨口。所以那便逼着我不得不把创造社的全部抛弃。这是一个重大的矛盾，因此在家庭中也就免不了时常在闹着风波。""年假期中伯奇回到了上海，他那时正在热心地提倡他的'国民文学'。……伯奇在二月底才回日本,我便起了一个决心:请他把我的家小送回福冈去。我待把《周报》办满了一年之后再往日本,也好让仿吾决心南下。"(《创造十年》)

◎ 作小说《歧路》,为《漂流三部曲》之一。发表于上海《创造周报》24日第41号。描写主人公爱牟为生计所迫,送妻儿乘船赴日本,后独自返回寓所的情景,以及他从日本回国后从事文化事业所遭遇的艰难困苦。回想起与妻子七年前最初相见的时候,她的眉间"有一种圣洁的光辉",回想起"七年前最初恋爱时的甜蜜的声音",决定要创作一部长篇,书名叫作《洁光》,把妻子塑造成一个"永远的女性"。

初收上海创造社出版部1926年9月初版《橄榄》;后收《沫若文集》第5卷;现收《郭沫若全集·文学编》第9卷。

"在那时我自己的确是走到了人生的歧路。我把妻子送走了之后,写了那《歧路三部曲》,尽性地把以往披在身上的矜持的甲胄通统剥脱了。人到下了决心,唯物地说时,人到了不要面孔,那的确是一种可怕的力量。读了我那《三部曲》的人听说有好些人为我流了眼泪。就是我们的达夫也受了感动,他把我们的旧谊又恢复了转来。他从北平寄来了他那篇《北国的微音》,那是他去上海以后在《周报》上所发表的唯一的作品。"(《创造十年》)

◎ 夜,复信赵景深。发表于上海《创造周报》3月24日第45号,见露明女士《〈乌鸦〉译诗的讨论》(通信)。对其在化名露明女士的来信中,针对张伯符的《乌鸦译诗的刍言》一文所作的赞辞和所指出的微小的错误表示感谢,并就其中一些字句翻译中的问题发表了看法。谈到原诗说:"我总觉得他是过于做作了。"

22日 作小说《圣者》。发表于上海《创造周报》3月2日第42号。述说主人公爱牟与孩子放鞭炮并误伤二儿眼睛时的种种心情:"忏悔着现在,又追怀着过往。"总想要为孩子们创造更好一点的条件,但又想到"许多的同胞都在患难之中,我又怎能独善呢?我总应该替社会做一番事情,我这一生才可以不枉"。爱牟夸奖孩子是圣者,虽然受伤的眼睛肿得像石榴一样,但"他一点怨望的心肠也没有,一点悲观的心肠没有,仍然是顽,仍然是笑"。爱牟的夫人说:"儿童的心情终竟是伟大。""一种虔敬的心绪,感谢得欲流眼泪的心绪,支配着爱牟的全身。爱牟对着他的孩儿，就好像瞻仰着许多舍身成仁的圣者。"

初收上海创造社出版部1928年8月初版《沫若创作集》；后收《沫若文集》第5卷；现收《郭沫若全集·文学编》第9卷。

25日　致信田楚侨。发表于上海《创造周报》4月5日第47号，附田楚侨《雪莱译诗之商榷》一文后。说："承你称誉，并蒙指责，我很感谢你。……将来如有成书的机会时我定要改正它。""文中有几处讼及他人的地方，我替你删削了，想你当不至见怪。"

田楚侨所作《雪莱译诗之商榷》一文，对创造社多有称赞，说："在浅薄的现在中国文坛，实在只配研究太戈尔，只配介绍点国外文坛消息。……我因此便联想到创造社，他们在新文坛里，学识和见闻，总算比较的丰富；创作和译品，总算比较的要高人一等。"田楚侨将郭沫若的雪莱译诗与原诗对读，认为译文"只算是忠实的直译，而尚未顾到原诗的神韵"。

28日　所作《补白三则》，发表于上海《创造》季刊第2卷第2期。

一则："有诸己而后求诸人，无诸己而后非诸人——这是一种圣者的态度。/有诸己而不求诸人，无诸己亦不非诸人——这怕也可以说是一种圣者的态度。/我最痛恨的是我自己的眼睛：它只晓得看见外界的玷污，而不晓得它自己网膜上的黑暗。"

二则："做诗和生儿子是一样：/有爱情的结合才能产出好儿，/有灵感的创作才能产出好诗；/但是没有些儿爱情，随便氤氲一次也可以生儿，/没有些儿灵感，随便捻拈一次也可以做诗。"

三则《偶像和行人的对话》："偶像——路上行走的人们，你们太苦了。你看我坐在人们的肩头要东就东，要西就西，我是何等安逸！你究竟还有甚么愿望祈求我的么？//行人——菩萨，我不愿祈求甚么，我只愿看你的泥脚下地来走几步人路。"

3月

2日　应袁家骅、顾绶昌邀，与成仿吾、倪贻德乘火车赴无锡赏梅。（《到宜兴去》，《孤军》1925年8月第3卷第3期；《炼狱》，《创造周报》第44号）

3日　因担心赴日妻儿生活，无心继续游览，从无锡独自返回上海。

(《炼狱》,《创造周报》第 44 号)

7 日 作小说《炼狱》,为《漂流三部曲》之二。发表于上海《创造周报》16 日第 44 号。

描写主人公爱牟在妻儿返回日本之后"时常和孤寂作战"的生活。应朋友之邀游无锡,无论惠山的风光多么秀丽,太湖的梅花多么清芬,山水多么幽韵,爱牟仍不觉快意,终在追怀和后悔中告别友人,回到上海他那间斗室里去过炼狱的生活了。

初收上海创造社出版部 1926 年 9 月初版《橄榄》;后收《沫若文集》第 5 卷;现收《郭沫若全集·文学编》第 9 卷。

上旬 辞四川省立成都医院医务主任职不就,并退回川资。

2 月 13 日,长兄郭橙坞来信,并转来成都红十字会电稿,要他去成都就职。(《十字架》,《创造周报》第 47 号)

16 日 晨,乘头班车赴杭州,出席中华学艺社年会,路遇亦为学艺社干事的殷汝耕。

上午,随众游览栖霞岭、灵隐寺。

下午,总演讲会因听众稀少,决定改在次日下午举行,并在杭州各报发了消息。即与范寿康、郑心南同游万松岭。由九溪十八涧折至钱塘江边。晚,至闸口观光"江山船"后乘火车返杭州。(《创造十年续编》)

17 日 上午,与范寿康、郑心南同游花坞。

下午,在教育会会场参加讲演会,做题为《文艺之社会的使命》的讲演。(《创造十年续编》)

◎ 作小说《十字架》,为《漂流三部曲》之三。发表于上海《创造周报》4 月 5 日第 47 号。写主人公爱牟接读妻子从福冈寄来的信,得知妻儿返回日本后窘迫孤寂的生活状况后,忿忿不已。他感慨"是被幸福遗弃了的人,无涯的痛苦便是我们所赋与的世界!"他不知在这世界上还有什么存在的必要。所谓艺术、文学、名誉、事业,等等,都不过是"镀金的套狗圈","我不要丢去了我的人性做个甚么艺术家,我只要赤裸裸的做着一个人"。即使如此,他仍然推辞了 C 城红十字医院的聘请。他固不愿做医生,尤不愿回 C 城。因 C 城离家乡太近,家庭纠葛会造成决裂,他不愿为此伤害自己的父母,也不愿因提出离婚而导致那个无罪无辜已为旧的婚姻制度作出牺牲的原配夫人去自杀。

初收上海创造社出版部1926年9月1日初版《橄榄》；后收《沫若文集》第5卷；现收《郭沫若全集·文学编》第9卷。

20日 致信施蛰存。发表于上海《创造周报》28日第46号。说"小说稿已奉读，请把地址示我"。

◎ 致信王瑞麟。发表于上海《创造周报》28日第46号。承认在《创造》季刊上把拜伦的死期记错了，而非排字误植，感谢他指出错误。

4月

1日 离开上海，重赴日本福冈。

"创造社决计和泰东脱离，可以说是一种革命，是奴隶对于奴隶主的革命。在这场革命中达夫要算是最先觉，我是足足后了他半年。仿吾又是为着我而后到了半年以上。本打算办满周年才走的我，但在路向一决定之后，终耐不过再作勾留，便索性提前了一个月，在四月初头上便离开了上海。"（《创造十年》）

船票由黄恢权购赠，并同行。"上海的空气太使我厌倦了，多住一日就好像要窒息死了的一样，其实索性死了倒痛快些免得我久受牢狱的束缚。"（4月18日《致成仿吾信》，《创造周报》第52号）

◎ 译著《少年维特之烦恼》（德国歌德原著）由上海泰东图书局作为《世界名家小说》第2种出版发行。

2日 抵达福冈。

"我自从四月一号离开了上海，仍然跑到住过了五年的福冈，住在箱崎海岸上一家面海的屋子里面。""第二天便到了福冈。……照着安娜给我的图形我寻着现在的寓所时，前面的门户都是掩闭着的，我才绕寻后门进去。和儿博儿先看住我，他们欢叫起来。安娜抱着佛儿睡着，她真果是病了。"（《创造十年续篇》；4月18日《致成仿吾信》，《创造周报》第52号）

18日 夜，致信成仿吾。发表于上海《创造周报》5月19日第52号，题《通讯一则》，署名爱牟。通报到达福冈以后的情况和思想变化，说：

"船开了……我是遥遥向着你们告别，向着上海告别，向着中华大陆告别。你们我恐怕没有再见的希望，上海恐怕也没有再见的希望，中华大陆我恐怕也没有再见的希望了，愤意一点也没有，只是一腔的凄凉的情绪。"

"此地的樱花正在盛开，但是春天不是我的。……

我半月以来只在译读河上肇的《社会制度和社会革命》，总怕还要三个礼拜才能完工。

我现在有一个维系着生命的梦想，我把研究生理学的志愿抛弃了。"

收上海泰东图书局1933年9月初版《沫若书信集》。

"再度跑向福冈的意趣，起初是相当复杂的。我自己对于生物学本是很感兴趣的人。福冈的九州大学的生物学教授石原博士又是我所敬爱的一位学者，我听过他的生理学总论、遗传学、内分泌学等的讲义，相当地引起了我对于那些学问的向往。我和博士的个人的接触虽然不曾有过，但他对于我的印象却颇象一位深通禅理的高僧。……我自己早就有志研究生理学，很想以石原博士为师，把自己的一生作为对于自然科学的奉仕。但自己对于社会科学的要求也早就觉醒了，就当时耳濡目染地所得来的一些关于历史唯物论的学理，觉得有好些地方和生物学有甚深的姻缘。例如社会形态的蜕变说似乎便是从生物学的现象蜕化出来的。因此便又想一方面研究生理学，而同时学习着社会科学。但是科学家那种枯淡的生活是要有物质条件来做背景的，自己的乃至一家人的生活全无保障，结局只是一张画饼而已。"（《创造十年续篇》）

月底 为实现研究生理学的志愿，赴东京申请入九州帝国大学大学院，从石原教授研究生理学，但与四川经理员接洽，没有成功。仅领到一年前毕业回国时所应领之归国费三百元。（《创造十年续编》）

◎ 在东京其间，访何畏。

"一人在东京的废墟里坐着电车跑了三天，银座也去过，浅草也去过，在浅草公园里看了一场《Euo Vadis》的电影。"影片中，耶稣对使徒彼得说："你要离开罗马逃走时，我只好再去上一次十字架！""看到这里，我的全部心神都感动了呢！我此次出国放浪，誓不复返的决心从根本上发生了动摇，'我要再去上一次十字架！'——一种严厉的声音在我内心的最深处叫出了。"（1924年7月23日《致滕固信》，上海《狮吼》半月刊1924年7月第3期）

5 月

下旬　接读成仿吾寄来《创造周报》终刊号，看到夹在其中的"太平洋社和创造社的共同预告"时，为《创造周报》的命运深感痛心。

《创造周报》于本月 19 日出版第 52 号终刊号。

"达夫在我离开了上海之后，他在四月尾上由北京赶到了上海，赶着在《周报》的最终号中夹了一张预告，是太平洋社和创造社的共同预告。预告着两社将合办一种周刊，就是后来的《现代评论》，在最短期内将与读者见面。这个预告当然是得到仿吾同意的，事后我也得到达夫的一封信来向我提及。但我在福冈接着了最终号的《周报》，并同时接着了那张预告的时候，我痛痛快快地把我不值钱的眼泪清算了一场。在这儿我和达夫的感情自不能不取着对立的方向。在达夫方面或者会说，我们的密斯创造临到弥留的时候，由他度了一口气便复活了转来，更嫁给了高门；而在我这一方面，始终是感觉到：那位可怜的姑娘夭折了，还受了一次尸奸。"

"太平洋社和创造社的合伙在当时的情势上是有充分可能的。太平洋社本来有《太平洋》月刊在商务出版，他们的构成分子大都还是有点相当学识的自由主义者，所发表的政论，公平地说，也还算比较开明。那个月刊虽然从不曾左右过中国文化界，但在科学与玄学之战闹得昏天黑地的时候，吴稚晖在那儿发表过一些突梯滑稽的论文，把读书界轰动过一下。我对他们虽然没有什么接触，但其中的主要角色多是湖南人，与仿吾有同乡之谊，而与仿吾的长兄劲吾又多是日本留学时代的同学。仿吾随着他的长兄留学日本时，是和他们之中的一部分人同居过的。其在达夫，则因为多是北大的同事，过从当然更加亲密。有这种种关系，加上我们自己本已有趋向政治的要求，两社的合伙，除掉我自己的一点点洁癖和矜持之外，几几乎可以说是等于自然之数。"（《创造十年续编》）

30 日　复梁俊青信。发表于 6 月 9 日上海《时事新报·文学》第 125 期。题《郭沫若与梁俊青》。对于梁俊青批评译著《少年维特之烦恼》错译处做辩驳，谓"全书的错误如把标点的错误一并加上时，恐怕有五百处"，但梁俊青指出的却不然。

《文学》周刊同期刊登的，还有成仿吾致郑振铎的信，及编者按。成仿吾在信中说："梁君这次的批评真是荒谬已极"，"沫若的译文并没有错的地方"。编者按语则希望郭沫若、成仿吾"平心静气的与在同路（者）相见"，不必"悻悻然欲与言者拼命"。

下旬 译《社会组织与社会革命》（日本河上肇原著）讫。其中《社会革命与政治革命》（下篇第2章）、《社会革命与社会政策》（下篇第3章）分别发表于上海《学艺》杂志1924年8月第6卷第4期、12月第6卷6期。全书由上海商务印书馆1925年5月初版发行。分"关于资本主义的若干之考察""社会组织与个人之生活""关于社会革命的若干之考察"三篇共13章。

"河上肇博士的《社会组织与社会革命》是由他的个人杂志《社会问题研究》上已经发表过的论文所纂集成的，那平明而剀切的笔调曾风靡过日本的读书界。他击败了他的论敌福田德三博士的不正确的理论，要算是日本的初期马克思经济学说的高峰。《社会问题研究》，在发刊的中途我也曾零星地购读过，因为没有得到系统的本质的认识，印象是很淡漠的。但一得到了作者所自行编纂的总集，加上我对于社会科学的憧憬，更加上一家的生活迫切地有待解决之必要，于是乎便开始了对于它的翻译。""但那书也大有缺陷，便是原作者只强调社会变革在经济一方面的物质条件，而把政治一方面的问题付诸等闲了。尤其是那里有篇专论，引用着贾买依加岛的奴隶解放的事实以证明早期社会革命之终必归于失败，我觉得是只看见事实的一面。……这便是对于该书的不能满足的地方。后来原作者河上肇博士曾经写过信给我，说他自己也不能满意，在初版刊布后便嘱出版处停止了印行。原作者的学者的良心是足以令人钦佩的。"（《创造十年续编》）

"我最初来此的生活计划，便是迻译《社会组织与社会革命》一书。这书的迻译本是你所不十分赞成，我对于这书的内容虽然也并不十分满意，如他不赞成早期的政治革命之企图，我觉得不是马克斯的本旨，但我译完此书所得的教益殊觉不鲜呢！我从前只是茫然地对于个人资本主义怀着的憎恨，对于社会革命怀着的信心，如今更得着理性的背光，而不是一味的感情作用了。

这书的译出在我一生中形成一个转换的时期，把我从半眠状态里唤醒了的是它，把我从歧路的彷徨里引出了的是它，把我从死的暗影里救出了的是它。我对于作者是非常感谢，我对于马克斯列宁是非常感谢，我对于援助我译成此书的诸位友人也是非常感谢的呢。"（《孤鸿》，上海《创造月刊》1926年4月第1卷第2期）

1955年12月，郭沫若重返母校九州大学，在一次座谈会上回答问题时说："我开始学习社会主义，是读了贵国福井准造先生的《近世社会主义》这本著作。"（向阪逸郎《郭沫若与福井准造的〈近世社会主义〉》，日本岩波书店《图书》1957年3月号）

《近世社会主义》1899年7月在东京出版，中文译本1903年由上海广智书局出版。

6月

8日 作散文《菩提树下》。发表于1925年4月12日北京《晨报副刊》第81号。记述"我的女人"几年来养鸡的经历和自己对于"鸡的心理"的种种感受。

初收上海创造社出版部1926年9月初版《橄榄》；后收《沫若文集》第7卷；现收《郭沫若全集·文学编》第10卷。

17日 作《伟大的精神生活者王阳明》讫，系为《阳明全书》写的序。叙述王阳明的生平史迹和自己与王阳明是在什么样的动机和状态下"接触"，以及王阳明思想学说之梗概。写道：

"他是伟大的精神生活者，他是自强不息的奋斗主义者，儒家的精神真能体现了的，孔子以后我恐怕只有他这一人。"

接触王阳明"在我的精神上更使我彻悟了一个奇异的世界。……我素来喜欢读庄子，但我只是玩赏他的文辞，我闲却了他的意义，我也不能了解他的意义，到这时候，我看透他了，我知道'道'是甚么，'化'是甚么了。我从此更被导引到老子，导引到孔门哲学，导引到印度哲学，导引到近世初期欧洲大陆唯心派诸哲学家，尤其是司皮诺若（Spinoza）。我就这样发现了一个八面玲珑的形而上的庄严世界"。

"儒家的精神，孔子的精神，透过后代注意的凸凹镜后是已经过歪变了的。……天空的真相要待能够拨开云雾的好手才能显现，王阳明便是这样的一位好手了。王阳明所解释的儒家精神，乃至所体验的儒家精神，实实是孔门哲学的真义，我在此且把阳明思想的梗概来撮录如下列的表式罢。

（1）万物一体的宇宙观

公式——'心即理'

（2）知行合一的伦理论

公式——'去人欲存天理'

工夫

1.'静坐'

2.'事上磨炼'

这样虽是简单的表式，但我觉得是阳明思想的全部，也便是儒家精神的全部。"

正论后有附论4篇：《精神文明与物质文明》《新旧与文白之争》《王阳明的教育说》《静坐的功夫》。

《精神文明与物质文明》写道："欧战过后，西人于精神上受莫大的打击，他们的视线便景仰到东方。'西方的物质文明破产了，东方的精神文明是救世的福音。'""在我们东方人看来，在我们物质的生产力尚未丰富的时代，我们正不得不仰救于西方的科学文明呢！不过我们所应当提防的地方，是要善于利用科学文明而不受资本的毒害。""在我自己是信仰孔教，信仰王阳明，而同时也是信仰社会主义的。我觉得便是马克斯与列宁的人格之高洁也不输于孔子与王阳明，俄罗斯革命后的施政是孔子所说的'王道'。"

《新旧与文白之争》说："由前论所述，东西文化可以开出一条通路，而在我国目前的新旧思想之竞争也可以折冲樽俎了。我的论旨是：在个人的修养上当体验儒家的精神努力于自我的扩充以向完成的圣域，而在社会的兴革上则当依社会主义的指导努力吸受科学文明的恩惠，使物质的生产增加，使物质的分配平等，使各个人的精神都得以遂其全面的发展。一切都向着这个目标走去时，一切新旧的争端都可以止息了。""文白只是工具，工具求其利便而已。白话文利而便，这是时会之所趋，就是孔子复生在现在，恐怕也要用白话文罢。""文字的精神不在于其所借以表示的工具……我们只求其精神，那管他文不文，白不白呢？"

初收上海泰东图书局1925年1月初版《阳明全集》，又收上海光华书局1925年12月初版《文艺论集》，写作时间署"十年六月十七日脱稿"，有误；复收光华书局1929年7月第4版《文艺论集》，改题作《儒家精神之复活者王阳明》，删去附论，写作时间署为"十三年六月十七日脱稿"；后收《沫若文集》第10卷，改题作《王阳明礼赞》，重收附论，文字有较大修改，写作时间误署"1925年6月17日脱稿"；现收《郭沫若全集·历史编》第3卷。

收入《沫若文集》第10卷时，文字做较大改动处有：将"他是伟大的精神生活者……孔子以后我恐怕只有他一人。"删去。将"我现在仅就我数年间浸润之渐所得的王阳明先生的印象来叙述时，我前面说过，他的一身是自强不息的奋斗主义的体现，他是伟大的精神生活者，他是儒家精神的复活者"，删改作"我现在仅就我数年间浸润之渐所得的王阳明先生的印象来加以叙述"。并把对王阳明的评价全部删除。将"我是以求道者去亲接他"句删去。将"在我自己是信仰孔教，信仰王阳明，而同时也是信仰社会主义的"，改作"我自己是肯定孔子，肯定王阳明，而同时更是信仰社会主义的"。

月末 因缴纳不起房租，被房主逐出，迁居到福冈市外马出滨松原大佛像前，重又搬进六年前贷过的当铺仓库楼上。

"被家主放逐，现已迁居到'福冈市外马出滨松原大佛前'，后有信件请寄此处。"（见7月22日《致何公敢信》，《洪水》半月刊1926年5月第1卷第10期、11期合刊）

"我去年回国的时候，所不曾领取的留学生的归国费，在今年四月突然可以支领了，而且我们四川省的归国费是二百元。""总之二百元的意外的财源到了手了，除去来往的路费还剩二百五十元，偿清了前欠已经所余无几了，而《社会组织与和社会革命》一书又只能抽取版税，我们五月以后的生活费简直毫无着落了。啊，幸亏上天开眼，天气渐渐和暖了起来，冬服完全没有用处，被条也是可以减省了，我们便逐渐把去交给一家质店替我们保管"，"这家质店主人的一对夫妇还能念着旧情，或者也是我的不值钱的'医学士'招牌替我保了险，我们拿去的东西他大抵都要，也还不甚刻薄，我的一部《歌德全集》当了一张五圆的老头票，《社会组织与社会革命》的原本，刚好译完便拿去当了五角钱来。但到五月尾上我们二十圆一月的房金终竟不能全付了。好在米店可以赊账，小菜店也还念五六年来的主顾，没有使我们绝粮，只有无情的房主人几乎每天都要来催问房金。……但到六月尾上来，所期望的上海的一笔财终断了，房主人竟把我们赶出来了"。(《孤鸿》，上海《创造月刊》1926年4月第1卷第2期)

本月 作《盲肠炎与资本主义》。发表于上海《洪水》周刊8月20日第1号，又载《洪水》半月刊1925年10月1日第1卷第2期。认为："资本家是社会的盲肠。"

"社会呈出纷扰的状态，这不是劳动者的罪过，这是资本家阶级这条社会的盲肠害了盲肠炎的结果呢！"

"社会的健康状态，在我们所能思议及的，怕只有在社会主义的制度之下才能显现。社会主义的标帜是'各尽所能，各取所需'，我们在那时候没有生活的忧愁，我们的生活社会能为我们保障，社会的生产力可以听我们自由取得应分的需要，而我们个人和万众一样对于社会亦得各尽其力所能而成就个人的全面的发展。这样的社会我恐怕不会有人不欢迎的罢。"

初收上海创造社出版部1928年5月初版《水平线下》，改题作《盲肠炎》；后收《沫若文集》第10卷；现收《郭沫若全集·文学编》第18卷。

7月

1日 夜，校改所译河上肇《社会组织与社会革命》第六章《社会革命后俄罗斯的经济地位》，并作《附白》："此文于社会革命之道途上非常重要，国人对此颇多误解，有人以为列宁改宗，遂援引为例，欲于中国现状之下提倡私人资本主义者，这真是污辱列宁，遗害社会了。译此文竟，倍感列宁之精明和博大，追悼之情又来摇震心旌，不禁泪之潸潸下也。"收上海商务印书馆1925年5月初版《社会组织与社会革命》。

2日 致信《时事新报·文学》周刊编者。发表于21日上海《时事新报·文学》第131期，题《郭沫若致〈文学〉编辑的信》。针对《文学》在刊登答梁俊青函时所加的编者按，指出：

"关于编辑的责任问题，我觉得是非常重大的问题。"但现在"我们中国的杂志无论关于何项体系都难令人满足。人材有限，门面过多，于是乎供不应求，常有稿荒之苦"。"因为有上面的原因，更不得不生出下面的结果。"其结果是："不负责任的翻译的横流"，"作家的粗制滥造的倾向"，"青年的幸进投机的心理"三端。

"除上面所列的共通原因之外，有一部分不自觉的编者常在无明无暗地推波助澜，他们的罪状，我在此且揭发几条罢：

第一　滥招党羽……不管程度如何，能力如何，只图人多势众，大广招徕。于是乎粗识猫狗爹妈，也就成为翻译名手；粗识啊呀哦吧，也就成为文学天才。更从而濡湿嘘沫，吐雾兴云，瞎说妄评而目空一切了。有这济济多士逐臭而来，而编辑先生至少也就博得了一个'先生'的称号。

第二　徒广销路……

第三　敷衍情面……

第四　借刀杀人……不幸在上海方面有一部分最卑劣的编辑者，怀恨私仇而又不敢正正堂堂以直报怨，时常假名匿姓，暗刀伤人，于是犹未快时更怂恿少年徒党妄事攻击。白无意识的逸言蜚语，也堂堂皇皇地揭载于报端。易受暗示而道德观念薄弱的青年，便乘机思启以图幸进。于是两相利用，在编辑者得快私仇，在投稿者得遂一时的名欲。"

"以上种种罪过是我历年来在上海饱尝的经验。我们在谈'社会改造！社会改造！'我觉得社会改造事业须从我们自己做起呢！"

同时刊载的，还有《文学》编者沈雁冰、郑振铎的复信，发表了四点声明。说"郭君这些话是隐射我们而发的"，还说此种不在"学理范围以内"的辩论"是极没有意味的事"。

22 日　致信何公敢。发表于上海《洪水》半月刊 1926 年 2 月 5 日第 1 卷第 10 期、第 11 期，见《社会革命的时机》文。说道：

"弟于社会经济诸科素来本无深到之研究，惟对于马克斯主义有一种信心，近译《社会组织与社会革命》一书完后，此信心益见坚固了。弟深信社会生活之向共产制度之进行，如百川之朝宗于海，这是必然的径路。"

"在中国目前提倡奖励私人资本主义是毫无意义的，这是怕海远了，要在河道上先凿一个大湖，这是阻碍社会的进行的。……私人资本主义非有绝对的保护权力,在中国是断难与国际资本家竞争的……我敢断言,私人资本主义之在中国充其量只能制造些阻碍社会主义之实现的小资本家……同是要有绝对的国家权力才能发达的东西,我们自然当采取较近的捷路走,在这一点上我赞成'孤军'的国营政策,但是这种政策的先决条件是要推倒现政府:这样一来,孤军的态度仍然可以解释为急进的社会主义了。我觉得现在所当讨论或者实行的便是如何造成一种势力以推倒政府,如何推倒政府以攫取政权。"

"社会革命本不是一跃便可企及的,世界上的社会主义者也恐怕没有这样的莽猴想一跃而实现共产制度。社会革命之急先锋列宁他把社会革命分为三个时期:一、宣传时期,二、战斗时期,三、经营时期,这可以见得这位引导者脑筋之完密,而同时对于后进者实指示了一条坦坦的道路。"

"在我们现在是在社会革命的宣传期中,如何团集势力以攫取政权,也正是这个时期应有的事。中国的智识阶级应该早早觉醒起来和体力劳动者们握手,不应该久陷在朦胧的春睡里!"

初收上海创造社出版部1928年5月初版《水平线下》,改题作《向自由王国的飞跃》;后收《沫若文集》第10卷;现收《郭沫若全集·文学编》第18卷。

23日 致信滕固。发表于上海《狮吼》半月刊第3期,题《再上一次十字架》。写道:

"我自四月初旬来日后在四月尾间曾往东京一次,到东京时候知你已归国,好像是何畏兄告诉我的。"

"我初来时本是想在此地的生理学研究室里作一个终身的学究,我对于生理学是很有兴趣的。我自信我在生理学里只要研究得三五年定能有些发明;但是一从现实逃出来,愈离现实远的时候,它对于我的引力却反比例地增加了。一句话的觉悟:现在不是当学究的时候。"

"我决心把社会经济方面的学问加以一番的探讨,我近来对于社会主义的信仰,对于马克思列宁的信仰愈见深固了。我们的一切行动的背景除以实现社会主义为目的外一切都是过去的,文学也是这样,今日的文学乃至明日的文学是社会主义倾向的文学,是无产者呼号的文学,是助成阶级斗争的气势的文学,除此而外一切都是过去的,昨日的。我把我昨日的思想也完全行了葬礼了。"

"'我要再去上一次十字架！'——这句话的精神是我数月来的生命。若渠，我不久又要回国了。武昌师大的同学们要找我当教授，当教授虽不是我愿意的事情，但是能跳到中国的中央，跳到中国人生活的海心里去尝盐味，这是我乐于干的。"

滕固为《狮吼》的编者。

8 月

8 日　译小说《新时代》（通译《处女地》，俄国屠格涅夫原著）讫。上海商务印书馆1925年6月出版。署名郭鼎堂译。扉页题有"这本译书献给我的朋友仿吾"。

"穷得没法了，做小说没有心绪，而且也没有时间。我只好把这剩下的这本《新时代》的德译本来翻译，我从七月初头译起，译到昨天晚上才译完了，整整译了四十天。我在四十天内从早起译到夜半，时时所想念起的只是四年前我们回国时的光景，我们去年在上海受难的一年的生活，但那时我们是团聚着的，如今你飘流到广东，我飘流到海外了。在上海的朋友都已云散风流，我在这时候把这《新时代》译成，做第一次的卖文生活，我假如能变换得若干钱来，拯救我可怜的妻孥，我也可以感着些清淡的安乐呢。"（《孤鸿》，上海《创造月刊》1926年4月第1卷第2期）

9 日　致信成仿吾。发表于上海《创造月刊》1926年4月第1卷第2期，题《孤鸿》。告成仿吾说：

"我们现在不能成为纯粹的科学家，纯粹的文学家，纯粹的艺术家，纯粹的思想家。"在译完《社会组织和社会革命》之后，"我现在成了个彻底的马克斯主义的信徒了！马克斯主义在我们所处的这个时代是唯一的宝筏"。

"科学的社会主义所告诉我们的'各尽所能各取所需'的时代，我相信是终久能够到来；'个人之自由发展为万人自由发展之条件的一个共同团体'，我相信是可以成立。这种时代的到来，这种社会的成立，在我们一生之中即使不能看见——不待说是不能看见——我们努力促进它的实现，使我们的同胞得以均沾自然的恩惠，使我们的后继者得以早日解除物质生活的束缚而得遂其个性的自由完全的发展，这正是我们处在这不自由的时代而不能自遂其发展的人所当走的唯一的一条路径呢！"

"芳坞哟，我现在觉悟了。我们所共通的一种烦闷，一种倦怠——是我们没有这样的幸运以求自我的完成，而我们又未能寻出路径来为万人谋自由发展的幸运。我们内部的要求与外部的条件不能一致，我们失却了路标，我们陷于无为，所以我们烦闷，我们倦怠，我们飘流，我们甚至常想自杀。芳坞哟，我现在觉悟到这些上来，我把我从前深带个人主义色彩的想念全盘改变了。……以前没有统一的思想，于今我觉得有所集中。以前矛盾而不能解决的问题，于今我觉得寻着关键了。或者我的诗是从此死了。但这是没有法子的，我希望它早些死灭罢。"

"这书的译出在我一生中形成一个转换的时期，把我从半眠状态里唤醒了的是它，把我从歧路的彷徨里引出了的是它，把我从死的暗影里救出了的是它。我对于作者是非常感谢，我对于马克斯列宁是非常感谢，我对于援助我译成此书的诸位友人也是非常感谢的呢。"

"我现在对于文艺的见解也全盘变了。我觉得一切技俩上的主义都不能成为问题，所可成为问题的只是昨日的文艺，今日的文艺和明日的文艺。昨日的文艺是不自觉的得占生活的优先权的贵族们的消闲圣品，如像太戈儿的诗，杜尔斯泰的小说……今日的文艺，是我们现在走在革命途上的文艺，是我们被压迫者的呼号，是生命穷促的喊叫，是斗志的咒文，是革命预期的欢喜。这今日的文艺便是革命的文艺，我认为是过渡的现象，但是是不能避免的现象。明日的文艺又是甚么呢？芳坞哟，这是你几时说过的超脱时代性和局部性的文艺。但这要在社会主义实现后，才能实现呢。"

"文艺是生活的反映，应该是只有这一种是真实的。芳坞哟，我这是最坚确的见解，我得到这个见解之后把文艺看得很透明，也恢复了对于它的信仰了，现在是宣传的时期，文艺是宣传的利器，我彷徨不定的趋向，于今固定了。"

"我要回中国去了，在革命途上中国是最当要冲。我这后半截的生涯要望有意义地送去。"

初收上海创造社出版部1928年4月20日初版《从文学革命到革命文学》（成仿吾、郭沫若合著）；又收上海泰东图书局1933年9月初版《沫若书信集》，题《致成仿吾书》；后收《沫若文集》第 10 卷，题作《孤鸿——致成仿吾的一封信》；现收《郭沫若全集·文学编》第 16 卷。

12 日 作《〈新时代〉解题》。因所译屠格涅夫小说《新时代》依据德译本，而非原文，故道："译事算是尽了自己的良心，自己所不能十分满意的只是重译，我希望在数年之内有直读俄罗斯原文的机会。"收上海商务印书馆 1925 年 6 月初版《新时代》。

14 日 作散文《三诗人之死》。发表于 1925 年 3 月 4 日至 6 日北京《晨报副镌》。记述全家养兔的经历。因为孩子们在异国他乡每每受到邻近儿童的欺侮，所以养了几匹兔子给儿子们做朋友以解寂寥。他们还给几条小生命冠以了拜伦、雪莱、济慈三位著名诗人的美名。结果"三位诗人"均遭遇了厄运。

初收上海创造社出版部 1926 年 9 月初版《橄榄》；后收《沫若文集》第 5 卷；现收《郭沫若全集·文学编》第 9 卷。

◎ 作散文《路畔的蔷薇》，为《小品六章》之一。发表于 12 月 28 日北京《晨报副镌》。记清晨散步拾得一束被人遗弃的蔷薇花时的感触："这是可怜的少女受了薄幸的男子的欺绐？还是不幸的青年受了轻狂的妇人的玩弄呢？"

初收上海创造社出版部 1926 年 9 月初版《橄榄》；后收《沫若文集》第 7 卷；现收《郭沫若全集·文学编》第 10 卷。

15 日 作小说《阳春别》。发表于上海《孤军》月刊 1924 年 12 月第 2 卷第 8 期。描写留日十年归来的工科学生王凯云，因在国内找不到工作，穷愁潦倒，准备再去日本寻找职业。购船票时，偶遇在北京 P 大教绘画达 16 年之久的西班牙教授 A.H，A.H 因看不惯所谓的"东方的精神文明的表现"，也正准备离去。他说，"未来的天国在北方的俄罗斯"，并邀王与之结伴同行。

初收上海商务印书馆 1926 年 1 月初版《塔》；后收《沫若文集》第 5 卷；现收《郭沫若全集·文学编》第 9 卷。

17 日 作散文《夕暮》，为《小品六章》之二。发表于 12 月 29 日北京《晨报副镌》。记述携三个孩子在屋后草场中嬉戏时的情景，仿佛是一幅在夕暮中的美丽温馨的图画。

初收上海创造社出版部 1926 年 9 月初版《橄榄》；后收《沫若文集》

第 7 卷；现收《郭沫若全集·文学编》第 10 卷。

18 日 作小说《喀尔美罗姑娘》。发表于上海《东方杂志》月刊 1925 年 2 月第 22 卷第 4 期。描写留日学生"我"对一个卖糖果的日本姑娘的婚外恋。刻画了一个有二重人格的"我"的"内生活"和其"二重生活"与矛盾心理。是对于"欲灭不灭的幻美"的追寻。

初收上海商务印书馆 1926 年 1 月初版《塔》；后收《沫若文集》第 5 卷；现收《郭沫若全集·文学编》第 9 卷。

20 日 作散文《芭蕉花》。发表于 1925 年 4 月 1 日北京《晨报副刊》第 72 号。讲述母亲幼年的逃难经历，和自己五六岁时兄弟们偷采芭蕉花为母亲治晕病的故事，抒发了对于母亲的思念。

初收上海创造社出版部 1926 年 9 月初版《橄榄》；后收《沫若文集》第 7 卷；现收《郭沫若全集·文学编》第 10 卷。

21 日 作散文《铁盔》。发表于 1925 年 3 月 1 日北京《晨报副刊》第 72 号。记述 F 幼时受家塾老师体罚的情景。

初收上海创造社出版部 1926 年 9 月 1 日初版《橄榄》；后收《沫若文集》第 7 卷；现收《郭沫若全集·文学编》第 10 卷。

26 日 作小说《Löbenicht 的塔》。发表于上海《学艺》月刊 1924 年 11 月第 6 卷第 5 期。写德国哲学家康德在写作其第二批判书《实践理性批判》时，邻居家的一排白杨树挡住了他的窗户，遮蔽了他的视线，影响了他的思维，他愤怒地命仆人去让邻居把白杨砍了。仆人感到为难，但奇迹竟然出现了，邻居的夫人应允砍去白杨树。于是，过去看不见的 Löbenicht 寺的塔尖终于展现于前，康德的思路豁然开朗，第三批判书《判断力批判》就在此时受胎了。

初收上海商务印书馆 1926 年 1 月初版《塔》；后收《沫若文集》第 5 卷；现收《郭沫若全集·文学编》第 9 卷。

"关于纪念康德的文章却是做了的，便是《Löbenicht 的塔》。……作这篇文章的用意，与其说是为了纪念康德，倒是想借以讽喻哲学家。"（《创造十年续编》，上海北新书局 1938 年 1 月版）

月末 举家迁至称名寺旁租屋居住。

"这称名寺旁的住家是八月以后他才搬过来的。他在八月下旬得到了一笔稿费，才得脱离了守仓库的生活。今天是九月二十九日，他搬到这新

居里来刚好才一个月呢。"(《行路难》,《橄榄》,上海创造社出版部 1926 年 9 月版)

本月 接武昌师范大学校长拟聘任为该校文科教授函,但聘书和旅费迟迟未到。后来学校风潮,校长换人,而且江浙战事已起,遂辞聘。(《创造十年续编》;《行路难》,《橄榄》,上海创造社出版部 1926 年 9 月版)

9 月

10 日 作散文《鸡雏》。发表于 1925 年 7 月 12 日北京《晨报副刊》。记述朋友 C 君送来的几只鸡雏不幸遭遇老鼠侵袭和虐杀,以及如何对老鼠进行报复的经历。

初收上海创造社出版部 1926 年 9 月初版《橄榄》;后收《沫若文集》第 7 卷;现收《郭沫若全集·文学编》第 10 卷。

12 日 作小说《人力以上》。发表于 1925 年 4 月 27 日、28 日北京《晨报副刊》。由邻居建筑公司技师 S 因贫病而死,留下了几个待哺的孩子,而联想到自己的身世,"S 的一生就好像我自己的一面镜子!"

初收上海创造社出版部 1926 年 9 月初版《橄榄》;后收《沫若文集》第 5 卷;现收《郭沫若全集·文学编》第 9 卷。

19 日 夜,作小说《万引》。发表于上海《学艺》月刊 1925 年 1 月第 6 卷第 7 期。描写贫困作家松野因创作需要参考,而到书店去偷书。回家后,受到妻子的谴责和良心的自责,终于勇敢地把书送回了书店。

初收上海商务印书馆 1926 年 1 月初版《塔》;后收《沫若文集》第 5 卷;现收《郭沫若全集·文学编》第 9 卷。

28 日 作散文《水墨画》,为《小品六章》之三。发表于 12 月 30 日北京《晨报副刊》。描写了一幅如水墨画般的海岸景色。

初收上海创造社出版部 1926 年 9 月 1 日初版《橄榄》;后收《沫若文集》第 7 卷;现收《郭沫若全集·文学编》第 10 卷。

30 日 午后,携全家往佐贺县,拟在山中温泉小住,创作,准备回国。傍晚住进熊川新屋旅社。(《创造十年续编》;《行路难》,《橄榄》)

本月 中旬仍接到武昌师范大学催教授上课的来信,但并未接到正式聘书,踌躇再三,乃决定辞聘。(《行路难》,《橄榄》)

10月

1日 携全家渡川上江沿小副川出游。归途得纪行诗二十韵："解脱衣履，仰卧大石，水声瑽瑽，青天一碧。头上秋阳，曝我过炽，妻戴儿衣，女古埃及。涉足入水，凉意彻骨，倒卧水中，冷不可敌。妻儿与我，石上追逐，如此乐土，悔来未速。溪边有柿，金黄已熟，攀折一枝，涩不可食。缅怀柳州，愚溪古迹，如在当年，与之面瞩。山水惠人，原无厚薄，柳州被谪，未为非福。我若有资，买山筑屋，长老此间，不念尘浊。奈何秋老，子多树弱，枝已萎垂，叶将腐落。烈烈阳威，猛不可避，乐意难淳，水声转咽。"(《行路难》，《橄榄》)

2日 晨起一人赴浴。上午只身出游，沿江北上，至古汤温泉。(《行路难》，《橄榄》)

3日 朝浴，午前读爱尔兰剧作家辛格戏曲三篇。午后登山拾栗。作诗《采栗谣》三首。其一："上山采栗，栗熟茨深。栗刺手指，茨刺足心。一滴一粒，血染刺针。"其二："下山数栗，栗不盈斗；欲食不可，秋风怒吼。儿尚无衣，安能顾口！"其三："衣不厌暖，食不厌甘。富也食栗，犹慊肉单。焉知贫贱，血以御寒？"

晚饭后，全家至渡口坐石听水。夜浴后，作诗《日之夕矣》："日之夕矣，新月在天，抱我幼子，步至溪边。溪边有石，临彼深潭，水中倒映，隔岸高山。高山蓊郁，深潭碧青，静坐危石，隐听湍鸣。湍鸣浩浩，天地森寥，瞑目凝想，造化盈消。造物造余，每多忧悸，得兹静乐，不薄余锡。俄而妻至，二子追随，子指乱石，定名欧非。欧非不远，世界如拳，仰见荧惑，出自山巅。山巅有树，影已零乱，妻曰遄归，子曰渐缓。缓亦无从，遄亦无庸，如彼星月，羁旅太空。"

《采栗谣》三首后收北京作家出版社1959年11月初版《潮汐集·汐集》，合为一首三节；现收《郭沫若全集·文学编》第2卷。

4日 午后出游。几日下来，对田园生活颇多感触："田园生活万事都如此悠闲，生活之欲望不奢则物质之要求自薄。在我自身如果最低生活有所保证，我亦可以力尽我能以贡献于社会。在我并无奢求，若有村醪，何须醇酒？"(《行路难》，《橄榄》)

5日 晚，写信给成仿吾。告以来熊川五日的生活情景，并从熊川的古风悟出国内文化之所以有新旧之争，都是由于"生活的关系"："国内的新文学为甚么不满意于旧人？旧人们为甚么要力守故垒？……这其中的原故，芳坞哟，我以为怕都是生活的关系罢。我们国内除几个大都市沾受着近代文明的恩惠外，大多数的同胞都还过的是中世纪以上的生活。这种生活是静止的，是悠闲的，它的律吕很平匀，它的法度很规准，这种生活的表现自然不得不成为韵文，不得不成为律诗。六朝的文人为甚么连散体的文章都要骈行，我据我这几天的生活经验来判断，我知道他们并不是故意矜持，故意矫揉的了。他们也是出于一种自然的要求，与他们的生活合拍，他们的生活是静止的，是诗的，所以他们自不得不采取规整的韵律以表现他们的感情。而我们目下的新旧之争也正表示着一种生活交流的现象。新人求与近代的生活合拍，故不得不打破典型；旧人的生活仍不失为中世纪以上的古风，所以力守旧垒。要想打破旧式诗文的格调，怕只有彻底改造旧式的生活才能办到吧。"

信未写完，亦未发出，后录入《行路难》。(《行路难》，《橄榄》)

6日 由新屋旅社搬入同村一可自炊的租屋。(《行路难》，《橄榄》)

12日 作散文《山茶花》，为《小品六章》之四。发表于12月31日北京《晨报副刊》。记从山里采回山茶，令满屋漾着清香，有了秋色。

初收上海创造社出版部1926年9月初版《橄榄》；后收《沫若文集》第7卷；现收《郭沫若全集·文学编》第10卷。

◎ 作散文《墓》，为《小品六章》之五。发表于1925年1月6日北京《晨报副刊》。写道："昨朝我一个人在松林里徘徊，在一株老松树下戏筑了一座砂丘。/我说，这便是我自己的坟墓了。""我今朝回想起来，又一人走来凭吊。/但我已经走遍了这莽莽松原，我的坟墓究竟往那儿去了呢？"

初收上海创造社出版部1926年9月初版《橄榄》；后收《沫若文集》第7卷；现收《郭沫若全集·文学编》第10卷。

14日 为专心创作，只身前往古汤温泉住宿。(《行路难》，《橄榄》)

15日 夜，作小说《行路难》讫。发表于上海《东方杂志》月刊1925年4月第22卷第7期、第8期。分上、中、下三篇。描述主人公爱牟与妻儿在日本经济拮据，生活窘迫的境遇，以及全家人往佐贺县熊川村暂住了一月的经历。

初收上海创造社出版部 1926 年 9 月初版《橄榄》；后收《沫若文集》第 5 卷；现收《郭沫若全集·文学编》第 9 卷。

16 日 作小说《叶罗提之墓》。描写一青年叶罗提对堂嫂产生了不伦之恋，堂嫂死于产褥热，叶罗提也在酒后梦中吞下堂嫂送给他的顶针殉情而死。

初收上海商务印书馆 1926 年 1 月初版《塔》；后收《沫若文集》第 5 卷；现收《郭沫若全集·文学编》第 9 卷。

17 日 作小说《曼陀罗华》。发表于上海《创造月刊》1926 年 6 月第 1 卷第 4 期。借曼陀罗这种一年生有毒性之草本药材，以讽喻留日学生哈君的夫人好虚荣，不愿养孩子，"误死了"自己的儿子，还要借儿子之病与死，向家里敲诈要钱的丑陋行径。

初收上海创造社出版部 1926 年 9 月初版《橄榄》；后收《沫若文集》第 5 卷；现收《郭沫若全集·文学编》第 9 卷。

◎ 作散文《卖书》。发表于 1925 年 3 月 20 日北京《晨报副刊》。记述自幼藏书和在冈山卖书未果，拿去捐给冈山图书馆的经历。

初收上海创造社出版部 1926 年 9 月初版《橄榄》；后收《沫若文集》第 7 卷；现收《郭沫若全集·文学编》第 10 卷。

18 日 下午，从古汤返回熊川看望妻儿。夜，读新创作的小说与安娜听。(《红瓜》，上海《洪水》半月刊 1926 年 6 月第 2 卷第 18 期)

19 日 仍往古汤继续进行创作。(《红瓜》，上海《洪水》半月刊 1926 年 6 月第 2 卷第 18 期)

20 日 作散文《白发》，为《小品六章》之六。发表于 1925 年 1 月 7 日北京《晨报副刊》。记述因理发，而激发起对三年前为自己理发并悄悄地替自己拔去一根白发的慧心的姑娘的思念。

初收上海创造社出版部 1926 年 9 月初版《橄榄》；后收《沫若文集》第 7 卷；现收《郭沫若全集·文学编》第 10 卷。

11 月

16 日 携妻儿由日本回到上海，在环龙路 44 弄 8 号租住。

"在海外飘流了半年，又饱受了异邦人的种种虐待，自己觉得世界虽大，真没有一片干净的土地可以作我们的桃源。加以一家五口的生活，要仰仗自己的一枝毛锥扶持，我与其在异邦求生，终不如在故国比较安全一点。因此，在十一月中旬我又折回到上海。如今又茬践了中国的旧土了。在我自己实在一点什么感兴也没有。快乐呢？我已昧不过自己的良心。羞耻呢？我又何必！"（《到宜兴去》，上海《孤军》1925年8月至10月第3卷第3期至第5期）

"在福冈住了有半年的光景，为了实现研究生理学的志愿也曾去过一次东京，和四川经理员接洽，希图入大学院，继续领取官费。但没有成功，只领到一年前毕业回国时所应领的归国费，结局是仍然不能不作归计。但在回国之前，在十月间又在福冈与长崎间的佐贺县的山中住过一个月。这六七个月间要算是我最多产的一段时期。除开上述的一些译著外，我还翻译了屠格涅夫的《新时代》，写了《落叶》、《喀尔美萝姑娘》、《叶罗提之墓》、《万引》、《阳春别》，及《橄榄》中除掉《歧路三部曲》的全部。当时的生活纪录大体就留在了《橄榄》里面。"（《创造十年续编》）

21日　与从广州扶长兄灵柩路经上海返长沙的成仿吾聚首。

"和我的回上海只相差五天，相别了半年的仿吾，出乎意外地扶着他的长兄的灵柩，也由广州回来了。……他的长兄劭吾，任着第二军的军需处长，得了心脏麻痹病突然死去了。仿吾扶着他的灵柩要转回长沙，因此在上海又凄寂地聚首了两天。""他回湖南是十一月二十五日。"（《创造十年续编》；《到宜兴去》，上海《孤军》1925年8月至10月第3卷第3期至第5期）

本月

◎ 应中华学艺社之邀，任学艺大学筹备委员会委员，并允诺将来担任文学系教授及主任。

"私立大学的开设，在当时的上海颇为流行，学艺社的人也打算办一所学艺大学。我一回沪，便被指派为筹备委员之一，并被预定为大学的未来教授。除我而外的筹备委员们大都是有职业的，他们多在商务印书馆的编辑所里任事。"（《创造十年续编》）

◎ 拟翻译马克思的《资本论》，并得商务编译所何公敢支持，但在商务印书局的编审会上没有通过。

"离大学的开办还有相当的时期，闲着的我和我一家人的生活便须设法维持，因此我便决心翻译《资本论》，要求由商务出版，在翻译的期间由商务每月供给我若干生活费。这个意趣得到了学艺社的朋友们的赞成，尤其在商务编译所任着庶务主任的何公敢，他从东方图书馆中把须得参考的英译本都为我借了出来，他们以为这事是不成问题的，只须在编审会上通过便可以定下契约。

"我当时感受着十二分的愉快，并且预定了一个五年译完的计划。……然而那次的计划，在商务的编审会上却没有通过。译其它任何名作都可以，《资本论》却有不便。"

"《资本论》的翻译计划既归失败，结局是只好在上海滩上过着卖文生活。……开始向商务印书馆卖稿就是在这个时候，我的《喀尔美萝姑娘》、《行路难》、《落叶》，便连续在《东方杂志》上出现了。在这些作品之外，也还陆续地卖了不少的译文。"（《创造十年续编》）

12 月

1 日 应孤军社之邀，赴江苏宜兴调查卢齐战祸。与周全平下午动身，乘火车到无锡。晚宿无锡饭店。

"回上海的当时，由于曹锟贿选所激起的卢齐之战刚好告了终结。卢是浙江督军卢永祥。齐是江苏督军齐燮元。……有一部分江苏绅士，据我所知道，是以陈陶遗为代表，打算调查战地的惨状，以反对齐燮元，同时对于曹锟、吴佩孚辈加以笔诛。他们把这件事情委托给上海的孤军社。孤军社的人多是留东同学，见到我在赋闲，便劝诱我担任调查宜兴一路，并作调查报告的总编辑。这事情，我觉得颇有意义，便答应了下来。"（《创造十年续编》）

"在我回上海后的第十天，朋友们发起了一个调查此次江浙战祸的事情。他们因为我是闲着的人，便找我担任调查宜兴的一路。""本来打算在十二月二日乘早车去的，却在一日午后说走就走地提前动身了。"（《到宜兴去》，上海《孤军》1925 年 8 月至 10 月第 3 卷第 3 期至第 5 期）

2 日 上午乘船从无锡出发，晚，抵达宜兴。见到周全平的父亲周叔丹和同学史寒冰，商定了在宜兴城乡调查的行程安排。（《到宜兴去》，上海《孤军》1925 年 8 月至 10 月第 3 卷第 3 期至第 5 期）

3日 上午，在周全平的陪同下参观宜兴的长桥、城墙和新旧古迹。中午乘船出发，一行五人，晚上到达蜀山镇，宿东坡书院。并准备第二天为该小学的学生作关于达尔文的演讲。（《到宜兴去》，上海《孤军》1925年8月至10月第3卷第3期至第5期）

20日 作《〈小品六章〉序》。发表于1924年12月28日北京《晨报副刊》。写道："我在日本时生活虽是赤贫，但时有牧歌的情绪袭来，慰我孤寂的心地。我这几章小品便是随时随处把这样的情绪记录下来的东西，有些是在海岸上写的，有些是在山里面写的，所以背境各自不同。"

本月

◎ 作散文《到宜兴去》。发表于上海《孤军》月刊1925年8月至10月第3卷第3期至第5期。记述接受到宜兴调查江浙战祸的邀约后，从上海出发经无锡到达宜兴的三天旅途中所见的种种事情。真切地感受到一个严酷的社会现实："这儿明明预告着一个剧烈的阶级战争。……一个阶级吃一个阶级。有一个吃的阶级，同时便有一个被吃的阶级。……像这样的形势，不仅是限于江南，我恐怕我们全中国都是一样罢？""我从前的态度是昂头天外的，对于眼前的一切都只有一种拒绝。我以后要改变了，我要把头埋到水平线下，多于过活些受难的生活，多于领略些受难的人生，我在这里虽然开不出甚么美的好花来，但如路旁的杂草一样总可以迸发几株罢？"

初收上海创造社出版部1928年5月初版《水平线下》，删去文末原有的"附语"，增加一则"补记"；后收《沫若文集》第7卷；现收《郭沫若全集·文学编》第12卷。

"附语"作于1925年10月6日，写道："《到宜兴去》实在不能再写下去了，印象模糊，校课又忙了起来，实在没有时间再写。好在第四天以后的事情已经有周全平君的宜兴调查报告和我的《一位军神》，都在《战痕》中，我觉得也无再写下去的必要了。"

"宜兴的调查费了一礼拜的功夫。我到过蜀山、兰右、湖没、悬脚岭，也到过浙江境内长兴县界上的尚儒村。我有一篇未完成的《到宜兴去》，便是那次调查的纪录。那次的调查使我于战祸之外却深深地认识了江南地方上的农村凋敝的情形和地主们的对于农民榨取的苛烈。纪录可惜没有写完。"（《创造十年续编》）

◎ 赴中华学艺社宴,欢迎为办理庚子赔款以做文化基金来华访问的日本医学博士入泽、子爵冈部等人。在座有章士钊。

"退还庚子赔款作为文化基金的消息,在一九二四年年末也就逐次有见诸事实的倾向。当时有日本医学博士入泽、子爵冈部等来华,便是带着这种使命来的。学艺社曾经大大地欢宴过他们,请了章士钊做陪客,我自己也曾叨陪末座。"(《创造十年续编》)

◎ 应邀为沈松泉的父亲诊病。

"沈的家——记不清晰了——似乎是住在高昌庙附近。他有一次引我到他家里去过,因为要去看他父亲的病。他的家实在是很寒伧的,既逼隘而又肮脏。他的老人患着瘫症,睡在楼上,楼的空间几乎被一张床所独占着的。当时我才从医科大学毕业不久,听诊器、橡胶槌之类西医所必具的法宝,是随身带着的。我替他的老人验了瞳孔,敲了膝反射,听了听心音……""我生平替人诊病,除掉在学校时的实习之外,就只有这一次。但也没有主方,没有受甚么脉礼,只是为相熟的人尽尽心而已。"(《创造十年续编》)

1925年（乙丑　民国十四年）33岁

1月11日至22日　中国共产党第四次全国代表大会在上海召开。提出了无产阶级领导权和工农联盟的问题,制定了开展群众运动的计划,选举陈独秀为中央总书记。

2月1日　广东政府开始第一次东征,讨伐陈炯明。

3月1日　由共产党和国民党左派倡导的国民会议促成会全国代表大会在北京开幕。

3月11日　孙中山签署《遗嘱》和《致苏联遗书》。

3月12日　孙中山在北京逝世,享年59岁。

5月15日　上海日本纱厂日籍职员枪杀工人顾正红,引发工人罢工反抗浪潮。

5月30日　上海各校学生两千余人到公共租界演讲发传单,声讨枪杀罢工工人。租界巡捕抓人，激发万名群众参加示威。帝国主义者开枪镇压，酿成"五卅"惨案。当晚，中共中央召开紧急会议，决定成立行动委员会，领导上海的罢工、罢市、罢课斗争。

6月1日　上海实行总同盟罢工，抗议帝国主义制造"五卅"惨案。3日，南京、北京、武汉等地学生和市民举行集会，声援上海。

6月19日　在中国共产党领导下，为声援"五卅"运动，省港大罢工爆发。

7月1日　广东军政府改组成国民政府，汪精卫任政府主席。

8月20日　国民党左派廖仲恺在广州被反动派杀害，终年48岁。

9月　鲁迅、韦素园、曹靖华、李霁野等组织未名社，出版《未名丛刊》。

10月1日　广东革命军第二次东征，讨伐陈炯明。

11月23日　国民党右派林森、谢持、邹鲁等在北京西山召开会议，反对孙中山的三大政策，策划另立国民党中央，是为西山会议派。

1月

7日　作小说《亭子间中的文士》。发表于北京《现代评论》周刊1月31日第1卷第8期。表现作家M平淡艰难的写作生活。一个六立方尺的亭子间，就是他的书斋兼寝室。窗外距离不过六七尺是对面邻家的亭子间，这使他产生了遐想：年青貌美的女子，日久而生的爱情……但真实的现实是：他正冻得流清鼻涕，火钵里的炭酸瓦斯薰得头脑发痛，夫人在厨房做饭，工人在屋外的空地上平墓……

初收上海创造社出版部1928年5月初版《水平线下》，将"作家M"改作"爱牟"，并改题作《亭子间中》，写作时间误署"1926年1月7日"；后收《沫若文集》第5卷；现收《郭沫若全集·文学编》第9卷。

20日　应朋友约往"余抱节"杭州赏梅。但梅花未开。偶识杭州女子师范学校学生徐亦定，后以书信往来。(《孤山的梅花》，1925年4月3日、4日、7日北京《晨报副刊》；沈飞德《王映霞访谈录》，《档案与史学》2001年第2期)

◎　在杭州西湖遇汪静之，应允为之推荐并代寄文稿至《晨报副刊》。

"在西湖时有友人汪静之兄交来《李太白及其诗》一篇，明日当由邮寄上，以备采择。"（1925年2月13日《致刘勉己信》，2月18日北京《晨报副刊》）

本月

◎ 辞武昌师范大学之聘。

"一九二五年初头，太平洋学会的石瑛长武昌师范大学，达夫做他的辅佐，由北京南下，充任文科教授。他们要聘我去做文学系的主任，连聘书和路费都送来了，路费是二百元。

"说起武昌师大的下聘，前后共有三回。第一回是一九二一年九月，那时还是高等师范，尚未升成大学，聘我去做文科教授，聘书下到了四马路的泰东。但我已折回了日本，在继续着我的医科学业了。

"第二次是一九二四年八月，已经升成了大学的时代了。校长姓张，寄信到福冈，也聘我去做文科教授。那次我倒很想去，但因为学校的手续没有十分周到——未下正式聘书，未寄旅费来，而屡次催我去上课——弄得我不很高兴，我又谢却了。

"第三次有聘书和旅费寄来了，而且升了官，是做主任。达夫既在那儿，又有张资平是那儿的理科教授，颇有声望，而且正领导着一批青年作家。有了这样好的条件，论理，无论怎样都是应该去的了。但我却又陷在了不能去的苦境。

"在前面说过，中华学艺社的人所打算组织的学艺大学，我是挂名筹备委员之一，而且被预约着充当将来的文学系主任。委员虽仅是挂名，主任也仅是预约，然而，怎好见了实利便抛弃了朋友们的厚谊，而向高枝飞去呢？因此，我又不得不把武大的聘书和旅费一同退回去了。

"这次的辞退，觉得很对不住达夫和太平洋社的人。达夫写了信来，说是我的辞退使得大家失望，要我再加考虑。北大的陈西滢也写过信来劝我，他照例是用着那种使我有点难堪的措辞。他把武昌比成隗马，叫我去当歌德。"（《创造十年续编》）

◎ 应邀赴殷汝耕宴。同席有日本博士山崎百治及学艺社要人。

"还有一位住在上海的日本人，后以研究绍兴酒而得到博士学位的山崎百治，他便是在学艺社与日本的文化事业部之间的最卖力气的周旋者。记得也象是一九二四年末或者一九二五年初，为学艺大学募款事相当热心的殷汝耕，曾作过一次东，邀请那位绍兴酒博士，和另一位在沪的日本大实业家，在他相好的一位长三家里。在座的不用说都是学艺社的要人们。"（《创造十年续编》）

2月

1日 夜，作小说《湖心亭》讫。发表于上海《学艺》月刊8月第7卷第1期。描写主人公为家事与妻子发生口角后离开租界，来到上海县城的一路所见：中国地界比上海租界"退返了好几个世纪"。上海所保存着的唯一古物，城隍庙里的湖心亭已经"沦化成为溷浊之场"了。

初收上海创造社出版部1928年5月初版《水平线下》；后收《沫若文集》第5卷；现收《郭沫若全集·文学编》第9卷。

11日 夜，作《〈塔〉前言》。

"我把我青春时期的残骸收藏在这个小小的'塔'里。

无情的生活一天一天地把我逼到了十字街头，象这样幻美的追寻，异乡的情趣，怀古的幽思，怕没有再来顾我的机会了。

啊，青春哟！我过往了的浪漫时期哟！我在这儿和你告别了！

我悔我把握你得太迟，离别你得太速，但我现在也无法挽留你了。

以后是炎炎的夏日当头。"

收上海商务印书馆1926年1月初版《塔》。

13日 复信刘勉己。发表于28日北京《晨报副刊》。说："我前天跑往西湖去过一次来，因为有朋友相约同往孤山去看梅花。但是今年天气太冷了，孤山的梅花到现在还没有开呢。在西湖跑了两天回来……兴会来时，或可作篇孤山探梅记呈教，但恐兴会不易见顾耳。""在西湖时有友人汪静之兄交来《李太白及其诗》一篇，明天当由邮寄上，以备采择。"

刘逸己曾任北京《晨报》代理总编辑。

"已故博士刘半农，他在《语丝》上便挖苦过我是'上海滩上的诗人，自比歌德'。他把我和闲话家陈西滢，已故诗哲徐志摩，归诸一丘之貉。""不过半农博士的雅骂，其起因似乎也不专为我在上海卖文（单只这层，博士倒是我们的先进），而是卖文卖错了地盘。那时的北京《晨报》本是研究系的机关报是谁也知道的。但那儿的《副刊》向来是孙伏园编辑的,在中国的新文化运动上留下了很大的功绩。就在那一九二四年的下半年(?)伏园和《晨报》的主事者似乎发生了什么意见,便退了职;一向在《副刊》上寄稿的主要作家们也就退而组织《语丝》,与晨报社断绝了关系。就在这时,《晨报》的主事者曾写过信给我,要我劝仿吾去主编《副刊》。仿吾不要说没有去。那主事者同时又希望我投稿,允许我以千字四元的报酬,我觉得也是一种收入,便拿了些既成的随笔寄去发表了。但这一发表,我是明确地知道的,便是半农博士的那番挖苦话的触媒。"(《创造十年续编》)

18日 始作组诗《瓶》第一首。抒写是一个已婚男子与一个未婚少女的悲剧恋情。发表于上海《创造月刊》1926年4月第1卷第2期。"静静地,静静地,闭上我的眼睛,/把她的模样儿慢慢地,慢慢地记省——/她的发辫上有一个琥珀的别针,/几颗璀璨的钻珠儿在那针上反映。//她的额沿上蓄着有刘海几分,/总爱俯视的眼睛不肯十分看人。/她的脸色呀,是的,是白皙而丰润,/可她那模样儿呀,我总记不分明。""我们同立过放鹤亭畔的梅荫,/我们又同饮过抱朴庐内的芳茗。/宝叔山上的崖石过于嶙峋,我还牵持过她那凝脂的手颈。//我们又曾经在那日的黄昏时分,/渡往白云庵里去,叩问月下老人。/她得的是:'虽有善者亦无如之何矣',/我得的是:'斯是陋室惟吾德馨'。"

初收上海创造社出版部1927年4月初版《瓶》;后收《沫若文集》第1卷;现收《郭沫若全集·文学编》第1卷。

《瓶》在《创造月刊》发表时,郁达夫写有《附记》:

"我们看过他的《文艺论集》序文的人,大概都该知道,沫若近来的思想剧变了。这抒情诗四十二首,还是去年的作品,他本来不愿意发表,是我硬把它们拿来发表的。

我想诗人的社会化也不要紧,不一定要在诗里有手枪、炸弹,连写几百个'革命''革命'的字样,才能配得上称真正的革命诗。把你真正的感情,无掩饰地吐露出来,把你的同火山似的热情喷发出来,使读你的诗的人,也一样的可以和你悲啼喜笑,才是诗人的天职。革命事业的勃发,也贵在有这一点热情。这一种热情的培养,要赖柔美圣洁的女性的爱。推而广之,可以烧落专制帝王的宫殿,可以捣毁白斯底儿的囚狱。"

"我说沫若,你可以不必自羞你思想的矛盾,诗人本来是有两重人格的。况且这过去的恋情的痕迹,把它们再现出来,也未始不可以做一个纪念。"

20日 晨,作组诗《瓶》第二首。发表于上海《创造月刊》1926年4月第1卷第2期。"姑娘哟,你远隔河山的姑娘!/我今朝扣问了三次的信箱,/一空、二空、三空,/几次都没有你寄我的邮筒。"

初收上海创造社出版部1927年4月初版《瓶》;后收《沫若文集》第1卷;现收《郭沫若全集·文学编》第1卷。

21日 夜,作组诗《瓶》第三、四首。发表于上海《创造月刊》1926年4月第1卷第2期。自比以梅为妻的林和靖:"梅花,放鹤亭畔的梅花呀/我虽然明知你是不能爱我的,/但我怎能禁制得不爱你呢?""我已枯槁了多少年辰,/我已诀别了我的青春,/我的心旌呀,你怎么这般摇震?"

初收上海创造社出版部1927年4月初版《瓶》;后收《沫若文集》第1卷;现收《郭沫若全集·文学编》第1卷。

22日 夜,作组诗《瓶》第五首至第十首。发表于上海《创造月刊》1926年4月第1卷第2期。"星向天边坠了,/石向海底沉了,/信向芳心殒了。""我望邮差加勤,/我望日脚加紧,/等到明天再等。"(第六首)"我的眼睛在无人处瞥着你时,/我是在说:我爱你呀,妹妹!妹妹!/我看你呀也并没有甚么惊异。/你眼中送出的答词,也好像是:/哥哥哟,哥哥哟,我也爱你!爱你!"(第九首)"你手上的冰感呀,还留在我的手上,/你心上的冰感呀,又移到我的心上。/你虽是不关痛痒,我怎能不痛不痒?/你虽是不痛不痒,我怎能不关痛痒?"(第十首)

初收上海创造社出版部1927年4月初版《瓶》;后收《沫若文集》第1卷;现收《郭沫若全集·文学编》第1卷。

24日 夜,作组诗《瓶》第十一首。发表于上海《创造月刊》1926年4月第1卷第2期。"啊,她的信儿来了!/我的心儿/好像有人拍着的/皮球儿般跳跃。"

初收上海创造社出版部1927年4月初版《瓶》;后收《沫若文集》第1卷;现收《郭沫若全集·文学编》第1卷。

27日 夜,作组诗《瓶》第十二首。发表于上海《创造月刊》1926年4月第1卷第2期。

初收上海创造社出版部 1927 年 4 月初版《瓶》；后收《沫若文集》第 1 卷；现收《郭沫若全集·文学编》第 1 卷。

本月 长女淑瑀生。(《五十年简谱》，《中苏文化》半月刊 1942 年 11 月第 9 卷第 2、3 期合刊；《孤山的梅花》，1925 年 4 月 3 日、4 日、7 日北京《晨报副刊》)

3 月

1 日 晨，作组诗《瓶》第十三首。发表于上海《创造月刊》1926 年 4 月第 1 卷第 2 期。写等待姑娘回音的不安："我身在半游园，/心在西湖边上屦走，/遨游那破牢愁！"

初收上海创造社出版部 1927 年 4 月初版《瓶》；后收《沫若文集》第 1 卷；现收《郭沫若全集·文学编》第 1 卷。

2 日 作组诗《瓶》第十四、十五首。发表于上海《创造月刊》1926 年 4 月第 1 卷第 2 期。埋怨送信的邮差："哦，奇怪，无赖的邮差！/你偏偏在和我们斗才！//你把她的信筒儿藏在报中，/空使我又饱受了一番心痛。"(第十五首)

初收上海创造社出版部 1927 年 4 月初版《瓶》；后收《沫若文集》第 1 卷；现收《郭沫若全集·文学编》第 1 卷。

3 日 作组诗《瓶》第十六首《春莺曲》。发表于上海《创造月刊》1926 年 4 月第 1 卷第 2 期。写一个姑娘与一位诗人为爱殉情的故事："前几年有位姑娘/兴来时到灵峰去过，/灵峰上开满了梅花，/她摘了花儿五朵。//她把花穿在针上，/寄给了一位诗人，/那诗人真是痴心，/吞了花便丢了性命。//自从那诗人死后，/经过了几度春秋，/他尸骸葬在灵峰，/又进成一座梅薮。//……那姑娘站在墓前，/把提琴弹了几声，/……忽然间一阵狂风，/不见了弹琴的姑娘。//风过后一片残红，/把孤坟化成了花冢，/不见了弹琴的姑娘，/琴却在冢中弹弄。"

初收上海创造社出版部 1927 年 4 月初版《瓶》；后收《沫若文集》第 1 卷；现收《郭沫若全集·文学编》第 1 卷。

4 日 晨，作组诗《瓶》第十七首。发表于上海《创造月刊》1926 年 4 月第 1 卷第 2 期。

初收上海创造社出版部 1927 年 4 月初版《瓶》；后收《沫若文集》

第 1 卷；现收《郭沫若全集·文学编》第 1 卷。

5 日 午，作组诗《瓶》第十八首。发表于上海《创造月刊》1926 年 4 月第 1 卷第 2 期。"我看她这回的来信/少称了几声'先生'，/啊，我可爱的呀，我的生命，/我谢你未把我当作老人！"

初收上海创造社出版部 1927 年 4 月初版《瓶》；后收《沫若文集》第 1 卷；现收《郭沫若全集·文学编》第 1 卷。

7 日 作组诗《瓶》第十九、二十首。发表于上海《创造月刊》1926 年 4 月第 1 卷第 2 期。"我同时放出的传书鸽子一双，/雄的已经飞回，雌的却无影响。""嗳，我安得她是她的哥哥，/他爱我，她却不肯爱我。"（第十九首）

初收上海创造社出版部 1927 年 4 月初版《瓶》；后收《沫若文集》第 1 卷；现收《郭沫若全集·文学编》第 1 卷。

9 日 午，作组诗《瓶》第二十一、二十二首。发表于上海《创造月刊》1926 年 4 月第 1 卷第 2 期。"我把她比成梅花，/寄送了一首诗去，/她却是赠我一枝梅花，/还问我欢不欢喜！""她赠我的这枝梅花，/是花呀，还是她自己？"（第二十一首）

初收上海创造社出版部 1927 年 4 月初版《瓶》；后收《沫若文集》第 1 卷；现收《郭沫若全集·文学编》第 1 卷。

◎ 夜，作《瓶·献诗》。"月影儿快要圆时，/春风吹来了一番花信。/我便踅往那西子湖边，/汲取了清洁的湖水一瓶。/我攀折了你这枝梅花/虔诚地在瓶中供养，/我做了个巡礼的蜂儿/吮吸着你的清香。""梅花呀，我谢你幽情，/你带回了我的青春。/我久已干涸了的心泉/又从我化石的胸中飞迸。"

初收上海创造社出版部 1927 年 4 月初版《瓶》；后收《沫若文集》第 1 卷；现收《郭沫若全集·文学编》第 1 卷。

10 日 午后，作组诗《瓶》第二十三首。发表于上海《创造月刊》1926 年 4 月第 1 卷第 2 期。"邮差已送了三封信来，/但她的却是不在，/这个哑谜儿真费寻猜！""我明知你是不会爱我，/但我也没可奈何：/天牢中的死囚也有时唱唱情歌。"

初收上海创造社出版部 1927 年 4 月初版《瓶》；后收《沫若文集》第 1 卷；现收《郭沫若全集·文学编》第 1 卷。

11 日 午后,作组诗《瓶》第二十四首。发表于上海《创造月刊》1926 年 4 月第 1 卷第 2 期。

初收上海创造社出版部 1927 年 4 月初版《瓶》;后收《沫若文集》第 1 卷;现收《郭沫若全集·文学编》第 1 卷。

13 日 闻孙中山逝世噩耗,作《哀感》。发表于北京《现代评论》周刊 28 日第 1 卷第 16 期。表达对于孙中山先生的深切哀悼:"我自己本是一个傲慢不逊的人,但在我的心目中,象孙中山先生这样的人始终是值得尊敬的。""中山先生哟!人们对你的思慕是会永远不灭的呵!"

初收《沫若文集》第 10 卷,现收《郭沫若全集·文学编》第 16 卷。

"《哀感》是一九二五年三月十二日得到孙中山的死耗时所写的一篇短文。那又是因为陈西滢的几次来信的敦促,才寄去发表了的。西滢和我相识是从他在《太平洋》上指摘我和钱君胥所译的《茵梦湖》开始。他后来到上海也曾访问过我一次,但是,是在'五卅'以后了。西滢的信我到现在也还保存着的,不用说是不便发表。他那时劝我到北京去,说要把《现代评论》的编辑全权交给我,甚至于又称赞我是'天成的领袖'。我不知道他是存心鼓励,还是有意调皮,我也不免暗暗起过一番哀感。因此也就把追悼那位真正的'天成的领袖'的《哀感》邮寄了去。"(《创造十年续编》)

15 日 作组诗《瓶》第二十五、二十六、二十七首。发表于上海《创造月刊》1926 年 4 月第 1 卷第 2 期。"无限的哀情已不知逃向何方?/啊,姑娘哟,我的姑娘!/我的姑娘哟,我的女王!/沉深的地狱化成了天堂!"(第二十七首)

初收上海创造社出版部 1927 年 4 月初版《瓶》;后收《沫若文集》第 1 卷;现收《郭沫若全集·文学编》第 1 卷。

16 日 傍晚,作组诗《瓶》第二十八首。发表于上海《创造月刊》1926 年 4 月第 1 卷第 2 期。

初收上海创造社出版部 1927 年 4 月初版《瓶》;后收《沫若文集》第 1 卷;现收《郭沫若全集·文学编》第 1 卷。

18 日 作散文《孤山的梅花》。发表于 4 月 3 日、4 日、7 日北京《晨报副刊》。记 1 月应邀往杭州西湖看梅花而未得的经历。

初收《沫若文集》第 7 卷,现收《郭沫若全集·文学编》第 10 卷。

20日　作组诗《瓶》第二十九、三十、三十一、三十三、三十四首。发表于上海《创造月刊》1926年4月第1卷第2期。"我已成疯狂的海洋，/她却是冷静的月光！她明明在我的心中，/却高高挂在天上，/我不息地伸手抓拿，/却只生出些悲哀的空响。"（第三十一首）"月缺还能复圆，/花谢还能复开，/已往的欢娱/永不再来。//她的手，我的手，已经接触久，/她的口，我的口，/几时才能够？"（第三十三首）

初收上海创造社出版部1927年4月初版《瓶》；后收《沫若文集》第1卷；现收《郭沫若全集·文学编》第1卷。

24日　作组诗《瓶》第三十六、三十七、三十八首。发表于上海《创造月刊》1926年4月第1卷第2期。

初收上海创造社出版部1927年4月初版《瓶》；后收《沫若文集》第1卷；现收《郭沫若全集·文学编》第1卷。

27日　夜，作组诗《瓶》第三十九首。发表于上海《创造月刊》1926年4月第1卷第2期。感叹："不可再来的青春哟，啊，/你已被吹到荒郊去了。/不肯容情的明镜哟，啊，/你何苦定要向我冷嘲！"

初收上海创造社出版部1927年4月初版《瓶》；后收《沫若文集》第1卷；现收《郭沫若全集·文学编》第1卷。

28日　复信刘勉己。发表于1925年4月2日北京《晨报副刊》，题作《笑脱牙齿》。写道："我的《卓文君》前年在嘉兴的女子师范表演过一次，那回听说经县会议员反对，竟把那校长也排斥了。我自己深深觉着罪过，同情于我的人偏要因我而受处分，这岂不是最令人悲哀的事体吗？这回北京女子师大又演《卓文君》，我在报上看见的时候，心里觉得非常不安，我想这回的结果该不会再如像那回样生出甚么悲剧罢。"

◎ 作组诗《瓶》第三十二、四十首。发表于上海《创造月刊》1926年4月第1卷第2期。"我自家掘就了一个深坑，/我自家走到这坑底横陈；/我把了些砂石来自行掩埋，/我那知有人来在我尸头蹂躏。"（第四十首）

初收上海创造社出版部1927年4月初版《瓶》；后收《沫若文集》第1卷；现收《郭沫若全集·文学编》第1卷。

29日　作组诗《瓶》第四十一首。发表于上海《创造月刊》1926年4月1第1卷第2期。"空剩着你赠我的残花一枝，/它掩护在我的心头已经枯死。/到如今我才知你赠花的原由，/却原来才是你赠我的奠礼。"

初收上海创造社出版部 1927 年 4 月初版《瓶》；后收《沫若文集》第 1 卷；现收《郭沫若全集·文学编》第 1 卷。

30 日 晨，作组诗《瓶》第四十二首。发表于上海《创造月刊》1926 年 4 月第 1 卷第 2 期。惊醒了一个幻美的春梦："昨夜里临到了黎明时分，/我看见她最后的一封信来。""啊，可惜我还不曾把信看完，/意外的欢娱惊启了我的梦眼：/我醒来向我的四周看时，/一个破了的花瓶倒在墓前。"

初收上海创造社出版部 1927 年 4 月初版《瓶》；后收《沫若文集》第 1 卷；现收《郭沫若全集·文学编》第 1 卷。

本月 作组诗《瓶》第三十五首。发表于上海《创造月刊》1926 年 4 月第 1 卷第 2 期。写作时间不详。

初收上海创造社出版部 1927 年 4 月初版《瓶》；后收《沫若文集》第 1 卷；现收《郭沫若全集·文学编》第 1 卷。

3、4 月间

◎ 与漆树芬频繁交往，并认识了吴稚晖。

"漆树芬住在霞飞路上的一个弄巷里，和环龙路四十四号弄背抵背。他是那年春季，由日本的京都帝大经济科毕业回到上海的。他是河上肇博士的弟子。

"漆的号叫南薰，本来是四川成都府中学的同学，要低我一级。在民国四年（一九一五），我留学日本的第二年，他也到了日本。同在东京，算又相处了半年。"

"但在八九年后，在上海重聚时，南薰实在把我征服了。因为居处相近，他时常肯到我寓里来，照例是那副志士风貌。"

"他在上海法政大学担任了几点钟的功课，来时多是在吃过晚饭后，一谈总要谈到夜半。"

"从历次的谈话上，我早就知道，他是从事着写述关于中国近代经济的论著。但没有想出他的著作早已告成，而且分量是那样的大。大约也是由于同受了河上肇的影响罢，关于社会经济方面的见解，我们大抵是一致的。"

"我第一次碰着吴稚晖的便是在他那儿,是那老头子把他的《经济侵略下的中国》原稿和序文送去的时候。时候是在晚上,我和王兆荣先在,老头子后来,在楼下坐了一会,并没谈什么,他又上楼去了。听说楼上的朋友和老头子相熟。老头子的这点不拿身份,我是佩服的。"(《创造十年续编》)

4 月

1日 作散文《一位军神》。发表于上海《孤军》月刊第2卷临时增刊《战痕——甲子苏祸记》。记一位在江浙齐卢战争中,为保护浙江长兴地区尚儒村的老百姓撤退而牺牲的浙军连长薛振兴。并赋诗赞颂道:"朔风萧骚,/我来吊英雄之墓,/芒鞋穿过竹径,/远望见一抔黄土,/令我伤神。""啊!你是一个模范的军人,/竟如此为匪兵击死!/你死在这僻远山间,/有谁人知道你的勇义?/啊!但是呀你怕也不求人知!/你求的不是功名,/你求的是不欺自己!/你自己是求仁得仁,/你自己是虽死不死!"

初收上海创造社出版部1928年5月初版《水平线下》,改题作《尚儒村》,写作时间署"1925年4月14日",有误;后收《沫若文集》第7卷;现收《郭沫若全集·文学编》第12卷。

2日 作中篇小说《落叶》讫,并作《前言》。发表于上海《东方杂志》月刊9月至11月第22卷第18期至第21期。以日本姑娘菊子写给异国恋人洪武师的41封情书,抒写了一段缠绵凄美的爱情悲剧。

初收上海创造社出版部1926年4月初版《落叶》;后收《沫若文集》第5卷;现收《郭沫若全集·文学编》第9卷。

6日 作《〈新时代〉序》。收上海商务印书馆1925年6月初版《新时代》。写道:

"我同时认识了这两位姑娘——科学姑娘和文学姑娘——实在是陷到了叫我左右做人难的苦境,他们两位东拉西扯地牵着我,这几年来叫我傍徨无定地在黄海上渡来渡去。文学搅厌倦了,又想去亲近一下医学,医学刚好达到了一个接吻的目的,又要被文学拖回来了。"

"这部书的自身我很喜欢，我因为这书里的主人翁涅暑大诺夫，和我自己有点相像。还有是这书里面所流动着的社会革命的思潮"。

"这部书所能给我们的教训只是消极的，他教我们知道涅暑大诺夫的怀疑是无补于大局，马克罗夫的燥进只有失败的可能，梭罗明的精明稳慎只觉得日暮途遥，玛丽亚娜的坚毅忍从又觉得太无主见了。我们所当仿效的是屠格涅甫所不曾知道的'匿名的俄罗斯'，是我们现在所已经知道的'列宁的俄罗斯'。"

"你们不要以为屠格涅甫这部书是写的俄罗斯的事情，你们尽可以说他是把我们中国的事情去改头换面地做过一遍的呢！"

"我译成了这部书后，把我心中的'涅暑大诺夫'枪毙了。"

26 日　得刘勉己信。夜，应约作《一个伟大的教训》并《附白》。发表于 5 月 1 日北京《晨报副刊》"劳动节纪念号"。写道：

"欧战正当剧烈的时候，我们中国的棉纱事业呈现过一次很兴旺的状态，一时工厂林立，销数日增，使眈眈虎视的邻邦的日本人曾瞠目地惊赞不置。但自欧战告终后不一二年间事业便渐渐衰颓……去年十一月我又回到上海来时，所有新兴纱厂竟已先后倒闭。啊，这是多么一个伟大的教训，这对于我们中国今后所当采取的经济政策是多么一个明白的启示哟！"

"论到我们中国今后所当采取的经济政策的问题，就我见闻所及，论者的意见仍属区区没衷一是。有的信奉亚丹斯密的学说……有的则主张施行社会主义，而于同是信奉社会主义者中，又有视个人资本主义是达到社会主义的必经的阶段的人。以为个人资本主义在中国现代有百利而无一弊"。

"我们中国人现在处的是甚么地位呢？我们中国人的中国是全世界资本国的唯一的商场，唯一的主顾……这样的雄大的古木盘据在我们中国的身上，我们的几株嫩苗想起来和它们竞参天之势，这是能够的吗？"

"绝大的教训便是在这儿！便是个人资本主义即使最合乎人性的自然，即使是有种种促进社会主义的实现之可能，但在现在的中国人是没有望它发达的希望了。"

"我们中国人假使不想永远做人奴隶，假使不想永远做世界的资本国家的附庸，我们中国人只剩着有一条路好走——便是采取国家资本主义的政策以期社会主义之实现，劳农俄国便是走的这一条路，它是我们的开路先锋，我们不要看着红的颜色便缩头缩尾罢。"

《附白》谓："这是我蕴在心头久想吐出的话，今晚上算吐出了几分。""我自己并不是共产党人，我也不曾受过人一半边的津贴，我所说的话都是赶着我自己的良心说的，万一我的见解如有错误，我希望能够鉴我愚诚的人不要吝惜教诲。"

初收上海创造社出版部1928年5月初版《水平线下》，删去《附白》；后收《沫若文集》第10卷；现收《郭沫若全集·文学编》第18卷。

本月 受聘任大夏大学讲师，讲授"文学概论"课。希望借此为自己建立一个文艺论的基础，以构成"文艺的科学"，包括总论，诗歌、小说、戏剧等分论。为此常到内山书店去读书，以编写讲义。

"当我初回上海时，大夏便想找我去当讲师，讲文学概论。因为钟点少，每礼拜只两个钟头，而校址离我的寓所又远，我没有答应。但终因那儿的学生有一部分希望我去，办事人有一位是留东同学，他直接间接地总要拉我去帮忙。我在第二年的四月，新学期的开始，也就答应了每礼拜去讲两点钟的文学概论。

"我那时对于文学，已经起了一种野心，很想独自树立一个文艺论的基础。我的方法是利用我的关于近代医学、尤其生理学的知识，先从文艺的胎元形态，原始人或未开化人及儿童之文艺上的表现，追求出文艺的细胞成分，就如生理学总论是细胞生理学一样，文艺论的总论也当以'文艺细胞'之探讨为对象。

"这种'细胞'的成分，在我看来，不外是由于外在条件所激起的情绪，与情绪所必具的波动，即节奏。开始是简单的，继进是复合的，更进则由情绪的领域跨入观照的领域，由条件之反射成为条件之再现。这，是我所了解的文艺的创作过程。

"情绪的波动是有感染性的。作家把由内在或外在的条件所激起的情绪，反射出来，由其本身的节奏便可以使受者起着同样的反射。……这是我所了解的文艺的感应过程。

"条件是进化着的，无论内在的或外在的，都随着人类社会的进化而进化。由这条件所反射出的情绪，因而也是进化的。一个时代有一个时代的条件，一个时代有一个时代的感情，因而一个时代有一个时代的文艺。……这是我所了解的文艺的进化过程。

"我是想根据这三种过程以构成文艺总论，再就诗歌、小说、戏剧等以作分论，以构成所悬想着的'文艺的科学'。"(《创造十年续编》)

5 月

2 日 作《关于创造周报的消息》。发表于 12 日北京《晨报副刊》。为致 LT，即刘勉己的信。答复其在《晨报副刊》上发表的公开信《创造周报有复活之望吗？》。说：

"《创造周报》停刊后转瞬已就一周年了。""周报本来是想复活的，季刊也想早早把它继续弄出，单是在我个人这儿所堆积着的稿件已经不少；不过我们不愿意再受大小资本家们的闷气，而我们几个又都是穷到几乎不能糊口的穷人，所以一切的刊物也只好随着我们一道停顿了。我们近来新设了些计划，便是想把周报和季刊两种合并成一个月刊，由我们自己募股来举办。……这个计划假使能够成功，月刊是准定要出的，告个奋勇或者也还可以把周报复活起来，我自己也还想找几个同志来在上海试办一个小剧场，真真来演点新剧。"

"仿吾去年到广东后，他在广东大学当过半年的教授。……他不久才到过一次武昌，和达夫资平，商量过些创造社的事情，我们都希望他再出上海来，顶着再把创造的事情办下去，他也承应了，又回到他的故乡湖南新化去收拾家务去了。我想再隔三两个礼拜他总可以再来上海罢。他是我们全社的心脏，只要他一出来，我们大家或许可以鼓舞得来，又起来痛痛快快的干一下。"

26 日 译《约翰沁孤的戏剧集》（爱尔兰作家）讫，并作《译后》。评论约翰沁孤，说："他的每篇剧本里面都有一种幻灭的哀情流荡着，对于人类的幻灭的哀情，对于现实的幻灭的哀情。但他对于现实，对于人类也全未绝望，他虽然没有积极的进取的精神鼓动我们去改造这个人类的社会，但他至少是指示了我们，这个虚伪的，无情的，利己的，反复无常的社会是值得改造的。""我们读他的著作，一点也不觉得矜持，一点也没有甚么不自然的地方，他写出的全部的人物都是活的，一个个的心理，表情,性格,一点也没有虚假。他是把写实主义的精神,彻底地应用在戏曲上而成功了的。"

收入上海商务印书馆1926年2月初版《约翰沁孤的戏剧集》,署郭鼎堂译述。

30日 下午,与周全平在南京路目睹了"五卅"惨案发生当日的部分情况。

"约略是午后三点多钟的光景。我同一位C君,在浙江路上,朝北,向大马路走去。照例是那样乱杂而又悠长的街。走到交叉路口的近处,街旁步道上的行人就像潮水一样从前面簇拥来了。承头的多是学生,都呈着一个苍黄的面孔。

"——'他们开了枪了,不要往前进!危险!'一位学生气喘着向我说。那是大夏大学听过我的课的人,他也在苍苍茫茫地放着小跑,被我把他拉着了。"

"好容易被荡到了先施公司的大门口了,前面更加猛烈地退下一股人潮来。我和C君终被荡进了先施公司的门内,而那铁制的锁子门在我们的背后好容易把闸口堵着了。"

"我们走上三楼去,那儿,人却是很稀疏,除掉店员之外,外来的人没有几个。大约在楼上来买货的顾客,因为生了事,便都窜下楼,找寻出路去了。

"走向那西南角上,从一堵向上半开的玻璃窗口俯瞰下去,惨剧发生处的情景一目了然地展开了出来。"

"楼下是一个十字路口,有几个红头巡捕和山东大汉在那儿堵塞着行人。有的端起步枪来威骇,有的举起木棍来乱打。其中最活跃的是有几个没穿制服的外国巡捕,两手都握着手枪,鹰瞵鹗视地东奔西突。……猛烈的人潮尽可以荡掉脚上的鞋子,尽可以冲破公司的铁门,而对于那些木棍、步枪、手枪的尖子,却如象演奏会上的各种演员和乐器之受着指挥棒的指挥。尖头的一举一收便是潮头的一涨一落。

"干得真迅速,门口的血没多一刻工夫便冲洗干净了。尸首是不用说的。"

"就这样,和五卅惨剧绝缘后,在先施里面被关闭了几个钟头。"(《创造十年续编》)

本月 赴休闲别墅宴会，谢绝曾琦为《醒狮》撰稿之请求。

"我那时的意趣是集中在政治问题上的，同为在和'孤军派'、'醒狮派'的那些国家主义者论争，目的总是想怎样地去破除他们的国家主义的迷信和其催眠力。

"同样是主张国家主义，在社会的声名上'醒狮派'虽然赛过'孤军派'，更几几乎有独占的形势，但在实质上'孤军派'的人实比'醒狮派'的人高明得多。'醒狮派'的人只会做点煽动文章，惯于用些慷慨激昂的笔调以挑拨青年的爱国情绪，说到实际的主张上来是空空如也的。"

"在'五卅'前我自己沉默着的时候，因友人的招待，和曾琦在消闲别墅同过一次席，他那时不知道是诚心还是客气，曾向我征求过文章，希望在他的《醒狮》报上发表。

"——'我和你们的见解不大同，'我这样对他说，接着又把当时苏联所施行的'新经济政策'敷衍成了我所憧憬的理想，'我是想用国家的权力来发展一切的基本产业，而这国家是要从新创造的。'

"——'那不正和我们一样'，圣人的痰音高兴地说，'请你尽量写出来，在我们的报上发表'。我在心里只好暗笑。"（《创造十年续编》）

◎ 译著《社会组织与社会革命》（日本河上肇原著）由上海商务印书馆初版发行。

6月

上旬 参加筹组并出席四川旅沪学界同志会，被推举担任负责文字工作的干事。在同志会初识李民治。

"五卅惨案发生后，上海各界、各团体都动了公愤。留沪的四川同乡，竟也曾因此而活动了起来。中国人据说是一盘散沙，但是四川人却更像一盘鹅蛋石……就连那些鹅蛋石也都想团结起来了。

"鹅蛋石中之尤近于鸵鸟蛋者，记得有谢持，有熊晓岩；其次有王兆荣，有数学家何鲁，有敝同宗郭步陶，有国家主义派的领袖当今圣人曾琦，南薰和我也凑了两脚。否，南薰倒是很热心的一位，似乎事情的发动者便是他与何鲁与步陶。他们三个人的确很热心，何鲁不惜金钱，南薰不惜奔走，步陶不惜笔舌。磋商了多少次，同乡会公然成立了。

"第一次开成立大会,记得是在一个讲堂里,不记得是什么学堂。开会的结果自然是举出了一批职员,而且很多。干部是王兆荣、何鲁、郭步陶、漆南熏几个人,我也算是一位,是担任文字上的工作。名目不记得是'宣传'还是'文牍'。在我的下边有一位李民治,别号德谟,他当时是东吴大学的学生,后来在北伐时共事很久,但我和他的相识是在这儿起头的。

"第二次是聚餐会,会场记得清清楚楚的,是在西藏路的宁波会馆。"
"只记得在场有杨杏佛的演说,我是第一次看见他,第一次听他说话的。"

"成立会上通过了一件事情,是要发表一通宣言,由我执笔。这,不用说,我也做了。后来由创造社出版的初版《水平线下》里面,有一篇叫《一个宣言》的,就是这个东西。宣言做好后,要在第三次职员大会上通过。"(《创造十年续编》)

11日 作二幕历史剧《聂嫈》讫。由上海光华书局1925年9月初版发行。以战国时期聂政刺杀韩相侠累之事为题材,写其姐聂嫈与一酒家女不惜以身殉死,为英雄扬名的故事。喻示被压迫女性的觉醒。赞美"中国的新女性,中国新女性的战斗者"。

初收上海光华书局1926年4月初版《三个叛逆的女性》;现收《郭沫若全集·文学编》第6卷。

"我时常对人说:没有五卅惨剧的时候,我的《聂嫈》的悲剧不会产生,但这是怎样的一个血淋淋的纪念品哟!"

"我在五卅潮中就草成了这篇悲剧。刚好草成,上海美专学生会组织一个救济工人的游艺会,叫我做篇剧本来表演,我就把《聂嫈》交给了他们。"于7月1日起连演三天,所得票款捐献给了上海总工会。(《写在〈三个叛逆的女性〉后面》,《三个叛逆的女性》,上海光华书局1926年4月版)

16日 为四川旅沪学界同志会起草《五卅案宣言》。发表于7月13日北京《晨报副刊》。

宣示五卅运动之意义在于"激起我们空前的民气","闪出希望之辉光,觉得我们中华民族尚属大有可为,我们中华民族的国家,素号为睡狮的,到这时候是真正醒了"。

分析五卅惨案起因,说:"我们谁都知道英日两国是抱经济侵略政策的国家;侵略政策之目的在于掠夺贫弱民族使沦于殖民地和次殖民地的地位。十八世纪以来，因为工业革命的结果，许多工业的国家，都感受生产过剩的痛苦，而急急的谋扩张殖民地与商场，全个的美非澳三洲与半个亚洲都成了白人的殖民地，现在吞无可吞的列强与后进发展无地之日本都向着一个地大物博的中华来榨取我们的脂膏，吮吸我们的血液，我们身受他们的侵略已经快要满一世纪了。"

"我们认定中国国民解决五卅惨案的要求，只有一个，便是废除一切不平等的条约。"为此，我们全民族要发扬"坚忍不拔的精神，众志成城的毅力"，"时会到了，我们赶快团结起来奋斗"。

初收上海创造社出版部1928年5月初版《水平线下》，题作《五卅的反响》；后收《沫若文集》第10卷，改题作《为"五卅"惨案怒吼》；现收《郭沫若全集·文学编》第18卷。

宣言在第三次职员大会讨论时，曾琦认为，"同乡会应该提倡爱国精神，不好为赤党张目，象郭某所做的《宣言》，所说的大抵是赤党的经济理论，尤其是几处'帝国主义'字眼，太露骨，应该慎重修改。"结果经杨杏佛执笔，把"帝国主义"改成"经济侵略"，才予以通过发表（见《创造十年续编》）

本月 译著《新时代》（俄国屠格涅甫原著）由上海商务印书馆初版发行。1934年10月出版"国难后第1版"改署名郭鼎堂译。

夏

◎ 参加学艺大学筹备工作。（《创造十年续编》；周全平《小伙计创业三部曲》，《古旧书讯》1983年第2、3期）

◎ 介绍周全平担任学艺大学图书管理员。（周全平《小伙计创业三部曲》，《古旧书讯》1983年第2、3期）

7月

1日 往九亩地新舞台观看《聂嫈》的演出，并祝贺演出成功。

"上海美专学生会组织一个救济工人的游艺会，叫我做篇剧本来表演，我就把《聂嫈》交给了他们。……仅仅十天的工夫便把什么都准备好了，在七月一日的新舞台表演了出来。"（《写在〈三个叛逆的女性〉后面》，

《三个叛逆的女性》，上海光华书局 1926 年 4 月版）

"当时有一个青年文艺团体曾在上海旧城区的九亩地新舞台上演过一次这个剧本，演出的那天大概是一个星期三下午，我和郭先生都去观看了这场演出，演出结束后郭先生还走上舞台和演员们握手，祝贺他们演出成功。"（沈松泉《关于光华书局的回忆》，《古旧书讯》1981 年第 5、6 期、1982 年第 1 期）

8 日 作《文学的本质》。发表于上海《学艺》月刊 8 月第 7 卷第 1 期。认为，论到文学的本质，就是文学究竟是甚么的问题。古今中外学者们的解答不知有多少种，因此，研究必须先从文学的净化入手。

"我们所研究的文学当然要限于纯文学的范围。纯文学的内含分诗、小说和戏剧三种。但这三种已经是分化得十分严密的个体"，从历史上考察，"我们知道小说和戏剧的发生是后于诗歌"，"而且既成的诗歌也非原始的雏形，我们要求原始的雏形诗"。

"总之诗到同一句或者同一字的反复，这是简到无以复简的地步的，我称呼这种诗为'文学的原始细胞'，我们在这儿可以明了地看出文学的本质。"

"这种文学的原始细胞是纯粹的情绪的世界，而它的特征是在一定的节奏。

"节奏之于诗是与生俱来的，是先天的，决不是第二次的，使情绪如何可以美化的工具。情绪在我们的心的现象里是加了时间的成分的感情的延长，它的自身是本来具有一种节奏的。……感情加了时序的延长便成为情绪，情绪的世界便是一个波动的世界，节奏的世界。"

"我们在这种节奏之中被自己的情绪的催眠，会不知不觉地发出有节奏的声音，发出有节奏的言语，发出有节奏的表情运动。这便是音乐，诗歌，舞蹈的诞生了。"

"这样一推论起来，我们还可以断言文艺的本质是主观的，表现的，而不是没我的，摹仿的。"

"诗是文学的本质，小说和戏剧是诗的分化。

文学的本质是有节奏的情绪的世界。

诗是情绪的直写，小说和戏剧是构成情绪的素材的再现。"

初收上海光华书局 1929 年 7 月第 4 版《文艺论集》；后收《沫若文

集》第 10 卷，文字略有改动；现收《郭沫若全集·文学编》第 15 卷。

中旬 作《论节奏》。发表于上海《创造月刊》1926 年 3 月第 1 卷第 1 期。写道：

"节奏之于诗是她的外形，也是他的生命。……节奏在诗的研究上是顶大的一个问题。也就是美学上的一个顶大的问题。"

节奏可以归纳成"运动的节奏"和"音响的节奏"两种，而这两种节奏也绝不是完全独立的。

"凡为构成节奏总离不了两个很重要的关系。一个是时间的关系，一个是力的关系。""简单的一种声音或一种运动，是不能成为节奏的。但加上时间的关系，他便可以成为节奏了。"但是，这"时的节奏"和"力的节奏"又是"互为表里的"。

节奏有两种效果，"一种是鼓舞我们，一种是沉静我们"。"先扬后抑的节奏，便沉静我们。先抑后扬的节奏，便鼓舞我们。"艺术家顶要紧的职分便是要在"一切平板的东西里面看出节奏出来"。

节奏的发生有四种不同的假说，第一是宇宙论的假说，第二是僧侣的假说，第三是生理学的假说，第四是观念论的或者二元论的假说，"我自己在这四种假说中，是相信最后这一说的"。

初收上海光华书局 1929 年 7 月第 4 版《文艺论集》；后收《沫若文集》第 10 卷，文字有改动；现收《郭沫若全集·文学编》第 15 卷。

30 日 作《〈经济侵略下之中国〉序》。

序言先写到与该书作者、老同学漆树芬的交往："民国光复的时候，我们同在成都住过中学校，后来先后留学日本，又先后进了日本帝国大学。""因为是少年时代的旧友，也时相过从，但我们于思想上，主义上，彼此得到一个彻底共鸣，都是最近的事件。"

在今年三四月间，"我们的谈话，渐渐归纳到中国的经济问题上来"。"我说：在中国状况之下我是极力讴歌资本主义的人的反对者。我不相信在我国这种状况之下有资本主义发达之可能。""我们目前可走的路惟有一条，就是要把国际资本家从我们的市场赶出。而赶出的方法：第一是在废除不平等条约；第二是以国家之力集中资本"，即"励行国家资本主义"。

"万不料漆君和我是同样的意见，不但意见相同，并且他于数年前到现在，已经就这个问题著作了一本书……我读了之后，真是惊喜出自望外了。我惊喜的，是现在这样浮薄的学术界，竟有漆君这样笃挚的研究家。我惊喜的，是漆君这样的笃志家，恰好是我十几年来的老同学。我惊喜的，是我自己这一种直观的见解，完全被漆君把真凭实据来替我证明了。"

"我在此敬祝漆君的大作功成！而同时由这部书，能使我国同胞，对于资本帝国主义得到一个明确的观念，能于我国前途，投出一道光明。"

收入上海独立青年杂志社1925年10月初版漆树芬著《经济侵略下之中国》；现收《郭沫若全集·历史编》第3卷，题作《〈帝国主义经济侵略下之中国〉序》。

本月 译诗《洋之水》（德国海涅原作）收入上海大东书局出版的《恋歌》（《我们的情侣》之一册）。

7、8月间

◎ 与田汉同往位于四马路的一家旅馆，晤见相识已久未曾谋面的宗白华。并一连几天在一起聚会。

"我从柏林大学毕业后，1925年暑假回国。一到上海，就打听田汉的消息。……我住在四马路（今福州路）一个旅馆里，很快地田汉就闻讯而来见我。分别了五年，他头上竟然生了白发，但性格还是那么开朗，风度还是那么豪放。不久，田汉又同一位戴着眼镜的清瘦的中年人来找我，那人十分有礼貌地连声自我介绍：'我是沫若，我是沫若！'我看他们之间的情谊比兄弟还要亲密。一连几天，我们在一起畅谈、游玩。不久，我受聘去南京亨中央大学教授美学。"（《宗白华谈田汉》，《新文学史料》1983年11月第4期）

8月

15日 赴上海美术专科学校作题为《国际阶级斗争之序幕》的讲演，由肖韵记。发表于23日、24日上海《民国日报·觉悟》。说道：

"五卅运动之口号是'打倒帝国主义，废除不平等条约'。这两句口号最有意义，在今日也算最普遍的了。"不要以为喊"打倒帝国主义"就犯了赤化之嫌，因为"帝国主义实在是今日之大敌，我们要自救，则非打倒它不可"。

"中国经济文化落后在今日是无庸讳言的，因此我们就做了各帝国主义者众矢之的了。"

"帝国主义侵略中国的工具，是凭借着不平等条约。""所以归根结底，我们的根本工作，还是要打倒帝国主义，废除不平等条约。"

"所以要救中国，非振兴国内产业不可。""但是振兴国内产业，谈何容易！帝国主义的国家，利用不平等条约……他们既有力量可以操纵我们，又那里会让我们振兴产业呢？"

"要打倒帝国主义，废除不平等条约，光靠说是不行的，所以我们便采用经济绝交及罢工两项做战略。我们这种战略是很有意义也是很有效力的，一方面可抵制外力的侵略，一方面自己也可乘间而起。"

"世界上的国家不全是帝国主义者，也有不少和我们同命的。据我看，现在的国家可分作两种：一种是有产阶级的国家，一种是无产阶级的国家。五卅以前，中国是做了有产阶级国家的战场；五卅以后，中国是开始了无产阶级国家对有产阶级国家的争斗了。这种国际阶级斗争，在一般人听了，总不免会不高兴，但是事实如此，又不容我们否认的。"

"这种斗争，将来是源源而出现的，无产阶级国家不只中国一国，自然不是一次所能平，一定要很长久的连续下去的。所以现在的事件，算是一个序幕，将来一幕二幕要接连演下去，自在我们意料之中。"

"我们不能依靠政府，像现在这样狗政府，他只晓得要维持自己地位，不是为人民，也当然不是为国家。……所以我以为要达到目的，还是从我们自身做起。"

"我们大发愿心，坚持下去，敌人未有不摧败，即是中华民国未有不脱离列强绊羁独立自由于世界上之一日。"

本月 就任新创办之学艺大学文科主任，并兼主持校图书馆工作。

"在暑假期中要在上海各报上大热闹一下的各学校的招生广告，照例也热闹了起来。在这广告的竞赛中也就有了学艺大学的一份，校长是王兆荣，预科主任兼教务长的是范允臧，文科主任便是我。招生广告上是列出了这三个名字的。"

"校址是租定在静安寺路西头的一座公馆里。""学生既少，因为都是一年级，教员也就没有几个人。记得由我所找的，有教语言学的方光焘。由校长所找的有教德文的常云湄，教社会学的李剑华。何鲁来兼了几点钟的数学，曾琦兼了几点钟的国文。外加上我们三位。如此而已。"

"开学了。学校的董事、教职员、学生，综合起来，不上五十人，也还济济跄跄地聚集了一堂。"（《创造十年续编》）

◎ 应沈松泉约稿，允将《聂嫈》交刚成立的光华书局出版，并请沈松泉代为搜集在报刊上发表过的文章，以结集出版。

"我又到学艺大学去找郭先生要稿子，那时他在该校任教，郭先生很爽快地答应把他的剧作《聂嫈》交光华出版。""1925年光华还出版了一本郭沫若先生的《文艺论集》。……这也是我去学艺大学找郭先生时，他临时决定的，并且要我帮他搜集他在各报刊上发表过的文章。"（沈松泉《关于光华书局的回忆》，《古旧书讯》1981年第5、6期，1982年第1期）

9月

10日 参与筹备并编辑的四川旅沪学界同志会会刊《长虹》在上海创刊，共出两期。（瞿光熙《郭沫若在五卅运动中编辑的刊物〈长虹〉》，《古旧书讯》1960年第5期）

"同乡会成立了之后，也还出过一种刊物，叫着《长虹》，是由我去找梁溪图书公司出版的，没有要印刷费。但仅仅出了一期，那条'长虹'也就雨霁天青了。其后不久，就连同乡会也随着'长虹'而无形消灭了。"（《创造十年续编》）

14日 译小说《异端》（德国霍普特曼原著）讫，并作序。写道：

霍普特曼这部小说"是他新近的作品。我们假使知道他做这部小说时已经是行将六十的老人的时候，我们怕谁也是会生惊异的？他的取材是那么大胆，他的表现是那么浓艳，他这决不是我们中国的一些未老先衰的道学大家们所能梦想得到的呢！"

"西洋文化中有两种本质不同的潮流含混着，一种是尊重人性的希腊文明，一种是主张禁欲的耶教主义。两者时相冲突，在社会的或个人的生活上生出种种的葛藤，种种的悲剧。欧洲的文艺便大多取材于此，以求一最后之解决。"

"霍氏这篇小说的作意,很鲜明地是表示的这两种思潮的葛藤,而他的解决是偏于希腊思想之胜利的。"

"他全书中关于自然的描写,心理的解剖,性欲的暗射,真是精细入微。"

"人本主义与禁欲主义的竞争,虽是欧西文明的局部问题,但是灵肉的竞争,或者是既成道德与人性的本然的竞争,却是人类普遍的,而且是永远的烦闷。这个烦闷的解决,由霍氏的这篇小说提供出一个方法来了,我相信对于我国现代的青年不无相当的援助。"

收上海商务印书馆1926年5月初版《异端》。

本月 在学艺大学开学典礼上致辞。

"我说:我们办学校,人要求其多,心要求其少。……我希望我们眼前的三十个同学,要把大家的思想感情打成一片,要成为一个心脏。""英国的卡莱尔说过:英国宁肯牺牲印度,不肯牺牲一位莎士比亚。……因此,我希望我们的同学,从今天起便放下决心,要人人都成为莎士比亚。""我们一点也不要觉得难堪。我再说一遍,我们的心总要求其少,而我们每一个人的身上总望要生出孙悟空的毫毛。"(《创造十年续编》)

10 月

6 日 作《到宜兴去》"附语",刊载于上海《孤军》月刊1925年8月至10月第3卷第3期至第5期连载之《到宜兴去》文末。说明《到宜兴去》未继续下文的原因。《到宜兴去》收入上海创造社出版部1928年5月初版《水平线下》时删去。

16 日 译诗《弹琴者之歌》(德国歌德原作)发表于上海《洪水》半月刊第1卷第3期。

19 日 作《穷汉的穷谈》。发表于上海《洪水》半月刊11月1日第1卷第4期。批驳国家主义者林灵光在《孤军》杂志发表文章歪曲、诬蔑共产主义。指出:"共产主义的革命,决不是说今天革了命马上就要把社会上的财产来共的。共产的社会自然是共产主义者的目标,就给大同世界是孔子的目标一样。不过他们要达到这个目标,决不是一步就可以跳到的,他们也有一定的步骤。我们知道马克斯就是共产主义的始祖,但他说共产革命的经历便含有三个时期。第一个便是以国家的力量来集中资本，第二个便是以国家的力量来努力发展可以共的产业，第三个是产业达到可以共的地步了，然后大家才来'各尽所能各取所需'地营共产的理想的生活。共产革命要经过这三个时期才能成功，而且这三个时期要经过多少年辰，我们是无从知道，其实就是马克斯自己也无从知道。""据这样看来，共产革命的精神分明是集产，何尝是共产呢？所以共产主义又称为集产主义（Collectivism），这个名称倒还比较适当一点。你看在那第一第二的革命的途中，所谓共产主义不分明还是实实在在的国家资本主义吗？""灵光先生不必便是望文思义的图简便的聪明人，但天下也尽有这样的聪明人存在，所以我穷汉也免不得在此多说了一番穷话。"

初收上海创造社出版部1928年5月20日初版《水平线下全集》；后收《沫若文集》第10卷；现收《郭沫若全集·文学编》第18卷。

22日 作《共产与共管》。发表于上海《洪水》半月刊11月16日第1卷第5期。针对林灵光在《独立党出现的要求》一文中断言"中国共产党的革命不成功则已，若一成功，同时便是中国受列强共管之时"，驳斥道：

许多人一谈到共产主义，便把"共产"和"共管"扯在一起，恐怕是双声叠韵的关系，"灵光先生从前也是高谈过共产主义的人，不能说他对于共产主义完全不懂，那么他这'共产'与'共管'的关系，恐怕又不仅是双声和叠韵的关系罢？"

"我们受外国人的共管，其实已经不消等共产党来革命，其实已经有了好些年辰了。"

"我们现在不是怕共管的时候，我们现在是应该想想，怎样才能够从这既成的经济的国际共管之下脱离的时候呀。"

"那么我们现在该怎么办呢？唯一的生路，不该是彻底地去反抗他们的经济侵略吗？你要反抗他们的经济侵略，这第一步的手段不就是应该把那种种保护他们的条约废除，回头还要聚集相当的资本来，和他们在经济场中决一死战吗？"

"虽然我不是共产党人，但我对于马克斯主义，借过灵光先生的书来研究过一下……励行国家资本主义既是反抗共管的唯一的武器，而励行国家资本主义又是共产革命在产业后进的国度中所必取的形式呢，那么我们中国的共产革命假如真个'成功',岂不就是列强共管的消灭吗?"

初收上海创造社出版部1928年5月初版《水平线下》,改题作《双声叠韵》;后收《沫若文集》第10卷;现收《郭沫若全集·文学编》第18卷。

月底 应学艺大学校长王兆荣邀,赴大世界附近四川菜馆晚宴。

"有一天,像是十月尾上了,在已经罢课之后,校长约我和允臧两人往大世界邻近的一家四川菜馆去吃晚饭。在饭后走出店门时,无心之间却遇着了蒲伯英。他也是吃了晚饭,刚好走出店门的。""他和我们遇着,便约着一同去打诗谜。"(《创造十年续编》)

11 月

17 日 作历史小说《马克斯进文庙》。发表于上海《洪水》半月刊12月16日第1卷第7期。用马克思走进文庙这样一个小说场景的描写,来在共产主义学说与孔门思想之间进行交流比较。孔子终于发现,马克思的"各尽所能,各取所需"的共产社会,竟与自己"大道之行也,天下为公"的大同世界不谋而合。而马克思也不尽感叹:"我不想在两千年前,在远远的东方,已经有了你这样的一个老同志!你我的见解完全是一致的。"

初收上海创造社出版部1928年5月初版《水平线下》;又收上海乐华图书公司1934年1月《沫若自选集》,改题作《马氏进文庙》;现收《郭沫若全集·文学编》第10卷。

29 日 作《〈文艺论集〉序》。发表于上海《洪水》半月刊12月16日第1卷第7期。写道:

"这部小小的论文集,严格地说时,可以说是我的坟墓罢。

我的思想,我的生活,我的作风,在最近一两年之内可以说是完全变了。

我从前是尊重个性,景仰自由的人,但在最近一两年之内与水平线下的悲惨社会略略有所接触,觉得在大多数人完全不自主地失掉了自由,失掉了个性的时代,有少数的人要来主张个性,主张自由,总不免有几分僭妄。"

"但我这么说时,我也并不是主张一切的人类都可以不要个性,不要自由……"

"但在大众未得发展其个性,未得生活于自由之时,少数先觉者无宁牺牲自己的个性,牺牲自己的自由,以为大众人请命,以争回大众人的个性与自由!

"所谓'我不入地狱,谁入地狱?'的话便是这个意思。"

"这儿是新思想的出发点,这儿是新文艺的生命。

"在我这一两年前的文字中,这样的见解虽然不无一些端倪,然从大体上看来,可以说还是在混沌的状态之下。

"如今'混沌'是被我自己凿死了,这儿所收集的只是它的残骸。

"残骸顶好是付诸火化,偏偏我的朋友沈松泉君苦心孤虑地替我收集了拢来,还要叫我来做篇序。好,就题这几句墓志铭在我这座墓上罢。"

初收上海光华书局1925年12月初版《文艺论集》;后收《沫若文集》第10卷,文字有改删;现收《郭沫若全集·文学编》第15卷。

本月 与郁达夫同访蒋光慈。并请蒋光慈对照俄文校改译稿《新时代》。

"光慈,初名本叫光赤。他是安徽人,当时才从苏联回国不久,在上海大学担任教课。他和我的交往是怎样开始的,现在怎么也想不出来。只是我有一次和达夫两人去访问过他,他也有一次和秋白两人来访问过我,我是记得较为明晰的。

"我同达夫去访问他是在《洪水》创办才不久的时候,达夫不记得因为什么事到了上海,我们在那时曾短暂聚过几天。有一天上午,我拉着他,一道往法大马路的明德里去。"

"他那时正在校读我所译的屠格涅夫的《新时代》,俄文原书和我的译本一同摊放在桌上。校读得迄今很多,有些地方略略有点修改。……我便请求他详细地把全书校改一遍,做篇文章在《洪水》上发表,同时我也可以做个勘误表请求出版处挖改字版。光慈是欣然答应了。"(《创造十年续编》)

12月

20日 夜,作《新国家的创造》。发表于上海《洪水》半月刊1926

年1月1日第1卷第8期。驳斥国家主义者关于"共产主义否认国家"的谬论。写道：

"近来国家主义者之反对共产主义，已经成了公然的对敌，这是无可隐讳的事。"

"国家主义者之攻击共产主义，除去许多因噎废食隔靴搔痒的感情话而外，他们所持的最大的理由大概是说共产主义是否认国家的。不错，共产主义如果到了完成的时候，那就是所谓天下为公的大同世界，国家这个制度的确是有消灭的可能性的。然而在共产主义未完成之前，共产主义者正须以无产阶级为中心而组织新国家，何能说共产主义是否认国家的呢？"

"马克斯是承认国家的，不过他所承认的国家，决不是现在的建立于私产制度上的既成的国家罢了。""现在既成的国家是成立于私产制度上面的，她只是少数特权阶级的护符，所以这样的国家只能说是少数人的国家，大多数无产阶级的工人是还没有资格敢说他自己是有这种国家的。"

"是这样看来，'国家'这种制度可以有两种形式的成立：一种是旧式的国家，一种是新式的国家。旧式的国家是有产阶级所形成的，他是掠夺榨取的一种武器，他的本身就包含酝酿战争的毒素。新式的国家是反对旧式的国家而起，他是要取公产的制度的，他当然只能构成于无产阶级者，而他的目的便是实现永远平和。

国家的形式有两种，国家主义也可以说是有两种了。"

"我们真真是爱国的，我们真真是想救我们中国，救我们中国的国民的，我们是只有采取新国家主义的一条路，就是实行无产阶级的革命以励行国家资本主义！"

初收上海创造社出版部1928年5月初版《水平线下》，改题作《不读书好求甚解》；后收《沫若文集》第10卷；现收《郭沫若全集·文学编》第18卷。

22日 作《讨论〈马克斯进文庙〉》，发表于上海《洪水》半月刊1926年1月16日第1卷第9期。写道：《马克斯进文庙》"本来是带有几分游戏的性质的。我当初原想做一篇论文，叫着《马克斯学说与孔门思想》，做来做去只做成了那样一篇文章，这是我所不曾预料的。

文章做出来了，我想反响一定会来，有的会说我离经叛道，有的会说我迷恋国糟，我对于孔子信徒和马克斯信徒两方面都是不会讨好的。不过我也顾不得这些，我想在现在漆黑一团的思想界，由我那篇文章能够发生出一点微光来，那也是我所引以为欣慰的了。"

对于陶其情《马克斯那能进文庙呢?》一文表示反对的意见，答复说：你赞成国家主义，你说孔子是国家主义者，所以颇为景仰崇拜。"但我也不是反对国家主义的人，只要你所赞成的国家主义是孔子所提倡的'王道的国家主义'，那在我也是极端赞成的。不过这种'王道的国家主义'与马克斯学说并不矛盾，请你再看我那篇《新国家的创造》罢。""你崇拜孔子，于言外却不免反对马克斯。你所征引来证明孔马矛盾的一些孔子的话，在我并发现不出矛盾来。""王道的国家主义也就是大同主义，也就是共产主义，他并不是不分国界，在私产制度未完全消灭之前，私产的国家和公产的国家，其界限比现今地图上画的还要鲜明的呢。孔子是王道的国家主义者，也就是共产主义者，大同主义者。""我对于孔子的思想自信还相当有点研究，我不是盲目地崇拜他的人，我也不是盲目地攻击他的人，他是怎样我还他怎样，我也并不是要借他的光来抬高马克斯，我也并不是要借马克斯的颜料来把孔子画成红脸，他是怎样我还他怎样，这是我研究孔子的态度，也就是我们研究一切学问应该取的态度呢。"

后收入陶其情编，拂晓书室1933年1月出版的《矛盾集》。

27日　《文艺论集》作为"创造社丛书"之一由上海光华书局初版发行。分上、下两卷，收文章、书信31篇。1929年5月修订7月出版的光华书局第4版，将全书辑为六部分，并增收《文学的本质》《论节奏》两篇。1930年6月再次修订8月出版的光华书局第5版，删去"有些议论太乖谬的"篇目：《中国文化之传统精神》《伟大的精神生活者王阳明》《整理国故的评价》《古书今译的问题》《国家的与超国家的》5篇，其余29篇，辑为三部分与一个附录，并作《跋尾》。

《文艺论集》后经重新编辑收入《沫若文集》第10卷，收文32篇，文字做了较大修改；现收《郭沫若全集·文学编》第15卷。

1926年（丙寅　民国十五年）34岁

1月　中国国民党第二次全国代表大会在广州举行，通过了《弹劾西山会议决议案》，李大钊等共产党人被选为国民党中央执行委员。

3月18日　北京学生集会请愿，反对日本干涉中国内政，遭段祺瑞政府镇压，酿成"三一八惨案"。

3月20日　蒋介石制造了"中山舰事件"，中国共产党被迫撤出国民革命军第一军的全部党员。

同日　创造社出版部成立，《创造月刊》创刊。

5月　毛泽东在广州主办第六届全国农民运动讲习所。

同月　国民党二届二中全会通过"整理党务案"，共产党人全部退出国民党中央机关。

7月1日　广州国民政府军事委员会发布北伐军事动员令。

7月4日　国民党中央执行委员会通过《中国国民党为国民革命军出师北伐宣言》，国民革命军召开北伐誓师大会，总司令蒋介石发表就职宣言，国民革命军开始北伐。

10月10日　国民革命军攻克武昌。

10月24日　周恩来等领导上海工人举行第一次武装起义。

11月1日　国民党政治会议议决迁都武汉。

1月

1日　为廖仲恺被害题词："舍生取义"，发表于上海《济难》月刊创刊号。

◎　与恽代英、张闻天、沈雁冰、沈泽民等联名发起成立的中国济难会成立《宣言》发表于上海《济难》月刊创刊号。

该会于1925年9月成立，后改名为中国革命互济会。

3日　下午，往北四川路中央大会堂参加上海学生联合会同乐会，并作演讲，勉励学生参与爱国活动。(4日上海《申报》)

上旬　在内山书店参加内山完造为日本作家谷崎润一郎到访上海举行的"见面会",初次结识谷崎润一郎。出席"见面会"的还有田汉、欧阳予倩、谢六逸、方光焘、徐蔚南、唐越石等人。"见面会"后,与田汉、谷崎润一郎同往其下榻的一品香旅馆交谈,直到深夜。

在谈到中国与日本的现状时说:

"日本和中国不同。现在的中国还不是独立国家,日本借来资金是自己使用。在我们国家,外国人可以随便出入,无视我们的利益和习惯,他们自行在我们国家的土地上建造城市,开办工厂。我们虽然看到这一切,却无可奈何,只能任其践踏。我们的这种绝望地、静静地等待着自灭的心情,决不单单是因为政治问题和经济问题。日本人因为没有这样的体验,所以不会理解。可是,这使我们青年的心情多么暗淡啊?所以,一发生对外事件,甚至连学生也大事骚动,就是这个缘故。"

"日本的所谓中国通没有谈过这些事,中国人虽然在经济上是伟大的人种,却没有政治上的能力。不仅没有,他们还是极端的个人主义者,认为政治不算什么。国家的主权被外国人夺去了,他们还心平气和的勤奋地工作,连续不断地储钱。在这方面,中国人虽然有弱点,也有在变化中的坚强之处。中国自古以来虽然多次被外国人征服,但是中国民族不但没有衰弱反而发展了。而征服者却被中国的固有文化征服,结局是被溶于'中国'这口坩埚之中。"

"不过,以前的入侵者都是比我们文化低的民族。中国与比自己文化高的民族相遇,这次是历史上的第一次。他们分别从东南西北向中原入侵。不只是经济上的入侵,而且干了各种坏事,引起我们国家的不安。他们贷款给军阀并卖给军阀武器,同时又建立被称为租界的中立地带。如果不这样,就不会发生今天国内的动乱,乃至战争持续不断。中国从前也有过战争,可是,像今天这样的野蛮人的侵略,与单单内乱的性质是不同的,这一点我们是亲眼所见的。不,这次不只是我们,而且全国人民都有了一种以今天的野蛮人为对手、必须真刀真枪地与之对抗的觉悟。我想,国家这一观念恐怕没有比现在更加深入人心了。"(谷崎润一郎《上海交游记》,日本《女性》杂志1926年5月、6月第9卷第5号、第6号;24日上海《申报》)

谷崎润一郎本月初抵达上海,在上海游历了一个月左右的时间。他在

1918年初次到访中国时，即想结识中国文坛"新的文学家"，然而未果。此番游历上海期间，号称"掮客宫崎"的宫崎仪平把他介绍给内山书店，他通过内山完造认识了郭沫若、郁达夫、田汉等中国作家。

17日 下午，参加中国济难会举办的募捐游艺大会，在大会上成立中国济难会上海市总会，被推选为文书股委员。(18日上海《申报》)

19日 作《社会革命的时机》。发表于《洪水》半月刊2月5日第1卷第10、11期合刊。批驳了灵光在讨论《穷汉的穷谈》《双声迭韵》两文时所提出的"不变更现经济制度，已可达到共产的目的"，时机未成熟的社会革命是危险的观点。认为，中国目前已成为全世界资本家的世界市场，"私人资本主义之在中国充其量只能制造些阻碍社会主义实现的小资本家"。中国需要实行"国营政策"，但先决条件是，"如何造成一种力量来推倒政府，如何推倒政府以攫取政权"。同时，对于河上肇认为"时机尚早的社会革命是招致生产力之减退，而终归于失败，即以此为目的之政治革命纵可成功，而其成功亦不外限于政治革命而已"的观点，表示了反对的意见，以为"有失马克思的本意"。

初收创造社出版部1928年5月初版《水平线下》，改名为《向自由王国的飞跃》；后收《沫若文集》第10卷，文字略有删削；现收《郭沫若全集·文学编》第18卷。

灵光（林骙）的文章《读了"穷汉的穷谈"并"共产与共管"即"双声迭韵"以后质沫若先生并质共产党人》刊载于《独立青年》创刊号。

28日 为翻译剧作《争斗》（英国高尔斯华绥原著）作序。收上海商务印书馆6月初版《争斗》。写道：戈斯华士（John Galsworthy）（现在通译高尔斯华绥。——编者注）的剧作，"可以说都是社会剧，他不满意于现社会之组织，替弱者表示极深厚的同情，弱者在现社会组织下受压迫的苦况，他如实地表现在舞台上来，给一般的人类暗示出一条改造社会的路迳。他的倾向不消说和萧伯讷（Bernard Shaw 在英国和戈氏并驾齐驱的戏曲家）是完全一致，但他们的作风却迥有不同。萧氏的社会剧都是他自己站在舞台上说话，他是积极的一位宣传家；而戈氏则不然，他是取的纯粹的客观的态度，一点也不矜持，一点也不假借，而社会的矛盾便活现现地呈显了出来。照言辞的雄辩，思想的焕发上说来，戈氏诚不如萧氏；

但从结构的精密，表现的自然上说来，戈氏却不仅超过萧氏，即是欧西的近代的社会剧作家中均罕有其俦匹。""我国社会剧之创作正在萌芽期中，我以为像戈氏的作风很足供我们的效法。他的作品除本篇而外，如《银匣》，如《长子》，如《白鸽》，如《正义》等，均其杰出之作，以后我想逐次迻译出来，以供献于读者。"

29日 下午，赴斜桥徐家汇路10号新少年影片公司，参加为欢迎谷崎润一郎到访上海举行的"文艺消寒会"。

◎ 晚，陪同谷崎润一郎返回他下榻的一品香旅馆。

"文艺消寒会"由田汉、欧阳予倩发起组织，亦"欲藉以破年来沉闷的空气"。出席者还有谢六逸、方光焘、徐蔚南、唐越石、刘韵秋、王独清、左舜生、郑振铎、黎锦晖、关良、叶鼎洛、陈抱一、张织云等文艺界人士六十余人。(30日上海《申报》；谷崎润一郎《上海交游记》，日本《女性》杂志1926年5月、6月第9卷第5号、第6号)

本月 与成仿吾、郁达夫联名致信陈炜谟。说："我们的创造，已决定出月刊，于十五年三月一日发行创刊号。我们息声沥影，蛰伏了一年余，现在该起来说说话了罢！此信到后请你于二十天内，写点东西来，壮壮声气，创作也好，论文也好，翻译介绍以及杂文之类都可以。"(陈炜谟《"无聊事"——答创造社的周全平》，《沉钟》半月刊1926年第4期)

◎ 与周全平等同往江苏吴县甪直参加严良才婚礼。观看到当地所藏唐代开元年间杨惠之所塑几尊罗汉像，以为，"惠之与米克朗杰洛更有点像一形一影。两人的作品都有力的律吕之横溢，尽管受着宗教的题材束缚，而现实感却以无限的迫力向人逼来，使人不能不感受着一种崇高的美"。(《创造十年续编》)

◎ 因与学艺大学董事之一的孤军派国家主义者林骙（灵光）笔战，于第一学期结束后即辞去学艺大学教职。

"就因为脱离了学艺大学的羁绊，生活虽然苦得一点，但在精神上却是自由的时期。在那时代的自己的思想之变迁是有点近乎突变的。"(《创造十年续编》)

◎ 小说戏剧集《塔》由上海商务印书馆初版发行，为"中华学艺社文艺丛书"（1），其中"塔"收小说7篇，"叛逆的女性"收戏剧3篇。

◎ 蒋光慈与瞿秋白来访，初识瞿秋白。谈论对"醒狮派""孤军派"

政治主张的看法。

"光慈陪着秋白的来访,是在我已经辞掉了学艺大学以后,但是,是在一九二五年的年底,还是翌年的年初,我不记得了。只记得是在午后一点钟的光景,是颇阴晦的一天。我正坐在楼下的小堂屋里看书,他们突然进来了。光慈在先,秋白在后,秋白戴着一副药片眼镜,一进门便取了下来。"

"秋白的面孔很惨白,眼眶的周围有点浮肿。他有肺病,我早是知道的,看到他的脸色却不免使我吃惊。他说,他才吐了一阵血,出院才不久。"

"我那时的意趣是集中在政治问题上的,因为在和'孤军派'、'醒狮派'的那些国家主义者论争,目的总是想怎样地去破除他们的国家主义的迷信和其催眠力。"

"我就象坐在书斋里的浮士德一样,把秋白和光慈作为自己的听众,在那儿唱独白。秋白是很寡默的,他只说我的意见是正确的,可以趁早把它写出来。"

"零碎地又谈了些俄国文学,秋白劝我翻译托尔斯泰的《战争与和平》。他说那部小说的反波拿伯主义,在我们中国有绝对的必要。……秋白的劝说,我在三年后是遵照了的,但可惜那书只译了三分之一便中断了。"

"谈了有一个钟头的光景,秋白说他另外还有事,便又和着光慈一道告辞走了。

不久便在报上看见秋白到了广州的消息。又不久便有广东大学聘我的消息。后来陈豹隐对我说过,这事是出于秋白的推挽。但秋白自己却不曾对我说过。"(《创造十年续编》)

1、2月间

◎ 在"日本人所设的上海同文书院的中国学生班"讲演。讲演内容后来作成《革命与文学》一文。

"在那儿所下的'革命文学'的定义是'表同情于无产阶级的,社会主义的,写实主义的文学'。"(《创造十年续编》)

2月

10日 往大东旅社参加由田汉、黎锦晖发起的文艺界桃花会聚餐。

桃花会特别邀请的客人是蔡元培和北京国立艺专新任校长林风眠。与会者有一百五六十人。(12日上海《申报》)

11日 由上海孙文主义学会讲演会续请为讲师,将在该会寒假讲演会上讲"革命与文学"。(12日上海《申报》)

12日 得朋友所赠卡尔·格尔修著,塚本三吉译《马克思主义和哲学》一书,及题辞:"如怀疑者般思索,如殉教者般实行!"(菊地三郎《万马齐暗的亚洲学——四十年亲历漫谈》,日本新人物往来社1981年版)

中旬 接广东大学代校长陈公博10日来信,希望南下广东。(18日《广州民国日报》)

信是写给郭沫若与田汉二人的,并刊登在18日《广州民国日报》上,题为《陈公博函催郭沫若等南归》。信中写道:"我们对于革命的教育始终具有一种恳挚迫切的热情,无论何人长校,我们对于广东大学都有十二分热烈的希望,于十二分希望中大家都盼望先生急速南来。""现在广州充满了革命紧张的空气,所以我更望全国的革命的中坚分子和有思想的学者们全集中到这边来,做革命青年的领导。深望先生能尅日南来,做我们的向导者。"

陈公博自1925年12月开始代理广东大学校长。广州国民政府1925年12月1日发布任免令,免去国民党"西山会议"派邹鲁的国立广东大学校长本职。陈公博在代理校长期间施行了设立专修学院、公开图书馆、邀请名流演讲等几项新校务措施。因代理期满,陈公博已提交了辞呈,继任校长为褚民谊。(18日《广州民国日报》;《国民政府公报1925年第17号》,中国第二历史档案馆《中华民国史档案资料汇编》第四辑,江苏古籍出版社1997年9月版)

21日 夜,作小说《后悔》讫。发表于《创造月刊》1927年2月第1卷第6期。主人公爱牟夫妇到一家大百货公司买东西,找零时收了一枚假银圆。爱牟愤而扔掉那枚假钱币,但回家后又后悔了。他后悔那一块钱经他手扔掉之后,"又要转辗不息地在世间流用。从那一块钱身上不知道又要生出多少次数的罪恶,多少次数的悲剧了!那样的一块钱假使是流落到比我更穷的人的手里，或者还可以使人丢命呢！"

初收创造社出版部1928年5月初版《水平线下》；后收《沫若文集》第5卷，写作时间署22日；现收《郭沫若全集·文学编》第9卷。

下旬 接广东大学信，欲聘为文科学长。即与郁达夫商量，并决定一道南下广州。

"不久便有广东大学聘我的消息。后来陈豹隐对我说过，这事是出于秋白的推挽。但秋白自己却不曾对我说过。"（《创造十年续编》）

◎ 初识来访的王独清。（《创造十年续编》）

◎ 复信广东大学，同意应聘，并要求同聘郁达夫、王独清。（《创造十年续编》）

本月 译作《约翰沁孤的戏曲集》（爱尔兰约翰沁孤原作）由上海商务印书馆初版发行，收约翰沁孤的戏剧作品6种。后改版为平装本，并改署名郭鼎堂译述。

2、3月间

◎ 重新校正译作《少年维特之烦恼》。校正了初译本"由于自己的草率而发生的错误"，订正了泰东书局初译本"错印得一塌糊涂"之处。增订本《少年维特之烦恼》由创造社出版部于7月初版发行，为"创造社丛书"第5种、"创造社世界名著选"第1种。（《少年维特之烦恼》增订本后序，《洪水》半月刊1926年7月1日第2卷第20期）

3月

1日 《无抵抗主义者》发表于上海《洪水》半月刊第1卷第12期。以一个"奉仰克鲁伯特金与托尔斯泰的"无抵抗主义者，与一个"肯定阶级斗争的"周刊杂志主笔的对话，讽喻现实。文末有作于1925年2月24日的《附记》，说："这篇东西本是前年上半年戏作的了，偶于纸屑中寻找出来，觉得也有些滑稽的趣味。好，无抵抗主义者先生哟！我就让你出去见见世面吧。"

初收上海乐华图书公司1934年1月初版《沫若自选集》；后收《沫若文集》第10卷，将《附记》误署作于"1924年2月24日"；现收

《郭沫若全集·文学编》第 16 卷。

"学艺大学董事共有十人，其中有一位姓林名骙，表字植夫，别号灵光者，乃福建人氏……一九二四年寄寓上海，在商务印书馆当编辑。创造社办《创造周报》，他以灵光之名曾联续发表过几篇给青年的信，因为后来论到了要求恢复约法，要求裁兵的滥调上来，我们实在没法顾情面，把稿子退还了他；他便在《孤军》杂志上写出文章来骂了我一顿。我有过一篇笑剧式的短品，名《无抵抗主义者》的，即以此君为模特儿者也。"（《创造十年续篇》）

2日 作《文艺家的觉悟》。发表于《洪水》半月刊 5 月 1 日第 2 卷第 16 期。论述了文艺家应该具有"思想上的信条"，文艺应该反映时代精神的问题。认为，一个人生在人世间，必然要受到社会思想和时代环境的影响。所以，一个人的精神活动要达到"智情意三方面的发展均能完满无缺而成为一个整然的和谐"。文艺家比一般人更为敏感，因此，当一个社会快要面临变革的时候，他们能够预先感受到时代的精神，"文艺每每成为革命的前驱"。"我们现代是社会思想磅礴的时代，是应该磅礴的时代"。"这儿没有中道留存着的，不是左，就是右，不是进攻，便是退守"。文章强调，"我在这儿可以斩钉截铁地说一句话：我们现在所需要的文艺是站在第四阶级说话的文艺，这种文艺在形式上是现实主义的，在内容上是社会主义的。除此以外的文艺都已经是过去的了。包含帝王思想宗教思想的古典主义，主张个人主义自由主义的浪漫主义，都已过去了。过去了的自然有他历史上的价值，但是和我们现代不生关系。我们现代不是玩赏古董的时代"。

初收上海泰东图书局 1927 年 1 月版《革命义学论》；后收《沫若文集》第 10 卷；现收《郭沫若全集·文学编》第 16 卷。

7日 作《写在〈三个叛逆的女性〉后面》。载上海光华书局 4 月初版《三个叛逆的女性》。写道："女人在精神上的遭劫已经有了几千年，现在是该她们觉醒的时候了呢。她们觉醒转来，要要求她们天赋的人权，要要求男女的彻底的对等，这是当然而然的道理。""我自己对于劳动运动是赞成社会主义的人，而对于妇女运动是赞成女权主义的。无产阶级和有产阶级同是一样的人，女子和男子也同是一样的人，一个社会的制度或者一种道德的精神是应该使各个人均能平等地发展他的个性，平等地各尽他的所能，不能加以人为的束缚而于单方面有所偏袒。这从个人的成就上和社会的进展上，都是合理的要求。""女性之受束缚，女性之受蹂躏，女性之受歧视，像我们中国一样的，在全世界上恐怕是要数一数二的。'在家从父，出嫁从夫，夫死从子'，一生一世都让她们'从'得干干净净的了。我们如果要救济中国，不得不彻底要解放女性，我们如果要解放女性，那吗反对'三从'的'三不从'的道德，不正是应该提倡的吗？'在家不必从父，出嫁不必从夫，夫死不必从子'——这就是'三不从'的新性道德。……这在女的方面不消说要觉悟才行，就在男的方面也是应该要彻底觉悟的。甚么'天尊地卑，乾坤定矣'的话，根本上是不能成立的；天有时是地的下面，地有时是在天的上头呀。"

后摘录收入《沫若文集》第3卷，分别题作《〈卓文君〉后记》《〈王昭君〉后记》；现收《郭沫若全集·文学编》第6卷，作为《卓文君》《王昭君》《聂嫈》三剧之"附录"。

8日 下午，出席上海各界妇女联合会在中华路少年宣讲团举行的"三八纪念女界同乐会"，并作演讲，呼吁女子在经济上应该独立。(9日上海《申报》)

9日 作《卖淫妇的饶舌》。发表于《洪水》半月刊4月1日第2卷第14期。针对李芾甘、郭心崧对《不读书好求甚解》一文的攻击和批评，反驳了认为马克思否认国家的观点。指出："国家终会归于死灭的话，在社会学上几乎成了是一个社会进化的公例"，但"在共产主义未完成之前，共产主义者正须以无产阶级为中心而组织新国家"。"要说恩格尔斯说过国家是终会死灭的便是马克思'否认'国家，那么社会学上是说国家是终会死灭的，一切的社会学者都可以称为'否认'国家的吗？人是终会'死灭'的，你可以说甚么人都是'否认'人的存在的吗？"

初收创造社出版部1928年5月初版《水平线下》；后收《沫若文集》第10卷；现收《郭沫若全集·文学编》第18卷。

李芾甘（巴金）借考茨基的话，称郭沫若为"马克思主义的卖淫妇"。郭心崧的文章《马克思主义与国家》刊载于《独立青年》第3期。

◎ 致陶其情信。附载于《洪水》半月刊4月1日第2卷第14期陶其情《马克斯到底不能进文庙》一文后。写道："在你是很信仰的，而在我觉得还有许多可以商量的地方。不过要一一批判起来那问题就太扯远了。

并且我不日就要离开上海,恕我不能再同你细谈了。本来是非之争,只由两造来对质,那是永没有结束的。我所说的话已经尽于前次的答复中,在你既不能承认,而你这篇大作,我又未能遽表同情,所以我只好尊重你的意思,在《洪水》上发表出来,'给读者一个公开的批评'。不过我在此要附带一个要求:以后的批评者无论有甚么人加入,做文章的时候切不可过于冗长,徒是炫学斗狠的冗语可以减省一些;因为《洪水》的篇幅有限,登时觉得麻烦读者,不登时又好像对不住作者。这一点要望大家留心:不要为自己的私心滥用了一个公器。"

后收入陶其情编,拂晓书室1933年1月出版的《矛盾集》时,改题作《我的再答》。

上旬 收到广东大学复信,同意所提要求,并接到由林祖同携来上海的聘书和旅费。

"在三月十号左右,广大有了回信来。"(《创造十年续编》)

◎ 与郁达夫、王独清赴楼建南和湖畔诗社几位朋友所设的饯行宴。(《创造十年续编》)

12日 在交通大学参加孙中山逝世周年纪念会,讲到三民主义与共产主义。(《创造十年续编》)

17日 屡接广东大学催促南下的电报,即回电告以日内启程。(《创造十年续编》)

18日 与郁达夫、王独清同乘新华轮离开上海赴广州。(《报告一个消息》,《洪水》半月刊4月1日第2卷第14期)

"楼建南、应修人、周全平诸人,到码头上替我们送行。我自己的家眷留在了上海,是托全平替我照料的,创造社的事情也托付了他。"(《创造十年续编》)

23日 晨,抵达广州。由成仿吾接船,先"落到了一家旅馆"。(《创造十年续编》)

◎ 拜访林伯渠。在林伯渠寓所初见毛泽东,其"目光谦抑而潜沉,脸皮嫩黄而细致,说话的声音低而委婉","所谈的不外是广东的现状"。

"因为聘书和旅费由他的兄弟所手交时是叫我们到了广东后最先和他接洽的。"(《创造十年续编》)

◎ 午后,由林伯渠、成仿吾引领,赴广东大学接洽,郁达夫同往。

(《创造十年续编》，26日《广州民国日报》）

共产党人林伯渠时为国民党中央执行委员会常务委员、农民部长。

25日 接受《广州民国日报》记者采访，表示：由于初到广州，此间情况还不熟悉，对于广东大学文科学院今后的计划，"须俟与褚校长及杨寿昌学长详细商定，乃能确定"。（《广大学生欢迎郭沫若》，26日《广州民国日报》）

27日 出席广东大学第72次校务会议。讨论了筹备中山大学委员会成立的问题。与黎国昌、黄著勋一起被指定审核科学教席方案。（《国立广东大学十五年度校务会议记事录》，国立广东大学秘书处出版部1926年8月版）

中华教育文化基金董事会向广东大学提出设立科学教席办法、科学教席分配要则、本届预算表等五项方案，要求广东大学议决。

28日 中午，与郁达夫、成仿吾、王独清一起出席广东大学文科同学欢迎大会，与会同学六十余人。致辞说：革新文科事，自当竭力去做，务祈无负同学所望。又说，第一次到了平生所极愿到的革命策源地广东，是欢喜不过的事。到广州后，更觉到快心的，还有两件事：第一就是"个个同胞，都昂首挺身，吐气扬眉，是个堂堂正正的人，外国人才俯首帖耳，像条可怜的动物了！第二就是这里工会林立，像反帝国主义的无数营垒"。谓，"欧洲文化之发达，自南而北，后来者居上。中国文化之发达，则自北而南，由黄河流域至长江流域，由长江流域以至珠江流域，将来也必后来者居上。努力去做，是所望于诸同学"。（《文科同学欢迎郭学长大会纪盛》，《国立广东大学周刊》4月5日第45期）

广东大学此时设有文、理、法、农、医五科。文科下设中国文学、英国文学、史学、哲学、教育学五系，及原广东高师的文史、英语、社会三部。（《国立广东大学概览》1926年5月）

◎ 与郁达夫、王独清一起搬进广东大学，与成仿吾同住教职楼三楼十三号。（《创造十年续编》）

郁达夫被聘为英国文学系主任兼教授，成仿吾被聘为文科兼预科教授，王独清被聘为文科教授。（《国立广东大学概览》1926年5月）

29日 与广东大学同学在黄花岗祭奠七十二烈士。（31日《广州民国日报》）

30日 参加广东大学学生会为"三一八惨案"举行的"追悼北京殉

难烈士大会",并发表演讲。说道:"我们希望这次北京的烈士们殉难以后,帝国主义和军阀也可以打倒,国民革命可以成功。但完成国民革命这个责任,完全是在我们后死的革命人民,所以我们追悼北京的烈士们,不应只悲哀痛哭,要积极的坚决的负起完成他们所未完成之工作——国民革命。"又说:"这次惨案的事件,我们得有两大教训是不可不注意的:这次惨杀北京民众虽是段祺瑞,但其远因,就因为革命分子内部不能统一,而外侮斯兴。……故此次所得第一教训,就是我们今后要一致向前革命,不要做无谓的内讧和意气的争斗,我们今后要两手向外打,不要右手打左手,也不要左手打右手!第二为促成北伐。我们要知道中国这个局面,单打倒一两个军阀或帝国主义者是无用的。我们要根本推翻一切恶势力!彻底改造!那么,非国民政府北伐出师不可!现在为与北京诸烈士报仇及消灭弥漫北京一切恶势力起见,更要请国民政府早出兵北伐,为民请命,打进北京,夺回政权,交还人民。"(31日《广州民国日报》;《郭沫若先生演说词》,《国立广东大学周刊》1926年4月5日第46期)

◎ 晚,民间剧社为"筹款援助罢工女友"在长堤青年会演出《聂嫈》(27日、29日《广州民国日报》)

本月 赴广州前,为刘海粟画《九溪十八涧》题诗。云:"艺术叛徒胆量大,别开蹊径作奇画,落笔如翻扬子江,兴来往往欺造化。此图九溪十八涧,溪涧何如此峻险,鞭策山岳入胸怀,奔来腕下听驱遣。石涛老人知此应一笑,笑说吾道不孤了。"(郁风《能师大众者 敢作万夫雄》,《悼念郭老》,生活·读书·新知三联书店1979年5月版)

◎ 为纪念孙中山逝世一周年,题写"仰之弥高"。收广东大学编《孙总理逝世周年纪念册》。

◎ 译作《雪莱诗选》(英国雪莱原作)由上海泰东图书局出版,列为"辛夷小丛书"第5种。收《小序》、译诗七首,及所编《雪莱年谱》,另有成仿吾译诗一首。

《A.11.》周刊5月12日第3期、5月19日第4期刊登《郭沫若为雪莱诗选启事》,写道:"最近泰东书局出版的《雪莱诗选》,完全未得本人同意,乃该书局私自剪集创造季刊雪莱纪念号而成。书中排错多处,固不具论,而该书局任意假借名义,实属不成事体,幸爱读创造社丛书者勿为所愚!"但《雪莱诗选》1928年由创造社出版部出版,仍沿用了泰东版之原纸型，曾列为"明日小丛书"第1种、"世界名著选"第13种。

◎ 向中国共产党广东大学总支提出入党申请。（徐彬如《大革命时期我在广州的经历》，《党史研究资料》1983年第10期）

徐彬如回忆称："郭沫若此时积极要求入党，并写了申请书交给中大总支。""中大"，即中山大学，但郭沫若在广州期间中山大学尚未成立。徐文中尚有其他疏误，郭沫若提出申请一事，尚待他证。——编者注（蔡震《郭沫若生平文献史料考辨·与国共两党关系中的大革命经历》，社会科学文献出版社2014年7月版）

4月

3日 出席广东大学第73次校务会议。会议决定增设文科图书馆，并被指定负责在校内确定馆址，与图书总馆商议调拨图书等事宜。（《国立广东大学十五年度校务会议记事录》，国立广东大学秘书处出版部1926年8月版）

6日 与褚民谊、郁达夫、王独清等在广东大学会议厅出席广东大学东方学报社成立大会，并被推举为编辑部主任。褚民谊任社长。（7日《广州民国日报》）

10日 出席广东大学第74次校务会议，与黎国昌、黄著勋一起被指定编制拟订科学教席方案预算。（《国立广东大学十五年度校务会议记事录》，国立广东大学秘书处出版部1926年8月版）

◎ 晚，往东山市培正礼堂，参加悼念北京"三一八惨案"死难烈士演讲会，并与毛泽东、马伯援等先后发表演讲。（9日、10日《广州民国日报》；王廷芳《光辉的一生　深切的怀念》，《四川大学学报丛刊》1979年第2辑）

东山市为追悼北京"三一八惨案"死难烈士，于8日举行了数千人参加的市民大会，并发出通电，会后又连续举行了三天演讲会。马伯援时为西北革命军及冯玉祥的代表。

◎ 小说集《落叶》由创造社出版部初版发行，列为"落叶丛书"第1种，1927年9月第6版起作为"创造社丛书"第1种。

上旬 由褚民谊函聘为筹备中山大学委员会委员。（8日《广州民国日报》）

1925年3月，孙中山逝世。3月30日，廖仲恺在国民党第一届中央执行委员会第71次会议上提议，将国立广东大学更名为国立中山大学列入议事日程。8月5日，广东大学第38次校务会议议决"由本校申叙改为国立中山大学理由"，提请国民会议及广东人民代表大会会议决定。国民党第一届中央执行委员会第108次会议通过了改国立广东大学为国立中山大学的决议。广州国民政府特任命广东大学校长褚民谊筹备中山大学事宜。1926年3月13日，广东大学第70次校务会议决定组织筹备中山大学委员会。本月上旬，褚民谊函聘筹备中山大学委员会委员。该委员会由甘乃光、宋子文、陈公博、蒋中正、各科学长、教员代表、学生代表等40名委员，以及林祖涵、孙科、吴稚晖、蔡元培等30名特聘委员组成。筹备中山大学委员会于1926年4月6日召开第一次会议，决定"中山大学要达到党化地步，将来凡系党员入校肄业，一律免费"，并决定每周二下午举行筹备会议，讨论筹备中山大学委员会章程、中山大学规程等事宜。筹备会议共召开了11次。1926年8月17日，广州国民政府发布命令，正式宣布将国立广东大学改名为国立中山大学。(9日《广州民国日报》，《中山大学学报》2003年4月第37期)

12日 初次见到来广东大学演讲的周恩来。

在广东大学举行总理纪念周中，"校长褚民谊特请伍朝枢、周恩来、穆南三先生演讲"。"周恩来讲国民革命当中之工农运动、学生运动。""据郭老自己回忆，他最早见到周恩来同志是在广东大学。那次周恩来是去学校讲演，郭老是去听讲演，相互并没有打招呼。"(13日《广州民国日报》；王廷芳《回忆郭沫若》，知识产权出版社2004年8月版)

13日 下午，在广东大学钟楼出席筹备中山大学委员会第二次会议。会议议决筹备章程十二条。(15日《广州民国日报》)

◎ 作《革命与文学》。发表于《创造月刊》5月第1卷第3期。讨论革命与文学的关系问题，主张："文学和革命是一致的。""凡是革命的文学就是应该受赞美的文学，而凡是反革命的文学便是应该受反对的文学。应该受反对的文学我们可以根本否认它的存生，我们也可以简切了当地说它不是文学。""我们更可以归纳出一句话来：就是文学是永远革命的，真正的文学是只有革命文学的一种。所以真正的文学永远是革命的前驱，而革命的时期中总会有一个文学的黄金时代出现。"对于革命文学的内容，认为，它是时代精神的反映，要随着革命的意义而转变。"社会进化的过程中，每个时代都是不断地革命着前进的。每个时代都有每个时代的精神，时代精神一变，革命文学的内容便因之而一变。"中国革命的进程已经到了"是以无产阶级为主体的力量对于有产阶级的斗争"的阶段，"所以我们对于个人主义和自由主义要根本铲除，对于反革命的浪漫主义文艺也要取一种彻底反抗的态度"。号召青年们：把时代精神抓着，把自己的生活坚实起来，把文艺的主潮认定。"到兵间去，民间去，工厂间去，革命的漩涡中去。"

初收上海泰东图书局1927年1月版《革命文学论》；后收《沫若文集》第10卷；现收《郭沫若全集·文学编》第16卷。

15日 出席广州学联会欢迎各地代表大会，并演讲。提出两点希望："（一）希望广州学联会永为学生领导之机关，在辛亥黄花冈五四北京各事件上看起来，已表现了学生之力量，同时在第一线上之农兵，正要我们智识分子去组织他领导他，各位同学们，我们的责任何等重大，大家努力吧！（二）希望我们学生群众都武装起来，大家都练成能冲锋陷阵的学生军，以抵抗帝国主义和军阀之屠杀，以解放我中华民族。"（16日《广州民国日报》）

19日 出席广东大学特别党部与学生会共同举行的欢迎广东省学联会代表大会，并代表教职员致欢迎辞。（20日《广州民国日报》）

20日 出席筹备中山大学委员会第三次会议，讨论国立中山大学规程草案。（22日《广州民国日报》）

◎ 与校长褚民谊联署发布革新教务布告，公布文科新开科目，允许学生注销原来已选、自己不愿修习的科目，可以自由选修新科目。由是，文科"择师运动"和广东大学革新运动遂兴起。（《广大特别党部报告》，中国国民党中央执行委员会编《党务月报》1926年第2期）

广东大学文科在邹鲁任校长时聘请了一批前清举人、贡生任教，还有一些洋装而无实学的教授，因此，"文科学生，从前曾屡次要求学校改革文科，其要点有二：（一）撤换不良教师；（二）设立文科图书馆。但是一路都没有结果。到了郭沫若先生担任了文科学长，知道他是一位有革命性的人，所以又旧案重提，向他要求"。（《广大特别党部报告》，中国国民党中央执行委员会编《党务月报》1926年第2期）

据报道："'广大'革新运动，因前日有文科学生朱念民等百余人，请褚校长将不良教师，一律辞退，惟褚校长与郭学长之意见，以本学期将近结束，届期自有一番瓜替，所称不良教师，其所授功课，仍有多人选修，不能由片面断决，惟又念各生选师求学之心，出于至诚，特通融准于本月中，对于所有功课，一律从新改选，改选结果，如有必修科目停开时，将来有重开机会，可以再行补修。如无重开机会，本学期中所有必修科目之学分，可以如数核减，似此一方面与以选择之自由，而他方面对于教员亦示以行藏之取决等，遂根据此意，发出布告。"（24日《广州民国日报》）

22日 作《由经济斗争到政治斗争》。发表于广东大学纪念"五一"国际劳动节专刊5月1日《劳动号》。写道：

"五一劳动节是阶级斗争的最初步的表现。'八时间工作，八时间教育，八时间休息'，这是运动当时的标语。"在欧美国家，"三八的要求实现了，五一的意义快要成为历史的了，阶级斗争的现象便可以止息了吗？不然，不然，大大的不然！斗争的现象只好朝愈激烈的方向走，不到阶级完全消失的一天，斗争是没有止息的"。

"欧战以后八小时工作制已渐渐由资本家们毁坏，其毁坏程度如何，我们暂且不说，我们就假定八小时工作制已成铁案，永远不能动摇，而无数工人的血汗，终归是受人榨取，受不劳而食的寄生阶级榨取的。所以新的斗争的策略，工人们也经过了一二百年的经验，由自己的血汗换得来了，这新的斗争的策略是甚么？就是政治的斗争！……要解决人类的痛苦，那只好彻底的革命，把支配阶级的政权夺过手来，彻底的打倒一切压迫阶级，而使阶级的斗争永远归于消灭！

"所以历年来在他们欧美的劳动运动的结果，可以说生出了两个倾向。一个是资本家力向无产者妥协，而采用柔道；一个是无产阶级力向资本家猛袭，而采用硬功。更归总一句：就是欧美的劳动运动已经由经济斗争进展到政治斗争了。"

"以减工增薪为主眼的这个五一劳动节的纪念，在我们中国是并没有失掉他的生命的。我们中国的工人连经济斗争的一段路都是没有走到。

"然而我们是要走的，不惟要走而且是还要跑的，不惟要跑而且是还要驾起汽车电车火轮车跑的。你不跑是不行的了。我们现在要打倒帝国主义，也就是我们从经济斗争一口气跑到政治斗争的表现。我们现刻对于国际资本家们要施行经济斗争也不能不用武力来从事解决。我们只是一种示威游行是没有用处的,我们只是向国际资本家们告哀求饶是没有用处的,你要向他告哀叫他多给你一点金钱吗?那他满不吝惜地可以给你无数的铅弹。你就这样能够满足而瞑目了吗?

"啊,朋友们!已经觉悟了的朋友们!我们在从事于打倒帝国主义的运动,须要晓得这就是国际劳资的政治的斗争,而我们现在来纪念这个五一劳动节,须要晓得我们的运动的策略是由经济斗争跑到了政治斗争的呀。机关枪已经早发明了。我们不是采用鸟枪的时候,我们应该赶上世界上进步了的劳工运动一道走:一道走!一道走!"

◎ 夜,作《我来广东的志望》,发表于1926年4月25日《革命生活》旬刊第5期。写道:

"我这次到广东来,本是抱着两个小小的志望来的。

"第一个我是想在国民革命的工作上实际贡献一些绵薄。我们国民革命的工作是很长远的工作,而且也是很普遍的工作。只要我们是抱着革命思想的人,当然是随时随地都应该从事于这项工作的。……我们国民革命这个工作是很伟大的工作,譬如我们要造一座庄严的殿堂,不消说堪为栋梁的大木是必要的,而且堪为地基的小砂小石也是必要的。我到广东来的第一个志望就是想做这一点点儿的小砂,想做这一点点的小石。

"我来广东的第二个志望是想在珠江流域的文化上加添一些儿涓滴——更换句切实话来说,就是我想把我们广大的这个文科,尽力地把他弄成一个近于理想的组织。因为处在这革命时代,我们对于破坏事业当然要尽力参加,而我们对于建设事业亦不能不予作准备。"

"我们要改造中国,同时更要改造世界,那我们在破坏之外,同时必须养成一番建设的本领。所以我们从事于革命工作的人,我们是负担着两种使命的:一种是打破现代一切不合理的制度,其他一种是创造一种更高级的新的制度。"

"我到广东来,就是想和同志们共同负担着这两种使命而来的。当然我的力量是很薄弱,不过我们当仁不让,处在这个时候,我们就能做一个小石小砂,也是很光荣的事情。我们只要尽力做去,做到精疲力尽的时候,就死在广东,或者死在敌人的断头台上,我们也可以问心无愧的。

"我自己并没有什么野心,我自己也并没有什么依恃,我只是认定我们从事于革命的人不能不以民众为前提,而我们从事于教育的人也不能不以学生为本位。假使我的行动与民众的利益发生冲突，与学生的利益发生冲突，我随时可以改，随时可以走，随时可以死，只这一点是我自己立身的根据。"

◎ 被反对革新教务的一批教师攻击，并被呈请学校罢斥。而中国国民党广东大学特别党部召开党员大会通过议案，对于文科改革计划予以支持。

"该布告发后，平日学浅之教员，不免心虚，极端反对此事，但不敢指斥褚校长，仅致函褚校长，称郭学长蔑视校章，侮辱教员，请即日免郭学长职，并声明自本日起，文科学科，一律停课。自此事发生之后，该校学生，大为激越，满校标贴，'解决饭桶，煽动罢课'，'打倒一切饭桶，无论西式，基督教徒，古董，八股先生，都要打倒'……而该校特别党部，及文科，文预科于前昨两日，均开会讨论此事，一致决定，拥护褚校长、郭学长此次之革新计划。"（24日《广州民国日报》）

反对革新教务的教师，以教育系主任兼文学及专修学院教授黄希声为首，串联了部分文科教授讲师26人开会，于21日宣布罢教，同时呈文校长，要求"罢斥"郭沫若。22日，又将呈文在广州报纸上登出，并向国民政府教育行政委员会、广东省教育厅呈送。

本日，中国国民党广东大学特别党部召开党员大会，到会者五百余人，众推毕磊为主席。通过四项议案："（一）援助文科同学之择师运动；（二）拥护为学生谋利益之褚校长及郭学长；（三）拥护褚校长郭学长改革文科之计划；（四）普遍择师运动于学校。"（《广大特别党部报告》，中国国民党中央执行委员会编《党务月报》1926年第2期；26日《广州民国日报》）

23日 致褚民谊信。以《郭沫若致褚校长函》为题，发表于26日《广州民国日报》。写道：

"昨承示以文科教员黄希声等二十六人公函，陈述校长与沫若四月二十日准许学生改选科目之布告，认为沫若蔑视校章，捣乱学程，污辱全体教员，竟以罢课要挟之举，请求校长即日辞免沫若文科学长之职，无使为学界之羞等情，细阅之下，已不胜愕异。乃该教员等不待校长处决，不待沫若剖辩，竟于今日将原函公诸报端，以扰乱社会视听，实属存心破坏，毫不以顾全大局为前提，沫若实已忍无可忍。

"沫若此次奉命来粤，非为素餐而来。力虽绵薄，对于教务之革新，颇思效命。乃该教员等早含敌意，故为刁难。每有施设，动辄掣肘。今复小题大做，任意捏诬，沫若与该教员等殊觉势难共事。

"该教员等诬沫若为蔑视校章，捣乱学程，然布告所载均有先例可援，且经校长署名，何得妄事媾陷。该教员等诬沫若为侮辱全体教员，然而多数教员仍然照常上课。且行藏一语，本系圣贤心事，该教员等既为文科大学教师，对于简单词句，何至曲解乃尔。该教员等痛诋沫若为学界之羞，而沫若视该教员等之行为，实欲为国家前途痛哭。夫以师长之资，乃为青年所不容，且复任意罢课，牺牲学生之光阴而不顾，所谓蔑视校章，捣乱学程，实属莫此为甚。

"且查本学期之课程，其凌乱杂沓，实在令人有难言之痛。中等学堂之科目，滥竽大学商业学校之簿记，充乘文科，以至选课者每多人数三名，而讲授者则复笑话百出。学生在此情形之下，其所受痛苦如何，自有屡次热烈之要求可以佐证。沫若初到校时，课程业早排定，欲改无从。编改教员之不称职者，亦因有待遇教员规则为其护符，不能即时商请辞退。值此之故，只得因陋就简，以待暑期。然学生之要求愈激愈烈，而学生之痛苦，愈久愈深，不得已始有四月二十日之布告，以为调剂。此乃校长所亲许，而沫若所副署者也。

"沫若行事，以校长为依归，以学生为本位，以良心为指导，自信毫无恣肆。乃该教员等竟以罢课要挟，致激成学生之风潮，咎有攸归，责无旁贷。该教员等捏诬捣乱之行为，应请校长予以相当之处分。至于沫若本身，如经校长认为有失当之处，沫若当引咎辞职，以谢罪于全校。又本院教员共五十五人，拟翌日召集科务会议，将罢课教员所任科目，暂请留职各教员分担，以免学程停顿。"

同时刊登在《广州民国日报》上的，还有广东大学文科学生全体大会通过的《文科全体学生宣言》。宣称："学校的革新，是整个的，一部分的革新，与全体自然有很大的关系，饭桶是为人人所痛恶的，我们希望各科同学大家团结起来，拿革命的精神与手段自动的起来，择选与我们学业上有直接关系的教师。末后我们的口号是，打倒毫无学识的饭桶主义者，拥护努力革新学校的褚校长郭学长，拥护其他学识丰富的良好教授。"全体大会对于签名罢教的26名教师进行分析，认为黄希生等15人不宜再为人师，要求校方予以除职；对不明真相、被人利用的其余11位教师，则认为情有可原，应予挽留。又决议组织"文本预科革新委员会"，选出委员9人，办理一切。会后，分别呈请国民政府、中央党部及广大校长，撤换"不良教师"。(《广大文科学院风潮续志》，26日《广州民国日报》;《广大特别党部报告》，中国国民党中央执行委员会编《党务月报》1926年第2期)

"文本预科革新委员会"又在28日通过宣言，要求"驱除不良教员"，表示"拥护褚校长郭学长及其改革计划，奋斗到底，反对妥协"。(29日《广州民国日报》)

27日 出席筹备中山大学委员会第四次会议，议决国立中山大学规程十五条。(29日《广州民国日报》)

◎ 为中山大学订定的校歌发表于《广州民国日报》。歌词写道："浩然正气此长存，霹雳一声天下惊，叱咤风云卷大陆，倡导三民主义首民族，此乃吾校之衣钵，此乃吾校之衣钵；白日青天满地红，新兴文化作先锋，匪行之艰知之艰，倡导三民主义重民权，此乃吾校之真铨，此乃吾校之真铨；中原之中中山大，扶植桃李满天下，博审慎明还笃行，倡导三民主义济民生，此乃吾校之光荣，此乃吾校之光荣。"

◎ 出席广东大学第76次校务会议。(《国立广东大学十五年度校务会议记事录》，国立广东大学秘书处出版部1926年8月版)

28日 接褚民谊当日信。

褚民谊信谓："顷据文本预科全体同学来函声称，罢课教员中有石光瑛等十一位，为良好教师，请求挽留等情，业经俯从公意，照准备函，分致石光瑛等十一位教员，照旧到校授课矣。应将原函抄附函达，即请贵学长查照原函，石光瑛等十一位姓名，妥为接洽，照常上课是盼。"(30日《广州民国日报》)

褚民谊已在26日致信罢课集会的各文科教员，解释文科改革计划，要求早日解决风潮。(27日《广州民国日报》)

◎ 复褚民谊信。发表于30日《广州民国日报》。云："大示及附件二种，均已奉悉。嘱挽留文科教员石光瑛等十一人，已分别致函，请其从速返校授课矣。"

◎ 分别致函石光瑛等人。发表于30日《广州民国日报》。写道："素仰足下，诲人不倦，治学有方，深为全院学生所爱戴。今者，全院学生已多日不闻提命矣，甚望足下能俯从其喁喁向望之情，从速返校，赓续授课，则不独沫若与学生之幸，全院全校之前途，均有利赖焉。"

报载："石光瑛等十一位先生，接到褚校长郭学长两函后，即一致返校授课，至其他十五教员，与学生及学长，既不能合作，只有自行解约。广大文科教员罢课风潮，至此已告一段落矣。"（《广大文科罢课潮已解决》，30日《广州民国日报》）

国民党广东大学特别党部在致国民党中央执行委员会的《广大特别党部报告》中认为，"各科学长，只有文科学长郭沫若先生，很能帮助党务的进展"，"他的文字和演说，很能增加党化宣传的声势"，"能够在重大问题发生的时候，有彻底的革命表示和主张"。

5月3日，褚民谊函呈国民政府，报告校务革新情况申请预算，同时，报告了文科部分教师罢课风潮的经过及解决。对于参加罢课的26位教员，除已经公意恢复授课的11人外，呈请对于另外15位罢课教员，"从轻处分，即日免其职务，不使借本校教员名义在外煽动，以正学风"。国民政府接到呈文后，于12日批示："准如所请办理。"（5月14日《广州民国日报》）

本月 戏剧集《三个叛逆的女性》由上海光华书局初版发行，为"创造社丛书"之一种，收《聂嫈》《王昭君》《卓文君》，及论文《写在〈三个叛逆的女性〉后面》。

◎ 复信欧阳山，支持其组织广州文学会及所编《广州文学》。（欧阳山《光明的探索》，《人民文学》1979年第2期）

◎ 在黄埔军校与任军校教育长的邓演达初次见面。（《纪念邓择生先生》）

◎ 往青年会观看广州雪花剧社演出的历史剧《棠棣之花》。（《在轰炸中来去》）

◎ 在青年会看戏时与邵力子相识。（《在轰炸中来去》）

4、5月间

◎ 重逢时任潮州中学校长，到广州参加教育会议的杜国庠。（《序〈杜国庠文集〉》）

◎ 与陈启修等发起成立四川革命同志会。

"四川同乡在粤从无同乡会同学会的组织,亦无革命份子的集团,故人数虽多,涣散已极。近年来粤者益多,又感省区革命运动与集中革命势力均于国民革命有重大关系,而四川人民之要求革命,'如饥者甘食,渴者甘饮',有刻不容缓之势。郭沫若陈启修曾济宽孙濬明诸教授及各校学生,各处服务人员,皆一致赞成组织此会。"遂于5月2日召开了四川革命同志会筹备会议。(《本会纪事》,《鹃血》半月刊7月15日第3期)

5月

1日 为广东大学学术文艺丛刊《学艺》的题词"含英咀华",刊载于广东大学秘书处出版部《学艺》第2期扉页。

3日 往番禺出席第六届广州农民运动讲习所开学式,并作演讲。

开学式由农民部长林伯渠主持,所长毛泽东报告讲习所筹备经过和招生情况,来宾相继发表演讲。出席开学式的还有谭延闿、何香凝、褚民谊、陈其瑗、彭述之、彭湃等。在这一届讲习所上,毛泽东主讲"中国社会各阶级的分析",周恩来讲授"军事运动与农民运动"方面的课程。(《农民运动讲习所开学纪盛》,4日《广州民国日报》)

4日 出席广东大学纪念五四运动大会,并发表演讲,由甘家磬记录,收广东大学秘书处出版部8月印行《国立广东大学演讲录》第二集。

演讲词说道:"五四是中国革命史上最光荣的一页,是中国学生取得光荣的革命先锋地位的一日,是开中国一切民众运动的新纪元。他的价值与精神,实为无限的光荣与伟大;中国学生之所以为帝国主义所认识,就是由于他们有这个光荣的产物:五四运动。不过五四运动,是青年学生独立与帝国主义搏战的运动;后来虽有商人及其他阶级人民参加,但主力军及发动者均系学生。我们今天来庆祝纪念,最要紧的就是要今后应将这种运动的精神,扩大到各阶级人民去。换言之,就是要联合各界群众,继续五四那种精神,将战线扩大,一致向帝国主义者及军阀下总攻击,勿独自为战!现在有一般人有意无意的中伤或悲观学生运动,说学生运动是没有结果的。这种言论,不管他是好意还是恶意,但总离开事实太远,实在不对。殊不知最显明的事实给我们的证明,就是五四。五四的学生,赤手空拳,奋不顾身地抵抗帝国主义,当时的精神热烈,实如怒潮之不可遏,卒之打倒陆章曹诸卖国贼，收回青岛，拒签巴黎和约，都是学生运动的结果的明证。所以我们敢说学生运动是完全有收获的，有结果的。有意无意的中伤或悲观，我们都不理他，我们还须要继续扩大当年的五四运动，努力奋斗！"

"但近来的学生，颇不统一，实在是令人痛心的事件。他们大概可分为四派：（一）革命的。（二）读书的。（三）不革命又不读书的。（四）专假借革命的名义，以出风头的。这四派人各持一见，自以为是，但我相信革命的人必发愤读书，革命的人亦必须发愤读书。比方如何用什么计划去作运动？运动的步骤是怎样？如何可使民众参加我们的运动，信仰我们的运动？……都是实验的学问，也必须有学问才可。故革命者必发愤读书，知道如何读书者必革命。如上举种种事实不是读死书者可以做到，也不是不读书者可以行的。故在这四派人之中，第一第二两派都是相互并进的有用。最可观的就是那般不革命又不读书和专出风头的。他们不知道什么革命也懒读什么书：你若要他去参加各种运动，做革命工作，他说我要读书；你若要他认真读书，他又说我不读死书，要革命呵。其实在旁观的人看出他的破绽：不过做个不革命又不读书的劳什子。还有一般人竟日忙个不了，东跑西跑，时而在这个会场中当什么主席，时而在那个团体中当什么干事，看起来似很能够牺牲和努力，但究其实际，他何尝做些什么成绩在那里，不过借此招摇招摇，出了风头而已。……这两种人都是害群之马，都是青年界的蟊贼。这种习惯传染遍及青年界，影响于国民革命的工程，实非小可，我们非唤醒或打倒他不可！我们要唤醒了或打倒了这班人，才能肃清队伍，整齐步伐，和敌人混战，表现我们学生界的精神。现在的时局，比当年五四，是何等严重！现在的学生所负的责任，比当年五四，是何等加重！在这个时局紧张和责任重大之下，我们要一致努力抵抗一切恶势力。从今天起，我们要努力唤醒那班不革命的老气横秋者！我们要努力打倒那班专出风头者！要他们一致随着我们到真革命道上去努力，去救国！这才是五四的精神。这才是今天纪念五四的意义。"

5日　傍晚，往番禺学宫，参加第三次全国劳动代表大会和广东省第二次全省农民代表大会代表为马克思诞辰108周年联合举行的纪念大会，并发表演讲。

参加纪念大会的还有陈启修、彭述之、苏兆征、彭湃等人。(7日《广

州民国日报》；《工农两代表大会纪念马克思情形》，5月8日《工人之路》特号卷4第279期）

10日 参加广东大学高师部十五年毕业典礼，并在会上致辞。王昌浚笔录，载《国立广东大学周刊》第54期。说道："大家毕业后，都要跑到社会里面去，在社会里头，无论做什么事情，一定要以革命的手段，努力为群众利益前途奋斗，才算是好的。最近广东全省教育第六次代表大会，规定'平民化，革命化，以完成国民革命为宗旨'，这算是广东教育前途的新生机，尤其是刷新全国教育的导线，我们中国当这文化破产的时代，诸君所负的责任，更加重要，所以平民化，革命化，是要使全民族都成为平民式。我们如不达到这种目的，则我们民族一日不得自由平等地位，况我们民族处在这层层压迫的里面，要使脱离这种层层的压迫，就要使我们民族中一般的民众，都明了革命方略，完全成为革命化，那么，国民革命一定可以成功了。"

◎ 晚，主持广东大学教职员学生会举行的欢迎会，欢迎第三次全国劳动代表大会及第二次全省农民代表大会代表，并致开会辞说："今晚开欢迎会之意义有三：一是欢迎我们的主人，二欢迎国民革命成功，三欢迎世界革命成功。"

参加欢迎会的有三百余人，学生代表毕磊、两个大会的代表刘少奇、邓一舟等十余人相继致辞。会后，代表们参观了高师十五年班毕业游艺会。（12日《广州民国日报》）

上旬 与郁达夫、成仿吾、王独清、穆木天等应最初发起择师行动的文科学生之邀，往妙奇香酒家聚餐并合影留念。（金钦俊、梁山《郭沫若在广东的若丁史实》，《四川大学学报丛刊》1984年10月第23辑）

11日 与褚民谊、孙科、林祖涵等出席筹备中山大学委员会第五次会议。议决规程草案第六章条款。并与马洪焕、温泰华、毕磊一起被确定组成审查委员会，负责审查修订的草案。（12日《广州民国日报》）

◎ 晚，作为教育界代表，出席广州总商会、广东商界联合会、广州市商会、广州市商民协会共同发起欢迎全国第三次劳动大会、全省第二次农民大会、全省第六次教育大会代表的"工农商学联欢大会"，并作演说。说道："我们知道帝国主义军阀是我们的敌人，我们要打倒他！如果要打倒帝国主义与军阀，一定要我们联合起来才能成功。我们以前只有这个希望，今天已经实现了。我们今天的联欢会，不但是一时的精神的欢迎，并且要永久的实际的联合。现在军阀的后台老板快要倒了。我们又一齐联合起来，一定可以把军阀肃清。希望我工农商学快快联合起来！"（中国国民党中央执行委员会秘书处《党务月报》6 月第 2 期）

14 日 中午，参加在广东大学召开的四川革命同志会成立大会，与陈启修、曾济宽等 19 人被推选为执行委员。原定在会上的演讲，因事未成。（《本会纪事》，《鹃血》半月刊 7 月 15 日第 3 期）

17 日 出席四川革命同志会执行委员、监察委员联系会议，讨论会务，议决职责，被推选为出版部委员长。

会议"议决案凡四"。其中有"成立会宣言推郭沫若起草，由执行委员会审查后发表"；"由出版部发行旬刊一种，每期约一万字"。（《本会纪事》，《鹃血》半月刊 7 月 15 日第 3 期）

◎ 致电四川胡素民，聘请他来粤主教。（21 日《广州民国日报》）

18 日 下午，出席筹备中山大学委员会第六次会议。议决规程草案第六章校长及校务机关的有关条款。（19 日《广州民国日报》）

20 日 出席广东大学体育演讲大会，并发表演讲，阐述体育的意义。（21 日《广州民国日报》）

中旬 经褚民谊介绍，加入国民党。

"说我投机呢，我的确是个投机派；我是去年五月中旬才加入国民党的，而且介绍我入党的还是我们褚公民谊。"（《脱离蒋介石以后》，1927 年 5 月 23 日武汉《中央日报·中央副刊》。收入《沫若文集》时，将原第七回《投机少年 跨党分子》中此段文字删去）

◎ 与从上海到达广州的安娜和孩子会合，移居东山龟岗。（《创造十年续编》，《纪念邓择生先生》）

21 日 四川革命同志会执行委员会第一次会议在广东大学法科学院召开，议决旬刊 6 月 1 日出版，成立会宣言由各部委员长审查后在旬刊第一期发表。（《本会纪事》，《鹃血》半月刊 7 月 15 日第 3 期）

22 日 参加广东大学童子军第二次恳亲会，并应邀担任裁判。（22 日《广州民国日报》）

26 日 出席广东大学第 78 次校务会议。（《国立广东大学十五年度校务会议记事录》，国立广东大学秘书处出版部 1926 年 8 月版）

◎ 晚，民间剧社为中国国民党党立红十字会筹款，在长堤青年会演出《王昭君》。筹款所得将用于该会为北伐组织的救护队。(24日《广州民国日报》)

29日 出席广东大学专修学院党部成立大会，并演讲。(25日、6月3日《广州民国日报》)

31日 晚，应邀在培正礼堂东山市民举行的纪念"五卅"大会上演讲。(6月2日《广州民国日报》)

本月 翻译剧作《异端》(德国霍甫特曼原作)由上海商务印书馆初版发行；1933年6月，作为"新中学文库世界文学名著"之一种印行第1版时，改署名"郭鼎堂译"。

◎《周秦以前古代思想之蠡测》发表于上海商务印书馆初版《国故论丛》。

◎ 与柳亚子初次相识。(《柳亚子年谱》，中国社会科学出版社1983年5月版)

◎ 在广州农民运动讲习所作报告，担任第六届全国农民运动讲习所教员。(易明善《郭沫若在广州》，《四川大学学报丛刊》1980年第8辑)

6月

1日 小说《红瓜》发表于《洪水》半月刊第2卷第18期。以留学期间的一段生活经历，描写了爱牟为谋一家人的生计，不得不与妻儿分居在两处以赶作文章的窘迫和惆怅不已的心境。

初收创造社出版部9月初版《橄榄》；后收《沫若文集》第5卷；现收《郭沫若全集·文学编》第9卷。

◎ 执笔起草的《四川革命同志会成立宣言》发表于《鹃血》旬刊第1期，并题写刊名。

3日 与黄日葵、许崇清等出席国民党省党部青年夏令营讲习班第一次校务会议，被确定与许崇清、陈启修等负责教务工作。并将讲授"革命与文艺"。

其他将开设的课程有蒋介石讲授"北伐计划与国民党政策"、段锡明讲授"五四运动史"、周恩来讲授"国民革命与党"、黄日葵讲授"国际

社会运动史"等。(2日、4日《广州民国日报》)

◎ 出席筹备中山大学委员会第八次会议。与孙宪铿、陈炳权二委员一同被议定审查熊锐等委员提出的修改中山大学规程草案意见,以提交下次会议议决。(4日《广州民国日报》)

4日 作《少年维特之烦恼》增订本后序。发表于《洪水》半月刊7月1日第2卷第20期,并收创造社出版部6月10日初版《少年维特之烦恼》增订本。写道:

"《维特》的初译出版以后不觉已就满了四年了。初译时我自己的生活状态,已经在旧序中略略叙述过,那前半部是暑假期中冒着炎热在上海译成的,后半部是在日本医科大学时期,晚上偷着课余的时间译出的。我译这部书实在是费了不少的心血。

"自己的心血费来译出了一部世界的名著,实在是愉快的事体,所以在我把全书译完了,尤其是把旧序做完了的时候,我当时实在愉快得至少有三天是不知肉味的。不过自己的心血译出了一部名著出来,却供了无赖的书贾抽大烟,养小老婆的资助,这却是件最痛心的事体。

"还有使人痛心的是一部名著,印刷错得一塌糊涂,装潢格式等等均俗得不堪忍耐。我初译的误植已经订正过两回,无如专以营利为目的的无赖的书贾却两次都不履行,竟两次都把我的订正本遗失了。

"然我草率译成的这部书,错印得一塌糊涂的这部书,装潢得俗不堪耐的这部书,出版以后竟能博得多数读者的同情。这不消说是原作的杰出处使然,然而我自己也不免时常引以为慰藉。

"愈受读者欢迎,同时我愈觉得自己的责任重大。印刷和装潢无论如何不能不把它改良,初译本由于自己的草率而发生的错误,尤不能不即早负责改正。所以《维特》自出版以后,我始终都存着一个改印和改译的心事。我的朋友们也有许多这样怂恿我的。

"但是改译倒不成问题,而改印却不是件容易的事体,我们一向是为饥寒所迫的人,那有余钱来消赎这项罪过呢?

"我自己于痛心之外实在还惭愧了四年,多谢同志们的援助,协作,我们的创造社出版部竟公然于年内成立了。这便是使我改译这部书的最大的动机。在二三月间我来广东之前,费了一两礼拜的功夫,我又把旧译来重新校正了一遍。校正了的地方实在不少,不消说我自己也不敢就认为完全无缺的译品，但是比较初译总算是好得多了。又加以全平替我细心校对，灵凤替我刻意装帧，我想从前的丑态，一定可以从此一扫了。

"这可以说死了四年的《维特》于今又复活了起来，我们从书贾的手里把它救活了。我们从庸俗的旧态里把它救活了。我的快活，同时也就是同志们的快活，我们替《维特》高呼三声万岁罢！

四年间购读《维特》的一万以上的读者哟，我们替《维特》高呼三声万岁罢！"

5日 出席广东大学第79次校务会议。(《国立广东大学十五年度校务会议记事录》，国立广东大学秘书处出版部1926年8月版)

◎ 出席广东大学预科毕业典礼，并演讲。(7日《广州民国日报》)

9日 出席筹备中山大学委员会第九次会议，与孙宪铿、陈炳权二委员负责审查的规程草案修改意见议决通过。至此，中山大学规程草案已全部通过。(10日《广州民国日报》)

上旬 与吴稚晖、张太雷、恽代英、成仿吾、何香凝等受聘为国民党广东大学特别党部暑期政治研究班教授。(9日《广州民国日报》)

12日 出席广东大学第80次校务会议。讨论接受上海大夏大学及香港罢课离校学生问题，讨论通过了广东大学文科学院学程修正草案。(《国立广东大学十五年度校务会议记事录》，国立广东大学秘书处出版部1926年8月版)

14日 出席四川革命同志会执行委员会第二次会议。提议将《鹃血》旬刊改为半月刊，每期以三分之一赠送团体、学校和会员。(《本会纪事》，《鹃血》半月刊7月15日第3期)

17日 出席筹备中山大学委员会第十次会议。会议三读议决中山大学规程草案。(18日《广州民国日报》)

19日 被广州国民政府批准为筹备中山大学委员会委员。(金钦俊、梁山《郭沫若在广东的若干史实》，《四川大学学报丛刊》1984年10月第23辑)

◎ 出席广东大学第81次校务会议。(《国立广东大学十五年度校务会议记事录》，国立广东大学秘书处出版部1926年8月版)

21日 以"准备进入新政治部"的身份，参加国民革命军总司令部政治部战时政治工作会议。会议之要点，"在决定战时政治工作之方针，及准备一切北伐应做之事项"。

中共中央在2月召开特别会议，提出党的主要任务是准备北伐，不仅要作军事上的准备，更要在北伐必经的湖南、湖北、河南等地发动群众接应北伐。6月4日，国民党中央执行委员会临时全体会议通过国民革命军出师北伐案。6月5日，广州国民政府任命蒋介石为国民革命军总司令。

在确定北伐的方针之后，广州国民政府将国民政府军事委员会政治训练部（陈公博任主任）改隶、改组为国民革命军总司令部政治部，邓演达任主任。6月18日，两部交接，邓演达上任。国民革命军在进行北伐军事准备的同时，新的部队政治工作也提到议事日程上。6月21日至24日，由邓演达主持，召开了这次总司令部政治部战时政治工作会议。参加会议的有包惠僧、周恩来、郭沫若、恽代英、陈公博、林祖涵、褚民谊、铁罗尼、顾孟余、丁默村、邓颖超、李民治、欧阳继修、曾扩情等40余人，李富春任大会秘书。与会者包括了当时在广州的直接和间接参加过军队政治工作的所有主要人物。郭沫若是以"准备进入新政治部，还没有到任的"身份参加会议的。这次会议讨论确立了一套与新军队体制相适应的军队政治工作体制、政治工作原则和规章制度。（19日《广州民国日报》；朱汉国、杨群主编《中华民国史》第4册，四川人民出版社2006年1月版；《李一氓回忆录》，人民出版社2001年1月；《总司令部政治部战时政治工作会议录》，见《李一氓回忆录》"附录一"）

22日 参加国民革命军总司令部政治部战时政治工作会议，并被推举为"北伐宣传队训练班"委员。

会议讨论事项之一，"设立北伐宣传队训练班案"。议决："举周恩来为主席委员，缪斌、郭沫若、恽代英、熊锐为委员。草拟计划，限二日草成"。（25日《广州民国日报》；《总司令部政治部战时政治工作会议录》，见《李一氓回忆录》"附录一"，人民出版社2001年1月版）

23日 参加国民革命军总司令部政治部战时政治工作会议。

会议主席邓演达特请蒋介石到会，作题为"战时政治工作人员应注意之点"的演说。会议报告事项有："周恩来报告北伐宣传队训练班计划"等。（26日《广州民国日报》；《总司令部政治部战时政治工作会议录》，见《李一氓回忆录》"附录一"，人民出版社2001年1月版）

◎ 出席在广东大学礼堂举行的"沙基惨案纪念会"，并演讲。

参加纪念会的有千余学生。"由褚校长演说，次郭沫若演说。郭先生哀痛逾恒，上坛未几，即泣不能成声。斯时，满座同时泣下，空气为之肃

穆。"会后，往东较场参加巡游。(25日《广州民国日报》)

25日 作《毋忘台湾》序。收广州卜丁图书馆6月出版的《毋忘台湾》一书。写道：

"台湾割让给日本，已经三十几年了。我们听见朝鲜有独立运动，印度有不合作同盟，独不曾听见台湾有什么革命的历史。台湾人是我们嫡亲的同胞，被割让了之后，难道就把祖国忘记了吗？这是我们对于台湾同胞的一个普遍的怀疑。

……

"明心君有一天来找我把他做的《一个台湾人告诉中国同胞书》给我看。我看了才豁然大悟，我们是把我们台湾的同胞误解了。台湾人不是不革命，是革命的消息没有传播出来呀！

"还有，台湾人也不是忘了祖国。厦门地方和中国人斗殴的台湾人，是日本人收买来的台湾的无赖，借端生事，以好勒索赔款的。——呵哈！原来才是日本人所使用的恶劣的手段。

"天大的疑惑在一言两语之间便解释了，这可见宣传的效力是不可轻视的。

"台湾人之所以招误解，是由于台湾人自己不肯宣传，然而台湾人之所以不肯宣传，实在是不敢。明心君对我说：日本人统治台湾的法律，是不准台湾人批评政治和非难台湾政府一切的施设的，假使台湾人要非难政府，或者加入中国的国民党，政治结社，做书立说，向中国人介绍的，均处以相当的有期徒刑或罚金。呵！台湾人处在这样横暴的高压政策之一，你叫他怎么能够敢于宣传呢？

"我读明心君的文章使我解了很大的疑惑，听他一番话，又使我佩服他的勇敢。虽然他的文章不免话而不详，我希望他本着大无畏的精神，以后更努力介绍，努力宣传，以蔚成台湾民众的彻底的革命，所以他希望我做篇序，我也就乐于写了这几行来表示我自己的意思。"

该序原系应岭南大学学生，台湾人张秀哲所作《一个台湾人告诉中国同胞书》(署名明心)而写就。后杨志成作《看了〈一个台湾人告诉中国同胞书〉》，与明心所著合编为《毋忘台湾》一书由卜丁图书馆出版，是序遂成为该书序文。

本月 邀关良参加北伐。并带关良面见邓演达，推荐其任政治部宣传

科艺术股长。(《关良回忆录》，上海书画出版社1984年9月版)

◎ 翻译剧作《争斗》由上海商务印书馆初版发行。署"（英）戈斯华士（John Galsworthy）原作"。(通译高尔斯华绥。——编者注)

7月

5日 作《革命势力之普及与集中》。发表于《鹃血》半月刊8月1日第4期。文章认为：

"国民革命在求中国之自由平等。国民革命在求中国全体民众之利益。""所以在国民革命的战线上，自然会化分出两种工作：一种是横的工作，便是革命势力的普及；一种是纵的工作，便是革命势力的集中。"

"怎么叫做革命势力的普及？就是要使一切民众革命化。要使不革命的人同来革命，要使反革命的人一旦翻然改悟，也同来革命，要使一切民众都认清了自己的痛苦的原因，认清了自己的敌人，认清了革命的必要，认清了须得同来革命的必要。这种工作要全靠宣传，这种工作是向横的平面上发展的，愈普及愈好，愈分化愈好。因为全民众中间各种团体各种阶级，他们的知识程度各不相同，他们的利害关系亦各有多少出入，所以宣传的方法亦不能不有多少畸重畸轻之分，而且目的则务在使各阶级各团体都同受感化，同成为革命的团体。

"我们现在这种横的工作已略有端倪，所有各种的农民运动，工人运动，商人运动，青年运动，以及各地方的分党部之设立，都是这种工作的具体化。这种工作是基础工作。这种工作我们希望他愈坚固，愈普遍，愈深入，然后上层工作才有所依据，然后才能焕发出真正的自由平等之花。但是我们从事这种下层工作的时候，所一刻也不能忘记的便是纵的一方面的工作，便是一切革命势力之集中。这革命势力之集中，在现在出师讨贼的时候，尤其是必要的条件。我们的敌人正在四方环伺，正无时无日都在策划着种种间离、诬蔑的阴谋，我们正不能不无时无日都提心着我们革命势力的团结。

"我们的革命势力要如何才能团结？很简单的说来，便是要一切的革命分子都来参加国民革命，一切的革命分子都来拥护革命军。

"在现在出师讨贼的时候，不仅一切军事行动力求统一，就是一切民众的言论、行动、都要力求统一。

"要统一一切民众的言论，行动，好像是来束缚民众的自由，但是这样解释自由，是把自由误解了。个人的自由，要全体的自由得到了之后方能得到。在力求全体的自由的时候，各个人乃至各团体应该本着牺牲的精神以求达到最后之目的。国民革命就是在求全体的自由的，从事于国民革命的人，所有自己的身家性命都在所不惜，难道还要顾惜区区的零碎的自由吗？其实统一民众的思想，言论与行动，并不是不准民众去思想，去言论，去行动，只是使他们归纳于共同的轨范，以便打倒共同的敌人，以便求得共同的自由。自由不是放纵的别名，自由不是无代价的物品。我们的国民革命就譬如一个洪炉，各个人的自由就好像各个零碎的铁片，把各个零碎的铁片投进洪炉里去，然后才能铸出一个'大自由'的洪钟出来。

"我们的'大自由'的洪钟是什么？诸位，你们听见什么？他的声音远远在响了，那就是革命军的胜利，国民革命的成功！"

"现在不是空谈的时候，现在是实行的时候了。

工农商学各界的革命分子一致联合起来！

……

一致捐弃小己的自由以求国民革命的成功！"

◎ 出席广东大学第82次校务会议。(《国立广东大学十五年度校务会议记事录》，国立广东大学秘书处出版部1926年8月版)

8日 赴孙炳文举行的饯行宴，并得其所赠"戎马书生"徽号。(《恢复·怀亡友》；孙新世《〈怀亡友〉与敬父执》，《北京文艺》1979年第7期)

孙炳文后任国民革命军总司令部政治部后方留守主任。

9日 出席国民革命军北伐誓师大会，并致辞，说："革命不成功，誓不回广东。"(林半觉《湖山千载属诗人》，1979年7月8日《广西日报》)

本月1日，广州国民政府军事委员会发布北伐军事动员令。

4日，国民党第二届中央执行委员会临时全体会议通过《中国国民党为国民革命军出师北伐宣言》。提出扫除军阀的目标，号召全国人民支持和参加北伐。宣言写道："……本党为实现中国人民之唯一的需要，统一政府之建设，为巩固国民革命根据地，不能不出师以剿除卖国军阀之势力。本党为民请命，为国除奸，成败利钝，在所不顾，任何牺牲，在所不惜。本党为求遵守总理所昭示之方略，尽本党应尽之天职，宗旨一定，生

死以之。……"（罗家伦主编《革命文献》第69辑，台北"中央"文物供应社1956年9月版）

本日，国民革命军在东较场召开誓师大会，总司令蒋介石发表就职宣言。会后，约十万国民革命军分三路开始北伐进军。12日，中共中央发出北伐号召。（朱汉国、杨群主编《中华民国史》第4册，四川人民出版社2006年1月版）

10日 出席广东大学第83次校务会议，并被指定为广东大学在外省招生之本科国文试题命题。（《国立广东大学十五年度校务会议记事录》，国立广东大学秘书处出版部1926年8月版）

20日 参加四川革命同志会在广东大学法科学院举行的"欢迎吕汉群至广州并欢送郭沫若同志等北伐大会"，并发表演说。（《革命的欢迎欢送大会》，《鹃血》半月刊8月1日第4期）

中旬 与邓演达等参加何香凝为总政治部科以上干部举行的饯行宴。宴会特别邀请了周恩来、邓颖超。（《李一氓回忆录》，人民出版社2001年1月版）

◎ 参加广州市公安局长李章达为总政治部举行的饯行宴。（《李一氓回忆录》，人民出版社2001年1月版）

◎ 与周恩来、陈启修、陈公培、李硕勋、朱代杰、李民治、欧阳继修、周逸群等赴八景酒家，参加总政治部留守处主任孙濬明为总政治部四川同乡举行的饯行宴。（《李一氓回忆录》，人民出版社2001年1月版）

◎ 为关存英题写扇面，以作"临当北伐"的纪念，托成仿吾转交。题辞录自《论语·泰伯》："士不可以不弘毅。任重而道远，仁以为己任，不亦重乎，死而后已，不亦远乎。"（《郭沫若书法集》，四川辞书出版社1999年11月版）

◎ 受命负责起草战时新闻办法，将《军人日报》改组，前方发行《革命军日报》，后方出《战事新闻》。（《北伐军总司令出发前之布置》，26日《申报》）

22日 上午，与国民革命军总司令部政治部主任邓演达、俄国顾问铁罗尼、政治局长陈公博及两部人员百余人从广州黄沙车站乘火车赴韶关北上，任总政治部宣传科科长。顾孟余、彭泽民、何香凝等往车站送行。（31日上海《申报》；《纪念邓择生先生》；《李一氓回忆录》，人民出版社

2001年1月版）

下旬 与总政治部人员到韶关后改徒步行进，翻越大瑶山进入湖南，经郴县、耒阳到达衡阳。与邓演达、铁罗尼、李民治等自衡阳乘木船，沿湘江往长沙。(《李一氓回忆录》，人民出版社2001年1月版)

本月 作《西洋美术史提要·序》。收上海商务印书馆初版《西洋美术史提要》。序言的"附白"说明："此序取材于矢代幸雄氏《西洋美术史话》中第一篇之总说，矢代氏书甚详赡，附图甚多，能读日文者最好以此书为参考。"序言内容包括"欧洲大陆有史以前艺术"和"欧西美术之基本要素"两部分，总结提示道："要之西洋美术中以古典要素与哥提克要素为其本流，以东方要素为其调剂，明此三者之关系，庶几于研究西洋美术史上可以得其精髓，而不为其繁赜之外观所淆惑矣。"

◎ 作《西洋美术史提要·书后》。收上海商务印书馆初版《西洋美术史提要》。写道："本书系以日人板垣鹰穗氏著《西洋美术史概说》为蓝本。板垣氏原书本已简略，兹为字数所限，更不能不简之又简，故本书之价值仅为西洋美术史之详细目录而已。""居中国而读西洋美术史，所最必要者为图谱，然图谱之插入却为小丛书之性质所不容，此为纂述者所引以为最不能满足之点。"故"书后"特列出Springer等人所著数种以为读者参考阅读。

◎《西洋美术史提要》由上海商务印书馆初版发行，列为百科小丛书第118种。

◎ 剧作《王昭君》译载于日本改造社《改造》杂志第8卷第8期。

8月

6日 与邓演达、俄国顾问铁罗尼等抵达长沙。(12日上海《申报》)

"政治部到了长沙，驻扎在旧时的省议会。主任邓择生要经常住在总司令部里面参预军事工作，因此政治工作大体上是由我在代理。"(《北伐途次》)

◎ 奉蒋介石命，与李宗仁、唐生智接洽工作。(12日上海《申报》；《李一氓回忆录》，人民出版社2001年1月版)

19日 召集长沙各报馆、通讯社代表开谈话会，说明检查新闻的意

义，并就检查条例与参会代表交换意见。(26日上海《申报》)

◎ 参加国民革命军第一军第一师第一团特别党部成立典礼，并监誓。(《谁领导了北伐和抗战？》，1948年7月7日香港《华商报》)

24日 晚，随政治部先遣队离长沙向武昌进发。(《北伐途次》)

25日 晨，过汨罗江。(《北伐途次》)

"渡过汨罗以后……每天都是在山里面走，走的都是一些很狭隘的小路。……在二十五、二十六、二十七的三天中，每天都在从新编制先遣队，把赶不上的人和沉重的行李都留在后面，尽能跑路的和比较重要的人挑选着往前走。说也奇怪，我的体力，尤其是脚力，在那时候不知怎的，真是特别的旺盛。我多是跑路，但我每天都在打前站，每到一个站口，总是我先到，便去替大家找宿营和中休的地点，有时还要为大家烧菜煮饭。"(《北伐途次》)

◎ 作五律一首。初见于《北伐途次》。咏道："揽辔忧天下，投鞭问汨罗；楚犹有三户，怀石理则那？"

后以《过汨罗江感怀》为题，收入作家出版社1959年11月初版《潮汐集·汐集》，现收《郭沫若全集·文学编》第2卷。

28日 "下午四点钟，赶到了离崇阳不远的石城矶，跟上了的只有二三十个人了。"晚，宿石城矶，与纪德甫、李德谟、朱代杰同住一家铁匠店。午夜，接邓演达信，嘱带纪德甫、李德谟连夜赶去崇阳。(《北伐途次》)

29日 晨，抵达崇阳。得邓演达留下的信，嘱往蒲圻跟踪前进。(《北伐途次》)

◎ 致信成仿吾，告以从长沙出发后的情况。(《北伐途次》)

◎ 以日文致佐藤富子信，附于给成仿吾信中。"富子：廿四日离开长沙；今晨八时顷到了此地。我军以破竹之势进逼武昌，今闻已进展到离武昌城外仅距三十里之地（案乃日本里，一里当华里六里余）；大约在三日之内便可以攻进武昌。攻进武昌之后便万事都顺利了。""祝你健康，也祝小孩子们健康　我自己是异常的旺盛，连自己都出自意外。"(郭沫若纪念馆馆藏资料)

◎ 上午，离开崇阳，向蒲圻进发。(《北伐途次》)

据《国民革命军第一、二期作战经过概要》记载，国民革命军中央军右纵队第四军、第七军于24日攻克崇阳，随即分头向蒲圻、咸宁进发。（《国民革命军第一、二期作战经过概要》，《国民政府军委会档案》，中国第二历史档案馆《中华民国史档案资料汇编》第四辑，江苏古籍出版社1997年9月版）

30日 晨，抵蒲圻车站，遇国民革命军总司令部副总参谋长白崇禧（代行总参谋长职务）。后搭乘第八军军车往咸宁。

◎ 晚，步行赶到贺胜桥，前线战事已结束。遇李汉俊、詹大悲。即宿贺胜桥。（《北伐途次》）

31日 晨，离开贺胜桥向武昌进发。"傍晚时分跑到了离武昌城仅十五里路远的纸坊。"与纪德甫、李德谟、李汉俊、詹大悲等同宿纸坊车站站长宅。

"我对于詹大悲，特别地感觉着一种先天的不满意。我在肚子里面骂了他好几声的'臭官僚'，'投机派'。我知道湖北省政府委员会里面，是有他的名字的，他这一两天来赶路的热心不外是去抢官做而已。……'国民革命！不外是让几位投机的烂绅士做做新官僚罢了！'"（《北伐途次》）

9月

1日 晨，徒步赶往武昌。"在八点过钟的时候，走到了停止着的队伍的最前头。在铁路的正中看见了邓主任和铁罗尼顾问。"并与第4军第1师师长陈铭枢初次见面。

◎ 在南湖的文科大学设置政治部临时办公处。"忙了一下午，不外是写标语，做传单，同时利用着大学的学生们向四乡去宣传。"（《北伐途次》）

◎ 小说散文集《橄榄》由创造社出版部初版发行，列为"创造社丛书"第3种，收有《漂流三部曲》《行路难》《山中杂记》《路畔的蔷薇》等。

2日 为准备攻城，政治部成了临时工兵队，派人到四乡征集梯子、麻绳，然后绑扎云梯，"由我自己的手也绑扎了三四架"。（《北伐途次》）

3日 晚，与邓演达等亲临第一次强攻武昌城的战场。攻城部队颇有伤亡，未克。（《李一氓回忆录》，人民出版社2001年1月版）

《北伐途次》中记载第一次攻城战是在2日夜。

据《国民革命军第一、二期作战经过概要》记载："决于五日拂晓攻击，令四、七军及第一军二师选拔二百人组织奋勇队，挟炸弹、手枪续梯而登，余部随之同时进攻。炮兵则住洪山阵地，猛射掩护。敌集中火力，俯瞰扫射。我军牺牲极大，未能奏功。然士气不稍顿挫，益加愤激。"（《国民革命军第一、二期作战经过概要》，《国民政府军委会档案》，中国第二历史档案馆《中华民国史档案资料汇编》第四辑，江苏古籍出版社1997年9月版）

4日 晚，与铁罗尼顾问交谈进武昌以后的工作步骤。（《北伐途次》）

5日 晚，第二次强攻武昌城。与邓演达、铁罗尼、李民治、翻译纪德甫等迫近城下观察敌情。攻城未果，纪德甫中弹牺牲。（《李一氓回忆录》，人民出版社2001年1月版）

6日 晨，为纪德甫料理后事，特将从纪德甫身上取出的子弹头留作珍贵的纪念物。（《北伐途次》）

◎ 夜，作诗四首悼念纪德甫。初见于《宾阳门外》。"一棺盖定壮图空，身后萧条两板铜。沉毅如君偏不禄，人间何处吊英雄？""一弹穿头复贯胸，成仁心事底从容！宾阳门外长春观，留待千秋史管彤。"

后以《悼德甫》为题，收入作家出版社1959年11月初版《潮汐集·汐集》，现收《郭沫若全集·文学编》第2卷。

9日 与朱代杰、李鹤龄、李民治赴汉口，主持政治部在汉口办公处的工作。（《北伐途次》）

6日、7日，国民革命军连续攻克汉阳、汉口。为开展工作，总政治部基本上搬往汉口南洋兄弟烟草公司大楼办公，只有邓演达等少数人留南湖参加军事指挥。（《李一氓回忆录》，人民出版社2001年1月版）

13日 决定暂时扣留码头工会逮捕的工贼郭聘伯，并向邓演达请示处理意见，提出处以枪决来显示对反革命势力的镇压。（《北伐途次》）

18日 因处理被逮捕的工贼郭聘伯一事与邓演达发生矛盾，写信辞职。（《北伐途次》）

20日 与来汉口的邓演达当面交换意见，认为："目前革命的胜利只有军事上的胜利，政治上是丝毫也没有表现的。像我们政治部对于民众发出了许多的口号，但是一点也不能兑现。军事上的胜利一半是得到民众的帮助，但是对于民众的迫切要求，我们却万事都讲'策略'。我们对于旧时代的支配势力太顾忌，太妥协了。结果民众是受了欺骗，我们自己会转化成旧势力的继承者，所谓革命只是一场骗局。"（《北伐途次》）

下旬 坚辞未就湖北省政府教育科长一职。（《北伐途次》）

本月 与朱德初次见面。

朱德是在7月间从德国经苏联、日本回国，后去四川做劝说杨森参加国民革命军的工作。本月抵汉口，向中共湖北区委和国民革命军总政治部主任邓演达汇报工作。旋即被任命为国民革命军第20军党代表，并代理政治部主任。（中国科学院档案资料；中共中央文献研究室编《朱德年谱》，人民出版社1986年12月版）

◎ 被创造社出版部第一次理事会推选为创造社总社第一届执行委员会总务委员、出版部总部第一届理事会主席。（12月《洪水周年增刊》）

创造社出版部第一次理事会于本月在广州分部举行。推选出的创造社总社第一届执行委员会其他成员有：编辑委员成仿吾、郁达夫，会计委员成仿吾，监察委员张资平、王独清。会议还推选出出版部总部第一届监察委员，通过了《创造社社章》，通过了《创造社出版部章程》。

◎ 暂行代理总政治部主任工作。

中央社记者讯："现闻总政治部主任邓演达已奉委为湖北政务主任委员，其政治部主任一职，由郭沫若暂行代理。"（25日《广州民国日报》）

10月

9日 任总政治部副主任，少将军衔。兼任总政治部编史委员会委员长。

蒋介石本日致电邓演达："准委郭沫若为副主任。"并询问："兄能带兵否？然兄须常在左右，总政治部，有相当之人替代否？"（中国第二历史档案馆编《蒋介石年谱》，档案出版社1992年12月版；《前敌总政治部职员一览表》，12月11日《广州民国日报》）

《广州民国日报》12月21日以《总政治部扩大组织》为题报道："（中华社）国民革命军总司令部总政治部主任邓演达，现以该总政治部工作已日渐扩大，原有组织不尽适用，乃考查以往之经验，而为适应需要调整工作计，应有改组之必要，故现在决定将全部扩大组织，并已核定改组系统表及编制表。……至全部之职员编制及职责如下：设主任一、（中将）主任为邓演达，承总司令之命令，中央党部之指导，处理全国海陆军队及社会之政治训练事宜。副主任一、（少将）为郭沫若，辅助主任处理一切事宜。……秘书处长一、（上校）为朱代杰……总务科长一、（上校）为郭冠杰，宣传科长一、（上校）朱代杰兼，组织科长一、（上校）章伯均，编史委员会委员长，则以郭沫若兼。"

10日 上午，往汉口北郊华商跑马场参加纪念双十节的民众集会庆典活动。集会中传来攻克武昌的消息。（《北伐途次》）

"10月10日黎明，我四、八军之一部乘机由中和门、保安门攻入，擒敌将陈嘉谟、刘玉春，人马、械弹全部俘获。"（《国民革命军第一、二期作战经过概要》，《国民政府军委会档案》，中国第二历史档案馆《中华民国史档案资料汇编》第四辑，江苏古籍出版社1997年9月版）

◎ 出席湖北全省总工会成立大会，并致辞。（《北伐途次》；《讲革命掌故》，1948年10月16日《华商报》）

◎ 晚，代邓演达往汉口青年会演讲。与李鹤龄一起，借一次宗教活动宣传革命，抨击"文化侵略的宗教政策"。（《双簧》）

11日 上午，参加邓演达主持的政治部部务会议，决定将政治部全部迁往武昌，政治部以后的工作偏重在农民运动方面。（《北伐途次》）

◎ 下午，往武昌与被俘的敌武昌守将刘玉春谈话。（《北伐途次》）

12日 随政治部迁往武昌旧省议会大楼办公。（《北伐途次》）

◎ 为《汉口日日新闻》工作的田中忠夫来访，要求参观战场，允其同去。

田中忠夫从事中国经济研究，当时在汉口进行社会调查，同时为《汉口日日新闻》工作，希望了解北伐革命，在走访总政治部汉口办事处时初次结识了郭沫若。（田中忠夫《回忆郭沫若》，1956年1月15日日本《平和新闻》；《北伐途次》）

19日 召集有各军政治部股长以上人员参加的总政治部政治工作会议，讨论现时政治工作的设施计划等问题，议决设立政治组织计划起草委员会，计划政治部组织应行改革之处；设立政治教育计划委员会，计划教育士兵问题。分任两委员会主席。（11月4日、12月8日、9日《广州民国日报》）

20日 参加由总政治部主持，武汉各团体联合举行的阵亡烈士追悼会。代蒋介石撰写一副挽联："嗟尔忠魂，恢弘党国；存吾浩气，涤荡河山。"(《李一氓回忆录》，人民出版社2001年1月版)

25日 出席在武昌公共体育场举行的军民联欢会，被推举为大会主席团成员，并发表演讲。(11月11日《广州民国日报》)

下旬 晤见刘少奇。

刘少奇时为中华全国总工会执行委员，本月21日从广东抵达武汉，为中华全国总工会迁址武汉做准备。(中国科学院档案资料；中共中央文献研究室编《刘少奇年谱》，中央文献出版社1996年9月版)

11月

1日 任黄埔军校武汉分校招考委员会委员。

黄埔军校武汉分校招考委员会本日成立，邓演达任主席，委员还有董必武、李民治、陈公博、李汉俊、包惠僧等共15人。(《第一次国共合作时期的黄埔军校》，文史资料出版社1984年5月版)

7日 以总政治部副主任名义，与主任邓演达共同署名，颁布湖北各军政机关监察条例。(19日《广州民国日报》)

◎ 晚，接邓演达电话，嘱往九江，准备俟南昌攻克后前往主持江西方面的政治工作。即挑选了李民治等六人，拟同往。(《北伐途次》；《海涛集·我是中国人》)

《林伯渠日记》载：18日，"访邓演达主任谈事：1. 江西方面政府问题；2. 党务问题；3. 各军政工问题。又访葛君谈，决定三事：1. 政府秘书事；2. 中特掌权事；3. 各军政工以沫若在南昌担任"。(《林伯渠日记》，中共中央党校出版社1981年7月版)

《李一氓回忆录》写道："1926年冬季到1927年夏秋季，邓演达的政治、军事地位和权利都有提高和扩大，除了任总政治部主任以外，还兼任蒋介石的武汉行营主任，湖北省政府主席。这样，总司令部和总政治部，就一个在南昌，一个在武汉，给工作带来很多不便。折中的解决办法是，武汉总政治部不动，另外组织一个小总政治部，到南昌同总司令部在一起。因此，就任命郭沫若为总政治部副主任去南昌，随同总司令部主持政治部的工作，编制比武汉总政治部小，级别低一级……机关就设在南昌百花洲的江西总商会。政治工作主管的范围就是江西，包括国民革命军第二军谭延闿部，鲁涤平代军长，党代表兼政治部主任李富春；第三军朱培德部，党代表兼政治部主任朱克靖，朱培德后来兼江西省政府主席；第六军程潜部，党代表兼政治部主任林祖涵（伯渠）。"

8日 晨，与李民治等人过汉口，置便装。晚，率李民治、袁文彬、曲文秀等九人搭乘公和轮往九江。(13日上海《申报》；《北伐途次》)

9日 "十时安抵九江暂寓大东旅馆。"(11日《革命军日报》)

◎ 致电总政治部宣传科长朱代杰，告以抵达九江，邓演达、唐生智、俄国顾问"亦来"，并告，蒋介石次日午后由南昌来九江。又谓，"南昌湖口均下，江西全境已无敌踪"。"九江马迴岭、涂家埠之役，我四军极为猛勇，敌望风披靡，四七两军及独立二师，共获枪械万支子弹粮秣无算"。(11日《革命军日报》)

◎ 与邓演达联名致电宣传科长朱代杰布置宣传工作。要求扩大宣传江西胜利，努力筹备12日大会，并告以蒋介石"或将来鄂"，"多制赣民众之宣传品"。(12日《革命军日报》)

本月12日将在武昌举行的"武汉庆祝总理（孙中山）诞辰鄂赣克复大会"。

10日 致电朱代杰，告以蒋介石12日"不能到武昌"，并告"南昌俘虏约万人，内有三军长……一师长，七旅长等人"。"南昌民气极盛，较湖北为发扬"。(13日《革命军日报》)

初旬 与邓演达以总司令部政治部正副主任身份，联名上电国民党中央党部及国民政府，请政府通电中外，宣布废止中比（利时）旧约，"另订互惠平等之条约"；援助在比利时被捕的我国学生；注意在比利时首都召开的反帝大同盟大会，并提出具体主张提交大会讨论；致电德国政府及人民，希望其不批准华盛顿条约。(7日《革命军日报》)

12日 与邓演达联名签署"国民革命军总司令部政治部通令"，重申前令各军及各独立师政治部，需指派专人，为《革命军日报》提供新闻材料，令"迅将指派人姓名先行通报革命军日报社以便直接联络，毋再延误"。(12日《革命军日报》)

16日 接蒋介石电，令派定各部连党代表及政治工作人员。随即从黄埔军校第四期政治科毕业生中挑选人员，以担任各连党代表和政治工作人员。

蒋介石电曰："第四期毕业生将到南昌，政治科生可挑选为党代表及政治工作人员，第一师补充第四、五团即需出发，各该部之连党代表及政治工作人员望先派定，如不够，则每营派一党代表，每连派一指导员亦可。"（中国第二历史档案馆编《蒋介石年谱》，档案出版社1992年12月版；中国人民政治协商会议全国委员会文史资料研究委员会编《第一次国共合作时期的黄埔军校》，文史资料出版社1984年5月版）

17日　接蒋介石电，催订俘虏宣传大纲，限令"本日订定"。（中国第二历史档案馆编《蒋介石年谱》，档案出版社1992年12月版）

19日　晚，应召与回到南昌的蒋介石谈话。谈及总司令部或总政治部应设经济科，"以调查占领区域一切经济状况而建设之"。（中国第二历史档案馆编《蒋介石年谱》，档案出版社1992年12月版）

26日　下午，参加蒋介石在总司令部行营召开的政治、经济、党务联系会议。讨论江西政治、经济、党务方面的问题及提案。政治部受命起草"文官考试""惩吏条例"等有关吏治的条例。（12月13日《广州民国日报》；中国第二历史档案馆编《蒋介石年谱》，档案出版社1992年12月版）

27日　晚，邀林伯渠晚餐。（《林伯渠日记》，中共中央党校出版社1981年7月版）

29日　上午，往总司令部参加总理纪念周活动，并做政治报告，蒋介石亦发表演说。（《林伯渠日记》，中共中央党校出版社1981年7月版）

本月　蒋介石许以每月两百元津贴。

"党中央为了统一南昌部队党的工作，成立了一个南昌军委，李富春为书记，成员有林伯渠、朱克靖和我。……因为没有军事行动，部队就处于一个半平时状态。所以在军委来讲，也没有什么重大的问题要讨论，开会的时间不多，每个月大概一次，都在晚上。成立南昌军委这件事对郭沫若也不保密。我去开会以前，总是征求他有什么意见；回来以后，除必须保密的以外，我也向他简单地报告讨论内容。譬如蒋介石突然开条子，要给郭沫若每月发两百元津贴，就是他提出来，征求党的意见，要不要接受。军委讨论过后，认为他可以接受，就由我转达了讨论的意见。"（《李一氓回忆录》，人民出版社2001年1月版）

◎　在南昌汪静之来访，要求参加革命军，介绍其往武昌总政治部宣

传科作编辑工作。(《汪静之自述生平》,《汪静之先生纪念集》,上海书画出版社 2002 年 9 月版)

12 月

1 日 小说《矛盾的调和》发表于《洪水周年增刊》。通过过年期间几个朋友来家中拜年,主人公夫妇却无处待客的尴尬场景,记述了作者在上海期间经历过的生活的窘迫。

初收创造社出版部 1928 年 5 月初版《水平线下》;后收《沫若文集》第 5 卷,改题作《矛盾的统一》;现收《郭沫若全集·文学编》第 9 卷。

◎ 诗《着了火的枯原》,发表于《洪水周年增刊》。实由组诗《瓶》中第三十、第三十一两首诗组成。

4 日 下午,参加总政治部会议。(《林伯渠日记》,中共中央党校出版社 1981 年 7 月版)

5 日 上午,与林伯渠等离南昌赴九江。

《林伯渠日记》载:"早八时约沫若、李富春、春妇到三军政治部朱自勉处早餐。十时附南浔路行,五时到九江,寓大东。因天色已晚,拟明日上庐山开会。"(《林伯渠日记》,中共中央党校出版社 1981 年 7 月版)

6 日 晨,与林伯渠等上庐山。

《林伯渠日记》载:"早八时到新码头汽车公司附车行。同行有郭沫若、朱克靖、李富春……行二十五里至庐山下,改乘肩舆……抵牯岭……"(《林伯渠日记》,中共中央党校出版社 1981 年 7 月版)

7 日 下午,参加政治工作会议,直至午夜。

《林伯渠日记》载:"午后二时开政治工作会议,中间休息三小时,继续开至晚一时半。"(《林伯渠日记》,中共中央党校出版社 1981 年 7 月版)

8 日 与周恩来、张国焘、陈潭秋、李富春、蔡畅、章伯钧等应聘为黄埔军校政治科政治教官。(中国人民政治协商会议全国委员会文史资料研究委员会编《第一次国共合作时期的黄埔军校》,文史资料出版社 1984 年 5 月版)

9 日 中午,返回南昌,邀林伯渠在又一村吃饭。(《林伯渠日记》,中共中央党校出版社 1981 年 7 月版)

10 日 往武昌参加武汉各界欢迎抵汉之宋庆龄及部分国民政府委员与国民党中央委员的欢迎大会。(22 日《广州民国日报》)

11日　接蒋介石来电，告以沿途欢迎北上之国民政府及中央委员事。

蒋介石电报发给"各党部、各县长、南昌政治部郭副主任"。广州国民政府及部分国民党中央委员，拟于12日，从韶关启程入赣。（毛思诚《民国十五年以前之蒋介石先生》，中国第二历史档案馆编《蒋介石年谱》，档案出版社1992年12月版）

16日　上午，与蒋介石一起出席南昌各界召开的反英反奉大会，并相继演讲。说：英帝国主义者是我们中国的仇人，在百年前即压迫我们一直到现在。……我们所以团结起来，打倒英帝国主义。打倒他的方法，就是他本国受资本压迫的工人，及印度各处被其宰割的弱小民族，联合战线去与他宣战。……打倒帝国主义非空谈可做到的，是要大家武力团结起来才是。（1927年1月5日《广州民国日报》）

24日　中午，召饮来访总政治部的林伯渠于小有天。（《林伯渠日记》，中共中央党校出版社1981年7月版）

28日　上午，与蒋介石、陈公博等出席南昌各界二十万人在大校场举行的追悼北伐阵亡将士及死难烈士大会。担任司仪主祭，并发表演讲。说道："吾人深知在最近之将来，必又有更剧烈之流血革命运动发生，吾人深知在最近之将来，必又有更悲壮之追悼大会之举行。帝国主义及其豢养在中国之奉系军阀尚未扑灭，吾人决无安然高枕之可言。……诸先烈已死，吾人今日为'追悼者'，吾人须使自身在第二次追悼会中为'被追悼者'。"（1927年1月5日《汉口民国日报》）

本　年

◎　通过许苏魂转寄夏衍一张戎装照。（夏衍《知公此去无遗恨》，《悼念郭老》，生活·读书·新知三联书店1979年5月版）

◎　题刘海粟画《无题》。（郭平英主编《郭沫若题画诗存》，山西教育出版社1997年11月版）

◎　在南昌期间，向蒋介石推荐时任《上海商报》主笔的陈布雷作起草文稿的秘书。

"蒋介石两三次向郭沫若提出，要找一个文笔好的秀才替他起草文稿。……在南昌当然不能解决这个问题，一下就想到了《上海商报》的主笔陈布雷，近两三年以'畏垒'署名的商报的社论，文笔清新锋利，这是大家都看过的，看来古汉语的水平也不低。于是郭沫若就把陈布雷这个名字向蒋介石推荐了。其实我们大家都不认识他。"（《李一氓回忆录》，人民出版社 2001 年 1 月版）

另据天鼎《甬上近代文杰》、陈元《陈屺怀与陈布雷兄弟》两文所述，是陈屺怀向蒋介石推荐了陈布雷。陈元（陈屺怀之曾孙）文写道："父亲还对我谈及一件事，即在北伐开始前后，蒋介石曾写信，托带口信邀屺怀先生即军旅中协办文案，屺怀先生的为人及文采老蒋是熟知和了解的。但屺怀先生年岁大，不惯军旅生活，本人身体多病疴，故而谢绝，但介绍自己的从弟陈布雷，以为可任此职，后来有蒋介石邀陈布雷先生去南昌一行。"（王泰栋编著《陈布雷大传》，团结出版社 2006 年 8 月版）

◎ 在南昌期间，应蒋介石之托，接待他的夫人陈洁如。

"总司令部在南昌安置下来以后，她大概也从广东到南昌来了。南昌当时是一个很落后的城市，而且在军事状态下，大概她住在总司令部也很无聊，蒋介石就介绍她给郭沫若，要郭沫若请她到政治部去玩。郭沫若当然只好照办，请到政治部吃一顿丰盛的午饭，让政治部的摄影员替她照了各种姿势的照片。在整个南昌时期，这种情形大概有三次。这应该是蒋郭关系的一个侧面。"（《李一氓回忆录》，人民出版社 2001 年 1 月版）

1927 年（丁卯　民国十六年）35 岁

3 月 21 日　中国共产党领导上海第三次工人起义，并选举产生上海特别市临时市政府。

4 月 12 日　蒋介石在上海发动了"四一二"政变，镇压工人起义，屠杀共产党人和革命群众。

4 月 18 日　南京国民政府成立，宁汉正式分裂。

4 月 27 日　中国共产党在武汉召开第五次全国代表大会。

7 月 15 日　汪精卫在武汉召开"分共会议"，与中国共产党决裂，大革命失败。

8 月 1 日　中国共产党领导南昌起义。

8月7日　中共中央在武汉召开紧急会议，发表《告全党党员书》，纠正陈独秀的右倾路线，确定土地革命和武装反抗国民党反动派的总方针。

10月　毛泽东率领秋收起义部队进入井冈山地区，建立了第一个农村革命根据地。

1月

9日　晚，应林伯渠约，往其寓所晚餐。（《林伯渠日记》，中共中央党校出版社1981年7月版）

中旬　接待到访总政治部的张静庐、沈松泉。同意由光华书局将《创造日》汇集为《创造日汇刊》出版单行本。（沈松泉《关于光华书局的回忆》，《古旧书讯》1981年第5、6期，1982年第1期；《〈光华回忆〉余话》，《古旧书讯》1983年第2期）

随着国民革命形势的发展，光华书局出版了一些社会科学方面的著作，张静庐、沈松泉欲在南昌设立光华分店。"我们得知郭沫若先生已经担任国民革命军总政治部副主任，并随军推进到了武昌。静庐和我商量，为了迎接革命胜利，我们应当到南昌去看看革命形势。""我们到总政治部去访问郭沫若先生，他在办公室里接见了我们。""郭先生也认为南昌应当有一家新书店"。（沈松泉《关于光华书局的回忆》，《古旧书讯》1981年第5、6期，1982年第1期）

21日　出席列宁逝世三周年纪念大会并发表演讲。称赞列宁主义与中山主义，阐释联俄政策的重要性。（28日《汉口民国日报》）

30日　应邓演达之邀，往庐山。

"是蒋介石和武昌政府酝酿着分裂的时候。……邓演达是代表着武汉派，和当时还算是左翼分子的顾孟余一道，从武汉到庐山见蒋。……邓在庐山和蒋的谈判并不惬意，蒋要邓到南昌总司行营代理参谋长。……这自然是调虎离山之计，邓和武汉派都是不能同意的。

我那时是在南昌服务的，我以政治部副主任的名义，在管理着行营政治部和整个江西方面的政治工作。邓电邀我到庐山，我是在除夕的前一天去的，我们在旅馆的一间小房里，谈了话。"（《海涛集·南昌之一夜》）

蒋介石在22日曾电令邓演达整饬总政治部，谓："近日来总政治部出版品，谅兄事多，不及检点，如此反宣传，对于本军个人及黄埔为害尚小，对于革命前途影响殊大。希将负责之宣传科代科长撤职，凡在革命军范围，永不录用。并请将总政治部移设总部行营所在之处，而将宣传全科，先移南昌办理。"（毛思诚《民国十五年以前之蒋介石先生》，中国第二历史档案馆编《蒋介石年谱》，档案出版社1992年12月版）

《南昌之一夜》中记此次庐山之行是在"一九二六年的除夕"前一日，据毛思诚作《民国十五年以前之蒋介石先生》中所记蒋介石行止（其中亦有邓演达之行止），及1927年2月1日、2日《林伯渠日记》记载可知，"一九二六年的除夕"应为夏历丙寅年除夕（时在1927年2月1日），且返回之日方为除夕"前一日"。

31日 晨，往庐山疗养院见蒋介石。随后，与邓演达下山，乘火车返南昌。（《海涛集·南昌之一夜》；毛思诚《民国十五年以前之蒋介石先生》，中国第二历史档案馆编《蒋介石年谱》，档案出版社1992年12月版；《林伯渠日记》，中共中央党校出版社1981年7月版）

◎ 晚，抵达南昌时遇第三军一部兵变。与邓演达留宿总司令部。（《海涛集·南昌之一夜》；毛思诚《民国十五年以前之蒋介石先生》，中国第二历史档案馆编《蒋介石年谱》，档案出版社1992年12月版；《林伯渠日记》，中共中央党校出版社1981年7月版）

本月 与徐谦、邓演达、戴季陶、周佛海、章伯钧等人，被国民政府委定为国立武昌中山大学筹备委员会委员。该大学于2月1日正式开学。（1月6日、2月10日《广州民国日报》）

2月

1日 晨，从城内总司令部返回东湖的政治部。

◎ 上午，往南门外俄国顾问公馆见邓演达。邓演达告之准备立即离开南昌，返回武汉。（《海涛集·南昌之一夜》；毛思诚《民国十五年以前之蒋介石先生》，中国第二历史档案馆编《蒋介石年谱》，档案出版社1992年12月版；《林伯渠日记》，中共中央党校出版社1981年7月版）

"他说到要分离，他流出眼泪来了。他关心着我，要我小心。但同时他又说，他和蒋共事多年，如今不能不分手了，但他总有一天会觉察到，谁是在为他革命的生命着想，谁是阿谀着他断送他的革命的生命的。"

(《海涛集·南昌之一夜》)

◎ 在东江楼接待来访的林伯渠。(《林伯渠日记》,中共中央党校出版社1981年7月版)

上旬 致信郁达夫,责备其所写的《广州事情》一文。

郁达夫以笔名"日归"撰写了政论文章《广州事情》,发表于《洪水》半月刊1月16日第3卷第25期。文章揭露了他在广州看到的革命队伍中的一些不良现象及存在的问题,认为,这一次革命"仍复是去我们的理想很遥远",提出要"尽我们的力量来作第二次工作的预备",以早日消灭"畸形的过渡现象"。郭沫若写信,成仿吾撰文(《读了〈广州事情〉》),都对此文表示了责备之意。郁达夫接读郭沫若来信后在日记中写道:"接到了郭沫若的一封信,是因为《广州事情》责备我倾向太坏的,我怕他要为右派所笼络了,将来我们两人,或要分道而驰的。"(郁达夫《日记九种》,上海北新书局1927年9月版)

◎ 与铁罗尼交换对于蒋介石委任四个上海的大流氓作为驻沪特派员的看法。(《请看今日之蒋介石》)

19日 在总司令部西花厅出席"中国国民党国民革命军总司令部南昌特别党部"成立大会,并任临时主席,蒋介石为总主席。会上,与张群、陈公博、陈立夫、李仲公等九人一起当选为执行委员。(3月7日《广州民国日报》)

◎ 与邓演达联名颁布《国民革命军总司令部政治部布告》。宣称:鉴于"社会分子良莠不齐","嗣后凡属人民组织团体,均应先将组织情形呈报本省各该最高团体审查立案,然后致函本部立案"。(19日《汉口民国日报》)

22日 在总司令部西花厅参加"中国国民党国民革命军总司令部南昌特别党部"执行委员监察委员就职典礼。与张群、陈公博、陈立夫等诸委员就职后,即提出讨论四项议案。(3月8日《广州民国日报》)

23日 代表蒋介石出席江西全省工人第一次代表大会,并演讲。希望各工会铲除封建思想,团结工人阶级,组成联合战线,并要同全世界无产阶级联合起来。工人阶级要准备做新中国新社会的创造者。(26日《汉口民国日报》)

本月 晤见来南昌见蒋介石的陈布雷。

"在南昌所见，党政要人为谭组安、李协和、朱益之、陈公博、郭沫若诸君。"（陈布雷《陈布雷回忆录》，台湾王家出版社有限公司1989年10月版）

◎ 剧作《卓文君》由柳湘雨翻译，开始连载于中日文化协会《满蒙》第82号、4月第84号、5月第85号。

《满蒙》将郭沫若与鲁迅并称为"现代中国文学界的双璧"予以介绍。

3月

1日 被蒋介石秘密委任为"总司令部行营政治部主任"。

"他委我为'总司令部行营政治部主任'是三月十四号，委任状现还保存，委任状写的是三月一号。"（《脱离蒋介石以后》）

2日 参加"总政治部召集之战时党务政治工作会议"。（《林伯渠日记》，中共中央党校出版社1981年7月版）

6日 参加国民党南昌市党部全体党员大会，并作政治报告。（25日《汉口民国日报》）

上旬 与鲁迅、成仿吾、郁达夫、何畏、张资平、郑伯奇、王独清联名签署《中国文学家对于英国智识阶级及一般民众宣言》。

《宣言》由何畏起草，抗议英国政府一再侵犯中国主权，出兵镇压上海工人起义，发表于《洪水》半月刊4月1日第3卷第30期。日文本发表于日本《文艺战线》6月1日第4卷第6号。（周恩来《我要说的话》，1941年11月16日《新华日报》；唐天然《郭沫若和鲁迅共同列名〈致英知识界及民众宣言〉考实》，《郭沫若学刊》1991年第2期）

14日 接张群手交"总司令部行营政治部主任"的委任状。

"当老蒋授意于我，要委我为政治部主任的时候，我早就密电了中央，并且将他当面对我说的话也密告了。他叫我和武汉脱离关系。……但是中央的指示还是叫我'虚与委蛇'，好到长江下游去再做秘密工作。"（《脱离蒋介石以后》）

国民党第二届中央执行委员会于本月10日至17日，在汉口召开了第三次全体会议，通过《统一党的领导机关案》《军事委员会组织大纲》等一系列议案，主要是为抑制蒋介石的权力。蒋介石抵制了这次全会，他在会上实际已被取消了国民党中央常务委员会主席、军事委员会主席、军人

部长等职务。——编者注

15日 被蒋介石再次拉拢。

"他临走的一晚上也还对我说过：'你无论怎样要跟着我一道走……文字上的事体以后要多多仰仗你。到了长江下游，有多少宣言是要请你做的。'像这样的话，他在九江的时候也亲自对我说过两次。"（《脱离蒋介石以后》）

16日 离南昌，往九江。（《请看今日之蒋介石》）

17日 受蒋介石命上庐山视察阵亡将士墓工程。（《请看今日之蒋介石》）

◎ 下午返回九江，遇暴徒武力袭击九江市党部后持械在街上游行。即去见蒋介石报告情况，请他派兵弹压暴徒，解除其武装。（《请看今日之蒋介石》）

18日 接已抵达安庆的蒋介石令，命往安庆。（《请看今日之蒋介石》）

19日 抵达安庆，将总政治部设在第一中学。（《请看今日之蒋介石》）

◎ 下午，与朱克靖同往江左军总指挥部，携去武汉国民政府委派李宗仁兼任安徽省政府主席的委任状并交谈半日。李宗仁谢却了武汉国民政府的委任。

"3月19日，即我到达安庆的翌日，武汉国民政府突派郭沫若、朱克靖二人前来看我，并携来委任状与大印一颗，特派我兼任'安徽省政府主席'。""我说：'我是个统兵的人，政治非我所长，实在不能兼顾安徽省政，希代转请中央另简贤能充任'。"（《李宗仁回忆录》，广西师范大学出版社2005年12月版）

"中央已发表以李宗仁军长为安徽政务委员会主席，被他（指蒋介石——编者注）扣勒着没有发表，另外擅行委任了一批二十八名的政务委员。"（《请看今日之蒋介石》）

20日 致信郭安娜："昨日抵安庆，驻第一中学，甚平安。因汇兑只通香港，在九江时未汇钱来，到后便不成问题。何时动身望电告。"（郭沫若纪念馆馆藏资料）

21日 国民政府中央政治委员会议决："令总政治部主任邓演达派郭沫若为上海党政军政治工作指导员。"（22日《汉口民国日报》）

国民革命军于本日4时攻入上海。当晚，中央政治委员会举行紧急会议，决定派外交部长陈友仁、财政部长宋子文、交通部长孙科前往上海指导工作，派郭沫若赴上海组织政治部分部，指导驻沪军队政治工作。(23日《广州民国日报》)

22日 参加国民党安徽省第一次全省代表大会开幕典礼。(《请看今日之蒋介石》)

◎ 下午，得知伪总工会的暴徒在总司令行营前聚众行凶，即赶去总司令部见蒋介石，报告了伪总工会的构成（由土豪劣绅收买地痞流氓所组成），以及总政治部的态度（当天早些时候已经下令伪总工会停止职权，听候审查）。

蒋介石的态度是："你以后对于民众团体的态度总要不偏不袒才好。你去调查一下，把他们合并起来，把他们调和起来好了。"(《请看今日之蒋介石》)

◎ 晚，接武汉国民政府电令，命往上海组织总政治部分部。(《脱离蒋介石以后》)

蒋介石得知后说："这次到上海去，赶快要把'总司令行营政治部'的招牌打出来了。你是要跟着我同去的，到了南京、上海，有多少宣言要仰仗你做。"(《脱离蒋介石以后》)

23日 在总司令部行营，从安庆电报局长口中得知，伪总工会是在蒋介石的授意下组织起来的，"其他农会、妇女协会、商民协会"也都组织起来，而且与青红帮联络好了，从九江、安庆、芜湖到南京、上海一带都联络好了，以"专门打倒赤化分子"。

"我得到明确的答案了。我们的总司令是勾结青红帮来和革命的民众作战的英雄！"(《请看今日之蒋介石》)

◎ 因伪总工会等组织将有集会，去见蒋介石，请其派兵保护省、市党部，并下令解散集会。旋即赶回总政治部，派人往四处通报消息，让有关人员回避危险。(《请看今日之蒋介石》)

◎ 得知暴徒捣毁省党部及各种合法的民众团体，打伤六人，且沿街高呼"新军阀神圣万岁""蒋总司令万岁"的口号，当晚仍冒险去见蒋介石谈话。蒋介石则仍以"调查一下"做敷衍。这是与蒋介石的最后一次谈话。(《请看今日之蒋介石》)

24日 被任命为总政治部上海分部主任。

国民党中央执行委员会政治会议通过，上海分部"由原南昌总政治部进驻上海改组"。31日，上海分部秘书李民治电告总政治部，已将办公地点设立于上海大同大学，并开始办公。(4月5日上海《民国日报》，4于6日《广州民国日报》，4月30日《汉口民国日报》)

◎ 接蒋介石留下的信，谓："沫若同志，等候不及，中正先赶赴下游，兄与一民兄同来。"(《脱离蒋介石以后》)

"得到了他这张赦令，我们那时候是怎样地快活呀！我真不知道，他怎么能够那样地放心，竟肯把我们放手。""我们虽然脱离了他的虎口，但仍然是在他的虎肘中的。朱一民就是监视我们的人。而且自从他走了以后，安庆的左派分子都集中到总政治部的周围，总政治部和他们总司令部形成了两个对垒。"(《脱离蒋介石以后》)

25日 上午，与辛焕文往江左军总指挥部拜访李宗仁，欲说服李宗仁反蒋。(《脱离蒋介石以后》)

26日 移住城外候船。(《脱离蒋介石以后》)

27日 由武汉国民政府军事委员会特派，与林祖涵、许甦魂为代表往宁沪一带前线劳军。(韩信夫、姜克夫主编《中华民国大事记》第二册，中国文史出版社1997年2月版)

28日 与政治部全体人员上船，准备往上海。遇第三军政治部主任朱克靖从武昌来，告以中央决心罢免蒋介石，并要求先将他送往九江朱培德部公干，遂同往九江。(《脱离蒋介石以后》)

◎ 与吴稚晖、柳亚子等被国民政府派定作南京东南大学改组为东南中山大学筹备委员会委员。(29日《汉口民国日报》)

国立东南大学原为国家主义派所主持，国民革命军攻克南京后，国民党中央执行委员会政治会议通过议案并交国民政府令行，决定将东南大学改组为国立东南中山大学，任吴稚晖、顾孟余、郭沫若、经亨颐、柳亚子五人为筹备委员。(4月2日《广州民国日报》)

29日 抵达九江。与朱克靖同去见朱培德，接受朱培德劝告，拟"在江西再做一番工作"。

◎ 将政治部人员少数留九江，大部遣回武汉。并带一信给邓演达，表明反蒋态度，申明要公布蒋介石的罪状。(《脱离蒋介石以后》)

30日 与朱克靖同往南昌。住进第二十军党代表朱德位于东湖边的

家。(《脱离蒋介石以后》)

◎ 周恩来在上海第三次武装起义特别委员会会议上建议，在民众方面，推举郭沫若为知识分子的领袖。(中共中央文献研究室编《周恩来年谱》，中央文献出版社1998年版)

31日 晨，开始起草《请看今日之蒋介石》。"手不停披地写了将近一天的光景才脱了稿，脱稿后便拿去付印了。"5月，作为武汉《中央日报》附刊，以单行本附于《中央日报》副刊内发表。记述了在总司令部行营工作期间亲历的安庆屠杀事件，以及了解到的"三一七"惨案、赣州事件的真相，揭露了蒋介石背叛革命，屠杀民众，成为各种反动势力代表人物的真实面目。写道：

"蒋介石已经不是我们国民革命军的总司令，蒋介石是流氓地痞、土豪劣绅、贪官污吏、卖国军阀、所有一切反动派——反革命势力的中心力量了。

他的总司令部就是反革命的大本营，就是惨杀民众的大屠场。他自己已经变成一个比吴佩孚、孙传芳、张作霖、张宗昌等还要凶顽、还要狠毒、还要狡狯的刽子手了。"

"他第一步勾结地痞流氓，第二步勾结奉系军阀，第三步勾结帝国主义者，现在他差不多步步都已经做到了，他已经加入反共的联合战线，他不是我们孙总理的继承者，他是孙传芳的继承者了！同志们，我们赶快把对于他的迷恋打破了吧！把对于他的顾虑消除了吧！国贼不除，我们的革命永远没有成功的希望，我们数万战士所流的鲜血便要化成白水，我们不能忍心看着我们垂成的事业就被他一手毁坏。现在凡是有革命性、有良心、忠于国家、忠于民众的人，只有一条路，便是起来反蒋！反蒋！"

"我在南昌草写这篇檄文，愿我忠实的革命同志，愿我一切革命的民众迅速起来，拥护中央，迅速起来反蒋！"

后收《沫若文集》第8卷；现收《郭沫若全集·文学编》第13卷。

春

◎ 应汪静之请求，将其调《革命军日报》，作副刊编辑。(《汪静之自述生平》，《汪静之先生纪念集》，上海书画出版社2002年9月版)

4月

1日 作《敬告革命战线上的武装同志》。(《脱离蒋介石以后》)

◎ 诗集《瓶》由创造社出版部初版发行,为"创造社丛书"第7种。收《献诗》、诗42首,并郁达夫1926年3月所写《附记》。

郁达夫在《附记》中写道:"这抒情诗四十二首,还是去年的作品,他本来不愿意发表,是我硬把它们拿来发表的。""我想诗人的社会化也不要紧,不一定要在诗里有手枪、炸弹,连写几百个'革命'的字样,才能配得上称真正的革命诗。把你真正的感情,无掩饰地吐露出来,把你的同火山似的热情喷发出来,使读你的诗的人,也一样的可以和你悲啼喜笑,才是诗人的天职。革命事业的勃发,也贵在有这一点热情。"

2日 往江西省总工会,了解南昌民众团体解决伪省党部情况。(《脱离蒋介石以后》)

3日 离南昌抵达九江。晚,接邓演达电报,对滞留江西,未去上海工作有责备之意。即回电,说明已公开反蒋,如不合中央意见,决不愿赴沪,甘受处分。

◎ 又接辛焕文信,传达邓演达仍要求火速赴沪之意,遂下决心到上海去。(《脱离蒋介石以后》)

4日 为江西省政府起草一宣言。

◎ 写下一段对于局势和个人前途的感想:"革命的悲剧,大概是要发生了。总觉得有种螳臂当车的感觉。此次的结果或许是使我永远成为文学家的机缘,但我要反抗到底。革命的职业可以罢免,革命的精神是不能罢免的。我的路径已经是明了了,只有出于辞职的一途。"(《脱离蒋介石以后》)

5日 晤见从武汉来九江的辛焕文。辛焕文传达中央仍要求赴上海的意思,"只有服从命令了"。(《脱离蒋介石以后》)

◎ 与陈启修、刘湘、刘文辉、杨森、刘伯承、邓锡侯、杨闇公、李篠亭等被国民政府任命为四川临时省政务委员会委员,同时与陈启修、刘湘、刘文辉、杨森、杨闇公、李篠亭等七人被指定为常务委员。着"尅日组织临时省政府"。(《中华民国十六年四月五日国民政府令》,6日《汉口民国

日报》)

本日汪精卫与陈独秀发表告两党同志书。

6日 晨，乘船离九江。途中作诗道："长江的气魄，／伟大的民族灵魂，／一片赤色的洪涛荡涤乾坤。""风哟，你能摇动我的船，／不能摇动我的心！／纵使是樯摧舵折，／我也要向前迈进。"后录入《脱离蒋介石以后》。

8日 上午，到达南京。暂住于浦口一家小客栈。从报上得知：总政治部上海分部已被蒋介石查封。

《上海民国日报》5日刊载了《中国国民党中央军事委员会总政治部上海分部通告》，宣布该分部成立的消息。6日，即被负责上海防务的白崇禧部查封。

9日"蒋总司令通电解散国民革命军总政治部"。(罗家伦主编《革命文献》第14辑，台北"中央"文物供应社1956年9月版)

15日报载，蒋介石以总司令名义发表布告，称："国民革命军之总政治部，几为少数跨党分子及投机少年所独占。……潜植反动势力，妨碍北伐进行，甚至唆令党羽，引起暴乱……中正为完成国民革命计、实现三民主义计，乃不得不将淆惑军心，背叛主义，违反军纪，分散国民革命势力，破坏国民革命战线之总政治部下令查封。"(15日《广州民国日报》)

9日 与辛焕文乘火车到达苏州。得知总政治部上海分部人员已被捕，暂留苏州，由辛焕文先往上海调查情况。

本日国民党中央监察委员蔡元培等联名发表护党救国通电，斥责武汉联系会议。蒋介石通电解散国民革命军总政治部。

10日 闻旅馆中邻室小儿嬉戏声有感，作诗，云："好友呀，你们为我幽囚，／妻儿呀，你们为我离散。／我如今独宿中宵，／禁不住愁肠万转。""我希望他们离开了羊城，／在目前并已经到了上海；／到友人陷入网罗的地方，／我要冒万险而不迟滞。"后录入《脱离蒋介石以后》。

11日 致信刘海粟。请他作保，将总政治部在沪被扣留的人员保出来。(关山笛《郭沫若与刘海粟》，《文化与生活》1983年第3辑)

◎ 致信蔡畅。告之自己的行踪，并告以李富春已到上海的消息。(《脱离蒋介石以后》)

14日 乘火车到达上海。"四一二事件"后，上海白色恐怖正达到高

潮。即往内山书店与李民治会面。(《脱离蒋介石以后》)

◎ 晚，在李民治家见到周恩来。向周恩来谈了蒋介石在九江、安庆捣毁党部、工会，屠杀民众的情况，并听周恩来介绍了上海的局势，认为上海现在不行了，应该到武汉去组织力量讨伐蒋介石。(《脱离蒋介石以后》；王廷芳《光辉的一生　深切的怀念》，《郭沫若研究论集》，四川人民出版社 1980 年版)

周恩来根据蒋介石在江西、沪、宁等地叛变革命的行径，于本月起草致中共中央意见书，署名的有赵世炎、罗亦农、尹宽、陈延年、李立三等人。意见书指出："故为全局计，政治不宜再缓和妥协。""再不前进，则彼进我退，我方亦将为所动摇，政权领导尽将归之右派，是不仅使左派灰心，整个革命必根本失败无疑。"明确提出，"迅速出师，直指南京"。意见书即收入《周恩来选集》的《迅速出师讨伐蒋介石》一文。(中共中央文献研究室编《周恩来年谱》，中央文献出版社 1998 年版)

15 日　乘船离沪赴武汉。(臧克家《奔向武汉——光明的结穴处》，《新文学史料》1980 年第 2 期)

◎ 南京国民党中央执委会、监委会联系会议通过通缉共党及跨党分子名单，与陈独秀、谭平山、林祖涵、毛泽东、张国焘、沈雁冰、周恩来、邓演达、柳亚子、章伯钧等 197 人名列其中。(台湾版《中共党暨文献选粹》，转自《郭沫若佚文集》(下)，四川大学出版社 1988 年 11 月版)

18 日，国民政府定都南京，中央政治会议宣布建都宣言。国民政府在南京举行阅兵典礼。(罗家伦主编《革命文献》第 14 辑，台北"中央"文物供应社 1956 年 9 月版)

蔡元培代表中央党部授印，胡汉民代表国民政府受印，并举行"庆祝国民政府迁都南京与恢复国民党党权大会"，宁汉正式分裂。该通缉令即于 19 日，以南京国民政府的第一号令发出。

19 日　参加武汉国民政府在武昌南湖举行的第二次北伐誓师典礼，并作讲话。(《中华民国史》，四川人民出版社 2006 年 1 月版；臧克家《奔向武汉——光明的结穴处》，《新文学史料》1980 年第 2 期)

25 日　在武昌总理纪念周上作题为《蒋逆介石之罪状》的报告。(中国人民政治协商会议全国委员会文史资料研究委员会编《第一次国共合作时期的黄埔军校》，文史资料出版社 1984 年 5 月版)

28日 与徐谦、邓演达、谭延闿、彭泽民、宋庆龄、何香凝等往大智门车站欢送张发奎率第四军、第十一军兵发河南进行第二次北伐，并致辞。(29日《汉口民国日报》)

29日 由武汉国民党中央任命为军事委员会总政治部副主任。(30日《汉口民国日报》)

本年3月15日，中国国民党第二届中央执行委员会第三次全体会议，通过《军事委员会总政治部组织大纲案》。其中：第一条款规定："在中央执行委员会军事委员会之下，设立总政治部，专任军队中党务及政治工作。"(罗家伦主编《革命文献》第79辑，台北"中央"文物供应社1956年9月版)

◎ 与孙科、邓演达、董必武、何香凝、向忠发等往大智门车站欢送总指挥唐生智赴河南前线督战，并致辞。说："欢送唐总指挥到北方去解除北方被压迫民众，尤其是下层群众的痛苦。""欢送唐总指挥到北方去肃清一切反革命派，生擒张作霖杨宇霆到北京交人民审判；到东南将蒋介石李济深等叛徒的残余势力铲除，生擒蒋介石李济深到南京交人民审判。"(30日《汉口民国日报》)

本月 与瞿秋白同游黄鹤楼，同为时局感到忧虑。(羊牧之《我所知道的瞿秋白同志》，《瞿秋白研究资料》)

5月

3日 往第八军，出席军长李品仙就职典礼。(7日《汉口民国日报》)

◎ 中国国民党总政治部特别区党部成立，被选为党部执行委员。(7日《汉口民国日报》)

4日 参加武汉各界在阅马场举行的"五四"纪念大会，并演讲。说道："五四运动是民族运动的开始，五四以前，中国的民气非常沉闷，五四以后中国的民气便复活了。""五四运动是爱国运动，事前并无什么计划，但是爆发后不久，便走上了反帝国主义的道路，反军阀的运动。但是五四运动以后，便起了分化，一部分走到民众中去之路，愈走愈革命了……一部分走到新文化运动路上去，没有结果；一部分走到反革命的路上去……我们要继承五四的精神，我们便要打倒帝国主义，打倒新旧军阀蒋介石李济深张作霖等。我们青年更要武装起来，要实行到民间去，到战

阵上去。"（5日《汉口民国日报》）

6日 被南京国民党中央执行委员会第88次会议议决，批准总司令部特别党部呈文，以"趋附共产、甘心背叛"为由，"开去党籍并通电严缉归案惩办"。国民党中央执行委员会并就此致函南京国民政府。

此前，中国国民党国民革命军总司令部特别党部执行委员会常务委员张群、陈立夫、李仲公联名，"为请求惩办叛徒开除党籍以肃党纲事"呈文中央党部，谓："窃属部执行委员郭沫若平日趋附共产，其言论举措时有危害本党情事。讵最近有所作《请看今日之蒋中正》一篇，尤属甘心背叛，肆意诋诽，甚至捏造是非……实属罪大恶极，无可宽假。兹经属部第三次执监联席会议胡委员逸民等提出弹劾，经全体议决，对于该反动分子郭沫若应予以严厉处分，除从四月二十一日起停止其执行委员职权外，敬恳党部开去党籍并通电严缉归案惩办。"（据中国第二历史档案馆藏国民政府行政院档案）

9日 参加武昌各界五十万群众在阅马场举行的国耻纪念日纪念示威大会，被推举为大会主席团成员，并发表演说。讲道："十二年来，我们无日不想消灭这个耻辱。我们不仅要取消二十一条，而且要争取取消一切不平等条约。""五七国耻，是袁世凯想做皇帝的结果。不幸现在又出了一个袁氏第二的蒋介石……屠杀民众，叛背党国，勾结帝国主义。我们要纪念'五九'，我们要打倒这些革命叛徒。我们相信只有民众的力量伟大，他可以倾山倒海。我们应该团结起来，决心与一切帝国主义及新旧军阀的反革命派奋斗到底。"（10日《汉口民国日报》）

10日 被南京国民政府通缉。

南京国民政府秘书处将南京国民党中央执行委员会"为议决郭沫若趋附共产应开去党籍缉办"函及总司令部特别党部执委会原呈文，呈件报批，胡汉民批："照办。"秘书处即以通函送国民革命军总司令、国民军总司令、海军总司令、各总指挥部、各军军部、各独立师、各要塞司令、各省政府，"请查照通缉办理"。（据中国第二历史档案馆藏国民政府行政院档案）

27日 参加在首义公园举行的庆祝讨奉讨夏（斗寅）胜利大会，并演讲。说："夏斗寅张作霖二小狗子肃清了不足庆祝，我们要将唆使各处反动派屠杀党员摧残工农之刽子手蒋介石和其后台老板英帝国主义者打倒，才值得我们来庆祝的！""我们要加紧团结，培养真正的革命先锋队，防御第二次世界战争的爆发，及图谋如何消灭第二次世界战争。"（《汉口民国日报》）

本月 作《脱离蒋介石以后》。连载于7日、9日、11日、14日、17日、23日武汉《中央日报》副刊，详细记述了在看清蒋介石的反革命面目与之分手后，在3月、4月两个月内所经历的事情。

后收《沫若文集》第8卷，文字有所删改；现收《郭沫若全集·文学编》第13卷。

6月

5日 往河南慰劳前线将士，到达郑州。（7日《汉口民国日报》）

6日 参加郑州军民联欢大会，并发表演讲。（7日《汉口民国日报》）

8日 往郑州车站迎接国民党中央委员。（10日《汉口民国日报》）

9日 往郑州车站迎接西北军冯玉祥及邓演达。（11日《汉口民国日报》）

上旬 在新郑与张发奎交谈第二次北伐与讨蒋之事。（《海涛集·涂家埠》）

14日 与邓演达同车抵达武汉。（18日《汉口民国日报》；《纪念邓择生先生》，《中华论坛》1946年第2卷第7、8期合刊）

"我在他去河南之后也曾去过河南，结果是失望而返。河南战役虽然把张作霖打败了，然而损失奇重，而从潼关方面打出来的当时的西北军，并不如所想象的那样进步。结果是主力损失过剧而武汉的据点也动摇起来了。那是择生最苦闷的一段时期。我和他同乘火车由郑州回到武汉，沿途苦闷得几乎和我不曾说过一句话。"

15日 晚，晤见来访的林伯渠。（《林伯渠日记》，中共中央党校出版社1981年7月版）

19日 下午，代表总政治部出席在汉口中央人民俱乐部举行的第四次全国劳动大会，并演讲。谓："此次北伐，固然是武装同志的胜利，武装同志劳苦功高，工友也可以说是劳苦功高……此次北伐胜利，也可以说是全中国工人的胜利。"（21日《汉口民国日报》）

20日 上午，往武昌首义公园，参加湖北全省学生联合会召开的欢

迎北伐凯旋将士及西北革命领袖于右任先生大会。(21日《汉口民国日报》)

22日 被国民政府政治委员会任命为第四集团军第二方面军副党代表。(23日《汉口民国日报》)

26日 小说《牧羊哀话》由外园翻译，刊载于日本极东新信社《北京周报》第262号。

下旬 接邓演达留下的告别信。

"有一天清早忽然不听到他的脚步声了，我知道他在夜里已经离开。在将近两礼拜之后，他已出国达到安全地点，才由他的秘书交来了一封他留给我的信，我们是从此永别了，以后便再没有和他见过面。"（《纪念邓择生先生》，《中华论坛》1946年第2卷第7、8期合刊）

邓演达化装离开武汉，经郑州、西安赴苏联。7月13日发表《辞职宣言》，称："此次革命势将重蹈民国元年失败之覆辙，此殊与予素愿相违，故不得不辞职让贤。"7月15日，武汉国民党中央执行委员会扩大会议议决，邓演达辞职照准，以陈公博继邓演达为军事委员会总政治部主任。（韩信夫、姜克夫主编《中华民国大事记》第二册，中国文史出版社1997年2月版）

邓演达于1928年回国。后组建了"中国国民党临时行动委员会"，任总干事长，进行反蒋斗争。1931年8月被捕，11月在南京被秘密杀害。

本月 作《蒋先云的诗》，以悼念在第二次北伐中牺牲的蒋先云。发表于武汉《革命军》副刊第10期。

7月

1日 译作《银匣》（[英]高尔斯华绥原作），由创造社出版部初版发行，列为"世界名著选"第3种。

◎ 译作《法网》（[英]高尔斯华绥原作），由上海联合书店初版发行，8月15日由创造社出版部出版，列为"世界名著选"第4种。

2日 参加在阅马场举行的追悼二期北伐阵亡将士大会，并演讲。(3日《汉口民国日报》)

5日 在武昌旧督署礼堂参加国民革命军第四集团军第二方面军总指挥张发奎等就职仪式，同时就任国民革命军第四集团军第二方面军副党代表（党代表缺）。并与总指挥张发奎、参谋长谢婴白、军长黄琪翔、朱晖日、贺龙等联名发表就职通电，表示要"献身革命，之死靡他"，"遵守总理遗教，实现三民主义"。(6日、8日《汉口民国日报》)

8日 致信孙伏园，以《一个重要的更正》为题，载11日武汉《中央日报·中央副刊》。写道："前次我在副刊上所发表的《脱离蒋介石以后》里面有一句'卖了孙炳文同志的褚民谊'，这句话到现在有声明更正的必要。我写这句话的动机是根据孙炳人夫人的报告，但褚先生最近曾亲自来武汉一次，据云决无此事，系完全出于误会。至于如何发生误会的详细情由，闻褚先生不久将写信向孙炳文夫人剖白，并将有公开发表的机会，所以我现在要负责更正我那句话，以免增殖误会。""又《脱离蒋介石以后》一文尚未完，这两天舞文弄笔的心事有点蠢动了，我很想急于把它续完，以了一重公案。就我的预算，大约还有四五回的光景便可完结了，如果续作的时候，不消说希望你替我续登的。"

15日 出席第九届全国学生代表大会开幕式，并发表演讲。谓："现在时局已到一很严重很困难时期，全世界的帝国主义者联合向革命势力的壁垒进攻，尤其是向中国进攻。……同时国内一切反对势力，亦联合起来，向革命的壁垒进攻，使革命势力，在四面楚歌之中。此刻我们应当团结我们的力量，打出一条生路来。"(16日《汉口民国日报》)

◎ 第四集团军第二方面军总指挥部政治部成立，受命兼任政治部主任。李民治任秘书长兼组织科长，潘汉年任宣传科长，朱瑞之任总务科长。(17日《汉口民国日报》)

本日，国民党中央执行委员会第二十次扩大会议召开，讨论党务问题。决定一个月内召开第四次中央执行委员会全体会议，"讨论政治委员会主席团所提出之意见，并解决之"。通过邓演达辞去总政治部主任及所兼任中央农民部长之职的申请，以陈公博、陈克文分别继任。中央党部提出"限制共产分子"提案。(16日、17日《汉口民国日报》)

下旬 往九江张发奎部队驻地。(《海涛集·涂家埠》)

8月

1日 南昌起义后，经国民党"中央委员各省区特别市海外各党部代表联系会议"选举为中国国民党革命委员会委员、主席团成员。（枕薪《南昌政变之追忆》，《新国家》1927年12月第1卷第12号；张侠《南昌起义研究》，上海人民出版社1982年3月版）

"我们党的前敌委员会，令叶挺、贺龙等军队于八月一日午前二时围攻朱培德、程潜在南昌之队伍约三千多人，拂晓即经缴械。……那天战事结束就组织中国国民党革命委员会。"（刘伯承《南昌暴动始末记》，《中央通讯》1927年第7期）

"在暴动之前，决定在原则上须建立一个无产阶级领导的工农小资产阶级民主革命政权，实际上便是组织一以C.P.占多数的与国民党左派的联合政权。名义上使用中国国民党革命委员会，以'继承国民党正统'来号召，反对宁汉政府。暴动之翌日即由中国国民党各省党部及特别市、海外党部代表联席会议的名义，产生革命委员会。"（《李立三报告——八一革命之经过与教训》，《中央通讯》1927年第7期）

《中央委员各省区特别市海外各党部代表联系会议宣言》宣告："为领导以后革命之奋斗，必需有应时之政治组织，故议决于本党第三次全国代表大会未开会以前，选举孙宋庆龄同志等二十五人组织中国国民党革命委员会。此革命委员会之职责，在继续本党之革命正统。于最短期间，当确立一革命之新根据地，以便召集第三次全国代表大会，讨论一切党国大计，重新选举本党中央执行委员会，以便指导全国革命运动，使能有更正确更迅速的发展。"（转录自枕薪《南昌政变之追忆》，《新国家》1927年12月第1卷第12号）

此前，宋庆龄、邓演达、谭平山、彭泽民、林祖涵、吴玉章、毛泽东、柳亚子等22位国民党中央委员于7月31日发表《中央委员宣言》，抨击"武汉与南京所谓党部政府，皆已成为新军阀之工具，曲解三民主义，毁弃三大政策，为总理之罪人，国民革命之罪人"。宣称："同人等自今日以后，惟有领导全国同志，誓遵总理遗志奋斗到底，决不敢有所瞻徇，以贻误革命大局。"提出，"为革命获一新根据地"，"在第三次全国代表大会以前，由各省党部代表推举全党信任之领袖组织临时的革命领导机关"等建议。（《中央委员宣言》，载1927年8月1日南昌《民国日报》）

2日 与宋庆龄、邓演达、谭平山、张发奎、贺龙、恽代英等主席团成员联名颁布《中国国民党革命委员会令》，任命国民党革命委员会秘书厅、参谋团、财政委员会、宣传委员会、农工委员会等各个组织机构的组成人员及负责人，以及所辖部队的军事指挥员、总政治部负责人等。

◎ 被中国国民党革命委员会任命为宣传委员会委员、主席（未到任前由委员恽代英代理）、总政治部主任（未到任前由副主任章伯钧代理）。（《中国国民党革命委员会令》，载 1927 年 8 月 2 日、3 日江西《工商报》）

◎ 与李一氓上庐山。（《海涛集·涂家埠》）

3 日　与李一氓下庐山至九江张发奎部。与张发奎商定解散政治部，人员以礼遣散，不作留难。谢绝了张发奎拟同去日本的邀请。

"张发奎和我商量的就是解决政治部的事情。他主张解散，我也同意了。这是一种革命的逻辑，在当时一般认为：凡是干政治工作的都是共产党。八一革命是共产党发动的，所有的政工人员自然也应该共同进退了。"（《海涛集·涂家埠》）

◎ 傍晚，与李一氓、阳翰笙、梅龚彬出发往南昌，夜宿德安车站。

"火车的交通已经停止了……要去，就只好乘手摇车，但保不定能够到达。""铁路工友是有很好的组织的，他们知道了我们的来历，尤其自告奋勇，愿意把我们送到南昌去。"（《海涛集·涂家埠》）

4 日　乘手摇车途经涂家埠车站，路遇在南昌被缴械的朱培德、程潜部残兵，遭打劫，枪支、手表、行李等均被抢光，北伐期间的一些日记也被抢去。

◎ 晚，抵达南昌，即被引至贺龙的军部。见到得知消息赶来的周恩来，并得其所赠一套蓝布军服。又见到谭平山、恽代英。

"我对于代英却表示了特别的谢意。因为在我未来之前，他已经替我们把政治部组织了起来。而且处理得井井有条了。虽然明早就要出发，也没有剩下什么工作要让我们来赶夜工的。"（《海涛集·涂家埠》）

5 日　随前敌委员会、革命委员会机关及贺龙率领的二十军出发南下广东。（《周逸群报告》，《中央通讯》1927 年第 7 期；朱其华《一九二七年底回忆》，上海新新出版社 1933 年 5 月版）

南昌起义前敌委员会决定进军广东，建立新的革命根据地。从 3 日开始，起义部队即陆续开拔南下，5 日全部撤离南昌。

8 日　抵达临川。"在临川驻了三天，对外及军队的宣传工作方才开始。"作绝句一首，写道："夜雨落临川，军书汗马还。一声传令笛，铁甲满关山。"(《李立三报告——八一革命之经过与教训》,《中央通讯》1927年第7期;张侠《南昌起义研究》,上海人民出版社1982年3月版。该诗曾收《韩山革命歌谣集》,第二句改作"将军匹马还",末句改为"铁骑满山川")

13日 途经宜黄。(刘伯承《南昌暴动始末记》,《中央通讯》1927年第7期)

18日 到达广昌。在广昌期间,出席革命委员会召开的连以上干部会议并讲话。(刘伯承《南昌暴动始末记》,《中央通讯》1927年第7期;萧克主编《南昌起义》,人民出版社1979年7月版)

26日 起义军攻入瑞金。随前敌委员会、革命委员会机关驻留瑞金(26日至9月1日)期间,经周恩来、李一氓介绍,与贺龙等一同加入中国共产党。

"在瑞金的时候,周恩来同我商量,要介绍郭沫若入党。究竟是郭沫若提出在先,还是组织上要他入党在先,现在无从说起。我看这不是一个重要问题,因为当时对郭沫若来讲,入党的时机已经成熟。"(刘伯承《南昌暴动始末记》,《中央通讯》1927年第7期;《李一氓回忆录》,人民出版社2001年1月版)

9月

5日 抵达汀州,期间(5日至11日),与恽代英一起在汀州师范学校举行的报告会上做报告。(刘伯承《南昌暴动始末记》,《中央通讯》1927年第7期;傅连暲《南昌起义的伤员》,《南昌起义》,中共党史资料出版社1987年6月版)

"郭沫若同志第一句话说:'二百年前我也是汀州人。'他的和蔼可亲的姿态和热情而幽默的语言,吸引了许多青年热望革命的心情。"

12日 抵达上杭,期间(12日至17日),在西校场举行的群众欢迎起义军大会上,与彭湃、李立三等相继发表讲话。(刘伯承《南昌暴动始末记》,《中央通讯》1927年第7期;朱其华《一九二七年底回忆》,上海新新出版社1933年5月版;《起义军在上杭——访问罗明》,《南昌起义》,中共党史资料出版社1987年6月版)

◎ 驻留上杭期间,与周恩来、恽代英、聂荣臻、徐特立、章伯钧等在第九军军部参加政治工作会议。会后朱德留饭,交谈起义军开赴潮汕后的工作计划。(刘伯承《南昌暴动始末记》,《中央通讯》1927年第7期;朱其华《一九二七年底回忆》,上海新新出版社1933年5月版)

18日 随起义军到达广东大埔。(刘伯承《南昌暴动始末记》,《中央通讯》1927年第7期)

23日 起义军先头部队抵达潮州后遭遇英、法、日、美等国干涉,即被革命委员会任命为对外交涉委员兼汕头海关监督,着即前往汕头办理交涉事宜。(刘伯承《南昌暴动始末记》,《中央通讯》1927年第7期;朱其华《一九二七年底回忆》,上海新新出版社1933年5月版;汕头市档案馆《"八一"起义军总指挥部——汕头大埔会馆》,《南昌起义资料》,人民出版社1979年7月版)

24日 下午,随中共前敌委员会抵达汕头,驻大浦会馆。汕头市革命委员会宣告成立。(汕头市档案馆《"八一"起义军总指挥部——汕头大埔会馆》,《南昌起义资料》,人民出版社1979年7月版)

25日 奉革命委员会第145、146号令,出任潮海关监督兼汕头交涉员到任视事。(潮海关档案352卷7775号;周修东《潮海关史事丛考》,中国海关出版社2013年版)

26日 与周恩来乘船往汕头。革命委员会机关驻扎于此。(张侠《南昌起义研究》,上海人民出版社1982年3月版;刘伯承《南昌暴动始末记》,《中央通讯》1927年第7期)

◎ 下午,与周恩来赶到揭阳,参加部署进军计划的军事会议。(揭阳文化馆《山湖战役概况》,载张侠《南昌起义研究》,上海人民出版社1982年3月版)

◎ 在汕头期间,接收了《岭东民国日报》,改为革命委员会机关报《革命日报》,任主笔,并为该报题写报头。

《革命日报》仅出版三天即停刊。(许美勋《潮汕七日红——一九二七年红军到潮汕前后见闻》,1957年7月15日《南方日报》;汕头市档案馆《"八一"起义军总指挥部——汕头大埔会馆》,《南昌起义资料》,人民出版社1979年7月版)

27日 照会潮海关税务司、日本及西方国家驻汕领事,告知已于25日就任潮海关监督兼汕头交涉员。另函商约拜会时间。(潮海关档案352卷7775、7776号;周修东《潮海关史事丛考》)

28日 以潮海关监督署名义向潮海关商借一英文翻译随行,下午拜会潮海关税务司,及部分外国驻汕领事。(潮海关档案352卷7777号;周修东《潮海关史事丛考》)

29日 上午，向潮海关商借派船至碧石，拜会英国驻汕领事。（潮海关档案352卷7778号；周修东《潮海关史事丛考》）

◎ 照会潮海关税务司，要求如数拨付就职以来的海关监督费466.66元。（潮海关档案352卷7779号；周修东《潮海关史事丛考》）

南昌起义部队撤离汕头后，西方国家控制的北京总税务司批准将该款全额拨付"潮汕七日红"期间逃离汕头的原潮海关监督兼汕头交涉员谭兆槐。（潮海关呈北京总税务司署文6355、6363号，总税务司署第2950号；周修东《潮海关史事丛考》）

10月

1日 凌晨，随革命委员会撤往普宁。

"九月三十日晚二时，遂决定放弃潮汕退海陆丰。"（《海涛集·流沙》；《李立三报告——八一革命之经过与教训》，《中央通讯》1927年第7期）

2日 撤退至普宁的流沙。（《海涛集·流沙》；刘伯承《南昌暴动始末记》，《中央通讯》1927年第7期）

3日 参加革命委员会召集的将领会议，即流沙会议。（《海涛集·流沙》）

与会者有周恩来、李立三、谭平山、恽代英、贺龙、叶挺、刘伯承、聂荣臻、彭湃、吴玉章、林伯渠、廖乾吾、贺昌、张曙时、张国焘等。周恩来讲话，总结了此次南征失败的经验教训，提出"武装人员退往海陆丰，今后要作长期的革命斗争"。（《南昌起义·附录》，中共党史资料出版社1987年6月版）

关于流沙会议召开的时间说法有二：张国焘回忆在4日召开，刘伯承说是在3日召开。"二日革委退至流沙，各部队于次日始到达，革委召集将领会议，决定敌军追我军势急，我军如退海陆丰实力恐难保存，拟由云落北窜作流寇行，以帮助农民斗争，革委则去掉国民党头衔，分散各省活动将领中不愿随行者听之。此议虽决，而部队仍由流沙经钟潭向海陆丰道上之云落前进……被普宁方面之敌截为两段，军无战心溃散不少。革委人员因亦解体，陆续逃往香港。"（张国焘《我的回忆》，现代史料编刊社1980年版；刘伯承《南昌暴动始末记》，《中央通讯》1927年第7期）

◎ 下午，因敌军追兵已至，即出发往云落。路上与敌军遭遇战，队

伍流散。夜宿瓦窑墟。(《海涛集·流沙》；刘伯承《南昌暴动始末记》，《中央通讯》1927年第7期)

4日 决意走出海口往香港。与安琳等人由当地农会干部做向导引路到达盐酸寮，并经当地农会主席陈开仪安排，在盐酸寮潜伏了一周的时间。(《海涛集·流沙》)

◎ 作小说《一只手——献给新时代的小朋友》讫。发表于《创造月刊》1928年2月1日、3月1日、5月1日第1卷第9、10、11期，署名麦克昂。描写了在尼尔更达海的一个小岛上，工人们不堪忍受资本家的残酷压迫剥削，武装起义建立起无产阶级政权的故事。小孛罗是个从八九岁就开始去钢铁厂做童工的少年。他驯善，肯卖力气，用辛辛苦苦挣得的血汗钱艰难地奉养着被资本家榨干了血汗的父母。终于有一天，小孛罗被机器轧断了一只手，这引发了全体工人的愤怒。小孛罗举着被轧断的一只手反抗了，工人们在共产党人克培的领导下烧毁了资本家的工厂，发起武装暴动，夺取了全岛的政权，建立起一个工人政府。"这是尼尔更达岛的新生！"

初由上海大光书店1933年4月出版发行；后收《沫若文集》第5卷；现收《郭沫若全集·文学编》第10卷。

本篇发表时分为上、中、下三节，作者自署10月4日脱稿。收入《沫若文集》时，将上节改为一、二两部分，中节改为三、四两部分，删去下节，改脱稿日期为10月9日。收入《郭沫若全集》时，将被删去的下节另作"附录"。

"我这'麦克'是英文 maker（作者）的音译，'昂'者我也，所以麦克昂就是'作者是我'的意思。"(《跨着东海》)

15日 与成仿吾合译的《德国诗选》（歌德等著）由上海创造社出版部初版发行，列为"世界名著选"第6种。其中收录所译歌德《湖上》《五月歌》《牧羊者的哀歌》《放浪者的哀歌》《对月》《艺术家的夕暮之歌》《迷娘歌》《渔夫》《屠勒国王》《掘宝者》《"浮士德"选译》《"维特"序诗》，席勒《渔歌》，海涅《悄静的海滨》《"归乡集"—第十六首》《"Seraphine"第十六首》，希莱《森林之声》等篇。

中旬 由陈开仪带路到达神泉，等待去香港的船。这里是一个产盐的口岸。(《海涛集·流沙》)

下旬 从神泉乘小帆船往香港。(《海涛集·流沙》)

◎ 在香港致信成仿吾，主张从革命回到文学的时代。

"这封信写在一个很简单的纸片上，署名 R.L。这两个字是革命、文学的缩写。这封信的简单意思是，郭沫若主张应从革命回到文学的时代。"(宋彬玉《郭沫若和成仿吾》，《郭沫若研究学会会刊》1982 年第 1 集)

◎ 从香港返回上海，并与家人团聚，住在窦乐安路一栋小弄堂房子里。(《跨着东海》)

本月 《革命与文学》(《革命と文学》)译载于日本春秋社《大调和》第 1 卷第 7 期。

11 月

20 日 作《到宜兴去·补记》。写道："三年前的旧事已经渺渺茫茫了，不消说我这文章是不能再续下去的，但我想也没有再续下去的必要。往年军阀私斗的宜兴，而今已经成为农民革命军的战场。假使我是有再到宜兴的机会时，这新的战痕倒很值得我来纪述。"

初收创造社出版部 1928 年 5 月初版《水平线下》；后收《沫若文集》第 7 卷，作为文章的结尾；现收《郭沫若全集·文学编》第 12 卷。

《到宜兴去》最初发表时另有记者附语，说："沫若先生的《到宜兴去》，只做到第三天为止。我相信读者诸君，一定很想窥她全豹，希望再看下文。所以记者特别写信给他，请他继续寄稿。但他的回信，是如此如此"："……《到宜兴去》实在不能再写下去了，印象模糊，校课又忙了起来，实在没有时候再写。好在第四天以后的事情已经有周全平君的宜兴调查报告和我的《一位军神》，都在《战痕》中，我觉得也无再写下去的必要了。假使嫌其没有落脚时，就请老兄将我这封信接上去做个尾巴罢。"

30 日 改译竣《浮士德》第一部，并作《译后》。收创造社出版部 1928 年 2 月初版《浮士德》。写道：

"真是愉快，在我现在失掉了自由的时候，能够把我这浮士德译稿整理了出来。

我翻译浮士德已经是将近十年以前的事了。

民国八年的秋间，我曾经把这第一部开场的独白翻译了出来，在那年的时事新报双十节增刊上发表过。

翌年春间又曾经把第二部开场的一出翻译了出来，也是在《时事新报》的《学灯》上发表过的。

就在那民国九年的暑假，我得着共学社的劝诱，便起了翻译全部的野心，费了将近两个月的工夫也公然把这第一部完全翻译了。

本来是不甚熟练的德语，本来是不甚熟练的译笔，初出茅庐便来翻译这连德国人也号称难解的韵文的巨作，回想起来，实在是觉得自己的胆大；不过我那时所费的气力也就可想而知了。

我那时候还是日本的一个医科大学的学生。刚好把第一部译完，暑假也就过了。更难解更难译的第二部不消说更没有时候来着手了。我早就决定把这第一部单独地发表，不料我写信给共学社的时候，竟没有得着回信，我便只好把这译稿搁置了起来。一搁置竟搁置了十年之久。"

"十年以前的旧稿，而今又重来补缀整理，我的心情和歌德在'献词'中所歌咏出的他隔了多年又重理他的旧稿时的那种心情实在相差不多。

我好像飘泊了数年又回到了故乡来的一样。

但我这故乡是怎么样呢？这真是田园荒芜，蟫蛸满屋了。我起初以为只消把缺陷补足便可以了事，但待我废了几天的工夫补译完了之后，把其余的残稿重新阅读，实在是要令人汗颜。我自己深以为幸，我不曾把它发表了出来。我自己深以为幸，我的旧稿是被耗子给我咬坏了。耗子竟成了我的恩人，使我免掉了一场永远不能磨灭的羞耻。

这次的成品，可以说是全部改译了的。原作本是韵文，我也全部用韵文译出了。这在中国可以说是一种尝试，这里面定然有不少的无理的地方。不过我要算是尽了我的至善的努力了。为要寻出相当的字句和韵脚，竟有为一两行便虚费了我半天工夫的时候。

从整个来说，我这次的工作进行得很快，自着手以来仅仅只有十天的工夫，我便把这第一部的全部完全改译了。我的译文是尽可能的范围内取其流畅的，我相信这儿也一定收了不少的相当的效果。然我对于原文也是尽量地忠实的，能读原文的友人如能对照得一两页，他一定能够知道我译时的苦衷。译文学上的作品不能只求达意，要求自己译出的结果成为一种艺术品。这是很紧要的关键。我看有许多人们完全把这件事情忽略了。批评译品的人也是这样。有许多人把译者的苦心，完全抹杀，只在卖弄自己一点点语学上的才能。这是不甚好的现象。不过这样说，我也并不是要拒绝任何人来纠正我的误译的，只要不是出于恶，我是绝对的欢迎。

总之我这个译品，在目前是只能暂以为满足了。我没有充裕的时间来做这种闲静的工作。第二部我虽然也曾零碎的译过一些，但我也把那全译的野心抛弃了。这部作品的内容和我自己的思想已经有一个很大的距离，这是用不着再来牵就的。"

文末署"民国十七年十一月三十日改译竣"。在《跨着东海》中另记为"民国十六年十一月三十日改译竣"，前者应系误记或误排。——编者注

本月 为加强创造社的力量，掩护它的活动，"发动了李一氓和阳翰笙来参加"，并联系与鲁迅合作，一同办《创造周报》，得到鲁迅允诺。

"我是爱护创造社的，尤其爱护创造社在青年中所发生的影响，因此我想一面加强它，一面也要为它做些掩护的工作。怎样去加强它呢？我在人事上发动了李一氓和阳翰笙来参加，同时又通过郑伯奇和蒋光慈的活动，请求鲁迅来合作。鲁迅在那时也由广州回到上海来了，对于我的合作的邀请，他是慨然允诺了的。"（《跨着东海》）

1927年11月9日、19日鲁迅日记分别记有："郑伯奇、蒋光慈、段可情来"，"下午郑、段二君来"。（《鲁迅全集》第16卷，人民文学出版社2005年11月版）

"我们觉得这么多的进步作家聚集上海，大家联合起来，共同办一个刊物，提倡新的文学运动，一定会发生相当大的影响。政治革命暂时受了挫折，先从文艺战线上重整旗鼓，为迎接将来的革命高潮准备条件，岂不是很好吗？蒋光慈和段可情也有同样的想法。我们取得沫若同志的同意和支持，同去访问鲁迅先生，谈出联合的意思，鲁迅先生立即欣然同意。他并且主张不必另办刊物，可以恢复《创造周报》，作为共同园地，他将积极参加。"（郑伯奇《创造社后期的文学活动》，《忆创造社及其他》，香港三联书店1982年版）

◎ 计划去苏联，"而且决定全家都去"。（《跨着东海》）

"中央……答应郭沫若全家都去（苏联）。"（《李一氓回忆录》，人民出版

社 2001 年 1 月版）

◎ 月末，接待桂毓泰携夫人斋藤花子来访，并留宿。

"桂博士和我是同期生，是由日本京都帝国大学医学部毕业的。"北伐前后，在广东大学医学院做过院长。"我们是同学，又是同事。""花子夫人和安娜，更因同国的关系，是特别亲密的。"（《跨着东海》）

◎《ある月夜のアクシデソト》译载于日本极东新信社《北京周报》第 282 号。

12 月

3 日 在《创造周报》复刊启事上，以麦克昂的笔名，与鲁迅、成仿吾、郑伯奇、蒋光慈等一同列名为该刊"特约撰述员"。

上海《时事新报》本日刊登了这则复刊启事。

"怎样来掩护呢？我当时所拟定的办法是这样：第一是恢复《创造周报》，专以青年为对象；其次是充实《创造月刊》，使它从纯文艺的范围扩展为综合性的；更其次是发行社会科学和自然科学的丛书。我们从第一步做起，曾经在报章上登过恢复《创造周报》的启事，在这启事上是以鲁迅的名字领衔，我以麦克昂的变名居第二……"（《跨着东海》）

5 日 下午，得通知，次日动身，将有人来接，搭乘苏联的船往海参崴。

"我自己仿佛回到了幼年时代，自己感觉着兴奋而愉快，从此可以到我所渴慕着的地方了。"（《跨着东海》）

6 日 有朋友偷偷来送行。晚 7 时得临时通知："船不能开，发生了障碍，开船的日期，到决定后再临时通知。"（《跨着东海》）

据《李一氓回忆录》所说："1927 年秋回到上海时。中央通知准备送我去苏联留学，并答应郭沫若全家都去。总以为不久就可以动身了，哪知道 12 月就发生了广州起义。广州起义后，国民党立刻宣布和苏联断绝外交关系。停在黄浦江有一只苏联船，苏联关闭了上海的领事馆，就拿这只船接所有外交人员回国。船上就没有多余的位子让我们去苏联了。同样的，郭老一家人也不能去。"（《李一氓回忆录》，人民出版社 2001 年 1 月版）

8 日 晚，突患斑疹伤寒。

12日　在内山完造帮助下，住进长春路353号日本医师石井勇寓所治疗。

"入院后在开始的两个礼拜当中，我完全失掉了知觉。不断发出谵呓，时而表现狂暴。听说在最严重的时候，医师已经关照了安娜，可以准备后事了。""可是我依然活了下来。病在两星期后，渐渐地好转。"（《离沪之前》；《跨着东海》；萧斌如《郭沫若在上海》，《郭沫若学刊》1992年第4期）

"苏联的船是十二月十二日开出的。那天最后的通知虽然来了，但正是我在死亡线上挣扎的时候，安娜后来告诉我，假使我在这之前死了，她都是决心把孩子们带去了的。"（《跨着东海》）

1927、1928年间

◎ 从香港回到上海后，几次与周恩来见面。

"革命失败后，周恩来和郭沫若几次见面，而且曾在南京路大酒家宴请郭沫若。""周恩来要郭沫若安插李民治和欧阳继修在创造社里，也不奇怪。首先解决二人的职业问题，其次可以发挥二人的作用。"（《郑超麟回忆录》（下），东方出版社2004年3月版）

◎ 为李民治题联："民生正涂炭　治国羡劳农"。（《郭沫若书法集》，四川辞书出版社1999年11月版）

1928年（戊辰　民国十七年）36岁

1月　《文化批判》月刊创刊，创造社的活动进入文化批判的时期。太阳社成立，并创办《太阳月刊》。两个文学社团开始大力倡导无产阶级革命文学。

2月　共产国际第九次执行委员会会议通过"中国问题"及开除托洛茨基分子等决议。

3月15日　日本发生"三一五事件"。日本政府为镇压共产党，逮捕大批日共党员及进步人士。

4月　朱德、陈毅率南昌起义部队在井冈山与毛泽东率领的秋收起义部队会师。

同月　国民党中央政治会议决议设立中央研究院,任命蔡元培为国立中央研究院院长。

5月3日　日军借口保护侨民,出兵侵占山东济南,屠杀中国军民一万余人,制造了"济南惨案"。

6月18日至7月11日　中国共产党第六次全国代表大会在莫斯科召开,总结了第一次国内革命战争的经验教训,肯定了中国社会仍然是半殖民地半封建的社会,中国革命的性质仍然是资产阶级民主革命。

12月　中国著作者协会在上海成立,并发表《中国著作者协会宣言》。

1月

1日　《英雄树》发表于《创造月刊》第1卷第8期,署名麦克昂。借广东俗称英雄树的一种热带植物木棉的特征——"内质十分疏松,只贪图向外发展,而发展得又非常迅速。但也开过一次赤花,然而不久就变成了白色恐怖的世界"——抨击了国民党反动势力对革命的背叛。提出了关于无产阶级文艺的主张:"文艺是应该领着时代走的。""个人主义的文艺老早过去了","当一个留声机器——这是文艺青年们的最好的信条。""社会上有无产阶级便会有无产阶级的文艺。""无产阶级的文艺是倾向社会主义的文艺。"呼唤文艺家们不要脱离时代,"有笔的时候提笔,有枪的时候提枪"。"我们大家脱去感伤主义的灰色衣裳,请来堂堂正正地走上理论斗争的战场","思想是生活的指路碑"。

初收上海光华书局1931年9月初版《文艺论集续集》;后收《沫若文集》第10卷;现收《郭沫若全集·文学编》第16卷。

◎ 以麦克昂的笔名,与鲁迅、成仿吾、蒋光慈等联名在《创造月刊》第1卷第8期发表《创造周报复活了》的预告,并为编辑委员。

"复活预告"中写道:"时代滚滚地流去,转瞬之间,在我们文艺界瞌睡着的当中,时代又已经前进得离我们很远了。文艺应该站在时代的前头,至少也得跟在时代的尾后前进。可诅咒的瞌睡,可耻辱的落伍!我们不甘于任凭我们的文艺界长此消沉,任凭我们的文艺长此落后的几人,发愿恢复我们当年的、不幸在恶劣的环境中停顿了的《创造周报》,愿以我们身中新燃着的烈火,点起我们的生命于我们消沉到了极点的文艺界,完成我们当年未竟的志愿。我们的文学革命已经告了一个段落,我们今天要根据新的理论,发扬新的精神,努力新的创作,建设新的批评——我们将在复活的《创造周报》开始新的简册。我们在这里正式宣布,我们的休息已经告终,我们决在十七年的第一个星期日再与诸君相见。亲爱的朋友们哟,请听,请听,我们卷土重来的雄壮的鼙鼓!"

3日 改削诗作《凤凰涅槃》,编入《沫若诗集》,上海创造社出版部6月初版。

4日 病愈出院。

"初出院的时候是连路也不能走的,耳朵也聋了。出院不几天,算渐渐地恢复了转来。"(《离沪之前》)

5日 作诗《Reconvalescence》。写道:"我已经病了三个礼拜,/我这三个礼拜都是没有睡眠;/但我的脑筋是这样的清醒,/我一点也不忧虑,也不熬煎。""但我现在是已经复活了,复活了,/复活在这混沌的但有希望的人寰。/我实在已超过了不少的死线,/我将以天地为椁,人类为棺。"(Reconvalescence,英语,康复、恢复之意。——编者注)

初收创造社出版部3月初版《恢复》;后收《沫若文集》第1卷,题名《恢复》;现收《郭沫若全集·文学编》第1卷。

◎ 作诗《述怀》。抒发继续战斗的革命情怀:"我今后的半生我相信没有甚么阻挠,/我要一任我的情性放漫地引领高歌。/我要唤起我们颓废的邦家、衰残的民族,/我要歌出我们新兴的无产阶级的生活。"

初收创造社出版部3月初版《恢复》,后收《沫若文集》第1卷,现收《郭沫若全集·文学编》第1卷。

◎ 作诗《〈关雎〉的翻译》。借《诗经》《关雎》篇的诗义,抒发了对于一位"美好的少女"的爱慕思恋之情。

初收创造社出版部3月初版《恢复》;后收《沫若文集》第1卷;现收《郭沫若全集·文学编》第1卷。

◎ 作诗《Hysteria》。写道:"我与你并没有甚么怨尤,/姑娘,我只是不能爱你。/你何苦定要和我寻仇?/你真是害了歇司迭里!"(Hysteria,英语,癔症,现通译歇斯底里。——编者注)

初收创造社出版部3月初版《恢复》；后收《沫若文集》第1卷，题名《歇司迭里》；现收《郭沫若全集·文学编》第1卷。

◎ 作诗《怀亡友》。回忆了与孙炳文在广东相处时的革命豪情，寄托了对亡友的深切怀念："啊，朋友，你的头颅是老早被人锯了，/一直到现在不知道你被抛在了哪边。/不过你那口吃的声音还在和我说笑，/你那赤铜色的面孔还活在我的面前。"

初收创造社出版部3月初版《恢复》；后收《沫若文集》第1卷；现收《郭沫若全集·文学编》第1卷。

6日 作诗《黑夜和我对话》。愤怒地诅咒掩盖世间罪恶的黑夜："你资本化了的黑奴，你印度巡捕的鬼脸！/去吧，去吧，去吧，你不要在这儿和我纠缠！/西半球的资本家们在欢迎你，欢迎你了，/我不愿见你的尊容，只好闭着眼睛不看。"

初收创造社出版部3月初版《恢复》；后收《沫若文集》第1卷；现收《郭沫若全集·文学编》第1卷。

◎ 作诗《归来》。抒写了病愈出院后得享天伦之乐的愉悦，以及对于妻儿们的歉疚之情，但并没有忘却身负的使命："我也曾决定志向不再离开他们，/想聊尽我做父亲的一番责任；但是祖国的呼唤有无限的引力，/我不能不为解放前进，为群众牺牲。"

初收创造社出版部3月初版《恢复》；后收《沫若文集》第1卷；现收《郭沫若全集·文学编》第1卷。

◎ 作诗《得了安息》。描写回到家中，精神变得"如像那窗外的蔚蓝的宇宙"那样"新鲜"。"这是爱的联系，骨肉的联系，/这是宇宙中的自然的枢机！"

初收创造社出版部3月初版《恢复》；后收《沫若文集》第1卷；现收《郭沫若全集·文学编》第1卷。

7日 作诗《诗的宣言》。宣称："我是诗，这便是我的宣言，/我的阶级是属于无产；/不过我觉得还软弱了一点，/我应该要经过爆裂一番。//这怕是我才恢复不久，/我的气魄总没有以前雄厚。/我希望我总有一天，/我要如暴风一样怒吼。"

初收创造社出版部3月初版《恢复》；后收《沫若文集》第1卷；现收《郭沫若全集·文学编》第1卷。

◎ 作诗《对月》。写道："我没有你那超然的情绪，/我没有你那幽静的心弦。/我所希望的是狂暴的音乐/犹如鞺鞳的鼙鼓声浪喧天。"

初收创造社出版部3月初版《恢复》；后收《沫若文集》第1卷；现收《郭沫若全集·文学编》第1卷。

◎ 作诗《我想起了陈涉吴广》。借歌颂历史上"农民暴动的前驱"陈涉、吴广，抨击了广大农村黑暗的社会现实，期待着在"三万二千万以上"的农民中产生出陈涉、吴广，而"在工人领导之下的农民暴动哟，朋友，/这是我们的救星，改造全世界的力量！"

初收创造社出版部3月初版《恢复》；后收《沫若文集》第1卷；现收《郭沫若全集·文学编》第1卷。

◎ 作诗《黄河与扬子江对话（第二）》。抨击了军阀割据的黑暗统治和帝国主义对于中国的侵略、掠夺，寄希望于"他们有三万二千万以上的贫苦农夫，/他们有五百万众的新兴的产业工人，/这是一个最猛烈、最危险、最庞大的炸弹，/它的爆发会使整个的世界平地分崩！"

初收创造社出版部3月初版《恢复》；后收《沫若文集》第1卷；现收《郭沫若全集·文学编》第1卷。

◎ 作诗《传闻》。讥讽打着革命旗号的反动势力又在闹"太阳与太阳的甚么内讧"，"但它们的重量毕竟是半斤八两"。"我们有的是我们的铁锤、镰刀。/我们有一天翻了身的时候呀，/无论你甚么个太阳都要打倒！"

初收创造社出版部3月初版《恢复》；后收《沫若文集》第1卷；现收《郭沫若全集·文学编》第1卷。

◎ 作诗《如火如荼的恐怖》。写道："我们的眼前　望都是白色，/但是我们并不觉得恐怖，/我们杀了一个要警惕百个，/我们的恐怖是如火如荼！"

初收创造社出版部3月初版《恢复》；后收《沫若文集》第1卷；现收《郭沫若全集·文学编》第1卷。

8日 作诗《外国兵》。奉劝那些被"当成机械用了"的外国兵，"……掉转手中的枪身，/对准你的寇仇，结果那黄金的生命。/你不要永远只是做一个机械，/你要堂堂正正地做一个真正的人！"

初收创造社出版部3月初版《恢复》；后收《沫若文集》第1卷；现

收《郭沫若全集·文学编》第 1 卷。

◎ 作诗《梦醒》。回忆了南昌起义后经历的一次凶险，又联想到同胞姐妹在旧式婚姻制度下的不幸命运，抒发了对亲人的怀念之情。

初收创造社出版部 3 月初版《恢复》；后收《沫若文集》第 1 卷；现收《郭沫若全集·文学编》第 1 卷。

◎ 作诗《峨嵋山上的白雪》。吟咏了怀乡的一股思绪："峨嵋山上的白雪/怕已蒙上了那最高的山巅？/那横在山腰的宿雾/怕还是和从前一样的蜿蜒？""啊，那便是我的故乡，/我别后已经十有五年。/在今晚的月光之下，/峨嵋想已化成紫烟。"

初收创造社出版部 3 月初版《恢复》；后收《沫若文集》第 1 卷；现收《郭沫若全集·文学编》第 1 卷。

◎ 作诗《巫峡的回忆》。回忆到乘船初出夔门时的情景，描写了巫峡奇峭迷离的景观，感慨道："啊，人生行路真如这峡里行船一样，/今日不知明日的着落，前刻不知后刻的行藏。/我如今就好像囚在了群峭环绕的峡中——/但我只要一出了夔门，我便要乘风破浪"！

初收创造社出版部 3 月初版《恢复》；后收《沫若文集》第 1 卷；现收《郭沫若全集·文学编》第 1 卷。

9 日 作诗《诗和睡眠争夕》。以"诗"和"睡眠"对话的形式，表现了养病期间常常处在诗兴袭来的那种精神状态："（诗）我其实也不是有意倔强，/不过我来了，他总是不放。""我对于他也好像是个安慰；/你看，我来了，他便把眼睛闭起。"

初收创造社出版部 3 月初版《恢复》；后收《沫若文集》第 1 卷；现收《郭沫若全集·文学编》第 1 卷。

◎ 作诗《电车复了工》。赞颂上海的工人在白色恐怖的气氛下英勇罢工的英雄气概。写道："我们有的是这样勇敢的工人，/我们有的是这样坚强的意志，/不管目前的斗争是成还是败，/我们终会得到的是最后的胜利！"

初收创造社出版部 3 月初版《恢复》；后收《沫若文集》第 1 卷；现收《郭沫若全集·文学编》第 1 卷。

◎ 作诗《我看见那资本杀人》。写道："我病了要费金钱，/这是我失眠的原因。/我便睁着眼睛看见，/看见那资本杀人。"

初收创造社出版部3月初版《恢复》；后收《沫若文集》第1卷；现收《郭沫若全集·文学编》第1卷。

10日 校读《浮士德》后作志言。收创造社出版部2月初版《浮士德》。写道："最后的校稿送来了。我在这儿要感谢几位友人：仿吾、伯奇、独清，他们时常劝诱我，使我终竟译成了这部著作，还有韵铎，他为我职司校对，奔走印刷，这部书能够及早出世，可以说完全是他的功绩。"

译者自署此志言写于"民国十八年一月十日"，应为误记。——编者注

◎ 作诗《金钱的魔力》。诅咒金钱吃人的"魔力"："多产，贫困，苦了她十有三年，/……/到现在只弄得个皮骨相连。""它已经吃遍了全世界的穷人，/我的一家看看也快要被它吃掉。"

初收创造社出版部3月初版《恢复》；后收《沫若文集》第1卷；现收《郭沫若全集·文学编》第1卷。

◎ 作诗《血的幻影》。抒发了大革命失败后的痛苦心情，同时也表达了永不退却的信念："我看见无数的恶魔在我眼前跳舞，/无数的火焰天使化成血影模糊，/一望的血海、血山，我不知身在何处，瞬时间我又感觉到这万幻虚无。""对于猛兽哪里还容得着片刻的容忍，/我们快举起我们的火炬烧灭山林！把我们一切的耻辱、因循、怀疑、苦闷……/投向大火中，不然，我们是永远不能再生！"

初收创造社出版部3月初版《恢复》；后收《沫若文集》第1卷；现收《郭沫若全集·文学编》第1卷。

◎ 草《天才病治疗》第一节至第十节。

11日 作《前茅·序诗》。写道："这几首诗或许未免粗暴，/这可是革命时代的前茅。/这是我五六年前的声音，/这是我五六年前的喊叫。//在当时是应者寥寥，/还听着许多冷落的嘲笑。/但我现在可以大胆地宣言：/我的友人是已经不少。"

初收创造社出版部2月初版《前茅》；后收《沫若文集》第1卷；现收《郭沫若全集·文学编》第1卷。

◎ 为诗《暴虎辞》收入《前茅》作跋语。写道："这首诗是一九二一夏间的旧诗。这在形式上和内容与前面诸作均不相伦类，但因为它的精

神是反抗既成的权威；我所以不能割爱，也把它收在这儿。"

初收创造社出版部 2 月初版《前茅》；后收《沫若文集》第 1 卷；现收《郭沫若全集·文学编》第 1 卷。

15 日 晨，将《恢复》誊写完毕。午后校读一遍。

◎ 下午，成仿吾来访，将《恢复》交给他。（《离沪之前》）

16 日 上午，读安德列夫的《黑面具》，德波林的《康德的辩证法》、《资本论》的"商品与价值"一章；午后，读松尾芭蕉的《七部集》，觉得一些诗句与中国古典诗歌有相似之处；晚，读列宁的《党对宗教的态度》，认为"反宗教运动应隶属于阶级斗争之下"。

◎ 晚，接内山完造送来的菊花锅。接待成仿吾来访。（《离沪之前》）

◎ 夜，作诗《战取》。写道："我们准备下了一杯鲜红的喜酒，／这是我们的血液充满在心头。／要酿出一片的腥风血雨在这夜间，／战取那新生的太阳，新生的宇宙！"

初收创造社出版部 3 月初版《恢复》；后收《沫若文集》第 1 卷；现收《郭沫若全集·文学编》第 1 卷。

17 日 读马克思《政治经济学批判·序言》，并译出其中一段。（《离沪之前》）

18 日 读《资本论》。

◎ 成仿吾来访，与其一起讨论《资本论》的一条脚注。

◎ 草毕《天才病治疗》。受《资本论》脚注的启发，改题作《桌子的跳舞》。（《离沪之前》）

19 日 中午，接李民治携来周恩来回信，告以邓演达已回国，在香港与彭泽民组织第三党。

第三党即国民党临时行动委员会。章伯钧曾受命来劝说郭沫若加入该党，并请他为该党起草宣言，均被拒绝。

◎ 读托勒尔的剧本《人民大众》，觉得"毫无意趣"。回想五六年前对于托勒尔和表现派的盲目礼赞，"真是觉得幼稚"。

◎ 下午，接待蔡畅来访。

◎ 夜，读斯大林的《中国革命的现阶段》。（《离沪之前》）

◎ 补写《桌子的跳舞》讫，署名麦克昂。发表于《创造月刊》5 月第 1 卷第 11 期。写道："我这篇东跳西跳的文章，目的就在鼓舞静止着的别人。"文章认为，中国正处在一个伟大的时代，但不能产生伟大的作品，是因为作家们"不能把捉着时代的精神"。"中国的新文艺是深受了日本的洗礼的。而日本文坛的毒害也就尽量的流到中国来了。"那些过着"天才以上的生活"的作家们，只想着绝对的自由，是些"舒散的个人无政府主义者"。文章宣称："永远站在歧路口子上是不可能的；不是到左边来，便是到右边去！""我们的文艺是'普罗列塔利亚的文艺'。""不怕他昨天还是资产阶级，如果他今天受了无产者精神的洗礼，那他所做的作品也就是普罗列塔利亚的文艺。""普罗列塔利亚的文艺是最健全的文艺。"

"最勇猛的斗士大概是最健全的。

文艺是阶级的勇猛斗士之一员，而且是先锋。

它只有愤怒，没有感伤。

它只有叫喊，没有呻吟。

它只有冲锋前进，没有低徊。

它只有镰刀斧头，没有绣花针。

它只有流血，没有流泪。"

初收上海光华书局1931年9月初版《文艺论集续集》；后收《沫若文集》第10卷；现收《郭沫若全集·文学编》第16卷。

20日 接待来访的李民治、李硕勋。得知李硕勋夫人赵君陶患病无医药费，嘱创造社从版税项下抽送50元。

◎ 午后，成仿吾来访，将《桌子的跳舞》交彼。（《离沪之前》）

21日 读瞿秋白译哥列夫《无产阶级的哲学》一书中"艺术与唯物史观"一章。（《离沪之前》）

22日 上午，读国木田独步、芥川龙之介的小说。认为，国木田独步"确有诗才。《号外》与《穷死》尤有社会主义倾向。可惜此人早死，在日本文学界的确是一个损失"。

◎ 中午，接郑伯奇送来年货并《到宜兴去》的样稿。校读《到宜兴去》。

◎ 晚，将《到宜兴去》交与来访的成仿吾。（《离沪之前》）

23日 将《水平线下》编讫。

26日 读《资本论》。

◎ 成仿吾来访，促其将《从文学革命到革命文学》编好。

◎ 接待来访的王独清。谈及陈抱一意欲王独清去做中华艺术大学的委员，以为陈抱一只是在利用创造社，感叹王独清的"虚荣心真比女人还要厉害"。(《离沪之前》)

27日 读《资本论》第一卷。(《离沪之前》)

28日 午后，成仿吾来访，告以《浮士德》已排印好，晚间可送来。

◎ "想改编《女神》和《星空》，作一自我清算。"(《离沪之前》)

◎ 作诗《牧歌》。发表于上海《现代》月刊1932年11月第2卷第1期。描写一对陶醉在春草场上的恋人。咏道："春风吹入了我们的故乡，/姑娘呀，跳舞罢，姑娘。//我们向碧桃花下游行，/沐浴着那亲蔼的阳光。""空气这般地芬温软洋，/含孕着醇酒般的芳香。//姑娘呀，陶醉罢，姑娘，/春风吹入了我们的心房。"

收入上海现代书局1932年初版《中国文艺年鉴》(1932年度)，后录入《离沪之前》。

29日 读完《资本论》第一卷。

◎ 接成仿吾送来《浮士德》校样，校对至午夜，"误植太多"。(《离沪之前》)

30日 上午，成仿吾来访，告以《浮士德》正误表已制好。中午，李民治带来几本中共中央机关刊物《布尔雪维克》。

◎ "改削"诗剧《女神之再生》，编入《沫若诗集》，上海创造社出版部6月初版。

◎ 晚，病愈后第一次外出。携全家与成仿吾同往美丽川菜馆晚餐。返家后，又与成仿吾同赴创造社。"见《贡献》、《语丝》诸杂志，反动空气弥漫，令人难耐。"(《离沪之前》)

31日 上午，成仿吾送来《洪水》二册，校正《盲肠炎》。

◎ 晚，成仿吾复来，送来《女神》《星空》各一册。校读《女神》。(《离沪之前》)

本月 与钱杏邨(阿英)相识。(《阿英全集附录·阿英年谱》，安徽教育出版社2003年7月版)

2月

1日 译著《浮士德》由创造社出版部出版发行，列为"世界名著选"第8种。

此版为《浮士德》第一部，上海群益出版社1947年3月版及以后各版《浮士德》包括第二部。

◎ 修改诗作《电火光中三首》，编入《沫若诗集》，上海创造社出版部6月初版。

◎ 晚，成仿吾来一起用晚餐。安娜为庆祝《浮士德》出版，特意买了寿司。郑伯奇亦来，告以王独清"终竟做了野鸡大学的野鸡委员"。

"这是他个人的事，只要不用创造社名义，我并不反对。"(《离沪之前》)

2日 中午，石井医院送来医疗费账单，遂嘱安娜与成仿吾同去找前学艺大学校长讨要往日欠薪。

◎ 晚，与安娜同往内山书店，赠内山完造《浮士德》一册。归来后读日本《改造》月刊上刊载的意大利小说家G.德列达的小说《狐》。

"此人系今年得诺贝尔奖金者。印象的自然描写，暗示的事件推进，颇可注目。是一位写实派加技巧家，无甚新意，小资产阶级的文艺。"(《离沪之前》)

3日 邱哲携来邓演达所做政治宣言，意欲托为付印。看后退还了。

◎ 接内山完造赠葡萄酒，祝贺《浮士德》出版。

◎ 修改诗作《伯夷这样歌唱》，编入《沫若诗集》，上海创造社出版部6月初版。

◎ 编就《沫若诗集》第一种。(《离沪之前》)

◎ 题赠安娜《浮士德》。在扉页写道："此书费了十年的光阴才译成了。这是我们十年来生活的纪念。"在第二页以德语写下"献给我永远的恋人安娜"。(菊地三郎《万马齐喑的亚洲学——四十年亲历漫谈》，日本新人物往来社1981年11月版)

该书现藏日本东京亚非图书馆"沫若文库"。——编者注

4日 上午，与安娜往郑心南处，赠以《浮士德》一册。

◎ 晚，编就《水平线下》，并作《序引》。谓："这本小册子的内容是很驳杂的，有小说，有随笔，有游记，也有论文。但这些作品在它们的生成上是有历史的必然性的。""这是暴风雨前的沉静，革命的前夜。"又写道：

"我自从从事实际工作以后，在一个长时期内，不惟文艺上的作品少有，便是理论斗争的工作也差不多中断了。这个长时期可以说是我的石女时代。

"但是石头终有开花的时候，至少是要迸出火花来的。

火山爆发的时期怕是不远了。

"在这部书里面具体的指示了一个 intelligentsia（知识分子）处在社会变革的时候，他应该走的路。

"这是一个私人的赤裸裸的方向转换。

"但我们从这一个私人的变革应该可以看出他所处的社会的变革——'个'的变革只是'全'的变革的反映。"

初收创造社出版部 5 月初版《水平线下》，后收《沫若文集》第 7 卷，题为《原版序引》；现收《郭沫若全集·文学编》第 12 卷。

5 日 赴创造社，编改《文艺论集》《译诗集》。

◎ 晚，李初梨邀往其寓所谈话。"在壁炉前为他们谈谈'八一'革命"。

在座的还有成仿吾、郑伯奇、彭康、朱镜我、冯乃超。（《离沪之前》）

6 日 赴创造社，校《文艺论集》与《前茅》。旁听郑伯奇在社内"社会科学研究会"讲列宁的《马克思的价值论》。

◎ 午后，在寓所接待来访的九州帝国大学同学桂毓泰及同行的费鸿年夫妇。下午，成仿吾亦来，同在家中晚餐。（《离沪之前》）

7 日 读托尔斯泰的《黑暗之力》。（《离沪之前》）

8 日 上午，斯啸平来访，赠以《浮士德》一册。

◎ 读《查拉图斯屈拉》旧译。感觉"有好些地方连自己也不甚明了。着想和措辞的确有很巧妙的地方，但是尼采的思想根本是资本主义的产儿，他的所谓超人哲学结局是夸大了的个人主义，啤酒肚子"。

◎ 傍晚，赴创造社。与郑伯奇、王独清谈起郁达夫。得知在《日记九种》中被骂为"官僚""堕落"，只有苦笑。（《离沪之前》）

9日 读高尔基的《夜店》。感觉"并不怎么的杰出,经验丰富,说话的资料是源源而来的"。

◎ 读毕托尔斯泰的《黑暗之力》。觉得"没有怎么大的逼人的力"。

◎ 下午,成仿吾来,与其谈《创造月刊》,主张"把水准放低,作为作育青年的基本刊物"。

◎ 决定11日全家同往日本。

"心里涌出无限的烦恼。又要登上漂流的路,怎么也觉得不安。这一家六口真是够我拖缠。""豪兄不来,一时也不能动身。恐怕十一号不一定能够走成。仿吾说,明早去会梓年,请他去告诉豪,因为他听啸平说,民治已经搬了家。"(豪兄,即周恩来,伍豪为其化名。——编者注)(《离沪之前》)

10日 上午,周恩来与李民治来,同吃中饭。(《离沪之前》)

应该就是此次周恩来来访,同意了郭沫若一家赴日本的安排。——编者注

◎ 成仿吾来,约了李初梨等人来谈话。

◎ 晚,"伯奇来,留仿吾与伯奇在家吃晚酒,颇有醉意。决定延期乘十八号的'坎拿大皇后'"。(《离沪之前》)

◎ 诗集《前茅》由创造社出版部初版发行,为"创造社丛书"第22种。收诗15首(组)。后收《沫若文集》第1卷,现收《郭沫若全集·文学编》第1卷。

11日 与来访的李民治、欧阳继修(阳翰笙)谈及创造社刊行周刊的事。(《离沪之前》)

12日 往创造社出版部。读了彭康的《论人生观之论战》,以为,"甚精彩,这是早就应该有的文章。回视胡适辈的无聊浅薄,真是相去天渊"。(《离沪之前》)

◎ 为到日本后的去向苦恼了一天。

"究竟往东京呢?还是往长崎?

这样一个无聊的问题苦了我一天,为什么一定要走?

儿女们一定要受日本式的教育才行吗?

到日本去靠什么生活?"(《离沪之前》)

13日 上午,赴创造社出版部,与成仿吾等相谈半日。

◎ 下午，与彭康同看电影《澎湃城的末日》。(《离沪之前》)

14 日　与相继来寓所的李民治、欧阳继修、成仿吾、郑伯奇商议，并决定出版周刊。提议刊名《流沙》。

"这不单是包含沙漠的意义，汕头附近有这样一个地名，在我们是很可警惕的一个地方。"

◎ 成仿吾、王独清邀往都益处晚餐。(《离沪之前》)

15 日　读日本《新潮》杂志，有藤森成吉的一篇小说，"颇能尽暴露的能事。但这小说用的自白体，殊觉不很妥当，应该用第三人称来客观地描写而加以批判"。

◎ 拟欲作小说篇目：《酒家女》《党红会》《三月初二》《未完成的恋爱》《新的五月歌》《安琳》《病了的百合花》。(《离沪之前》)

其中只有《新的五月歌》一篇后有成稿，发表于 1936 年 10 月、11 月东京《质文》月刊上，题作《克拉凡左的骑士》，后收入《地下的笑声》时改名《骑士》。其他各篇均未写出。

16 日　读德哈林的《康德的辩证法》。"康德的永远和平是求资产阶级的安定的说法，他承认'财富的大平等'，有了个人的财富，如何平等乎？"

◎ 与安娜同往都益处赴李民治等人的饯行宴请。行期改至 24 日动身。

"在座的是民治夫妇、继修夫妇、叔薰夫妇、公冕、啸平、安琳"，以及成仿吾。(《离沪之前》)

◎ 晚，赴郑心南寓所，谈与商务印书馆"相约卖稿为生"，至深夜。

◎ 回寓后"与安娜谈往事"。(《离沪之前》)

18 日　拟作《我的著作生活的回顾》，包括"诗的修养时代""诗的觉醒期""诗的爆发""向戏剧的发展""向小说的发展""思想的转换"几部分。并追记下过去所作的几首诗。(《离沪之前》)

19 日　得郑伯奇送来《前茅》及《文化批判》。"《前茅》并不高妙，只有点历史的意义。"(《离沪之前》)

20 日　续作《留声机器的回音》，并往出版部取来《文艺论集》《玛丽玛丽》等书作参考。

◎ 晚，《留声机器的回音——文艺青年应取的态度的考察》作讫。发表于《文化批判》月刊 3 月第 3 期。主张："当一个留声机器——这是文艺青年们的最好的信条。""'留声机器'不消说是一个比喻，这里所含的意义用在现在就是'辩证的唯物论'。"

"中国现在的文艺青年呢？老实说，没有一个出身无产阶级的。文艺青年们的意识都是资产阶级的意识。这种意识是甚么？就是唯心的偏重主观的个人主义。

不把这种意识形态克服了，中国的文艺青年们是走不到革命文艺这条路上来的。

所以我说：'你们不要乱吹你们的破喇叭（有产者的意识），暂时当一个留声机器吧！'

但这儿含有必经的战斗过程！

一　他先要接近工农群众去获得无产阶级的精神；

二　他要克服自己旧有的资产阶级的意识形态；

三　他要把新得的意识形态在实际上表示出来，并且再生产地增长巩固这新的意识形态。"

初收上海光华书局 1931 年 9 月初版《文艺论集续集》，后收《沫若文集》第 10 卷，现收《郭沫若全集·文学编》第 16 卷。

22 日　读徐祖正的《拜伦的精神》。"有人说我像拜伦，其实我平生没有受过拜伦的影响。我可以说没有读过他的诗。"（《离沪之前》）

23 日　晚，得郑伯奇带来李民治送到的消息，谓"寓所已由卫戍司令部探悉，明早要来拿人"。遂临时与成仿吾、王独清同往王独清住处。是夜，经内山完造联系，与成仿吾同宿日本人开的八代旅馆。（《离沪之前》；成仿吾《郭沫若选集（英文版）·序》，《郭沫若研究》第 1 辑，文化艺术出版社 1985 年 8 月版）

24 日　化名南昌大学教授吴诚，假托往日本东京考察教育，乘日本邮船"卢山丸"赴神户。

"在汇山码头上船的时候，送行的也只有内山老板一人。我真个是孤孤单单地离开了我很不情愿离开的祖国。祖国并不是不需要我，然而我却不能不离开了。"安娜带孩子们先行乘"上海丸"离沪，约定在神户汇合。（《离沪之前》，《跨着东海》）

27 日　上午，抵达神户港，会合了早半天到达的安娜。下午，全家乘火车往东京。途中决定暂往斋藤家落脚。

斋藤家是桂毓泰夫人花子的娘家，"兼营着'贷间'的副业——把剩余的房间来租给学生，连带着供给食膳，是一种变相的小规模的旅店"。

◎ 晚，全家在位于品川的斋藤家一个房间住下。（《跨着东海》）

28日 与安娜同往饭田町的《骚人》杂志编辑部，拜访作家村松梢风，意欲商量如何居留东京的问题。

村松梢风推荐了一位交游广泛的朋友横田兵左卫门，可以去联系东京首席思想检事平田熏，以解决能否居留下来的问题。（《跨着东海》）

3月

上旬 与安娜同往位于千叶县的市川市，拜访横田兵左卫门，并得到横田的大力帮助。

"经他的奔走和说项，得到平田检事的同意，以为我可以不必声张，只消和地方上的负责人接一个头便行了。平田还写了一封介绍信，把我介绍给当地的地方检事樋口（Higuchi），由横田陪伴我去见了他。他原来也是六高出身，和我是先后同学。这位樋口检事又亲自领着我们去和市川的警察局长见面，说明了我寄居的来意。……经了检事亲自出马介绍，警察局长当然是奉命唯谨，没有第二句话好说了。"（《跨着东海》）

◎ 在市川租了房子住下来。（《跨着东海》）

◎ 往东京过访亦来日本流亡的钱介磐、杨贤江。（《跨着东海》）

钱介磐，即钱亦石，与杨贤江均为中共党员。大革命失败后，钱介磐遭通缉流亡日本，杨贤江往日本负责中国留学生中共特别支部工作。

25日 诗集《恢复》由创造社出版部初版发行，为"创造社丛书"第23种。收诗24首。

"在恢复期中……头脑非常的清醒，而且一点也不感觉疲倦，一点也不感觉焦躁。诗的感兴，倒连续地涌出了。不，不是涌出，而像从外边侵袭来的那样。我睡在床上，把一册抄本放在枕下，一有诗兴，立即拿着一枝铅笔来纪录，公然也就录成了一个集子。那便是曾经出版而且遭过禁止的《恢复》了。像那样受着诗兴的连续不断的侵袭，我平生只有过三次。一次是五四前后收在《女神》里面的那些作品的产生，一次是写《瓶》

的时候，再一次便是这《恢复》的写出了。但这写《恢复》时比前两次是更加清醒的。"(《跨着东海》)

本月 对一些创造社成员意欲成立政治组织，表示不赞成，告以，中国已经有了共产党，应当同共产党合作。

"当时创造社新添了一批生力军。他们刚从日本回国……这一辈人在日本都学习马克思主义，回国后，另办一个杂志《文化批判》，以马克思主义观点批评当时的哲学，社会学，文学理论等等。他们有野心，要成立一个政治的组织。他们写信给已在日本的郭沫若，征求他的意见。郭沫若不大赞成，说中国已经有了共产党，你们应当同共产党合作，不应当另起炉灶。他们接受了郭沫若的意见。"(《郑超麟回忆录》，东方出版社 2004 年 3 月版)

◎ 与钱杏邨为稿约事书信往来。(《阿英全集附录·阿英年谱》，安徽教育出版社 2003 年 7 月版)

4 月

20 日 与成仿吾合著的《从文学革命到革命文学》由创造社出版部出版，列为"创造社丛书"第 24 种。收入《我们的文学新运动》《艺术家与革命家》《文艺之社会的使命——在社会大学讲》《孤鸿——致仿吾的一封信》《文艺家的觉悟》《革命与文学》等 6 篇文章。

4、5 月间

自传《我的幼年》作讫。从叙述家世和出生开始，回忆了截至 1909 年的幼年时代生活，以及从入家塾开始到进入乐山高等小学、嘉定府中学堂的求学经历。由上海光华书局 1929 年 4 月初版发行。初收上海海燕书店 1947 年 4 月版《少年时代》；后收《沫若文集》第 6 卷，改名《我的童年》；现收《郭沫若全集·文学编》第 11 卷。(《反正前后·发端》)

5 月

20 日 《水平线下》由创造社出版部初版发行，收入《序引》《水平线下》7 篇、《盲肠炎》9 篇。为"创造社丛书"第 26 种。上海新兴书店1929年12月版删去其中《盲肠炎》，列为"沫若小说戏曲集"第八辑。上海光华书局1930年10月初版时改书名为《后悔》。

本书初版有两种，第一种包括第一部《水平线下》与第二部《盲肠炎》两部分；第二种将《盲肠炎》部分删去。第二种正文后附有8月"出版者附言"，道："本书初刊本，原有前后二卷，出版后因受时局影响，致读者无从购置，伸为歉仄。现应大多数读者之要求，先将前卷单本印行；后卷当待续刊。"

25日 《沫若译诗集》由创造社出版部初版发行，列为"世界名著选"第10种。收有印度伽里达若，德国歌德、海涅，俄国屠格涅夫等13位诗人、作家的33首诗歌作品的译作。1947年9月上海建文书店版《沫若译诗集》又增加了《雪莱诗选》《鲁拜集》《新俄诗选》三书中的译诗。1956年7月人民文学出版社版《沫若译诗集》订正了建文书店版中的差误，删去《新俄诗选》部分，另增收歌德《唱歌者》、席勒《恋歌》两首译诗。

本月 与去欧洲途经日本的成仿吾会面，"得以详细地知道了创造社的工作情况"。成仿吾邀同往欧洲，因家庭、签证的原因，无法成行。（《跨着东海》；成仿吾《郭沫若选集（英文版）·序》，《郭沫若研究》第1辑，文化艺术出版社1985年8月版）

◎ 与成仿吾一起在家中接待日本左翼作家藤枝丈夫、山田清三郎的来访，访谈围绕中国无产阶级文学运动的话题。（《跨着东海》）

"当时正是日本的思想统治开始走向极端反动的时候。曾经盛极一时的左翼文学运动、马克思主义的研究和介绍，逐渐受着摧残。特别是所谓'三一五'事件。"（《跨着东海》）

"三一五"事件是日本政府在全国范围内镇压共产党和进步力量的一个事件。在1928年2月的日本国会选举中，共产党和劳动农民党的力量开始增长，执政的田中义一内阁于3月15日开始，在全国1道3府27个县对于日本共产党进行大检举，逮捕共产党员及进步人士一千六百余人。4月10日，政府下令解散劳动农民党、劳动组合评议会、无产阶级青年同盟，在日本全国形成大规模的白色恐怖。藤枝丈夫、山田清三郎即是在这样的背景下采访郭沫若与成仿吾的。访谈后他们分别撰写了文章《中国的新兴文艺运动》《访中国的两位作家》，刊载于《战旗》杂志7月第

3号。《战旗》是全日本无产者艺术联盟（即"纳普"，藤森成吉为委员长）的机关刊物，山田清三郎为主编。他在文章中称郭沫若"是中国无产阶级文学运动的先驱者之一"，并写道："我国的无产阶级文学运动与中国相比较，激起我极大兴趣的是，我国的无产阶级文学运动是在由文学运动到与政治运动汇合时成了问题，乃至发展到今天的阶段。与之相比，中国的情形则是在现实的××运动发展中，了解到意识形态斗争的重要性，并从其要求中蕴育而出的。……我坚定不疑地相信，在××的炮火中诞生的中国无产阶级文学也必将对我国的无产阶级文学作品产生不少的影响。"（文中"××"为原有，应为"革命"。——编者注）

6 月

1日 作《文艺战线上的封建余孽——批评鲁迅的〈我的态度气量和年纪〉》，署名杜荃，发表于《创造月刊》8月第2卷第1期。针对鲁迅的《我的态度气量和年纪》一文，批评道：

"鲁迅先生的时代性和阶级性，就此完全决定了。

他是资本主义以前的一个封建余孽。

资本主义对于社会主义是反革命，封建余孽于社会主义是二重的反革命。

鲁迅是二重性的反革命的人物。

以前说鲁迅是新旧过渡期的游移分子，说他是人道主义者，这是完全错了。

他是一位不得志的 Fascist（法西斯蒂）！"

（与鲁迅合作，恢复《创造周报》）"这计划却不料来了意外的挫折。我在订这计划的时候，仿吾到日本去了。我满以为他对于这个计划是会同意的，因为求其速成，我在事前并没有征求他的同意。而仿吾在日本方面，却又和另外一批朋友，订了一个新的计划，便是要把创造社作为明朗的思想战的基地，要尽力从事于辩证唯物论和历史唯物论的推阐工作。这一批朋友便是李初梨、彭康、朱镜我、冯乃超、李铁声。他们是少壮派，气锐非常，革命情绪火热地高涨，就为了推行这一计划，大都临到大学快毕业了，把毕业试验抛弃，陆续先仿吾而回到上海。

"两个计划彼此不接头，日本的火碰到了上海的水。在短短的初期，呈出了一个相持的局面。……对于和鲁迅合作的事情，大家都很冷淡。到了这样，却是该我自己来抉择自己的态度了。我深深知道，假如我要坚持我的主张，照当时的情形看来，创造社便可能分裂。这是我所极不愿意的。……更何况新的主张，虽然危险得一点，说不定是更合理的办法，没有经过实验，我也不好凭空反对，因此我也就退让了。"(《跨着东海》)

在创造社的"文化批判"时期，鲁迅、茅盾都成为他们批判的对象。

10日 《沫若诗集》由创造社出版部初版发行，为"创造社丛书"第21种。诗集收入《女神》《星空》中大部分诗作及集外的若干诗篇，并将其混合编辑为"女神三部曲""凤凰涅槃""天狗""偶像崇拜""星空""春蚕""彷徨"七个部分。诗集中收录的《女神》中的诗作，有不少作了修改，其中有些作有较大修改。《沫若诗集》于1930年8月由现代书局出版的第四版开始，增加了第八部分"瓶"。同一时期出版的另一种第四版，书名为《沫若诗全集》，又增收有第九部分"前茅"、第十部分"恢复"。

15日 译作《查拉图司屈拉钞》（[德]尼采（Nietzsche）原作），由创造社出版部初版发行，列为"世界名著选"第11种。

译作系尼采原作中的第一部。第二部中译者只翻译了《持镜的小孩》等4节，陆续刊登在《创造周报》上，其余各节未继续翻译，译出的4节亦未汇辑出版。

7月

下旬 买到一本日本版《易经》，开始草《周易的时代背景与精神生产》。(《跨着东海》,《我与考古学》)

"辩证唯物论的阐发与高扬，使它成为了中国思想界的主流，后期创造社的几位朋友的努力，是有不能抹杀的业绩存在的。""要使这种新思想真正地得到广泛的接受，必须熟练地善于使用这种方法，而使它中国化。""因而我的工作便主要地倾向到历史唯物论这一部门来了。我主要是想运用辩证唯物论来研究中国思想的发展，中国社会的发展，自然也就是中国历史的发展。反过来说，我也正是想就中国的思想，中国的社会，中国的历史,来考验辩证唯物论的适应度。"

"我在开头的几个月,主要贪读了一些书,不仅是科学的文艺论,更广泛地涉猎到了一般的意识形态:哲学、经济、历史等等。到了七月底,离开祖国已经快半年,我的写作的欲望动了。我感受着一种迫切的冲动,想把小时候背得烂熟的《易经》来作一番研究。我感觉着那所包含的宇宙观是符合于辩证式的与唯物论的。"(《跨着东海》)

8 月

1 日 《周易的时代背景与精神生产》脱稿。署名杜衎,发表于上海《东方杂志》半月刊11月10日、25日第25卷第21、22号。分上、下两部分:上篇,周易时代的社会生活。第一章,生活的基础。从渔猎、牧畜、商旅、耕种、工艺(器用)五个方面进行考察,认为"周易的时代是由牧畜转化到农业的时代,牧畜还是生活的基调"。第二章,社会的结构。从家族关系、政治组织、行政事项、阶级四个方面进行考察,残存的母系制确已向父系推移,私有权已成立,国家的基础便因以确定,国家建立在阶级对立基础上,奴隶制度便产生出来。第三章,精神的生产。从宗教、艺术、思想三个方面进行考察,认为《易经》的时代"是由原始共产社会变成奴隶制时的社会的产物"。下篇,《易传》中辩证的观念之展开。指出《易传》"产在春秋战国的时候,这个时代是由奴隶制确切地变成封建制的时代"。Ⅰ.辩证的宇宙观。指出变化中看整个世界的辩证观念散见于《易传》各篇。Ⅱ.辩证观的转化。当把辩证观展开之后,"却把方向转换了","站在支配阶级的立场,想保持支配阶级的恒久","把世界双重化了起来"。"自然发生的宗教的骗局,在这儿竟成为有意识的愚民政策。"Ⅲ.折衷主义的伦理。指出"儒家的实践伦理由一个中字可以包括,所谓'执其两端而用其中于民'",并用《大学》《中庸》来与《易传》参证,认为:"儒家理论的系统,全体就是这样的一个骗局。它是封建制度的极完整的支配理论。我们中国人受它的支配两千多年,把中国的国民性差不多完全养成了一个折衷的改良的机会的国民性。一直到现在都还有人改头换面地表彰着儒家的理想,想来革新中国的社会,有意识地执行着它的'絜矩之道',有意识地在'执其两端而用其中于民'",

"折衷主义根本是披着一件羊皮的虐杀主义"。

初收上海联合书店 1930 年 2 月初版《中国古代社会研究》；又收人民出版社 1954 年 9 月版《中国古代社会研究》，改名《周易时代的社会生活》；后收《沫若文集》第 14 卷；现收《郭沫若全集·历史编》第 1 卷。

本文写作时间有几种记述：发表时署写作时间为"一九二八年八月一日脱稿"，《我与考古学》中亦写道："文章刚草成，便被东京的敬言先生请我去和我客气了一下。"联合书店初版《中国古代社会》中误排为"1917 年 8 月 7 日"，《沫若文集》第 14 卷、《郭沫若全集·历史编》第 1 卷均署写作时间为"1927 年 8 月 7 日"。《跨着东海》中自述："费了六天工夫，我便写成了那篇《周易的时代背景与精神生产》。后来是作为《中国古代社会》的一篇，被收入了的。""是文章写好后的第二天，我清楚地记得是八月一号。……有六七个人的脚步声，气势汹汹地窜进了'玄关'。"

◎ 被东京警视厅拘捕，带往日本桥区警察局接受讯问。

讯问者是警视厅的外事课长。"他只抓着我的一点，问我为什么要假名为吴诚？这不证明我有什么秘密的使命……"（《跨着东海》）

据日本警方档案记载，从 2 月 25 日，即郭沫若离沪赴日后的第二天起，日本情报机关（包括驻在上海的情报机关）就开始不断向警视厅密报有关郭沫若的情报，包括他抵达日本的时间，入境的地点，他一家在千叶县市川市的居留，成仿吾的到访，等等。（武继平《"日支人民战线"谍报网的破获与日本警方对郭沫若监视的史实》，《新文学史料》2006 年第 1 期）

2 日 继续接受讯问。被问到与钱介磐的关系及成访吾的来信。见到亦遭拘留的小原荣次郎。

"我揣想到仿吾给我的一封信，是被他们搜查了去的。那是一封很长的信，怕有三四千字。仿吾由敦贺港渡过海参崴，经由西比利亚铁路，一直经过莫斯科，到了柏林。他从柏林把他沿途的所见所闻，很详细地写给了我。"

"我到日本后，创造社每月送我的生活费，是由小原划拨的。创造社把钱交给内山，小原在东京把钱交给我，因此我们便常有往来。……是我连累了小原的吗？"（《跨着东海》）

3日 被强令照相后释放。（《我是中国人》）

◎ 从拘留所出来后先往京华堂，复往《骚人》编辑部，探问小原荣次郎和村松梢风的情况，均遭冷遇。

"想到村松梢风也可能是受了连累的，便乘电车到骚人社去。果然，他那一间在楼上临街的编辑室，坐满了客人，都是来慰问他的。""原来在我被抓的那一天傍晚，他的编辑所也被搜查了。村松当时不在家，他的太太便被抓去做了人质。第二天清早村松自行去投局，才把太太换了回来。"（《我是中国人》）

关于这次被拘留的原因和时间，村松梢风的回忆有不同："到了夏天，有一天晚上12点钟，我从外面回家来，便被许多警察包围，给拘留到万世桥警察局。翌日，检事来审讯我。果然是关系到郭先生的事。同时我也知道了郭先生被带到另一个警察局——拘留警察局去。归根结底，郭先生和我都被拘留了4天。我比他早两个小时给放了出来。我没有回家，就直接到警视厅去，见了外事课长，把事情的原委说了一遍。我向他说明自己忘记征得警视厅的谅解，并说明郭先生什么活动也没有搞。外事课长说：'噢，原来如此。老实说，是上海的领事馆警察通知我们，所以才拘留的。'说罢，他拿起桌上的电话，命令拘留警察局释放郭先生。""郭先生无缘无故地被拘留了4天，是因为警察局对我的审讯未结束。警察在抓走郭先生的同时，搜查了郭先生的家，当时搜出了我的几封信。其中在一两封信里我对当时被称为危险思想的团体进行了评论。如果是在现在，这算不了什么，但在当时，仅此一点就够判重罪的。"（刘德有《随郭沫若战后访日——回忆与纪实》，辽宁人民出版社1988年9月版）

◎ 傍晚，回到家中。

"我的行动以后一直是受了两重的监视：一重是刑士，一重是宪兵。"（《我是中国人》）

中旬 将家迁至市川町真间十二番地（见1929年8月27日致容庚信，《郭沫若书简——致容庚》，广东人民出版社1981年5月版）

"邻人们都闪着戒备而轻视的眼光"，"这是使人受不了的。因此我们便决定搬家，特别是安娜，搬家的心异常迫切"。（《我是中国人》）

25日 作《诗书时代的社会变革与其思想上的反映》初稿。

"在我把《诗书时代的社会变革与其思想上的反映》的初稿写好之后，

我便踌躇起来了。""首先我对于我所研究的资料开始怀疑起来了。……它们已经不是本来面目。……我们纵使可以相信《易》《书》《诗》是先秦典籍，但它们已经失真，那是可以断言的。因此要论中国的古代，单根据它们来作为研究资料，那在出发点上便已经有了问题。""再次，我的初期的研究方法，毫无讳言，是犯了公式主义的毛病的。我是差不多死死地把唯物史观的公式，往古代的资料上套，而我所据的资料，又是那么有问题的东西。我这样所得出的结论，不仅不能够赢得自信，而且资料的不正确，还可以影响到方法上的正确。"于是，"我把我自己的追求，首先转移到了资料选择上来。我想要找寻第一手的资料，例如考古发掘所得的，没有经过后世的影响，而确确实实足以代表古代的那种东西"。(《我是中国人》)

下旬 往上野图书馆查找考古发掘资料，得阅罗振玉《殷虚书契前编》，开始接触甲骨文。(《我是中国人》，《我与考古学》)

9 月

上旬 往文求堂书店寻找考古发掘的图书资料。初识文求堂店主田中庆太郎，并得到继续查阅有关资料去处的指点。

"我去向他请教，问他有没有研究'殷虚书契'的入门书。他说有的。立地便从一处书架上取下了两本书来，递给我。""书名叫着《殷虚书契考释》，是天津石印的增订本。我翻开了书的内容一看，看见那研究的项目，秩序井然，而且附有字汇的考释，正是我所急于需要的东西。"然而，价格不菲，买不起。田中庆太郎说："要看这一类的书，小石川区的东洋文库应有尽有。你只要有人介绍，便可以随时去阅览的。那东洋文库的主任是石田干之助，和藤森成吉是同期生啦。"(《我是中国人》)

◎ 得记者山上正义帮助，联系上并拜访了藤森成吉。

"他是日本文坛上的左翼作家，他和我有过师弟的关系。在冈山六高时代，他教过我一年的德文。藤森很诚恳地欢迎着我，介绍信不用说毫不推辞地便替我写了。我那时还没有公开地使用自己的本名，川上却把他自己在中国时所使用过的假名林守仁，又让我假上了。"(《我是中国人》)

《我是中国人》中将山上正义误记为"川上"。山上正义是记者，

1926年初被日本新闻联盟派驻广东，在那里结识了郭沫若、鲁迅。他使用的中文名字为林守仁。——编者注

本月 经藤森成吉介绍，得石田干之助应允，开始在东洋文库查阅金文甲骨文资料。（《我与考古学》，《我是中国人》）

"爱因友人之介得识文库主任石田氏，因获阅览之许可。自秋徂冬，日日奔走江户者系月，库中所藏此类著述，大抵已为之读破矣。""东洋文库是日本财阀三轮系的私人图书馆。""我跑东洋文库，顶勤快的就只有开始的一两个月。就在这一两个月之内，我读完了库中所藏的一切甲骨文字和金文的著作，也读完了王国维的《观堂集林》。我对于中国古代的认识算得到了一个比较可以自信的把握了。"（《金文丛考·跋尾》，《我是中国人》）

◎ 在东洋文库与林谦三相识。

"同在库中研究之林谦三君，于无心之中得成益友。"林谦三毕业于东京美术学校雕塑专业，后对东方古典音乐产生兴趣并进行研究。"为人很谦和"，"为学及专挚"。（郭沫若纪念馆馆藏资料，《隋唐燕乐调研究·序》）

◎ 小说《炼狱》由山口慎一翻译，刊载于日本日支问题研究会《日支》第1卷第4期。

10月

25日 《诗书时代的社会变革与其思想上的反映》改作定稿。发表于上海《东方杂志》半月刊1929年4月25日、5月10日、6月10日、6月25日第26卷第8期、第9期、第11期、第12期，署名杜衎。篇首，着重考察今义《尚书》的篇目及其"儒家伪托的痕迹"，指出《帝典》《皋陶谟》《禹贡》三篇"完全是'托古改制'的伪作，《甘誓》应该归入《商书》"。而《商书》和《周书》经过殷、周的太史及后世的儒者的粉饰，这二十五篇的可靠性"只能依据时代的远近而递减"。随后表示，以《诗》《书》"相互为表里"合并起来进行研究。第一期，由原始共产制向奴隶制的推移。考察原始社会的反映，认为"殷朝一代正是氏族社会转换到奴隶制国家的一种革命的时代"；考察奴隶制的完成，断定"奴隶制的社会组织是在周初才完成，它的原因是在农业的发达。农业的发达

是在铁的耕器的发明"；考察宗教思想的确立，指出《诗》《书》的宗教思想"就是奴隶制下的支配阶级的根本观念，和《易经》上所表现的是一致"，为"人格神的存在""神权政治的主张""想以折衷主义来消灭辩证式的进化"，而《洪范》"异常鲜明地"表现着上述"三种结论"。第二期，由奴隶制向封建制的推移。首先考察宗教思想的动摇，进而论述社会关系的动摇，引用刚刚翻译完成的马克思《政治经济学批判》序言中关于"社会形成之发展阶段"的论述，明确表示："大抵在西周以前就是所谓'亚细亚的'原始共产社会，西周时与希腊罗马的奴隶制时代相当，东周以后，特别是秦以后，才真正地进入了封建时代。"并从阶级意识的觉醒、旧家贵族的破产、新有产者的勃兴三点加以论证。分析产业的发展，通过刑罚的买卖、爵禄的买卖、工商业的发达、农业的发达四个方面论证当时社会"发生出的重大变革"。

初收上海联合书店1930年2月初版《中国古代社会研究》；又收人民出版社1954年9月版《中国古代社会研究》，题为《诗书时代的社会变革与其思想上之反映》；后收《沫若文集》第14卷；现收《郭沫若全集·历史编》第1卷。

28日 作《中国社会之历史的发展阶段》。发表于上海《思想月刊》第4期，署名杜顽庶。分五部分：一、社会发展之一般。将摩尔根《古代社会》和恩格斯《家庭、私有制和国家的起源》两部书作为本文"必须知道的准备知识"，撮录其基本观点。二、殷代——中国历史之开幕时期。以"商代的产业是以牧畜为本位，商代和商代以前都是原始共产社会。"三、周代——铁器的出现时期——奴隶制。因为有铁器的发现，在周初农业便急剧地发达起来，"所以它终竟把殷室吞灭了，而且完成了一个新的社会"。四、周代以来至最近时代之概观。周室东迁以后，中国的社会由奴隶制逐渐转入了真正的封建制，"不过革命一次便受欺骗一次。奴隶革命一成功，狡黠者立刻又变成新的支配阶级"。1911年以后，"资本制革命的形式总算是具备了"。五、中国社会之概览。归纳成一个"表式"：西周以前，原始共产制；西周时代，奴隶制；春秋以后，封建制；最近百年，资本制。并将与这三次社会革命相应的文化革命亦列为表式：

中国社会的革命

	（性质）	（时期）	（文化的反映）
第一次	奴隶制的革命	殷周之际	卜辞及金文
第二次	封建制的革命	周秦之际	儒道墨诸家
第三次	资本制的革命	清代末年	科学的输入

初收上海联合书店1930年2月初版《中国古代社会研究》，为该书之《导论》；又收人民出版社1954年9月版《中国古代社会研究》；后收《沫若文集》第14卷；现收《郭沫若全集·历史编》第1卷。

11月

30日 译作《石炭王》（［美］辛克莱著），由上海乐群出版社初版发行，署名坎人译。现代书局11月版署易坎人译，1947年8月上海群益出版社版改署郭沫若译。

之所以翻译辛克莱的作品，是因为"目前的世界资本主义中美国是站在最尖端，特别在我们中国我们受他的麻醉受他的毒害最深最剧"。"我们大家请在他这作品中来领略领略所谓'欧美式的自由'！——这是我在目前要介绍辛克莱的主要的意义。"（《写在〈煤油〉前面》）

本月 晤见来访的张元济、郑贞文（心南）。

这是与张元济初次见面。张元济赴日本访问，为寻访日本静嘉堂文库等处所藏国内失传的古代典籍版本，并商借翻拍底片，以为辑入商务印书馆印行之《四部丛刊》《百衲本二十四史》。（柳和城《张元济传》，南京大学出版社1996年9月版；《张元济先生年表》，张树年《我的父亲张元济》，东方出版中心1997年4月版）

◎ 以麦克昂的笔名列名为日本《国际文化》撰稿人。

《国际文化》为"国际文化研究所"所办之刊物，本月创刊。"国际文化研究所"由日本左翼作家创办，所长秋田雨雀，成员有藤枝丈夫、林房雄、藏原惟人等16人。该所的宗旨，"是以工人阶级在苏维埃共和国及资本主义各国中创造的文化研究，以及马克思主义对资产阶级文化批判的研究为目的"。该所后来改为"无产阶级研究所"。与郭沫若一同列名为"成员之外"撰稿人的还有蒋光慈、钱杏邨、石厚生（成仿吾）、李初梨等。（丸山升《日本的鲁迅研究》，《鲁迅研究月刊》2000 年第 11 期）

12 月

12 日　作《我的幼年·前言》。写道：
"我的幼年是封建社会向资本制度转换的时代，
我现在把它从黑暗的石炭的阮底挖出土来。
我不是想学 Augustine 和 Rousseau 要表述甚么忏悔，
我也不是想学 Goethe 和 Tolstoy 要描写甚么天才。
我写的只是这样的社会生出了这样的一个人，
或者也可以说有过这样的人生在这样的时代。"
初收 1929 年上海光华书局初版《我的幼年》，又收《沫若文集》第 6 卷，现收《郭沫若全集·文学编》第 11 卷。

本月　诗《战取》由黄瀛翻译，刊载于日本宝文馆《若草》第 4 卷第 12 期。

本　年

◎ 经常走访住在市川的牙科大夫藤原丰次郎，与之交谈"政治和文学"。（《连接日中的革命诗人》，1978 年 6 月 13 日日本《读卖新闻》夕刊）

◎《革命精神人类机巧自然》由上海开明书店出版。

1929 年（己巳　民国十八年）37 岁

1 月 10 日　国民党第 190 次中央常务会议通过《宣传品审查条例》十五条。其中规定，凡"宣传共产主义及阶级斗争者"，"反对或违背本党主义政纲政策及决议案者"，均为"反动宣传品"，予以"查禁查封或究办之"。

2 月 7 日　创造社及出版部被国民党当局查封。

4 月　蒋桂战争爆发。国民党新军阀开始混战。

1月

12日 校阅《我的幼年》讫,作《后话》。说道:

"以上是我去年三四月间在养病期中的随时的记述,纯然是一种自叙传的性质,没有一事一语是加了一点意想化的。

……

读了这部书的人如能忍耐着读到掩卷,在掩卷的时候在心中要这样问我:

'你这样的文章为甚么要拿来发表?'

我的解嘲的答案很简单,就是说:

'革命今已成功,小民无处吃饭。'"

初收上海光华书局4月初版《我的幼年》;后收《沫若文集》第6卷,题名《我的童年·原版后话》;现收《郭沫若全集·文学编》第11卷。

《我的幼年》被国民党当局查禁后,光华书局1933年再版的《幼年时代》,将结尾一句删去。1947年,本文编入《少年时代》时恢复这句话。

2月

25日 作《新俄诗选·小序》。写道:

"原来译诗是一件很难的事体,况这书又是重译,这里当然尽含有不能令人满意的地方,不过国内的人很渴望苏联的文学作品的翻译,所以目前在便宜上也只好以重译的办法来疗慰一般的渴望了。

至于这儿所选的诗只是革命后四五年间初期的作品,严格的说来,这些诗都不足以代表苏联的精神。手法未脱陈套,思想亦仅是感情的冲动,没有真正的 Marx-Leninism 来做背境,这在俄国方面的批评家已经都是早有定论的。不过我们从这儿总可以看出一个时代的大潮流和这潮流所推动着前进的方向。

历史是进展着的,一切旧的分子被消化或被排除而升华成更新的产物。读者把这部诗和旧时代的诗比较,更把这部诗和最近苏俄的诗比较,我想除诗的鉴赏外总可以得到更重要的一个甚么。以历史的进展的眼光去观察事物，是人生中最切要的事。"

收上海光华书局10月初版《新俄诗选》。

本月 创造社被国民党当局查封，失去了每月由该社出版部提供的一百元生活费。(《我是中国人》)

春

◎ 接张资平信，为乐群书店约书稿，即欲翻译德国米海里斯所著《美术考古发现史》。(《美术考古发现史·译者序》)

◎ 致张资平信。写道："我可以说一句开诚布公的话：我们都是因为有了老婆和很多的孩子。假使我们是单身，无论怎样冲，我们都冲得来的，而且不仅是在口头。不过我们尽管不能做怎样轰轰烈烈的活动，我们的志趣操守总是正确的。"(张资平《读〈创造社〉》，《絮茜》月刊1932年1月第1卷第1期)

4月

本月 自传《我的幼年》由上海光华书局初版发行。记述了从出生之际到1910年间的生活经历。初收上海海燕书店1947年4月版《少年时代》；后收《沫若文集》第6卷，题名《我的童年》；现收《郭沫若全集·文学编》第11卷。

本书出版后遭国民党当局查禁。"上海特别市党部命令指出本书二十页内中一段及后话内之最后二句词句不妥，暂停发行。"1933年3月，光华书局再版时，将这两处文字删去，改名《幼年时代》。

◎ 小说《歧路》由大内隆雄翻译，刊载于日本新天地社《新天地》第9卷第4期。

5月

2日 作《读〈中国封建社会史〉》，署名杜筌，发表于上海《新思潮》1930年1月第2、3期合刊。写道：

"对于中国的社会，近来已有人作史的研究，这是很可贺的现象。

不过要来研究中国的社会须有几个先决的问题。

第一是方法的问题；

第二是处理材料的问题；

方法的问题比较简单，因为欧洲有不少的导师已经把路径或者模型开设在那儿，我们后来者自然可以得到许多的利便。我们的良心假使真正是在'科学的'观点上说话，在目前除用唯物辩证法的方法以外是没有第二种可以采用的。好在所研究的是历史的问题，假使他真是没有别的偏见，那所叙述出来的东西也就是唯物辩证法的一个实例，因为自然界与人事界的进展就是这个方法。所以结局还是处理材料的问题困难。

中国社会史的材料有他三种困难性。（一）是周以前的材料苦于少而难于接近，（二）是周以后的材料苦于多，而难于归纳，（三）是周代的材料苦于伪而难于甄别。

……像这样浩瀚的东西要让一个人来担任，那简直挟泰山以超北海，否，是挟地球以跳天河！

所以这材料问题的确是件难事。解决这个难题的我想只有一个方法，便是采取最新流行的委员制，由各人分担一个项目或一个时代，期以五年十年，那所成的一部'中国社会史'，真就可以壮观一时了。"

《中国封建社会史》为陶希圣所著。

6月

10日 对剧作《聂嫈》作文字上的修改。收入上海新兴书店1930年1月版《女神及叛逆的女性》。

7月

5日 译作《美术考古学发现史》（[德]米海里斯（A. Michaelis）原作），由上海乐群书店初版发行，所据译本为滨田青陵的日文译本。

本书1948年经译者校改后，改书名为《美术考古一世纪》，8月由上海群益出版社出版发行。1951年9月新文艺出版社版为群益版之重印。

30日 译辛克莱小说《屠场》讫，并作《译后》。《译后》中写道："本书所含有之力量和意义，在聪明的读者读后自会明白。译者可以自行告白一句，我在译述的途中为他这种排山倒海的大力几乎打倒，我从不曾读过这样有力量的作品，恐怕世界上也从未曾产生过。读了这部书我们感受着一种无上的慰安，无上的鼓励。我们敢于问：'谁个能有这样大的力量？'"

收上海南强书局 8 月初版《屠场》。

本月　《文艺论集》经修订，由上海光华书局出版第 4 版。修订出版的第 4 版，打散了初版本的篇目结构，将论集分为六个部分。其中第 Ⅱ 部分为文艺总论的文章，第 Ⅲ 部分为批评理论，第 Ⅳ 部分为文艺评论。增补了《文学之本质》《论节奏》两篇。

8 月

1 日　《甲骨文字研究》脱稿，合计 17 篇考释。分为两卷：第一卷收入《释祖妣》、《释臣宰》（附：《土方考》)、《释寇》、《释攻》、《释作》、《释封》、《释挈》、《释版》、《释糕》、《释朋》、《释五十》、《释龡言》、《释南》、《释蠡》、《释蚀》、《释岁》，第二卷收入《释支干》。由上海大东书局 1931 年 5 月影印出版。

人民文学出版社 1952 年 9 月版删去 9 篇；后收《沫若文集》时又删去 4 篇，原有序文及两篇后叙亦删除；现收《郭沫若全集·考古编》第 1 卷。

◎ 作《甲骨文字研究》《序》及《序录》。收上海大东书局 1931 年 5 月初版《甲骨文字研究》。

15 日　自传《反正前后》由上海现代书局初版发行。记述了 1910 年至 1911 年在成都的读书生活，以及所经历、见闻的四川保路同志会运动、辛亥革命运动。篇首的《发端》中写道：

"我的这部自叙传的工作自去年四五月间把幼年时代写完之后便把它丢下了，丢了已经一年。我自己实在有点怀疑，我这样的文章对于社会究竟有无效用。个人的吃饭当然是要解决的问题，而在已经睁开了眼睛的人，一言一动都应该以社会的效用为前提，换句话说，便是对于理想社会实现上的政治价值要占一切价值的首位。假使白费地写作一些无意识的文字，这写作本身就是一项罪恶。这是使我踌躇的一个重大原因。然我何幸,在今天却意外地接到了未知同志的这封来信!

'材料什么都可以,形式也什么都可以,主要的是认识!'这真是一针见血之谈!在写者自身可能是苦心思索得来的结果,然而在认识明了的人,这个真理却自然而然地流露出于他的言语之间,没有半点矜持,没有半句'直译式'的文句。我也读了不少直译式的文章,但没有得到过这样一句话的力量。好的,未知的朋友,我感谢你的鼓舞,我就接受你的劝告。我现在又提起我全部的勇气来继续这项工作了。总之,我要尽我的力量写。当然我同时也不能不照顾到:

'葡萄酒,你不要太浓,也不要成为一杯苋菜水!'

这样是我现在所受的条件,也是我们的文字、我们的言论所受的条件。我们的一句话要透过一道迷宫,然后才可以发出声来。我们的一个字要加上一层方解石,然后才能反射出光线。你看我们现在所处的是多么可以讴歌的自由时代哟!"

全篇后收《沫若文集》第 6 卷,现收《郭沫若全集·文学编》第 11 卷。

《反正前后》出版后,因国民党当局查禁停版两年。1931 年,将内容做了修改,并更名《划时代的转变》,仍由现代书局出版。书中附有"改版说明",道:"本书原名《反正前后》,为郭沫若先生自叙传中的最重要的一本。他抓住了中国社会由封建制度向资本制度转换期中的主要现象,以他自己的思想的转变上完全表现了出来。自一九二九年出版,即轰动一时,后因某种误会,停版将及二年,现因读者纷纷要求再版,乃将内容修正一过,改易今名。并经呈部审定以内容并无过激,核准发行。"

27 日 致信容庚。写道:"曩读王静安先生《殷虚文字类编·序》,得知足下之名。近复披览大作《金文编》,用力之勤,究学之审,成果之卓荦,实深钦佩。仆因欲探讨中国之古代社会,近亦颇用心于甲骨文字及金文字之学,读足下书后,有欲请教者数事,不识能见告否?""冒昧通函,未经任何人之介绍,不敢过扰清虑。上二事乃仆急欲求解答之问题,如蒙不我遐弃,日后当更有请益。"(《郭沫若书简——致容庚》,广东人民出版社 1981 年 5 月版)

信末署为"未知友郭沫若",容庚在《颂斋自定年谱》中则谓此信作:"郭沫若自日本来书定交。"

30 日 译作《屠场》（［美］辛克莱（U. Sinclair）原作），由上海南强书局初版发行，署名易坎人，1932年2月南强版改书名为《血路》；1946年上海译文社版仍以《屠场》为书名，改署郭沫若译。

本月 《译诗数篇》由松井秀吉翻译，刊载于日本东京帝国大学中国哲文学生会《中国哲文杂志》第5期。

9 月

19 日 致信容庚："奉书并蒙录示二器文，欣喜无似。""余顷有《甲骨文字十五释》之作大抵依据罗王二家之成法，惟所见则不免稍左。卜辞中有一事物与世界文化之渊源最有攸关者，乃十二辰文字之构成，与古代巴比仑十二宫之星名，其次第意义乃至发音几于全合。此事余于去岁已得之，惟以牵于人事，属稿屡不易就，且以遁迹海外，无可与谈者，甚苦孤陋，今稿将垂成，欲求先进者审核，足下如乐与相商，当即奉上。"（《郭沫若书简——致容庚》，广东人民出版社1981年5月版）

20 日 《卜辞中的古代社会》脱稿。序说，谈卜辞出土之历史。介绍"甲骨出土以后一般的研究情形"，强调"中国之旧学自甲骨之出而另辟一新纪元，自有罗、王二氏考释甲骨之业而另辟一新纪元"。表示"我们现在也一样的来研究甲骨，一样的来研究卜辞，但我们的目标却稍稍有点区别。我们是要从古物中去观察古代的真实的情形，以破除后人的虚伪的粉饰——阶级的粉饰。本篇之述作，其主意即在于此"，所以"就诸家所已拓印之卜辞，以新兴科学的观点来研究中国社会的古代"。本论一，社会基础的生产状况。从渔猎、牧畜、农业、工艺、贸易五个方面进行考察，得出结论：商代是"金石并用时代"，"产业是由牧畜进展到农业的时期"。本论二，上层建筑的社会组织。从氏族社会的痕迹（彭那鲁亚制、母权中心、氏族会议及联带行动）、氏族社会的崩溃（私有财产的发生、阶级制度的萌芽）两个方面进行论述。结语："殷代已到氏族社会的末期，一方面氏族制度尚绕有残余，而另一方面则阶级制度已逐渐抬头。"［附白］两则，其一，说明"本文原拟分为三章，第三章论当时之精神文化"，所论之事"当为文字、艺术、宗教、历数等"；其二，声明本文起稿已经一年，屡作屡辍，更改四五次，文气每多不连贯之处，详细论证可于《甲骨文字研究》与篇后所列参考书中"以求之","《甲骨文字研究》与此自是辅车唇齿"。

初收上海联合书店1930年2月初版《中国古代社会研究》,又收人民出版社1954年9月版《中国古代社会研究》,后收《沫若文集》第14卷,现收《郭沫若全集·历史编》第1卷。

◎ 夜,作《中国古代社会研究·自序》。开篇写道:"对于未来社会的待望逼迫着我们不能不生出清算过往社会的要求","认清楚过往的来程也正好决定我们未来的去向"。强调"大抵在目前欲论中国的古学,欲清算中国的古代社会,我们是不能不以罗、王二家之业绩为其出发点了"。提出对胡适《中国哲学史大纲》"所'整理'过的一些过程,全部都有重新'批判'的必要",主张"要跳出'国学'的范围,然后才能认清所谓国学的真相"。认为世界文化史关于中国方面的记载,"正还是一片白纸",中国人应该自己起来"写满"世界文化史上的白页。说明本书的研究方法以恩格斯的《家庭、私有制和国家的起源》为指导,"本书的性质"可以说是恩格斯的《家庭、私有制和国家的起源》的"续篇"。

初收上海联合书店1930年2月初版《中国古代社会研究》,又收人民出版社1954年9月版《中国古代社会研究》,后收《沫若文集》第14卷,现收《郭沫若全集·历史编》第1卷。

21日 作《中国古代社会研究·解题》。说明前三篇"是在未十分研究甲骨文及金文以前的作品","错误处在本书业已改削,论证不充分之处则别出案语以补足之,期以保存原有状态"。"《卜辞中的古代社会》亦非一时之作","率见拙作《甲骨文字研究》一书"。"《周金中的社会史观》乃新近之作",非"简单一篇文字所能了结,然以种种物质上的关系不能久作勾留"。"本书出版全靠李一氓兄督促斡旋,各种参考书籍的搜集也多靠他。"

初收上海联合书店1930年2月初版《中国古代社会研究》,又收人民出版社1954年9月版《中国古代社会研究》,后收《沫若文集》第14卷,现收《郭沫若全集·历史编》第1卷。

本月 《郭沫若诗抄》由黄瀛翻译,刊载于日本厚生阁《诗と诗论》第5期。

秋

收到成仿吾从德国柏林邮寄的德文原版 A. Michaelis 著《Ein Jahrhundort Kunstärchaologischer Entdeckungen》一书，即《美术考古学发现史》。并于一年后，据此德文原版将《美术考古学发现史》重新改译了一次。（《美术考古学发现史·译者序》）

10 月

3 日 致信容庚。谓："拙稿《甲骨文释》尚在撰述中，而前稿多已不足用，尚未可以见人也。……《殷契后编》虽缺二叶亦可，八金当嘱沪友汇上，乞费神掷下为祷。惟《前编》需二百金则囊涩无法也。""明义士之《殷虚卜辞》内容尚可信，惟苦出于摹录，大失原形，深以为憾。今闻有拓本寄贵校，喜不自禁，不识于商君阅后能见假否？又贵校所购之骨片千余，当亦有拓本，如能赐假，尤不胜渴望者也。"（《郭沫若书简——致容庚》，广东人民出版社 1981 年 5 月版）

15 日 自传《黑猫》发表。分两次刊载于上海《现代小说》月刊本月第 3 卷第 1 期、11 月第 3 卷第 2 期。记述了 1912 年经历的那场婚姻悲剧。开篇写道："我自己的那场结婚的插话，现在要想把它追述出来，那真是一场痛苦，一场耻辱，一场悔恨。我自己似乎犯不出要在这已经愈合了的伤痕上再来插进一刀。但这也是那种过渡时代的一场社会的悲剧，这悲剧的主人公，严格的说时，却不是我，我不过适逢其会成为了一位重要演员，我现在以演员的资格来追述出那场悲剧的经过罢。"

由上海现代书局 1931 年 12 月初版发行，后收《沫若文集》第 6 卷，现收《郭沫若全集·文学编》第 11 卷。

31 日 致信容庚。写道："小臣静彝确如所教，疑伪，当删去。拙稿请于眉端加批可也。如无暇，亦请勿过费清神。拙著全部约二百余叶，大抵月内即可清书竣事。能得贵校代为刊行，甚善。惟仆拟以清书之手稿影印，不识能办到否？李济安阳发掘是否即在小屯，发掘之结果如何？可有简单之报告书汇否？仆闻此消息，恨不能飞返国门也。"（《郭沫若书简——致容庚》，广东人民出版社 1981 年 5 月版）

小臣静彝，郭沫若初疑为伪器，《两周金文辞大系》未收。1935年作《两周金文辞大系考释》时，以此器不伪，遂编入书中。

本月　与李一氓合译的《新俄诗选》由上海光华书局初版发行。署名"L·郭沫若译"，列为"新俄丛书"之一种。收有布洛克《西叙亚人》，柏里《摘录自"基督起来了：23"》，叶贤林《变形：第三部》，马林霍夫《"强暴的游牧人"》《十月》，爱莲堡《"我们的子孙之子孙"》，佛洛辛《航行》，阿克马托瓦《"完全卖了，完全失了"》《"而且他是公正的……"》，伊凡诺夫《冬曲：第三部》，阿里辛《不是由手创造的》《缝衣人》，嘉斯特夫《我们长自铁中》《工厂汽笛》，吉拉西摩夫《第一球的转动》，白德宜《新林》《Nepmen》《无人知道》，马亚柯夫斯基《我们的进行曲》《巴尔芬如何知道法律是保护工人的一段故事》《非常的冒险》，柏撒门斯基《农村与工厂》，喀辛《砌砖人》《木匠的刨子》等15位作者的24首诗作。书中并有《小序》，附录《作者评传略》。上海大光书局1936年7月再版时改书名为《我们的进行曲》。

关于本书的翻译，郭沫若说："这部《新俄诗选》是一氓兄由Babette Deutsch与Avrahm Yarmolinsky译编的'Russian Poetry'的第二部翻译出来的。我把它和英译本细细的对读过，有些地方且加了很严格的改润；但如柏里的一首，叶贤林的一首，以及《缝衣人》《工厂汽笛》，'Nepmen'《农村与工厂》《砌砖人》《木匠的刨子》等篇我差不多一字都没有改易，那完全是一氓兄的。一氓兄的译笔很流畅，造语也很有精妙的地方，读他的译诗多少总可以把取一些原作的风味。"（《新俄诗选·序》）

11月

10日　夜，作《周金中的社会史观》讫。序说指出"真实地要阐明中国的古代社会还须要大规模地做地下的挖掘"，"这些古物正是我们研究中国古代史的绝好资料"，"我们让这些青铜器来说出它们所创生的时代"。一、周代是青铜器时代。断定青铜器的"期界"："上起殷末，下逮秦、汉。有周一代正是青铜器时代的极盛期。"二、周金中的奴隶制度。"周代彝铭中锡臣仆的纪录颇多，人民亦用以锡予"，"周代的奴隶，正是一种主要的财产！"三、周金中无井田制的痕迹。综合引用金文材料"得一断案，便是周代自始至终并无所谓井田制的施行"。四、周金中无五服五等之制。以"金文称谓迥相悬异"，诸侯可称王，而公侯伯子无定称，亦无男爵称谓，"总归一句话：周初并不是封建时代，所有以前的典籍俨然有封建时代的规模者，乃出于晚周及其后的儒家的粉饰"。五、古今中殷周的时代性。认为殷周两代，"器物的品类、形式、花纹等，均判然有别"，表明"殷代的土地尚未开始分割"，"奴隶的使用尚未推广"。余论。说明"我的目的在证明西周社会是奴隶制度，同时也举出了它的并非封建制度的反证"。最后表示："草径已经开辟在这儿，我希望更有伟大的工程师，出来建筑铁路。"

初收上海联合书店1930年2月初版《中国古代社会研究》；又收入人民出版社1954年9月版《中国古代社会研究》，题名《周代彝铭中的社会史观》；后收《沫若文集》第14卷；现收《郭沫若全集·历史编》第1卷。

本篇末原署完稿时间："1929年11月10日夜，一个人坐在斗室之中，心里纪念着一件事情。"之后，直至1950年的各个版本的《中国古代社会研究》，均依此署文。但人民出版社在1954年9月版《中国古代社会研究》中，将本篇完稿时间改作"11月7日夜"。同时，著者为"心里纪念着一件事情"做了一个补注，道："十一月七日乃苏联十月社会主义革命纪念日，'心里纪念着一件事情'便指这一件事情。当时在日本亡命，文成后拟在国内发表，不便明言，故作此隐语。"从此以后，各个版本的《中国古代社会研究》，包括其收入《沫若文集》《郭沫若全集》时，便都沿用这一日期。

16日 夜，致信容庚："奉手书，并蒙录示卜辞一事，甚欣谢。此例至奇，于前诸书中所未见。……安阳发掘事被人阻碍，甚可惜。然仆意小屯实一无上之宝藏，其地底所淹没者当不限于卜辞，其他古器物必当有可得，即古代建筑之遗址，亦必有可寻求。应集合多方面之学者，多数之资金，作大规模的科学的发掘，方有良效。不然，恐反有所得不及所失之虞也。董君《新获卜辞写本》未见，京门可购否？当嘱沪友寄上廿元，乞代购一部，如不敷，当续补寄。又尊著《宝蕴楼彝器图录》不识已出版否？亦急欲购置一部，以备观摩。拙稿尚在清写中，录成自当奉正。贵校能代为出版固佳，不能，亦不必勉强。近得与足下订文字交，已足藉慰生

平，此外别无奢求也。"(《郭沫若书简——致容庚》，广东人民出版社 1981 年 5 月版)

12 月

1 日 小说集《漂流三部曲》由上海新兴书店出版。收《漂流三部曲》：《歧路》《炼狱》《十字架》，及《行路难》上、中、下三篇。

4 日 夜，致信容庚。写道："《宝蕴楼图录》及《新获卜辞》均奉到。图录甚精美，拙著《甲骨文释》亦欲仿此格式影印。今仅写定一卷，邮上。余尚有三卷，近因有它事在手，一时不能写定。""《学报》尚未寓目，沪友汇款当有余数，乞代订一年为祷。……又凡国内所有新出彝器铭文，兄能购得者，希同时为弟代购一份。用款当随时由沪寄上也。《卜辞写本》请暂假须臾。"(《郭沫若书简——致容庚》，广东人民出版社 1981 年 5 月版)

13 日 致信容庚。谓："拙稿《释封》篇复大有可修正之处。请兄掷还，以便改正。……闻罗福颐有《陶文类编》之作，不识已成书否？弟苦材料缺乏，复无可与谈者，殊闷闷也。"(《郭沫若书简——致容庚》，广东人民出版社 1981 年 5 月版)

15 日 《山中杂记及其他》由上海新兴书店出版。收《山中杂记》9 篇，《路畔的蔷薇》6 篇，《残春及其他》4 篇。上海光华书局 1930 年 10 月初版更名为《山中杂记》。

20 日 作《新兴大众文艺的认识》。发表于上海《大众文艺》月刊 1930 年 3 月第 2 卷第 3 期"新兴文学专号"。针对国内文坛从日本引入"大众文艺"的概念，写道：

"它的外貌虽很冠冕堂皇，然而内容却是反动的勾当。""不过日本的大众文艺近来和改良马种一样又大大的改换了新的气象了。有一派无产文艺的作家进展到大众文艺的舞台上来，在不知不觉之间正在表演着'改梁换柱'、'金蝉脱壳'的一套把戏。这不是大众文艺的进展，这是无产文艺的进展。换句话说，就是无产文艺的通俗化！"

"这说来虽是有点滑稽。然而事实竟是这样。从事无产文艺运动的青年，无论是全世界上的哪一国，大抵都出自智识阶级（这理由让有空闲的学者去讨究）。智识阶级的通病始终不免的是一个高蹈，不管它是青色的高蹈，白色的高蹈，或者是红色的高蹈，总而言之是高蹈。

红色的高蹈派在中国也很不少，一篇文章中满纸都是新式的'子曰诗云'，一篇文章中，满纸都是新式的'咬文嚼字'。柏拉特特拉柏的，你不知道他在那彩云头里究竟唱的是什么高调，而那高调是唱给什么人在听！

这种是无产文艺运动的初期所不能免的现象。把这个现象清算了之后，自然就是无产文艺的通俗化。"

"我所希望的新的大众文艺，就是无产文艺的通俗化！

……

所以大众文艺的标语应该是无产文艺的通俗化。通俗到不成文艺都可以，你不要丢开大众，你不要丢开无产大众。始始终终要把'大众'两个字刻在你的头上。"

无产阶级革命文学运动兴起后，文艺的大众化问题开始引起左翼作家的关注。从1929年初到"左联"成立前后，左翼文坛展开了第一次关于大众文艺的讨论。

24日 致信容庚。告以，"受沪上书贾之托，正从事译西书以为笔砚资"，故"甲骨文稿不能不暂时中辍。兄书望能多假数月如何？"（《郭沫若书简——致容庚》，广东人民出版社1981年5月版）

29日 致信容庚。说道："《释工》、《释作》、《释版》亦有略当修补处，然目前尚无暇兼及，暂存兄处可也。""《释支干》因须以古岁名摄提格、单阏等与巴比仑星名相比付，有将古音古字对译成罗马字之必要。此业至难，国内谈音学者不识已有人为此否——即以罗马字母表示古音，此法一立，一切阴阳对转、通韵、合韵之说，均可了如指掌也。""归国恐尚非其时，弟之梦想将来如有机会，与兄携手同把锄头于秦陇之间，必一快事也。兄之《秦汉金文》望能早观厥成。惟秦汉仅取金文不太单调耶？弟意殷周乃青铜器时代，金文自以专编为宜；秦汉则时代稍异，体例似可略加变更。"（《郭沫若书简——致容庚》，广东人民出版社1981年5月版）

本　年

◎ 朋友们意欲安排去苏联，"终因种种的羁绊，没有达到这个目的"。

"高尔基有意把一九二七年前后的中国革命写成一部小说,希望有中国同志和他协作。朋友们便推荐我去,然而我终因种种的羁绊,没有达到这个目的。"(《人文界的日蚀》)

1930年(庚午 民国十九年)38岁

3月2日 中国左翼作家联盟在上海成立,推选出鲁迅、沈端先、冯乃超等七名常务委员,并通过"左联"《纲领》。《纲领》明确"左联"成立的"目的在求新兴阶级的解放","反对一切对我们运动的压迫"。之后,相继成立了中国社会科学家联盟、中国左翼美术家联盟、中国左翼戏剧家联盟等左翼文化团体。

同月 在"左联"领导下,文艺界展开关于文艺大众化的第一次讨论。

同月 阎锡山、冯玉祥、李宗仁三方势力联合,与蒋介石在中原地区展开大战。这场国民党新军阀的混战历时7个月之久。

5月 中国社会科学家联盟发起中国社会史问题论战,探索中国社会的历史发展过程,以求了解中国社会的性质,明确中国革命的方向。

8月 邓演达等在上海正式组建"中国国民党临时行动委员会"(后来改组为"中国农工民主党")。

11月 世界革命作家第二次会议在苏联举行。萧三代表中国左翼作家联盟出席会议,并作了关于中国无产阶级革命文学运动的报告。会议通过了中国问题的决议案,决定成立中国支部。会后成立"国际革命作家同盟",萧三为中国"左联"代表。

同月 国民党开始对中央苏区进行第一次围剿。

12月16日 国民党当局公布《出版法》。其中对于革命的、进步的报刊、书籍及其作者、编者、发行人等,分别规定了限制、处分、惩罚的办法。

1月

12日 作《普罗文艺的大众化》。发表于《艺术月刊》3月创刊号,署名"麦克昂"。写道:"我现在提出这个极寻常的口号,叫着:无产文艺的大众化。"

"大凡在无产文艺运动的初期,总不免有一种高蹈的现象,这种现象在中国为尤甚。

这种现象正是难免的,因为从事无产文艺运动的大都是青年的知识分子。他们向理想的飞跃很勇猛,然是个的飞跃而非全的飞跃。飞跃得愈勇猛反转有脱离全的倾向,好像一颗火花迸出自一炉尚未燃透的煤炭。"

"我们现在要把无产文艺的使命——教导大众的使命——真正扛举起来,总非得使我们的文艺能与大众接近不可。

能与大众接近的艺术形式,自然是绘画,戏剧,影戏,音乐(广义的音乐),我们应该把我们从前的努力多多的用到这一方面来。换一句话说,便是希望长于这方面的朋友,多多的做一番积极的工作。"

"从来的文人有种怪癖,便是怕一个'俗'字。无产运动中的文人们也依然是这样。文学的内容总力求'脱俗',文学的形式也力求'脱俗','脱俗'就是脱离大众!"

"我觉得我们的文学家应该要充分的做一番俗事。

与其做一篇悲歌慷慨的分行诗,不如多写几篇新兴的弹词、大鼓书。

与其写一部加上许多×××○○○的小说,不如向民众多说一番评书,或者多作一番演说。"

"真能彻底于大众的文艺,我相信一定是很好的文艺——自然这是立在我们观点上的说话。我们注重的是教导,所谓彻底于大众就是大众接受了我们的教导,实行了我们的教导。有了这样的文艺,还不算很好的文艺吗?

一切制作都应该以能影响大众为前提,这是我们的文艺的尺度。"

15日 《女神及叛逆的女性》(沫若小说戏曲集第九、十辑)由上海新兴书店出版。收诗剧《女神之再生》《湘累》《棠棣之花》《广寒宫》,三个叛逆的女性《王昭君》《卓文君》《聂嫈》。《聂嫈》对于1926

年光华书局版《聂嫈》作了文字上的修改。

26日 作《文学革命之回顾》。发表于上海神州国光社4月初版《文艺讲座》第1册,署名麦克昂。回顾总结了近代以来,文学革命所经历的过程。写道:

"我们眼中的所谓文学革命,是中国社会由封建制度改变为近代资本制度的一种表征。""固定了二千多年的封建社会,一接受着外来的资本主义的袭击便天翻地覆了起来。""社会上起了这样一个天变地异,文学上你叫它不变,它却怎能不变呢?""所以在这儿便不能不来一个划时期的文艺上的革命。""文学革命的泉水过了一段长久的伏流时期,在五四运动(一九一九年)的前后才突然爆发了出来,成了一个划时期的运动。""但这个黄金时代委实是黄金说话的时代!我们现在要认识明白——只有现在的我们才能认识明白——那时的那个文化运动其实就是资本社会和封建社会的意识上的斗争。"

文章接着指出:"中国资产阶级的革命是一个畸形的革命。中国的资产阶级在外来资本主义的束缚之下不容易达到它的应有的成长。""与资产阶级的势力成反比例的却是无产阶级的勃兴。资本主义的必然的因果是在它迸芽的一天同时便要发生出两个利害全然相反的对立的阶级。""这个形势自然要在一切的文化分野中反映出来,而在文学的这个分野中所反映出的尤为明白"。所以,"中国的有产阶级的文艺也只好是长久地在那儿跳跃着的一个三寸的侏儒",而"中国的无产阶级的文艺是只有爆发,爆发,爆发,爆发到它完成了它的使命的一天"。"中国的社会是发生无产文艺的绝好的培养基地。"

文章同时对于创造社进行了自我批判:在初期,被称为异军突起的创造社所扮演的角色,"百分之八十以上仍然是在替资产阶级做喉舌。他们是在新兴资本主义的国家,日本,所陶养出来的人,他们的意识仍不外是资产阶级的意识"。"他们所'创造'出来的结果,依然不外是一些具体而微的侏儒。划时代的作品在他们的一群人中也终竟没有产出。""然而天大的巨浪冲荡了来,在'五卅'工潮的前后,他们之中的一个,郭沫若,把方向转变了。同样的社会条件作用于他们,于是创造社的行动自行划了一个时期,便是洪水时期。""在这时期中他们内部便自然之间生出了对立。""到了一九二八年,中国的社会呈出了一个'剧变',创造社也就又来了一个'剧变'……以清醒的唯物辩证论的意识，划出了一个《文化批判》的时期。""创造社是已经蜕变了，再到一九二九年的二月七日它便遭了封闭。"创造社一派的十年，"以有产文艺的运动而产生，以无产文艺的运动而封闭。它的封闭刚好是说无产文艺的发展，有产文艺的告终"。

初收上海光华书局1931年9月初版《文艺论集续集》，后收《沫若文集》第10卷，现收《郭沫若全集·文学编》第16卷。

2月

1日 作《中国古代社会研究》之《追论及补遗》3篇讫。其中《殷虚之发掘》，称容庚以董作宾《新获卜辞写本》见假，始知其1928年冬从事殷墟发掘，"足为中国考古学上之一新纪元"。又得容庚来信，李济发掘殷虚，"深望此次之发掘或较董君前次更有进境"。《由矢彝考释论到其他》，指出罗振玉考释"断为成康物""非是"，"明公之为鲁侯，鲁侯之即伯禽"。而《矢彝》之出，"亦得证明明公之必为鲁侯"。《矢彝》为周初制作，"于中国古代史上大有启发"。而《矢令簋》108字，"与此彝必饶有相互发明之处，惜余于罗释附说中仅得识其一句（已补入第四篇中），其全文之考核请俟异日"。《附庸土田之另一解》认为："今由罗马制度推之，则'仆墉土田'当是附墉垣于土田周围，或周围附有墉垣之土田，故能成为熟语。此可窥见周代之殖民制度。""春秋初年之所谓封建，犹不过筑城垣建宫室之移民运动而已。"

初收上海联合书店2月初版《中国古代社会研究》；又收人民出版社1954年9月版《中国古代社会研究》；后收《沫若文集》第14卷；现收《郭沫若全集·历史编》第1卷。

◎ 致信容庚："惠书奉悉。蒙教示各节，甚谢。惟《古史新证》迄今未到，将无邮失耶？望查核。""安阳第二次发掘复有所获，闻之雀跃，将来如有报告书汇出世，极欲早读。尺二大龟契字是否仍系卜辞，此等古物，弟意急宜从速推广，然如《卜辞写本》之问世法，却嫌草率。"（《郭沫若书简——致容庚》，广东人民出版社1981年5月版）

4日 作《中国古代社会研究》"再追记"。收联合书店初版《中古代社会研究》。写道："今天友人寄来顾颉刚编著的《古史辨第一册》，偶翻到77页钱玄同《答顾颉刚先生书》中有论易的几句话。如'原始的易卦是生殖器崇拜时代底东西；乾坤二卦即是两性底生殖器底记号。'又如'卦辞爻辞，这正和现在底籤诗一般'，于鄙见不谋而合。然钱说已先我而发者五年，合志此以示不敢掠美。"

《中国古代社会研究》第二版及以后各版次均删去此"再追记"。

5日 收到容庚寄来《古史新证》（王国维著）。（《郭沫若书简——致容庚》，广东人民出版社1981年5月版）

6日 致信容庚。告以，"兹将《甲骨文释》余稿奉上……凡有可商处请即于眉端剔出可也。又沪友知弟有此著，屡次来函欲为印行，弟因属稿未定，又因兄前次来书言燕大有代印之意，均已谢绝。今复得敝友来书（原函奉阅），似神州国光社之意颇挚，弟今已将全稿奉上，虽尚未能写定，然大体已可见，不识贵校究有意否？又如敝友所述一节，亦不识有当否？望便中示及，以便答复前途也。"（《郭沫若书简——致容庚》，广东人民出版社1981年5月版）

◎ 致信容庚："拙著蒙为介绍出版处，甚慰。更名事本无足轻重，特仆之别著《中国古代社会研究》一书不日即将出版，该书于《甲骨文释》屡有征引，该书系用本名，此书复事更改，则徒贻世人以掩耳盗铃之消耳。近日之官家粟亦雅不愿食。"（《郭沫若书简——致容庚》，广东人民出版社1981年5月版）

《甲骨文释》，即《甲骨文字研究》。"更名事"，指中央研究院傅斯年同意出版《甲骨文字研究》，但提出不用郭沫若本名而改署笔名。

《甲骨文释》原稿寄容庚看后，容庚还给其他一些人看过。顾颉刚在1929年12月22日日记中写道："在希白处见郭沫若所著之《鼎堂甲骨文考释》，极多创见。此君自是聪明人。彼与茅盾二人皆以不能作政治活动而于学术文艺有成就者。"（《顾颉刚日记》，中华书局2011年1月版）

7日 作《中国古代社会研究》《再版书后》讫，其中包括《矢令簋考释》《明保之又一证》《古金中有称男之二例》《古代用牲之最高纪录》《殷墟无铁的发现》《夏禹的问题》等6篇补论。写道：

"此书初版出后，费了两天的工夫，作了一次最后的校订。初版中由排字工友误植处颇不少，由我自己的疏略闹错了的地方也很多。我对于购读初版的友人应该告罪。

在这次再版书中所不同的地方，是（1）初版中的错误我都改正了，（2）在卷首我加了一个较为详尽的目录，（3）有新得的材料和意见，足以补本书之缺，订本书之误者，我附加了六项在这后边。"

补论中：《矢令簋考释》，由诸器之综合研究，考得"令簋""令彝"制作时代"必在成王之世"进而论其"史料上之重要性"，并推测其中"少数奇字奇句"。《明保之又一证》，综合数器研究，得出几项可以"补苴或修正周初之佚史"，证明"周初确已入于奴隶制度"。《古金中有称男之二例》，更正此前"古金中无男爵之称谓"的"不确"。《古代用牲之最高纪录》，以《逸周书·世俘解》为周初文字中"最为可信"文字之一，"所纪社会情形与习尚多与卜辞及古金中所载者相合"。俘人之多，"表示整族出征，整族为囚之意"。"亿有十万"当为"亿有七万"，"亿有百万"当为"亿有四万"。《殷虚中无铁的发现》，根据读《安阳发掘报告》第一期所载五种文献，虽因地层研究为叙及而"颇致不满"，但"唯有一事已明了者，即真实的殷虚中目前尚无铁的发现"。《夏禹的问题》，肯定顾颉刚的"层累地造成的古史"是个卓识，他所提出的夏禹的问题，"是有先见之明"。通过对"目前准实物材料"和文献记载的考察，提出："（一）殷、周之前中国当得有先住民族存在，（二）此先住民族当得是夏民族，（三）禹当得是夏民族传说中的神人，（四）此夏民族与古匈奴族当得有密切的关系。"

作为《三版书后》，初收上海联合书店5月第三版《中国古代社会研究》；又收人民出版社1954年9月版《中国古代社会研究》；后收《沫若文集》第14卷；现收《郭沫若全集·历史编》第1卷。

《再版书后》因时间未及赶上联合书店再版《中国古代社会研究》的印制，故改为《三版书后》，但再版的《中国古代社会研究》中已完成了第（1）、（2）两项。

10日 《我们的文化》发表于上海《拓荒者》月刊第1卷第2期。宣称：

"我们的口号是：世界是我们的。

我们要凿通一条运河，使历史的潮流赶快冲到海洋。

我们已经落后得很厉害了，我们要驾起飞机追赶。

我们要高举起我们的火把烧毁这目前被毒蛇猛兽盘踞着的山林。

担负着创造世界的未来的人们，我们大家团结起来。

我们同声的高呼：我们要创造一个世界的文化，我们要创造一个文化的世界！"

初收上海光华书局1931年9月初版《文艺论集续集》，后收《沫若文集》第10卷，现收《郭沫若全集·文学编》第16卷。

16日 致信容庚，署名石沱生。告以收到2月9日书信及所寄示矢令簋原铭拓片，谓："得此新器，于明保之为人名，可云又得一证。""矢彝原铭想兄处必有拓墨，能惠我眼福乎？矢殷谨璧还，谢甚，谢甚。又董彦堂《新写本》如发表时，望兄代为营谋一份，如何？"（《郭沫若书简——致容庚》，广东人民出版社1981年5月版）

月末 将矢令殷拓片寄容庚。（见1930年4月6日致容庚信，《郭沫若书简——致容庚》，广东人民出版社1981年5月版）

本月 《中国古代社会研究》由上海联合书店初版发行。收录《自序》，《解题》，《导论：中国社会之历史的发展阶段》，正论四篇：《周易的时代背境与精神生产》《诗书时代的社会变革与其思想上的反映》《卜辞中之古代社会》《周金中的社会史观》，《余论》，《追论及补遗》几部分。

书中实无《追记》，篇末有《再追记》一则。

联合书店第一版至第三版《中国古代社会研究》分别将第一版出版时间署为"1月20日""31（误植）月20日""3月20日"，均有误。（蔡震《〈中国古代社会研究〉及版本的几个问题》，《郭沫若学刊》2010年第2期）

3月

2日 中国左翼作家联盟在上海成立，列名为"左联"盟员。在筹组"左联"期间，致信钱杏邨表示支持，并捐出《少年维特之烦恼》的版税作为"左联"的基金。（《跨着东海》）

太阳社、创造社作家在倡导无产阶级革命文学运动的同时，把批判的矛头指向了鲁迅、茅盾等。中共中央负责人之一的周恩来和李富春（时任中共江苏省委宣传部长）先后批评了他们的错误做法，要求他们停止论争，团结鲁迅。上海文化支部召集各方面负责人开会，决定：创造社、太阳社的所有刊物，一律停止对鲁迅的批评。派冯雪峰、夏衍、冯乃超三人去和鲁迅谈一次话。这之后，左翼文化工作者都有一种组织起来，统一行动的要求。1929年秋，中央文化工作委员会成立。文委书记潘汉年派冯雪峰去同鲁迅商谈成立一个左翼文学团体的问题。说明，党中央希望创造社、太阳社和鲁迅及其影响下的人们联合起来，以这三方面的人为基础，成立一个革命文学团体，团体名称拟定为"中国左翼作家联盟"。"左翼"两个字用不用，取决于鲁迅的意见。商谈后，鲁迅完全同意成立这样一个革命文学团体，并认为"左翼"二字还是用好，旗帜可以鲜明一点。经过几次商议，产生了由鲁迅、冯乃超、冯雪峰、夏衍、潘汉年等12个发起人和筹备人。

20日　《中国古代社会研究》第2版由上海联合书店出版。订正了初版本的错误。将原有的"目次"做成一个"较为详尽的目录"，即在每一篇篇题下细分有"序说"、章、节、"余论"或"结论"等二级、三级标题。其中有些是正文内原有的标题，只是没有列在初版本目次上，另有一些根据论述的内容新划分出章节，但只在目次上列出标题，正文中仍维持原状未做相应调整。将初版本中《再追记》删去。

联合书店第3版《中国古代社会研究》版权页记录第2版出版时间时，改作4月20日，有误。

本月　在东京晤见杨贤江，交谈学术和理论研究问题。（杜学元、吴吉惠等撰《杨贤江年谱长编》，光明日报出版社2005年4月版）

4月

3日　作《关于文艺的不朽性》。认为："文艺有所谓不朽性，这是事实；要了解这个事实并不困难，困难的是在这个事实的说明，便是文艺为甚么有这所谓不朽性。"驳斥了以"优越的民族性""美的人性"来解释这一文艺现象的观点。援引马克思在《〈政治经济学批判〉导言》中论述古希腊艺术的理论，即古希腊艺术永恒的魅力，在于其所由产生的社会环境，以及这些社会条件的永不复归，指出："这几句简单扼要的话，真是道破了几千年来艺术学上的秘密，新兴艺术或美学的胚芽便含蓄在这儿。我们透过了优越的民族性、美的人性，现在是得到一个永不复归的社会性来把这个艺术的不朽性的问题解决了。"

初收上海天光书店本年出版的《孤鸿》，又收上海光华书局1931年9月初版《文艺论集续集》，后收《沫若文集》第10卷，现收《郭沫若全集·文学编》第16卷。

本文写作时间在《文艺论集续集》中署"3 Ⅳ 1930"，收入《沫若文集》《郭沫若全集》时作"1930年3月4日"，将日月顺序颠倒了。——编者注

5日 作《新郑古器之一二考核》初稿。

6日 致信容庚。写道："武英殿古器复将由兄整理成书，甚欣慰。体例依《宝蕴楼》亦甚善。惟弟意于影片之下似宜注'原大几分之几'，使读者一览即可仿佛原器之大小，不必一一依所度量推算始明，似较利便。又器物时代颇不易定，历来大抵依据款识以为唯一之标准，然此标准亦往往不可靠。……余意花纹形式之研究最为切要，近世考古学即注意于此。如在铜器时代以前之新旧石器时代之古物，即由形式或花纹以定其时期。足下与古物接触之机会较多，能有意于此乎？如将时代已定之器作为标准，就其器之花纹形式比汇而统系之，以按其余之时代不明者，余意必大有创获也。""近阅《新郑古器图录》，略有所得，草成《新郑古器之一二考核》一文。前蒙约于《学报》投稿，不识此文可适用乎？"(《郭沫若书简——致容庚》，广东人民出版社1981年5月版)

容庚此后作《武英殿彝器图录》，即开著录花纹之先河。

8日 将《新郑古器之一二考核》一文寄容庚。(见1930年5月29日致容庚信，《郭沫若书简——致容庚》，广东人民出版社1981年5月版)

23日 作《矢令𣪘考释》《追记》，考释成王时一尊一卣。

初收《中国古代社会研究》上海联合书店1930年第3版，又收人民出版社1954年9月版《中国古代社会研究》，后收《沫若文集》第14卷，现收《郭沫若全集·历史编》第1卷。

下旬 接张元济信，并所寄安阳发掘报告。

张元济信中说："闻先生治商代古文，日益精进。著作盈帙，不胜企仰。前奉告天津王氏有书专论殷墟龟甲文者，曾约归后寄呈，乃遍检不得，或已遗失，亦未可定。久未践约，思之赧然。顷见中央研究院印有安

阳发掘报告，其中新获龟甲文字甚多，且经多人整治，于此学多所发明。谨以一册寄呈台阅，稍偿宿愿。"（《张元济先生年表》，张树年《我的父亲张元济》，东方出版中心1997年4月版；《张元济书札》，商务印书馆1997年12月版）

本月 作诗《五月歌》。写道："举起来，举起我们的旗，/唱起来，唱起我们的歌，/太阳带来了悲壮的消息：/同志们！这是革命的五月！/哦，我们是世界的创造者，/创造了一副坚牢的铁锁，/锁在了我们自己的项上，/把自己的汗血流成江河。/我们在铁锁之下昼夜呻吟，/让在我们的头上欢舞着恶魔。/那三千年来的错误了的历史，/是进化的必然，也是我们的过错！/高举起来呀！把我们的铁槌，/快把这项上的枷锁打破！""举起来，举起我们的旗，/唱起来，唱起我们的歌，/太阳带来了悲壮的消息：/同志们！这是革命的五月！/哦，我们是世界的创造者，/我们要创造出新的一个！/旧日的迷梦从今朝醒来，/不再喊甚么'八小时工作'，/我们要的是生产的统治权，/普罗列塔利亚的狄克推多！/那三千年来的错误了的历史，/是进化的必然，也是我们的过错！/高举起来呀！把我们的铁槌，/快把这项上的枷锁打破！"

该诗共三节，原稿现藏上海鲁迅纪念馆。郭沫若1932年1月19日致任钧信中所说："前年曾作了一首《五月歌》寄回国去，不知道下落如何。"当为此诗稿。——编者注（王锡荣《关于署名郭沫若的〈五月歌〉手稿》，《郭沫若研究学刊》1993年第2期；郭沫若纪念馆馆藏资料）

◎ 为容庚母亲邓太夫人作挽联。云："年来客居海外，得与容子希白结文字交，窃足快慰生平。顷者突奉世伯母邓太夫人仙逝之耗，哀悼之余，自悲身世，念及家有父母，不能尽晨昏之养，尤深风烛之警，不愧无文，缀成数语，藉表哀忱云耳。""警耗破鸿而东来，早岁锡熊丸，敬谇庐陵有母；/哀思越岭南以西往，晨昏乏鸡黍，倍知颍谷可风。"（见1930年5月29日致容庚信附录，《郭沫若书简——致容庚》，广东人民出版社1981年5月版）

◎ 致何日章信。询问将《新郑古器图录》所载两件青铜器物：一盧、一残豊"考验"，是否吻合。（郭沫若纪念馆馆藏资料30—8）

5月

1日 以"我希望于大众文艺的"为题，与郁达夫、柔石、冯乃超等

26 人在《大众文艺》作笔谈。载上海《大众文艺》第 2 卷第 4 期。写道："我的意思，对于本来作品的粗滥翻译是切忌的，近来中国的杂志真是滥得有点程度，把日本二流以下的东西都在胡乱介绍，真是令人有点肉麻。与其那样胡乱介绍，我主张多登外来的青年文章，不管多坏，只要不反动的东西可以尽量登载，这倒是扩张战线的一个好法子。"

5 日 译《经济学方法论》，附题作《马克思：政治经济学批判导论》，并作《译者附白》。收社会科学讲座社 6 月编辑出版的《社会科学讲座》第 1 卷，由上海光华书局印行。

《译者附白》说明，译文所用底本是卡尔·考茨基整理出来的成果，并特别提到马克思在《政治经济学批判》序文中的"一段重要的话：'我已经草就了的一篇一般的导论，我抛弃了，因为过细想时，对于将要证明的结果先行表示，觉得不很妥当，并且想全般地追随于我的读者，须得放下决心，由个别的升到一般。'读此，可知这《导论》正是遭了马克思所抛弃的东西。在这简单的一两句话中可以看见马克思研究学问的态度和诱导后进的精神，这和中国的那些一知半解信口开河的反马克思的御用学者们比较起来，真可以使他们愧死（不过他们麻痹了的良心恐怕已经不知道羞愧了）！"接着写道：

"马克思叫我们全般地跟随着他，要放下决心'由个别的升到一般'，我们现在先来翻译他这自己'抛弃'了的未完成的一般论，显然是违背了他的意旨。不过他所'要证明的结果'已经是由他和他的后继者证明确实了，所以他这篇一般论在我们现在正是最良的指针。我们有了这个指针，在读到他的及他的后继者们的浩瀚的著作上，不至于茫然失掉攸归，在应付纷纭的实际社会的诸种关系上，也不致受人欺骗诳迷而迷却路径。像这样由一般的降到个别，在一般的了解上会感觉着无上的困难，这是我们所应该觉悟着的。但我们对于这个困难不要避易，也不要悲观，'一般的一个别化，便会立地明了起来'，所以我们在一般论上所感觉着的困难，在个别论上立地便会冰释。这困难的感觉正是诱导我们去克服困难的要因，诱导我们去全般地追随我们的导师，由个别的再升到一般。所以我们的旅行就如像照着地图在走，在你走过之后，地图之意义与其正确与否，你自然便会明了。地图上所不能给与你的明晰，在实际的行动上是会给你的。但你总得要行动！假如你空抱着地图而不行动，那不明晰的永远是不明晰的，我相信这种人决不是马克思所愿意收受的弟子。"

该译作即为马克思的《政治经济学批判导论》，"经济学方法论"系原文中第3章之标题，后收入郭沫若译《政治经济学批判》一书，改题为《政治经济学批判导论》，略去章节数字，删去《译者附白》。

中国社会科学家联盟（简称"社联"）1930年5月25日正式成立，为30年代最重要的左翼文化团体，成立伊始，即推出《社会科学讲座》，但只出版了1卷。该卷收入社会科学著译12篇，主要是介绍马克思主义。著译者有郭沫若、朱镜我、吴黎平、林伯修、王学文、冯乃超、李德谟等11人。李一氓（德谟）回忆道："1930年我们又出了一个名叫《社会科学讲座》的刊物，并且学习日本共产党的机关杂志，直接加上一个英文名字《Under The Banner of Marxism》（《在马克思主义的旗帜下》），但只出了一期，就被国民党查禁了。"（《李一氓回忆录》，人民出版社2001年1月版）

7日 译美国辛克莱小说《煤油》讫，并作《写在〈煤油〉前面》。收6月上海光华书局初版《煤油》。写道：

"辛克莱的作品，我算翻译了三部出来；关于他，我现在可以来说几句话。

第一层我们要知道这位作家的短处。这位作家的立场并不是Marxoleninism，但要说他是社会民主主义者，他又多少脱出了。他假如是生在俄罗斯，可以称呼为'革命的同伴者'。所以我翻译他的作品，并不是对于他的全部的追随。

不过这位作家尽有充分的长处足以使我们翻译他，仿学他的。从大体来说，他是坚决地立在反资本主义的立场，反帝国主义的立场的。他生在资本主义最发达的美国，从内部来暴露资本主义的丑恶，他勇敢的暴露了，强有力的暴露了，用坦克用四十二册的大炮全线的暴露了，这是这位作者最有光辉的一面。他的精神是很强韧的。他有周到的用意去搜集材料，他有预定的计划去处理材料，他能坚忍不拔地把当前的一种对象彻底的克服。这在他的作品中所表现出来的，便是结构的宏大绵密，波澜的层出不穷，力量的排山倒海。他的一些作品，真是可以称为'力作'。这些态度，是充分地可让我们学习的。

他的长处和他的短处都是因为生在美国。有美国那样最发展的有产者的社会形态，所以才有那样丰富的资料来让他暴露。但就因为他是生在那样的有产者的社会里，所以他除暴露之外不能决绝的更前进一步。这便是他的作品所受的社会条件，同时也就是一般的文艺，乃至一般的意识形态，是怎样依存在社会的物质的基础上之一例证。苏俄的新兴作家的作品中所有的那种尖锐意识，在辛克莱的作品中我们是追寻不出的。他因为受着社会条件的缚束，无意识地或者有意识地，总是在藏蓄着自己的锋芒，就拿这部《煤油》来说，他的正主人公应该是后来成为了共产党的'保罗'，但他对于他却全部都是用的侧面描写。他全部的作品差不多都是反语式的笔调，你看他正言若反，反言若正，总是多走迂回的道路，这很容易把读者导引进一个迷宫。"

10日　《"眼中钉"》发表于上海《拓荒者》月刊第1卷第4、5期合刊。针对鲁迅在《我和"语丝"的始终》一文中，指创造社"将'语丝派'中的几个人看作眼中钉"，辩解说：前期创造社与语丝派所发生过的文字关系，"始终是一些旧式的'文人相轻'的封建遗习在那儿作怪"。而最近两三年来"创造社式的'革命文学家'的围攻"，情形则完全是两样的。"他们批判的对象是文化的整体。""创造社的几个人并不曾'将语丝派的几个人看成眼中钉'。"文中呼吁："我们现在都同达到了一个阶段，同立在了一个立场。……以往的流水账我们把它打消了吧。"

初收上海光华书局1931年9月初版《文艺论集续集》，后收《沫若文集》第10卷，现收《郭沫若全集·文学编》第16卷。

17日　作《"旧玉亿有百万"》。在《古代用牲之最高纪录》中曾对《逸周书·世俘解》"亿有百万"认定为"亿有四万"，对照各种版本后最终确定"当改从'亿有八万'，尕正十万为亿之证"。

初收上海联合书店第3版《中国古代社会研究》，又收人民出版社1954年9月版《中国古代社会研究》，后收《沫若文集》第14卷，现收《郭沫若全集·历史编》第1卷。

20日　《中国古代社会研究》由上海联合书店出版第3版。将原作为《再版书后》而未及收入该版次的《矢令簋考释》《明保之又一证》《古金中有称男之二例》《古代用牲之最高纪录》《殷墟无铁的发现》《夏禹的问题》等6篇补论，并《"旧玉亿有百万"》一篇，改为《三版书后》收入本版次。

此后，《中国古代社会研究》各版（群益出版社版、人民出版社版等）文本均依据上海联合书店第 3 版，后收《沫若文集》第 14 卷，现收《郭沫若全集·历史编》第 1 卷。

《中国古代社会研究》出版至联合书店第 3 版，方成为内容完整的版本，此后篇目再无增减，1947 年后群益出版社版等只有著者在文中个别"案语"的增删改动。群益版还曾将篇目顺序改按文中所述内容时代的先后排序，但在 1954 年的人民出版社版中，著者又将篇目次第"改还了原样"，以便读者可以了解其撰写该书时"研究路径的进展"。

29 日 致信容庚，署名郭鼎堂。写道："曩奉世伯母仙逝之耗，不胜哀戚，曾学撰一联托杭州敝戚制就直寄东莞，想当到达。……死生事大，孝道多门，兄自达者度必能夺情节哀，为学自重，不劳碌碌如仆者之喋喋也。兹有启者，二月末梢曾上一书，将矢令𣪘拓墨奉还；四月八日又上一书，附呈拙稿《新郑古器之一二考核》一篇。二函均适兄南旋，不识已达台端否？因未蒙复，颇以为念。又仆近已稍暇，《甲骨文释》一书急待整理。该稿上下二册想已早蒙披览，务望即由邮掷下，以便续业。"（《郭沫若书简——致容庚》，广东人民出版社 1981 年 5 月版）

6 月

3 日 致信容庚，署名鼎堂。告以《新郑古器之一二考核》一文需要删改处。（《郭沫若书简——致容庚》，广东人民出版社 1981 年 5 月版）

11 日 为修订的《文艺论集》作《跋尾》。写道："此书竟又要出到五版了。有些议论太乖谬的，在本版中我删去了五篇。此外没有甚么可说的，只是希望读者努力'鞭尸'。"经修订的《文艺论集》，将第 4 版篇目结构（六部分）改分作三部分与"附录"。删去《中国文化之传统精神》《伟大的精神生活者王阳明》《整理国故的评价》《古书今译的问题》《国家的与超国家的》等 5 篇文章及《论诗》中一篇。将论述文艺问题之外的文章，全部编入"附录"。

16 日 致信容庚："近日不识足下已返北平否？弟于二月末曾挂号寄还矢令𣪘拓片，四月八日复挂号寄上《新郑古器之一二考核》一文（此文因有需删改处，亦望掷还），五月末及本月初又连上二函，请赐还拙稿

《甲骨文释》二册，以便整理，不识均已达览否？迄为得复，颇以为念。意者足下在哀戚之中，故无遑顾及耶？然仆亦正急急，因时不须人，一篑之功亦不愿遽行抛弃，用再唐突，望饬尊纪，即将拙稿付邮掷下为祷。"

"因不知足下在南在北，故此函分投二处。"（《郭沫若书简——致容庚》，广东人民出版社1981年5月版）

分寄两处的信函文字略有不同。

本月 译作《煤油》（[美]辛克莱原作），由上海光华书局出版，署名易坎人译。

◎《中国社会之历史的发展阶段》（《支那社会の历史的发展阶段》）由赖贵富翻译，刊载于岩波书店《思想》第97号。

夏

◎摹录董作宾《新获卜辞写本》。（郭沫若纪念馆馆藏资料30—10）

7月

5日 夜，草成《殷彝中图形文字之一解》。初收上海大东书局1931年6月初版《殷周青铜器铭文研究》，现收《郭沫若全集·考古编》第4卷。

7日 作《大丰簋韵读》。初收上海大东书局1931年6月初版《殷周青铜器铭文研究》，现收《郭沫若全集·考古编》第4卷。

◎作《戊辰彝考释》。初收上海大东书局1931年6月初版《殷周青铜器铭文研究》，现收《郭沫若全集·考古编》第4卷。

12日 作《"令彝""令簋"与其它诸器物之综合研究》讫。初收上海大东书局1931年6月初版《殷周青铜器铭文研究》，后收《沫若文集》第14卷，现收《郭沫若全集·考古编》第4卷。

13日 作《公伐郐钟之鉴别与其时代》。初收上海大东书局1931年6月初版《殷周青铜器铭文研究》，后因该钟铭文乃伪刻，即剔除，仅存关于林钟的文字。

◎作《鲁侯爵释文》。初收上海大东书局1931年6月初版《殷周青铜器铭文研究》，现收《郭沫若全集·考古编》第4卷。

14日 作《者㵒钟韵读》。初收上海大东书局1931年6月初版《殷周青铜器铭文研究》，现收《郭沫若全集·考古编》第4卷。

16日 改作《新郑古器之一二考核》。初收上海大东书局1931年6月初版《殷周青铜器铭文研究》，后收《沫若文集》第14卷，现收《郭沫若全集·考古编》第4卷。

17日 作《晋邦盦韵读》。初收上海大东书局1931年6月初版《殷周青铜器铭文研究》，现收《郭沫若全集·考古编》第4卷。

◎ 作《秦公殷韵读》。初收上海大东书局1931年6月初版《殷周青铜器铭文研究》，现收《郭沫若全集·考古编》第4卷。

19日 作《齐侯壶释文》讫。初收上海大东书局1931年6月初版《殷周青铜器铭文研究》，现收《郭沫若全集·考古编》第4卷。

20日 致信容庚。告以，"近撰《殷周青铜器铭文研究》一书，行将草成"，急需小盂鼎等四器拓片做参考。"兄处如有珍藏，能暂假须臾，是所渴望。"（《郭沫若书简——致容庚》，广东人民出版社1981年5月版）

◎ 作《国差𫊣韵读》讫。初收上海大东书局1931年6月初版《殷周青铜器铭文研究》，现收《郭沫若全集·考古编》第4卷。

22日 草《释丹枏》毕。初收上海大东书局1931年6月初版《殷周青铜器铭文研究》，现收《郭沫若全集·考古编》第4卷。

24日 作《戈琱䥷厹彤沙说》讫。初收上海大东书局1931年6月初版《殷周青铜器铭文研究》，现收《郭沫若全集·考古编》第4卷。

28日 作《说戟》讫。初收上海大东书局1931年6月初版《殷周青铜器铭文研究》，后收《沫若文集》第14卷，现收《郭沫若全集·考古编》第4卷。

29日 作《跛丁卯斧》讫。初收上海大东书局1931年6月初版《殷周青铜器铭文研究》，现收《郭沫若全集·考古编》第4卷。

◎《殷周青铜器铭文研究》脱稿，手书书名，并作序。写道："余治殷周古文，其目的本在研究中国之古代社会，年来已有所叙录；其关于文字考释者时亦有所弋获。曩岁已成《甲骨文字研究》一书，专辑考释甲骨文字者以为一编；今复就平时于金文中所略有心得者，费一阅月之力，成文凡十有六篇，以集成此录。

此录所论诸器，除末附四篇外，其制作时代大抵均可征考；故编次即以年代为顺，第一卷所录者迄殷末周初之古文，第二卷之前六篇迄春秋时代之文献。是以二卷之分实自成段落，读者于此，不仅可以征文，亦且可以考史。"

"余于古器物实少接触之机会，所得接触者仅少数之图象与铭文而已。然关于铭文，则凡已见著录者，自赵宋以至近代，大抵均已寓目。目验既多，则心犀自启。铭之真赝大率触目可辨也。

兹编所据之资料率为已著录之器，其未经著录者亦有一二事。资料之源泉一罗振玉氏所编之《殷文存》与邹安氏所编之《周金文存》为主。后书虽真赝杂糅，然所收之器特多，对于善用者固亦一丰富之资源也。处理资料之方法，则以得力于王国维氏之著书者为最多；其《金文著录表》与《说文谐声谱》二书，余于述作时实未尝须臾离也。"

初收上海大东书局1931年6月初版《殷周青铜器铭文研究》，现收《郭沫若全集·考古编》第4卷。

8 月

10 日 《沫若诗集》第四版由上海现代书局出版，所收作品在前三版作品之外增加了《瓶》42首。同时出版了另一种第四版，又增收入《前茅》《恢复》，另名作《沫若诗全集》。

◎ 为《甲骨文字研究》作《一年后之自跋》。以《跋》为名，收大东书局初版《甲骨文字研究》。（郭沫若纪念馆馆藏资料30—11）

18 日 致信容庚。说道："示悉。惠借三品，感德之至。罗叔言有'新莽地皇侯骑鉥'四十字，不识在兄所借之秦汉金文中否？能蒙摹示，谇所拜祷。弟费月余之力，已写成《殷周青铜器铭文研究》上下二册，约七八万字，已与沪上书店约定，可于年内出版。书太长，录登《学报》恐非所宜。又贵校衮衮诸公，意见似颇复杂，弟亦雅不愿以个人交谊重累吾兄也。《甲骨文字研究》一书亦已写就，于《释岁》、《释臣宰》、《释五十》三篇大有改削，它均无甚更张。""器物著年颇不易，《宝蕴》中即有数器可商，此事非花纹器制之学大有进展之后，即商周秦汉均不易确定。弟意于题名上暂勿著年代，于说明中著之，似较有可伸缩之余地也。""又兄所接古器中，者减钟前六器及邢侯尊一器尚存否？有铭文之

较长者能蒙兄以拓片见示至祷。"(《郭沫若书简——致容庚》,广东人民出版社1981年5月版)

26日 致信容庚:"顷阅日报载:冯焕章搜罗洛阳古刹所藏铜器、陶器共四十件,在天津日本租界拍卖。此等古器,其中或有名贵者,不识兄曾寓目否?拍卖即便无法阻止,能设法撮影保存,亦我辈考古者之一急务也。北平学界不识知此消息否?"(《郭沫若书简——致容庚》,广东人民出版社1981年5月版)

本月 迁家至"千叶县,市川町外,须和田,二六七"。(1931年6月8日致林南信,郭沫若纪念馆馆藏文物)

地址又作"千叶县国分村须和田弁才天二六七"。(见1930年9月6日致容庚信,《郭沫若书简——致容庚》,广东人民出版社1981年5月版)

◎ 经修订的《文艺论集》,由上海光华书局以第5版出版。

◎《支那文学革命と我等のィデオロギ》译载于日本中日文化协会《满蒙》第11卷第8号。

9月

1日 复作《甲骨文字研究》"一年后之自跋"。以《自跋》为名,收上海大东书局1931年5月初版《甲骨文字研究》。(郭沫若纪念馆馆藏资料30—11)

6日 致信容庚。讨论臣辰盉铭文,并询问:"臣辰盉铭现存何处,有影片或拓墨否?出土处仍不明耶?弟意凡此等新出之器,兄宜影入《学报》卷首,其所嘉惠必非浅鲜。"又告:"此函书就,因移寓忙碌,故久未付邮。日间蒙赠《金石书录目》一册,谢甚!弟拟草《两周金文韵读补遗》一文,以备《学报》补白。不识需要否?小盂鼎铭颇有研究之余地。"(《郭沫若书简——致容庚》,广东人民出版社1981年5月版)

8日 致信容庚:"《殷周青铜器铭文研究》及《甲骨文字研究》二稿已寄沪,前稿由十六种考释所集成,乃两三年来研究古器之心得也。""《殷契前编》已包就,屡拟付邮,惟以弟之殷周古文研究尚在进行中,时感必要。不知兄能相让乎?由弟按月偿赋若干,尚能办到,因兄在国内求之易,而弟在国外则求之难也。"(《郭沫若书简——致容庚》,广东人民出版社1981年5月版)

15日　《黑猫与塔》由上海仙岛书店出版。

该书前言与《塔》的前言相同，只将"收在小小的塔里"一句，改作"收在小小的黑猫与塔里"，应系盗版。

19日　作《臣辰盉铭考释》。发表于北平《燕京学报》1931年6月第9期，署名郭鼎堂。初收东京文求堂书店1932年8月初版《金文丛考》，现收《郭沫若全集·考古编》第5卷。

23日　作《臣辰盉铭考释》补记（一）。载北平《燕京学报》1931年6月第9期。

26日　致信容庚。写道："臣辰盉铭弟日前曾为考释一篇，今呈阅，如便发表，发表之；不便，希掷还。……燕大甲骨由弟考释亦可，能将明子宜拓片并寄以供参考尤善。此事如决，则《书契前编》拟再假须臾。《韵读补遗》尚未录出，因弟目前有译事在手也。蒙箴戒数语，甚铭感，往已悠悠，来事亦殊寂寂，特此耿耿寸心，欲一本至诚，为人类社会多少做些善事而已。古文字之学，最是系心事之一，惟惜资料过少，恨无用力之地也。"（《郭沫若书简——致容庚》，广东人民出版社1981年5月版）

27日　《金文韵读补遗》初稿成并作序。后于1932年3月30日写定。（郭沫若纪念馆馆藏资料30—8）

◎ 致信容庚："今复费一日之力草成《韵读补遗》，如尚有遗漏处，请增补。""《补遗》中各器出处，仅就古本中所记者录出，甚不备，诸家著录手中多无，望兄能稍费斯须一并注出。"（《郭沫若书简——致容庚》，广东人民出版社1981年5月版）

29日　致信容庚。请为《金文韵读补遗》一文"订正数事"。（《郭沫若书简——致容庚》，广东人民出版社1981年5月版）

30日　致信容庚，署名石沱。告以《金文韵读补遗》"尚有错处"，请为改正。（《郭沫若书简——致容庚》，广东人民出版社1981年5月版）

◎ 作《甲骨文字研究》"后记"。（据手稿，郭沫若纪念馆藏资料30—11）

秋

初秋，往东京拜访来日本治病的王礼锡。

这是郭沫若与王礼锡初次见面。王礼锡此时已被陈铭枢聘为"神州国光社"总编辑，因向郭沫若约稿。郭沫若说，本来有一个雄心想译马克思的《资本论》，但考虑出版有问题，终未动手。现在想先把马克思的《政治经济学批判》译出，也有出版的问题。王礼锡当即向他约下这部书的译稿。(顾一群、王士杖、王效祖《王礼锡传》，四川大学出版社1995年9月版)

"神州国光社"成立于清光绪二十七年（1901），主要出版影印历代书画、古籍珍本和美术方面的书籍。1929年秋，时任广东省政府主席的陈铭枢出资接办"招盘"出让的"神州国光社"。即请曾两度在他手下做宣传、秘书工作的王礼锡主持编务。王礼锡向陈铭枢建议："'神州'需要翻译出版共产主义典籍，印行世界进步文艺作品，出版期刊发表左翼作家作品。"陈铭枢接受了王礼锡的建议。"神州国光社"后来出版有鲁迅主编的《现代文艺丛书》、一批苏联文学作品等书籍。

10 月

1 日 作《谥法之起源》初稿。（郭沫若纪念馆馆藏资料30—6）

2 日 致信容庚。告以校补诸事，并谓，"郑林庄君欲通函讯，甚所欢迎"。（《郭沫若书简——致容庚》，广东人民出版社1981年5月版）

7 日 改作《甲骨文字研究·后记》。收上海大东书局1931年5月初版《甲骨文字研究》。（郭沫若纪念馆馆藏资料30—11）

30 日 作《匡卣铭考释》。（郭沫若纪念馆馆藏资料30—6）

31 日 作《趞曹鼎第二器铭考释》。（郭沫若纪念馆馆藏资料30—6）

本月 《沫若小说戏曲集》由上海光华书局出版，分为第一部《塔》、第二部《落叶》、第三部《漂流三部曲》、第四部《后悔》、第五部《山中杂记》、第六部《女神及叛逆的女性》。

◎《水平线下》改名《后悔》由上海光华书局出版。

◎《山中杂记及其他》改名《山中杂记》由上海光华书局出版。

11 月

2 日 作《召伯虎二簋铭考释》。（郭沫若纪念馆馆藏资料30—6）

◎ 作《櫓改彝铭考释》。（郭沫若纪念馆馆藏资料30—6）

4日 作《㢦伯簋铭考释》。（郭沫若纪念馆馆藏资料30—6）

5日 作《辛鼎铭考释》。（郭沫若纪念馆馆藏资料30—6）

6日 作《大克鼎铭考释》。（郭沫若纪念馆馆藏资料30—6）

11日 作《毛公鼎之年代》。（郭沫若纪念馆馆藏资料30—6）

12日 改作《谥法之起源》。（郭沫若纪念馆馆藏资料30—6）

15日 作《新泰所出杞伯诸器之考释》。（郭沫若纪念馆馆藏资料30—6）

17日 作《曾大保盆铭跋》。（郭沫若纪念馆馆藏资料30—6）

20日 为拟续编的《青铜器铭文研究》作序。未刊。写道："余致力于殷周古器物文字之研究，志在探讨中国社会之古代，年来虽略有所述录，业固尚未竟也。传世古器物，其年代多无可征，入周以后之器尤甚，漫然曰周，而周之存续将亘千年，不细为之别遽据以论史，则史迹之进展终无可寻。故于古器定年之事不容稍缓也。""余尝考之，历来研究古器物之法，多求器类而侧重文字，同代之器以类为聚，同类之器以铭之有无字之多寡为先后去取。自宋以来相沿于兹，虽代有所作，器累数千，而终未能脱去玩好之畛域，王国维谓'创通条例，开拓困奥，概夫未有闻'者，非过论也。夫器之可贵在可征史，苟器无徵，直等破铜烂铁而已，物虽古，数虽多，亦奚以为耶？徵史之事古亦有作，然识有所蔽，法有未密，所得实甚寥寥也。""余之意于器物之年代系统，先求其有可徵者，既有可徵，则将进而求其花纹与形式以定一时之器之楷模。凡器之同时者其花纹形式必同，就所得之楷模以为测量它器之标准，则铭无可徵或无名可徵之器，其时代之鉴定将有如探囊取物矣。夫如是则古器物之混沌方可以凿通，古器物学之系统方可以成立，而古历古礼古俗古代艺术古代思想等等之实际与演进亦方有可言，言之亦方有可准。夫如是而后考古之能事始尽，盖所谓考古者乃据可徵之器物以考订古史之真相，非谓挟旧传失真之史以考订古器，稍涉科学之津涯者，当不待余之喋喋也。"（郭沫若纪念馆馆藏资料30—6）

25日《谥法之起源》完稿。发表于日本《中国学》（日文《支那学》）1932年1月第6卷第1号。初收东京文求堂1932年8月初版《金文丛考》，后收《沫若文集》第14卷，现收《郭沫若全集·考古编》第5卷。

◎《毛公鼎之年代》脱稿，后于1931年3月14日校改。发表于上海

《东方杂志》1931年7月第28卷第13期，署名鼎堂。初收东京文求堂1932年8月初版《金文丛考》，后收《沫若文集》第14卷，现收《郭沫若全集·考古编》第5卷。

◎ 致信容庚："新郑二记及拙稿二种均先后收到。近复治金文，得文十余篇，拟辑为一册以问世，不识于平津两地兄能为谋出版处否？"（《郭沫若书简——致容庚》，广东人民出版社1981年5月版）

26日 作《殷周青铜器铭文研究》"追记四则"。初收上海大东书局1931年6月初版《殷周青铜器铭文研究》；又收人民出版社1954年8月版《殷周青铜器铭文研究》时，改作《关于新郑古物补记》；后收《沫若文集》第14卷；现收《郭沫若全集·考古编》第4卷。

本月 致信并在东京约见来日本的光华书局沈松泉。（沈松泉《关于光华书局的回忆》，《古旧书讯》1981年第5、6期，1982年第1期）

◎ 邀请沈松泉到千叶寓所做客并留宿家中。

"我应约坐火车去千叶，郭先生派他两个儿子（那时还都是小学生）到千叶县车站来接我。……安娜夫人原是郭先生住在上海哈同路民厚里时，我常去郭先生家就认识的，这时她热情地招待了我。……到晚上，郭先生和我并席而睡。这一晚上，我们谈了很多。也谈到了光华书局的出版方针。郭先生建议：光华应当像日本的岩波书店那样，出版的书不求量多而求精，每出一本书，都要求在学术上能站得住，有独到的见解。"（沈松泉《关于光华书局的回忆》，《古旧书讯》1981年第5、6期，1982年第1期）

12月

4日 致信容庚，署名鼎堂。写道："贵校甲骨由足下担任考释，善莫如之（所拟办法亦至妥当）。《前编》仅如嘱奉还。……臣辰盉拓片及图能见示否？既有图可作参考，则弟稿殊未备，盖花纹形式于器之制作时代上大有攸关也。望能将拙稿一并寄下，以便改作。"（《郭沫若书简——致容庚》，广东人民出版社1981年5月版）

12日 作《美术考古发现史》译者序。收1931年9月上海湖风书局再版《美术考古发现史》。写道：

"去年年初我在研究中国的古代社会的时候，我感觉到要处理这个问题，关于考古学上的准备智识是不可缺少，我便选读了这部书。但我所读的是日本滨田青陵博士的译本。滨田博士是斯道的专家，他所迻译的书我相信一定是很有价值。结果和所豫期的相符，我由这部书得到的教益真是不少，适逢其会我从前的一位友人新开了一家书铺，他写信来要我的稿件，我便起心翻译这部书。因为一时买不出德文原本，我在便宜上便从日译本来重译了。"

"但这书的价值是怎样呢？我相信凡是认真读过本书的人，他自有公平的批评，决不是出版家之畅销与否的标准所能判断的，照我自己来说，我实在感受了莫大的兴味。考古学本是很朴素的一种学问，本书把它由美术的视野来观照，来叙述，把这一个分科就如像造成了一个万花镜一样。美术或美术史在它本来是富有华丽性的关系上，其叙述便不免容易蹈空，而成为一种非科学的成品，本书却由考古学的地盘上来处理美术，使我们读去，觉得古代散佚了的美术作品其由土中露出，就好像园地里开出鲜花，这是本书所以引人入胜的地方。说到它的功利性来，它除掉把一部新的美术史用别种形式来提供了给我们，授与了我们极丰富的有机的美术上的智识与学术上的智识之外，它在我们——在我们中国的读者——尤有一种特殊的效用。

"我们中国，整个落后的国家，别的且不论，单从学问上说来，无论在任何科目的分野，可说都是一个未经恳辟的少女地，因而有许多学问上的问题留待中国来解决的真是不少。关于考古学这一个分科，这个现象尤其显著。考古学虽是前世纪新护生的一种年轻的学问，但它是以怎样的长足而进步着，我们读了这一部书的人自会明瞭。欧美各国在短时期之内，无论是地上的考查，地底的发掘，几乎把所有的领域都踏遍了。旧大陆的西半部就好像行过了开腹手术一样，已经把五腹六脏都阐明无遗，学者的征箭自然是不能不集注在这东半部的少女地——我们的所谓'赤县神州'了。近时西欧各国有所谓'支那学'（Sinolog）的勃兴，各国政府或财团不断地派遣学术探险队来踏查中国，所道的便是这个消息。新起的日本，新起的日本考古学界，也正急起直追，他们除在本国各地踏查之外，其足迹已经达到了满蒙山东等地去了。由庚子赔款所成立的'对支文化事业'以及前几年由中日两国的学者所成立的'东亚考古学会'（中枢在日本），尤足以表见他们的雄心。受着这些外来的刺激，中国内部也有一部分的有志者起来从事于考古学的检讨了。如像一两年来的殷墟发掘，便是这个例证。

"这种学术上的趋势在中国正是方兴未艾的。中国在不久的时期之内会有一个考古学上的黄金时代到来,由这儿可以解决得无数的问题。这是国内的有识者所期望的事,同时也是寰球的学术界所期望的事。中国落后,自然一切都很幼稚,但落后者也有它的便宜,便是可以借鉴于他人,采取最妥当最捷便的道路,而免得作种种暗中摸索与种种无意识的错误与迂回,政治上的道路是这样,学问上的道路也是这样。我们把先进者的最新的方法采用过来,我们所得的利益不仅是事半而功倍。就在这个意义上,我相信把这部考古学上的良好的著作介绍到中国来,对于我们中国的读者一定有特殊的效用。我在这样的意义上把本书迻译了出来,也在这样的意义上我现在要来负责介绍,来出此改订的第二版。"

24日 致信容庚。感谢"承示拓影数事",并讨论臣辰盉铭文事。感叹:"近来古文字之学日有进步,作伪日渐高明,大有人造真珠之慨矣!"又告:"拙稿多种,月前统为日友借去,俟还后捡寄。"(《郭沫若书简——致容庚》,广东人民出版社1981年5月版)

"拙稿多种",系《金文韵读补遗》中未寄容庚之稿件,后由该日本友人发表于日本《中国学》(日文《支那学》)杂志。

28日 为拟续编的《青铜器铭文研究》作"追记"。(郭沫若纪念馆馆藏资料30—6)

本月 小说《歧路》由けんぼう翻译,刊载于日本同仁会《同仁》第4卷第12号。

本　年

◎ 拟续编撰《殷周青铜器铭文研究》Ⅲ,陆续作《臣辰盉铭考释》《匡卣铭考释》《辛鼎铭考释》等十余篇及《金文韵读补遗》,并撰写有序文。后《臣辰盉铭考释》《毛公鼎之年代》《谥法之起源》三篇收入《金文丛考》,《金文韵读补遗》,其他各篇,亦多将铭文识读作了修订,考释文字重新撰写,后录入《两周金文辞大系》。《殷周青铜器铭文研究》Ⅲ则未成书。(郭沫若纪念馆馆藏资料30—6)

"于共懿诸王时器亦别有新作,已成文十余篇",拟日后辑为一册,以补《殷周青铜器铭文研究》之阙。"此十余篇旧稿，写就后未能发表。1937年七七事变后只身归国，原稿留置日本，现恐已遗失矣。"(《殷周青铜器铭文研究·追记四则》，上海大东书局1931年6月初版；《殷周青铜器铭文研究·关于新郑古物补记》，人民出版社1954年8月版)

◎"草长篇小说《武汉之五月》。"(《沫若自选集·序》附录《民国三年以来我自己的年表》)

后又称此长篇小说题作《同志爱》，谓："写的是武汉时代的一件事情。""此书乃余生平最得意之作，自信书出后可以掀动国内外。"(见1932年7月22日、8月29日致叶灵凤的两封信)

《五十年简谱》中1930年项下记："草长篇小说《武汉之五月》(后改名为《骑士》，曾于《质文》杂志发表一部分)。"(发表时实际名为《克拉凡左的骑士》——编者注)

◎ 翻译马克思著《政治经济学批判》。(《五十年简谱》)

◎ 大内隆雄来访，一起谈论其曾翻译的文学作品。(见《夜半》，日本《新天地》，1933年2月第13卷第2期)

大内隆雄曾翻译郭沫若小说《漂流三部曲》之一《歧路》，刊载于日本《新天地》杂志。

1931年（辛未 民国二十年）39岁

1月 中共中央召开六届四中全会，批准了王明《为中共更加布尔什维克化而斗争》的报告。王明代表的左倾机会主义路线在中共中央占据了领导地位。

2月7日 柔石、殷夫、胡也频、李伟坚、冯铿五位左翼作家在上海被国民党当局秘密杀害。

9月18日 "九一八事变"发生。日本关东军突然炮击沈阳，并在东北境内向中国军队发起进攻，至1932年2月，东北全部沦陷。

11月 第一次全国工农兵代表大会在江西瑞金召开，宣布成立中央工农民主政府（即中华苏维埃共和国临时中央政府），毛泽东为主席。

1月

14日 作《臣辰盉铭考释》补记（二）。载北平《燕京学报》6月第9期。

◎ 致信容庚并寄文一则。写道："二日手书奉悉。……贵《学报》自第六期后即未见，不知七期出版否？兄所云下期需稿者不识何期交稿，可迟至几时？如尚有余裕者，弟可拨去旁务，专属一文就正。惟兄曩函时言有所掣肘处，窃恐因弟之故致启悠悠之楼耳。……又热河彝器图象及拓片曩本有意购置一份，特因近日来日金大昂，而家缴复太重，故病未能，缓当图之。""外附录一则，请补臣辰盉释文后。"（《郭沫若书简——致容庚》，广东人民出版社1981年5月版）

本月 《黑猫与羔羊》由上海国光书局出版。

此书应系盗版。

◎ 小说《牧羊哀话》（《金刚山にて》）由榛原茂树翻译，刊载于日本同仁会《同仁》第5卷第1号。

2月

15日 夜，作《汤盘孔鼎之扬榷》。发表于北平《燕京学报》6月第9期，署名郭鼎堂。

初收东京文求堂书店1932年8月初版《金文丛考》，后收《沫若文集》第14卷，现收《郭沫若全集·考古编》第5卷。

16日 致信容庚："七日信接到。《金文韵读》已早改就，因稿寄兄时未置可否，疑视之无足重轻，故未敢奉累，置之案头久之，已为日友索去矣。顷草成《汤盘孔鼎之扬榷》一文就政。如可用，请揭载之。"又告以正编撰《两周金文辞通纂》一书，已略有眉目，并以《金文编》器目中数事请教。（《郭沫若书简——致容庚》，广东人民出版社1981年5月版）

《两周金文辞通纂》成书后作《两周金文辞大系》。

3月

12日 为翻译《生命之科学》一书，作《译者弁言》。收入上海商务印书馆1934年10月《生命之科学》第1册初版本。写道：

"本书在英国是1929年三月开始出版的，起初以期刊形式，每隔一周出版一期，出到1930年五月第三十一期上，才全部完结了。最近又将全部汇集成为了三大册。本译书即依据汇集本为蓝本。""原书在主题'生命之科学'下尚有一个副目，是'Asummary of contemporary knowledge about life and its possibilities'（《关于生命及其诸多可能性上的现代学识之集粹》），由这个副目我们便可以知道原作者之志趣是想把生物学和与生物学有关联的各种近代的智识作一综合化。但这个综合化是以大众化为其目标，以文学化为其手段的。作者三人中之主裁大威尔士（H. G. Wells）是英国有名的文艺家兼文化批评家，是那综合的世界文化史之大著《历史大系》（The Otuline of History）之作者。但他本是专门研究动物学的人。在这次的著作更辅以鸠良·赫胥黎（Julian Huxley）与小威尔士（P. G. Wells）二人，都是专门的生物学家。鸠良·赫胥黎便是有名的《天演论》之作者赫胥黎之孙，小威尔士是大威尔士之子。所以这部书在科学智识上的渊博与正确，在文字构成上的流丽与巧妙，是从来以大众为对象的科学书籍所罕见。译者自己是专门研究过近代医学的人，同时对于文学也有莫大的嗜好，所以便起了这个野心，以一人的力量来迻译这部巨制。译者对于作者之原旨，科学之综合化，大众化，与文艺化，是想十分忠实地体贴着的，特别是在第三化。原著实可以称为科学的文艺作品。译者对于原作者在文学修辞上的苦心是尽力保存着的，译文自始至终都是逐字逐译，尽力在保存原文之风貌。但译者也没有忘记，他是在用中国文字译书，所以他的译文同时是照顾着要在中国文字上带有文艺的性格。"

《译者弁言》并说明："本译书之出版，专赖学友郑贞义周昌寿两先生之斡旋，译者对于郑周两先生及承印本译书的出版处特致谢意。"

20日 致信容庚："今日奉到三月十日手书并蒙示各器，快喜莫名。""《金文辞通纂》大体已就，分上下二编：上编录西周文，以列王为顺；下编录东周文，以列国为顺。上编仿《尚书》，在求历史系统；下编仿《周诗》，在求文化范围。辞加标点，字加解释，末附以杂纂及殷文——全书之大体如是。上编颇难，亦颇有创获处，惟所见有限，待兄援手之处甚多。"（《郭沫若书简——致容庚》，广东人民出版社1981年5月版）

本月 开始翻译《生命之科学》。

该书的翻译工作至 1932 年 1 月，"已经译就了有一半的光景"，但未及出版，便在上海商务印书馆编译所毁于"一•二八"战火。(《生命之科学•译后》，《五十年简谱》)

春

作《观兰口占二绝》。其一云："不用九畹滋，无须百亩树。有此一盆香，诗心自清素。"(《郭沫若さんの思い出》，《松枝茂夫文集》第二卷，研文出版，1999 年 4 月 15 日)

4 月

5 日 《今津纪游》由上海爱丽书店出版。

此书应系盗版。

8 日 作《小臣謎簋铭考释》。初收《金文余释之余》，现收《郭沫若全集•考古编》第 5 卷。(郭沫若纪念馆馆藏资料 31—4)

9 日 作《小臣謎簋铭考释》"补记"。初收《金文余释之余》，后将内容补正入正文内。(郭沫若纪念馆馆藏资料 31—4)

19 日 致信容庚。说："《殷考》如有发表处，请发表之。鱼匕铭乃有韵之文，饶有雅趣。""弟有友人新由此间缧绁中出，患盲肠炎，须入院行手术，药石之费，苦无着落。曩岁兄曾言孟真有印弟《甲骨文释》意，今欲将近著《两周金文辞通纂》相贶，署名用鼎堂，愿能预支版税日币四五百圆，望兄便为提及。该著大体已就，仅余索引表未成。如前方能同意，弟当即走东京制成之也。"(《郭沫若书简——致容庚》，广东人民出版社 1981 年 5 月版)

29 日 作诗《夜半》。发表于上海《现代》月刊 1932 年 11 月第 2 卷第 1 期。写道："崎岖的寥寂的一条陇道，/夜半的狂暴的寒风怒号。/铁管工场底烟囱底顶上，/有蒙烟的一钩残月斜照。//北斗星高高地挂在天空，/斜指东北的斗梢摇摇欲动。/我们在陇道上并着肩走，/向着北方的一朵灯光通红。""我们在寒风中紧紧地握着两手，/在黑暗的夜半的陇道上颠扑不休；/唯一的慰安是眼前的灯光红透。"

本月 历史小说《函谷关》(《归へりの函谷关》)由一二六落生翻

译，刊载于日本同仁会《同仁》第 5 卷第 4 号。

5 月

2 日 致信张元济。另托李一氓持赠《甲骨文字研究》一部。信谓："曩岁曾上芜函，因不谙旧习，深有唐突处，后始觉察，恒歉于衷，想先生宏达，当能鉴宥。拙著《甲骨文字研究》一书，荏苒经年，最近始得出版。《释支干》有引及尊说处，谨以一部奉呈，谬悠之说，原不足以当大雅，略表葵倾之意而已。"（据手迹；《郭沫若与张元济的通信与赋诗》，上海社会科学院文学研究所《资料与研究》1982 年 12 月）

14 日 托李民治持赠鲁迅一部《甲骨文字研究》。（据鲁迅本日日记，《鲁迅全集》第 14 卷，人民文学出版社 1993 年版）

27 日 致信容庚。写道："兄力任传布之责，甚所赞同。弟虽驽弱，亦愿追随骥尾。弟意多在必贪得，尤须务存世，一日未有无闲时者也，望勿退转。有考释事征及鄙意者，勿客气。""又拙著《甲骨文字研究》二册，谅当寄达中多笔误，虽已略加订正，然尚未尽。兹将其重要者表列如次。"（《郭沫若书简——致容庚》，广东人民出版社 1981 年 5 月版）

本月 《甲骨文字研究》由上海大东书局影印出版，线装，上下册。

5、6 月间

◎ 致李一氓信。谓：

"刚才写了一封信交出，但还有很多的话未说尽。

①《甲骨文字研究》的原稿已取回否？

②该书所印出版若干册？价格多少？该得版税若干？支付的方法怎样？

③《青铜器研究》何时可出版？

以上是我急于要问，并且急于要知道的。望你问明告诉我。原稿如已取出，望寄回。兄如太忙，无暇顾及此等繁琐事务，亦请告诉我，由我自行交涉，或托外水亦可。"（郭沫若纪念馆馆藏资料）

6 月

8 日 致信林南，署名爱牟。说："你的信——一月十九日的——我最近在邮政局去问了出来。我在去年八月已经迁了家，现在住所是'千叶县，市川町外，须和田，二六七'，这封信假如能到你手，请回一信来。随后再详谈。"（郭沫若纪念馆馆藏文物）

25日 致信容庚。写道："《毛公鼎考释》已细读一过，弟有《毛公鼎之年代》论之甚详。前已寄沪，闻将于《东方杂志》七月份内登出，又《殷周青铜器铭文》亦有收入，惜尚未出版。弟之见解与诸家迥异，器乃宣王时器，决非成王。说长难尽。兹略将所得之数字述下，以供参考。……兄于《尚书》今古文两收，此事似当三思。古文之讹已成定谳，未便翻案也。""拟为《学报》作《金文中所见之南方文化》，作成即奉。"又"手中有《庄周之生涯及其思想》一文，约三四万字，如要，当寄上"。（《郭沫若书简——致容庚》，广东人民出版社1981年5月版）

28日 以日文复信田中庆太郎。说："《舀壶铭》妥收。谢谢。顺将释文附于左，聊供一粲。"（《郭沫若致文求堂书简》第1号，文物出版社1997年12月版）

本月 《殷周青铜器铭文研究》由上海大东书局影印出版，线装，上下册。人民出版社1954年8月版重新排印，略有删削，并加有附录。现收《郭沫若全集·考古编》第4卷。

"我手头正有郭沫若的两部稿子，一是《中国古代社会研究》，二是《殷周青铜器铭文研究》。因为大东书局张静庐向我表示愿意出版郭沫若的著作，在征求郭沫若的同意之后，我就把《中国古代社会研究》交给了张静庐，大概在1930年底就出版了。至于《殷周青铜器铭文研究》，我早就同孟寿椿谈起过，他出的稿费也比较优厚，我就把它交给孟寿椿，1931年也出版了。郭沫若在他的《海涛集》最后《我是中国人》的一节中，提到这件事，把孟寿椿误记为李幼椿。"（孟寿椿时为大东书局编辑所长。——编者注）（《李一氓回忆录》，人民出版社2001年1月版）

◎《汤盘孔鼎之扬榷·臣辰盉铭考释》由北平燕京大学出版，署名郭鼎堂，为《燕京学报》第9期抽印本。

◎《桌子的跳舞》由上海仙岛书店出版。

此书当系盗版。

夏

◎ 自书《楚辞·招魂》句:"湛湛江水兮上有枫,目极千里兮伤春心,魂兮归来哀江南。"(据手迹照片)

◎ 书录宋玉语:"方地为车,员天为盖。长剑耿耿,倚乎天外。"并作跋曰:"右节录宋玉小言贱语,破笔不能成字,可笑。"(沫若文库建设委员会《沫若文库》,朝日新闻社 1956 年 6 月出版)

◎ 书录《庄子·逍遥游》,以寄托情志。(据手迹照片,手迹藏日本东京亚非图书馆"沫若文库")

7 月

17 日 致信容庚。写道:"沈殷及宅殷二拓本寄托还时,决当慎重,万无遗失,请释虑。沈殷是否出自山东或其附近,望见告。如能查访,亦望急查。器铭全体已粗得其端倪,如出土地在山东,则于古史上又将有一重大之发现。""《武英殿彝器图录》请寄来,如有可攻错处,自当竭尽绵薄。花纹定名弟尚未尝试,惟于花纹研究之方针早有腹案,惜无资料耳。定时分类为要,定名次之,分类已成,即名之为甲乙丙丁,或 ABCD 均无不可。定时乃花纹研究之吃紧事。此与陶瓷研究及古新旧石器之研究同。此事最难,须就铭文之时代性已明者作为标准,逐次以追求之也,花纹之时代性已定,则将来无铭之器物或有铭而不详者,其时代之辨别将有如探囊取物矣。"(《郭沫若书简——致容庚》,广东人民出版社 1981 年 5 月版)

本月 小说《行路难》中《漂流插曲》由浅川谦次翻译,刊载于日本同仁会《同仁》第 5 卷第 7 号。

8 月

5 日 译作《战争与和平》([俄]托尔斯泰原作),由上海文艺书局出版第一分册上。

郭沫若没有译完《战争与和平》一书,该作品由高地于 1939 年译出全文。高地在译完全书后致信郭沫若,道:"因为本书前部有很多地方用了先生的译文，甚至可以说是试验的校补，所以我很愿意和先生以合译的名义出版。"故《战争与和平》署名郭沫若、高地合译，郭沫若并为该译本作序。上海文艺书局1932年1月15日出版《战争与和平》第一分册下，1932年9月25日出版第二分册，1933年3月5日出版第三分册。

13日 在小名滨避暑一周后返回东京。

"热甚！一礼拜前曾赴海滨小避，昨日始归。"（《郭沫若书简——致容庚》，广东人民出版社1981年5月版）"日前曾往小名滨滞留数日。"（《郭沫若致文求堂书简》第2号，文物出版社1997年12月版）

14日 致容庚明信片。谓："热甚！一礼拜前曾赴海滨小避，昨日始归，得奉手教及《武英殿彝器图录》稿……欣快没名。大稿容细细拜读，务期早日璧赵。"（《郭沫若书简——致容庚》，广东人民出版社1981年5月版）

15日 致信田中庆太郎。谓："《沈子殹铭》已领讫。兹别寄《御殹铭》拓本一纸，亦由容希白处假得者，望付影印。稍暇拟来京畅谈。"（《郭沫若致文求堂书简》第2号，文物出版社1997年12月版）

24日 致信容庚："大稿已阅数遍，拙见略有可贡献者已书之眉端，或别笺附入，乞裁夺之。……花纹一事，大稿中所叙说者已甚详备。但弟意既有照片插入，则花纹拓片尽可从省……花纹研究一事，当综合群书另作一系之研究方可。此事非本图录所能尽，本图录之职志当在程材。""拙著《青铜器》二册乞哂纳，中有讹字已略加订正，事忙恐尚有逸漏。该书书店送来太迟，故至今方得奉赠。兄之品评，望严加指摘，勿客气。""前门外杨梅竹斜街中华印刷局系何人所经营，兄知否？该局盗印弟旧著多种……国人如此不重道义，殊足令人浩叹也。"（《郭沫若书简——致容庚》，广东人民出版社1981年5月版）

◎ 于文求堂书店见到北平中华印制局盗印旧著多种，及被盗名为夏目漱石《草枕》中译本的译者。（《郭沫若书简——致容庚》，广东人民出版社1981年5月版）

25日 《〈毛公鼎之研究〉追记》发表于上海《东方杂志》第28卷第16期，署名鼎堂。

9月

8日 作《两周金文辞大系》《索引》，收日本东京文求堂1932年1

月初版《两周金文辞大系》。

9日 《两周金文辞大系》录成,并作《序文》。收日本东京文求堂1932年1月初版《两周金文辞大系》。该书副题为"周代金文辞之历史系统与地方分类",系根据古今中外35种著录书,选取"金文辞中之菁华",共计251器。上编西周文字137器,"仿《尚书》体例,以列王为次",从武王至幽王的各个王世仅缺共和一代。下编列国文字114器(多属东周时期),"仿《国风》体例,以国别为次",计三十国。所收器铭,采录释文,施以句读,再作简要注释。至于器铭拓本,则仅将未见和少见著录的13器选作插图。

《序文》英译文本刊载于《北平图书馆馆刊》第6卷第2号。

◎ 作《两周金文辞大系》《解题》。收日本东京文求堂1932年1月初版《两周金文辞大系》。《解题》谓:"本书插图多得自燕京大学教授容庚氏之惠借,书籍多得自日本东洋文库与文求堂之借阅。东洋文库主任石田干之助氏,本书之印行者文求堂主人田中庆太郎氏,曾予著者以种种之便宜。本书诚得诸氏之惠助者为多。"(郭沫若纪念馆馆藏资料31—11)

◎ 作《周代彝铭进化观》。收日本东京文求堂1933年12月初版《古代铭刻汇考》,后收《沫若文集》第16卷。

"此文乃1931年纂集《两周金文辞大系》时所拟序说之一节,因嫌蛇足,未及印入。"(《周代彝铭进化观·附白》)

◎ 致信容庚。询问几种青铜器拓片是否可以"见假"。复问:"《燕京学报》九期已出书否?弟近忙于《两周金文辞大系》(《通纂》改名)之誊录,《论庄子》一文尚无暇整理。《大系》近已录成,本拟先寄兄一阅,唯出版处催稿颇急,只得俟出书后再请教。"(《郭沫若书简——致容庚》,广东人民出版社1981年5月版)

19日 往访田中庆太郎,"谈甚快"。(《郭沫若致文求堂书简》第3号,文物出版社1997年12月版)

20日 致信田中庆太郎。谓:"顷颇欲决心于中国文学史之述作,拟分为三部,商周秦汉为一部,魏晋六朝隋唐为一部,宋元明清为一部。期于一二年内次第成书。此书如成,需要必多。特憾家计无着,不识有何良策见教否?"(《郭沫若致文求堂书简》第3号,文物出版社1997年12月版)

27日 致信容庚。写道:"《学报》第九期除拙著二稿外尚未得窥全豹，兄对弟二旧作所论列者尚未拜览，稍暇拟往东京一行，在东洋文库可借阅也。《青铜器》一种过于草率，中有谬误处，在出版之前曾再三函索更正，书店置之不理。弟稿本用日本'改良半纸'单张写成，复被弄成中式装订，实堪悯笑也。""尊著《宝蕴楼》于花纹形式确有暗默之系统存在，承示，深感读人书之不易易。毛公鼎一稿有挂漏，将来有成书机会将订正之。窃意此花纹形制系统学之建设，兄为其最适任者，望能通筹全局而为之。""近颇欲于年内或开春返国，届时或能来旧都奉访。"(《郭沫若书简——致容庚》，广东人民出版社1981年5月版)

本月 《文艺论集续集》由上海光华书局出版，收书信1封，文艺论文10篇。后收《沫若文集》第10卷，现收《郭沫若全集·文学编》第16卷。

10月

26日 以日文致信田中庆太郎。云："昨日得晤各位，快甚。诸蒙厚待，衷心感谢。归府后料当疲惫也。""《矢彝》铭文拟亦录入《大系》插图。府上有《明公彝》单行本，可仅取其中三种铭文，以为第一图……""目录与插图说明既为手写体，序文与凡例亦当手写方能统一。望饬印刷所将以上两种寄下。""此外，请惠假常用毛笔一枝，仆处所有毫皆秃矣。"(《郭沫若致文求堂书简》第4号，文物出版社1997年12月版)

11月

2日 以日文致信田中庆太郎。说："序文、解题皆已誊清。目录与图版目次须待数日，因须待索引页数。"又谓："日前查核'太行山'时，似见府上有地理辞典，乞据以查核'河内'地名。汉代指河南省一带，宋代何指，不详。"(《郭沫若致文求堂书简》第5号，文物出版社1997年12月版)

6日 往东京访谢冰莹（美蒂）。

"我们谈到了现在国内革命思潮的高涨，革命势力的扩大，他立刻告诉我一个很痛快的消息，我们都同时说着：'革命已到了新的阶段了。'""他完全不知道国内情形，甚至还在问'茅盾是否来东京了？'我告诉了他关于上海及北平一切的文化运动状况,他高兴得几乎说不出话来。"(美蒂《郭沫若印象记》(上、下),光华书局《读书月刊》1932年5月第3卷第1、2期合刊、1932年7月第3卷第4期)

美蒂,谢冰莹的笔名。(小谷一郎《1930年代中国人日本留学生文学艺术活动史》,东京汲古书院2010年11月版)

10日 致信田中庆太郎。谓:"妻弟佐藤俊男项日来京求职,兹特专诚绍介,如有方便,尚乞加以提挈是幸。""再者,《大系》插图第十四《秦新郪虎符铭》疑伪,决删去。"(《郭沫若致文求堂书简》第6号,文物出版社1997年12月版)

12日 致信田中庆太郎。说:"使日手教讽悉。《大系》插图罣漏处已注入,乞释念。""日前,妻弟俊男踵府奉扰,诸蒙垂青,幸甚之至。"(《郭沫若致文求堂书简》第7号,文物出版社1997年12月版)

12月

20日 《中国古代社会研究》由藤枝丈夫翻译,日本内外社出版。

译本中另有《译者序言》及对于郭沫若生平活动的介绍。

本月 自传《黑猫》由上海现代书局初版发行。香港强华书局1941年8月重排印行,曾改书名为《我的结婚》。

◎ 译作《政治经济学批判》([德]卡尔·马克思原作),由上海神州国光社出版。

该书出版后,为国民党当局查禁。书商将该书封面换掉,伪托"李季译",后改以"政治经济学会"名义出版,并改书名为《经济学批判》。译者原作有序言,在出版过程中被遗失。1947年另作序,收入上海群益出版社1947年3月版。

◎ 历史小说《函谷关》由小林政治翻译,刊载于东京帝国大学支那哲文学生会《支那哲文杂志》第11号。

本 年

◎ 开始翻译歌德自传《文与质》。

"因为一九三二年是德国诗人歌德死后的百年祭,我……并进着在从事歌德的自传《文与质》（Dichtung and Wahrheit）的译述，作为纪念出版。译到了有三百页的光景，也一样的成为了炮灰。"（《生命之科学·译后》）

《五十年简谱》中作《真实与诗艺》。该译稿于1932年"一·二八"事变期间，在上海商务印书馆毁于战火中。

◎ 翻译马克思、恩格斯著《德意志意识形态》，并作《译者弁言》。介绍了马克思、恩格斯生前未完成的这部手稿发现整理的情况，及原编者整理、出版的几项原则。因原文比较难解，且是未完成的残稿，故"译笔主在力求达意，然也极力在希图保存原文之风格"。同时，"更希望有比本译更完善的译本出现"。由言行出版社1938年11月初版发行。

译稿完成后，曾先交予神州国光社王礼锡，但因时局关系一直未得出版。（《五十年简谱》，《德意志意识形态·序》）

◎ 自传《反正前后》因国民党当局查禁，将内容修改后改名《划时代的转变》由上海现代书局出版。

◎ 作五绝一首《无题》："呢喃剪新谱，青翠滴清音。对此欣欣意，如窥造化心。"（据手迹）

1932年（壬申　民国二十一年）40岁

1月28日　驻上海的日本侵略军从租界向闸北进攻，十九路军奋起抵抗，是为"一·二八"事变。由此开始了淞沪抗战。3月，十九路军被迫撤离上海。5月5日，国民政府与日本签订《淞沪停战协定》。

3月9日　由日本占领军扶植的伪"满洲国"在长春成立。

5月15日　日本发生"五一五"事变。海军少壮军人发动政变，成立军人内阁，政党内阁时代结束。

11月15日　国民党中宣部公布《宣传品审查标准》，规定，凡宣传共产主义、国家主义、无政府主义者均为"反动"，凡批评国民党政策者均为"危害民国"，应一律禁止。

12月　宋庆龄、蔡元培、杨杏佛等在上海发起组织了"中国民权保障同盟",并在上海、北平设立分会。

1 月

2 日 致信田中庆太郎:"卅一日惠书奉悉,出版届(日语,出版申请书——编者注)及奥付(日语,版权页——编者注)二纸已分别盖章寄上,出版届中如须真原籍及住趾,请代为真补,原籍'中华民国四川省乐山县沙湾场'也。内子尚未分娩,大约在一周以内,承询甚感。"(《郭沫若致文求堂书简》第 8 号,文物出版社 1997 年 12 月版)

3 日 与来访的日本朋友谈论中国文艺及鲁迅,并在读到鲁迅在《上海文艺界之一瞥》中对于创造社的批评后,决定动笔撰写《创造十年》。(《创造十年·发端》)

6 日 复信《榴花诗刊》。发表于《榴花诗刊》7 月第 2 期。写道:"希望你们的精神就如榴花一样在炎天烈日中如火如荼地燃烧起来。我久没有作诗,如有时一定寄给你们。但我觉得与其要我的诗,你们不如多采集些劳苦大众的呻吟,呐喊,信号吧。我现在患右三叉神经痛,不能够多写。"

◎ 以日文致信田中庆太郎。告以:"玉章及邮包妥收。剪报所载消息极有价值。"(《郭沫若致文求堂书简》第 9 号,文物出版社 1997 年 12 月版)

10 日 《两周金文辞大系》由日本东京文求堂书店影印出版。

13 日 致信田中庆太郎。写道:"尊价来,得奉手教,并承赐拙箸多部,甚感谢。拙箸拜领五部即足(精二、平三),余均璧还。深劳尊价往返,心甚不安。拙荆承询,深不敢当。腹中之物,大有乃翁之概,尚悠悠然无出世意也。"(《郭沫若致文求堂书简》第 10 号,文物出版社 1997 年 12 月版)

19 日 凌晨,"第四子志鸿生"。(《五十年简谱》;《致森堡信》,郭沫若纪念馆馆藏资料)

"是我自己收生。自然是弄得一晚都没有睡觉。受着一家的累赘正无法处置的我,突然又添了一个男孩。这个孩子在未生之前已经是负着该死的运命来的,而且也是越过死线来的,如今既生下了地来,自只好祝福他成为一个无产阶级的斗士了。"(《致森堡信》,郭沫若纪念馆馆藏资料)

◎ 夜,致信森堡。道:"读你的诗我是第一次。确实是感着了一抹闪光，特别是《遗嘱》的一首，那的确是无泪之泪，绕指柔的百炼钢。那是写的实事，还是出于想象吗？如是实事，把那事情记出来，我想那效果或者还要在诗之上。《爆音》有同感。"又说："现在头脑仍不清晰，三叉神经痛增剧，不能多写，几年来久没有作诗，前年曾作了一首《五月歌》寄回国去，不知道下落如何。"（郭沫若纪念馆馆藏资料）

森堡是任钧（诗人）的笔名，任钧时在日本早稻田大学留学。

21 日 致信田中庆太郎。说："日前厚扰，得以畅吐臆膈，为四五年来未曾有之快事。顷复草得《释黄》一篇，以补苴《大系》。曩所草《追记四则》，希赐还，以便另缮，求其划一。"（《郭沫若致文求堂书简》第11号，文物出版社1997年12月版）

本月 得渡部义通的著作赠书《日本母系时代之研究》。题签称"郭沫若同志"。（菊地三郎《万马齐喑的亚洲学——四十年亲历漫谈》，日本新人物往来社1981年11月版）

2 月

26 日 致信田中庆太郎。说："湖笔、杂志，多谢多谢。拙藁增足至二十五、六页，竟成了一部专著。如何发表之处，幸斟酌。又请就《缪篆分韵》之类著书，考汉篆'寬'字之结构，抄示为祷。"（《郭沫若致文求堂书简》第12号，文物出版社1997年12月版）

3 月

上旬 寄家书，问候病中母亲。

杜氏夫人春初因患感冒，"引动宿咳，而疾"，"迁延四十余日，终以不起"。（《家祭文》，《郭母杜老夫人死哀录》，乐山市档案馆）

25 日 母亲杜氏夫人病故，终年七十六岁。

杜氏在弥留之际"神识犹清，时以叔子为念，谓'此疾为思子病，非药物所能愈，他日八儿归来，必善视吾张氏媳，毋令失所。'"（《家祭文》，《郭母杜老夫人死哀录》，乐山市档案馆）

30 日 "写定"《金文韵读补遗》，并作序。序谓："就金文以求古韵，其有专书者始于王氏国维之《两周金石文韵读》，所收录金文凡三十又七器，石文乃石鼓文也。金文之所收者多未备，而王氏所谱亦间有错误者。今就其遗者补之，辑为兹编，它日续有所得，当再辑补。"

初收东京文求堂1932年8月初版《金文丛考》，现收《郭沫若全集·考古编》第5卷。

31日　以日文致信田中庆太郎。告之："大示奉悉，原稿亦妥收。当即着手撰写《金文丛考》。"又道："陈焕《毛诗传疏》中《秦风·小戎》篇'蒙伐有苑'句之疏文抄示为祷。"(《郭沫若致文求堂书简》第13号，文物出版社1997年12月版)

春

◎ "成《金文余释》一卷"。收东京文求堂1932年8月初版《金文丛考》，现收《郭沫若全集·考古编》第5卷。(《金文丛考·跋尾》)

4月

3日　夜，以日文致田中庆太郎明信片。说："照片二张，《诗毛氏传疏》一部，均奉到。""乞暂假《太平御览》第八十四卷、《考古图》(通行本即可)、《释名》一用。"谓："拟近日赴京。"(《郭沫若致文求堂书简》第14号，文物出版社1997年12月版)

21日　以日文致田中震二明信片。写道："册府新刊书中殷墟出土兽头刻辞拓片，君有否？《古玉图谱》(上野图书馆有)中载有古玉雕文全佩图。暇时乞摹写之，其前后文句及卷数、页数亦乞注明，拟用作《释黄》插图。孙诒让《周礼正义》(湖北刊，大字本)，能否暂假一用？"(《郭沫若致文求堂书简》第15号，文物出版社1997年12月版)

22日　致信天行。(郭沫若纪念馆馆藏资料)

30日　致田中庆太郎明信片。说："承惠借《周礼正义》一部，已领讫。园中牡丹盛开，暇请偕晴霭夫人及诸女公子来游。"(《郭沫若致文求堂书简》第16号，文物出版社1997年12月版)

5月

16日　以日文致信田中庆太郎。告之："刻辞三片奉到。《金文丛考》了无进展，思路甚欠敏捷。"又谓："木堂先生遭遇不测，实堪遗憾也。"(《郭沫若致文求堂书简》第17号，文物出版社1997年12月版)

木堂，即犬养毅，时任日本首相。5月15日，日本海军少壮派军人发动政变，袭击首相官邸、警视厅，首相犬养毅遇害。是为"五一五"事件。政变虽告失败，但随即成立了以海军大将斋藤实为首的内阁，日本政党内阁时代结束。

据报道，犬养毅"已经熟读了"《两周金文辞大系》，"临死前还从上海发行所预订了"《甲骨文字研究》。(《在爱妻国度里晴耕雨读　通过著述得园公知遇》，1933年1月6日《东京新闻》)

21日　致信田中庆太郎："尊书及薛书残页并收。残页诚尤物……足供《释黄》之用。时令渐热，思扇，缓日当来京购置一柄，请晴霭夫人为之作画，望先生致意。"(《郭沫若致文求堂书简》第18号，文物出版社1997年12月版)

22日　致信田中庆太郎："尊价来，承锡斗酒，愧无谪仙诗才。不能赋百篇以报尔。前承假《周礼正义》一部，请劳尊价负回，乞查核。"(《郭沫若致文求堂书简》第58号，文物出版社1997年12月版)

本月　月底，《金文丛考》录成。(《金文丛考·重印弁言》)

6月

2日　以日文致信田中庆太郎。告以，"戈铭及其它均奉到。近患齿龈膜炎，工作恐较预期羁延一周左右"。(《郭沫若致文求堂书简》第19号，文物出版社1997年12月版)

6日　致信田中庆太郎。说："昨日奉扰竟日，快慰莫名。""《金文丛考》解题拟另作。又《金文余释》校勘多疏，祈掷下，或由震君携来最好。"(《郭沫若致文求堂书简》第20号，文物出版社1997年12月版)

○夜，作《金文丛考》《跋尾》，收东京文求堂8月初版《金文丛考》。写道：

"去岁秋间草《两周金文辞大系》时，曾有意于书后附以通说；继嫌蛇足，遂寝置之。书出后，倏忽已经半载，渐觉旧说多疏，欲为补苴罅漏。春间成《金文余释》一卷，商之书林主人田中氏子祥，子祥亦乐为印行，并以多多益善为辞。乃复倾其积蓄，成文若干篇，更益之以旧作数种，录成斯集，颜之曰《金文丛考》，俾得与《大系》并行。此与《大系》固姊妹行也。

计余之治殷周古文者，于兹五年矣。1928年春季，余以病后挈眷来日，避处寒村，踽踽如囚。叹无事可为，乃矢志欲作中国社会史之探讨。初由古代入手，即感旧有文献之不足且难征信，非用力于卜辞及古金文之研究者不为功。然余除一家六口、一笔两手之外，无长物也。当年秋季，偶过东京文求堂，欲猷大嚼之思，乃得与子祥相见。时子祥并不知余为何许人也。余以书事为询，蒙展示所藏甲骨文及金文著录多种；并告以此类书籍东洋文库多所庋藏，可往假阅。余感其恳切，爰因友人之介得识文库主任石田氏，因获阅览之许可。自秋徂冬，日日奔走江户者系月，库中所藏此类著述，大抵已为之读破矣。

迩来碌碌数载，全仗一枝毛锥以作六口之计，拮据捋荼，不足以言学也。然余于此，亦颇竭心力，时有一得之愚，率已著诸笺牍，虽难免草率之讥，聊自等犹贤之列。唯可憾者，自以身居海外，并缺乏自由，于器物本身既罕所接近，其新出之铭识，求之于人，又多吝而不与。故世常有有研究之志者而无研究之资，有研究之资者而无研究之志，物朽于藏家，人老于牖下，缉熙之效，难可以期。然此固不徒一人之憾而已也。

今者余复录成此集，亦仅就有限之资料，以作湿沫之呴濡，虽不足藏之名山，亦颇欲就正当世。更念余之初治此学也，子祥曾为之介，今欲稍作一结束矣，复赖子祥先后促其成书而为之景佈。事之巧遇有出人意外者，故略志其颠末如此。

又子祥之次子震二君，年少好学，为余搜集资料，多所奔走。此书之成，彼亦预有力焉。"

8日 致信田中庆太郎。写道："日前蒙嫂夫人赐以多珍。昨日震二君来，复拜领忡切，谢甚。目下正草《创造十年》之作，但苦幼儿纠缠，颇不易就。稍暇拟来京奉访。"（《郭沫若致文求堂书简》第59号，文物出版社1997年12月版）

23日 以日文致信田中庆太郎，署名阿和乃古登志。（日语，沫の如一的音译，隐含沫若二字。——编者注）写道：

"昨日内子、长男踵府奉扰，蒙厚待，谢甚。于尊处所见现代书局版拙著《中国古代社会研究》，似确有两种，一种纸质较优，一种为普通新闻纸。前种纸质优良者如蒙惠赐一册，则荣幸之至。

尊夫人之贵恙　想已日趋佳善

得无有喜事乎　则老兄之罪过

不亚于小生也　臆测之处恕罪。"

(《郭沫若致文求堂书简》第21号，文物出版社1997年12月版)

◎ 夜，作《虡芳钟铭考释·追记》。谓："顷得见北平图书馆刊》六卷一号有唐蘭《虡羌钟考释》一文，其说解有先得鄙意之处"，"奈余前文已影就，不便改作，今仅为追记数则如次"。收东京文求堂8月初版《金文丛考》，现收《郭沫若全集·考古编》第5卷。

27日　致田中庆太郎明信片，署名魔都耶苦。(沫若的日语读音——编者注)说："《古研》(即《中国古代社会研究》——编者注)二册奉到，谢谢。妄诊多罪，右赋一诗，聊请捧腹，以谢诬腹之罪。

月华偶被乌云著　误把乌云当成月中兔

幸只打诊未投方　不然已把夫人误

世间正苦竹薮多　从今不敢攀黄而问素。"

(《郭沫若致文求堂书简》第22号，文物出版社1997年12月版)

本月　历史小说《鹓雏》(《庄子》)由大高岩夫翻译，刊载于日本同仁会《同仁》第6卷第6号。

夏

◎ 作诗《休心亭即吟》。云："奇珍供玩赏，谈笑暂忘机。"(据手迹)

◎ 录阮籍诗为田中庆太郎题写扇面。云："阮嗣宗志气豪放，有咏怀诗十七首，兹录其三首。"(田中壮吉编《田中庆太郎》，株式会社东京印书馆1987年11月版。书中断此事为1940年，有误——编者注)

◎ 为田中庆太郎夫人田中岭(雅号晴霭)所画扇面题写诗文。(田中壮吉编《田中庆太郎》，株式会社东京印书馆1987年11月版)

◎ "草……《创造十年》。"(《五十年简谱》)

《创造十年》的"发端"在3月间已经动笔撰写。(见《创造十年》)

7月

9日　致信田中庆太郎。告以《周官质疑》文内图稍有差异，欲订正

或另纸制图。"乞将该页原稿寄回。"(《郭沫若致文求堂书简》第60号，文物出版社1997年12月版)

15日 致信容庚："大札奉悉。住友氏藏铜鼓已函询梅原氏，据复其器下方有大穴，上部无口，认为尊类完全无理云云。原函奉上，请一阅。"(《郭沫若书简——致容庚》，广东人民出版社1981年5月版)

21日 致信田中庆太郎。说："出版届（日语，出版申请书——编者注）谨遵命检署讫。幸查核对容氏之诊断，大体近是。老兄似可同时届求（日语，申请——编者注）贵内大臣颁发一医师免状（日语，执照——编者注）也，如何？天气太热，头脑颇昏聩，恐弟亦已有硬化征症。老兄既能诊断，有法疗治乎？"(《郭沫若致文求堂书简》第23号，文物出版社1997年12月版)

◎ 作《金文丛考·追记二》，收东京文求堂8月初版《金文丛考》。

◎ 致信田中庆太郎。说："前函寄出后，续成《追记》（即《金文丛考·追记二》——编者注）一页，如能赶及，请加入为祷。"(《郭沫若致文求堂书简》第24号，文物出版社1997年12月版)

22日 致信叶灵凤。说："来信奉悉。我相信你，一切就照你所说办去罢。《创造十年》只成了前编一半，你们既要赶着出版，便先把前编寄你。我的条件是：①要经我校阅一次才可出版，②出版后送书三十部，③后编亦要千五百元，在三个月后交稿，稿费请分月先纳，④原稿未经作者同意，不得删改，如有删改，版权作废。"

载孔另境编《现代作家书简》，上海生活书店1936年5月初版。

23日 致信叶灵凤。写道：

"1. 由内山先生转来的信接到。《创造十年》只成前编，你们既赶着要出书，只好把前编寄给你们，但我的条件是：（1）后编于三个月后交稿，稿费同是一千五百元，以三个月内缴清。（2）须给我校阅一遍方可出版（最好将第三校与原稿同时送来，待你们作第四校时，我的校稿便可赶到，可省时日）。（3）原稿如有改窜之处，必须要经作者同意，否则版权作废。（4）书出后赠作者三十部。

2. 《迷娘》只能用我校阅的名义，断不能用合译。

3. 《石炭王》在乐群处原约是百分之二十，请你问张资平自明。应照原议作百分之二十。

4. 我现在手里有一部长篇小说《同志爱》，写的是武汉时代的一件事情，是前年写好的。有十万字上下。你们肯出一千五百元现金购买，我可以卖给你们。"

载孔另境编《现代作家书简》，上海生活书店 1936 年 5 月初版。

28 日 夜，致信田中庆太郎。说：

"《金文丛考》奉到后，已过细校阅二遍，剔发错误凡三十余处，别为勘误表一纸奉呈，乞印就附入为祷。

又原稿望饬印刷所顺便装订成册，就中有图象处，请用影就者插入为幸。装订费日后付还。"（《郭沫若致文求堂书简》第 25 号，文物出版社 1997 年 12 月版）

31 日 以日文致田中庆太郎明信片。告以"信片奉到"，"《尚书》二种同时拜领"。嘱将《金文丛考》寄东洋文库石田先生（即石田干之助——编者注）、北平图书馆刘节、上海福煦路四明村郑贞文、四川省乐山县沙湾郭开文等五处。（《郭沫若致文求堂书简》第 26 号，文物出版社 1997 年 12 月版）

8 月

1 日 《金文丛考》由日本东京文求堂影印出版，线装，4 册。标题页背面自题："大夫去楚，香草美人。公子囚秦，说难孤愤。我遘其厄，媿无其文。爰将金玉，自励坚贞。"

◎ 以日文致信田中庆太郎。写道：

"老兄为暑气而蒙尘，小生则为暑气而笼城。

今将内人、孩子遣往九十九里滨之片贝（地名，位于千叶县东——编者注）矣。小生一人则可有一月真正的片贝（日语，单贝的贝壳生物——编者注）生活也。

今日奉到贵堂留守大将高桥阁下送来《金文丛考》十部。金玉其外，败絮其中，不久将成为悲观之种。

梅酒清冽香甜，仿佛鸡尾酒（非为想再要而出此言也）。自今日始，将饮白鹰（一种酒名——编者注）也！"（《郭沫若致文求堂书简》第 27 号，文物出版社 1997 年 12 月版）

6日　致田中庆太郎明信片，署名误春轩居士。谓："小生消夏之法：晨四时起床，扫除，自炊，日译《战争与和平》二十页，大小便随意。倦时读读自己做的文章，想一想理想上的人（两性不论）。夜十时就寝，就寝前洗一次凉水澡。"（《郭沫若致文求堂书简》第28号，文物出版社1997年12月版）

17日　以日文致信田中庆太郎。写道：

"昨日晤谈，甚快。卜辞之选，初步考虑，拟限于三四百页范围内……拟取名《卜辞选释》。尽可能写成兼有启蒙性与学术性之读物。至于版税请老兄酌情处理，年末支付亦可。迄今自老兄处已取用书籍多种，今后仍拟陆续取阅。书款望于年末扣还。倘蒙玉诺：

（一）祈暂假府上《殷虚书契前编》与《后编》（我的《后编》缺两页）一用。

（二）河井仙郎先生与中村不折先生之未曾著录藏品拟一并载入。请老兄与两位洽商，或与老兄同道奉访相求。他处倘有藏品，借此机会一并著录，当有诸多便利。"（《郭沫若致文求堂书简》第29号，文物出版社1997年12月版）

19日　以日文致田中庆太郎明信片。道："星期日定趋府拜访。北平图书馆 Dr. J. C. Ferguson（福开森？）寄来六卷二号《馆刊》一册，已将《金文辞大系》序全文译载。烦请自尊兄处以小生名义寄赠《金文丛考》一部。"（《郭沫若致文求堂书简》第30号，文物出版社1997年12月版）

29日　致信叶灵凤。写道："长信接到。（1）《创造十年》前编不足字数，还有后编可补。你们总是那样见小，说出的信约，随即反汗。（2）我的《水平线下》现亦由贵局出版了。此书纸版乃静庐由光华处取去者，出版后全不通知。老张真岂有此理。(3)《古代研究》的现代版单在日本都已经卖了两百册以上，你们那'一千册'到底要敷衍至几时耶？（4）《黑猫》只得稿费一百元，究竟作怎么算？（5）《同志爱》已寄到内山处，此书乃余生平最得意之作，自信书出后可以掀动国内外。内容并不十分红，你可以先去看看。那书现代如要，稿费要一千五百元，现金交易。因该书另有两处要，你们如要，请从速。（6）《创造十年》后编，看你们购买力说话，你们如于三个月内将一千五百元交足，每月分交五百元，我便在十一月准定交稿，因为是已经成了一半多的。你们如仍照从前不爽快，那就不能说定。"

载孔另境编《现代作家书简》，上海生活书店 1936 年 5 月初版。

本月 小说《万引》由细田三喜夫翻译，刊载于日本东京帝国大学支那哲文学生会《支那哲文杂志》第 12 号。

9 月

2 日 以日文致信田中庆太郎。写道："奉上《厚子壶》照片及拓墨二页，烦请先摄影，因已与北平唐兰先生约定以此交换一物。""商承祚先生著《殷契佚存》出版否？急需一部，拜托。"（《郭沫若致文求堂书简》第 31 号，文物出版社 1997 年 12 月版）

9 日 以日文致田中庆太郎明信片。说："《啸堂集古录》妥收。""又撰成十二、三条释文，拟题名《金文余释之余》出单行本，约五十页左右，如何？一俟稿纸印就，即与《卜辞选释》同时着手。"（《郭沫若致文求堂书简》第 32 号，文物出版社 1997 年 12 月版）

11 日 校读《创造十年》后作《作者附白》。写道："本书只写完了创造社的前期，因此和'十年'的名目便稍稍有点不符，'发端'中所寄放在那儿的问题也还没有结束，后期的事情是想在最短期中，把它记录出来的。"

收上海现代书局 1932 年 9 月初版《创造十年》，《沫若文集》将其删去。

12 日 致信田中庆太郎。说："望将《考古图》及《窓斋集古录》各一部掷下为祷。原稿用纸百枚收到。目前微患秋痢，已绝食一日，平复后即着手也。"（指着手拟定中的《金文余释之余》——编者注。《郭沫若致文求堂书简》第 33 号，文物出版社 1997 年 12 月版）

14 日 以日文致田中庆太郎明信片。告以，"上月蒙转现代书局所寄校样，亦收到。已嘱《创造十年》一俟出版，即寄尊处三十部。计当下月上旬出版。若寄至，请寄小生二、三部足矣，其余悉听尊便处置"。又谓，日前于上野松坂屋台湾南洋展览会曾见"台湾生蕃之刀"，此物之状，为古代"氏"字之源，"以获其照片为好"。（《郭沫若致文求堂书简》第 34 号，文物出版社 1997 年 12 月版）

20 日 《创造十年》由上海现代书局初版发行。记述了 1918 年至

1923年，在九州帝国大学读书期间往返国内，酝酿组织文学社团创造社，参与创办《创造》季刊、《创造周报》等创造社前期活动的经历。后收《沫若文集》第7卷，现收《郭沫若全集·文学编》第12卷。

《发端》中写道："创造社自一九二九年二月七日遭了封闭以来，已经满三年了。早就有些朋友要我把它成立以来的经过追记出来，我也有那样的心事，但总迁延着，一直迁延了三年。我现在终于下了决心，要费点工夫来记录出我所知道的创造社，或者更适切地说，是以创造社为中心的我自己十年间的生活。""我这《十年》倒并不是小说"，"也不好说就是历史"。"究竟是个什么东西呢？——说本色些，就说它是一个珂罗茨基的自叙传之一部分罢。"

25日　致信叶灵凤。说："九月十九日信收到。（1）《同志爱》良友款尚未付清，又对于内容有改削之意，卖约寄来，我尚未签字。现代定要时可速备千五百元现款携往内山，将该稿索回。凡经我同意之处可稍加改削。到内山时即以此明片为凭可也。此书出，决可引起内外注意。（2）《紫薇花》即日着手，在十月五号前或许可以寄到。（3）德国文学不能担任，此事前已复。（4）文求堂购《中国古代社会研究》，乃由千顷堂经手，自初版以来每版均畅销，现售者乃现代版，并非伪版。（5）《黑猫》一件望复。（6）《十年》后编怎样？（7）年内想将久在计划中的《先秦思想批判》做出，先通知你，现代如要时，可预作准备。（8）《同志爱》一书，要者有光华，乐华，文艺诸家，竟归良友，亦出我意外。由你手去索回，我是高兴的。"

载孔另境编《现代作家书简》，上海生活书店1936年5月初版。

秋

◎ 夏秋之交，在东京地区探访流入日本的殷虚出土甲骨，以为编纂《卜辞通纂》所用。先后寻访了东京帝国大学考古学教室、上野博物馆、东洋文库，以及中村不折、中岛蠔山、田中庆太郎等诸家所藏甲骨总计两千余片。（《卜辞通纂·序》）

◎ 以日文致信田中庆太郎。写道：

"拜吟尊夫人和歌，兴味盎然。小生亦步《岚之歌》韵，赋狂歌一首。生平首次，聊博一笑。

秋空澄碧晓风吹，

果木凋零落叶飘。

又赋《画意》一首，以谢为扇作画：

危崖枕清流，奇松卧云岫。

飞泉响宫商，凉风生襟袖。

炎暑失其威，溪山归我有。

相对素心人，神游话悠久。"

（《郭沫若致文求堂书简》第35号，文物出版社1997年12月版。《画意》一诗系用中文写就——编者注）

◎ 得见明锡山安国十鼓斋旧藏北宋拓本最古本之石鼓文照片，"即存研究心事"。（《古代铭刻汇考·序》）

"当时误信耳食之言，曾以之为《前茅本》"，"后来才知道这就是《后劲本》的照片"。（《石鼓文研究·重印弁言》）

◎ 秋冬之季，与董作宾相识，得其寄赠摹录殷虚陶文。

◎ 书题七绝一首答谢董作宾，云："清江使者出安阳，七十二钻礼成章。赖君新有余且网，令人长忆静观堂。"

落款写道："彦堂先生以素缣摹录殷虚陶文惠赠赋此以报。"诗文又见于1933年2月7日致田中震二信封内一纸另页上。（见《郭沫若致文求堂书简》第73号，文物出版社1997年12月版；蔡震《郭沫若流亡日本期间若干旧体佚诗考》，《新文学史料》2011年第3期）

◎ 得董作宾书信，知其有甲骨文断代研究之作，分世系、称谓、贞人、坑位、方国、人物、事类、文法、字形、书体十项。以其体例綦密，原有意于《卜辞通纂》书成后，附以卜辞断代表，遂决定"不复论列"。

"大抵卜辞研究自罗王而外以董氏所获为多。董氏之贡献在与李济之博士同辟出殷虚发掘之新纪元，其所为文如《大龟四版考释》（见《安阳发掘报告》第三期）及《甲骨年表》（《集刊》二·二）均有益之作也。"（《卜辞通纂·序》）

10月

4日 往访田中庆太郎。（《郭沫若致文求堂书简》第35号，文物出版社

1997年12月版）

◎ 夜，致信田中庆太郎。说："《余释之余》释《石鼓文》处，未尽惬意。兹于别纸另录一通奉上，乞饬手民贴上为祷。又其前一页（即第三页）有错误处当改正。请即嘱印刷所直接寄来。""天晴时务望偕嫂夫人及女公子辈来作竟日游。"（《郭沫若致文求堂书简》第35号，文物出版社1997年12月版）

7日 致信田中庆太郎。说：

"示悉。原稿已改好，直寄开明矣。礼拜日当扫榻敬待。左赋一绝催妆：

南公君勿假，摩诘我非真。

虽无竹里馆，有月待幽人。"（《郭沫若致文求堂书简》第36号，文物出版社1997年12月版）

上旬 《金文余释之余》集成，并作"引言"。谓："本编所录，曩草余释时曾在意念中，今思之稍觉圆熟，爰录出以为余释之余，恐继之者或尚有之余之余也。"

◎ 作《答〈两周金文辞大系〉商兑》。作为"附录"，收文求堂11月初版《金文余释之余》。

《〈两周金文辞大系〉商兑》为北平图书馆刘节所作，发表于《北平图书馆馆刊》第6卷第3号，对于《两周金文辞大系》一书"有所指正"。

11日 以日文致田中庆太郎明信片。云："中邨不折氏藏甲骨照片，请寄来。""北平福开森氏复函已达，据云，明义士及燕京大学之甲骨，近日将成书。"（《郭沫若致文求堂书简》第37号，文物出版社1997年12月版）

12日 以日文致田中庆太郎明信片。说："另函奉上《答〈两周金文辞大系〉商兑》。拟收为《之余》附录，写得极温和。不解之处甚多，若沉默，则似默认错误，故仍以答复为好。务请老兄过目。若以为不发表为宜，请即置留手边。《现代月刊》收到。'划时代的杰作'，不胜惶恐也。"（《郭沫若致文求堂书简》第38号，文物出版社1997年12月版）

此信落款日期为13日，应系笔误，据邮戳日期引用。

14日 寄文求堂《〈金文丛考〉再勘误》。（《郭沫若致文求堂书简》第39号，文物出版社1997年12月版）

中旬　以日文致信田中庆太郎。告以，日前《〈金文丛考〉再勘误》中遗漏一条，请补入。说："《戬寿堂殷虚文字》到后乞立即寄下，刻正翘首盼待也。"（《郭沫若致文求堂书简》第 40 号，文物出版社 1997 年 12 月版）

◎ 以日文致信田中庆太郎。说："前日奉上《附录》末尾恰有六行空隙，请将右侧一节剪贴附上。"（《郭沫若致文求堂书简》第 40 号，文物出版社 1997 年 12 月版）

19 日　以日文致田中庆太郎明信片。写道："信片及《戬寿堂》拜领。《卜辞选释》总计或恐不足二百页。启蒙事实不易为，手写尤觉无聊，总之不欲突破二百页。""《石鼓文》为秦文公时代说，近日翻阅《贞松堂》（指《贞松堂集古遗文》——编者注）之《秦公敦》，罗氏亦倡此说，似近是也。"（《郭沫若致文求堂书简》第 41 号，文物出版社 1997 年 12 月版）

此信落款日期 11 月 19 日，当系笔误，据邮戳日期引用。

20 日　以日文致田中庆太郎明信片。说："请将所书'金文余释之余'用于内封（扉页）。倘过大，乞缩小使用。"（《郭沫若致文求堂书简》第 42 号，文物出版社 1997 年 12 月版）

24 日　以日文致信田中庆太郎。告以，"中邨先生手拓卜辞数纸拜领。惜最新最大者系赝品"。写道："《殷虚书契菁华》中大骨片数页缩小后收入《书道全集》第一卷，拟以代用。手中一份已剪，因系两面印刷，故仍需一卷。坊间如有《书道全集》分卷出售，请将第一卷寄下。"（《郭沫若致文求堂书简》第 43 号，文物出版社 1997 年 12 月版）

27 日　致信田中庆太郎。说："昨蒙展示珍藏，并厚扰郇厨，谢甚谢甚。归时余醒未解，迷路向，竟走至水道桥，再折回御茶水，幸得赶上最终列车，不然将被拘在棲流所矣。一笑。京都有意一行，能得震二君同伴固妙，不能，亦拟独往。特恐《选释》将突破二百页耳，如何，幸裁酌。"（《郭沫若致文求堂书简》第 44 号，文物出版社 1997 年 12 月版）

30 日　晨，致信田中庆太郎，署名王假维。道：

"三日一小成　任公不欺人

再等三个月　定然会大成

到了那时候　要来拜先生

老兄能西下　再好也没有

已得老婆同意　说走便可以走

只待老兄方便　不问什么时候。"

又嘱，"将拙著《金文丛考》一部寄交北平西单牌楼察院胡同二十九号何叙甫先生为祷"。(《郭沫若致文求堂书简》第45号，文物出版社1997年12月版)

信中所言"西下"，即前信所说之"京都有意一行"。

31日　致信田中庆太郎。告以："示悉，《余释之余》收到。三日晚当趋府陪行。"(《郭沫若致文求堂书简》第46号，文物出版社1997年12月版)

本月　小说《后悔》由大高岩夫翻译，刊载于日本同仁会《同仁》第6卷第10号。

◎ 散文《夕暮》由奥平定世翻译，刊载于日本春阳堂《支那杂志》第1卷第1、2号。

11月

1日　夜，致信田中庆太郎。说："《余释之余》已阅一遍，问题太零碎，恐不能引起读者兴趣，甚为悬念。""京都之行，如震二弟亦有不便，或无愿去之希望，请勿勉强。能得老兄介绍书，仆一人独去亦无妨事也。如震二弟本不愿去而强之同行，余颇不忍。请震二弟定夺可也。"(《郭沫若致文求堂书简》第47号，文物出版社1997年12月版)

3日　由田中震二陪同往京都寻访甲骨资料。(《郭沫若致文求堂书简》第46号、第48号，文物出版社1997年12月版；《卜辞通纂·序》)

5日　致信现代书店李赞华。写道：

"十月廿九日信接到。拙作交稿交费办法，早已开陈，今再简单开列数条于次：

①全书十万字，千字15元。稿费须先付。

②现代自十一月起按月交中币贰百元于作者代表内山先生，交满三个月后，即明年一月底交稿一半。另一半仍（预）先交钱后纳稿。

③现代如能一次筹足一千五百元交于内山先生处，作者则限于一月之内即将全稿交出。

以上如合意即请照办，不合请勿徒作周旋。又鄙人之三种著译《浮士德》、《橄榄》、《沫若诗全集》，贵局若不履行印税之缴纳，应停版，请

将纸版交与内山先生为盼。"（郭沫若纪念馆馆藏资料）

6日　《金文余释之余》由日本东京文求堂书店影印出版，线装，1册。附录《答〈两周金文辞大系商兑〉》。

上旬　访京都大学考古学教室，得见该室所藏甲骨四五十片，并结识主持该考古学教室的内藤虎次郎（湖南），及滨田青陵、梅原末治等人。（《郭沫若致文求堂书简》第48号，文物出版社1997年12月版；《卜辞通纂·序》）

◎ 拜访内藤虎次郎（湖南）于恭仁山庄，得见其所藏甲骨二十余片，并与其交谈对于甲骨文研究的见解。

内藤湖南在此前曾与人谈及郭沫若的金文研究，认为还有很多"疏漏"，但在次年3月写给神田喜一郎的信中，对郭沫若的金文研究的看法已大为不同。他在信中写道：郭沫若的金文研究"有些异想天开"，"我也被吃了一壶"。总之，日本的中国学已经落后了，吾辈要奋发努力，不能让郭沫若等人超过去。（《内藤湖南全集》第14卷，筑摩书房1976年版；内藤耕次郎《关于湖南其人的片段》；《卜辞通纂·序》）

◎ 在富冈君扐处得见甲骨七八百片。（《卜辞通纂·序》）

9日　返回东京后致信田中庆太郎。道："此次入洛，诸蒙推援，并得震弟陪游数日，谢甚谢甚。昨夜作《访恭仁山庄》一首，欲寄内藤湖南博士，但博士往趾未悉，今将该诗先呈老兄一阅，如字句间有欠妥处，烦即代为更正转寄为祷。本拟走候，因昨夜受寒不能也。"（洛，即京都——编者注。《郭沫若致文求堂书简》第48号，文物出版社1997年12月版）

12日　以日文致信田中震二。说："十一日手示并美种女士惠函均奉到。多谢卜辞拓片，释文如另纸，乞转美种女士。第三幅内容颇重要，惜缺字甚多，拓迹亦不清晰，如能摄影寄下则佳矣。费用后当奉上。请与其商量。"（《郭沫若致文求堂书简》第49号，文物出版社1997年12月版）

22日　致信田中庆太郎。谓："大札及《殷虚书契》一部奉到。承邀览世界古美展，奈日前小山兄来，已有先约，约于廿五日午后一时往观，天雨则作罢，并曾嘱踵府邀同老兄及晴霭夫人偕往。明日之行展缓如何？"（《郭沫若致文求堂书简》第50号，文物出版社1997年12月版）

25日　往观世界古美展，并访田中庆太郎。（《郭沫若致文求堂书简》第50号、第51号，文物出版社1997年12月版）

26日　致信田中庆太郎并夫人晴霭。写道："昨日诸多厚扰，铭感无暨。归时夜已深，因欲赶最终车，故未能护送震二弟。""真间山枫木想已翻红，兴致佳时请偕嫂夫人同来吸吸新鲜空气。长游竟日，归来倍感岑寂，匪纸笔所能喻。"（《郭沫若致文求堂书简》第51号，文物出版社1997年12月版）

◎ 以日文致田中庆太郎明信片。谓："前函发出后，京都水野先生即寄来照片，乞释念。又嘱，寄两部《余释之余》与京都研究所水野清一先生，其一赠梅原先生。"（梅原，即梅原末治。——编者注。《郭沫若致文求堂书简》第52号，文物出版社1997年12月版）

28日　以日文致田中庆太郎明信片。说："罗振玉著《石鼓文》乞寄下一册。今又发现一趣事：东大所藏兽骨之一片与北平马衡氏所藏之一片，竟是同片之断折，真可谓奇缘也。"（《郭沫若致文求堂书简》第53号，文物出版社1997年12月版）

29日　以日文致田中庆太郎明信片。说："《石鼓文》二种、《集古遗文补遗》妥实收到。欲叩石鼓，闻作何音，盖亦XYZ也！"（《郭沫若致文求堂书简》第54号，文物出版社1997年12月版）

本月　得马衡信，谓"《新郑古器图录》（关百益编）一书至不可信"，古器中"莲鹤方壶"壶盖上所立之鹤不可靠。因马氏在古器出土时曾"亲往参观"，遂信其说。在《新郑古器》（收入《古代铭刻汇考》）一文中亦自承"谬误"。

郭沫若后来见过古器壶盖顶有立鸟者，又想起此案，特致信当年参加新郑古器发掘者郭宝钧询问。郭宝钧告以"莲鹤方壶"的详情并寄五图片，郭沫若确信原说是正确的，当年"于马说则未免轻信"，复作《新郑古器中"莲鹤方壶"的平反》一文（1952年10月26日），附录于《殷周青铜器铭文研究》。

12月

5日　往访田中庆太郎。（《郭沫若致文求堂书简》第55号，文物出版社1997年12月版）

6日　以日文致田中庆太郎明信片。谓："今日不意发现关于殷代帝系之资料，容面晤再谈。今起研究殷虚地理，地理辞典寄下为祷。《水经注》亦乞暂假一用。"（《郭沫若致文求堂书简》第55号，文物出版社1997年12

月版）

12日 致信容庚："信悉。岂明先生'好好先生'之评，诚惶诚恐，实则先生之好好真好好也，我则虚有其表而已。鼎能以照片见示否？色气质量如何？乞详。"（《郭沫若书简——致容庚》，广东人民出版社1981年5月版）

岂明，即周作人。

22日 以日文致田中震二明信片。写有几个金文释文，并谓："稍感风寒，百无聊赖，遂写此片。"（《郭沫若致文求堂书简》第56号，文物出版社1997年12月版）

31日 以日文致田中庆太郎明信片，"恭贺新年"，署名释空如。云："三千年前大龟四片已从北平寄到。请来一游，将奉以龟之佳肴也。"（《郭沫若致文求堂书简》第57号，文物出版社1997年12月版）

下旬 得中央研究院历史语言研究所董作宾、李济以"《新获卜辞》之拓墨"及安阳殷虚第二次发掘所得"大龟四版"拓片"惠假"，"并蒙特别允许其选录"。即选录《新获卜辞》22片及大龟四版辑入《卜辞通纂·别录之一》。（《卜辞通纂·述例》）

◎ 得何叙甫寄示其所藏甲骨拓本，选录16片，辑入《卜辞通纂·别录之一》。（《卜辞通纂·述例》）

本　年

◎ 在文求堂初次见到增田涉。

"店主田中氏引我们二人到本地的西餐馆'钵ノ木'为我们作了引见。""以后又在文求堂遇到了，文求堂店主又引我们去了附近的天麸罗店。碰巧住在文求堂的《书契渊源》的著者中岛竦老人也在，吃了天麸罗，又喝了一点酒后，中岛氏便告辞了。郭氏和我又被文求堂店主邀往浅草，看了不二洋子的女剑剧。"（增田涉《郭沫若素描》，日本《中国》月刊1969年4月号）

◎ 得西园寺公望读《金文丛考》后所致感谢信，谓，"难获良书"，"多谢启蒙"。复在寓中接待西园寺公望探访。（《在爱妻国度里晴耕雨读　通过著述得园公知遇》，1933年1月6日《东京新闻》）

西园寺公望，日本公卿，政界元老，明治、大正年间两度出任首相。时任政友会会长。

◎ 致信田中庆太郎。道："曩所涂鸦，今着和儿将私章送呈，祈盖上。"（《郭沫若致文求堂书简》第61号，文物出版社1997年12月版）

◎ 致信田中庆太郎。说："蒙专差赐教，高山寺已照改，余《礼器》乃《礼记》之一篇，不误。"（《郭沫若致文求堂书简》第62号，文物出版社1997年12月版）

◎ 岁暮，作七律一首寄田中庆太郎，署名蒙俱外史题。诗云："江亭寂立水天秋，万顷苍茫一望收。地似潇湘惊肃爽，人疑帝子剧风流。寻仙应伫谢公屐，载酒偏宜苏子舟。如此山川供啸傲，锯工尽足貌王侯。"（《郭沫若致文求堂书简》第45号，文物出版社1997年12月版）